大雅

为一种品格注脚

希尼系列

踏脚石：

希尼访谈录（上）

［爱尔兰］丹尼斯·奥德里斯科尔　著
Dennis O'Driscoll

雷武铃　译

广西人民出版社

目　录

前 言

“一个智者的智慧需要强索出来”，贝托尔特·布莱希特在他的一首诗中写道。这首诗写的是智者老子欲偷渡出关归隐，被守关的关令截住，强求他写出《道德经》。2001年9月9日，希尼给我的办公室打来电话。我的办公室在爱尔兰海关国际部，就在都柏林城堡的转角处，这里曾经是英国在爱尔兰的权力中心，现在是爱尔兰税务和海关总署。我狭小的办公室在一条长而低的昏暗的走廊尽头——更像是一条走私者偷渡的地下通道，而不是一栋现代办公楼五楼的过道。希尼原则上同意我在给他的信中提出的给他做一部访谈录的建议（在信中我引用了那些成功的先例：《切斯拉夫·米沃什谈话录》，瓦茨拉夫·哈维尔的《扰乱和平》，尤金·基耶维克的《活在诗中》），他详细地说明了他对这个项目的想法。要面对一系列广泛的访谈对他来说很不容易，要知道这将会给他的生活添加更多的压力，在他的生活中，和文学声望相伴而来的是占用他大量时间的各种事务。

要是他倾向拒绝的话，我不会去力劝他接受这事。我自己目睹了每天随绿色邮政车送来的一大袋的请求、邀请、清样、学术请教、私人信件、写作中的手稿和鲜亮的新书，送进一座电话和传真整天响个不停的房子里，我知道他有充足的理由犹豫。他要在新书的发布会上现身，他要在美术馆的开馆仪式上讲话，他要坐在周五晚宴的桌边，他要朗读，要演讲，要写评论、写新书推荐语，要发言，要参加提名，要对一些公共事件作出反应——每个人都计划把他从他的诗歌中抓走。

现在我开始着手一个将会侵占他更多时间的项目。我宽慰自己，我希望这本书将证明，一部与谢默斯·希尼相关的访谈录将是他作品集的重要附录，而不会仅仅是一种搭头或消遣。更重要的是，从一开始我就决定，不要为这本书的完成设定——更不用说强加——任何期限。一个诗人最重要的事情是他的诗歌，必须由诗歌来决定日程和指定期限。让人高兴的是，在这本书进行的几年里，希尼差不多写出了他收在《区线与环线》中的所有诗。一些诗歌（比如《阿纳霍瑞什，1944》《泰特街》和《家庭帮手》）是从正在进行的访谈中获得最初的灵感的；另一些是直接从第八篇摘选出来，作为《翻找出来的散文》和《在此世界之外》的开头部分。随着近来更多诗也开始从这些访谈中涌现出来，希尼把这本书称为“一次记忆的强烈挑动”。诗歌之外，他以《忒拜的葬礼》之名翻译的索福克勒斯的戏剧《安提戈涅》，也于2004年在都柏林的阿贝剧院上演了。《谁找到归谁》，一本从他发表的所有传记性和批评性散文中遴选出来的厚重的文集，也在2002年出版。翻译作品、文章和演讲稿继续出现。毫不奇怪，有很长时间这本书毫无进展。

应谢默斯·希尼自己的要求，访谈主要是通过书面和邮递进行的。但是——冒着与前面的篇章会有一小部分重叠的风险（它们本身并非没有无法避免的重叠）——第十五篇是由两次访谈的录音记录组合而成（一次公开的，一次私下的），那是2003年10月，在圣塔菲，在蓝南基金的赞助下。第十三篇中与《区线与环线》有关的几处谈话出自伦敦伊丽莎白女王音乐厅宽阔的舞台，2006年4月，在那儿我在观众面前和希尼做过一次访谈。我最初的计划是在每周特定的一天去拜访诗人，录下访谈的材料然后我再加以整理。但是，考虑到他已经面临的严酷的要求——在2006年病倒前，他经常不在家里，在国外进行文学和学术旅行——这并不是一个可行的计划。

因此我开始准备书面问题和评论，它们构成了这部访谈录的基础。这些问题提供了"多选"的选项，希尼可以决定哪些问题予以回答，哪些问题则予忽略，也可以按照他的回应重新安排顺序。指望这无数的问题全部都得到回答是不现实的：我的第一批问题，只限于童年和早期的写作，一共写了满满的62页纸。还有好几百页纸——和问号交织在一起——最终到达诗人手中，尽管他对这个项目有着无穷的耐心，他肯定有时候也会怀疑自己是否明智，把自己敞开，面对这么多的探问。

在通向最后定稿的过程中——重读回答，填补裂缝，弥补缺欠，增加叙述性连接，增强连接部分——材料的对话性虽然已经很显著了（特别是在开篇定位的部分之后），但还是得到了进一步的提升。每组问题要么由主题线索串联，要么——更常用——围绕着希尼的一部诗集。我想避免一种机械的编年方式，围绕诗集提出的问题助长出多样性和灵活性，允许对当前问题的评论和回溯性的记忆混合一体。如果这导致了一些反常——比如很多希尼对中学的回忆要先于他对小学的集中回忆（在关于《斯泰森岛》的那一篇中为这一点提供了一个合适的背景）——这个离奇的代价似乎值得付出。特别是因为它得到的是一种更真实的形态，那种正常谈话中的绕来绕去，闲聊漫谈，一会说前一会说后。这种真实超出了任何严格的编年体叙述所能企望达到的。

虽然这本书因此没有遵照传记的惯例，但是谢默斯·希尼从未成为一本传记的传主这一事实本身是这本书的一个激发因素。然而著名作家的编年体传记几乎不可避免地会像国际机场办理登机手续的程序一样可预料，一旦作者的天才被认可，他或她就被纳入一个充满了荣誉、奖项和洲际文学旅行的世界。采用以诗集为基础的方式给我留下了自由的余地，可以在任何时候询问希尼（他的诗集全都包含了对童年时代异常清晰的描写）他的成长和他作为一个诗人的发展方面的问题。避免失去与本质而内在的诗人的联系是一个经常性的目标，特别是当我们涉及“一个微笑的公众人物”[①]开始在文学世界昂首阔步的那些时期的时候。我倾向于认为谢默斯·希尼作为一个诗人，他的童年——尽管有着“悲伤”的一面，这本书中也讨论到了——有着伊甸园般的维度：可靠和安全，年历上的风俗和宗教节日，农耕周期和教会仪式。从那个尝试过的、检验过的、可信赖的世界里被驱逐出来的创伤，使他伤心得去写召唤的、渴望的和哀歌性的诗。

伊恩·汉密尔顿，英国批评家和诗人，认为希尼是“最被过度访谈的在世诗人”。然而，最先促使我来做这本书的恰好是与此相反的看法：他在不止一种意义上属于访谈不足的诗人。在我看来一个经常接受文学访谈的大诗人，应该鼓励他详细阐述他的观念，扩展他的回忆，超出那些新闻报纸或文学杂志小气的字数算计。还有，应该探讨范围更广的主题而不是过去通常问的那些（希尼最新出版诗集的内容，或阿尔斯特大骚乱对他作品的影响，是提问的内容主食）。除了少数的例外——包括他的朋友卡尔·米勒给他做的访谈（字里行间出版社，2000年）和他的诗人同伴亨利·科尔做的刊登在《巴黎评论》上（1997年秋天）的访谈——希尼的访谈录，虽然本身引人入胜，但是范围都太狭小，无法展示一幅个人和他的时代的完整画像。

作家不会只因为语言是他们的本钱就必然口齿清楚。如果诗人出口就是诗，那他们就不需要写它了。如果他们在创作热情中写下的诗

---

① 语出 W. B. 叶芝的诗《在学童中间》。

一下就达到了完美，那他们就无须一再修改、再思考和重写了。但谢默斯·希尼——如任何一个在广播中听过他的访谈的人，或那些有幸收到过他手写的信或明信片的人都知道的——有一种罕见的能力，随口说出的句子都同时既属自发又富有条理，既活泼又深刻，既优美又真实。同样的即兴妙语也是这些访谈录的特征。

尽管这本书作为整体花了好些年才累积而成，但单独的篇章往往都完成得非常快。任何时候，当安静地回忆的机会不期而现时，希尼都能集中精力在格兰摩尔村舍几天就完成一篇。他的语言把那种口头访谈的敏捷与即时，和那种优秀传记写作的连贯与深思融合到了一起。帕特里克·卡瓦纳——谢默斯·希尼早期的诗人榜样之一——作为口头访谈者总是受不住引诱（确实如此，在诽谤案审判期间的法庭交叉讯问阶段，他被逼问得说话很不明智）很冲动地夸夸其谈和无所顾忌地评论一切。即使这个任性无常的卡瓦纳也体会到了深思熟虑的回应的重要性："当我们——或至少是当我——即兴说话时，我们往往说些很表面的话，表达一些当时表层的愤怒。真理发源于平心静气。"对于访谈，更慎重的 J. M. 库切提出了一个与此相似的观点："真实是和沉默、反思、写作的实践联系在一起的。讲话并不是真实的源泉而只是写作的一个苍白的、临时的版本。"

我自己在这里充任的角色是激发者而不是讯问者——这本书没有一点想要成为一种希尼生活的"全盘托出"的意思。我想不出有什么令人信服的理由，作家为什么应该觉得有义务公开谈论他们生活中更私人的亲密的细节，或传播那些他们打算以艺术的方式探索的内容。但是在我的访谈期间，我从未感觉到他克制或压抑任何对读者可能会很重要的内容。在很大程度上，这是一本为他作品的读者而写的书。我希望为他们问了那些他们自己可能想要提出的问题。

在一开始，诗人提出的唯一条件是他将不对一首具体的诗进行详细的分析讨论。在这一点上，我们又会想起 J. M. 库切，还有另一位诺贝尔文学奖得主，乔治·塞菲里斯。后者的译者埃德蒙·基利提到他的时候说："一个诗人对一个学生、批评家或访谈者无论感觉多么随和亲切，如果他像乔治·塞菲里斯一样明智的话，他就不会允许由于对具体诗作的一种详细评论似乎盖上了诗人认可的印章，而使得他作品的丰富性受到限制，特别是如果这种评论是用于大众消费的话……" J. M. 库切在一次访谈中说到，他小说的作者"在更深的意义上要么不是我要么是我，相比于我现在说的话就是我这点"，警告说他对自己作品可能作出的任何评论都会是"从外围的位置说的，从事后的位置说的，相对于这本书写作时所处的那个永远无法再重获的位置"。

这本书并没有假冒是一本被授权的希尼诗歌的"读者指南"，它是对他生活的一种概述，经常把诗歌用作参照点。它为诗歌提供了一个传记背景和一个以诗歌为基础的生平叙述。它以希尼年近七十的视角回头再看的方式谈论了他的生活，一种其本身也被监察的生活——有时候细致得几乎就像他的诗歌所受到的评论一样——被批评家和记者们审视。谢默斯·迪恩，他学生时代结交的朋友，回忆——在他发表于《纽约客》的关于希尼的回忆录中——他曾给诗人寄过一封信，"在信封上给他的名字加上了引号——'谢默斯·希尼'"。迪恩说"他很喜欢这玩笑"。"但是希尼也意识到了那种化学变化，那种把一个获得名声的作家从他所是的人转化为他的名声所是的人的神秘变化"。我希望这部对话录将在一定程度上抖落诗人身上的引号，把他释放，让他回到一种他自己的毫无限制的生活中：

我在那里，难以置信的就我自己，
在那些太热切而不相信我和我故事的
人们中间，即使我说的全是真话。

一点也不奇怪谢默斯·希尼很认同博尔赫斯写的一篇“寓言”《博尔赫斯和我》。它是这样开头的：“那是另一个人，是博尔赫斯，他发生的事情……博尔赫斯的新闻是通过邮件送达我的，我在教授选举人中或在一本名人词典上看到他的名字。”在这本书中，那“另一个”希尼，那个成了神话的公众人物，和这个第一人称单数的希尼重新融合在一起。那个“执着于成就的完全的”诗人坐下来和那个丈夫与户主一起共进早餐；写《田野工作》的艺术家证明也掌握了收干草的手艺。我们看到了一个无须在象牙塔中隔绝自己的诗人，他的写作过程可能会是什么样子的，看到了写作必须如何去和生存与谋生竞争。

谢默斯·希尼把自己送往了通向智慧的质问之路，既在散文中也在诗歌中，从不怯于谈论重大的存在问题。他作为一个作家的深刻性的最深的来源之一，以及他和切斯拉夫·米沃什——一个他认为是“我肩膀上的巨人”的诗人——的共有特征之一（连同让童年重新显现的才能），是回应一个持续不断的内在声音的需求，这个声音追问“你要拿你的一生做什么？你要做什么？”在诗集《酒精水准仪》中他对一个先辈，《在巴纳格》中的那个“学徒期满的裁缝”，疑惑地问道：“他曾问过这一切加起来是什么吗？/或者他会问吗？”同样地，他想象他弟弟追问：“这就是全部吗？如同/开始时曾是的那样，现在和将来也是那样？”盘旋在其他诗集之上的追问包括：“我们还要多说什么/去求得我们世上的盐”；“精神居住在哪里”；“谁会知道/如何正确地理解悲痛，或完全无视”。希尼努力的核心一直就是“全神贯注地追问”，也就是他的第一本散文集《专心致志》的第一页提出的问题：“一个诗人应该怎么正确地生活和写作？他和自己的声音，他自己的地方，他的文学传统和他同时代的世界应该是一种什么样的关系？”

这些都包括在这本书反复探讨的问题之中，或明确或含蓄，在我们跟随谢默斯·希尼的脚步，走在他在诺贝尔奖受奖词中所称的，“一条通向语言之广阔的旅途，一条其中的每一个到达点——无论是在一个人的诗歌中还是在生活中——都转变成为踏脚石而不是目的终点的旅途”。这本书的目标是一次存货盘点，而不是一次总结归纳：它原路返回那些踏脚石，但溪水自己在迅疾奔流。

丹尼斯·奥德里斯科尔

致 谢

和谢默斯·希尼一起，我要向J. 帕特里克·蓝南和蓝南基金会表达我们衷心的感谢。他们慷慨的支持和鼓励对本书的准备和推进极为重要。帕特里克个人对此事的持久兴趣——持之长久又不事张扬——是一种鼓舞和激发。我也要同样衷心地感谢蓝南基金会的副董事长弗兰克·C. 劳勒，文学项目主任乔·查普曼。第十五篇的录音，有一部分是2003年10月1日和2日在圣塔菲，由蓝南基金会赞助，在观众面前录下的。

第十三篇采用的公开访谈部分，是2006年4月22日，在伦敦的伊丽莎白女王音乐厅进行的。非常感谢那次活动的组织者露丝·波什维克，前南岸中心文学部主任。

第一部分　印记

一、从家里到学校

奥德里斯科尔：你曾说过，如此频繁地在书上看到你1939年出生于德里郡的一家农户，你对此都有点难以相信了。作为一个著名诗人的公众生活会剥夺你的私人生活吗？如果是这样的话，那诗歌会不会恢复这失去的生活或至少为此提供一些补偿？

希尼：很多诗所做的正是这样的事情。你最后又会落回你自己设下的洞门，带着一种“他们无法把这从我手上夺走”的感觉。当然，这是一种悖论，因为那提供补偿的诗正是那把你的私有之物转化为形象的——如叶芝所说的——“全用于展示”的诗。而一首诗既是保存又是展示。至于我不相信我出生于一家农户这句话，主要是出于读了太多的“诗人简介”而不是读了太多的诗。

奥德里斯科尔：在我们谈论你的诗集以及你是怎么写出它们的之前，我能对你最初生活的地方，木斯浜，作一番游览吗？

希尼：那我们就说说一座单层的、长条形的、低矮的、茅草屋顶的、粉刷成白色的房子吧。它离公路约莫30码[①]，和大路平行。骑自行车经过的人会看到它，透过一道荆棘树篱和树篱之后田埂上长着的一排小桤树的屏障。过了桤树就是我们所谓的“前菜园”——就一小块地——在前菜园和房子之间是一道黄杨树篱。小路从公路直接进来，终点是前菜园。你沿着小路走来，两边是山毛榉，然后，往左转就到了“前街”。然后，如果你面对前门站着的话，你的右手边就是厨房的前窗或客厅的前窗，更右边是“上卧室”的前窗。在你的左手边是“下卧室”的前窗，左边再过去，是马厩的门——因为马厩和住屋是“同在一个屋顶之下”的。

奥德里斯科尔：在前面的公路上都有些什么车经过？

希尼：小汽车，不时地经过。公共汽车，往返的，在早晨、中午、下午、傍晚、夜里经过。我们处于贝尔法斯特和马拉费尔特之间，贝尔法斯特和库克镇之间，贝尔法斯特和德里郡之间的主道旁，对经过的公共汽车知道得很清楚，因为在布罗阿赫路尽头就有一个站点，离我们家的小路并不远。路上也有骑自行车的，是一些经常来往的人和偶尔来去更远的乡下的旅行者。凯瑟琳·卡尔文骑自行车去卡斯尔道森上班。帕迪·麦克尼科尔骑车去阿纳霍瑞什的格里宾家做庭院杂活。北爱尔兰皇家警察[②]也不时出现。但最惊人的无疑是波洛克先生，一个老师，一个自行车爱好者，穿着短衣裤，骑着他的“赛车”飞驰而去——他总是能引起一阵轰动。然后，还有货车——运煤的货车，运牲口的货车，运石料的货车，运沙子的货车，送货上门的

---

① 码，英制长度单位，1码＝0.9144米。

② RUC，Royal Ulster Constabulary，直译为皇家阿尔斯特警察。

杂货车，屠户送肉的车。还有马拉的车，甚至有驴子拉的车，虽然已经非常罕见了。

奥德里斯科尔：你家有家庭用车吗？

希尼：我们住在木斯浜的时候没有车，一直到我们在1950年代搬到伍德农场时才有。那个时候，我父亲学会了开车，我们有过一系列很大的重型轿车——车大是因为家里人多，同时也因为他需要车后的大车厢来运干草捆、燕麦袋和刚出生的小牛犊。在不同的时期，我们曾有过一辆奥斯丁16，一辆沃克斯豪尔胜利者，一辆汉伯鹰，全都是二手车。当然，它们最后全都很难启动，需要先推动起来。因此这曾经是希尼一家最齐心协力的一刻，肩并肩一起使劲推，直到发动机点着火。

奥德里斯科尔：在成为汽车司机之前，你父亲怎么做他买卖牲口的生意——怎么从农家去到牲口市场的？

希尼：他经常搭便车。我很小的时候，他的生意伙伴是另一位农村牲口贩子，叫帕茨·麦克威廉，他住在顺着公路走三英里[①]的图姆桥那边。帕茨有一辆车，总是开到前街来或在小路尽头摁喇叭。再往后一点，我父亲和另一个马赫拉的牲口贩子，叫吉姆·麦克肯纳，一起搭伙。我记得他有一辆很好的车：一辆胜利的五月花——一辆光洁铮亮的灰色车，对一个牛贩子来说很奢华的车。我第一次去圣科伦巴公学上学就是吉姆开着这辆五月花车送我和我父母去的，那里离德里六十英里。我听到我弟弟克里斯托弗因交通事故——附带说一下，就在

① 英里，英制长度单位，1英里＝1.609344千米。

那个公交站，布罗阿赫路尽头那个——而去世的那天也是他开车把我从学校接回家的……

奥德里斯科尔：对整个家庭来说，那个车站肯定成了一个沾染了可怕的痛苦的地方。

希尼：确实是。但又能做什么呢？我妈妈仍然还得去卡斯尔道森。

奥德里斯科尔：那是她要去购物的地方？

希尼：是的。她得坐公交车——不管是去一英里半的“镇里”，我们这么叫村里，做每周的主要采购，还是去马拉费尔特或库克镇更大的购物中心。在那些镇里她都有人家要去探望：在卡斯尔道森的新街是我外公外婆家，在马拉费尔特是我的舅舅彼得——她的兄弟家，她的姐妹萨拉在库克镇。因此去那里购物有些便利条件，有地方可以等我们所谓的“公共服务车”。这同时也意味着，作为孩子我们可以和她一起去，然后她去买东西的时候，就把我们放在那些亲戚家里。

奥德里斯科尔：你妈妈有时候会骑自行车吗？

希尼：玛丽姑妈，我爸爸的妹妹，和我们一起生活，她骑自行车。她星期天会骑自行车去贝拉菲[1]参加弥撒。我妈妈可能很早的时

---

① Bellaphy，北爱尔兰德里郡的一个村子。位于内伊湖西北岸，距马拉费尔特五英里。三条主要公路在村中交汇。属中阿尔斯特地区，也是谢默斯·希尼的出生地和成长的地方。

候骑过自行车，但那时候她是个发胖的女人，更笨重，不像玛丽姑妈那么轻盈。在购物这一点上，还有相当多的地方需要步行。我想有三种类别的购物。首先是在乡下的“小店”，像在阿纳霍瑞什村的“比狄·格里宾家”，或在山头村的“基来家”，需要什么随时可以在这里购买。糖果和香烟，临时急需的做饭用的什么东西。然后是在卡斯尔道森，那里有货物更齐全的杂货商，我说过，去那里购物的频率是一周一次。然后是更远的地方，马拉费尔特和库克镇在同一个方向，巴利米纳在另一个方向，那里有新奇的绸布店和更大的鞋店。孩子们的套装，女人们的新“装束”，做窗帘的布料，婚礼用的东西，或更讲究的家用物品——这些东西通常都是坐公交车专门去购买的。

但是买糖、茶叶、熏猪肉、猪油、面粉、干果和其他随意的东西——毛线、棉线，找补锅匠，买鞋带、当地报纸——都是在离家近的地方。我经常走路去“比狄·格里宾家”和“基来家”，而且也去卡斯尔道森。我的玛丽姑妈有时候骑自行车去，但并不总是去。她的活动范围主要是在院里和牛奶房，挤奶和烘烤面包。

奥德里斯科尔：流动售货车是什么样子？有那种以物换物的交易吗？比如，用鸡蛋换东西。

希尼：我忘掉了鸡蛋这回事。我们的流动售货车来自安特里姆郡，由一个叫麦克卡特尼的人经营，但我们称呼他为“收鸡蛋的人”。并不是用货换货。他每周付钱收购鸡蛋，我妈妈付钱买她需要的任何东西。我记得干货和罐装的东西摆在货车里面狭窄的货架上，用绳子绑着固定好的罐子、坛子和瓶子。

再说一下，后来大家都有自己的车了，那些流动售货车就没什么生意了，这些生意人有些就转成了卜丁酒[①]销售商——他们最忠实的顾客包括那些住在很远的小路尽头的老单身汉，那些清澈的杯中物的理想顾客。那时候有很多非法买卖。

奥德里斯科尔：有什么牌子——我指的是杂货的牌子，而不是卜丁酒的——仍然在你记忆中回响？

希尼：科尔曼牌芥末，是粉状的。坎普咖啡——液体的“咖啡精华”，包装标签上有一幅非常漂亮的图画，一个英国官员全身穿着正式礼服，苏格兰方格呢短裙那样的，一个印度勤务兵给他端上咖啡。HP 牌酱油。泰特和莱尔金牌糖浆，装在大圆马口铁罐里。饼干：竹芋饼干和下午茶饼干，抹上黄油是奢侈的珍品。红牌盐、卡里克盐确实产自卡里克弗格斯镇。卡里克盐的包装上有一张大图片，一个妇女在一只母鸡后面追着跑，往母鸡尾巴上撒盐——民间相信母鸡尾巴上的盐会阻止它逃走。

奥德里斯科尔：也许我们该把食品贮存起来，重新开始我们的游览……当我到了院子里，我会看到什么附属建筑？它们里面是什么？院子里有什么？

希尼：好吧，当你沿着小路进来，你会看到第一座农家建筑，我们简称为“棚屋”。它位于房子的山墙边，木头架子，铁皮屋顶，一端敞开，墙面是用平展开的柏油桶钉成的。这种旧柏油桶，由于某些原因，供应很充足。桶底被敲掉，铆接处剪开，展平成白铁皮，然后

---

① Poteen，爱尔兰私酒，常用土豆酿制。

钉在一个木头框架上。棚屋里面是一些装袋的粮食、土豆、肥料或猪笼。它的地面是铺砖的。一种陈旧食品的气味。角落里放着工具。燕子在椽条下做窝。

奥德里斯科尔：棚屋旁边呢？

希尼：你往里走，房屋的山墙在你的左边，棚屋在你的右边，你就走到后院了。它的一边是住宅，相对的另一边，十五码之外，你会看到牛栏和——后来的——猪栏。牛栏是一座旧建筑，关奶牛用的，没有窗户。走进去时，你的左手边是关奶牛的隔栏，可以关四头奶牛；你右手边的隔栏，我见到的时候没关牲口，用于堆放草料。全是牛和牛粪的气味。水泥地面上有一条沉积的沟，被称作淤沟，流向后面的出口，让牛尿流出去，让人把牛粪弄出去。清理牛圈的时候要把淤沟里的东西装上推车，把它冲洗一遍，然后再垫上干净的稻草。然后，再把推车里的东西倒在粪堆（dunghill）上，或如我们发音的大丘尔（duchull）——多少是为了和阿霍希尔（Ahoghill）押韵，对不知道阿霍希尔的发音的人来说，这没什么用处……

奥德里斯科尔：我在哪里能找到那个“肚脐眼”[1]，你用这个词所指称的水泵？

希尼：它就在后门外面，你在抽水的时候，会面对一道防风林，一些老山楂树。它们在院子和鸡舍之间作出了一些小分隔。外面有一个厕所，在后面安静的角落里。还有一个厨房菜园，我的玛丽姑妈在

① Omphalos，希腊语，指阿波罗神殿的半圆石祭坛，被认为是世界的中心，同时用于解剖学，指人的肚脐。

那里种菜——铁丝网篱笆里面种着香豌豆。也有一个堆放场——堆放着做饲料的干草，垫牛圈的稻草，在一年中的某些时候，堆着没脱粒的玉米。它听起来似乎很田园牧歌，但实际上很小很普通，一个埋头苦干的地方。一种维持温饱的生活。

奥德里斯科尔：如果我在院子里站一会儿，我会听到什么声音？

希尼：母鸡的声音。咯咯咯和咯哒咯哒。快到圣诞节的时候，是火鸡声和鹅声。全年都能听到小牛犊或奶牛偶尔发出的叫声。也许能听到火车在卡斯尔道森站转轨的声音——因为我们旁边还有一条和公路平行的铁路，就在牛栏后面一百码远的田野里。后来，五十年代初期，我们开始养肉猪，你就能听到它们的哼哼声，而我最早听到的猪叫声，是从四分之一英里之外的阿纳霍瑞什的格里宾屠宰场传来的尖利的叫声。格里宾家做猪生意，每到星期二早晨他们家杀猪。然后，每天早晚还能听到卡斯尔道森的克拉克工厂的喇叭声。有时还能听到某处采石场的爆炸声，也许在地平线之外，也许是在拉维，也许是更远的格伦山口。那个时候，特别打动我的声音是一个叫鲍勃·卡斯利的人赶着小马和马车的声音：鲍勃总是把西班牙种小马赶得真正地飞奔起来，给周围带来一种故事书中才有的魔力。其他的马和马车都是缓慢笨拙地移动，以固定不变的步伐走着，而鲍勃似乎带着一种法厄同的神态，总是想要升入天空一样。

奥德里斯科尔：你还是孩子的时候马对你重要吗？家里喜欢什么品种的马？

希尼：在木斯浜的时候我们总是有一匹马，在需要第二匹马的时候我们就用马克尔家的骡子——比如用来拉套割草机或土豆挖掘机的时候。在我很小的时候，那匹马的名字叫内德，一匹强壮高大的拉车黑马，额头上有一个白色斑块。我记得的最早的事情之一就是在田野里，拿着一把玉米秸送到内德的鼻子下。那肯定惹痒了它或者刺疼了它的眼睛，它抬起一条前蹄把我推——我仍然认为它是把我推到地上，而不是踢倒在地上。

我不知道那些马是什么品种——我那时候听到的都是牛的品种——我也记不清内德后来怎么样了。它肯定是被卖掉了，也许是卖给了一个年老的马贩子或牲畜贩子，他曾经在往返各个市场的途中不时来我家拜访。他带着几匹马赶很远的路，有时候就在我家的棚屋里过夜——对我们这些小孩来说非常神秘。不管怎么说，那时我们有过第二匹马，但只是很短的时间，因为一头骡子被杀掉了。这头骡子在地里突然脱缰而逃，拖着身上套着的鞍耙，最后在路边的水沟里摔断了一条腿。一匹非常年轻漂亮的栗色骡子。我永远也忘不了那天晚上它站在山墙边的样子，虽然我记不清大人们是怎么把它从路边带回院子里的。它站在那里，那个马儿总站在那里剪毛的位置，在那里马高高地安静地站着，人们用手提电剪子嗤嗤地在它身体下面、四周移动，直到腹部的经脉显露出来。它站在那里颤抖着，剧烈地颤抖，直到那人把无痛宰杀机放在它的额间，迅速有力地一击就把它放倒了。

那之后，我们有了一匹强壮、宽背，性情温顺的白色小马，本。我曾经不时地骑着本，从地里到马厩或从马厩到地里。我也骑过马克尔家的骡子，凯特，通常有一个马克尔家的孩子在前面牵着它，还有一个孩子在旁边跟着走。在你靠近马儿的时候，总有一种快乐的感觉，还有一种很轻微的焦虑。总是要很慎重才能接近它们。要是没有一种仪式性的东西，很难驱使马儿去干什么活。就是在地里牵住一匹马，给它戴上眼罩，给它套上马轭——每次都是一种受职仪式。

奥德里斯科尔：给马套上马轭之后，用来干什么？用马拉车吗？——后来拖拉机的出现正是作为对马的替代。

希尼：马用于拉车，把东西从田地里运到谷仓，或从商店运回家里——谷物、土豆、生活用品，或用于干地里的活——犁地、耙地、条播、挖掘、滚压、除草、挖土豆，拉运干草、玉米或泥炭。没错，当然，拖拉机渐渐取代了它们。就我们家来说，有一段过渡时期，既没有自己的马也没有自己的拖拉机。我们使用“专门从事地里活”的本地农民提供的服务。拖拉机的使用大大加快了干农活的速度，在那些小土地拥有者中，有一台拖拉机的人犁完他的地所需时间用不到以前的一半。因此，他就有了余力让自己和自己的机器被邻居雇佣。这完全就像是一年的农忙季节腾出人手和马去帮助邻居的老传统的最新版本。

奥德里斯科尔：你曾坐过两轮轻便马车吗？

希尼：我很小的时候，棚屋里有一辆破旧的轻便马车。四十年代初期，轻便马车已经过时了，但我确实记得在什么地方坐过，很喜欢那种迅疾、轻盈、优雅的奔驰。我体验过的最接近这种感觉的是在日本萩城，我和玛丽坐人力车时的感觉。这是一个游客项目，即使这样，还是让人感觉有点不太对劲。坐在人力车上，你会有着俯视人类的上帝之眼的视野，看到劳动的人低着头、躬着背。但也有这种在空中飘飞的、快速的、空气的推动力——正是这同样的东西使得两轮轻便马车这么吸引人。

奥德里斯科尔：家庭用水要靠雨水吗？怎么收集雨水？你们的饮用水从哪里来？

希尼：雨水！令人惊奇的是回答这些问题，结果成了你自己的人类学样本。我们是通过牛栏的屋顶来收集雨水的，因为牛栏是用波纹状的铁皮盖顶的，有一个排水口。没有办法从住房的茅草屋顶上收集雨水，此外，因为吸附了烟囱里冒出的烟，茅草屋顶必定会污染任何从它身上渗透下来的东西。雨水被珍视是因为它是软性的，能产生非常漂亮的肥皂水。在需要的时候就会把雨水从桶里舀出来，用大锅和平底锅在火炉上加热。

饮用水来自后门的抽水泵，但那是硬水，如果你用它洗什么的话，肥皂水最后会在盆里形成一圈污垢线。它也会在水壶里结成一道硬质水垢，为了防止这水垢沉积得太快，我们会在水壶里放一块大理石。装饮用水的水桶搁在洗涤室的一张凳子上。洗涤室是一个小小的附加建筑，在后门加盖的小砖房，一部分是洗涤室，更小的一部分是食品贮藏室。没有自来水，没有室内盥洗设施。在五十年代中期，我们在伍德新建起一栋两层楼房之前，这些都没有。

奥德里斯科尔：食品贮藏室和洗涤室——它们各自承担什么功能？

希尼：碗碟之类都在洗涤室里洗，还有蔬菜的清洗，在院子里穿的惠灵顿长筒靴放在那里的门后面，普赖默斯便携式燃油炉、油罐、水桶。那里也有分别用于洗手、洗脸和一般盥洗用的盆。还有一个小浴缸，用于洗衣服。在食品贮藏室，有牛奶、黄油，我想还有面粉，但也可能是放在洗涤室里。我们谈论的是非常小的空间。

奥德里斯科尔：木斯浜厨房的里面是什么样子的？

希尼：你从前门进来，在你的右边有一面侧墙，木板分隔墙一直通到厨房，大约四五英尺[①]，形成一条过道的样子。墙上是挂大衣的钩子，在分隔墙的顶端，有一个浅浅的贮存空间，比如，第一个亚麻线团会放在那里——每年的第一批打出来的亚麻会从工厂里带回家来，当然，是用作检验和欣赏，梳理出来以检测其韧度。在你往厨房走时，通向低卧室的门在你左边，然后，正面对着你的后门通向洗涤室。一个炉子和烟囱端立在你右边的里面。一张扶手椅。一张沙发在前窗下。一张婴儿床在侧墙内。一些普通的厨房靠背椅。

墙上挂着一张圣日日历和两幅绣像画，是我姑妈萨拉多年前绣的。一幅是安特里姆郡的邓卢斯城堡，一幅是卡里克弗格斯城堡。还有一种小小的神龛画，作为对1932年在都柏林召开的圣体大会的纪念——上面画着爱尔兰的三位守护圣人，圣帕特里克、圣布里吉德和圣科尔姆希尔，还有以圆塔和凯尔特十字为主题的装饰性小徽章。一盏小小的红色玻璃灯在壁炉台上一直为圣心亮着。圣布里吉德的十字架在这些画像后面。

我想它挺小的，但那时候我并没有特别感觉到这点。地板是水泥的——用混凝土一词来指这主要是沙砾构成的东西有点严重了——平滑而易碎，有处地方有一个小坑，我们用来倒牛奶喂猫。为了透光，夏天的时候前门是打开的，通常从窗户透进卧室一道浮着尘埃的倾斜的光柱。晚上，卧室里亮着烛光，厨房墙上一盏油灯，洗涤室也许是一盏防风灯。蒂利灯和阿拉丁灯都是后来才有的。

奥德里斯科尔：煮些什么吃的？这是你们中午吃饭的屋子吗？

---

① 英尺，英语国家的长度单位，1英尺＝0.3048米。

希尼：火炉上煮着喂家禽和家畜的食物，捣碎的土豆用来喂母鸡，燕麦粥用来喂小牛，诸如此类的东西。有时候是洗涤用的大锅，白色的纺织品为了使其格外的白而加以热沸。水壶里面的水一直保持着沸腾。炖菜。烘烤。在一天的某个时刻用烤盘烤甜烙饼。甜烙饼或蛋糕在烤箱里。妇女的工作没完没了……送我们去上学，准备早餐：麦片粥、面包和黄油，这是最主要的，也许还有一个煎蛋——但那主要是为我父亲做的。那时，我们雇了一个人干地里的活，得为他准备一顿特别的午餐。然后是孩子们的正餐，当我们从学校回到家里，在下午三点半到四点钟的时候。然后是七点钟的晚餐。在我父亲出去赶集的时候，他行程不定，无法说定什么时候该给他备好吃饭的位置。星期六和星期天的吃饭时间相对要固定得多。一顿稍晚的午餐，或更适当的说法是“正餐”，通常是炖菜。星期天，一盆烤肉。在星期天晚上经常有一道沙拉。我们自家种的生菜。我们自家的煮老的鸡蛋。家制的蛋黄酱。自家种的大葱。也许还有罐头三文鱼。

奥德里斯科尔：你妈妈肯定非常忙碌。她会和你们坐在一起吃饭吗？

希尼：我妈妈很少和我们一起坐下，她基本上都在四下走动，或我们吃完才坐到桌边。但也许我记得的是我们都大一些了，住在伍德的新房子里的样子。我父亲有他固定的位置，就在桌子一头。但我们很少同时全都围着桌子坐在一起。我们在圣诞节才这么做，你要知道。上卧室会变成一间餐厅，因为那里有一张折叠桌子，打开时可以坐下我们所有人，而这总是一种重大场景：桌布，特别的成套的餐具，装餐具的柜子全打开了，壁炉上燃着火，鹅肉，苹果酱……

奥德里斯科尔：成套的餐具显得很奢华。

希尼：是啊，也许我应该说是一套餐具，那是一份结婚礼物，它的一部分放在碗橱顶端的搁板上，一部分放在食品柜的底下。我妹妹还有那套餐具的几个盘子，六十多年了，也有盛肉汁的大罐和船形调味盘。它带有一种秋叶图样，深褐色印在乳白底色上，每一片都有着金色的边缘。瓷器，因此被精心保存，很少使用：也许来客人的时候；也许节假日，复活节或圣诞节。习俗和礼仪，如诗人所说的。其他日子我们使用更耐用的东西：蓝边的杯碗，白陶盘子和汤盆。但总有几个大白瓷杯和茶托。我想这就是为什么帕德拉克·克拉姆的诗留在我记忆中的原因："一个碗橱里塞满了闪亮的德尔福瓷器，/有带斑纹的、白色的、蓝色的和褐色的。"

奥德里斯科尔："在那儿的夜晚我心安宁，/坐在火边就我自己/知道床已铺好而不情愿离开/那滴答的钟摆声和闪亮的德尔福瓷器"。那些夜晚的情境就是这样的吗？

希尼：打扫干净的地板，为了保暖门窗都关好了，全都安全地关在厨房里，一切都在那里。但比起克拉姆诗中写的，我记忆中的一切有更多挤在一起的人和温暖舒适，以及更少明亮和闪耀。有一种因大人们的放松而带来的氛围。我父亲常常伸展手脚躺在沙发上，我妈妈坐在扶手椅上，我姑妈可能坐在桌子旁。我妈妈最奢侈的享受就是夜里用热水泡脚——从壶口倒出的热水掺入盆里的冷水时发出的声音有一种真正的安抚的力量。那时没有独立浴室。也没有壁炉前的矮木凳，因为我们有一个很好的小铁炉子叫作——想想看——"现代主妇"，烧煤的炉子，加满煤的时候，散发出逼人的热气。在炉子烧得过热时看着它圆圆的炉盖变得通红是一件很刺激的事。在我舅妈格蕾丝和舅舅休伊所住的伍德的房子里，敞开的壁炉和泥炭火苗是那房子非常吸引人的一部分。

奥德里斯科尔：我能瞄一眼各个房间里面的样子吗？看看里面有什么：也许有铁床，很老的大衣柜，带抽屉的橱柜……地板怎样，地板铺了什么，墙纸和格架？

希尼：我记得的很小的时候的一件事情是撕床边的墙纸的乐趣。墙纸底下是粉色胶画颜料般的灰泥，平滑得可以用铅笔在上面写字……“下屋”的地板是水泥地板，铺着油毡和几块地毯。上卧室是木地板，在壁炉前有一块绵羊皮地毯，有一个大衣柜，不是很大但也不小，也许是新婚时所购置的。它确实有其神秘之处——里面挂着的衣服的柔软、奢华的感觉，女性的芳香，每件东西都静默地垂立。那屋子里确实有三张那种铁架子大床，像干草车那么宽，它们最后都变成了临时代用的门，黄铜角塔工艺品，真正的老铃铛。它们差不多填满了整个屋子。还有用帘子隔开的角落里的架子和衣架，作为我姑妈和小孩们的衣柜。

在我想起它时，我难以相信我们全都住在它里面。婴儿睡在婴儿车里，在我父母睡的上卧室里，第二小的孩子也在那里，睡在婴儿床上。在下屋，我的妹妹们和玛丽姑妈睡在一起，我们其他人分睡在另外两张床上。

奥德里斯科尔：是在哪个房间里，幼儿时候的你躺在婴儿床上，脚触到了地面？

希尼：那不是在卧室，是在厨房里，在小通道的侧墙的另一面。

那是和卧室里婴儿躺着睡觉的婴儿床不同的另一张婴儿床，一张更结实的床。它是我们家路对面的木匠乔·华德做的，在需要的时候，它被家里每一位成员使用过——事实上三十年后玛丽和我把它搬到了格兰摩尔，在我们的女儿凯瑟琳出生的时候。两端是胶合板，边上是栏杆和横木杆，安放在小小摇座上，因此只是离地面一点点高。底部是用木板做的，可移动的，并没有钉死，只是横放着像一块块石板。因此，当你长到一定年龄的时候，你就能够揭下一两块木板，踩到地面。不倒的巨人安泰，只需触及大地。

奥德里斯科尔：你躺在床上时真的听到老鼠在你头上的天花板上吗，如你在《一次学习的进展》中所写的那样？你在卧室里还能听到其他什么声音吗？

希尼：别忘了房顶是茅草，因此有一层榫槽接合的天花板。因此，没错，经常能听到这种抓挠声和疾跑声。也许是群鼠。时不时的就有什么沉重的东西从那木板上穿行，非常让人讨厌，我们认为那是老鼠。但在卧室里也能听到令人安心的声音，那就是墙外马的声响。你偶尔会听到那巨大的身躯转动和脚踏在马厩的声音。让人满足的巨大的杂乱的呼噜声。同样带给人满足和安全感的还有从厨房里传来的新闻播音员的声音和大人们谈话的声音。有时候夜间会有一列火车经过。也许狗会叫起来，冲着路上走过的醉汉。

奥德里斯科尔：当你从屋子里的不同窗户看出去的时候，你会看到什么？

希尼：看不到什么东西，真的。从一开始，窗户就很小，安放得很低。从后面的窗户，你可以看到院子和牛栏，从前窗，可以看到小叶黄杨树篱和树篱中间的一棵小板栗树，前面的菜园，公路沿线的桤树。如果在房子外面，朝着西南方向你可以看见加仑山（Slieve Gallon）在地平线上：我们向往的山岭。

奥德里斯科尔：家里会宰杀什么动物吗？多少食物是家庭自产的？

希尼：我很久远的记忆之一是我父亲朝一个装满盐的箱子伸出手去，拿出一块自家腌制的咸猪肉。那肯定是二战刚结束的时候，而我有一种感觉，这其中有着一种违禁因素。我想那是我们自己的一头刚杀的猪，被腌制了保存起来。他拿出来一块卖给邻居……但这是极为罕有的事情。母鸡和小鸡不时地会被抹了脖子放在沸水里烫。鹅会在圣诞节时杀了，拔毛，后来是火鸡。牛肉主要是从流动屠户的车上买的。另一方面，大多数蔬菜都是自己家种的——不一定都种在菜园里，沿着土豆地的一边，条种着几垄芜菁、卷心菜、胡萝卜，也许还有欧洲萝卜、花椰菜、抱子甘蓝。在菜园里，会种早土豆，比地里的土豆收得早。对我们来说，土豆收成最多的是“阿兰峰”土豆和“阿兰旗”土豆。“金奇迹”土豆经常是种在菜园里，“科尔粉”土豆也是。

奥德里斯科尔：说到蔬菜地，在《斯泰森岛》和《专心致志》中你都回忆过你曾迷失在豌豆地里。种植的豌豆是自己家吃还是用来出售的？为什么你迷失这件事情在你家里成了著名的故事？

希尼：对那一件事我并没有很清晰的记忆，但我确实清楚地记得他们谈起过这事，这是这个故事的由来。另一方面，我又很准确地知道那个地方，经常看到豌豆长在那里。那不是在菜园里，而是在我们的后院和铁路之间的田地的边上。那里的山楂树丛下有一口井，就在火车轨道边。在井前面有一片土滑台，有十五到二十英尺的松软的黏土坡，因为某种原因我的玛丽姑妈在那里种上了豌豆。她自己的一块地。并不是什么商业投资，事实上，对于她这更像是一处花圃而不是菜地。不管怎么样，我喜爱豌豆茎秆，豌豆柄、叶和荚的整个气息，肯定很早就感觉到这种吸引力了。那就是我去到的地方，因为它在院子之外，有点超出了所知世界，所以，他们花了好一阵子才找到我。一个著名的故事：因为难以忘记的恐慌，孩子丢了！

奥德里斯科尔：《搅乳日》中所写的黄油制作确实在木斯浜发生过吗？为什么你要用这么精确有感召力的文字把人生中那么早见到的活动写出来？是因为你——甚至作为整体的爱尔兰——都开始丧失那种生活方式了？

希尼：这里并没有普遍性或社会性的因素起作用。它是一种个人保护，一种你一开始提及的东西，一种完全的直觉冲动要为自己重获某些东西。我也是在不可预知地处理，一个人的记忆不期而然地打开某条写作通道，让你向前。搅牛奶的经验已经深深印刻在我头脑中，你要是能接受我这说法的话，从我接过搅牛奶棒的那一刻起。没有乳制品店，因此只能在厨房的地板中间搅牛奶制作黄油——它通常不在洗涤室之外制作，但洗涤室没有足够的空间进行这一活动。一个搅奶桶，桶箍箍好的，盖子盖好的，木盖子中间留了一个孔，好让搅棒伸进去。这是一件很辛苦的活，但也是集体性的活，谁在家里都会搭一下手，因为需要保持油脂分离和搅动一直进行。你不知道这活要持续多久：黄油出现的那刻总是很特别的，但等待它的时候总会有一种焦虑。难怪曾经有过那些迷信的说法，什么邻居看着奶牛或牛奶眨眼之类的。

奥德里斯科尔：就谷仓、附属建筑、耕地面积来说，你们家在本地属平均水平吗？

希尼：我父亲的土地由他继承的两个小农场构成。一个在木斯浜，一个在布罗阿赫，这个地方我还没提到，因为那里没有住房，我们没觉得它和家有什么联系。布罗阿赫是我们希尼家爷爷奶奶住的地方——他们去世相对要早一些——在布罗阿赫我们家有三间石头房子。一间叫谷仓——非常干燥的地方，可以存放谷物，也确实经常放着谷物——虽然时间并不长，考虑到老鼠的问题。我记得麦子就在那谷仓屋角的一个滚桶上摔打脱粒：一把一把的麦子，他们用这种摔打的方式使麦穗脱粒，以保持麦秸完好地用于盖房顶。布罗阿赫那里也有几个牲口棚，经常存放着干草和麦秆。那些棚子，顺便说一下，也是某种情爱圣地，因为非常舒适、黑暗、温暖，天黑之后很受恋人们的喜爱。第二天你会看到这些巨大而舒适的干草巢穴，到处丢弃着包糖纸和橙子皮。你多早就“开始注意了”是个很有趣的话题——正如他们曾以自己得体的方式观察到的。

奥德里斯科尔：布罗阿赫离木斯浜有多远？

希尼：半英里，也许还要远一点。我不确定。有不同的路去那里。下到地里，爬上铁路，再穿过地里。或者沿着小路绕着走，扭过来转过去。如果我们沿着大路去的话，就会经过好几块我们自己家的地。布罗阿赫，你知道，在爱尔兰语里是河岸的意思，bruach，我们的一些地就在莫耀拉河岸边——“长尖地”“河岸地”和“半亩地”。然后是“布莱恩地”和“马克尔那边的地”，还有“玛丽·麦克爱林前面的地”。最后这三块地散布在别人家的地中间，但在木斯浜我们有七块地全都连在一起——提醒你一下，挺小的，但是是一整块，一个可在里面漫游的地带……总的来说，土地总计四十英亩的样子。算不上什么“大农场”，但我得说比我们周边的人家多十到十五英亩的样子。

奥德里斯科尔：能看出人们之间因为财产的多少而出现的阶级差别的迹象吗？天主教徒和新教徒之间有没有这种事情？

希尼：我们家的视平线，就社会地位来说，和大多数邻居是一致的。事实上，在那一带乡村——我说的是非常特别的地带——新教徒邻居的家境都算不上真正的富裕。和我们家隔着大路另一边的威利·伊文斯是一个劳工，没有自己的土地。桑迪和蕾恰尔·伊文斯有一座独栋平房，种着玫瑰，风格独特，但只有几块地。沿着公路走更远的吉尔摩勒斯家和道森家都没有土地。

但我们和这些邻居的关系都非常好。受尊重的邻居，你知道，什么事情都好解决。比如说，卡尔文家，就土地面积来说，是和我们家差不多一样的家庭，非教派主义性情的家庭，通常不焦虑站在什么立场。然后，还有另外两个我在诗歌中不时写到的伊文斯家，乔治和阿兰，也非常容易相处，非常友好。二战的时候他们都当兵去了，他们复员回来时，给我父亲从罗马带回来一串很大的念珠。他们说这串念珠是从教皇的梳妆台偷来的，这话经常被提起。

奥德里斯科尔：亚麻池相对于你家房子的位置在什么地方？阿纳霍瑞什学校在什么地方？也许你能再给我定位一下？

希尼：假设木斯浜的房子是一个钟面上的一条短地平线，九点和三点间连成的水平线，你从前门望出去，公路就从十二点的位置直接横过，在你身后，六点钟的位置，只隔着一块地，铁路是另一条与房子平行的水平线。在你左边九点钟方向，沿着公路走，就到了希尔山。沿着三点钟方向，直接走下去，就是图姆桥。在一点和两点之间的某处——沿着一条叫拉甘斯的小路，就走到阿纳霍瑞什学校了。现在别忘了，你是朝着十二点的方向站着的：莫耀拉河在你身后出了钟面之外了，在六点钟的下面，离铁路线半英里，在下布罗阿赫路的尽头。亚麻池就在下布罗阿赫路边。你现在不会为你所问的问题感到不好意思吧？

奥德里斯科尔：现在我知道了——上一秒才知道——阿纳霍瑞什学校在什么地方了。我必须要问一下，对那地方你还记得什么，比如，在那学习读书什么的。

希尼：是啊，我对学习读书的记忆可以追溯到我去阿纳霍瑞什学校上学的第一天，那些字母图表，大字母印刷的阅读课本。但我还是小孩时并没有显露出任何特别的成功迹象或口才——当然也没有任何人记得我说的第一句话。很自然，去上学的第一天早晨我哭了。我父亲正在刮胡须，他准备去赶集。菲丽·麦克尼科尔，比我大一两岁的女孩，就住在木匠家那边，她负责带我去学校，她一来到门口我就嚎啕大哭，我父亲不得不装出很生气的样子——虽然那时候看起来不像是装的。我非常难过地去了。在我们快走到学校时，我很惊讶地看到那么多小孩在早晨的这个时间都赶往那个地方。然后是门厅里老面包屑的味道，光光的墙和上面伸展的一排大衣钩子。我记得还为我的书包感到尴尬——它不是新的，严格说来并不是书包。它也许比别人的更好一些，但和别人的不一样，这点烦扰着我。它是一个手工制作的肩挎的皮包，那种售票员用来装车票钱的包。我想它是我舅舅彼得的，他开一辆出售面包的车，因此需要一个肩挎包来装钱。最初那些上学的日子里我最喜欢的事情，我必须说，是被菲丽照顾着，和她有一种特别的亲密。我想，这是第一次感受到爱。

奥德里斯科尔：在去学校的路上，你看到和听到了什么？

希尼：那是一条很自然的小径，就其本身来说：一条有着高高的树篱的小路，穿过沼泽地、垃圾坑、灌木丛和石楠丛，还有路边草地上的灯心草。一条旧日的孤单僻静的小路，上面杂草丛生，在一年的不同时节，路边开着不同的花：雏菊，蒲公英，毛地黄，报春花。春天的时候有鸟巢。吉普赛人经常在树篱的遮蔽下扎营——或者说是补锅匠，那时这个词并无贬义，只是带着一点锡铁匠、修补匠的气味。色彩鲜亮的大篷车，旧防水布做的帐篷搭在小树弯曲的树枝上，燃烧的火堆，脚被绊住的小马在沟里这一匹那一匹。毫无疑问，全像故事中的场景，但在当时只是常景。还有夏天，下午的时候，会有小车停在那里，车窗因蒙着水汽而模糊，在四周寂静的环境中，你知道在后座上正进行的动作。这种偷偷摸摸的事情总是让我们非常兴奋。

那条路叫拉甘斯路，路上有一座小山，叫穆霍兰坡。在穆霍兰坡山顶，要是天气好的话，你可以看到安特里姆郡的斯莱米思山——一个火山堆，但充满传奇，据说圣帕特里克最初作为奴隶被带到爱尔兰来的时候，就在那座山上给一个叫米留客的农民放过羊。你总是能看到伯格湖的粼粼波光，就在一英里之外，还有教堂岛上高出树丛之上的教堂尖顶——一个明确的地标。

奥德里斯科尔：你记得因为生病而缺过课吗？你有过所有那些少年时期通常有的磨难吗？

希尼：全都有。我记得出麻疹的时候整天躺在床上，窗帘也是拉上的。体验到了那种非同一般的“疯疯癫癫”，像大人所说的。高烧，说胡话，出现幻觉。很吓人但也难得。大人在床边试图让你平静下来，虽然你平静不下来，但他们在身边让你感觉安全。然后还有腮腺炎。大披巾围裹着大肿腮帮子，它们就是“肿胀的腺体”。我现在没听说小孩还受这种磨难。还有对白喉的恐惧，非常强烈，在学校里接种了防白喉的疫苗。还有疖子。天啊，还有疖子。有时候教室看起来就像是野战医院，那么多人的脖子上包扎着绷带。

奥德里斯科尔：那时候你对大人们的疾病有了解吗？

希尼：了解得不多。你会听到老人在“等待着”——在他们临终的床上。你会听到“中风”一词。还有“衰弱”一词，但这个特别的“衰弱”并不是指人在生病的过程中丧失体力。它是专门用于暗指肺结核的词。它通常出现在关于过去的谈话中，你隐约听到但并不完全明白。它属于让人恐惧的词语。我父亲的好几个兄弟姐妹在1920年代都死于肺结核，我想对这一疾病的恐惧经常萦回在整个那一代人的心头。

奥德里斯科尔： 有没有本地人擅长传统的医疗和诊治方法？

希尼： 当然有，有人知道治疗皮癣的办法。我记得我弟弟休被带到安特里姆郡的某个男人或女人那儿，用仪式、咒语或什么方法治疗。我想他的治愈被归因于这次访医问药。那时候的农村里皮癣是常见的磨难，很容易传染上，从那些牲畜接触的柱子上、墙上、门上或别的什么地方。非常痛苦，瘙痒难耐，皮开肉绽。有一个高大的妇女，名叫特里·麦克威廉，她能治眼里长的挑针。我经常听他们谈论她是怎么做的，但我还是只有最微弱的印象。我想那大概是和十字架象征和醋栗树上的刺有关。在治疗过程中，特里会一个人躲入卧室，也许是祈祷。不管怎么说，她在当地显得有点怪异，一个从内伊湖岸嫁过来的人妻，更像是一个渔妇而不是农妇。

奥德里斯科尔： 到目前为止，我们所谈的主要是集中于你在木斯浜的成长记忆。但你少年时代最富有戏剧性的一刻肯定是你家从木斯浜农场搬到伍德农场。从木斯浜到伍德有多远？

希尼： 哦，四五英里的样子。不是直线距离。

奥德里斯科尔： 这种迁移对一个农村家庭来说是非比寻常的。

希尼： 这次搬迁有两个主要原因。第一个原因是，我父亲在他舅舅休伊去世后继承了在伍德的农场，时间大约是1952年或1953年。第二个原因是，住在离1953年2月克里斯托弗因车祸死去的公路这么近的地方是一件感情上很难忍受的事情。

奥德里斯科尔：你能不能更详细地说说那场车祸？《期中请假》一诗太有名了。

希尼：发生车祸的那个傍晚我不在现场，但我头脑里确实有一幅非常清晰的画面。那是在离我家的小路稍微上去一点的公交车站。克里斯托弗和我弟弟休在路的一边，把一封信交给去往贝尔法斯特的公交车——那时候你可以托售票员带一封信，到城里替你投寄，这样可以省了自己跑一趟邮局。不知怎么回事，就在那时，我弟弟帕特和丹正从公路的另一边走过来，要到路边的一家人那里去取一桶煤油。在公交车开动的时候，克里斯托弗——当时三岁半——看到公路对面的两个哥哥，立即穿过公路朝他们跑去。但是，就在公交车开动的时候，一辆小汽车从相反方向开过来，克里斯托弗从公交车后面跑出来时直接就撞到了汽车上，被撞倒了。小汽车司机根本来不及反应。接下来的情景我难以承受去想它：休抱起他，他流着血，可能失去了知觉。然后那辆小汽车里的一位乘客下来，接过克里斯托弗，抱着他沿着我家的小路走了三十或四十码，休跟在后面，一直哭着。我妈妈，正在外面的晾衣绳上晾衣服，听到声音跑到外面路上看到了发生的一切。就几分钟的事情。他被送到马拉费尔特的阿尔斯特中部医院，几个小时后就去世了。

奥德里斯科尔：我能清楚地想象在那之后你父母会觉得那个公交站和那条公路有多么可怕。

希尼：我记得有很多关于公路上来往车辆危险的谈论，但这并不是我们搬去伍德农场的唯一理由。我认为我父亲一直心系伍德农场。理由是：他父母去世后，他就由斯加隆舅舅们照看，他们是我奶奶的兄弟。大体上在我父亲的家庭罗盘上有三个点：布罗阿赫，他度过童年时代的地方，那是他的斯加隆母亲嫁给他父亲詹姆斯·希尼之后所住之地；伍德，是他母亲出嫁前所住之地，也是她去世之后他所去之地；木斯浜，他青年时期继承的产业，玛丽所住之地，也是他结婚后的居住地。

奥德里斯科尔：家里其他人感觉怎么样——他们没有你父亲那样的和那个地方的关联？

希尼：在1954年春天我们搬家期间我实际上在中学上学。我知道这事将会发生，是因为我们经常听到对此事的讨论。我的弟弟们对搬家有更生动的记忆，用了两辆不同的卡车，一辆是乔治·麦克金利运牲口的卡车，一辆是小一点的运家具的货车。当然，对我来说，伍德的房子一直就很熟悉，因为我经常去那里，甚至和我的舅妈格蕾丝和舅舅——严格说来是舅公——休伊一起住上一两天。休伊去世之后，格蕾丝搬到他们“田地那边”的一个老地方。我更小的时候，我的姑妈萨拉也曾住在伍德，但在四十年代后期或五十年代初期她在贝拉菲村买了一栋自己的房子。

因此，尽管搬家之后有一种明显的陌生感，但我个人并没有体验到强烈的痛苦。我早已对该地的邻居和方位很熟悉。但我的弟弟们面临更多的问题，因为他们得转学，我的妹妹西拉已经在马拉费尔特上中学，就继续在那里上，就像我继续上圣科伦巴公学一样。我的二妹安，小时候总是更娇弱一些，得到了特别的照顾，每天坐我姑妈萨拉的车去她任教的巴利尼斯学校上学。也许承受着最大冲击的是我妈妈——一个来到丈夫家所在地的妻子，被他更多的亲人环绕。

奥德里斯科尔：两个农场的大小和宗教混居情况有很大区别吗？有没有现在所谓的“向上流动”的意味？

希尼：没这感觉。虽然那整个地区——就是塔姆拉夫达夫城区，邻近巴利斯加隆（Ballyscullion）和巴利马科布（Ballymacombs）——可能被认为主要是天主教地区，但我突然意识到伍德农场实际上毗邻着三家新教徒邻居的土地。简金家的（《另一边》里写到了约翰尼·简金）和麦克英提家的，还有——相邻不那么紧的——桑德斯家的。我们伍德的农场可能比木斯浜的农场多十到十二英亩土地，但我们和麦克英提家、简金家和穆尔兰德家几乎完全一样，五十到六十英亩耕地，还有牲口，一座很好的院落和附属建筑。当然，我父亲早年的时候在那生活过，我的姑妈们和舅公一直生活在那里，因此根本没有外来者的感觉。

奥德里斯科尔：伍德农场的住房和木斯浜的住房相比，怎么样？

希尼：伍德农场的老房子也是茅草屋顶的平房，有三个卧室、几间棚屋、挤奶间、牛栏，全都在一排长屋顶之下。我们搬到那里时，我们在里面安装了一个炉子。直到那时，一个敞口的壁炉一直烧着泥碳。那老屋子是过渡性安排，从我们搬离木斯浜那刻，就计划建一栋两层的新住屋，我们搬到那之后没多久就开始建了。所有孩子都在长大。

奥德里斯科尔：那时候木斯浜的房子出售了吗？

希尼：是的，木斯浜卖掉了，布罗阿赫农场也卖掉了。我们这样才有钱盖新房子。卖掉之后没多久，木斯浜就被新主人翻新了，虽然老住屋的地基形状还保持原样，到现在还是如此。山毛榉树被砍掉了，附属建筑大大扩展了——你现在看到的那个地方，完全不一样了，显得像一块小小的工业地产了。田地之间的树篱被清除了，铁路也消失了，整个的——不只是木斯浜而是整个乡村——那种旧日的耕种、季节和枝繁叶茂的感觉全都消失了。一旦树木、树篱、沟渠和茅草屋顶被铲除之后，你所在的就完全是一个不同的世界了。你把土地抛弃给了栅栏。

奥德里斯科尔：你会把木斯浜的丧失视为你诗歌想象力的一块基石吗?

希尼：肯定的。那时候我对此毫无感觉。那时候丧失还没有显现在词语中。不管怎么说，青春期是一个尴尬的时段，在我们搬到教区的另一边，搬进贝拉菲村的社区时，我不太认识那里的同龄人，无论男的还是女的。还有，除了暑假的六个星期以及圣诞节复活节的几周，我全年都离家在外上学，在德里的圣科伦巴公学。我从未很好地融入贝拉菲的土壤，总是缺乏一种在家的感觉——我指的不是在家里，而是整个社区的氛围。比如，我并不喜欢贝拉菲的 GAA[①] 队：我很自然地是卡斯尔道森队的支持者，并且在我们搬家之后继续在卡斯尔道森青少年队踢球。在木斯浜，我有伙伴，像亨利·格里宾和吉米·西弗斯。如果我们还住在那儿，我可能会与他们一起共享某种十多岁孩子的群体生活，但在伍德农场周边没有这样的东西。当然，对于诗歌生活来说，可能那个过渡阶段的不合群与童年时代的合群一样重要。

① 盖尔运动协会（Gaelic Athletic Association）的英文缩写。

我也该警惕某种夸张：我在女王大学过着某种成群结队的生活，在圣科伦巴公学也有很好的朋友，但在关于伍德的记忆中一直有一种置身其外的感觉。

奥德里斯科尔：你在写少年时代的事情的时候，记忆把你引向的是木斯浜吗？你能给我举出一些背景是伍德农场的诗歌，或融合了两地背景的诗歌吗？

希尼：如我前面提到过的，《另一边》的背景是伍德农场一带。《挖掘》中的托纳沼泽也属于那一带。我们搬到那里时，我们获得了泥炭开采权，那些在青苔地里度过的夏日属于我一生之中最富有田园诗意的时光。很多像《亲人》一诗中的泥炭幻想曲就来自那时节的托纳青苔地。这里我坦白一个我几乎忘了的事情：在写《挖掘》一诗时，我把我的舅公休伊转换成了我爷爷——在我们搬到那之前的岁月里，有好几次我到伍德做客时，和休伊一起去了沼泽地。和他一起坐在运货马车上——他作为“运货马车之神”出现在《亲人》的第五部分——回到家里再帮着把泥炭堆成一堆。对我来说，他总是代表我家里希尼一系的始祖。即使如此，诗中背景也几乎总是木斯浜、布罗阿赫、教区的另一边。

也有一些诗的背景是特别设置在“新房子”里的。诗集《观看事物》中的《拐杖》，我想象父亲从他楼上卧室的窗前所见的情景。十二行诗中有一首回忆我父亲想象的新房子的模样：“高大，笔直，普通……”这想象他当然设法实现了。那是一所1950年代的“要么接受要么离开我”风格的住房，面朝大路，毫无装饰地朝着大路，建在一片空地上。福米加防火胶板在农场盛行的年代。柏油路面和路沿石的时代。

奥德里斯科尔：你的教父母是谁？你和他们有经常性的接触吗？

希尼：我的姑妈萨拉，家里人叫她萨丽，是我的教母。她对此持之以恒，非常负责。萨丽是我父亲的妹妹，当老师，单身，非常细心周到，非常善良，毫不含糊。她身上有一种月神阿尔忒弥斯的品性。人很漂亮，穿着讲究，花呢套装，丝绸衬衫，雕花胸针。针线活和园艺活都做得很好，驾驶着自己的汽车——一辆“标准8”——从我记事起她就是这样。比如，在伍德农场的老房子里有一架属于她的钢琴。在她搬到贝拉菲自己的房子居住之后，我曾在星期六的时候从木斯浜去她那里，帮她打理花园。我清除杂草，也挖一下地。我估计是十岁或十一岁的时候。

我跟她很亲近，在我显示出一些学习前景时，她密切关注着我。正是在她的家里我对书才有了直接的印象——她有一个书柜，里面有成套的哈代和吉卜林，这是她年轻当老师时买的。看到所有书的扉页上都写着我自己的首字母姓名“S. Heaney，1925”，总有一种奇怪的感觉。正是萨丽，在我二十一岁生日的时候送给我一个带玻璃门的大书柜。也是她在我和玛丽结婚后，给了我们五百英镑，作为我们买的第一套房子的首付。关于她我有说不完的话。她是一个伟大的女人，一个情感同时也是物质的供给者。

奥德里斯科尔：你的教父呢？

希尼：艾迪·希尼，不是亲戚，只是同姓，他们家要么是来自苏格兰要么是去了苏格兰又返回来的，因为他们全家人说话都带苏格兰口音。艾迪是一个农民，出了名的好相处，一个非常和善的人，总是播种和收割得挺晚，总是走到哪都很受欢迎，是我父亲和母亲都非常喜爱的人。他在自己生命的最后一天说的一句话对我有着越来越深的意味。我弟弟休去医院里看他，对他说了些这样的话："哦，艾迪，你毫无遗憾了，你总是对人很好。""对他们过于好了，休"，艾迪说，"过于好了。"

奥德里斯科尔：你的（外）祖父母呢？

希尼：我从未见过我的希尼一系的祖父母。我父亲小的时候他们就去世了。而且，很奇怪的是，我从未想念过他们。就我们的关注而言，爷爷奶奶就是住在卡斯尔道森的外祖父母，事实就是这样。我的麦凯恩一系的外祖父像那个时代舞台上的任何一个外祖父角色一样：闪亮的秃头，闪亮的金边眼镜，闪亮的黑色背心，前面饰钮很炫的无领衬衫，坐在桌子那头读着报纸，从眼镜上方盯着你。

奥德里斯科尔：你和他有特别的外孙与外祖父间的关系吗？

希尼：我只清晰地记得一件他说过的事，我记得它只是因为他说错了。我到卡斯尔道森去——我肯定是九岁或十岁——去看电影《金银岛》，它当时正在圣马拉奇礼堂上映，就在我外祖父家的街对面。在书快结束的时候，有一个很紧张的场景，你知道。当吉米·霍金斯上去操纵索具时，那个阴险的船员以色列·汉斯拿着一把刀来到了他身后。在我从电影院回去时，我的外祖父对我说："哦，孩子，你看到以撒·汉斯了吗？"在这一小小的错误里，我被允许瞥见了童年和老年之间神秘的鸿沟——我的意思是，我当时有一种直觉只是现在才能用语言表达出来。从"以色列"转变成"以撒"这点告诉我他是在几十年前读的《金银岛》，然后就留在他的记忆中，成了他这期间发生的一切事情的一部分，而一切事物都在流逝变化，这点导致了他记忆的小失误。

奥德里斯科尔：《电灯光》中的老妇女就是你麦凯恩一系的外婆？

希尼：就是她，连同她伤残的拇指、灰色外套、低低的声音和带拉链的拖鞋。她很幸运地生活在一家人的智慧和善良之中，特别是我的安妮姨妈，那些日子就住在新巷子照顾她。我的桑尼舅舅和帕迪舅舅也一样。

奥德里斯科尔：谢默斯是一个家族的名字吗？

希尼：我们希尼家的爷爷名字叫詹姆斯，因此这肯定是我被叫作谢默斯的理由之一。为什么这名字变成了爱尔兰语的形式，我不能确定。当然，北爱尔兰的每一件事都散发出暗示。但我不认为我的名字有任何对抗的特殊意味，因为无论我父亲一边还是我母亲一边都不是积极的爱尔兰共和派。我母亲无疑态度更积极，对教派压力更警觉，更容易被那隐蔽地运行的体制激怒。她有一种批判的、打抱不平的态度。但我父亲倾向于轻快地走过众挑衅，就像没看到它们一样。至于说到社会群体，他属于牲口贩子群体，就像他属于天主教徒一样。这种泰然自若也许来自于他的出身背景——抚养他的斯加隆舅舅在伍德属于富有家庭，因此他一直靠土地生活，一直拥有自己的土地，他总是处于小土地所有者和不小的土地所有者的社会阶层。他会认为自己属于比“没有财产的人”更高的阶层，而我母亲这边有点认同自己属于工薪阶层和劳动阶层。她对不平等的感觉更敏锐。

奥德里斯科尔：你认为她不会强行把你的名写成爱尔兰语形式？

希尼：我认为不会。她对待事物并没有特别的爱尔兰倾向。我在其他地方说到过，我父亲的家庭背景属于传统的本地爱尔兰畜牧文化，而她属于更近于现代的，花圃和街坊居家文化。希尼姐妹——玛丽，格蕾丝，甚至当老师的萨拉——都比她更自然地属于农家厨房。她们的母亲所姓的斯加隆（Scullion[①]）来自爱尔兰语 Ó Scoileáin，和英语中表示厨房洗碗槽的 Scullion 一词毫无关系，但碰巧这词指那些对装满牲口饲料的大盆很熟悉的妇女。而另一方面，我母亲更适应靠近铮亮的炉子，用烤箱烤蛋糕。

不管怎么说，我的名字在出生登记时写错了，我出生证上的名字写成了“Shamus”。在我记起这件事的时候，我身上我母亲的那部分把它视为官方对爱尔兰维度的又一次排斥，而我身上我父亲的那部分把它视为某个小职员的无知，她只是碰巧属橙带党人家的女儿，不知道怎么拼写 Seamus 这名字。

奥德里斯科尔：在忠英的统一派势力下的阿尔斯特，被叫作谢默斯是一个沉重的负担吗？

希尼：更像是一枚荣誉徽章。认真地说，这名字表达了自信，如果它造成了对统一派的刺激的话，这太糟了。“叫我希恩（Seán）”这一因素是你要学会与之共生的东西——对一些忠英派而言，一个爱尔兰名字差不多就是一个异己的他者。这是“他们看起来全都一样”的阿尔斯特形式，但把谢默斯视作某种挥舞旗帜的行为或盖尔身份的标榜，将是错误的。我和我家里的任何人都不会这么看。比如我的妹妹

---

① 英语，意为“厨房帮工”。

西娜，紧接着我出生的，所取的名字是简·鲍琳，我自己的中间名是贾斯汀，取自教会历，我出生的第二天就是殉道者贾斯汀节。

奥德里斯科尔：你的弟弟妹妹的名字是什么？

希尼：西娜，休，帕特里克，查尔斯，科尔曼，丹尼尔，安——她出生于西娜之后，2002年去世了。克里斯托弗出生在科尔曼和丹尼尔之间。

奥德里斯科尔：他们中哪一个和你最亲近？

希尼：一样亲近，可以这么说，和他们所有人。这也意味着，我想，有着同样的距离。作为长子，我从十二岁就离开家读寄宿学校，上大学，进入一种独立状态，同时也拥有一种特权。一种轻微的“代尽父母之责”的因素很早就潜入了，举一个很简单的例子：在我刚十多岁不再相信圣诞老人的时候，我常给我妈妈做一些秘密工作，给弟弟妹妹们准备圣诞礼物。在圣科伦巴公学每年12月8日，圣母无染受孕节，都是自由活动日。那天下午寄宿生允许出校门进德里城去。我会去逛伍尔沃斯百货公司和李特尔伍德百货公司，买一些可装入圣诞袜的东西，两周后带回家。这只是我的“特殊关系”的一个例子。

奥德里斯科尔：再举一个？

希尼：好吧，还有挤牛奶的事，这在我去德里上学后就再也没干过了。在我们搬到伍德农场时，我们开始给乳品厂送牛奶。量并不是非常大，但即使这样，每天早晚也必须给奶牛挤奶，在固定时间也必须把装桶的牛奶送到公路边。很多年都是休、帕特、查理和科尔曼干这些挤奶送奶的活，因为他们在家——虽然后来帕特也跟随我的脚步进了圣科伦巴公学。但即使放假回到家里，我也被允许躺在床上，而他们起来干活——部分是因为圣科伦巴公学本身就被视为一种干苦活的地方。

奥德里斯科尔：因此你可以说在德里上学的这些年你是脱离你的弟弟妹妹而成长的吗？

希尼：这样说就太过了。在最初的时候，我和西娜妹妹最亲密，因为她是我下面最大的。比如，在她开始上学时，我负责照看她。后来，我能够和他们所有人保持单独的、亲善的关系。和每一个人的关系，都是戏谑和喜爱的不同混合。即使这样，我还是有点脱身在外的感觉。在安还活着的时候，我每次回德里郡都会去看她，因为她自己生活，住在自己的房子里，所以成了扩展了的大家庭的中心。

奥德里斯科尔：你是家里唯一上了大学的人吗？是1947年制定的"教育法案"才使你能够上大学的呢，还是，如果需要的话，也能想出一些别的办法呢？

希尼：如果没有那个时候开始启动的奖学金制度，我想我是上不了大学的。小学里的老师们告诉我父母我是个聪明的孩子，因此我参加了新的奖学金资格考试，并取得了奖学金——那是1950年。但因为我才十一岁，于是决定最好推迟颁发奖学金，结果就是我为上中学又多准备了一年。我早早地去学校找墨菲先生，上我最初的拉丁语课——这些事写入了《斯泰森岛》的一部分。他同时也尝试教我代数和爱尔兰语，但我很紧张，而他也很粗暴，讲得不清晰，这种一对一的教学是一种折磨，收效甚微。

就整个这些方面来说，我很同情我的弟弟们，他们在受教育的重要时刻，就是在他们读到十一年级之前，也就是新的奖学金考试之前，经历了波折。从木斯浜搬到伍德导致他们在小学转学——休大约是十一岁，帕特是十岁左右。这一切没处理好，时机不对。帕特通过了考试，最后在女王大学读了历史学学位。我的妹妹西娜在拉格比的一所教育学院取得了教师文凭。丹，我最小的弟弟，在贝尔法斯特取得了教育学士。这些都要感谢英国工党政府实行的奖学金制度。

奥德里斯科尔：在以前的一次访谈中，你说过你有一个幸福、安宁的童年。你还加了一句："我想每个人回忆自己最初的岁月时，都会觉得它处于一个被分隔开的空间之中并感到有点悲伤。"对于这一点我很想听你详细说说。

希尼：说什么呢？我试图表达的是在我回想起我最初的自我时我感觉它像什么样子。像那样的东西必然是模糊的，并且必定会受到文学和文化给予你的认识和感觉方式的影响。幼小的我在我心中肯定是一个 animula①，一个孤单的小灵魂的形象。或是出自柏拉图寓言中的形象，如叶芝所称的，一个灵魂在诞生的时候和他的另一半分离了，这之后就一直在寻求和渴望那分离的另一半。我回想自己还是小孩的时候，我感觉自己接近于那种不满足的、渴望的、孤独的内在心灵。它——或他——从未消失，只是现在寄寓在更深处，在所有社会性防卫之后，各种屏障之后，他学会了使用这一切来保护内在灵性的完好，但这一切最终也有一种将其幽闭的后果。

---

① 拉丁语，意思是"小小的灵魂"，T. S. 艾略特写过一首诗，题目就是这个拉丁语。

“我想每个人回忆自己最初的岁月时，都会觉得它处于一个被分隔开的空间之中并感到有点悲伤”，完全按原文来解释一下，它说的是看见我自己小时候在田野里，抬头，听着云雀的叫声。云雀很多，到处都是，非常平常，到我十多岁时根本没意识到，是浪漫的心灵在回应那热切的叫声。比如，我最初读到的现代诗中有一首写云雀的，塞西尔·戴·刘易斯写的。前几天我翻到那本企鹅诗人丛书中的戴·刘易斯诗选，惊讶地看到我是在1957年8月买的这本书，在我去女王大学上学前那个夏天。写云雀的那首诗是那本诗集的最后一首诗，它让我想起，对那首诗所称的“天国正午般宽广的领域”我总是多么宽广地敞开自己。

奥德里斯科尔：“永生的显现”，你能回忆起在你后来的生命历程中见到过的这种时刻吗？

希尼：在乡下，在格兰摩尔的星光之夜，在房子的山墙下尿尿，我有一种通常的巨大的梦幻感。但在我特别记得的另一些情境里，更多的是为必死的人类之作为所震惊。有天上午在伯克利，在威尔大楼顶层，英语系所在地，我站在一个阳台外面。砖墙已经被太阳晒得暖烘烘的，天空晴朗，夏日的阳光渗透了一切，你可以看到海湾那边旧金山白色的平台和塔楼，那中间绿色的林带和花园，我看着这样的情景——我不知道怎么称呼它……人性的喜悦？敬畏？强烈地感觉到人类在大地上创造的成就。某种类似于华兹华斯在《威斯敏斯特大桥》中所揭示的东西。

越过旧金山海湾，金斯伯格和斯奈德这样的诗人对这海岸边的都市文明都写出过他们天启般的幻象。但在回答你的问题时，我在这里只用我自己的领悟来证实。某种相似的东西，某种美妙重大的感觉，如《圣经》可能会说的，某种人子所行之事，奇迹般的感觉，数年之后在曼哈顿的一个早晨降临到我身上。我们住在城中的一套公寓里。黎明时我起来，看着外面的摩天大楼，如此之近，你觉得把手伸出去，就能透过烟雾弥漫的玻璃触摸到它们。所有的一切都壮丽、宁静，显露出一种氧乙炔之光映在黎明天空的清晰轮廓。我体内的什么东西涌流而出向一切游去，与此同时外面也有什么东西游入我的体内。就像成了那最高天空里的居民一样。

奥德里斯科尔：在你少年时期，有没有过在某一刻自觉到，自我意识到，这一刻将会一直是你生命之中的试金石？

希尼：作为寄宿生去圣科伦巴公学那天，悲伤之剑激烈地挥舞着。那是很明确的一刻。对将要发生的事情，我们都还没有做好准备。我父亲母亲也迷迷糊糊，我知道：进了德里市，进了学校，进了校长走廊，进了校长办公室。我知道：在那些教员面前，那种庄重的环境里，皮桌子，安静的地毯，沿墙排列的书，他们应该感觉到陌生和胆怯。我人生成长已到了那个阶段，知道他们对自己个性和责任的神秘感那天肯定一直伴随着他们。他们把我交付给一个未知世界，我们全都在成长。雾气散开了。想象一下这情景：在我离家去学校之前的日子里，我常听到的爱怜之语是“他们的伙食很好”。这就是乡下人对圣科伦巴公学作为一所寄宿学校的理解程度。也是他们的期待程度！在我父亲和母亲简单地说了再见，从新生楼的前门走出去，沿着中间的道路，走向学校的大门时，所发生的一切的真正意义全显露了出来。我站在那里，看着他们离开，悲伤难抑。并无过错的、徒劳无益的悲伤。一个分隔开的空间，这毫无疑问，而不仅是一丝悲伤。

二、成长为诗歌

奥德里斯科尔：你在孩童时代就对诗歌就有着不同寻常的反应吗?

希尼：我想并非如此。我们小时候教的诗我记得的不多。威廉·阿林厄姆的《仙女》当然记得："小小的人儿，善良的人儿／成群结队到处都是；／绿夹克，红帽子／还有猫头鹰的白羽毛！"还有那些"黄色浪沫的／薄脆饼"形象。还有另一首我们曾朗诵过的鸭子戏水的诗——不是阿林厄姆那首四只鸭子在池塘里，而是更欢快的一首写鸭子的尾巴翘在空中、鸭子的头潜入水中的诗。全班一起大声地朗读这首诗。但到了我们"进入到教室"的时候，诗歌成了阅读课偶尔才有的部分。你只能读到阅读课本中所选的东西——《年轻的洛秦瓦那》①,《噢，身在英格兰》和《奇角岩石②》。那个时候我记得最好的

① *Young Lochinvar*，瓦尔特·司各特爵士的长诗《玛密恩》(1808年）中的一支谣曲，描写浪漫英雄洛秦瓦那在一场舞会上把已经和别人订婚的情人埃伦带出门外骑马逃走。英国在1920年代把这个故事拍成了默片电影。

② Inchcape Rock，北海中的一块巨大的礁石。

诗是华兹华斯的《忠诚》：“牧羊人听到一阵狂叫声，/像一只狗或狐狸的尖叫……”这首诗写一条狗在群山之中的一道山谷里孤单地待了几个星期，守护着它从悬崖上掉下来摔死的主人。抓住我的是那些关于山岭、山中小湖和险恶气氛的描写。

奥德里斯科尔：家里会教诗或儿歌吗？你曾写过你母亲用她在学校里学到的拉丁语前缀和后缀编儿歌。

希尼：是的，没错。她也曾大声唱过朗费罗的一首诗——我认为是朗费罗的诗——她的父亲教会她的：“这闲暇渐渐变得厌烦，/而每个忙碌的音符都流露出欢畅。/这是劳动的喜悦……”或类似这种效果的词语。很好的节奏强健的基督徒运动谣曲。正是她最早教会了我们这些：“世上有个调皮的小孩/这调皮小孩就是他……”我在大学时读济慈的极大乐趣之一是发现他在苏格兰旅行期间即兴写下的诗句，在一封写给他妹妹芳妮的信中。直到那时，它还被误以为只是一首无名歌谣——这是对它极大的称赞。

奥德里斯科尔：那些歌谣和诗歌对你有什么影响？

希尼：我对此并不是很清楚。最重要的一点是它们终身陪伴在你身边。很早的时候学会的诗歌，有着真正的想象力的诗歌，最终就像是从世界流淌出来，流入你身体内。比如，我最近想到很小的时候就进入我头脑之中的两行诗：“两根竖着的棍子和一根横着的/拼成了威利·布伦南在希尔德苔地的样子。”这是你可称之为“大老粗”表演的东西，但我现在认识到它是可以和斯蒂芬·代达勒斯在山迪蒙海滩的沉思联系起来的。在那里他想着：“我在这里辨认一切事物的印记……”①

那个写希尔德苔地诗的人对世界印记的辨认，像任何一个战神诗人一样富有艺术性。两根棍子竖着一根棍子横着，当然，在那下面还会有一堆泥炭火的余烬，告诉我们威利·布伦南一整天都在苔藓地里，这个他搭起来煮一罐水用来泡茶的小装置，就是他的印记。我无法确定我第一次听到这些诗句时感觉到了什么，那是六十多年前了，但它唤醒和刺激了我心里蕴藏的诗歌。

奥德里斯科尔：你是那种作文会被老师举例作为全班其他同学的光辉榜样的学生吗？

希尼：与这差得太远了。我有擅长数字的名气。因为表现突出，我更喜欢“英语”课的语法和概括性分析这方面，拼写测试之类。在写所谓的“作文”这方面我并没有特别的天赋，对它也没特别的喜爱。但我确实记得有一次，刚上圣科伦巴公学，在写一篇题目是《海边一日》的作文时，我把我身上表露的学生的一面和更内心的存在的一面——那潜伏的作家，可以这么称之——结合起来了。在那些通常的、预想得到的活动项目之中，比如潜水和游泳，这两项我都不会，我写了自己因为躲避一场雨，走进了一条游玩的拱廊，但因为地板上湿乎乎的脚印和人们淋雨的夏装造成的湿冷的空气而感觉沮丧。这是我确实遇到的事情，那些形象和将之记录下来的不同一般的感觉。我身上的某种东西意识到我走上了一条正确的、隐秘的道路——但又费了好些年我才继续沿着这条路往下走。

---

① Signatures of all things I am here to read…出现在詹姆斯·乔伊斯小说《尤利西斯》第三章的开始处。金隄译为：“我在这里辨认的，是一切事物的标志……”

奥德里斯科尔：罗伯特·洛威尔的话："……为什么不把真的发生过的事情说出来？"还在未来的某处等着你。

希尼：有时候在和学生们谈论写作、谈论必须打开内心的道路时，我会回顾《海边一日》这篇作文。在里面我写到买了一个小桶和铲子，写到了所有预期到的细节——只是这全都是编造的，可能因为有一丝羞愧或屈辱感。再次强调，我应该把真实发生的事情说出来，因为真实发生的事情更有意味。我妈妈，像那时候的很多乡下妇女，认为那桶和铲子"毫无价值"，花里胡哨不值得花钱去买。因此她实际上买的是几把木勺子，我们既可以用来在沙滩上玩，又能带回家去，全年都可以在厨房用。这对我们更有用处，但我仍然记得对此感到失望，对打破常规感到尴尬和抗拒。最后我认识到了我自己身上也有着我妈妈那种脚踏实地的品性，或者说是一种对过于凌空高蹈的古老的怀疑。

奥德里斯科尔：这可以和你说过的一句话联系一起来理解吧，在你第一次读罗伯特·弗罗斯特时，你认出了他的诗中"有一种直截了当、落地有声的东西"吸引着你。你读弗罗斯特早吗？

希尼：我相信我读的第一首弗罗斯特的诗是《熄灭吧，熄灭吧……》，那首写一个男孩在一个场院里发生的事故中失去手臂的诗，他在用电动圆锯干活时突然把手臂锯断了，就那样，当时就死了。事情本身非常突然，有着强烈的冲击力，它对我还有额外的作用力，因为我弟弟克里斯托弗也是在一场事故中突然死去的。不管怎么说，弗罗斯特照着事情的发生直接处理的方式令人无法忘怀。我是在二十岁左右读的《熄灭吧，熄灭吧……》，可能是我在女王大学读大二或大三的时候。因此那已经是够晚的了。那个时候我已经是霍普金斯的仆从了。

奥德里斯科尔：你还记得第一次读到霍普金斯的诗的情景吗？

希尼：那是在圣科伦巴公学，我们学习教学课程规定的诗歌，在一本名为《英语诗歌精选》的诗选中。那是一种感官的刺激，神经系统内跳荡的小水漂和一连串的反应。像这样的诗句："就像扔入圆形井口的石头 / 发出的回响"[①]或"游动的鳟鱼身上画满的玫瑰色斑点，/ 炭火煨开的新落的栗子；雀鸟的翅膀"[②]。我曾说过它就像是在激起词语的鸡皮疙瘩。然后，很自然的，几年之后我作为一个大学本科生写下我最早的诗歌时，我写的是霍普金斯式的语言。

奥德里斯科尔：在你早期的诗歌《给我自己的诗句》中（你在《进入文字的情感》一文中引用过），有霍普金斯的影响吗？你现在依然遵循那首诗中你自己的劝导"努力具体地浓缩，/ 半是猜想，半是表达"吗？

希尼：那首诗最初发表在一本学生刊物《戈尔工》上，在六十年代末——有一个印刷错误，把 Compression（浓缩）印成了 expression（表达）……我那时才二十一岁，没错，我想这种对具体性和浓缩性的倾注是被霍普金斯所强化的。我从未背离这种努力。随便提一下，还有一个印刷错误——或更准确地说是拼写错误——在那期《戈尔

① 出自杰拉德•曼利•霍普金斯的诗《就像翠鸟沐浴在火光，蜻蜓闪耀出烈焰》（*As Kingfishers Catch Fire, Dragonflies Draw Flame*）。

② 出自杰拉德•曼利•霍普金斯的诗《斑驳的美》（*Pied Beauty*）。

工》上：我的名字 Seamus 被印成了 Sheamus，同样的错误也出现在谢默斯·迪恩名字上，Seamus Deane 被写成了 Sheamus Deane。在那一期上，谢默斯有两篇极好的旗帜般的稿件，一首诗和一篇关于华莱士·斯蒂文斯的文章。这个拼写错误是一个很好的例子，表明那些有民族主义背景的人们在那些日子里发表稿件时的不平顺，这一切是完全无意识又完全有效的。

奥德里斯科尔：你因此选择用因加图斯[①]的名字发表东西？

希尼：不是这样的。这个笔名毫无要隐藏我的出身的意思。它只是表明还缺乏写作的自信。

奥德里斯科尔：早期那些以因加图斯之名所写的诗，是有意识地向霍普金斯学习的，还是你尽了当时最大的努力写出的自己的诗？

希尼：我想两者兼而有之——虽然有一首题为《十月的思绪》的诗是非常自觉的对霍普金斯的模仿。在表面之下有那么多东西在起着作用，还有那是很久之前的事了，因此很难知道。但是回想越多，我就记起来越多，不同的阅读刺激着不同的尝试。比如，在女王大学第一学年的课上我们读了豪斯曼，可能正是《西罗普郡少年》中的那些草场景象导致了我写出因加图斯名下的一首题为《收获时的火热》的诗。其中海明威清晰简洁的措辞对我的某种影响也许在因加图斯身上也体现出来了，虽然豪斯曼是主要的影响者。

---

① Incertus，拉丁语，意为“不确定”“无名”。

奥德里斯科尔：霍普金斯是天主教教士，这一事实怎样影响了你对他这个人或他的作品，或对天主教会和神职工作的态度？

希尼：霍普金斯是一个教士这一事实是附带性的——我们曾嘲笑一个平信徒老教师，他总是把他称为霍普金斯神父。在我们周边有太多被授予圣职的教士，因此对霍普金斯这点并没有特别的印象。更重要的一点是总体上的天主教气质，霍普金斯拥抱的神学与教义也是拥抱我和我同时代人的神学与教义这一事实。首先，在小学，我们就接受了教义问答。然后，在圣科伦巴公学，培养就更系统化了。我们有一本课本叫《哈特基督教教义》，那之后是一本关于护教的书，阿奎那关于上帝存在的证明，等等。

五年时间里，我们每年都有一次宗教知识考试，与此同时我们严格按照教会年历生活：每天早晨有一场拉丁语弥撒；从祈祷书中知道节日和节日的顺序；去做忏悔和去领圣餐；警惕放纵本性；为解救在炼狱中受苦的灵魂奉行一些悔罪的苦行；对性幻想从“诱惑”转为有意的“不洁想法的享乐”那一刻进行审判——更不用说完全屈服于肉体罪恶那事了。你在霍普金斯的笔记中所见到的一切——幽闭恐惧症，犹豫不定和心灵中的宗教命令，冷水刮脸和单人铁床，祭师的法衣和自我否定——这就是我第一次读到他的诗时我所生活的世界。

因此，没错，你说得对，这不仅是被语音抓住的事情，这不仅是像“抖动的锡箔纸闪射出的亮光”这样的词语烟花。事实是霍普金斯理解到的高度和深度正符合我的需要。比如，《就像翠鸟沐浴在火光，蜻蜓闪耀出烈焰》一诗的结尾，那些关于基督在“一万处”现身到“通过人们脸上的表情见证天父”这些诗句——对我们来说只是一种课文的图解，阐明基督的神秘身体这一教义，是我们很重要的宗教知识课堂的一次教学。

奥德里斯科尔：霍普金斯是一个内心动荡不安的人，这点是不是加深了你对痛苦和艺术之间的纠结关系的认识？

希尼：我在女王大学上学时，曾随身带着 W. H. 加德纳编选的老企鹅版霍普金斯诗集，里面还收入了书信选和笔记选，因此我对这些材料也相当熟悉。那时候，我想我刚开始把“生活”和“诗歌”联系起来。我已从天主教寄宿学校中破茧而出，但我整个的思想和感觉方式仍然受制于那套知识的框架。那套知识，仔细想来，本质上是为宗教职业而做的准备。这样的学校的理想结果是进入神学院。去女王大学相当于出走到了世界中，对于我们，“世界”一词有着负面意味而不是别的。对于我们它属于三位一体的危险：“世界、肉体、魔鬼”缠绕在一起。它并非面对世俗的挑战，获得机会，而是对灵魂的考验场地，是一座竞技场，是对英雄美德的锻炼。

奥德里斯科尔：这一点是不是和《歌唱学校》中“忍耐的面容”一词有着某种关联？

希尼：消极的受苦和它的意义，这些并未以任何抽象的方式吸引我。但你自己的劳苦能为别人，比如，能为炼狱里的灵魂赢得恩典，这观念很有吸引力。写那些诗句时我心里感觉挺满意的，我感觉到无私的忍耐中蕴含着的价值。它也可能是源于对我母亲的处境的同情。我能看出来宗教对她是一种强有力的补偿。她注定承受生理机能，没有节育措施，永远都只能处于生育和削土豆之中。她用祈祷和升华的方式面对它，并最终击退它，在辛劳中相信有一种回报在天堂存储好了。她对此并非头脑简单地相信，而是接受它的虚构，如其所是那样，把它视为生活的赌注而不是保险。这既是违抗也同样是献身……

不管怎么说，这整个受苦的、以牺牲为核心的、十字架的、为了挽救它而献出自己生命的神学，全都适合于我所看到的她。这也是霍普金斯思想的核心。就我所关心之处而言，六行体诗《茶隼》，是这种态度的诗体宣言。

奥德里斯科尔：谈到诗体和宣言，我想起《进入文字的情感》中你的那些话，你说你感觉到了霍普金斯诗歌声音里“口音很重的辅音噪声”和北爱尔兰人的口音之间的一种关联。你肯定很高兴自己不是生长在一个说“标准英语”的环境里。

希尼：我获得的学位是英语文学的，因此我不可能不知道抑扬格五音步诗早就已被庞德一班人逼入了防守境地。在我们读本科时，自由诗和弹性节奏在讨论课上属简单的预定事实。还有，那个时候，我也读了很多劳伦斯的诗，不仅仅是诗——还有文章，比如《当前的诗歌》。我买了一大本精装的二手书劳伦斯文学批评集，有一段时间只读这本书。与此同时，还有艾略特的《散文选》。我只是接受了当时的正统观念：时代需要粗糙的口语，避免光滑的数字——意思是你要擅长使用活生生的语言。

在我最终遇到卡瓦纳的《大饥荒》和特德·休斯的《一头猪的视野》以及诸如此类的诗时，我的激动部分是因为它们说话的气势。那也是我最初的诗歌中所追求的东西，比如在《码头工人》，“那拳头应该砸在一个天主教徒身上——/哦，没错，这种事情可再来一次”。也是抑扬格，但这是街头可以听到的话。这是在我参加诗社活动，得到菲利普·霍布斯鲍姆更明确的鼓励“语言要粗糙起来”之前。在我读大学的时候，有一种普遍的利维斯式成见，喜欢“感受生活”，喜欢盎格鲁-撒克逊用语，事实上对我们所学的古英语诗歌我确实有一种很真实的感应。我认为《流亡者》《航海者》和《马尔登之战》可能为我建立起了某种语域。

奥德里斯科尔：作为一个有着民族主义背景的年轻诗人，你可能被预期会抵制霍普金斯作品中和其他地方的盎格鲁-撒克逊重音，而喜欢盖尔语诗歌的半谐韵。你受到过这方向的诱惑吗？我印象中奥斯汀·克拉克从未曾是你的榜样。

希尼：所有那些文化政治是逐渐进入我的意识的。我在圣科伦巴公学的第五年接触到《隐藏的爱尔兰》中丹尼尔·科克瑞的观念。我们的爱尔兰语老师给我们朗读这部书中的片段。我被那场景的哀伤氛围吸引，会想象自己就是那小木屋里的爱尔兰讲述者的继承人，是"红欧文"[①]和奥根·奥·拉希尔[②]的"后世听众"之一。事实上，在六十年代初的某届女王大学节上我记得做过一个关于丹尼尔·科克瑞的讲座，斯图亚特·帕克就在听众之中。我那时候对爱尔兰语诗歌的了解主要来自学校课本。当然，作为来自民族主义者一边的诗人，我肯定对爱尔兰传统的重要性有强烈的感觉，一直寻找着爱尔兰语诗歌方面的书籍。但你也得记住这是在五十年代末六十年代初的北爱尔兰，在伦敦德里郡系统的图书馆里几乎没有和盖尔语相关的书籍。

我在暑假读了很多书，我唯一找到的一本关于爱尔兰语诗歌的书是从郡图书馆马拉费尔特分馆借到的罗伯特·法伦写的《爱尔兰诗歌历程》。它遵照托马斯·麦克唐纳的路线，认为爱尔兰英语诗歌起自

---

① Eoghan Ruadh Ó Suilleabháin（1748—1782），英语化是 Owen Roe O'Sullivan，红欧文，爱尔兰诗人，被认为是最后一位伟大的盖尔语诗人。

② 奥根·奥·拉希尔（Aodhagán Ó Rathaille，1670—1726），爱尔兰语诗人。

本土源头，认为奥斯汀·克拉克的半谐韵是盖尔语应用的继续并在总体上确定了爱尔兰诗歌的发展历程。就这样，这一套东西作为理论很早就印入了我的头脑，但当我开始写作时对我并没有任何规范作用。写作的激流会涌过你的四肢和关节，冲开我的阀门的语言经验是英语。随后的事情就是不断地校正这经验性事实与我对自己成长于其中的文化、政治的虔诚之间的关系。那些考验老民族主义者的问题总是盘旋在你的上空：如果你用英语写作你能算是爱尔兰作家吗？当然，你能，但你依然还要面对这个拷问的过程。

奥德里斯科尔：还是针对你的民族主义者背景，我很惊讶你更看重——甚至毕业于——贝尔法斯特的女王大学，而不是都柏林的大学学院或三一学院。是因为天主教会禁止天主教徒上三一学院这一点影响了你的决定吗？

希尼：只是因为都柏林在地平线之外。甚至贝尔法斯特离我也很遥远。那时候，我置身在这样的圈子之外，我的家庭对大学一无所知，不知道有什么选择，也不愿越出已知的程序之外，也没有自信，比如给当地的教育部门打电话，询问有什么可能的选择——就没有电话，我的天。就我们的关注而言，都柏林并不意味着大学学院或三一学院，而是意味着克罗克公园，那是举行全爱尔兰足球决赛和全爱尔兰曲棍球决赛的地方。在我人生的前三十年发生的事情并不属于个人选择，而是多少属于典型的普遍性事情的结果。我那个时代和我出身背景一样的人全都只是被时代的传送带传送：资格考试，十一年级之后奖学金，寄宿学校——这样选择，因为在阿尔斯特中部地区没有我可以走读的天主教中学。然后是大学奖学金。然后是毕业，工作，结婚，房贷，汽车，家庭。然后——好了，然后是柏拉图的幽灵拷问的问题：然后是什么？

奥德里斯科尔：在圣科伦巴公学没有职业规划教育吗？

希尼：没有。“职业”在那个时候那个地方意味着受召去从事神职工作，而这要你自己去发现。在我离开圣科伦巴公学时，那些要从事神职的学生直接去了梅努斯，而进入尘世的学生各奔东西。那些来自多尼戈尔[①]一边的寄宿生遵循多尼戈尔郡委员会的程序，目标是大学学院或高尔威，而在北爱尔兰系统内的成功者一般遵照奖学金的路径去上女王大学——除非有一些家庭有能力或意愿作别的选择。就我的情况而言，禁止天主教徒去读三一学院的禁令我根本就未曾注意。三一学院根本就没有被考虑过。但对于麦克尔·朗利和德雷克·马洪，情况就非常不同了。他们的学校，皇家贝尔法斯特学院，有着把学生输送到三一学院的悠久历史。皇家贝尔法斯特—三一学院对称轴和圣科伦巴—梅努斯对称轴一样自然，因为同样的原因——文化和宗教上的纽带，毕业于那所大学的本校老师，总的来说这是一种传统。

奥德里斯科尔：没有去南方读大学是否让你感到遗憾？比如，在女王大学是不是有教派分裂力量反对你们？

希尼：我从来没有因自己上的是女王大学而感到遗憾。我应该说大学生们自己创造的生活的质量整体来说比大学外面的生活更文明。是的，分裂就在那里，无法否定。有圣经协会和天主教学生会，爱尔兰语言学会（Cumann Gaelach）和官员培训营，但也有更开

① Donegal，爱尔兰西北部一个郡。

放的领地，比如辩论协会，还有学生会的台球室，居尔大楼的周六啤酒夜。

歧视在其他地方表现得更为明目张胆，在底层的职员中——门房、厨房人员和球场管理员——也在管理层中。但在我们英语卓异班的同学中，大家相处得非常好，有如一股清风吹过所有污浊的现实。我认为这是我们自我教育的结果。我对那时候建立起来的跨宗教差异的关系和友谊有着坚定的信任——即使我们四十年没见面了，我依然肯定，它在所有方面都仍在持续。我们也许是很幸运的一届，但我不相信我们完全是例外的。也许只是因为这些选择读英语的人更有同情心，甚至也许他们更能跨越界限。另外，很多人读完女王大学之后，毕业出来时和入学进去时一样愚钝和偏执。

奥德里斯科尔：在女王大学你有没有认真想过选学法律、医学或工程之类，而将你的英语喜好、你的文学志趣，保留为一种个人私下的追求？或你考虑过学另一门语言吗？

希尼：在第一学年我确实选修了法语和拉丁语，和英语一起。但在我被英语卓异班录取时，我就放弃了这些课程。而我从来没有想过自己要成为一个律师或医师。我不知道那时候我是否有足够的自我意识或超然的态度去思考有着“文学志趣”的自我。在那个阶段，我考虑的应该是让自己达到合格而不是发展自己的志趣。

奥德里斯科尔：在女王大学，你参加过政治活动吗？无论正式的还是非正式的。

希尼：没有，没参加过任何那样的活动。我不知道你那时候是怎么做的。

奥德里斯科尔：不管多隐晦，难道爱尔兰语学会和天主教学生会没有一些政治性意味吗？比如，你有时候会和其他学生说爱尔兰语吗？

希尼：在爱尔兰语学会开会的时候，经常会说爱尔兰语，但也不总是说。我参加过爱尔兰语戏剧的演出，由爱尔兰语协会的人担任演员，参加过大学间的戏剧比赛。我记得我们去过邓甘嫩[①]，还去过一次都柏林。但我已经记不太清楚具体的演出情况了。你是对的，在这种联属关系中也可看出政治色彩，虽然它直接的动机是文化上的，或更准确地说是反文化的……我也曾和一群凯尔特语系的学生去爱尔兰语地区过复活节，我想，那是我在女王大学读大三的时候。

奥德里斯科尔：天主教学生会的活动呢？

希尼：好吧，那里的活动也一样，严格说来属宗教性的而不是政治性的，但也得承认在那时那地很难将这两者完全区分开。毫无疑问，首先是驻校天主教神父的存在，以便学生们能参加宗教活动。有静修，去德格湖[②]朝圣之类——我最初几次去德格湖就是天主教学生会组织的活动，那年年末坐班车去的。学校神父驻地举行每周的“团契”，他们这么称呼——讲道，祷告，祝福。并不是所有天主教学生

---

① 北爱尔兰蒂隆郡的一个镇。

② Lough Derg，爱尔兰岛第三大湖（在内伊湖和科里布湖之后），位于爱尔兰岛中南偏西的位置。

都参加——远非如此——但有相当一部分人出席。神父驻地，可以说在功能上相当于第二学生会，几乎算得上学生会的替身。那是一个社交中心，有喝茶的地方和阅览室，墙上是每年的学生的照片。是乡村男孩和修道院女孩在新环境里最经常性的落脚地。

那时候我们全都住宿舍，里面有着宿舍管理员，你晚上回到宿舍里也没什么可玩的。因此晚上在图书馆上完自习后，尤其是大一大二学年，你喜欢到神父驻地看看，和女同学逗逗乐。

奥德里斯科尔：你的早期诗歌《双倍的害羞》写到了“在怨恨中膨胀和爆裂的”“蘑菇般短暂的爱”。

希尼：那是戏剧性的夸张——这里的“怨恨”（hate）一词是为了和“等待”（wait）与“后来”（late）押韵，而不是对真实发生的事情的描写。我在女王大学读书时，没有过任何认真交往的女朋友，直到最后一年，而她一到来，关系就非常热烈。在图书馆我坐在她身边，假期时我开车去她家所在地参加舞会。但我一直觉得我比她更投入，更主动——当然，除了最后分手的时候。我遇到了玛丽，开始了和她解除关系的痛苦时刻，这个时期，对这段关系的渴求从我身上转到了她身上，因此这么说可能更准确，这“蘑菇般短暂的爱”结束于某种负疚之中而不是怨恨之中。但这一切都发生在纯真年代，那时候“调情”还属于禁忌词。

奥德里斯科尔：你多大程度上属于六十年代之子？

希尼：我更属于五十年代之子，真的。到1963年我已经很成熟了，二十四岁，学院讲师，前程似锦，买了我的第一辆车，这样我可以开着它下乡，查看学生们的教学实习情况。那时我仍然是单身，但不像下一代人那样随便。

奥德里斯科尔：“随便”你指的是什么？

希尼：我想首先指的是一种更自由的性关系。十年后，当我到女王大学教书时，学生们是在吸毒而不是喝酒，聚会上享用的是致幻蘑菇而不是家酿啤酒，夜里享受的是伊丽莎白时代人们所称的“卧室”而不是室内乐。

奥德里斯科尔：在《红，白，蓝》的开头部分，能瞥见你随便地进入，在学生会举办的舞会上摇晃。

希尼：我从来不是所谓的跳舞高手。在大学时的舞会上我一直害羞，从来没学会双人快步舞。也不会那种跳步、大步和旋转。我参加过几次舞蹈课，在中午饭的时间，在贝尔法斯特一个叫“兰花俱乐部”的地方。那里满满的全是和我一样的年轻人，试图克服他们的犹豫和动摇，因此在那里并不觉得尴尬。但我从未踩对过舞步，因此从未完全地投入流行文化的潮流中。事实上，在我二十出头开始喝酒时，最大的放松之一是把禁忌扔到地上。否则的话，我可能会“丧失自我”但无法忘记自我。那首《红，白，蓝》写了我兴高采烈地和玛丽一起，她跳舞跳得非常棒。但爱尔兰舞蹈的喧闹是另一个故事。在家里，你会看到，星期天的夜里，有大型的表演乐团在大厅里演出，然后，还有另一个小一点的场地让他们跳卡乐舞[①]。除了 GAA 的一些

---

① Céilís，爱尔兰民间舞蹈。

极端派人士反对“外国舞”之外，天主教徒并不抵制表演乐团文化。在不同的星期天，在科拉迪[①]的舞厅里你会遇到跳卡乐舞的人们，也跳着麦克·德拉汗提舞团的舞、“卡皮托”舞剧中的舞或波尔卡舞队的舞。

奥德里斯科尔：你不是当过主持人吗？这可看不出你是什么害羞的人。

希尼：主持人——就是“屋子里的男人”——站在台上宣布跳舞开始，确保所有的组合都搭配好了并准备好了。你时不时地劝导一两对落在后头的舞伴上来填满十六手里尔舞——但这任务不需要多大的技能。就是站起来，发出宣告。不管怎么说，你差不多认识舞厅里的每一个人。你得请求某个人挪动一下他的车，因为他挡住了别人的车。请认识的某个嗓子好的人在中间休息的时候上来唱支歌。宣布抽奖结果。

奥德里斯科尔：谁资助这些卡乐舞会？助理牧师在整个过程中都在看着吗？

希尼：没有牧师管这事，没有。我想那个时候每个人都有自己内心的牧师。在大多数天主教地区，GAA 都有自己的会馆，他们会资助卡乐舞会。教区活动会在小一点的、独立的“教区”会堂进行，或者在“教区”资助下也在 GAA 的会馆举行。在五十年代末六十年代初，我们所谈的小场地最多会容纳一两百人。售票处会在一间小屋

① Clady（爱尔兰语：Claidigh），意思是“溪水”或“河流边的泥地”。北爱尔兰蒂隆郡的一个村镇。

里。解渴的是桌上摆着的软饮料。后来，有了很大的扩展。现在一些地方有最好的运动设施和俱乐部装备——包括酒吧——都是由GAA开的。

奥德里斯科尔：在卡乐舞会之后你们得面对RUC巡逻队，像你在《恐惧部》中写到的？

希尼：没错。那时候警察和民兵[①]非常活跃，因为1950年代的IRA（爱尔兰共和军）活动。确实，在那些卡乐舞会间歇时唱的很多歌都是暗中支持爱尔兰共和军的歌，关于时事的歌像《爱国者游戏》，还有经典老歌像《凯文·巴瑞》和《雾中露水》——不是关于孤独的单身汉的英国歌曲，而是关于1916年复活节起义冲进都柏林市的人们。《斯泰森岛》中的一个散文片段写的就是那些演唱。应该说我们从舞厅里出来时并不像看了叶芝的《凯瑟琳·豪李汉》后从剧院出来的人们那样充满爱国主义。我们那时候生活在，正如我在另一首诗中所写的，“消极天使的保护之下”。

奥德里斯科尔：如你前面所言，你也是生活在你自己“内心的牧师”看护之下。你在读女王大学时经常参加弥撒和圣餐吗？

希尼：是的。有一段时间我还参加团契。比如，我记得神父劝我们这些天主教学生越出预期，跨界加入那些我们通常认为属于新教中产阶级领地的协会——如赛艇俱乐部。这并非大公主义，促使天主教徒融入阿尔斯特的主流，让天主教中产阶级介入社会生活。比如，我

---

① B-Special Constabulary，民兵特警队。

第一次品尝苏玳酒[①]是在一个方济各会修士家里，他在女王大学教经院哲学。他去过卢文，有一种感觉，美食和阿奎那一样也该有其位置。你要知道，那时我已经大学毕业了。

奥德里斯科尔：我从你早期的评论里看到你大学时没喝过酒。

希尼：没喝过酒。我一直保持我的坚信礼诺言直到二十一岁。这其中有一个附加的戒酒原因，就是我的姑妈萨拉是我们当地彻底戒酒协会的秘书，我在十五岁的时候首先登记为一个“见习会员”之类的，然后成为正式会员。你得每天祷告一次保证终身禁酒——为了上帝的荣耀，为了树立“良好的榜样，奉行自我克制，转化那些酗酒的人”。它让我远离街道，待在图书馆里。我从不后悔我没在十多岁时喝酒。但也不后悔我二十多岁开始喝酒。

奥德里斯科尔：你什么时候开始养成吸烟的习惯？

希尼：我强迫我自己开始吸烟，不顾我的身体的不适反应。那是我在女王大学读大二或大三的时候。那个暑假快结束时，邻居一户农家发生了一桩死亡悲剧。他家的一个儿子去了英格兰，在布里斯托海峡游泳时淹死了。他的遗体一两天之后才找到，然后又花了一些时间才运送到家，因此有一段漫长的悲悼期，持续了四五天的守灵夜，没有遗体的守灵夜，但其他各项传统仪式都照常进行——人们来到家里坐下，表示同情，邻居整夜坐在厨房里，烧茶，递茶——也有香烟。这是传统：香烟摆在盘子里，作为待客的礼节端上来。

---

① Sauternes，产自法国西南部的一种甜酒。

我很喜欢整夜坐着，被接纳进成人圈子中，听长辈在深夜讲故事，知道一些本地人心照不宣的故事，可说是弃用的镜头，在人群中学习吸烟。我强迫自己忍受咳嗽和烟对喉咙的刺激。后来，在我回到贝尔法斯特时，我买了自己的第一包烟，造就、过关、强化成了烟友团成员。

奥德里斯科尔：你是什么时候戒烟的？

希尼：我是在1986年的新年元旦戒烟的。我从没想过我会戒烟，因为吸烟是我的桌前生活的重要部分：在写作的时候我几乎是一根接一根连续不断。一年前，1984年12月31日半夜时，我说，“我要戒掉吸烟……从现在起一年之内”。所以整个1985年，这个吹下的牛皮一直在我头脑里，到了限定时间，越来越强的决心足以让我采取行动了。这是冷火鸡肉，他们这样说。

奥德里斯科尔：要是我能驱散这腾腾烟雾，返回女王大学，我想探问一下大学教会你的哪些东西——关于文学或生活——是你无法自己去学到的？你那个阶段的阅读一直是你此后的根本源泉吗？

希尼：这是肯定的。我身上的第一部分中依然是那个大学生：第一次面对约翰·韦伯，克里斯托弗·马娄，马洛里的《亚瑟王之死》《高文爵士与绿骑士》《序曲》。那时候进入这系统的东西一直停留在我身上：一种对盎格鲁-撒克逊诗歌，对哈代，对劳伦斯的感觉。我作为一个学生能学到而我自己学不到的东西是什么？我想是一种历史画卷的整体感觉，从盎格鲁-撒克逊语到爱尔兰-英语的语言层叠，艾略特式的“传统”的感觉。

奥德里斯科尔：做学生时你最喜欢的课外阅读是什么？

希尼：我有过一段时间读约翰·迪克森·卡尔的惊险小说。那些深绿色和白色的企鹅版悬疑小说。我总是着迷于 P. G. 伍德豪斯。毛里斯·华尔斯或卡农·希恩的古怪小说……我并非一个贪婪的读者，但我几乎确切记得贝尔法斯特书店的书目，尤其是诗歌架上的。多尼戈尔广场的木兰书店是我注视的洞穴，但即使他们那里也没有很广泛的选集。A. P. 韦伍尔的《其他男人的花》。一本早期叶芝选集。麦克尼斯全集——那本一直收到1940年代后期作品的书。莫伊拉·奥内尔的《安特里姆之歌》。佩西·弗伦奇的《散文、诗歌和戏仿之作》。我实际上在斯密斯菲尔德市场的旧书店买了更多的书：亨利·霍尔书店和U-尼达书店。有些书我仍然保存在家里——比如我的丁尼生全集和我的戈德斯密——都是在那些老地方买的。古典文本也很好找到——那时候有一个很大的年末教材市场。我记得杰伊斯消毒水的味道和旧装订的霉味，一个女老板，像洞穴中的女巫，穿着褐色的书店大衣，戴着褐色的角质框架的眼镜。

奥德里斯科尔：你在女王大学最后考试获得的购书券是用在那里的吗？你写到过在因考试成绩好而获得的奖励中你选择了购书券而不是奖章。

希尼：我实际上把购书券用在了木兰书店——斯密斯菲尔德是旧书店，那一次，我要买的是新书。

奥德里斯科尔：是诗集吗？

希尼：也不全是诗集。比如我买了王尔德和辛格，"人人丛书"系列的。是有一本诗集，路易斯·麦克尼斯的《诗全集》。

奥德里斯科尔：你曾参加过一次路易斯·麦克尼斯的诗歌朗诵会。这次朗诵会对你有什么影响吗？

希尼：没什么影响，说实话，因为我还没准备好，不知道那些作品，耳朵缺乏听觉能力。那是我在女王大学读书的最后一年。我模糊地记得和其他学生一起聚集在榆木大街的一个大屋子里。那真是场面盛大——一位老师，也许是巴特教授在那里介绍他。我似乎记得麦克尼斯的鼻子是他面貌的主要特征，但这也许是因为我同时听过他的朗诵录音，听到了很重的鼻音。

奥德里斯科尔：在你真正读了麦克尼斯之后怎么样？你曾经说过《诗全集》让你保持"一个读者的距离"——你指的是什么？

希尼：这么说吧：你欣赏有些诗人和诗集就像欣赏市场上的产品。天然，漂亮，愉快，在你面前，让你感觉活生生的。但你依然看着它。你品味它，但你走向下一个展示品。然后，还有另一种诗人和诗集，你发现它们更像你身体内部的植物，在你体内生长。不是在审视一件产品，而是感觉一种生命进入你、穿过你。你是杰克与此同时你又是豆茎①。你同时是土地和成长。没有批评的距离。卡瓦纳和休斯对我来说属于后者，而麦克尼斯不是。

① 《杰克和豆茎》是英国民间故事，是杰克系列故事中最著名的一个。

即使如此，我也为麦克尼斯这样的诗句着迷，像“这个北方人强硬的冷火”和“桥墩带着结晶的盐块闪着光”。我是在1961年买到他的《诗全集》的，那是我从女王大学毕业后的第一年，我正在浅水边尝试，但还没真正抓住要点。比如，读完麦克尼斯的《伯明翰》和《贝尔法斯特》之后，我写了一首《纽卡斯尔》，并投寄给都柏林的《星期日独立报》——也许是手抄稿。那时候他们每周登载一首诗，但《纽卡斯尔》没被采用。这首诗写的是道恩郡的纽卡斯尔，1961年暑假我在那里的咖啡馆/旅馆做过服务员。

奥德里斯科尔： 罗宾·斯克尔顿编的《爱尔兰六诗人》选集出版于1962年。你还记得哪些诗给你留下了最深的印象吗？

希尼： 我还能记得一些。其中包括约翰·蒙塔格的《运水人》，奥斯汀·克拉克的《可怜的情人的嫉妒》，理查德·墨菲的《岛上诗人》，托马斯·金赛拉的《优雅夫人》。麦克尔·麦克拉维迪，背得出金赛拉那首诗的第一节，经常吟诵它。斯克尔顿的选本是刺激胃口之书，激动人心的第一次。在墨菲的诗中你能看到西部的气候，克拉克的诗记录了一些阴郁的不那么吸引人的东西。这本选集展示了爱尔兰的未来，但说实话，A. 阿尔瓦雷兹选编的《新诗》让我觉得更来劲。也许是因为斯克尔顿没选那些对来自北方的年轻读者有强烈冲击力的诗人——比如，卡瓦纳、麦克尼斯和休伊特。但我确实认出了家乡的土地——能从诗歌中获取到的别样神秘——在蒙塔格的提桶少年身上和那些像巨石棚一样围绕在他童年时代的老人身上。

奥德里斯科尔：《多尔曼（巨石棚）爱尔兰作品集》是新的爱尔兰作品的另一个主要展示。在它1962年首次出版的时候你就看到它了吗？

希尼：我很早就拿到了一本《作品集》。它看起来——以及拿起来——非常漂亮，纸很厚重，很明显的凸版印刷，书的实际质地就透出很受敬重很有成就的感觉。它表明了一个重要时刻。它给予了收入这本书的一代人很好的篇幅——收入了麦加亨《营房》中的选段，墨菲的《克莱根灾难》，金赛拉的《乡间漫步》，蒙塔格的一篇长文，关于戈德斯密的《荒芜村庄》——现在作为《坑洼不平的场地》的预言而很有可读性。你也能从里面看到皮尔斯·哈钦森，詹姆斯·普兰科特，还有布莱恩·摩尔一篇奇怪的局外人式的东西。我得说这本作品集有了它自己的质量保证。它改变了游戏，它奠定了基础，它由爱尔兰的多尔曼（巨石棚）出版社出版这一事实，当然，也很重要。它收录的作品告诉读者和青年作家，文化和艺术上的成熟已经抵达这片土地，永远停留在此了。它也四处传布。它为都柏林风貌开辟了一条渠道。

奥德里斯科尔：那时候有没有可被描述为“贝尔法斯特”风貌的东西？

希尼：六十年代中期的风貌仍有待发展，还没有艺术节册子，没有诗社，没有一大群年轻人正上路的感觉。我知道这地区的一些作家，部分是因为我对北爱尔兰的文学杂志史做过一些研究，部分是因为麦克尔·麦克拉维迪认识罗伊·麦克法登和帕德拉克·菲亚齐（笔名乔·奥康诺）这些人，但他们对于我只是名字。我没读到过一本麦克法登的书，直到一年后我发现一本旧书《一个夫人的花儿》。虽然麦克尔安排了我去戈姆莱山谷拜访菲亚齐，但我直到他1960年代举行第二个诗歌生日会才读到他的作品。我很早就认识的一个人是约翰·麦加亨。有一天上午麦克尔带着约翰走进我的教室，把身边的约翰介绍给我。后来约翰告诉我他能看见我目光中的恐慌——我是个年轻教师，只是最近才被分派到巴里墨菲这所麦克拉维迪当校长的学校任教。看到校长进来我陷入惊慌状态。

奥德里斯科尔：约翰·麦加亨去了巴里墨菲？

希尼：他非常欣赏麦克拉维迪的短篇小说，他们彼此有通信联系，我想他只是来贝尔法斯特看麦克尔。但你可以把他这次来访的轻松随便视为那时在贝尔法斯特发生之事的表征——我当然感觉和这行动有一段距离。我把都柏林和多尔曼出版社、爱尔兰诗歌会、时事杂志《爱尔兰》联系在一起。诚然，那时《门槛》杂志已经在贝尔法斯特出版了，抒情剧院在做着杰出的工作，但抒情剧院的工作有种小圈子成分，这也是它的意图的一部分。主导那里的天才人物是作为戏剧家的叶芝，作为人的叶芝想要的是一个小场地的一小群观众，这正是你在抒情剧院所看到的。在那个时候这是一项勇敢的壮举，由皮尔斯和玛丽·奥马莱经管。他们可谓有远见卓识的人。

他们演出叶芝的戏剧，在德里沃尔基大街他们房子后面建起的一个小剧院里。也演出其他戏剧。我在那里看过罗伯特·波尔特的《一个四季男人》。但是印象最深刻持久的是叶芝的系列剧，特别是“为舞者所写的四联剧”。这一切都要感谢玛丽·奥马莱，她是科克人，嫁给皮尔斯之后定居在贝尔法斯特。皮尔斯在妇幼医院当医生。他们有着巨大的抱负和创造性。一种发酵剂：在贝尔法斯特的英国中产阶级之中推广叶芝的戏剧。我感到非常荣幸，1965年奥马莱请我写一首诗刻在里奇韦大街新建的抒情剧院的奠基石上——我和托马斯·金塞拉、奥斯汀·克拉克一起参加了这一项目。

奥德里斯科尔：你是剧院的常客吗？

希尼：算不上吧。不过我和玛丽确实去过抒情剧院和老艺术剧院。我们刚从学院和大学氛围中出来，想结识一些画家和歌唱家。比如，我第一次见到歌唱家大卫·哈蒙德，是他在抒情剧院的一次演出之后。

奥德里斯科尔：哈蒙德后来和麦克尔·朗利一起成了《在外过冬》的题献者。

希尼：大卫、麦克尔和我1968年在北爱尔兰做过一次艺术巡演，音乐和诗歌的结合，一个叫"押韵之屋"的项目。通过大卫，我认识了很多人，北方的和南方的，那些和传统音乐相关的人。比如，他很早就认识克兰西兄弟[①]，汤米·麦科姆一家，还有都柏林人乐队。我和玛丽正好是在民歌复兴时期开始约会的。玛丽是一个真正的歌手，因此有一段时间我们四处走动，和一群年轻老师一起，搜寻晚会。歌手托尼·麦考莱和我一起上过圣约瑟夫学院的研究生课程，还有另一个叫多纳尔·特林斯的人。他们不断地提到哈蒙德的名字，所以我非常高兴见到他。我曾经把大卫描述为一种化装成人的自然力量。半是昏庸君主半是调音叉。他在贝尔法斯特长大，属于贝尔法斯特，但他总有一种非同一般的无忧无虑，他仿佛经过了宗派之火的淬炼，身上的毒质都被去除干净了。

---

① 爱尔兰民歌组合，流行于六十年代。

奥德里斯科尔：通过抒情剧院你还认识了别的什么人吗？

希尼：我实际上是在奥马莱家里认识约翰·蒙塔格的，但那要稍晚一点，可能是1965年吧。还有画家特里·P. 弗朗甘和他的妻子希拉，也和剧院关系很紧密，但我第一次见特里是以进修学院同事的身份。

奥德里斯科尔：你在圣约瑟夫教师进修学院教书的时候他也在那里工作？

希尼：他实际上是在它的姐妹学院，女子学院，圣玛丽学院。麦克尔·麦克拉维迪催促他去找我，很快我们四个人就经常见面了。特里的姑妈在戈尔－布什家的利萨德尔庄园服务过，因此他去那叶芝的乡间住过很多时间，因此他的风景画不仅有他的家乡费曼纳郡的湖泊与低地风貌，也有本布尔本山[①]和斯莱戈郡的山头。他的作品里有一种浪漫想象和不可觉察的技巧的完美结合，不仅如此，他谈论起画家和画作也非常专业。他和希拉把我们带进了新的圈子，以一种新的方式让艺术和艺术家成为我们生活的一部分。他们打开了通向都柏林和那里的画廊的道路，因为特里的画在戴维亨德里克斯画廊展示。我们很多极快乐的时光就是一起去南方参加特里画展的开幕式。正是通过特里，我才第一次见到艺术家德雷克·希尔，还有商人戈登·兰伯特，他是爱尔兰最早的当代艺术和艺术家赞助人之一。因此，抒情剧院不仅仅是剧院，它引向各种接触和丰富性。

① 叶芝有一首诗题为《在本布尔本山下》。

奥德里斯科尔：你提到了抒情剧院的小圈子化的方面。《门槛》杂志也这样吗？

希尼：《门槛》看起来远非如此。它是由上一代人出版，同等地属于利菲河[①]与拉甘河[②]。开本和《钟声》杂志一样，杂志的总体排版也非常相似，部分是知识分子论坛，部分是文学杂志：小说、诗歌和历史或政治文化类文章的组合。约翰·休伊特是诗歌编辑。它是一本季刊，但在我开始知道它时，它属于那些隔一年出三期的季刊之一。玛丽·奥马莱是它的编辑，但在它的历史快终结时，每期几乎都是特邀责任编辑。结果我在1969年也编了其中的一期。现在想来，那是很不错的一期，包括保罗·穆尔顿第一次发表的诗歌……

但在六十年代初，我和女王大学的一份名为《兴趣》的学生杂志关系更紧密。我当老师的第一年写的一些诗在1963年春天发表在《兴趣》上。恐怕这些诗更像是诗歌中的蹒跚学步而不是在其中戏耍。在随后的一两年，诗社开展活动之后，我仍然和女王大学保持着联系。女王大学的艺术节那时候开始举办了，规模很小，由麦克尔·艾默生主持——一个毕业后没有或无法离开母校的人。我想菲利普·霍布斯鲍姆也是在同样的时间到来的，因为诗社的第一次聚会是在1963年秋天举行的。

奥德里斯科尔：这些日期你说得都非常精确。你是不是记了日记，提示你那个时间发生了什么事？

希尼：很遗憾，没日记。但我对每个不同的夏天都有明确的标

---

① 爱尔兰的一条河，发源于都柏林西南的威克洛山，在都柏林湾入海。

② 北爱尔兰主要河流，发源道恩郡的斯利夫克鲁布山，流入贝尔法斯特湾。

记：1961年夏天——大学毕业；1962年夏天——分配到圣托马斯学校，在伦敦工作；1963年夏天——调到圣约瑟夫教育学院；1964年夏天——我写了《挖掘》一诗；诸如此类。

奥德里斯科尔：你曾经说过《挖掘》和那些早期诗歌开始于你的“成长根基与你的阅读发生争吵”之时。但让我印象很深的是，你在圣科伦巴公学和女王大学的逗留并没有让你与你的乡下邻居的生活产生疏离。在放假期间，你在何种程度上参加了农场的劳动？

希尼：我帮着干平常的活。比如，赶牲口。有好些赶牲口的活要干。把牲畜从一个农场转移到另一个农场，从木斯浜转到布罗阿赫，有时候远到伍德，有三四英里远。作为一个在路上赶牲口的牧人我挺自信的，甚至为我自己感到骄傲，对我在迎面而来的车辆面前控制牲口的方式之类。在我开车之后，我总是感到一种乐趣，在路上遇到一群被带去挤奶的奶牛时，知道怎么驾车在它们中间穿过而不惊慌或不引起它们惊慌——虽然现在路上出现牲口的情形越来越少见了。

奥德里斯科尔：但农场不限于放牧。难道没有地里的农活吗？

希尼：干草、燕麦、草籽、马铃薯、芜菁、甘蓝——总是有很多地里的活要干，当然，夏天的时候还有沼泽地的活。有一点，我们正谈论的是五十年代后期、六十年代初期，那时候农场还不像后来很快变得那么机械化，因此大部分晒干草的活还是人工干的。你用草叉翻动它，把它抖开，把它归并成草把，然后堆成小草垛。你还得看天气，一旦淋雨了那些工序又得重来一遍。至于燕麦和草籽，那是跟随收割机的事，拿起和绑扎麦束和草束，堆垛和运进棚屋里。我常干这些活，和弟弟妹妹、邻居一起。实际上我很喜欢收干草的活。草叉和草耙有一种非常合手的轻盈的感觉，手和工具合为一体的感觉非常美妙。我喜欢清理乱草，把它耙到一起，整出一个结实的好形状。

奥德里斯科尔：有没有真正展望过——作为长子——你可能跟随你父亲的脚步做一个农夫或牲口贩子？

希尼：一旦我去了圣科伦巴上学，我想周边的人就有了一种看法，不管在那里我最终做什么，我都不会再返回农场了。我在接受教育，那意味着开始离开了。尽管我说过很喜欢夏天在农场干活，我从未有过任何真正要参与牲口交易的愿望。我对集市山头的氛围和牛圈很熟悉，我认识做这行生意的人，很喜欢看他们逗乐，出价和还价，拍手，举手，走开，假装你已经出到你的价格底线了——这太有表演色彩了，我不觉得融合不进去。然而，我没有一点雄心长大后要干这行当。

奥德里斯科尔：你父亲对你踏上的受教育之路是不是感觉很矛盾？

希尼：这一点很难确定。我父亲身上有一种强烈的宿命论特征。从一开始，他就不太谈论我们的未来——或任何东西：有选择的观念，一种可规划的未来，一种在实行中会受到影响的改变，我认为他就没考虑过这些。他出门上路奔忙，挣钱养家。但是和挣工资的人方式不同，他可能认为自己属于产业主而不是劳工。我想他身上有一种艺术家特质。一种骄傲，一种自由，源于奔走在路上，在牧人中间。

因为这点，他可能自认为拥有某种地位，不同于只是在农场耕种的邻居。换一句话说，他可能把买卖视为一种召唤，而可能知道我没有受召。还有——这是一种瞎猜，但可能说中一些东西——他可能潜意识中认为我属于家中的妇女世界而不是路上的男人世界。你知道，我特别受我姑妈玛丽的宠爱——作为第一个孩子——有点娇惯。在我四五岁的时候，我和玛丽姑妈、萨拉姑妈去过斯图亚特港度假。我不记得其他孩子像这样被带去过。因此，总而言之，他可能从一开始就直觉到某种偏离已经在这环境中确立了。正如结果所表明的，我们没一个人随着他进入那行业，因为这一行自身也变了。

奥德里斯科尔：贩卖牲口这生意具体会做些什么？你的意思是你父亲从其他农民那里买来牲口，迅速把它再卖掉而获利，还是会饲养和放牧这些牲口，最后才卖掉？

希尼：两者都有，但主要是前者。他会养一些小阉牛，作为肉牛卖掉。我们总是养着产奶的奶牛。但最主要的还是到乡下去看他认识多年的人和地方，估量那些要出售的家畜，买下来，在下一个赶集日再卖给其他想要买牲口的农民，从中获取利润。这意味着，田地里总是有很多牲口，中转的。他也接受订购，他会为那些常客供货。因此他是一个中间商。当中间商人能操作的领地萎缩，在六十年代初期几乎消失，当拍卖商、农民卖场和拍卖报价铃开始成为买卖的主要方式时，他就失去了他的召唤。也就是说，不再是一个行会的独立成员，他最后成了某种雇员。不再是在乡下买来再到集市上卖出，他会作为一个顾问和某个购买者一起去拍卖场。他对牲口有很好的评判力，因此人们总是听他的。但在那个时候，他不太像受召唤那样去做这些事了。他的脚步失去了弹性。我在《祖先的照片》中写到了这点。

奥德里斯科尔：你见过你父亲的舅舅吗，你在那首诗中描写过的那位？

希尼：没有。但我知道他对我父亲影响很大，因为他多少教会了他这一行当。在我生命的这个阶段，我意识到当我还是个孩子，对着巴利米纳集市的墙壁看守着小牛时，我父亲可能在我身上看到了他自己小时候的样子，他的舅舅帕特在他身上看到的样子。

奥德里斯科尔：奥登把华兹华斯描述成“一个人在其生命的初期就对沉寂的自然有着强烈的体验或一系列的体验，然后用他其后的全部诗歌生命来加以描写”。你这一点和华兹华斯一样吗？

希尼：没错，早期生命的体验是我的核心。但我想说你更多的是去定位它而不是描写它。储藏在大脑和身体系统中的感觉材料的数量是难以估量的。它就像一个罐子底部的营养液，但它自己不会成长或帮助别的什么东西成长，除非你能找到一条抵达它的途径并触及它。一旦你这么做了，它就像让你的手伸进了一个鸟巢，发现某些东西正开始在你的头脑里孵出来。

第二部分　作品

三、“榛木枝震动”：《一个自然主义者之死》

奥德里斯科尔：完成诗集《一个自然主义者之死》的这个年轻诗人，在写它的过程中已经变得和那个写下这本诗集里最早的诗篇的诗人不再是同一个诗人（更自觉，更自信，或更困惑）了吧？

希尼：是的，诗集出版后，我有了一种新的自我意识，也许还有一些困惑。但也有了自信，因为写出了这些诗。1966年我和玛丽住在贝尔法斯特城郊的一个住宅小区，一个毫无特点的地方。我还记得我拿到了六本样书，可能是在四月底。那实实在在的诗集看起来非常好，柠檬绿和粉色护封，它的封底印着费伯出版社出版过的诗人名单，传奇般的人名：奥登、艾略特、休斯、拉金、洛威尔、麦克尼斯、斯彭德。这确实很奇妙。

三年前，我只是某个在《爱尔兰时报》发表过一首诗和在《基尔肯尼杂志》发表过一首诗的无名之辈。出版的那一刻，可能对每个人都一样。它总是一个改变的时刻，是“博尔赫斯和我”状态的开始。自传式的人开始牵涉进文本的假面舞会。你开始读到和听到有关这个写了这些书的作者的情况，他似乎很像你自己，虽然在你们两人之间总有一种事不关己的疏离。

奥德里斯科尔：但在那一刻肯定有很多极度快乐的感觉吧？一个“新出了一本书的”人是极其兴奋的叶芝形象之一。

希尼：我确实兴奋。非常兴奋。但那天下午，就我自己在新房子里，我也很清晰地感觉到所发生的事情的神秘——嗯，这中选了，也就这么平常。我曾想象一个在费伯出版诗集的诗人肯定是生活在另一个国度的人，脱离了日常烦恼事，是“一个在封闭的城堡里的家伙”[①]，在酒馆里放浪形骸。而不是某个在教师进修学院谋份差事、有课要备还有作业和试卷要批改打分的人，在学生食堂坐在教职员餐桌前吃午饭、听人谈高尔夫和人寿保险。

玛丽和我是那个时候的一对非常典型的年轻夫妻，有着柚木家具和二手大众汽车。那时候，玛丽怀孕了，或者，用当时的话说就是即将当妈妈了。当然，我们有自己的自由和乐事，但一本由费伯出版社出版的诗集还是超出了我们的期待。那天下午非同一般，我一个人在屋子里等着玛丽从学校回家，等着送给她一本《一个自然主义者之死》，这诗集是献给她的。我还记得那种沉浸在快乐中的感觉，对，也许高兴得有点不知如何是好。但也没到狂乱的地步。这事情之中显然有一种巨大的强化作用，某些事到了关键时刻，到了“深呼吸重新开始”的时候。

奥德里斯科尔：在写第一本诗集的时候，你和玛丽，用那时的

---

① 出自菲利普·拉金的诗句：“那个家伙在封闭的城堡里／写出五百字／然后一天剩下的时间就出去／洗澡和狂饮。”

话说，正处于热恋中。你们相恋这件事在这本诗集的写作中起了多大的作用?

希尼：我是在1962年10月遇到她的，随后的一个月我就发表了第一首我视之为真正的诗。我并不是说后者是前者的直接结果。起初，动力既来自于其他诗歌，也同样来自于其他的人，但我还是明确地感觉到了一种新的电流，一种更急速的水流的推动。我的生命被安排了这一刺激，真不错——因为这刺激更令人兴奋了。我们的第一次相遇就带有诗歌的因素。那是在一次餐会上，为女王大学牧师的退休而举行的餐会。玛丽是另一位毕业生带来的，但因为我们聊得特别相投，她和那一位毕业生也没什么特别的关系，餐会后我就送她回她和她姐姐一起住的公寓。回她住处的路正好经过我住的公寓，于是我途中就特意回去拿了一本阿·阿尔瓦雷兹编的诗选集《新诗集》出来，借给她。这让我有了一个借口，可以在一两天之后再去找她。玛丽在圣玛丽学院写过关于路易斯·麦克尼斯和罗伯特·格雷夫斯的论文。这意味着从一开始，诗歌就是我们结交的原因之一。有一种缪斯的力量洋溢在空气中。“树林被惊动了”，如格雷夫斯所言。一种召唤，对分离，对某种挥霍，对更充分地成为你自己的召唤。

奥德里斯科尔：当你们结合时，玛丽有过这样的想法吗，就是相比于嫁给一个非诗人，你会带给她一种完全不同的生活?

希尼：玛丽一直是一个精神饱满的人。她总有一股跃跃欲试的劲头。她身上有一种非常好的自发性和持久性力量的融合。因此，毫无疑问，无论事情的结果成为什么样子，她都能应付自如。即便如此，我认为有一个额外维度的可能性还是有助于吸引她的注意力。我们彼此的第一次碰撞以及与艺术的碰撞给予了我们的生活一种美好的憧憬。比如，我们认识不久，她的姐姐就走了，去马德里教书。与此同时，她的另一个妹妹也离开，去了伦敦。玛丽自己肯定同样也有离开的考虑。但有一件事情，那就是她很喜欢道恩郡克洛斯加她教书的学校，喜欢她的同事。我想她很幸运，不同于很多刚开始教书的年轻老师，她的工作让她感到很满足——就是说她很擅长这些工作，自我感觉也很好。

事情发生得很快，全赶在一起了——我们关系的发展，进入诗歌界，结婚本身，全在三年之内。一件事情促进了另一件事。与此同时，我的工作也处于所谓的上升阶段。1963年夏天，我离开了教师岗位，去了圣约瑟夫教育学院做讲师。1964年圣诞节，我们订婚了，《新政治家》杂志发表了我三首诗，这又给我引来了费伯出版社的约稿信。而费伯出版社确定在1965年给我出版诗集又肯定有助于我在1966年被任命为女王大学的英语讲师。回想起来这一切都很顺利，没受到什么磨难，但在当时一切都难以预料，也有着通常的努力和忧虑。

奥德里斯科尔：玛丽对那些诗有什么反应？

希尼：她对什么是真实有着很好的感觉。无论她实际上说什么，我总是能知道她的感觉。当我满心喜悦地写完一首诗，第一个给她看，而她读的时候并没有那种喜悦，就会有些尴尬。赞赏和不满，噢喔—嗯哼。通常像跷跷板一样来回起伏。

奥德里斯科尔：你好几次提到了阿·阿尔瓦雷兹编的诗选集《新诗集》，很明显对你来说它是一部重要的诗选集。

希尼：非常重要。就为一点，通过这部诗选集我第一次对 R. S. 托马斯有了感觉。我之前就读到了特德·休斯，是在随 BBC 的校园广播一道发行的小册子上——那套小册子叫《聆听与写作》，是一个叫莫伊拉·杜林的卓越文学出品人编辑的。但《新诗集》是更大的刺激。

奥德里斯科尔：阿尔瓦雷兹关于当代英语诗歌过于文雅的论点在你看来对吗？它对你自己写作方向的选择有实际影响吗？

希尼：他前言中宣扬的观点对于我没什么大意思。对于爱尔兰海这边的人，特别是北部天主教少数族群的人来说，我们对英语的文雅性有我们的距离感和旁观感。我们不需要阿尔瓦雷兹来指导我们用阿尔比恩的方式转移目光和掩饰真相。斯托蒙特议会就是我们“负面回馈”的特别版本。当然，一般对不太文雅的词语使用方式的审查和一般避免直接面对主题，这点和我的性情以及我学生时代诗歌的霍普金斯式处理方式相一致。还有，那个时期，我还在劳伦斯风格下摇摆，那篇序言里有某种劳伦斯味道。我记得它直接引用了《虹》中的一段话。

奥德里斯科尔：阿尔瓦雷兹对你的诗作有一种相当倨傲的态度，认为你的诗是一种倒退和安稳。这肯定让你觉得失望吧。

希尼：事实上，他还攻击过我，在他这么倨傲之前。当《进入黑暗之门》在1969年出版时，他在自己做诗歌编辑的《观察者》杂志上对它作了一番猛批。我想到了《一个自然主义者之死》受到如此好评意味着会有一些刀子将朝第二本诗集捅出，但完全没想到会有阿尔瓦雷兹。但这很正常，回想一下好几年前西尔维娅·普拉斯和特德·休斯的事情发生时，阿尔瓦雷兹也是闹事者之一。由于我的东西在那一切之后接踵而来，他可能觉得需要提醒每一个人注意一下。阿尔瓦雷兹自认为是一个诗人，当然，我发现很难接受他倨傲的教导。那攻击很不正常。但它并不是一种致命的疾病，如我母亲说的怀孕。

奥德里斯科尔：在刚刚一会儿之前你对自己属于北爱尔兰天主教少数族群的议论让我想到奥登的话，他说叶芝是被爱尔兰"伤害进诗歌中"[①]的。作为一个阿尔斯特天主教徒，你经受的伤害是不是也属于那些让你成为诗人的因素？

希尼：当我在1962年开始写诗时，我最初的尝试之一就是一首关于卡里克弗格斯城堡旁边的石头栈桥上刻下的保皇派徽章——包括你见过的那种橙色肩带上的小三级梯子。我想还有一个雕刻出来的马蹄用来纪念索姆伯格将军1689年在那登陆。那首诗本身写得不成功，虽然它最后还在诗社中被讨论过。但现在对我来说有意思的是我曾经在诗中径直挖掘北爱尔兰生活中的教派裂缝。在那个时期，我是一个刚参加工作的大学毕业生，有自尊的成年人，但我依然遵守北爱尔兰古老的警示，最好小心点自己的芬尼亚态度。夜里阿尔斯特特警队就在路上巡逻。联合主义者的领袖们仍在7月12日[②]发表反天主教讲话。这地方整个的不公正划分选区的生活似乎要继续进行下去。

---

① 出自W. H. 奥登的《悼念叶芝》第二部分："你像我们一样愚蠢，但你的天赋克服了这一切：/贵妇人的教区，肉体的衰老/和你自己。疯狂的爱尔兰把你伤害进诗歌中。"

② Twelfth of July / The Twelfth，是新教徒国王威廉三世在博伊恩战役（1690）击败天主教徒国王詹姆斯二世的日子。北爱尔兰的新教徒会用集会游行来纪念这个日子。

因此，把这些称为伤害也许算不上是言过其实，虽然它并非把你隔离出来。事实上，它是把你捆住，而对这种捆绑的认识和捆绑的结果最终也变成了我诗歌必须应对的某些东西。但在最开始，有种越被打压越要走得更高的精神。出生天主教家庭的男女青年在别的领域会找到不同的表达方式——在政治方面，很显然的有约翰·休姆和伯纳德特·德夫林那种。我当然不会说属于少数族群这一简单的事实使我成了一个诗人。我在说的是，一旦一种文学愿望发展起来，它就会考虑到受伤害的状况。这对于我的前一辈人也一样真实，像约翰·蒙塔格和布莱恩·弗里尔，就和我的同代人谢默斯·迪恩一样。

奥德里斯科尔：你是有意识地从一个天主教民族主义者的视角去写诗的吗？你的诗作是怎么受到你所说的捆绑的影响的？

希尼：我并没有有意识地从一个天主教徒的角度写诗，但毫无疑问我的诗作是受到了那种捆绑的影响。如果我说我有意识地作为一个天主教徒写诗的话，那就意味着我把自己看作是代言人，有着某些目的，然而我既没有这样的想法也没有这样的动机。此外，在我写完《挖掘》之后，我记得我感觉到我这一代肯定有成百上千的人会有相同的体验，会以笔替换铁锹，他们肯定会理解这首诗说的是什么。我想这些接受教育的一代人大多数来自天主教背景，但并不排除其他人。

你的问题很难确切地回答。要说我没有天主教的自我意识那是不真实的。在布鲁克博罗勋爵的阿尔斯特长大，你不可能不产生他们—我们的意识。即使在家里不谈论教派分裂或偏见，仍然会对政治现状感到气愤。我们知道也被告知阿尔斯特并不是我们的，那些英国归附者想要驱离我们。无须再列出所有的抱怨，住房和职业方面（比如医药行业）的歧视，半军事化性质的北爱尔兰皇家骑警队和阿尔斯特特警队——主要问题是你要认可曾被称为“反分离主义”的立场。现在，你的真实情感，不论接受与否，不仅是诗中的要求之一，更经常地还是驱动你写诗的源头。所以我的早期诗对我的处境来说是真实的——这是有瑕疵的观念，如果你喜欢的话可以这么说。

奥德里斯科尔：《一个自然主义者之死》由费伯公司出版这事使你更警觉于自己所处的政治地位吗？

希尼：这是毫无疑问的。你知道关于《爱尔兰新闻》头条的老玩笑吗？——《天主教狗赢得了新教徒的比赛》。好吧，至少升华起来看，是有一些那样的感觉。阿尔斯特／费伯轴心直到那时，一直是所谓开明联合主义者，罗伯特·哈宾逊的旅行书，更早的，福斯特·雷德的小说，路易斯·麦克尼斯一直都像一些著名天才一样处于幕后。麦克尼斯对联合主义并没有特别的亲近或仇视，但他的社会地位和宗教派别意味着他，正如他自己所说的，“永远被禁绝在爱尔兰穷人的烛光之外”——这种禁绝我没有遭受。

还有一个阿尔斯特人，如他自己愿意这么自称的，那时候也在费伯公司：查尔斯·蒙特斯，费伯的主编，他曾经做过 T. S. 艾略特的助手，这人在公司起着关键作用，对我自己也是。查尔斯作为北爱尔兰新教徒亲近联合主义这一点从一开始就可以得到理解，即使是不同的理解。我记得在他接受我的诗集手稿一两个月之后，我们1965年第一次在伦敦见面，他说7月12日节的时候我肯定是在贝尔法斯特，我说确实如此。“美好的古老节日”，查尔斯有点不诚实地说。“对有些人来说”，我有点不自在地回答。

奥德里斯科尔：诗集是在1965年被接受的，你前面回忆说你是在1962年发表了第一首自己认可的成熟之作。也就是说在《一个自然主义者之死》中没有你学生时代写的诗歌？

希尼：没有。诗集中写得最早的一些诗是《被观看到的火鸡》和《码头工人》，《一次学习的进展》和《期中请假》。前两首写于1962年末，后两首写于1963年初。

奥德里斯科尔：我很想知道你是在什么地方写这些诗的。

希尼：从1961年到1963年我和两个学生物化学的研究生同住一套公寓。有一天傍晚，我从圣托马斯学校上完课回来，坐在一张扶手椅上等那两个家伙中的一个做晚饭的时候，写了《期中请假》。我们轮流：每周一轮，一个人购物，一个人做饭，一个人洗碗。那一周轮到我洗碗，所以从五点到六点是我的自由时间。我想起克里斯托弗的车祸事故是因为当时是二月，差不多是他的周年纪念日了。

总之，直到结婚前，我一直是住公寓的——我刚提到的公寓位于威灵顿公园路，我住过的另一套公寓位于菲兹罗伊大街，靠近大学，起居室、卧室、厨房、浴室，全都在一楼——非常不错。有一段时间我和休·布雷丁一起住在那里。他是我圣科伦巴公学时的朋友。我想，他当时在贝尔法斯特，完成他的硕士学位，并准备去意大利，他在那里读博士，研究克罗齐的美学。

奥德里斯科尔：在你开始教书后，你全年都待在贝尔法斯特吗？

希尼：上课期间我在贝尔法斯特，圣诞节和有的周末我回在贝拉菲的家，暑假我总是回家去。《挖掘》就是1964年8月我在伍德的家里写的，在楼上的卧室写的。《一个自然主义者之死》是一个周日的下午在一套公寓里写的，和玛丽及她的同屋一起在她们泰特街的公寓后面躺着晒完太阳之后。她们小后花园的酷热和房子后面的街上垃圾桶的腐烂味让我想起多年前浸泡池里亚麻的臭气。我记得《鳟鱼》是在玛丽公寓，写在一个 C&A 购物纸袋上，当时她们所有人在一起叽叽咕咕说个没完，电唱机开到最大音量。现在我再也达不到那种专注度了。在植物大道我坐在我的大众甲壳虫的司机座位上写了那首饥荒诗，《挖土豆》的一部分。我可能是在等什么人，或许是灵感突然来临于是停下车记下想到的东西。

奥德里斯科尔：你能谈一下那些年你所从事的工作吗？

希尼：大学毕业在圣约瑟夫学院接受了一年教师培训后，1962年我在巴里墨菲的圣托马斯中学教书，然后，在1963年回到圣约瑟夫学院被任命为英语讲师。我在那里工作了三年，然后是1966年，这是奇迹之年，三喜临门：我们的第一个孩子麦克尔出生，《一个自然主义者之死》出版，我在女王大学英语系获得一份工作。

奥德里斯科尔：当你以一等荣誉学位毕业时有机会继续深造，如果你选择继续学业的话你可能会过一种完全不同的生活。当时你可以选择去牛津是真的吗？

希尼：是的，我相信我可以。虽然整个事情发生得太快了，还没来得及开始就结束了。你知道学位结果宣布之后那一两天像什么样子。你的身份变了，但你还是学生，教授仍然是有巨大影响的人物。不管怎么说，当我去见巴特教授时，他告诉我有一个学习名额，他表示作为一个牛津贝利奥尔学院老校友，他可以为我铺平去牛津的道路——第二年他确实帮助其他学生这么做到了。但是我很犹豫，他也没有劝说。我想如果我预料到会得到一等荣誉学位并且知道会受邀去读更高的学位的话，我和我的家人可能会为新的变化做好准备。但事实是，家里期待着我出去工作，挣钱，我自己从来就没想过去做研究。并没有父母拿着枪指着我的头要我开始工作或为家里出力——工作只是通常的期待，无论我还是他们。他们也没给我什么建议，巴特教授也把这事留给我决定，说当然我晚一点也总是能去牛津的，可以边在贝尔法斯特教书，边在职读一个硕士，诸如此类。不管怎么样，我留在了后方。

奥德里斯科尔：圣托马斯学校是个什么样的地方？

希尼：圣托马斯这样的学校，在英国他们称之为现代中学，在北爱尔兰称之为中等学校。学校的建立是为那些没能通过小学毕业考试进入文法学校就读的孩子们提供中等教育。是为那些“非学术性”学生设立的。不学拉丁文，但有木工课和五金课——至少为男学生开设。圣托马斯学校全是男学生，全是天主教徒，并且几乎全部来自怀特洛克路尽头一个巨大荒凉的住宅区。他们大部分来自穷苦家庭。穿着整齐的学生在教室里非常显眼。

真实的情况并非设想的那样。设想的是转变应试教育，发展技能培训，灌输一种自尊，给予这些非学术性教育学生在其他领域发展的前景。但实际情况是，所有的努力都变成了帮助顶尖的学生，五分之一或四分之一的学生，赶超学术性考试。那时候，这种中学经常转化成那些小学毕业考试失败的学生获得第二次机会的地方，比如，通过取得低年级证书或通用教育证书重新爬上学术教育输送带。因此，学校非但没有把所有注意力均分给各种能力的培养，还主要照顾这些上游学生，而忽视大多数非学术性学生。我的工作，在这所学校教书的那一年，是上一年级和四年级的英语，两个以考试为导向的班。我还给一个真正低能的一年级班上体育课，我的天，那是以 A 班打头排序的一个年级中的 G 班。

奥德里斯科尔：我印象中你对这份工作没有什么成就感。你是不是不太适应那里的规章制度之类？

希尼：在某种程度上是的，但并不完全是这样。问题是这所学校试图灌输一种尊敬和遵从的行为规则，一种中产阶级子弟寄宿学校的风格。但贝尔法斯特工人阶级的家庭文化和阶级文化与此差异非常大。比如，副校长每天在教室里转悠，检查孩子们的鞋子，皮鞋必须擦亮。我记得亲眼看到十五岁的大男孩子被皮带抽了四下，因为他们的皮鞋没擦干净。真是疯了。但这些行为背后的思想是这样的：如果他们能养成干净整洁、给人好感的习惯，他们就会有更多的机会改善自己，在公司找到工作，诸如此类。

奥德里斯科尔：有没有害怕你落到了一个错误的地方？

希尼：我肯定是不快乐的。我的主要问题是没有课堂教学经验。但同时也缺乏完全的责任心，有种挥之不去的感觉，觉得自己偏离了轨道，想到曾出现过的去牛津的机会。我并不是说我渴望或者计划重返大学，我只是感觉沮丧，在批改学生作业的负担之下，在一个完全没有文学氛围的环境里工作。对，校长麦克拉维迪是一个作家，相貌温和，他的友谊是一种补偿。同事中还有一些很有修养的人，但你也还得和一些白痴与傻瓜争吵。我只是不喜欢这环境。我并不快乐，每天早晨起来，在沙夫斯伯里广场坐上公交车，朝"工厂"奔去。它看起来像一座开放的监狱，有铁栏杆、钢窗框、铺瓦的走廊——真正的H型砌块建筑。正如他们说的，这就是我刚开始进入生活时的世界。

在我应该集中精力备课的晚上，我投入完全不同的活动中——在聚会和各种喧闹场合喝酒到很晚。而第二天早晨忍受着各种通常的恶果。即使这样，我还是有过一段好时光，特别是与四年级的通用考试证书班一起时。我们研读了《第十二夜》和一本题为《诗韵和智慧》的诗选。有一次我带他们去了卡里克福格，去看路易斯·麦克尼斯的出生地，诺曼城堡和教堂里的奇切斯特雕像——这些都在麦克尼斯的诗歌《卡里克福格》中写到过。这首诗被选入了那本诗选中。

奥德里斯科尔：作为一个老师你做过什么——或者可以做些什么——改变那些学生的前程和扩展他们未来的生活？在家庭生活和社区生活物质贫困——某些情况下感情也贫乏的背景下，艺术有什么益处？

希尼：这么说吧，四十年过去了，我还能记得四年级那个班的五六个同学的姓名和面孔——我承认，是那些更勤奋的、更敏感和更有个性的学生。这意味着我们建立起了某种关联。某种由书建立起的关联，如当初那样。毕竟这是一种双向交流，无论我们谈论艺术还是教育。提供什么是一回事，被接受什么是另一回事。接受者的性情和气质是决定性的，所提供的的教育是否是高质量的和适宜的也很重要。我想，比如，麦克尼斯的诗——加上去卡里克的参观——肯定给他们中的一些人造成了影响。发现一个常见的名字和地方会产生那样一部书，他们很可能产生一些构想，对他们所知的世界产生一些新的理解，由此获得某种新的自由。所以，是的，我相信教育能提供更广阔的前景，提供变化的视角或上进的动力。我确信圣托马斯学校为一些学生提供了这一切。

但你很正确地看到了，不良家庭和贫困状况一般来说是成长和自我实现的障碍。教派分裂的现实，失业，英国军队的最终出现，爱尔兰共和军的招募机器，同伴的压力——那些单纯地从学校回到街角的青少年很难超越这一切。如果没有家庭和外界的情感与精神帮助，很难出现一个斯蒂芬·代达勒斯或保罗·莫雷尔。顺便提一下，有一个学生成功了——已故的杰克·霍兰德，小说家和北爱尔兰事务评论作家，他最后在纽约离世。杰克在四年级B班，他的文章表明他会闯出一条自己的路。他有一种语言嗜好——一种讽刺性的幽默感。如果你拥有了词语，就总有机会找到自己的道路。

奥德里斯科尔：在《谁找到归谁》里，你回忆了麦克尔·麦克拉维迪在课堂上诱导学生读诗。他对你自己的阅读有过影响吗？

希尼：麦克尔有他的曼陀罗咒语，读契诃夫，读《伊万·伊里奇之死》，读弗里尔的《铸造厂》，读《都柏林人》，读约翰·克莱尔，读爱德华·托马斯。无论如何，这其中的大多数我都在读。但对我自己的工作，他做的最重要的事情是他借给我一本帕特里克·卡瓦纳的《供出售的灵魂》，这本书包括了《大饥荒》。我在《牛津爱尔兰诗选》中看到过卡瓦纳的莫拉罕抒情诗，也很喜欢。但《大饥荒》深深地吸引了我。

奥德里斯科尔：你是什么时候见到卡瓦纳本人的？

希尼：直到1967年。那个夏天我在三一学院教了一两周的暑期课程，在杜克街的外墙酒吧站着，理查德·雷恩把我介绍给他。我并不是特别想见他。我有一种预感，他并不想和我这样的年轻人——靠运气在费伯公司出版诗集的人，有任何关系。他自己的《诗全集》那时候刚刚出版。在那本书的前面他说他从来没受到英国批评家的什么关注——而我在这里，戴着花环，还有来自克里斯托弗·里克斯和 C. B. 考克斯之类人的好评。他自己没得到过这些，他心里能平和吗？

事实上整个事情进行得非常优雅。起初，我为了接触时尽可能的不冒昧，在他停下来和理查德说话时，我一直保持着面朝吧台，等着他过去——他从厕所返回来时经过我们所在的吧台边。但他一直停在那里，而再保持沉默就显得好像是无视他了，于是，我转过身来，说："卡瓦纳先生，我能给你买一杯喝的吗？""不"，他回答，这个不字中"乌——"的音拖得很长。于是理查德就说了诸如此类的话："帕迪，他是从贝尔法斯特来的，他刚出版了一部诗集，他叫谢默斯·希尼。"卡瓦纳对我说："你就是希尼？"把我的名字叫得和雷尼押韵了，就像乡下人在家里叫的那样。"好吧，我想要一杯苏格兰威士忌。"我把这话视为考试通过了。

奥德里斯科尔：这就完了？

希尼：当然不是。说了那些话后我就过去加入了他们，聊了一会，还有其他的参与者。我记得我要么是称赞了哈代要么是问了他怎么看待哈代，他利箭一样看着我——怀疑我是在把一个乡村诗人和另一个乡村诗人做过于漂亮的联系，便很权威地回答，就像叶芝说"蒲柏是个好诗人”一样隐晦而权威。这就是我的故事。

奥德里斯科尔：你还见过他吗？

希尼：还见过一次。那几天之后，我去参加布伦丹·肯尼在霍奇斯·费基斯书店的诗歌朗诵会。卡瓦纳和他的妻子凯瑟琳也在那里，他在房间的后面咳嗽，喘息。那时候，他的身体不太好。所以那天晚上结束的时候，我顺便带他们夫妇回彭布洛克路，或他们当时住的别的什么地方。他们坐在我的甲壳虫车的后排座位上。有一刻，凯瑟琳说过类似这样的话：“你看，帕迪，你也可以是一个诗人，同时有一辆车。”那个时代，你总是能碰到一些刺激。

奥德里斯科尔：在费伯公司和查尔斯·蒙特斯之前，就有了诗社和菲利普·霍布斯鲍姆。你是怎么认识霍布斯鲍姆的？

希尼：1963年在《希波尼亚[①]》杂志上，我评论了他和爱德华·露西－史密斯编的《诗社选集》，在那以后我们就认识了。在那篇评论的结尾我说到这本选集的前言里提及的诗社工作——比如诗歌工作坊——在贝尔法斯特将会很受欢迎。也许我听人说过菲利普正想组织一个那种性质的活动。我现在已没法确定是谁在我们之间牵的线，也许是斯图亚特·帕克，他当时在英语系转悠。也许是阿兰·加贝，他当时在编《兴趣》杂志。我去了他在菲兹威廉街5号的公寓，玛丽——虽然自己并不写诗，和我一起去的。我们见到了菲利普和他的妻子汉娜。他是一个非常热切的老师，充满了主见，是一个课程引领人，正

① Hibernia，爱尔兰的拉丁名称。

如是一个诗人一样。我想对于被邀请来参加他要举办的诗社的人他多少都做过一番面试。他密切注意着本地的天才。琼·瓦顿，在她结婚后成为琼·纽曼之前，是她那时候叫的名字，她就是由菲利普从工人教育协会的夜校班里挑选出来，受他鼓励开始写诗的。斯图亚特·帕克也受到了他的称赞和鼓励。我自己也差不多一样。

奥德里斯科尔：你是通过诗社才见到朗利夫妇的吗？

希尼：我想那是在霍布斯鲍姆家的一次聚会上，也许就在诗社第一次活动之前。我记得唱歌活动开始后，麦克尔的喊声穿过整个屋子：我只是舞台上的另一个爱尔兰人。有很多逗乐和傻话，一种明确的联系就此建立起来了。然后，有天夜里麦克尔和我开车去里斯本街的一个酒馆。我带了一些我的诗——应他所请，他把这些诗带回家去了。艾德娜和他已经在做他们将继续做下去的事情，核查天才，确定其广度。艾德娜那个时候还是艾德娜·布罗德里克，和霍布斯鲍姆差不多同时来到女王大学教课。她和麦克尔都很早就参加了诗社，也许从第一次讨论会开始就出席了。

奥德里斯科尔：也许你可以描述一下一次典型的诗社讨论会，房间，参与的规则，怎么提出建议，怎么接受批评。

希尼：讨论会在星期一晚上八点开始。人们会在此之前五到十分钟到达，围坐在霍布斯鲍姆的起居室，那是在一楼。菲利普可能已经在主持人位置就座，其他的椅子摆放成一个大圈。人们的行为就像讨论课开始之前那样——他们看手中纸上的诗，和身边的人交谈，这期间主持人也一直不怎么说话来缓和那种正式的充满期待的气氛。要讨论的诗人的诗在前一次讨论会就贴出来了或散发给大家了，因此这意味着每个人都已经读过要讨论的诗了，这样增加了那种教室的氛围。也许我过于强调聚会的这一方面了，但这点很重要，它所具有的严肃认真让每个人准备好了从闲谈转为主要话题。

一旦讨论会开始，批评行动就绪，菲利普就专注于诗页，弓身向前就像一个坐在哈雷戴维森摩托车上的人以九十迈[①]的速度一路奔驰。在一小时到一个半小时的时间里，作者读自己的诗，菲利普阐述自己对每首诗的看法，然后是所有人一起讨论，再由菲利普加以总结。然后停顿一会，汉娜端来咖啡和饼干，穿梭在屋子里的泛泛之谈都是文学性的。这样十或十五分钟后每个人会被邀请读一首诗，并解说为什么选这一首诗读——通常读的都不是自己写的，而是自己喜欢的，无论新老，也许是翻译的，也许是刚出版的什么诗。我记得菲利普读过的不同的东西：《农夫皮尔斯》的一个片段，洛威尔翻译的维克多·雨果，伦敦诗社成员写的诗，特别是马丁·贝尔和彼得·雷德格罗夫的。

奥德里斯科尔：你读了什么？

希尼：你看，我记不清了。也许是特德·休斯或卡瓦纳，也许是约翰·克娄·兰色姆。我非常倾心于《为怀特赛德的女儿敲响的钟声》和《死去的男孩》。晚上的这部分总是一种教育。你会听到人们读诗并说起对他们什么是最重要的。在那些活动中你看到存储在一个人的记忆中的诗歌的效果，和它作为分享的价值的作用方式。诗社给那些参加者自己的写作提供了一群读者和动力。但是另一点也一样重要，

---

① 迈，mile的音译，1迈＝1609米。

那就是更全面地增强了大家的诗歌肌肉，从长远来看也许更重要。

奥德里斯科尔：晚上的第一部分怎么样？

希尼：一种不同的交锋。每页纸上的每一处都会受到检验或质问。不时地会有一首诗，你能说的只有“写得很好”——但如果你总这么说的话，你会有一种滥竽充数的感觉。你觉得要加以讨论，如他们说的，无论你前面摆放的是什么样的诗。如果诗作很差，就会有些尴尬。当然幸好或不幸地，对那些很垃圾的诗你也可以很容易地使用一套批评套话进行评论，就像对真正的好诗那样——谈论一行的结尾，集中分析某个意象，把它和一首众所周知的著名诗歌作对比。最后我想诗歌的作者在这讨论中得到的印象是，这诗真的疯了，对别人来说它真怪异，当然也许还有它的可改进之处。作为那些讨论的结果，会有一些修改稿，甚至也许有些提升完善。

奥德里斯科尔：在诗社之内有竞争吗？

希尼：竞争并不在诗社内部。更多的问题是在诗社之外不得不承受诗社评价的后果。没多久，一种定位基本上就确立了，并一直以一种内部的方式保持着。我想菲利普最喜欢的是斯图亚特·帕克，但斯图亚特参加了一两次聚会就去了康奈尔。他对琼·瓦顿评价也很高，这是对的。我想我也是被认为属于顶级层次的。另一方面，麦克尔·朗利被认为差一些，因为他的时尚风格。对菲利普来说这在美学上“面孔太苍白”了。菲利普曾说：“朗利是一个大个子，大嗓门，宽胸堂，英式橄榄球队员的后背。而他写的却是这种文雅的小诗。”朗利感觉这是不公正的，但他有种内在的确信和一种超然。不管怎么说，我们之间达成了某种理解，就像学生对待老师的偏爱一样。你甚至可以说诗社的巨大贡献之一就是这分组对抗赛和抓紧它的结果。重新调整那些夜晚的判断是后来的要求。

当然，年轻诗人在被人喜欢和不喜欢的混合氛围中会更茁壮地成长，他们卷入一种竞赛而不是争斗，更多的是强烈的进取心而不是压倒别人，纯粹、简单。但要说麦克尔和艾德娜不怨恨霍布斯鲍姆的评级那也是不真实的。另一方面，可以这么说吧，他们有个自己的评鉴团，确定他们的写作地位。这个评鉴团由他们自己和德雷克·马洪组成，那时候，还有伊文·柏兰德。他们依据三人规则来评判，以反对诗社规则。

奥德里斯科尔：你想把这种竞争描述为一直都是健康有益的？

希尼：我从没有认为竞争——如果这个词合适的话——在写作这事上是不健康的，这是一种促使你写出最好的作品的渴望。所有人都享受这种渴望，那种从口袋里掏出极厉害的家伙——摸出王牌的感觉。也就是说，对成就本身毫无妒忌。尴尬或敌意是在一个人因为出版、称赞或后来的获奖超出其他人时才产生的。事实上这更多的是一种等级评判而不是竞争。但这种事情也是免不了的。在那些情况下所能要求的就是举止良好——比如说管制住舌头，至少当面的时候。我相信我们的举止都够好的。我们设法驶过糟糕地带而不导致倾覆。

我一直知道我获得的接受和喜爱带来了竞争，更别说敌意了。麦克尔·朗利一天夜里在大卫·哈蒙德那里喝酒喝多了，把无疑属私下的评判大喊出来，这成了公开的挑衅。舌头不再受管制，他告诉我马洪是更好的诗人。知道这一判定我并不吃惊，但表达得这么冒犯还是出乎我的意料。很长一段时间，我一直自省，告诉自己从他们的角度去看，但到了某个时刻我决定：让它见鬼去吧，我并不想要去超过任何人，这就是生活，从现在起过自己的生活。麦克尔告诉乔迪·爱伦·兰多夫："我们彼此竞争，可能比我们现在记得的要激烈得多。"但我并不认为我自己和任何人在竞争。诚然，我也许是其他人竞争的原因，这只意味着，回头来看，我无意中提高了标准。

奥德里斯科尔：在你们一起参观卡诺多尔教堂墓地的麦克尼斯墓的场合，在谁能更好地纪念路易斯·麦克尼斯这点上，你和朗利、马洪之间，难道没有一种公开的竞争吗？

希尼：确实，我是有想去写一首诗的冲动，但那是基于当时的情境而不是竞争：我知道它绝不会成为我要保留的诗。拉金不是说过有些诗是分派给你去写的有些诗是你愿意去写的吗？我很愿意认为关于麦克尼斯这首诗是被分派给我去写的，但它不是。就这么回事。那次出游是在星期六下午。那个时候我们之中只有我有车。我在圣约瑟夫教育学院的工作涉及指导学生的教育实习，所以我在1963年左右买了一辆大众的甲壳虫车。在那之后玛丽和我经常和朗利夫妇一起驾车出去玩。

我们彼此变得全都很熟悉，也熟悉了贝尔法斯特周边的乡村。我的一首诗——《半岛》——关于道恩郡的阿兹半岛的，就是那样的一次自驾游之后写的。还有一首诗，不曾收入过诗集，写的是在阿德格拉斯的港口看一只海豹。我想我要说的是马洪/麦克尼斯的诗歌的语境是一种激发，而不是竞争。你得记住这点，是一种简单的愿望，一起到那里去，让我们自己开心。比如，有一个圣帕特里克节，我们去爬了斯莱米思山，返回的路上在卡利斯勒广场的一家酒馆里，我们淹没在白花酢浆草中。

奥德里斯科尔：你最早从什么时候开始把《一个自然主义者之死》中的诗投寄给各杂志的编辑？在致谢中，你列举了那些众所周知的、著名的杂志，像《听众》和《新政治家》，也包括《兴趣》——你前面提到过的大学杂志——和《北方评论》。你是怎么决定给哪些杂志投寄诗稿的？

希尼：事实上这更是一种欲望而不是决定，尚未发表作品的人的强烈欲望。事情的发展经历了三种环境，三个连续的阶段。首先是女王大学和学生杂志，加上《贝尔法斯特电讯报》和你提到的那些其他杂志，《兴趣》和《北方评论》。《兴趣》是我毕业两三年后女王大学出的，《北方评论》是北爱尔兰艺术委员会赞助的，出了几期就停刊了。

奥德里斯科尔：因此，你最早发表东西是在北爱尔兰？

希尼：你知道，我的处女作，要是你能接受这一说法的话，是我还在读大学时发表在一本全国性的爱尔兰杂志上。但不是诗歌。有一本月刊叫《爱尔兰文摘》，我想是由《爱尔兰独立报》主持出版的。如果你查1961年4月那期的话，你会查到一篇我写的文章，我提出应该把摇摆舞引入爱尔兰舞蹈中。那是我在前一年的圣诞节写的。在1960年的圣诞节假期我租了一台手提式打字机，自学打字，然后就写了这么一篇小东西，把它投寄出去。对于我自己，这也是一件试探性地伸出触须的事情。某种东西被触动了。某种塞利斯舞会和盖尔语运动协会和本地戏剧社无法满足的东西。下一次在都柏林发表东西得好几年之后了，那时候写诗之事就木已成舟了。

奥德里斯科尔：你大学毕业后在圣约瑟夫教育学院参加教师培训课程的同时也在写一篇关于阿尔斯特地区的文学期刊史的长文章，这一研究是不是让你认识到只在本地发表东西将会走入死胡同？

希尼：很难说那篇文章的确切影响是什么。我确实学到了一些东西，让我了解了我是在什么地方。我所在的处境联结着的两端，一端是学院化的英语文学，另一端是方言化的民族主义者文化——佩西·法兰西、克兰西兄弟和爱国主义的口头禅，比如"那从天知道的地方来的人"——而这些文学杂志所代表的是另一种类型，阿尔斯特六郡，挂着开明联合主义标牌的半高端人文文化。决定把这一切完全付诸写作行动的，当然是帕特里克·卡瓦纳，非常地道的属于阿尔斯特九郡①的人。但在1961年或1962年早期，我对卡瓦纳还了解得很不够。我写这篇文章是想证明把本地性作为文学事业也是可行的，也暗示我自己也许能够这么去做。

奥德里斯科尔：你第一次在贝尔法斯特之外发表诗歌是什么时候？

希尼：在我第一次在《贝尔法斯特电讯报》发表之后不久。这第二阶段——这涉及都柏林和爱尔兰——始于《被观看到的火鸡》在《电讯报》上发表之后的三四个月。这首诗我想是《一个自然主义者

① 阿尔斯特地区一共九个郡，其中三个划归爱尔兰，六个划归英国，就是英国的北爱尔兰地区。

之死》中写得最早的一首。写于1962年的11月或12月，部分是读了特德·休斯的《一头猪的视角》，部分是看到临近圣诞节时肉铺橱窗的陈列。不管怎么样，1963年春天《爱尔兰时报》采用了《一次学习的进展》这首诗，后来又采用了一首《渔夫》。《基尔肯尼杂志》采用了《期中请假》这一首。还有一首被《都柏林人》接受了，作为R. S. 托马斯一首关于一个老农夫之死的诗的替补稿。那一年气势挺火的——结果就是，诗社在秋天开始活动时，我已经看到了出版的亮光，获得了一定的自信。

重要的一点是，这些文学编辑接受我的诗稿时完全不认识我，对我一无所知。对一个没有信心的小人物这是一种巨大的鼓舞。事实上，这可以清楚地看出，对《爱尔兰时报》来说我是多么无名：他们在发表《渔夫》时把作者的名字印成了“詹姆斯·希尼”。

奥德里斯科尔：你在英国肯定更是一个外来者。你是什么时候、怎么踏上你的“第三阶段”之路的？

希尼：我觉得这个事我已经讲了好几遍了……我不停地给《新政治家》和《听众》投稿，特别是在1964年，不停地接到退稿。然后，在1964年12月，卡尔·米勒出人意料地采用了三首诗，一起发表在圣诞节前一期的《新政治家》上。那真是我大受鼓舞的时刻。这事的发生是由于菲利普·霍布斯鲍姆的介绍，他通过他在伦敦的老诗社的关系做的介绍。爱德华·露西－史密斯有次来了女王大学，在那之后菲利普会把贝尔法斯特诗社的诗稿寄给他，据我所知，露西－史密斯会把这些诗稿投给各种杂志。我至少记得，在圣约瑟夫教育学院的一次课间，在学院办公室通过电话和卡尔·米勒的交谈。真令人兴奋。然后，圣诞节过后没多久，1965年初，一封来自费伯的信，查尔斯·蒙特斯写的，请求寄一部诗稿给他看看。因此，泰迪——菲利普这么叫他，在我的出版之路上助了我重要的一臂之力。

奥德里斯科尔：要是我理解对了的话，这一阶段你已经向多尔曼出版社投寄了一部诗稿是吧？为什么你投寄的是多尔曼而不是费伯？

希尼：在爱尔兰，多尔曼就矗立在那里。我在前面说过《多尔曼汇编》的出版带来的一个结果就是让家乡之地在我们的诗歌脚下更坚实了。我们都非常自觉地意识到在这个国家多尔曼出版社是诗歌的核心与焦点。也有一种文化民族主义的动机，优先选择家乡的音调。而费伯，如我经常说到过的，完全是在别处。罗素广场意味着 T. S. 艾略特，一座难以进入的天国殿堂。同时，我也像所有年轻诗人一样，急于出版。也许过于急切了，获助于我在诗社从菲利普那里得到的快速提升。不管怎么说，我在1964年底给多尔曼出版社投寄了一部诗稿，很幸运这部诗稿我还留着一份，所以我知道，比如从致谢页看出，它肯定是在卡尔·米勒接受《挖掘》和其他诗之前寄出的，因为它们中的一些内容收入了诗稿中，但并没有提及《新政治家》杂志。但我在致谢的最后也提到了“有一些诗正在各种杂志的审稿之中”。

奥德里斯科尔：那到底是什么时候寄的？

希尼：要是没有别的，我希望能由那些信来确定那些日期。但据我所知，现存的文献证据只限于我留着的这份诗稿和多尔曼出版社的登记条目，关于它是什么时候收到或退回的。

奥德里斯科尔：登记记录现在在哪?

希尼：我没法确定。但我知道它在2002年葛罗丽俱乐部于纽约举行的爱尔兰书籍手稿展上展出过。多尔曼出版社握有这部诗集稿至少两个月，也许是两个半月或三个月。在1965年1月费伯给我来信之后，我记得我特别担忧怎么做合适。蒙特斯要一部诗稿，我可能在要求多尔曼退稿之前就寄给了他一份。但我记得我确实给多尔曼写了一封信，说如果他们决定不接受我的诗集，我希望他们能够退还给我。我没有告诉多尔曼费伯对此有兴趣。如果多尔曼说他们要出版的话，那我就把自己置于非常尴尬的境地了。但他们不愿意出，退回了那些诗，然后我就在一条新的轨道上前行了。事实上，麦克吉本和基出版社的蒂姆·欧姬芙春天的时候也给我写过信，提议我也许可以投给他们。我真是运气太好了。

奥德里斯科尔：给多尔曼的诗集在内容上和《一个自然主义者之死》多大程度上是一样的?

希尼：很不一样。没有《采黑莓》，没有《跟随者》，没有《谷仓》，没有《搅乳日》，没有《一次挖土豆》，没有《个人的赫利孔》……但包括了《挖掘》和《一个自然主义者之终结》——后来才改为《一个自然主义者之死》。那部诗集稿总的题目是《一次学习的进展》，分为三个部分："家屋领地""麦肯纳郡"和"肖像与风景"。"麦肯纳郡"部分出自对 R. S. 托马斯有关埃古·普里瑟赫的诗的阅读。但同样也属于卡瓦纳所写的"帕特里克·毛谷尔"的文学之子，这个充满机智的农场劳动者散发出猪食的酸味和教区的虔敬，他为我提供了描写本地亚文化的方式。第三部分包括了出现在《一个自然主义者之死》结尾处的诗篇：《民歌手》《城市教堂里的穷苦女人》《岛上风暴》。

奥德里斯科尔： 那么，你刚刚提到的那些诗——《采黑莓》之类——属于1965年初所写，那一时期，据你自己所说，你“写了一大堆”。这种写作，是有意为之，以保障你的第一部诗集有足够多的诗，还是因为费伯的招手带来的信心高涨的产物？

希尼： 我感觉很振奋，充满力量，与此同时有种要表达的强烈愿望。蒙特斯的信中挑出《一个自然主义者之死》和《挖掘》作为吸引他的诗的代表，这激励了我集中注意力于木斯浜周边的主题和背景，一旦我打开这一通道，我就确定无疑地爆发了。

奥德里斯科尔： 很显然从一开始《挖掘》就成了整本诗集中的第一首吗？

希尼： 在我寄给多尔曼出版社的诗集中它就是第一首。在1964年8月我写出这首诗的那一刻，我就知道它是力量施与者。它还能放在别的什么地方吗？它自己决定了自己的位置。

奥德里斯科尔： 现在这首诗是如此著名，我想问一下你是否还记得枪/笔这意象你是怎么想出来的。我还想问一下这些意象中是不是有着政治意味：“枪管”“子弹”“武器”“齐射”“陶瓷炸弹”，诸如此类出现在大骚乱之前的诗歌中的意象。

希尼： 丹尼斯·多诺修在评论这部诗集时，他猜测我小时候看了太多的战争片和西部牛仔片。事实上，我小时候看电影非常少。但我得承认后来确实偏爱《轰炸鲁尔水坝记》《翱翔蓝天》和很多那些老的二战逃亡片——好像有一部的题目是《木马》？所以也许丹尼斯的猜测和我自己的猜测一样可靠。但特德·休斯作品中那种高电压用语也对此有影响。

就笔这个例子来说，笔“在我的手指和拇指之间”，“偎依着像一支枪”，它和这首诗其他所有的那些词，我完全是出于声韵的激发而做出的反应，由内在的耳朵主导的一条声音链。在拇指（thumb）和偎依（snug）和枪（gun）之间相关联的这个“uh”音属于诗歌本身的核心问题，而不是任何社会学的或文学性的构成。另外，在《一个自然主义者之死》中，那些“土制地雷”（mudgrenades）中似乎有一根性欲之针在等着被拔出。所以，谁能明确地说出这些事情呢？

奥德里斯科尔：你还能记起《一个自然主义者之死》的定稿寄出的情况吗？

希尼：真记不清了。我记得这本诗集是在7月份被接受的，因为8月份当我在伦敦时——在我的蜜月期间，我的天——我去了费伯的办公室，去见查尔斯·蒙特斯。在那里，我想我带了另一首诗——《卜水者》添加到诗集中。《卜水者》是诗集中最后收入的一首诗。

奥德里斯科尔：在看校样阶段你还做了很多修改吗？

希尼：就我的记忆所及，只有一处。我重写了《一次学习的进展》的最后三四节。对那首诗我有一种迷信般的忠诚，因为它是被《爱尔兰时报》接受的第一首诗。作为一首诗，它相当散乱——我甚至那时候就意识到了——但在你处理诗歌的时候会出现所有那些非理性因素。迷信的忠诚压倒了你更好的艺术判断。

奥德里斯科尔：在诗集于1966年出版之前，你的一本诗歌小册子作为贝尔法斯特艺术节出版物发行了。是谁印发的艺术节出版物，你是怎么被他们注意到的？

希尼：那个时候我是贝尔法斯特艺术节委员会的一员。这个艺术节刚开始启动，从一个系列的学生活动转为一个更大的得到女王大学当局官方支持的活动。这事后面的组织者是麦克尔·艾默生，我前面提到过。麦克尔到女王大学读本科，他来自埃文河畔的斯特拉福德。他留在这，组织了这活动，直到发展成为一个成熟的艺术节。在那个时候，女王大学和北爱尔兰艺术委员会和 BBC 之间正开始建立长期的富有成效的关系。但在1965年，议程还是有一种临时与即兴色彩。所以当我向麦克尔提议出一系列小册子时，几分钟就敲定了，小册子非常轻松地就印出来了。当然，最早的三本现在已是收藏家的藏品了：德雷克·马洪的《诗十二首》，我的《诗十一首》和麦克尔的《诗十首》。它们看起来就像是复印下来再装订了一下，但它们是某些事物的开端。

奥德里斯科尔：费伯不介意《诗十一首》的刊印？

希尼：查尔斯还鼓励这么做，因为它可作为整部诗集的通告。事实上它得到了约翰·卡雷在《新政治家》上很好的评论。

奥德里斯科尔：《一个自然主义者之死》的评论呢？

希尼：克里斯多夫·里克斯给了它一篇很好的欢迎词，那是一个重要的鼓励，诗集一出来就在《新政治家》上发表了。然后，约翰·休伊特也在《贝尔法斯特电讯报》上向它致意。麦克尔·朗利在《爱尔兰时报》的“最新书讯”中向作为阿尔斯特诗人的我致敬。布伦丹·肯尼也向我脱帽了，奥斯汀·克拉克朝我点了点头。诗人们对我的接纳美妙得就像变魔术一般。

奥德里斯科尔：但在《评论》——伊安·汉密尔顿的杂志上，你是受到了排斥的。

希尼：“罗素广场沾满污泥的手指”。我也记得在《观察者》杂志上受到了一个叫彼得·马什的人的轻视，只是后来才发现马什是汉密尔顿的笔名之一。不过，《评论》杂志是你只能期待被攻击的地方。既然他们攻击了特德·休斯、杰弗里·希尔，那么我也欢迎被他们攻击。

奥德里斯科尔：克里斯多夫·里克斯的评论认为你的爱情诗受了罗伯特·格雷夫斯的影响。你们俩都显示出一种对现代主义明确的拒绝，但我忍不住认为他提出的短促用语恰好和你自己的说法“深入其他之中的元音”完全相反。

希尼：这样挑选例子是典型的里克斯手法。六十年代初我听过很多格雷夫斯的朗读——我弄到一张他读自己诗歌的唱片，有点惊讶他的军官腔调和讲话风格。实际的声音和剪裁过的写作风格完全一样。我特别喜欢《战利品》中军人气概的讲话和意象：“当一切结束你们迈步回家／战争的果实可以轻松处理……”这种处理事情简洁短促的方式也用于他早期的一些爱情诗中，比如《脚手架》和《双倍的害羞》。麦克尔·朗利是格雷夫斯的资深“粉丝”，曾经引用过《给冬至日的胡安》。当我第一次遇到玛丽时，她能背诵《患病的爱情》，那首诗这么开头：“哦，爱情，当你可以时就以苹果为食吧／感觉着阳光，走进皇家的列阵，／天堂的大道上是微笑的纯真”。事实上，我们在格雷夫斯八十岁生日的盛大晚会上遇到他时，加雷奇·布劳恩在卢加拉为他举办的，我请他为玛丽手写下那首诗，他非常友善地这么做了。他那时候有点迷糊了，但仍然直率得像激流，仍然是罗马人的面貌和老派的纯正习用语。

他把世界分为“对的”和“不对的”。比如他问玛丽我喜欢什么诗人。当玛丽提到西奥多·罗斯克时，他请她举一些诗句。于是她开始背《我爸爸的华尔兹》：“你呼出的气息中的威士忌／能让一个小男孩晕眩……”他打断她说：“我认为这不对，在诗歌中写别人呼吸中的气味。”当玛丽回答说罗斯克的父亲有点酗酒时，格雷夫斯说：“我父亲发誓戒酒。”案件了结。

奥德里斯科尔：那么，罗斯克对你很重要？

希尼：早期不重要，但当《远方的田地》在1964年出版，然后《诗全集》在1968年出版后，他是我的精神激发者之一。我记得在《批评季刊》看到他的《在牡蛎河边的沉思》，真切地感到它后面的慷慨和给养。我也很喜爱他的花房诗。但罗斯克身上吸引我的还有他诗歌形象的分裂。他既写那种惠特曼式的宏大的过山车般的诗，然后，又写另一种风格的、节奏非常严谨的格律诗，维拉涅拉舞曲那种东西。我想这种吸引可能源自我自己的写诗经验，有与它相对应的开放和收缩，如既有《挖掘》那样步履沉重的诗，又有像《跟随者》那样轻快整齐的诗。

奥德里斯科尔：现在，当你重新翻开《一个自然主义者之死》时，你会有想重写、重订或删除的冲动吗？还是觉得一切太晚了没法再这么做了？

希尼：事实上，我已经做过一些删除。法拉、斯特劳斯和吉罗出版社在美国出版《田野工作》之后，他们把我早期的四本诗集收为一卷出版了。如果你在那一卷本《诗，1965—1975》中看《一个自然主义者之死》的话，你会发现我去除了7首诗。那个时候，《一个自然主义者之死》已经出版14年了，我觉得我可以自由地行使我的判断了。但我不会改动那本诗集本身的内容，即便是原来诗集的重印本我也不会动。它就那样，我觉得没问题。这是它现在的样子，也是它原来的样子。

奥德里斯科尔：还有一件事，在你的致谢中提到了一本名为《英联邦青年诗人》的诗选。我认为，即使在那个时候，你也会对这本诗选的名字感到不舒服？

希尼：不舒服是对它的拔高。就我所记得的，那本诗选是卡迪夫1965年为某个诗歌节之类的活动而编选的。菲利普·霍布斯鲍姆——如他一贯努力促进我的发展——把我们的诗寄给了编者。更让我不安的是几年后我被选进杰里米·罗布森编的《英国青年诗人》。但你知道，直到血腥星期天之前，那种名称问题从没有强烈到摆在你面前。我承认，背后确实总有一种焦虑。但正如我一直说的那样，在我和我家人身上并没有一种很强烈的共和主义动因在运转，更多的是一种典型的置身联合主义之外的少数族群民族主义者。整个事情被一种小阿尔斯特主义扭曲着。以一种相反的方式，作为民族主义背景的诗人，我甚至还会很喜欢被选进这些诗选中。光头党再无法不反抗了……

还有另一件事：直到我1972年移居格兰摩尔之前，我的护照实际上并不是绿色的，因此，有各种异常的事情发生。我的第一个护照是在1950年代末匆忙申领的，为了去卢尔德，那所有的地方。甚至都没有想过到都柏林去申请。在贝尔法斯特我们受尽了官僚机构的考验才拿到护照。狮子和王冠带来同等的便利与不安。下面是其他一些事实：在1962年暑假我去伦敦打工时，我在位于小法兰西街的护照办公室找到了工作。我的老天，我真的亲手签发过护照，因此我并不在意我自己也拿着一本。但是，在1970年代，随着环境更毒化和政治化，需要建立新的立足点以清除混乱就变得更紧迫了。

奥德里斯科尔：有很多读者仍然认为《一个自然主义者之死》是他们最喜欢的诗集，你会对此感到吃惊或恼火吗?

希尼：这点我很容易理解。从一开始就和你在一起的读者对早期的作品会有一种特别的喜爱。在所有美妙的首次阅读经验中有种自我充电的东西。要是你问我的话，我也许会说我最喜欢的特德·休斯的诗集是《卢佩卡尔》。这并不是说我不仰慕特德其他的诗作。它只是说明那最初的扩散性感觉以一种特殊的方式仍然活生生地保存着。

四、向内和向下：《进入黑暗的门》

奥德里斯科尔：在《一个自然主义者之死》诗集被接受之后，你肯定感觉到了一种高期待的重压。在你开始写《进入黑暗的门》诗集时，你感觉到了怎样的不安和紧张？

希尼：我记得我有一个硬封面的蓝色大笔记本，一个星期六的上午我非常有意地开始在上面写诗。那应该是1965年秋天，在我们度完蜜月回来之后不久，搬进贝尔法斯特城边一个住宅区，我们的第一座半独立的房屋。我像一个飞行员站在一座机场边，看着一架我将驾驶的飞机。有一种已经抵达某处的强烈感觉，同时还有一种明确的不安。你能再次腾空起飞——经过航程——再安全地降落着地吗？

那天上午写的那首诗，是源于一种职业驱动力，我给自己下了这道命令："好吧，你现在是一个出版了诗集的诗人了，你应该有一种工作纪律。在那张桌子边坐下，以更有规划性的方式着手你的工作吧。"那首诗的题目叫《一个鲑鱼渔夫对鲑鱼说》，它是在准备第二本诗集时很适合地出现的，但我对它总有一种混杂的感情。它始于我总是喜欢开始的地方，立足于记忆和感性的基础。但在实际写作过程中，我直觉到那种冲动被束缚住了，没能自由释放。尚未能够进入忘我之境。

因此，是的，很明确，这是一种新的自我意识。在那一刻我认识到了写抒情诗的一个简单要求——甚至可说是定义——那就是忘我。很幸运，我在写下《铁匠铺》的第一行时，我就达到了忘我状态，“我知道的全部就是一扇进入黑暗的门”。在我完全投入《为光头党所作的安魂曲》的主题和乐章中时，我也达到了。在第一本诗集出版后不久我就写了那些诗，感觉上了正轨。

奥德里斯科尔：那段时期你写诗的成功率有多高？你扔掉很多诗，还是写下的大多数诗都是可发表的？

希尼：一些诗发表在杂志上——我现在依然很喜欢——但没有收入《进入黑暗的门》。1966年的春天和初夏有一种奇特的写诗的自由。玛丽怀孕了，离开了学校的工作。因此在我去看访学生们的教学实习情况时，她有时和我一起经历穿越乡间的长途旅程，比如在弗玛纳郡沿着厄恩湖岸而下，或在格林利山谷沿斯伯林斯山而上。我有一首诗写这些旅行中的一次，这首诗最终成了被收入诗集《观看事物》中的组诗《回想》的第一部分。我还写了一首怀孕诗叫《晨曲》，我觉得很不错，虽然它没有以任何传统方式出版。我真想不起一般的成功率是多少。除非有相当的机会能写出一点什么，我一般不会倾向于动笔写诗。即使如此，还是有很多被扔掉的。

奥德里斯科尔：你开始第二本诗集时，手里还有些诗歌存货还是一切都是从草稿重新开始的？

希尼：没有诗歌存货。我在前面提到过，我加进《一个自然主义者之死》的最后一首诗是《卜水者》，那是1965年夏天。从那之后，就是一切重新开始。

奥德里斯科尔：你最初的两部诗集之间的一个不同之处，你自己也指出了，就是诗歌中的人称有意地从"我"转换成了"我们"。是什么促使你做出这一改变，在何种感觉上——从什么时刻——你觉得你变成了一个"我们"诗人？

希尼：我想我该说，是通过写细微的诗……，但是，不，这会把我们带回到为艺术辩护的问题上。带回到作者自传和它在诗歌中的地位问题。

奥德里斯科尔：但保持着"我"的视角，在成为一个真正的代表性诗人的过程中不是最有效的方式吗？也许你产生了一种对诗歌作为公共艺术的感觉？

希尼：如果你这么说的话，我想我得同意你的看法。在我谈论改变人称代词"我"时，我想到的是《为光头党而作的安魂曲》和《沼泽地》。很显然这些诗的写作是站在一个有民族主义思想背景的北爱尔兰天主教徒的立场上。在这一特别群体中并没有涌现出多少诗人：约翰·蒙塔格出版过《被毒害的土地》和《选择的光》，这就是关于它的一切。从一开始我就意识到一种需要，为那些不曾出声的事物发声。为做好这一特别的工作调校好表达媒介。在诗集《北方》的一组诗《歌唱学校》中，它是在对另一个文学青年——谢默斯·迪恩说话，它是作为一个明确的问题出现的："我们的口音变了吗？""阿尔斯特是英国的/但在英语抒情诗中并无权利。”

这些需要被表达出来的东西并不完全是被歧视的少数族群的政治抱怨——政治性的抗议和反对一开始就蕴含在北爱尔兰之中了。我所追求的，虽说那时候并不是这么清晰，是找到一种方式，让我们在中学和大学学习吸收到的英语诗歌的核心传统能够容纳我们自己特别的异乎寻常的经验。我把整个事情说得有点太复杂难办了。更简单地说吧，在1966年阿尔斯特官方的光头党纪念活动中有一种冒犯的因素。把艾伦沼泽作为神话中心这暗含着一种对英国关联的替换。我也得说一下这点:《沼泽地》最让我高兴的不是它的主题或它的第一人称复数，而是它从古老的传说和语言深处开掘而出，作为一首诗完全真实可信。它可以说“我们”但仍然全都是我。

奥德里斯科尔：你把《沼泽地》放在诗集《进入黑暗的门》的最后似乎是一种预告，因为这首诗指引出以后那么多其他的把沼泽作为隐喻使用的诗。

希尼：在我写这首诗的那一刻，我就感觉到了“沼泽地”蕴含的前景。对它会导向何处没有任何清晰的概念，甚至不知道我是否还会回到这一主题，我就认识到一种新的坐标原点建立起来了。门框后面是敞开的天空而不是黑暗。在我写这首诗时，我全身的肌肉都几乎感觉到了这点。

奥德里斯科尔：一种非同寻常的时刻?

希尼：如果有过这样的时刻的话，那就是了。完全的忘我之境，获得了一种完全不同的东西。一种你一直盼望得到的东西。它似乎是一首正适合用于结束的诗，因为它在最后一行之后似乎还没停止。

奥德里斯科尔： 如果我没记错的话，你在别处提到过，这首诗是在你傍晚正穿衣服出门时出现在你的头脑里的。

希尼： 真是这样。我们实际上是在伦敦，在我妹夫的公寓里，我在把右腿伸进裤子时想到了第一行诗。我经常猜测，只是半开玩笑的，我右腿毫无障碍地伸进裤脚的开口和那首诗朝着"无底的"结尾发展这之间的关系。它似乎是自己冒出来的。我只是在这里那里改动了几个词，它一阵风似的吹拂过来，而不是一个词一个词地选取。用卡瓦纳的话说，"一些奇异的事情发生了"。

奥德里斯科尔： 我想把话题从《进入黑暗的门》这首结尾诗转到那首题名诗上。那是一个真实的铁匠铺还是描绘出来的一个地方和一个人？

希尼： 从某种意义上说，任何一个铁匠铺就是所有铁匠铺。但没错，我写的就是巴尼·德夫林的铁匠铺，在希尔海德，就在路边。在那儿你能从铁砧上听到神话的噪音，从路过的汽车听到1940年代的噪音。它是属日常普通的还是神话原型的，就看你愿意怎么看它了。巴尼现在快九十岁了，但依然能够将平常之事锤打出史诗之声。比如，在1999年最后一天的午夜，他在铁砧上敲击了十二下以迎接千禧年——通过手机把这曲调传给了他远在埃德蒙顿的儿子。他仍然很健康。我最后一次和他在一起时，他给我看了两个不同的铁砧，在上面敲击出两种不同的音乐。一种音调甜美的声音，出自他爷爷传下来的铁砧——就是小时候我听到的从一英里之外传来声音的那个铁砧；另一种生硬、难听的敲击声，出自后来的一个工业铸锭，显然不是敲响2000年钟声的那一个。

奥德里斯科尔：你是不是真的在一出戏里演过一个铁匠？

希尼：是啊，是真的。是在贝拉菲演出的，可能是1959年或1960年，一部传奇剧，根据一部题为《道恩郡之心》的小说改编，讲的是贝西·格雷的故事。贝西·格雷这形象在关于道恩郡1798年起义的传说中如同一位本地的圣女贞德。在一首民谣里她作为起义领袖哈里·门罗的妹妹出现在最后部分："然后来了门罗的妹妹，她全身着绿，/侧佩宝剑，锋利又热切/她发出呼喊声三次/我将为我哥哥门罗报仇。"大卫·哈蒙德曾唱过这首民谣。在这部戏中，我扮演铁匠，为起义的爱尔兰联邦军打造尖钉，在巴尼·德夫林提供的铁砧上。事实上，巴尼在那出戏里也扮演了一个角色，虽然，够奇怪的，他竟然没演铁匠。但他借出了他的铁砧，在排练时教我轻轻一击就让它叮叮唱响的技艺。

奥德里斯科尔：据说E.伊思汀·伊文思的《爱尔兰民俗》影响过你早期的诗歌，比如《铁匠铺》《盖茅草屋顶的人》这些诗是出自对这本书的阅读吗？

希尼：一点都不是。伊文思的书很好，但那些诗和其他相似的诗——《妻子故事》中的麦地场景，或《内伊湖组诗》中的捕鳗鱼，它们全都出自我第一手的体验。在遇到玛丽后，我就有机会了解鳗鱼，捕鳗鱼，我甚至和渔夫去过湖里。有一件事情扩展了我的个人经验，那就是阿尔斯特民俗博物馆的阿兰·盖里所做的关于假面哑剧的演讲。我小时候确实见到过简化了的假面哑剧。我们称之为“圣诞节打油诗”。“房屋，房屋，勇敢的男孩，给我们房屋去拱猪。”我父亲记得打油诗《布劳恩医生》，并喜欢一再背诵，“我来了，老医生布劳恩/最好的医生，在这个小镇”“你能治什么，医生？”“我能治溃疡、痛风、坏血病和彩虹。/有一个老太太八十又四/她屁股上的关节骨脱了出来我把它又放了进去/用了四只母火鸡的四码长的蛋，/一只猫的胡子和一只珍珠母鸡的毛/把所有这一切裹进石膏。”不管怎么说，当阿兰把布劳恩医生的随身物和他给予健康的力量与印欧语系的丰产仪式联结起来时我感到非常兴奋。

奥德里斯科尔：在你的成长期，内伊湖激发过你强烈的想象吗？

希尼：非常强烈。它就位于那张很大的北爱尔兰地图的中央，挂在阿纳霍瑞什学校校长室的前面。在那间校长室的架子上有一块石化的木头，至少在它经过漫长的变成硅酸盐的过程之前是木头。这多少有些科学展览的意思，但它也多少强化了你经常听说的关于内伊湖的魔力，它能将木头变为石头。事实上在《进入黑暗的门》中有一首诗写的就是那块石化木头——《记忆的遗迹》。我们都知道这个古老的民间传说，爱尔兰巨人把苏格兰巨人赶出这片陆地，扯下的一块草泥掉落下来，变成了马恩岛，那块扯去的草泥留下的坑就成了内伊湖。在我六十年代开始探访阿德波[①]时，我了解到了整个鳗鱼业，不由自主地被它的整个生命周期吸引，从马尾藻中神秘漂游出来的幼鳗，成

① 阿德波（Ardboe）原文出自爱尔兰语 Ard Bó，意思是“奶牛那么高”，是北爱尔兰蒂隆郡东北部的一个小村子，靠近内伊湖的西岸。

年鳗鱼程式化地又回到原初的产卵地。

奥德里斯科尔：你刚在前面一点提到你和渔民一起去过内伊湖。

希尼：我钓到的第一条鱼就是鳗鱼。并不太大，但它就在那，活蹦乱跳的，在钓鱼线那端。我肯定是十一或十二岁，拿着一根竹竿缠着钓鱼线，用虫子做诱饵，在莫耀拉河的沙岸边。终生难忘，但不属于真正的捕鳗鱼。直到我在阿德波的德夫林酒馆开始遇到渔民，我才知道真正的捕鳗鱼这事。挖蚯蚓，给几百码的线挂诱饵，清早起来去提钓线，拖拉，这整个充满了戏剧性。有天早晨，我和两个渔民——路易斯·奥内尔和帕特·哈干一起去钓过，那种经验是如此原始，我没法不把它写出来。路易斯·奥内尔最终死在另一家酒馆的爆炸中，就在血腥星期天之后的葬礼的当天夜里，只有在那时我才写出那天早晨他带我出去的真实情景。闪耀在湖面上的晨光有一种非尘世的美，它让我想起《哈姆雷特》中的黎明之景，就是国王的鬼魂听到鸡叫而隐去的黎明。因此，在《遇难者》中路易斯变成了“黎明时闻嗅着的亡灵”。

奥德里斯科尔：我将“再次询问你”，像《遇难者》诗中说的。此刻，我想到的是特德·休斯曾建议你从事鳗鱼捕捞业。他是认真的吗?

希尼：他是足够认真的，就这么说吧。这事和阿德波的关系也够紧密的，捕鱼业给它带来了很大的吸引力。玛丽的爷爷曾经是一个鳗鱼商贩，他从当地的渔船上收购鳗鱼，再运到伦敦鱼市去卖。她的父亲也干过一段时间。也要考虑到这事的时机——七十年代初期，我们刚刚从伯克利回来，在1971到1972学年。我们没什么约束，想搬离贝尔法斯特。探看蒂隆郡的老地方，来回地去基尔肯尼看巴里·库克和桑佳·朗德威，他们不断劝我们在他们附近找一所房子。巴里·库克和特德是多年的朋友，钓鱼伙伴，树篱后面与河岸边的好哥们，天生就有抛鱼线和施诱饵的才能。还有，在阿德波的德夫林酒馆后面有一个老谷仓，我们考虑可翻新。所以特德的建议是整个不确定和憧憬相混杂的一部分。当格兰摩尔乡舍出现时，事情很快就找到了更明确的方向。

奥德里斯科尔：鱼——鳟鱼、鲩鱼、鲑鱼、鳗鱼——与捕鱼相关的东西——匙形钓钩、“扔鱼叉撒网”、“身披斑点的浅色飞蝇”——渔夫艺术家巴里·库克、西恩·奥·李亚达、诺曼·麦卡基和特德·休斯——都出现在你诗歌中。你自己是一个很投入的钓鱼人吗？

希尼：我不是。这似乎有点怪，考虑到我受它吸引，还有你提到的那些经常出现的引文。但从十三岁起，我去河边的次数不超过十次。在我十、十一、十二岁时极其渴望获得一根非常好的钓鱼竿，但一直没得到。对这点我现在还感到有点难过。我心里真的很不满意，只能凑合着用竹竿、最简单的卷轴、活塞杆销眼、钓线和带丝线的鱼钩。两三条小鳟鱼就是它的最高成就了。但它的深刻影响难以估量。鱼上钩时轻咬虫饵，突然一拽，钓线在水里的弧度和弹动，水面的氛围和天气状态。我喜欢待在河岸边。我没有保持这种兴趣的部分原因是我们家从木斯浜搬到了伍德。木斯浜离莫耀拉河只有半英里，我们家就有地在河岸边。我在水里就像在家一样自在。

然后，随着寄宿学校和更被陆地包围的新地方的生活，这种机会变小了，这习惯也消失了。我曾努力再次开始，最后还给自己买了一根钓竿，在一个可怕的日子——1972年血腥星期五，我走在贝尔法斯特的主街上，我买了钓鱼用具。断断续续一年左右，那段时间去向还悬而未定，我尝试着在我旧日的莫耀拉游荡，在托马斯镇我们待着的一个周末，我和巴里·库克一起出去钓过鱼，巨大的诺尔岬就在他房子的后面。那时候的麻烦是我想用飞蝇钩钓鱼，但我从来没有待够时间来学会怎么抛鱼线的，因此这种努力也就宣告失败了。但在我现在68岁的手臂里仍然完好地存活着我12岁的手臂，感觉到鱼咬钩的激动。这对一生写诗来说已经足够了。这一切，还有记忆中和巴里在诺尔岬钓鱼，一次和特德在德封钓鱼。那水的流逝，空气的寂静，动作的悄然。那些时间的停顿点。

奥德里斯科尔：作为一个从很多方面来看属于欢庆、肯定性的诗人，你为什么选择强调死亡和黑暗的题目作为你前两部诗集的题目？

希尼：我得承认，死亡和黑暗确实在那里，在诗集的题目里。但我仍要反对你说的我选择强调它们，作为否定因素……为什么用它们？也许因为我认为第二本诗集题目中的黑暗属于传统的积极因素，与艾略特所称的诗歌源起的“黑暗胚芽”相关。“进入黑暗的门”一词来自一首写铁匠的诗的第一行，它写一个铁匠，形状的打造者，站在铁匠铺的门口。作为题目它采自诗集《一个自然主义者之死》的最后一行（《个人的赫利孔诗泉》的最后一行）。那行诗写出了一个新手看到的一种连续，在他想在写作中取得的效果和他曾经冲着井口叫喊以让“黑暗发出回声”之间。还有一种常见的关于黑暗的古老原型，就是它作为你要抵达一种可信之光或真实之景而必须穿越的某种东西。灵魂的黑暗之夜。黑暗的森林。甚至 D. H. 劳伦斯的黑暗的性欲之神。在那些日子里，劳伦斯在我想象的领地有着某种影响力。

奥德里斯科尔：作为一个电气年代前的小孩你知道真实的黑暗吧？我记得在《听众》杂志的一篇文章里你说到过谷仓那地方，“我总是害怕站在它黑暗的中间，怕有什么东西从它的角落里跳出来”。

希尼：确实是。当我听到“黑暗的夜晚”时，它不仅是圣十字若望的回声，它还是南德里的星空，或漆黑的夜里晚风拍击着我家小路边的山毛榉。小的时候我确实害怕夜晚，走在路上甚至睡在卧室里时。《进入黑暗的门》第一首诗写的就是隔着卧室的墙听到墙另一边马厩里的马的声息。家里的马变成了噩梦。但我想每个孩子都经历过这种事情，它们是人类成长过程的一部分。

奥德里斯科尔：你有一个自己的孩子，还有学院的工作，批改论文，旅行，挣钱养家。六十年代末期你的生活中还有诗歌之外的很多事情。你是怎么应对这些不同的要求的？你是否渴望一种更放浪不羁的艺术家生活？

希尼：我那时完全无法确定我最后会做什么。所以当诗歌突然降临，就在我开始要当老师之时，它是一种救赎的恩典，但并非意味着另一种生活方式。在那个阶段，我甚至从来没考虑过我有放弃日常工作的可能性。我们是成家的年轻人、年轻老师，和很多其他年轻夫妇和年轻老师一样开始生活。在那段时间，我们参加了朗利的婚礼，还有肯尼利的婚礼。我们所有人在心里都可能有放浪不羁的习性，但婚礼都非常正式，有神职人员、婚纱和康乃馨。然后有了分期付款和孩子。现在想想，这和特德与西尔维娅在英格兰经历的过程隔着不长的时间。

奥德里斯科尔：你像西尔维娅·普拉斯那样写过吗？——凌晨起来照看孩子，然后坐下来写诗。

希尼：我一直忘不了玛丽带着麦克尔从医院回到家里的第一个晚上的情形。我们几乎整夜没睡，听着他的呼吸。想知道他哭的时候该怎么做——是喂他吃还是不喂，是不是要给他换尿布。所有的保护措施似乎都废掉了，你手忙脚乱全弄糟了。但你慢慢开始适应了。我们都醒来喂他，等着水在热奶器里加热，担心水会不会太热了，给瓶子消毒，更换尿布，扔垃圾。在那些凌晨我确实没写诗，没写。夜里惊起让我们都有点睡眼惺忪。但我们年轻，干得了这个。如果诗歌能够在战壕里写出来，这该死的，它肯定就能在白天工作和夜里喂奶之间写出来。

奥德里斯科尔：在你告诉一个访谈者说你“对还在娘肚子里的（你自己的）孩子极感兴趣”时，你在多大程度上是认真的？

希尼：他也许是在问我为什么孩子出生以后没有写更多关于他们的诗。你知道我前面提到过的笔记本是我在玛丽第一次怀孕时使用的，上面写得满满的都是怀孕主题和思考的诗。其中的一些发表了，像《晨歌》《重访迦南》和《给一个流产儿的哀歌》（和我们同时结婚的另一对夫妻发生的事），另一些不值得发表。对于将要生活在我们之间的新生命会有一些美好的想象。而一旦孩子降生，孩子本身就足够了。诗歌完全没法和他相比。

奥德里斯科尔：当你在1990年出版《新诗选：1966—1987》时，给了《一个自然主义者之死》和《进入黑暗的门》里的诗同样的分量。但仅仅八年之后，在《开垦地》中，你给予了《进入黑暗的门》里的诗大得多的分量。相对于第一部，你是不是变得更偏好第二部诗选？

希尼：没有偏好的问题。《一个自然主义者之死》总会被置于一个骄傲的位置，因为第一本诗集属于更重大的转化事件。你被出版的魔棒触及到了，你站在朝圣进阶之上，尔毕业了。因此，第二本诗集没有第一本那么大的魔力。你同时也会更为自觉，对被接受的事实感觉更敏锐。我想在第二本书的阶段有些作家会比另一些作者处于更陡峭的学习曲线上。很显然，罗伯特·弗罗斯特手头有足够的诗作，在他编定第一本诗集《少年心愿》和第二本诗集《波士顿以北》的时候。这之间当然有一种发展，但和西尔维娅·普拉斯从《巨人》到《艾丽尔》的发展非常不同，这是从学徒到女祭司的发展，以不可预知的运动——相当于诗歌中打破音障的超音速。我的意思是说，在《进入黑暗的门》中我没看到那么大的“发展”。它更多的是一种尝试和生发。尝试了组诗，像《内伊湖组诗》。从贝拉菲教区的托纳沼泽生发出了写一般沼泽的《沼泽地》。到我编选《开垦地》中的诗时，我相信我对第二本诗集中发生的变化有了更清晰的感觉。

奥德里斯科尔：内尔·柯克南的批评著作中引用了一篇评论，在这篇评论中诺曼·尼古尔森说《进入黑暗的门》的诗人作者是“在做大动作之前等待时机”。在这本诗集中有一种不确定感在起作用吗？

希尼：我写的每一首诗里都有一种不确定感在起作用。也许正是它在推动我写作的进行。没错，在写《进入黑暗的门》中那些诗时，是有一种等待时机和衡量情势的感觉。在新的情势之中我非常警觉。

奥德里斯科尔：你在德里的家人怎么看待你认真地从事写诗这件事情？你曾经说过他们是“怀疑和严谨的”。有什么你已超出自己和也许超出他们的感觉吗？

希尼：没这种感觉。但有一种既不太可能又很荣幸的强烈感觉。对待此事的所有方式确实是“怀疑和严谨的”。这么说也许很适当，从我1951年离开我们家前面的街道去圣科伦巴公学上学的那天早晨起，家里人就预感我会离开他们去过不同的生活了。我猜想在他们的头脑里我转向诗歌这点和很早就开始的转变是完全一致的。这么来看吧，我十一岁时，墨菲校长向我父母提议让我早点去学校免费上拉丁语和代数。我十八岁时，获得了一次国家展览奖。二十四岁时我成了教师进修学院的讲师。那么，为什么我不能在二十七岁时出版一本诗集呢？我并不想将你的问题看得很轻松，但把它看得太凝重了也同样是不对的。

奥德里斯科尔：有没有在意你的诗歌可能踩踏家庭的隐私领地？

希尼：也许有吧。这种在意的性质可能不需要明确地说出来。处理这些问题的方式已经融入整个家庭风格了。沉默和逗乐的分量相等。沉默更多来自父母，逗乐更多来自当地的朋友和邻居。“我的父亲用马拉犁干活”，像这样的一行诗总会招来评论。“干得并没多少”

是你很可能听到的反应。另一方面，我记得我很担心父亲读到《跟随者》，他会怎么看待它，对我怎么写到他。直到今天，我还不知道那一切是怎么样的，他是不是读到过它。多年后他应该在诗歌朗诵会上听过，但到那个时候，这首诗多少已经变成很熟悉的曲调了。在个人私事第一次袒露出来时，一开始会更感觉战战兢兢。对每个人来说都会觉得怪异。

奥德里斯科尔：你的父亲仍然活在你身上那对文学活动“完全无动于衷”的部分吗？你曾经说过你的“乡下祖先”和这点有关：“他们通过我，或我通过他们，从不在乎。”你怎么区分这种态度和菲利普·拉金的“书籍是一堆废话”？

希尼：拉金的这话是在一首诗中说的，因此在那一范围内它是加了引号的。它的粗暴使得它很可疑。但它出于一种冲动，和在习字本上写脏话、一起骂人、耍流氓这些行为一样。

奥德里斯科尔：你与生俱来的怀疑主义是不是强化了你对追求一种诗歌生活的可能性的怀疑？

希尼：你可以说我写的每一首诗——或任何人写的每一首这类的诗——都是克服那些怀疑的方式。任何一个对诗歌抱严肃态度的人都知道要在诗歌中取得一点有价值的成就有多么的难。我曾经想过，如果你出生于我一样的背景，你接近缪斯的方式要比出身书香门第或艺术家庭的人更羞怯。但现在我对这点没法确定了。叶芝有一个画家爸爸，艾略特有一个写诗的妈妈，那对他们是巨大的帮助。但是对伊丽莎白·毕晓普、普拉斯、卡瓦纳或佩索阿又怎么说呢？你可能会争辩说正是对文学的怀疑激发了佩索阿的写作。

奥德里斯科尔：你供认卡瓦纳曾促进了你写作的进行，如特德·休斯那样。你是有意识地反对英国的城市诗人吗？你记得安东尼·斯威特在他为《进入黑暗的门》写的评论中说的话吗——“1930年代写涡轮机和电线塔，1960年代写公牛。这真是一种怪异的进步”？

希尼：我确实记得。但那时候我发现自己对这种嘲讽有免疫力了。1969年7月，在这本诗集出版后不久，玛丽和我带着孩子们在法国的下比利牛斯山区住了很长一段时间。这要感谢萨默塞特·毛姆奖。我们开着一辆大众甲壳虫出发，我们有的是时间，从勒阿弗尔一直向下行驶，直到一个离巴约纳三十英里的内陆村子。在周边地区四处停留和走动——比如去了布卢瓦，华兹华斯就是在这里遇到安妮特·瓦隆的。在返回的路上去了巴黎的达盖尔街，去看约翰·蒙塔格。

在这趟旅行中，每一个地方打动我的都是盛夏时节大地上农作物的真实景象，沙特尔周边的麦地，我们住的贝亚恩旁边高高的玉米田，每个小镇的农贸集市。在那些事物之中有着古老的激动人心的真实性。那个夏天从始至终我都在吸取着巨大的力量，从极为亲近的索尔德拉拜农家场院，从普伊山①早晨五点拖拉机的隆隆声，从一天到晚玉米地里灌溉水泵的喷洒，从厩棚里的牲口……我每天都在乡间住所的一个旧谷仓里写，感觉我的工作得到了担保。电线塔似乎比公牛陈旧多了。

① M. Puy，法国奥弗涅地区的一座由火山喷发形成的山。

奥德里斯科尔：你怎么看待六十年代的大众诗歌？甲壳虫乐队，列奥纳德·柯亨，鲍勃·狄兰——你在那儿发现了什么诗意吗？

希尼：真的没有。它更像背景音乐或游乐园音乐——我喜欢它的声音在我周边响起，但并不觉得它和语言作品有任何关系。吸引我的诗有着不同的灵魂和信念。在我写或读到一首好诗时我会经受一种陌生感。不管甲壳虫乐队和利物浦诗人写什么，都不能让我穿过自己的针眼，像《公牛摩西》[①]和《红隼》[②]那样。我有一种心神被分散而不是精神凝聚的感觉。我仍然需要压力和密度，对随心所欲的节奏和完全袒露的陈述我接受不了。并不是我感觉不到阿德里安·亨利的清新或迪兰的俄耳甫斯式的东西。只不过他们属于不同的心智场域或语言身体。

奥德里斯科尔：你收藏过很多他们的唱片吗？

希尼：我恐怕没有。

奥德里斯科尔：叶甫图申科和沃兹涅先斯基怎么样？你注意到他们了吗？

希尼：沃兹涅先斯基，我注意到了。他诗歌的译本《反物质世界》在六十年代出版。我认为它非常精彩。它给了我真正的震撼。但它是如此“开放”，如此喧闹，它不可能也确实没有影响到我的写作。

---

① *The Bull Moses*，特德·休斯的一首诗。

② *The Windhover*，杰拉德·M. 霍普金斯的一首诗。

奥德里斯科尔：麦克尔·朗利想让你对爵士乐发生兴趣。

希尼：他确实这么做了。我们曾不时地去贝尔法斯特的酒馆听现场演出，和画家科林·米德尔顿及他妻子姬蒂一起。还有索利·里皮兹，爵士乐手和唱片店老板。但这方面我几乎没什么可展示的。一张胖子华勒的唱片。麦克尔将他称为“那禾捆那摇晃那阿拉伯谢赫”。

奥德里斯科尔：麦克尔·朗利的第一本诗集《不再继续的城市》和你的《进入黑暗的门》同一年出版。德雷克·马洪的处女作《穿越夜晚》在此前一年出版。这些诗集的出版增强了你阿尔斯特诗人的志同道合之感吗？还是他们的关注点和风格与你的如此不同，让你确信你们所有人要在你们个人不同的方向上前行？

希尼：我没法说这种志同道合感增强了还是减弱了。我能说的是麦克尔和德雷克的诗集一出版他们心理多少平衡了一些。考虑到他们先前在三一学院的友谊和诗歌生活，他们认为我在他们之前出版诗集使得事情的自然顺序发生了颠倒。在他们看来，这甚至有点近乎冒犯。不管怎么样，到1969年，那最初的无忧无虑的欣喜结束了。当八月份我从法国回来，英国军队已在街上巡逻。我想德雷克已经搬到都柏林去了。见习期结束了。

奥德里斯科尔：1966年你开始在女王大学教书。这职位是怎么来的？

希尼：好些年来，女王大学英语系都会有一个诗人任教。五十年代后期我在那里上学时，劳伦斯·勒纳在那里。然后菲利普·霍布斯鲍姆接替了他。然后，霍布斯鲍姆在格拉斯哥得到一份工作，这个职位就空缺了，然后，所有因素的综合作用造成了对我有利的结果。其中最重要的是，我的诗集被费伯出版社接受了，将要出版。在那些日子里，这几乎相当于盖了一枚官方同意的印章。它是得到"大陆"批准的信号。然后，我也为菲利普·霍布斯鲍姆和英语系的其他成员熟知，他们中的一些人还教过我。在诗社活动中，我见过约翰·哈维教授，英语系主任，还有西班牙语系的亚瑟·特里教授。这意味着我在教员联谊会里属于熟人，即便我没有更高的学历。除此之外，那是六十年代，即使在贝尔法斯特，也有一种新自由主义在萌动。但整个事情的主导人物是约翰·哈维。W. J. 哈维，刚来学校的年轻教授、学者、批评家，于我在女王大学工作的第二年突然去世。他随意地告诉我，我不用费劲去写论文，我应该写散文，他以这种方式为我最终做的批评工作设定了模式。我现在仍然有时去看约翰的墓，在杜伦波的教堂墓地。

奥德里斯科尔：你在女王大学教什么课？

希尼：我给一年级的文科生开了诗歌艺术的讲座，给不同年级修荣誉学位的学生上现代文学讨论课。加上指导课，有时是给几个荣誉学位学生上，有时是给一大群一年级学生和一般学位的人上。这份工作的最惬意之处是它感觉像那种课外生活的继续，就是我在参加诗社时发现的生活。比如，我开始去见艾德娜和朗利，去他们的公寓，在那里做深夜的交谈和对饮——与此同时，艾德娜是我在英语系的同事。我们在深夜谈论的诗人正是我们在不同的课程里讲授的诗人——爱德华·托马斯、托马斯·哈代、W. B. 叶芝、威尔弗雷德·欧文、罗伯特·弗罗斯特、路易斯·麦克尼斯。换句话说就是，年轻诗人的粮秣用来支付了年轻讲师的职责，反过来也是。

奥德里斯科尔：作为女王大学教职员中的天主教徒，你感觉受到过什么歧视吗？

希尼：没有，没有任何歧视。我们很多同事确实是英国人，对当地事物有一种不沾手的态度。在教师休息室，英国阿尔斯特人一样做他们自己，我也一样做我自己。我们所有人都知道交往或不交往的规则。我的意思是，在北爱尔兰中产阶级混合群体的最好时期，有一种极端的严密口风，天主教 / 新教之事多少是一种禁忌，除非开玩笑和逗乐。在女王大学，你会看到英国外省院校那种介于活跃和拘泥之间的风气。在女王大学的教师休息室里，你会有点拘束和紧张。我并没有认识到这有多么严重，直到我在伯克利待了一年回来。伯克利，一所伟大的大学，有一种完全自由开放的风气。汤姆·弗朗甘，我在加州那一年极好的朋友和导师，1972年来女王大学做了一次讲座。下午四点，大伙全都在的时候，我带他去休息室喝茶。在我们离开时，他对我说的全部话就一句："老天啊，谢默斯！你离开这里吧，越早越好。"

奥德里斯科尔：你确实在那一年年底就离开了。

希尼：没错，是的。一种改变即将发生，汤姆知道这点。我想我们还没在格兰摩尔定居下来，但我肯定在想采取改变行动了。

奥德里斯科尔：站在大学讲台上发表讲话你感觉自在吗？

希尼：在圣约瑟夫教师学院我受了三年的训练，站着说话。所以有机会和学生打交道，我是相当的高兴——因为我早已充分准备好了。我确实记得1968年有一次紧张坏了，那是在贝尔法斯特艺术节期间。西恩·奥·李亚达是“本年度作曲家”，还有其他自由散漫的家伙游荡在那里——比如加雷奇·布劳恩和约翰·蒙塔格——这意味着有喝酒的午餐和各种让人忘事的活动。于是，一天下午四点，我发现自己还处于酩酊状态，就得给一百个左右的一年级学生做一堂讲座。因为要讲的是威尔弗雷德·欧文，材料非常熟悉，我靠着惯性滑行，坐着过山车一般很好地通过了那堂课。

但是，我要说的是在讲课之前我总是觉得紧张。甚至我五十多岁在哈佛的时候，如果哪天我有一个讲座，我就得早早起来，试图在头脑里把它整理好了——并不是说我一直能够这么做。一周接一周的讲座，作为教学常规的一部分，是比人们知道的更为严格的考验。最后，最重要的事情是保持良好的身体和精神状态。你可以尽你的喜欢去充分准备，收集大量材料，但除非你精神饱满走上讲台，像一个运动员站在跑道上一样，你是没法做好你所要做的工作的。在一次讲座结束时，我一般会像一个短跑运动员在比赛结束时那样大汗淋漓。

奥德里斯科尔：特德·休斯建议你学院工作“只有不改变你的语言时”才可接受。在你早年，这是你担忧的事情吗？你有没有提防学院主义——专家行话或干巴巴的典故——潜入你自己的写作中？

希尼：D.H.劳伦斯曾喋喋不休地谈论“头脑里的性”。我试着这么回答你吧，我的学院工作牵涉的是头脑里的诗歌，而我的写作牵动的是身体里实实在在的诗歌。诗歌写作使用不同的肌肉，几乎是身体性的。词语从不同的源头挖掘出来，通过不同的系统。说真的，我没有任何深奥的或受过学术训练的感觉。我甚至没有获得硕士学位。我在讲座和指导课上谈论的方式——在各种评论和散文写作中——是远远脱离那种术语和职业理论话语的，现在的学术青年都熟练掌握的。我以前是，现在还是外行——虽然像大多数文学人士，我也终生受到马克思主义和解构主义习用语的影响，它就在那，也是“时代要求”的一部分。

奥德里斯科尔：在校外还和学生交往吗？

希尼：我确实让一些学生到家里来，时不时地。几乎都是优等生。拉瑞·莱纳和巴特教授在我们读本科的时候也曾是这么对待我们的。我只不过是学习他们的好榜样。

奥德里斯科尔：你的一些学生成了著名作家：梅德卜·麦古奇安、保罗·穆尔顿、齐阿兰·卡森、弗兰克·奥姆斯比。你对他们有什么印象？你看过他们的诗吗？

希尼：我确实看过他们的诗。那是时代的全部能量和新生力量。你提到的这些人可能有一种某些东西正为他们这一代而醒来的感觉，在文化和教育气候上有了一种普遍的变化。一个有文学抱负的学生，无论多么独来独往，都有更多的接触途径和能量流。在“创造性写作”新近通行于学校的年代，会有出版过诗集的诗人在大学里转悠。麦克尔·朗利在贝尔法斯特王家公学教书，詹姆斯·西蒙斯在里斯本街的友人学校教书。我记得我去过保罗·穆尔顿在阿马夫的学校，在杰瑞·希克斯的英语课上座谈过——我不肯定保罗当时是不是还在圣帕特里克公学，但杰瑞是他的老师，确实带他去参加了1968年在阿马夫博物馆举行的一次诗歌朗诵会，并把他介绍给我们。所以我在保罗到女王大学上学前就认识他和他的作品了。

我记得弗兰克·奥姆斯比和梅德卜·麦古奇安的诗，在他们上大学期间。但我想当时我没看过齐阿兰·卡森的任何东西，尽管齐阿兰和梅德卜一起上了我讲的批评实践课，那是我从伯克利回来的1971/1972学年开的。我回想起来，一个确定无疑的日期是1972年圣帕特里克节，在我家召集了一次大聚会，他们全都参加了。那是我最后一次见到他们一群人全在一起。那年的复活节玛丽和我就去了威克洛，然后我就向女王大学递交了辞职信。所以我觉得那天是我离开的标志，是我再次认识作为下一波的他们的时刻。

奥德里斯科尔：在你从菲利普·霍布斯鲍姆手中接过诗社时，你们是在阿什利大街16号你家里集会吗？这些学生中有人参加吗？

希尼：我得坦白，我对诗社由我来主持后的历史不是记得很清楚了。可以肯定的是，我们没有立即就在阿什利大街我家聚会，很简单，因为菲利普离开时我还没有搬到阿什利大街。一些人有一种感觉，诗社应该顺其自然，它是霍布斯鲍姆的产物，随着他的离开，诗社也该停止。与此同时，我感觉要把它作为一种责任继承下来，对其他人它显然已经成了一条诗歌生命线——比如，对诺曼·杜戴尔这样的人，他是一个高级公务员，非常忠实地参加诗社活动。还有生活在边缘的琼·瓦顿，她结婚了，现在是琼·纽曼。不幸的是，在我做召集人时，聚会变得更断断续续了，地点也常变化。

奥德里斯科尔：你还记得你们在什么地方聚会过吗？

希尼：我们在英语系的一个房间聚会过几次，然后是在俱乐部酒吧的一个房间，也在里斯本街上的另一家叫“四个一把”的酒吧聚过。菲利普时期诗社活动大体上是研讨会性质，他离开后，我们想做点不一样的——不是沙龙，不是一个舒适的会谈，而是介于这两者之间的某种东西、某种方式。以前聚会的正式和严格在随意选择的新场地没法继续保持，尽管在我们搬离比齐尔公园后确实在我家聚会过两三次。吉米·西蒙斯参加过那时候的活动吗？哈利·詹博斯呢？我记不确切了。我记得弗兰克·奥姆斯比和麦克尔·弗雷和保罗·穆尔顿出席过，可能齐阿兰·卡森和梅德卜·麦古奇安也参加过，但我记不清有谁以及是什么活动了。在我1970年秋天去伯克利待一年后，它作为一个现场性活动的勉强维持就停止了。

奥德里斯科尔：那时候或现在，你意识到在你和那些学生之间有一种文学代沟吗？

希尼：那是肯定的。除了所有其他因素之外，这种代沟是麦克尔·弗雷编辑的《诚实的阿尔斯特人》兴高采烈和言语不逊地坚持划分的。麦克尔是詹姆斯·西蒙斯的某种门徒，但是个完全独立自主的人，聪明得像一枚大头针。他曾经在文章中把朗利、马洪和我称作“古板的三重奏乐队”——这是要告诫我们。但如果你曾经是老师，而对方曾是你的学生，这总是一种决裂（划界），不管彼此关系多么亲切。他们和我们之间最大的不同，我得说，很简单就这一点：就是他们有我们在眼前对他们说话。当我们开始写作时，我们没有任何相应的长辈或榜样站在眼前。约翰·休伊特最终回到了贝尔法斯特，但他在我们定型的阶段没在这。而菲利普·霍布斯鲍姆更多的被认为是一个官方的教育者而不是家庭的一员。

奥德里斯科尔：对你和保罗·穆尔顿的第一次见面有各种报道。你能谈谈是什么导致你在《起点》发表他的诗作并最终成了由费伯出版的一本诗集吗?

希尼：杰瑞·希克斯——我前面提到的保罗的老师，保罗在他的诗《冰箱》中写到的三个人之一——杰瑞带着保罗到艺术院参加大卫·哈蒙德、麦克尔·朗利和我举行的诗歌朗诵和音乐演唱会。介绍保罗之后，希克斯的论断是“稀世神童”。保罗——像你所想的——非常安静，像任何一个被校长介绍的学生一样。但在他后来寄给我的诗作中，没有一点学生气，诗稿是黑色墨水的非常豪放的粗体书法手写的。来信中我记得他这么写道：“也许你能告诉我我什么地方做错了。”我回信说我觉得我无法告诉他任何他自己不能发现的问题。有着如此确定的声音和清晰的想象，你对这些诗歌一下子就感觉到既熟悉,又陌生。它们完全属于阿马夫的世界和想象的世界。我感觉我很幸运能遇到它们，在我发表它们时有一种真正的不同寻常之感。很自然，我把保罗推荐给了《听众》杂志的卡尔·米勒和费伯公司的查尔斯·蒙特斯。但不应该把“帮助他得到出版”的荣誉加之于我。编辑们都在激烈地战斗，让自己成为发现这样的天才的第一人。

奥德里斯科尔：卡尔·米勒很显然从一开始就对你很重要。但是，很早开始，你也给其他杂志的编辑投稿——诗歌和散文。你总是把自己视为诗人批评家吗?

希尼：完全不是。卡尔·米勒一直劝我写书评——并不是必须与诗歌相关，是他还在《新政治家》的时候。一开始，我写了一些教育方面的书籍评论，比如这样的书，大卫·霍尔布鲁克写的《给落榜生的英语》，约翰·霍尔特写的《孩子们是如何失败的》。和其他的事情一道，写这些书评也是给我作为学校教师加分的方式。但我确实给《希波尼亚[①]》写诗评。最初时，像任何刚闯入的新来者一样，我也试着和那些成名人物打对台。给《希波尼亚》最初稿子中的一篇写的是当代爱尔兰诗歌述评，开篇第一句就在都柏林引起了一场大麻烦。文章这么开始："爱尔兰没有大诗人在写作"——这是非常有意地在反驳前些时候在詹姆斯·李迪的杂志《竞技场》上发表的宣言："克拉克和卡瓦纳是大诗人。"于是在通讯栏目里关于这点出现了一些有来有往的交锋。

奥德里斯科尔：你肯定知道你是在挑事。

希尼：也许吧。我脑子里满是 T. S. 艾略特和他的大诗人与小诗人之间的区别之类的东西。但我并不是那么针对克拉克和卡瓦纳，只是像在迈克戴德酒吧和百利酒吧里面的闲聊，纯属空谈。就我自己来说，你知道，有一种英国文学的一本正经，但也得有一个起步的地方。

奥德里斯科尔：你能谈谈你给卡尔·米勒起初的《新政治家》和后来的《听众》杂志供稿的情况吗？

---

① Hibernia，爱尔兰的拉丁名。

希尼：好吧，始终都是诗歌。从他1964年第一次发表我的三首诗开始，他定期采用我的诗。然后，我终于认识了他，在切尔西他们家里见到了他们一家人。他是个严格和快乐的美妙综合体，才智上得体得如小提琴，但对诗歌有着真正的直觉。我非常珍视他的友谊，他的才智和态度无疑有一种苏格兰人的锋芒，一种局外人的敏感。他对政治极有兴趣，对北爱尔兰的局势也一样。他总是建议我多写这一主题的散文和诗歌。我非常高兴，比如1968年10月5日在德里发生的民权游行被棒击之后不久他就促使我写了一篇文章。我欠他很多的情，不仅仅因为他支持我的诗歌，更因为他催促我写那些书评、报道和评论。比如，我在伯克利期间，后来1971年我回到贝尔法斯特期间。

奥德里斯科尔：在你给《听众》杂志写的关于骚乱的文章里，你的同情肯定是显而易见的。你的同事对此有什么反应？

希尼：我前面说了，女王大学的餐厅文化，如果可以这么说它的话，是非常英国式的。民权运动当然吁求的是达到整个英国的标准。争论之所在是，由斯托蒙顿议会掌管本地事务在联合王国内部的其他地方看来是无法容忍的。因此，这么着，早期的政治异见对橙色和绿色[①]不像后来那么有曲折性和传染性。我所谈论的所有这些活动都是在伏尔斯路的烧房子、开枪、爱尔兰共和军出现之前。有一阵子，激进派学生和公正派学者有一种融合。比如，希腊语教授乔治·赫胥黎——英国那个伟大的赫胥黎家族的一员——参加了学生联合会举行的早期的集会。所以在整个事情的过程中我所遇到的人，都没问题，人们几乎有种亲人的感觉。当然，在很多联合主义者心中会有敌意，

① 橙色指新教，绿色指天主教。

但他们都克制着自己的舌头。

奥德里斯科尔：哈利·章伯斯1967年把《凤凰》杂志搬迁到了贝尔法斯特——后来在他的小册子系列里出版了你的《内伊湖组诗》。詹姆斯·西蒙斯在1968年创立了《诚实的阿尔斯特人》。你怎么看这些本地杂志？

希尼：《凤凰》比《诚实的阿尔斯特人》更有文学性，我会更重视我在那里发表的东西。哈利·章伯斯绝不会用威尔弗雷德·欧文的话“最重要的是我对诗歌没兴趣”作为题词，但吉米很可能会用。《诚实的阿尔斯特人》从一开始就有许多围绕选题组织的文章，虽然它的副标题是“一本革命手册”，但我从来没把它当真。它有着“你们两家都将大难临头”（出自莎士比亚）的路线，到1969年这种“两边各打五十板”的东西变少了。我的民族主义者嫌疑太重了。西蒙斯最终责备我没有谴责我这一方的人，也许暗示应该跟随他这种对北爱尔兰新教/联合主义文化的抨击。但从政治上来说，这种对联合主义一方的抨击已经太多了。我从未感觉到《诚实的阿尔斯特人》有任何重要的推动作用。那里有很多烟花和很多非常漂亮、劲头十足的轻蔑挑衅，特别是麦克尔·弗雷主持编辑之后。

奥德里斯科尔：在使阿尔斯特诗歌不至于变得过于自负和内向方面杂志起了多重要的作用？要是没有的话，至少在某些方面，有和伊安·汉密尔顿《评论》杂志相当的一份阿尔斯特杂志吗？

希尼：也许它有过一种相似的纠偏冲动。但它也忍受着相似的虚弱——那些早年很强硬的人，作为诗人他们完全没那么强硬。如果你说的“阿尔斯特诗歌”指的是马洪和朗利诸人的话，我向你保证，提防过于自负和内向的危险的是这些诗人自己。捧腹大笑和布莱希特式的方式另一方不可能不知道。最终，当然穆尔顿、卡森、奥姆斯比和梅德卜·麦古奇安都在那发表过一些东西，但我不认为他们从那里获取了他们的美学。他们永远不会像西蒙斯那样把诗歌的去神秘化做到理性主义的程度。

奥德里斯科尔：你和詹姆斯·西蒙斯是什么关系？他毫无顾忌地贬低你的作品，想要你变得更幽默，更民歌手一点。

希尼：就个人来说，吉米是一个友善的让人喜爱的人。有着可爱的笑容，通情达理的语气，就像随时操起棍棒投入争辩一样总是随时准备抱起吉他弹唱。我们一直是朋友而不是敌人。我搬离贝尔法斯特之后我们就见面不多了。但在1960年代他回到爱尔兰时我和他见面很多。当他在阿尔斯特大学教书时，他把家搬到了波特拉什——一个毫无疑义的波西米亚据点。最终让我困惑的是他文章中那种蛮横无理的话和我们见面时他让人愉快的方式之间的分裂，但这全都来自巨大的气质和文化差异。我内心深处的恼怒得以平息是认识到吉米只是在报复我。完全不用我告诉他，他也知道我对他的诗评价不高。在他诗歌的所有缺点中，最突出的是对自身的极端满意；它用诗体写自己的地位和吉米的气质，但有些太过修饰了。如果说他贬低我，那么我是蔑视他。自从我读到埃兹拉·庞德的告诫——不要在意那些他们自己“从未写出过优秀之作”的人的看法，我就有了自己的星球大战防卫系统来对抗一些攻击。

奥德里斯科尔：你一直保持着写轻体诗的习惯，或为博朋友一

笑，或为纪念大学毕业典礼，这习惯是不是归功于《诚实的阿尔斯特人》传统？

希尼：真的不是。如果这涉及传统的话，那也是我成长环境中常见的歌曲创作和乡村游吟诗人传统。强烈的节奏，强烈的韵脚，强烈的情绪。“全都来吧皇家新教徒们，一起加入高声齐唱，/想想威廉的壮举，他在博伊恩的征服……”“全都来吧，你们年轻的起义者，来倾听我的歌唱”——这就是我最初的“抗议”之歌所来之处。我是在回应盖尔语地区的芒斯特人而不是诚实的阿尔斯特人。西恩·奥·李亚达1968年10月5日之后给我写信，问我是不是能写点什么。于是我捣腾出几节诗来，一首讽刺诗，采用橙色骑士团的歌[①]，《多莉的陡坡》和佩西·弗伦奇的《克莱尔的龙骑兵》。皇家阿尔斯特警察在德里撤离时，威廉·克瑞格那时候是斯托蒙特地方政府的内政部长，因此我把它叫作《克瑞格的龙骑兵》，而用《多莉的陡坡》的曲调唱：

全都来吧皇家新教徒们，一起加入高声齐唱，
想想克瑞格龙骑兵的壮举，他们攻击腹股沟下面……

这是它的开始，下面是最后一节：

噢，威廉·克瑞格，你是我们的爱，我们的百合，我们的饰带，
你有不怕噪音的男孩，他们会殴打，他们会猛击，
他们会封锁，他们会用警棍攻击，他们会让抗议的歌声寂静。

---

① Orange song，橙色骑士团，1795年形成的一个新教徒组织，为了庆祝和保卫爱尔兰的新教，现在在北爱尔兰活动，以其忠英游行而著名。

他们是阿尔斯特的猎狗，男孩们，甜蜜的威廉·克瑞格的龙骑兵。

这是迎面反击的东西。我相信它当时在和平电台播唱过，奥·李亚达和他的音乐家们曾在电台节目出场。但它一直没刊载过，直到卡尔·米勒在《评论》杂志上全文引用它，在一篇关于公共诗歌的文章中。我很喜欢它神气十足的样子，但总是觉得它太粗糙了，在语言上和政治上。另一方面，我仍然喜欢一组阿尔斯特人类型的诗，我在1971年把它投给《诚实的阿尔斯特人》杂志，作为给麦克尔·弗雷的公开信。里面有这样的押韵，比如 arts（艺术）和 farts（放屁），action（行动）和 erection（勃起）。一般来说，它做到了最好，在把握能允许的底线这点上。我想我做了格雷汉姆·格林做过的区分，在诗歌和娱乐之间。

奥德里斯科尔：帕特里克·卡瓦纳强调诗歌中戏剧因素的重要性，断言"悲剧是未充分发展的喜剧"。你在多大程度上赞同他？

希尼：每一种理论据说都是某种自传，是不是？我想卡瓦纳的喜剧观念更宽泛，是某种更接近法国的人间喜剧，而不是任何诗人在诗歌中表现出诗人幽默感这一观念。要那么说的话，我想艾略特的《荒原》和他的《老负鼠的群猫》具有一样多的——如果不是更多的——真正的喜剧性。另一方面，如果你看乔伊斯的诗——我承认这是个特殊的例子——放任老式的冷酷幽默的《燃烧器的煤气》中所蕴含的诗意要远远地比他在其中一直颤抖的诗——如《她在拉胡恩哭泣》更丰富。这真是个好问题。你能从狄兰·托马斯的《死亡和入口》中看出他也写有《乳树林下》吗？你能确定在你读 R. S. 托马斯时，他没在自己的作品中隐藏一堆笑声？

奥德里斯科尔：2001年你在R. S. 托马斯的追悼会上讲话时，说："作品里有着某些保留，就好像诗人对自己抒情的才能怀有一种怨恨——我很喜欢这点。"

希尼：在我最初读他的时候，我很喜欢他作品中的自觉因素——非常巧妙的诗律，措辞有一点点造作，克娄·兰色姆那种严谨的感觉。但使他特别有吸引力的是一种潜在的花花公子劲被非常严格、非常简朴的审查官压制住了这一事实。然后是他的那些威尔士山区农村诗中非常熟悉的主题。那首关于做终傅圣事的诗，就是，他照看一个叫伊文思的农民下楼时水壶开了——它也完全可能是一个斯伯林斯山的助理牧师。

我最初是在阿尔瓦雷兹的《新诗选》上看到他的诗。然后我拿到《岁末之歌》，最后写了一篇关于他的短文。我写诗也受了他的影响——写了些关于一个叫麦肯纳的人的诗。我前面提到过，麦肯纳是我的埃古·普里瑟赫。他的早期诗集一出版我就找来，《晚餐诗》《圣母哀子像》《并非他带来了鲜花》。然后，正如拉金说他的叶芝时期一样，我的托马斯热也消退了。我再返回来读他已是1980年代，我在哈佛大学讲当代英国诗歌。我这时候喜欢的是他后期的诗，关于语言，关于上帝的无言和意识像一个倾斜的碟形卫星天线——满是播放和接受的可能，但没怎么运转。作为一个诗人，他走得很远，一个承担着宇宙的孤独者，一种精神上的克林特·伊斯特伍德。每一点都像表情严肃的克林特，但在这两者身上你都无法确定是不是在某处潜伏着一个真正的狂热的喜剧演员。

奥德里斯科尔： 六十年代末对你来说很重要的另一个诗人是路易斯·辛普森，他有《在开阔道路的尽头》这样的诗集。

希尼： 辛普森有一种开阔的品质。他能够给予高雅和口语同等的信任，他能够抓住生活的同时保持着文学游戏。他能做到这点也许是因为他参加过二战的战斗，或者因为他是牙买加人——既能将一种传统的英国课程内在化，又能自由地脱离它好像它是一个蝶蛹。我同时对他作品中封闭形式/开放形式的争论这自我争辩的嬉游方式很有兴趣。事实上，《进入黑暗的门》结尾部分那些四行诗的漂移的、边缘模糊的因素可能要归功于路易斯·辛普森的某些影响。没有模仿那么的直接，更多的是一种调谐，一种倾向，让诗行触角般试探着伸出而不是一步一步地向前。在去伯克利之后我觉得与路易斯更亲近了。他在那里教书，和汤姆·弗朗甘是朋友。通过汤姆，我终于认识了他本人。当汤姆回到东部，在纽约大学石溪分校教书时，他们又成了同事。我曾在七十年代末和八十年代初去长岛见过他们。卡尔·米勒也发表过很多辛普森的诗。

奥德里斯科尔： 你在自己的一首诗中写到过路易斯·辛普森。

希尼： 是的，在《陌生化》中。它始于我父亲、我和辛普森的一次偶然相见。我开车送他从贝尔法斯特到科勒雷恩的阿尔斯特大学参加一个诗歌朗诵会。我绕道经过我家所在的地方，把车停在我们木斯浜的老房子边的酒店旁。正好，我父亲出现在那里，于是这成了那次旅程的一部分。在那里，我居于他们俩之间，在家和非家之间，在图姆路和大马路之间。它像路易斯·辛普森自己在六十年代写的那些小诗。比如说，像《在郊区》或《午夜之后》，在其中他自己所在的美洲当地场景也变得陌生化了。

奥德里斯科尔： 你选编过好几次辛普森的《卡伦坦啊卡伦坦》。是不是特别喜爱这首诗?

希尼： 辛普森所有的二战诗都很好。《卡伦坦啊卡伦坦》这首正好也是特德·休斯非常喜欢的，所以在《玩具书包》和《学堂书包》中它都被选了进去。这首诗在讲述的同时也在敲着丧钟。它写战士们在诺曼底投入战斗，它同时又有一种遥远的甜美曲调和梦幻感。有点像豪斯曼写给红衣英军的赞美诗，只是辛普森的主题有浓重的死亡气息。它的士兵向前踏着的不是横笛的乐声而是枪炮的齐射声。

奥德里斯科尔： 在你开始读辛普森的时候，诗歌界也开始了一种国际化。伦敦的国际诗歌节，《现代诗译文》杂志，企鹅出版社出的欧洲诗人系列丛书，诸如此类的都起源于大约那段时间。但一直到八十年代中期，你的读者才知道你对翻译诗歌的兴趣。在八十年代之前，在你写《舌头的管制》之前，你就注意到那些俄国和东欧诗人的声音了吗?

希尼： 我们阿什利大街住处后面的小厨房的墙上的亮点之一就是一张有米洛斯拉夫·赫鲁伯出席的国际诗歌节的传单。它有着明亮的V形图案，有猩红色、柠檬绿、白色和天蓝色，非常活泼的设计，它上面赫鲁伯和其他人的姓名也都是彩色的。对企鹅出版社不断出版的那些翻译过来的诗人我肯定很感兴趣。赫鲁伯的《飞翔》和赫伯特的《福廷布拉斯哀歌》我熟悉得有如休斯或拉金的作品。在1970年去伯克利之前，我就读过企鹅出版社出版的《战后波兰诗选》。虽然那时候我没见过米沃什，但我确实见过不少次他的合作编辑彼得·戴尔·斯科特，还有列奥纳多·那桑，他作为合译者翻译了一些米沃什的诗。作为一个读者，我对米沃什的诗感受非常深，但你知道，对新的作品来说，需要一段时间才能深入到你足以谈论它，使你对它完全信服。在1980年代，那种有历史意识的、经受磨练的东欧美学对我来说更有意义，作为我在美国面对非历史化的享乐主义美学的防护装备。

奥德里斯科尔：你是什么时候见到米洛斯拉夫·赫鲁伯的？

希尼：我直到在哈佛大学教书时才见到赫鲁伯。在拉蒙特图书馆负责诗歌图书室的斯特拉提斯·哈维亚利斯介绍我们认识，请我们吃午餐。

奥德里斯科尔：我以为你们的路线很可能在某个早期的国际诗歌节上有过相交。

希尼：我没有参加过任何一次那些早期的国际诗歌节。虽然对它们的一些记忆我一直保持到现在。一张聂鲁达戴着布帽子的照片。1967年我遇到卡瓦纳时，他告诉我他刚去过伦敦，见到了特德·休斯，“一个非常帅的大高个”。然后是七十年代初期，我参加过一次，和特德·休斯一起，在其中一项活动中读了诗，确实在休息大厅里被介绍给奥登。我无法肯定是不是就在那次我听到了奥登朗读，还是凭记忆背诵，他后期那首悲哀的《摇篮曲》。不管怎么说，那是一次简短的，甚至可以说断然的相遇。他在和查尔斯·蒙特斯、埃里克·怀特一起聊天。查尔斯叫我过去。“谢默斯！谢默斯！”他叫道，“你见过温斯坦吗？”“没有。”“温斯坦，这是谢默斯·希尼。”“你好！你好！”然后他们又回到闲聊中。就在我离开他们的那一瞬间，我真感到一种乔伊斯式的灵光一闪。那飞逝的、漂浮的语言之流既是一切，又什么都不是。我听到的是奥登和蒙特斯的对话，“你多大了，查尔斯？”“五十五。”“噢，（哈哈，哈哈，）你还是嫩鸡仔，你还是嫩鸡仔，你还是嫩鸡仔！”

奥德里斯科尔：请允许我打破那幻景，让你回到这里的有关阿尔斯特的最后一个问题……我们前面说到过阿什利大街，作为一个“写作之地”，你在那儿的房子对你有多重要？比如说，你有自己的工作空间吗？

希尼：我们是在克里斯托弗就要出生之前搬到阿什利大街的，我们在那里住了四年多。那是一处够舒服、也够大的房子，就在里斯本大街对面一个良好街区的边缘。我们的邻居是些老龄住户，但也有一些艺术家，波西米亚式的那类人杂居其中。雕塑家卡罗琳·穆霍兰德的公寓就在一百码远处。安迪·克罗哈特，非常随和但一点也不保守的电视导演，和他的艺术家妻子多琳就住在同一排房屋的尽头。我们一开始住在城郊的住宅小区，现在我们觉得住到了很好的地方，离大学近，离城中心和活动的中心都近。房子够大的，孩子们在楼下有一个活动室，在楼上有自己的卧室。我把楼上的阁楼（过厅）做成了书房，虽然我的大多数写作最终是在楼下的前起居室里临时凑合的桌子上进行的：两个装茶的木箱子支撑着一扇发亮的大门板，这是大卫·哈蒙德弄来的，他从裁缝伯顿那里——他们正在装修他们皇家大街上的房子。条件就是这样，临时性的和最时尚的。

我们在那里住得非常快乐。深夜里有很多音乐和歌声。画家和诗人来回争论。特里和希拉·弗朗甘，科林和凯特·米德尔顿，大卫和艾琳·哈蒙德。约翰和露比·休伊特进城时会来看我们。还有其他的作家，在他们朗读之后。我记得玛丽和我与特德·休斯和阿西娅·古德曼坐在有部分家具的前厅一起喝卜丁酒，那是1968年底。玛丽唱了爱尔兰民歌，阿西娅唱了以色列歌曲，特德唱了《褐色和黄色的麦芽啤》，我可能也唱了。是啊，它真是一个写作的地方。我们在1972年搬到格兰摩尔后，把它租给了学生。它很快就退出了我们的生活，我们再也没回去了。我保有它直到1976年，然后把它卖了，用作我们在都柏林买房子的定金。

奥德里斯科尔：在《九月之歌》中，你写到“哈蒙德、甘恩和麦卡努恩／尽情喊到黎明的合唱，／漫不经心又目的明确”。

希尼：那是我们在1970年夏天举行的一次盛大晚会，在我们出发去伯克利之前。卡尔·米勒那次也来了，还有其他的编辑和抄写员都聚集在了一起。《新黑衣修士》杂志的赫伯特·麦卡布，《爱尔兰时报》的约翰·霍甘，活在那样的黎明是《何等幸福》——黎明合唱这首歌……

奥德里斯科尔：《九月之歌》中的哈蒙德也许就是大卫·哈蒙德——你在《歌手之家》中也写到了他。你能和我多谈谈你和他的友谊吗？他是一个文学人士吗？

希尼：他不是你一下子想到的那样，虽然他是一个有相当阅读量的读者，对作家很熟悉。我们的友谊始于大骚乱之前六十年中期贝尔法斯特欢快的民谣场合。通过大卫，我们认识了很多其他的歌手和音乐家，这扩展和唤醒了一点我们的社交生活。他总是一副自由自在的样子，做各种恶作剧和傻事。但对自己的职业显示出强烈的责任感，以使北爱尔兰的生活在各方面更健康更充实。这体现在他作为教育节目主持人和电影制作者的工作中。

对于他，我即刻的反应是，他是一个非常奇妙的人，内心自由，摆脱了束缚的人。他似乎超出了我们成长于其中的狭隘。他和克兰西兄弟一起很自在，和克莱格夫[①]的橙色骑士团的弟兄一起也一样自在。这种解放的品质就在他的唱歌的声音中。因此，在《歌手之家》的结尾，你知道，说到像那样提高声音就是一种提高一般的生活层次的方式。在七十年代，在布莱恩·弗里尔和他一家也在西多尼戈尔消夏时，我们经常一起，远离北爱尔兰生活有害的一面，我们的行为更多的是出于一种抗议而不是逃避。我想我把大卫和爆发联系在了一起，挣脱羁绊，对常规很不耐烦。

奥德里斯科尔：当你、大卫·哈蒙德和麦克尔·朗利在1968年开始“音韵艺术会场”巡回演出时，考虑到你们不同的演出地方的宗教/政治敏感性，你们会对表演的节目做相应的调整吗？

希尼：好吧，我给你一个阿尔斯特式的回答吧，我们做了调整，我们也没做调整。有一张印刷的节目单，我们去到哪就贴到哪。我们所去的地方，观众一般都是混杂性。有些人的兴趣在听诗歌和唱歌，有些人不但能理解内容而且能明白表演出来的意味。比如，我的《为光头党而作的安魂曲》，写到了从埋葬着1798年造反者的普通坟墓里的种子长出来的大麦，因此它被排在我们小小的节目单的“季节”部分，似乎

① 克莱格夫（Cregagh）原文出自爱尔兰语 Chreagaigh，意思是“岩石之地”。位于北爱尔兰道恩郡的贝尔法斯特东南地区。

是说，这是一个复活的意象，春天播种，夏天收割。但我想没有人会感觉不到这是一种越界，它表面上符合官方的规定，甚至得到了许可，而实际上是一首反抗的诗。麦克尔的《休战纪念日》也一样，这题目就不可避免地认可了一种英国联想：它被放在“死亡”部分。它的政治力量被个人命运所减缓，因为麦克尔的父亲曾在战场上战斗过。

如果我说我们当时处于多元主义的开端而不是同样的旧僵化中的话，可能有点片面。但我们当时行经的阿尔斯特毕竟正在产生年轻的候选人，他们准备自称“自由的联合主义者”。因为几个月之后事情变成的那一副样子——我们是在1968年5月做的“音韵艺术会场”——我对当时的回忆可能蒙上了太多玫瑰色，太服从于政治性了，如个人的怀念一样。但我们节目的内容和行为是一种朝好的方面改变的征候。

奥德里斯科尔：骚乱点燃之后，朗读《为光头党而作的安魂曲》可能会被看作是在为好战的共和派发出召唤的呼声。如果我没有弄错的话，你最终停止了在公共场合朗读这首诗。

希尼：我们在伯克利的时候，1971年的某个时间，出现了一张唱片《四块绿色的田地》，里面收录了各种反抗歌曲，也包括《为光头党而作的安魂曲》，当然，我得说清楚，并不是我读的。即便如此，在那早期阶段，我也不怎么担忧。这首诗可能是被挪用了，但它并非是作为爱尔兰共和军的征召之歌而写的。绝对不是这样的。在北爱尔兰的背景下，它的目的是伸张民族主义者自由宣讲文化的权利，这是它的本义。为维尼格山战役在阿尔斯特的官方词典中拥有自己的位置，就像博伊恩战役[①]和索姆河战役一样。在1971年和1972年，空气

① 1690年博伊恩战役中，新教徒国王威廉战胜信奉天主教的詹姆士二世。

中潜伏着骚动和危险，但也同样浮动着希望。但很快局势就恶化了。拘留政策已经够糟糕的了，但你在1972年还会遇到血腥星期天、血腥星期五，惊愕于到处充斥着暴力的无情和冷酷。在那个时期，大声朗读这首诗会被看作是对爱尔兰共和军紧急运动的支持。所以我停止了朗读这首诗。

奥德里斯科尔：那些是唤起你意识觉醒的重要事件吗？我指的是血腥星期天和血腥星期五。

希尼：赌注一直抬高到了致命的程度。1968年10月在德里的公爵大街出现了警棍攻击，这之后是抗议游行的高涨。然后是福尔路的大屠杀。英国军队进驻。拘留。爆炸，像阿伯康餐馆发生的。枪杀，像阿马夫亚麻工人遭受的。达科莱的五旬节派教堂的枪击。你认识的人被杀死了，要么是碰巧被随机炸死，要么是被有意瞄准。你的思想和感受聚合着叶芝所说的抽象激情和它的反面，欧文所说的“永恒的互换的泪水”。对这一切我完全无以言表。

奥德里斯科尔：你卷入民权运动到了什么程度？你是一个活跃分子吗？

希尼：我并不活跃，也没有登记为成员，如果真的有这么个组织的话。甚至在1968年10月之前，民权运动就在运行，也很重要了，我认识也见过一些运动的精神领袖。科恩·麦科鲁斯基博士和他的妻子，运动的创始成员，甚至来看过“音韵艺术会场”的演出，也许就是后来在邓甘嫩举行的一场诗歌朗诵会。奥斯丁·库里，他参加了芬通纳的第一次大型静坐，是我在女王大学的同事。我很喜欢民权运动的人们，但我从未积极卷入过政治活动。太过激情、确信和占上风，即使是正义的事业，也会让我精疲力竭。我心里只想呼求一个更高的法庭，赶紧把事情做妥当。我想大游行就是这样，本质上是寻求更大的公正的举动，宣告某种东西已经把我们带到无法忍受的边缘了。

比如，在血腥星期天之后的那个星期天，英国的军用直升机飞在游行示威者集会的边界上空，用高音喇叭警告他们违背了法律，这直升机和军事武装是毫无意义的。法律自身已被破坏，军队自身也在道德上垮台了。在阿尔斯特皇家警察在德里残暴行凶之后，第一次贝尔法斯特的学生大游行时也同样如此。当我们被警察阻止时，伊恩·佩斯利的支持者大批出动在市政厅周边，显示他们宗派的强权是对的，大的诉求几乎就是它的自我回报。但诗意的公正并不够用。这就是为什么那个游行夜之后，人民民主党得以成立。

奥德里斯科尔：你以什么方式参与了吗？

希尼：没有。但我多少沾了点边，因为当时我正在女王大学讲课。我参加了在学生联合会举行的集会的早期部分，在约翰·麦古芬、伯纳德特·德夫林和麦克尔·法内尔这样的人迈步进入时。整个集会的气氛非常热烈。麦克尔·法内尔——作为一个讲话者有着犀利的才智，强大的说服力，是一个政治化的斯蒂芬·代达勒斯——是我的荣誉班文学讨论课的学生。伯纳德特不仅是这运动的缪斯，而且还是它激烈炫示的力量，也是一个鼓舞人心的讲话者。像霍普金斯可能会说的，一个鞭策者，一个信守者，一个奉献者。即使这样，在他们的集会结束之前，我就起身回阿什利大街的家了，回到我的文章和尿布前。而他们继续向前，着手制定摇撼和塑造未来的计划。

五、元音和历史：《在外过冬》

奥德里斯科尔：你想要《在外过冬》这题目既意指牲畜的在外过冬，也意指“我们沮丧的处境这冬天”吗？它是不是暗示绝望或在它之后春天就不远了？

希尼：它没有预示春天，但我也不认为这题目蕴含绝望。如你所说，它来自那些有关在野外过冬的牲口的记忆。那些牛站在树篱下，浑身湿淋淋的，用大而温顺的眼睛看着你，只是承受着这一切，直到事情发生改变。时代很荒凉，政治气候在恶化。这本诗集出版的那一年是发生血腥星期天和血腥星期五的那一年。

奥德里斯科尔：最近有一篇学术论文说到你在1971年夏天从加利福尼亚返回时已经有了这部诗集的书稿，但北爱尔兰后拘禁时代的现实迫使你“重新审视这部新诗集的内容和模样”。你还记得这方面的情况吗？

希尼：在我离开伯克利大学之前我确实编好了一部诗集的书稿，

题目叫《冬天的种子》——据托兰人的胃里发现的种子来命名的，但从没有作为一部完成的诗集提交给出版社。我对这部书稿的重估主要出自艺术直觉而不是对本地状况做出的反应。有些诗抽掉了，有些修改了，但这部诗集中那些突出的诗篇中的很多——开始部分的地名诗，新的书名诗，《小雇工》和《另一边》的终稿——是在我回来之后的那个秋天和冬天写的。一次写作小爆发。你可以看出第一部分的很多诗都是一气呵成的，一种“从苔藓覆没之地的/肺和喉咙”呼出的气息。

奥德里斯科尔：你和诗人同伴像麦克尔·朗利和德雷克·马洪一起讨论过你们应该怎样渡过这骚乱时期艺术与政治的涡流吗？你们中间有一种明确的意识要做代言诗人吗？

希尼：这一角色是可以的，某种程度上也是不可避免的，但问题——依然存在的——是这种代言人的角色在诗中可以或应该在何种程度上行使？来访的记者要求采访，我们全都尽一己之力表达看法作出解释。我记得1971年或1972年的一个晚上电话铃响了，话筒里传来一个美国口音：“嗨，我是吉米·布雷斯林，《纽约邮报》的。我在卡尔特拉镇，我想过来采访你。”我知道有一个吉米·布雷斯林，是纽约著名的专栏作家。但我多半以为这电话可能是大卫·哈蒙德开的玩笑，但不是，不到一小时吉米和他妻子就站在了我家门口。

奥德里斯科尔：那么，你主要是和来采访的记者讲话？

希尼：不仅仅是和来采访的。本地的电台和电视台涌现出很多节目，对谈性的，联合主义者和民族主义者，新教徒和天主教徒，就是那种并不一定是代言人，但能够谈论这些事情而不会彼此激怒的。有一次我参加了BBC北爱尔兰台的一个广播节目，参与的人包括都柏林的历史学家利亚姆·德·帕尔和艾肯·麦克李兰德，橙色骑士团历史学家。但诗人们不会这样聚在一起像战时内阁一样讨论这些事情。不管怎么说，德雷克·马洪当时远在伦敦，在《听众》杂志做戏剧评论。一般来说，对宣称有什么特别的高见我们会觉得很不安，因此，就阿尔斯特这点来说都是低调的，而不是高谈阔论的。虽然我们当然都意识到我们正在见证一个重要的历史时刻。我记得约翰·蒙塔格那时候给我写信，劝我写日记，记下城里每天的日常生活和公共事件。我并没有这么做，现在觉得挺遗憾的。我不愿意这么做是一种普遍的扭曲心态的典型表征，害怕自我膨胀或夸大自己的角色。

奥德里斯科尔：在你的"地方和取代"的演讲中，你说到你这一代作家觉得没有必要去直接处理政治问题，因为"他们艺术中的微妙和宽容恰好是他们针对粗暴和偏狭的公共生活而做出的贡献"。回顾起来，你会认为这一方式持续地维护着你和阿尔斯特的诗人们度过骚乱时期吗?

希尼：我们所有人，新教徒诗人和天主教徒诗人——你不觉得这说法吓你一跳吗?——我们所有人都可能有一种观念，就是一首好诗是"一种良好政治的典范"，是活力、张力、可能性和揭示真相的竞技场，而不是流血的战场。并没有明确地阐明这点，无论是对我们自己还是相互之间，但我们可能都感到，如果我们作为一个诗人不能针对我们都属于其中一部分的所有人做一些变革性和创造性的事情的话，那对每个人来说都没做好自己的事情。最终，我相信《耶稣受难日协议》[①]所展望的和基

① 又称《贝尔法斯特协议》，是1990年代北爱尔兰和平进程中签署的一揽子协议。

本上建立起来的，正是我所说的我们的微妙与宽容所预想的——允许不同传统和原属关系的群体共存，无论文化的、政治的、宗教的。这一切看起来很简单。但此时此刻我比那时候显得更温和更清晰。

奥德里斯科尔：1971年发表在《听众》杂志上的《你说什么都没用》，为什么除了最后部分——被用作《在外过冬》的献诗——你直到《北方》才收录？是因为它显得太直接、太新闻报道吗？

希尼：《听众》杂志上发表的是一系列书信体诗的摘录和选段，那是1971年我从伯克利大学回来后不久写给朋友们的。给汤姆·弗朗甘和我们在加利福尼亚的朋友吉福斯夫妇。给布莱恩·弗里尔和毛里斯·雷奇。也许还有其他一两个人。它们是在情绪高昂中写成的，没想公开发表，很松散、很喧闹的四行体，出其不意一击后就撤退的东西。然后，《听众》杂志的卡尔·米勒追着我要一首《视野》那样的写返回贝尔法斯特的感觉的诗，我就想到把那些书信体诗剪贴一下。书信体诗那时很流行，在《视野》之前的一个月麦克尔·朗利给德雷克·马洪、詹姆斯·西蒙斯和我都写了书信体诗。所以，这东西确实是报道性的、欢快的，我希望这么说并没有贬低的意思，但是它确实不适合更内省的、沉思性风格的《在外过冬》。但《视野》的最后部分，更富有哀歌意味——雾、露珠和高速公路、迷宫般的监狱，因此照它的音乐性和主题性它找到了自己的位子，作为整部诗集的序言。然后，三年之后在收集诗歌编《北方》这部诗集时，这组诗的其他部分也很适合这部诗集第二部分松散的、文献纪实的风格，于是它们都被收入了。

奥德里斯科尔：你有时候说到你的前四部诗集在你的作品中

构成了一个单一的乐章，但在我看来，《在外过冬》代表了一个重要的方向转变。把语音发声作为题材的观念……你是怎么想到这点的——想到对于诗歌词语的发音（“我的嘴保持圆唇形 / 发出轻柔的爆破音 / 图姆，图姆”）和意义一样重要？你记得有这样的先例吗？

希尼：没有明确意识到这样的先例，但乔伊斯肯定在底下起着作用。也许是《姐妹们》的第一段，里面有着对词语比如 gnomon（磬折形）和 simony（买卖圣职罪）梦境般的抚弄，或在《一个艺术家的画像》中对 suck（吮吸）一词吸湿性的小赞美诗。

就我的记忆所及，那些语言诗全都是从伯克利回来之后写的。早在1969年和1970年，我就写了那批关于痛苦中的女人的诗——《岸边女人》《美人鱼》《冬天的故事》《地狱边境》；我阅读 P. V. 葛洛布[①]的第一批成果也在这同一时间——1970年复活节我在克里郡的巴利戴维写了《托兰人》。1960年代玛丽和我定期去那里度假，《岸边女人》中的钓鱼场景事实上是在克里郡经历的两件事的组合——其一是我们和西恩·奥·李亚达一起到肯梅尔湾，真的钓了一大堆的鲭鱼；其一是丁格尔的一个人告诉我们，他和他妻子发现他们的船被钝吻海豚包围时他们被吓坏的感觉。不管怎么样，那些叙述和独白把这些内容融合成了一体。

那些地名诗有着不同的来源，各种词源学的梦想，地方和地名之间匹配点的戏耍，对与生俱来的约翰·蒙塔格所谓的“原生盖尔语”所做的反应。它们猎犬般循原路寻觅嗅迹直到爱尔兰语的根基，认领一个隐藏的阿尔斯特，杜瓦尔·科尔姆希尔的欧拉大陆，而不是种植

① 葛洛布（P. V. Glob，1911—1985），丹麦考古学家，丹麦国家博物馆主任。其主要著作《沼泽人》（*The Bog People*）为希尼打开了一个诗歌来源地。

园和围城的伦敦德瑞郡[1]。但你是对的，它们的活力来自语音而不是政治。“阿纳霍瑞什，辅音／柔和的斜坡，元音的草地”之类。它们之中所蕴含的是一种融化了的记忆和阿尔斯特神话的归属。它们并不带有民权的意思，它属于弗罗斯特的最高感觉：一首诗自行到来，像一块冰融化在热火炉里。

奥德里斯科尔：与声音诗没有关系吗？你对库尔特·斯威特、恩斯特·詹德尔或他们的英国追随者——比如鲍勃·科宾感兴趣吗？

希尼：没有。我对这些方面没有任何可说的。我确实听过几次鲍勃·科宾的趣事，但没有那么做的愿望。

奥德里斯科尔：采用一下狄兰·托马斯的区分方式，你认为自己的写作是属于“从语言出发的”还是属于“走向语言的”？

希尼：也许我两者都是。比如，在写那些地名诗之前，我在伯克利写过一首题目为《雨的赠礼》的诗。写一种奇怪的水涝，它得回溯到我小时候听到的谈话，1920年代莫玉拉河一次洪水漫过堤岸，淹没了布罗阿赫的一些房子。老人们有时谈到一些事情和日期时会问：“是在那次发大洪水之前还是之后？”因此，《雨的赠礼》源出的感觉属于一个大洪水之前的世界，泥人亚当的世界，一片原始的喉音，泥泞（glarry）之地。但我不知道在托马斯的分法中那该怎么评定，它是出自语言还是走向语言。我很喜欢这种区分法，但发现很难分清楚

[1] 北爱尔兰地名，爱尔兰语称 Doire / Doire Cholmcille，官方英语称 Derry / Londonderry。在爱尔兰神话中，它属于欧拉大陆，同时在17世纪它属于英国殖民者的阿尔斯特种植园区。

哪个是哪个。

奥德里斯科尔：我想知道你学生时期对语言的语法方面的着迷是不是可能预示了你的诗集《在外过冬》里面更重语义和语音的诗。

希尼：也许吧，但是我并不愿意对此做太多的推测。从语法分析到诗歌到语音……是一条够曲折的路。也许这联系应该从我的第一堂法语课上去寻找，在我进圣科伦巴公学的第一天顿巴先生用粉笔写下并大声读出十六个元音，我突然感到远离了家乡，说话全都陌生化了！那是完全抓狂的四十分钟，整个班级发出音乐会上的纯粹音符：ee，ay，eh，ah，aw，o，oo，达到小号声和马嘶鸣般的高潮。不过，认真说吧，我不知道如何回答你的问题，除了说这部诗集的词语稍显怪异以及强迫症让它显得挺有意思。

奥德里斯科尔：你是否意识到在这部诗集中你对读者提出了更高的要求，同时你可能越出家人和朋友们觉得安适的界限了？

希尼：我可能想到了家人和朋友对这本诗集会觉得非常熟悉亲切，因为诗集打头的就是一首关于 fother 的诗——不是 father（父亲）的误写误拼，而是本地人说 fodder（草料）的方式。接下来还有地名赞颂诗，《阿纳霍瑞什》《图姆》《布罗阿赫》、德里嘉弗、卡斯尔道森、上地村。甚至有一首诗写到了我们已故的邻居约翰尼·简金，他曾看着我们家的一块地的土壤说出了很有创意的评论，"贫瘠得像拉撒路[①]"。我对《在外过冬》并无疑惧。我觉得我在前行，我找到了

① 《圣经》中快病死了又被耶稣治愈的麻风病乞丐。

一条进入的道路。

奥德里斯科尔：我相信那个时候你已得出结论，坚持运动派的“常识”原则将妨碍你的成长和进步。

希尼：事情是这样的：那个阶段我可能什么结论也没作出，也还没什么结论可作出。我从没想过自己和运动派以及它的原则有什么关联，无论是好的还是坏的方面。我被认为和运动派有关系可能出自于评论者和批评家的看法，还有我自己对你刚刚提出的那些问题所作的回答：关于北爱尔兰诗人和写得很好的诗，贝尔法斯特诗人的反现代主义，等等。只是通过回答，你就构造出了一种叙述的创造。

在谈话时，甚至在喝酒时，我和其他人可能说出的话语可以被解释被构想成文学史画面的一部分。比如，我记得在美国某地的一个美好夜晚和约翰·蒙塔格、麦克·罗森塔尔一起，在关于埃兹拉·庞德的问题上划出一条战线时胡吹乱辩。为了要无赖和挑事，我用夸张的方式贬损他。那些粗鄙之语最后开始四处流传，被视为某种宣言。我非常倾心庞德的早期之作，我喜爱《诗章》的第一部分。作为意象派原则的作者和五音步诗“牵扯”的斩断者，他从一开始就对我很重要。没有人会否定他的天才和他在现代诗歌史上绝对的重要性。我从未深入研读《诗章》，只是因为从未从中得到足够的回报以激发我做这件事情。艾略特是我深入其中而他也深入我心的诗人。有些时候，我只不过是不喜欢不断地烦扰庞德，像那些庞德迷那样——虽然我仍然相信在我的挑战中也包含这样的认识，他是一个不输任何人的伟大的口技表演者。

但还是回到运动派这些事吧……我注重的是某一个诗人和某一首诗，比如，唐纳德·戴维可以被视为你所谓的典型的运动派诗人。但戴维的诗集中对我最重要的是《埃塞克斯诗》，一种脱离了全部《新路线》[①]延续下的路线的庞德式转变。在1972年，我毕竟还是漫游了一阵，既在自然地理也在诗歌领域。不仅漫游了卡瓦纳和休斯的国度，还包括奥尔森、威廉斯、斯奈德和布莱的国度。我摆脱了一切，认识到，如果我想跨出个人的步子，现在正当其时。

奥德里斯科尔： 以一种相似的风格，你告诉BBC的访谈者，在1972年——已出版两部诗集，再加上将要出的《在外过冬》——你仍然觉得你“尚未表现出‘诗人’的含义”，尚未足以在你内心“验证这个词”。你这么说是什么意思？

希尼： 我的意思是我已经过了那个只“写诗”就满足的阶段，我已经过了那个见习阶段而有了职业的自信。套用宗教说法就是，是丢掉朝九晚五的生活，试图找到真正的诗歌生活的时候了。我感觉我得去体验成为专栏作家或全职作家的生活了。因此，那一阶段移居格兰摩尔已经成为可能了。

奥德里斯科尔： 北爱尔兰公共关系部长的一些评论是不是唤醒你认识到你的诗事实上可能太平和了？这一认识是不是促进了《在外过冬》的演进发展？

希尼： 不是这样的。那些评论实际上是在这本诗集出版后才作出的，也许是对像《另一边》这样的诗做出的反应。但这位部长也可能想到了更早的诗像《挖掘》和《盖茅草屋顶的人》。这人所说的也完

---

① 英国运动派出版的同人诗选，《新路线》(1956)，《新路线2》(1963)。

全是实话，就是我的很多诗可以让所有北爱尔兰人一下子就能接受，无论他们的政治和宗教背景是什么。他就此很自然地引申这证明我们分享着多么多的共同基础，诸如此类——就一个部长的角色来说这是毫无恶意的合适的讲话，但它给我敲响了警钟。我并没有因为英国批评家唠叨写公牛和沼泽太过时而气恼，但在我发现这些意象被解读成对北爱尔兰现状的某种认可时我感到了意外的一击。我开始想看政治的旋转会成什么样子。由此生出了发表《你说什么都没用》的念头，后来尝试着写了《歌唱学校》这一组诗。

奥德里斯科尔：你们部长无疑会觉得很高兴，你的诗中用到了方言词，因为它们也在阿尔斯特的教派鸿沟之上架起了一座桥梁。但是阿尔斯特之外的读者会怎么感觉？比如，《那瑟斯》中的一行诗“柳条桥和田间小路在那里手指着石南”（where kesh[①] and loaning finger out to heather）。你期望非阿尔斯特读者去研究一番还是你希望通过语境和语调就足以使人明了语义？

希尼：我在写这行诗的时候根本没想到读者。它的快乐在于解决了作为作者的我自己的需要。“那瑟斯”一词是大地女神的拉丁语名字，是一个巨大的发射台，通过它我播出了自己来自 Dirraghs 的信号。对我的耳朵，这一行的曲调和语调很恰当，可以打消任何对怪异词汇的担忧。Kesh（柳条桥）和 loaning（田间小路）就属这语言，在这语言中，毫无异议，是如它本来那样得到认可的。如果人们认为有一层隐含的意义指 Long Kesh，“新的难民营”，题献诗中所提到的，好吧，这也完全没问题。

---

① Kesh，爱尔兰语，意思是“柳条桥”。

奥德里斯科尔：也许这也是你头脑中所想到的那种事，当你在1972年的《卫报》上写到成为一个诗人的秘密“在于召唤与融合那潜意识与词语的语义能量”？

希尼：确实是。我努力构想以便让任何有听觉的人能听见《在外过冬》里的诗。

奥德里斯科尔：似乎是你作为女王大学的学生选修的阿尔斯特方言的课程——而不是地志书，《丹希卡尔》古老的盖尔语传统——给了你使用本地语言和地名的自信。

希尼：那些课程是种子。事实上诗集中的一首诗《向后看》，来自我以前的语言老师约翰·布莱德伍德晋升教授时的就职演讲。他的讲稿出版时题目是《阿尔斯特的方言词汇》，这首诗中出现的很多爱尔兰语的转写就是直接从这本小册上摘取的。这么说吧，《丹希卡尔》是一种支撑性的传统，而不是即时性的影响。

奥德里斯科尔：你不愿意使用你只是在词典中见到的方言词汇是吧？

希尼：是的。其他诗人从字典的秘藏里钻探，通过这样而获得能量和展现。至于我，选择方言或炉边家庭用语的要点在于必须完全适合说话者，适合其声音和处境。使它显得正当合理和使它具有原创性的劲头与快乐的，是其亲密性和无可替代性。我总是限定在我自己听人说过的词语，我自己和熟悉的人一起有时会使用的词语。我很愚钝固执地坚持这点。像布罗阿赫这样的镇名照我的意愿是必须要写下来的，它就像特洛伊城一样熟悉。

奥德里斯科尔：不管怎么说，在1990年代出的一本地名录中，布罗阿赫（Broagh）当地的发音是布罗科斯（Brox）。有没有可能当地人自己已不再发“那个最后的gh音”了？

希尼：我恐怕得说这个Brox只不过是这么结尾且读音为bollogh的词。另一方面，这个“x”的功能可能是作为och / oagh的表音符号，而不是字母表中的第二十四个字母。

奥德里斯科尔：啊，那我搞错了，赶紧接着说吧。那首出现“在外过冬”一词的《小雇工》诗中，这个人是你认识的人，还是从你听到的关于雇工的故事里编造出来的？

希尼：这个人的原型是一个叫内德·汤普森的老人，他曾每周来我们家一两次。一个驼背的小个子老人，垂着一副胡须，彻头彻尾的托马斯·哈代的模样。他走路的时候双手背在身后，戴一顶帽子，抽一个陶制烟斗。他住的房子里有铺砖的地板和砖砌的墙，一座十九世纪的小屋，要是真有这么一座的话。从他那里我确实听到不同的雇主的事，关于睡在阁楼的事，给他吃得很好的雇主，让他吃得不好的雇主，星期天回家要走很远然后还要再返回去，诸如此类的事情。在我家厨房里他很随便，但他也属于那些民谣的世界，像《琴弓摇动》和《马拉费尔特五月节》这样的民谣。

但诗中的小雇工同时也是一副少数族群意识的刻画，甚至是少数族群艺术家意识的刻画：“握着温暖的鸡蛋”，是一个小雇工每天早晨要做的事情，查看鸡窝，捡起母鸡下的蛋。它也是一个人性的呼唤的象征，超越怨恨和顽冥不化，甚至在承受不公正的时候。在这首诗中，这个小雇工在外过冬时也“保持着他的耐心和谨慎”：他所说的，是什么也不说；他心里有数，承受着冲击，等待时机。民权运动游行时，他挺直了驼着的背，加入其中。我喜欢这么想，为他在其中出现的那首诗所支持。

奥德里斯科尔：诗集中还有另一首诗似乎也适合放置在同样的民歌和政治之间的灰色地带，我指的是《最后一个假面剧演员》。它是一首关于传统事物的哀歌还是有关别的继续存在的事物的诗？

希尼：最后一个假面剧演员像小雇工一样，也是一种第二自我之类。他满怀怨恨和冥顽不化。他的口袋里装着一块石头。他用棍子敲打着门闩。他朝“小男爵”的房顶扔石头。但他也控制着他的怒气，顺应环境，他的舌头“在民权的舌头中／乱舔”。从某种意义上说，他是一个可充当发言人的家伙，可以参加 BBC 的辩论嘉宾而不会损害演播室礼仪……我越谈论这些诗，我就越明白它们说的是需要摆脱阿尔斯特是一个“很好的小地方”这一舆论，需要走上通往奥尔胡斯的道路，去承认损失和“家”里的不幸。

奥德里斯科尔：与此同时，你还发掘了童年的记忆，是不是？你知道阿兰·盖里的书《爱尔兰民间戏剧》，但我猜它并不是你的首要灵感来源。

希尼：我的灵感来自“圣诞节顺口溜”。我从没听到过“假面剧演员”一词，直到挺晚才知道。但我意识到在小时候我就见到过假面剧，那些邻居的小孩涂着黑脸蛋，穿着旧衣服，走进屋子里来，晃动着收钱盒，念着合乎他们所扮角色的顺口溜：比尔兹布，约翰尼·范尼，布劳恩大夫，给我双份调料。我见到的是这种活动呼出的最后一口气，但阿兰·盖里的工作又让它复活了一些。所以现在你看到到处是兴盛的假面剧剧团，戴着草编面具，挥刺着他们的剑，跳着他们的吉格舞，在整个快乐的阿尔斯特范围内。

奥德里斯科尔：圣诞节顺口溜的押韵是即兴发挥的吗？

希尼：完全是传下来的。

奥德里斯科尔：你动过写一出假面剧的念头吗？——也许可以仿效帕特里克·卡瓦纳那样的。

希尼：我曾用押韵和自我戏剧化的假面剧风格给BBC写过一部校园广播剧，叫《凡夫俗子》——也许是叫《一个阿尔斯特凡夫俗子》——但这也就到了顶点了。我有一个很好的想法，但一直没有实现。就是创作一部舞剧，运用假面剧因素和传统音乐，把场景设定为南北边界上的一次斗鸡会。它展示暴力、赌博和斗鸡中的帮派因素，一个相类似的宇宙，和这个国家自身被IRA（爱尔兰共和军）与UDA（爱尔兰防务协会）所分裂的边界一样。再说，斗鸡和假面剧，是横跨宗派裂隙的。每一边都参与斗鸡。又因为斗鸡是非法的，因此在所有斗鸡爱好者之间就建立起了一种联结。我最后的假面剧也可能是关于一只斗鸡的，“选取一条好道／穿过漫长的血腥之路／投入世世代代的争斗”。

奥德里斯科尔：《另一边》写出了你们家和你们的新教徒邻居

约翰尼·简金——你前面提到过他——之间有所保留但善意的交往。是什么因素使你们的家庭超脱出“教派激情”？就这点来说，你们家是不是和别的家庭有很大的不同？

希尼：也许根本就没什么不同，除了一点，我已经说过不止一次，我父亲有一种跨宗派的执照，做牲口生意，四处走动。也还有邻近的家庭之间历经数代的古老友谊。如果我可以这么说的话，在希尼和麦凯恩家的关系中有一种天然的优雅。我们家很快乐地敞开着大门，在我们家最后一个新教徒邻居比利·斯蒂尔去世之前，来往一直持续着，不带偏见的。对我来说用这种话来谈论甚至觉得有一点有失身份。

奥德里斯科尔：那么，你父母和那些邻居之间的关系在大骚乱期间并没有恶化？

希尼：他们确实没有。斯蒂尔家、简金家、麦金蒂尔家和穆尔霍兰德家——就在我们的两边而属于另一方——这些都是性情很好和很有能力的人。他们有足够多的内在的自由和自信来保持友谊和尊严，无论他们每个人承受着怎样的紧张和伤害。

奥德里斯科尔：在新教徒和天主教徒之间有缔结婚姻的吗？

希尼：就我所记得的，从没有过。

奥德里斯科尔：橙色骑士团怎么样？你了解他们的活动吗？在他们游行的时候你会小心地不出去吗？

希尼：这得看你是在和谁打交道。很显然在橙色骑士团中有顽固偏执的人，他们中有些是城郊家庭，但更多的是更穷一点的乡村家庭。也会有一些激烈的忠英派家庭，家里有人在阿尔斯特特别巡警队服役，对这些人我们多少会认为是界限之外的。一个自尊的天主教徒只能以最谨慎的方式与这种人打交道。如你可能预料到的，这主要还是以阶级画线的。与个人天生的勇气和智力也有关。一般来说，对那些偏执的人群一年之中的任何时候你都不会怎么和他们打交道，因此在7月12日时也用不着特别回避他们。他们也许会认为他们也在回避你，这比突然插进来抢道更有喜剧性。即使这样，我仍记得走出木斯浜小路的尽头去看橙色骑士团乐队游行，朝我们认识的人挥手——包括阿兰和乔治·伊文思，披着他们的饰带。在个人层面上这毫无问题：如果你和人友好，你会承认他们有权表达自己的归属感。

与此同时，你又反感所有这些事情的形式，因为也知道村子里和岔路口树立起来的橙色拱门正是罗马人会认为的一种轭套、牛轭，当你走在那拱门之下时你就走在轭套之下，你就被制服了，被教训谁是老板，被提醒记起以前的口号“一个代表新教徒的新教徒议会”现在成了一种真正的宪政力量。因此，憎恶和固执地，你带着你微笑的温鸡蛋朝着游行的邻居，为对抗轭套高视阔步。

奥德里斯科尔：民族主义者有没有什么和7月12日游行相当的活动？他们是怎么展示他们的旗标，表明它们的存在的？

希尼：很多时候是非法的。共和派的政治游行所举的三色旗会被皇家阿尔斯特警察没收或试图没收。像经常发生的，也不会导致暴乱。伟大的胜利——或严重违法，看你是站在什么立场——是把三色旗绑在一些大树的树顶过一夜，让它被整个地区都看到。然后警察会赶来，把它取下——有一次，我看到橙色骑士团的家伙跑来把这样一棵树给砍倒了，那是在卡斯尔道森，盖尔人运动会开始的前夜。

在民族主义者这边，被批准的是古希伯尼安[①]骑士团在圣帕特里克节和8月15日举行的游行。希伯尼安骑士团是自治统领的后裔，因此不像共和派或“新芬党人”反抗那么激烈。他们的旗标和音乐都有宗教意味：旗帜上是圣帕特里克驱蛇图案，或圆塔下的少女艾琳，带着嵌入了圣布里吉德和圣科尔姆希尔的项链垂饰。乐曲经常是赞美诗：《我要给玛丽唱一支赞美诗》或《欢呼光荣的圣帕特里克》。手风琴乐队、风笛乐队，苏格兰短裙、方格花呢长披肩、毛皮袋、全副盔甲。在木斯浜我家旁边有一座很小的希伯尼安聚会厅。我最初对音乐的渴望就是夜幕降临后从那里传来的风笛声，在二月或三月份……我觉得整个希伯尼安活动都带有一种忧伤。它们属于维多利亚气质，活动并没有多强烈的意识形态色彩或激情。它更像托马斯·摩尔而不是托马斯·戴维斯。

奥德里斯科尔：你自己见到过那些希伯尼安游行吗？

希尼：见过很多次。对孩子们来说那是非常刺激的事，看着他们在聚会厅外面集合，展开旗帜，所有人都排好队，小孩子被分派打着旗，风笛开始调音，大鼓开始抬起，然后，一，二，左，右，他们开走了，风笛尖锐的声音响起。我非常喜欢这种游行。它几乎不挑动宗派冲动。我得说那些橙色骑士团的游行激发橙色孩子们的热血要远远

---

① Hibernian，爱尔兰旧称。

强于这些希布斯，我们就是这么称它的。“他们一样顺服的克制最先为我调音 / 而不是那不肯宽恕的竖琴 / 芬妮安弹拨的弦乐……”这全都是真的。

奥德里斯科尔：你怎么看待你妈妈的“你说什么都没用”这种针对宗派化的阿尔斯特广场的态度，还有前面描述的她的一些品性——她对“宗派压力”的警惕和她对“体制运行中隐含的刺激”的应付自如？

希尼：我想这点应该一次性地讲清楚。我妈妈的态度完全没有在“你说什么都没用”一语中表达出来——我还应该说，我自己也一样。她使用这话和我使用它都是打引号的。这句话表明对一种权力结构的认识，是一个天主教徒对得到工作和住房的新教徒的眼色点头回应。它是讽刺性的而不是教导性的。它基本上是一种愤怒的表达而不是一种默认。

奥德里斯科尔：你家里保存有什么“旗帜或徽标”吗？如我所知北爱尔兰法律是这么称它们的。

希尼：没有。但我们会在电影结束后的《上帝保佑女王》响起之前走出电影院。我们从来不会把德里叫作“伦敦德里”。家里唯一的违禁物品我记得是我爸爸去都柏林看全爱尔兰足球赛的决赛时带回来的，他是和一个叫帕特·麦克古钦的书呆子气的老单身表兄一起去的。带回来两本书：一本是《在爱尔兰做游击队员的日子》，作者汤姆·巴瑞，是爱尔兰共和军成员，独立战争期间他在科克港领导一支游击队。一本是爱尔兰共和主义者传统和历史概要，叫《伍尔夫·托恩[①]年鉴》。来自这本年鉴的意象最终被我写入了一首题为《古老的圣像》的诗中。还有《托兰人》中的“穿着袜子的尸体／横躺在农家院子里”，是我最初在巴瑞的书里看到的一张照片。那个农民一家被黑棕队[②]报复性地杀害，让尸体仰面躺在他们家敞开的大门旁边。

奥德里斯科尔：起义歌曲呢？

希尼：我妈妈喜爱《布拉沃格》[③]和《谁怕提起1798年？》。她不是一个歌手，但她总是试着唱那些歌。她唱的大多数是老歌，像《罗蒙湖》[④]，还有她记得的小时候从谷仓舞会学到的歌，比如《穿过黑麦地》。然后是我们本地的1798年人物罗迪·麦克科莱，艾什纳·卡博瑞吟唱的关于他被吊死在图姆桥的歌。在1950年代爱尔兰共和军运动兴起后，也有吟唱西恩·骚斯和费尔格尔·奥汗隆被枪杀的民谣，虽然这些歌主要是在收音机里听到而不是在家里传唱。

奥德里斯科尔：对你来说，图姆有没有因为麦克科莱而染上了一层爱国主义的光晕？

希尼：并没有。对我来说，图姆的光晕是一种自然现象而不是政治性的。站在桥上，我更强烈地意识到巴恩河明亮的光流和精神，在

---

① 伍尔夫·托恩（Wolfe Tone，1736—1798），爱尔兰革命的一位领袖，联合爱尔兰人的创始者之一。被认为是爱尔兰共和国之父，1798年爱尔兰起义的领导者。

② 黑棕队，英国在1920—1921年派到爱尔兰打击新芬党的军队。

③ 一首纪念1798年爱尔兰起义的著名民谣。

④ 是一首传唱了几百年的苏格兰民谣，歌词优美伤感。后来在《出水芙蓉》里也出现过这首曲子，只是被美国人改得面目全非。

内伊湖之上抬升的大片光带，风，横跨宽广河面的奇异感——那时候对于我，巴恩河看起来是一条宽阔的河。

奥德里斯科尔：还有考古的层面。

希尼：噢，是的。整个巴恩河谷都是。1920年代的学校总有很多讨论，关于巴恩河排水系统，关于河岸的泥地里发现的燧石和刮刀。在教师室里的柜子里甚至也有燧石。在我还是本科生时去参观阿尔斯特博物馆，我看到“新渡口”这一地名写在一张张标签上，激起我很大兴趣，因为新渡口就在巴利斯加林路的尽头，就在我父亲一个住在斯加林的堂兄家附近。那条路直接通向水边——渡口就在那——路就到渡口停止。那是一个平常但神秘的地方，河水流淌着，很深很平稳，很宁静很缓慢。

奥德里斯科尔：现在我们转换一下场景，从巴恩河谷转到硅谷——至少是伯克利大学的校园。1970年你作为客座讲师去那里待了一年。这是怎么发生的？

希尼：在那之前，我在英国的约克大学参加了一个诗歌朗诵会。在那里我认识了汤姆·帕金森。帕金森是一个叶芝研究专家，在伯克利大学英语系任教。他是约翰·蒙塔格的朋友，我知道他从蒙塔格那里听说过我的一些情况。他当时正在休学术假，邀请就是通过他发出的——作为访问讲师去那里待一年。恰好我也正想去，因此毫不犹豫就接受了。我对整个垮掉派运动很好奇，而那个时期整个旧金山湾区既是政治热点也是诗歌热点。

奥德里斯科尔：在你家的父系和母系中有移民历史吗？你自己有没有考虑过永久移民去美国？

希尼：永久移民从未有过可能。虽然在那一年结束之后，系主任给了我一份公开的邀请函让我什么时候再去。一年之后，在我从女王大学搬到威克洛时，他的邀约是一份安全保障。在我的家庭背景里，没有什么重要的移民历史——除了我妈妈的一位堂兄在1920年代去了费城。伯克利是一个一次性的历险，但非常美好，我们非常喜欢。

奥德里斯科尔：你在加利福尼亚改变了或被加利福尼亚改变了吗？

希尼：没错，有些东西改变了。这是第一次我们长时间生活在北爱尔兰之外。我们第一次在阳光地带生活。我们第一次有足够的钱付账，而不用总是算计着怎么花钱。在那一年结束时我自己比开始时心气更高更自由一些了。它不仅是好气候的吹拂和经济焦虑的解除，还和我们周边的人们的精神气质有关，与来自新的友谊的滋养和活跃的环境有关。那时候伯克利大学的教员中很多人有着真正的魅力和成就。马克·索雷系着他的蝶形领结和东海岸的酷劲，在他家的鸡尾酒会上是一位德高望重的首领。在索雷家我认识了杰西卡·米特福德和莉莲·赫尔曼，喝下了我的第一杯马蒂尼酒。汤姆和珍·弗朗甘是我们在那里的最好的朋友，在他们家我们见到了科诺·克鲁斯·奥柏林和玛瑞·哈克·安·索伊——他们到学校几周，科诺在作他的评议会成员讲座。还有短篇小说作家莱尼·麦克尔，他刚出版他的第一部小说集《走四方》。不知怎地，你能够工作得如同过节一般。我偶尔会开车带玛丽和孩子们去马林县吃早餐，在蒂伯龙的一家汉堡连锁店，萨姆餐厅。加利福尼亚的香槟和汉堡，我的上帝，在早晨八点，然后赶回伯克利大学九点开始工作。这在女王大学简直无法想象。

奥德里斯科尔：那里的学生怎么样？

希尼：同样和女王大学很不同。这是一年级新生会问你想被叫“谢默斯”还是“教授”的时代，这是穿着宽松衣衫留长发的时代，是大麻挂在空中而性在水床上的时代——是兵役卡和警用高压水炮的反面。我无法完全去除我身上的爱尔兰天主教气息，但变得有点不那么拘谨了。回家的时候戴了一顶皮帽在头上，一行威廉·卡洛斯·威廉斯的短诗在耳内。

奥德里斯科尔：那个时期一般事情的政治化情况如何？

希尼：你几乎在校园里吃不到沙拉，因为要团结支持恺撒·查夫兹组织的奇卡诺莴苣采摘工人。你走不到一百码就会遇到一对黑豹党成员在宣扬人民的力量。到处都是校园自由派眼中的禁忌：别喝库尔啤酒，因为工人们没被允许组织工会；别和美国银行和美国航空公司打交道，因为他们是推动越战的势力之一。T 恤上印着安吉拉·戴维斯，唱机上转动的是鲍勃·狄兰和彼得·西格。每一处都是反文化和反传统。克里希那教徒和硬金属摇滚同声一气。

奥德里斯科尔：谈谈你在英语系的工作吧，它和在女王大学的工作有很大不同吗？

希尼：工作任务的一部分是教大一新生作文，比如课程“英语

1A”，有一个助教。这肯定是不同的。但主要的不同在于课程时间的长度，因为伯克利是四学期制度，每年分四个学期，每期十到十二周。我每学期教两门课，每门课我都得自己确定教学大纲。一年之中，我做了当代诗歌的讲座课，还有几次当代文学的概述课，包括诗歌和散文。主持了一个“为写作而阅读”研讨班，完成“英语1A”的课程任务。有些班选修的人非常多，有些人很少。但所有的班都通向那可爱的加利福尼亚学生的齐声欢呼声，“哈——”和“哇——”和“嗨——”，不拘礼节的方式非常迷人。虽然我是满负荷的教学任务，但觉得就像度假一样。玛丽有着一种不同的加利福尼亚间奏曲——和其他有趣的妇女相伴，在花园里懒洋洋地自在过日子，孩子们玩的时候，做母亲的抹着防晒油，喝着嘉露葡萄酒，看着草坪的喷水器。

奥德里斯科尔：那么我们想象中莲花净土般的湾区完全切合你们的经历？

希尼：确实是。但我们很大程度上是来访客人，我们住在离校园半英里左右的地方——电报大街上，所以我们也错过了很多寻常的生活。那就像生活在六十年代的电影场景中。你走着去上班，沿着一条排列着手工艺品摊位的大街，卖家庭制作的珠宝、毛皮制品、扎染的纺织品、芳香蜡烛、中国神香、印度《爱经》，你说得出名字的这些。你同样穿过蜂拥的乞丐人群。“给点零钱吧？”是常念的经咒。路边也有很多不幸的人，大多数是嗑了药，因为几乎都是年轻人，所以也难以从麻木或迷幻中区分出来。

奥德里斯科尔：有一幅图景，美国如桌面般朝西部倾斜，因为所有放荡不羁或迷茫的人都滚落到了加利福尼亚。有没有什么事实证实这幅贬损的图景？

希尼：就某种程度来说，没错，确实有。坏鸡蛋和好鸡蛋滚在了一起。在伯克利街上发生的一件事把我们吓坏了，也给玛丽之后挺长一段时间的生活投下了阴影。有个晚上她从我们的公寓去我们的朋友特雷西家很短的路上被人打劫了。我们家孩子那天下午和特雷西家的孩子在他们家玩，因此玛丽过去叫他们回家。随后，她失去了知觉，倒在路上。等她醒来，发现一个人正拽着她朝一辆面包车的后门走，一个男人的声音警告她不许出声，否则杀了她。但她又打又踢又叫喊，挣脱了出来，非常惊恐地跑到特雷西家门口，人都几乎认不出来了。

后来她记起，那个人先是走在她前面，然后转过身来说了几句什么话，肯定是残忍地猛击她，打到了她的眼睛。她的脸又青又肿，疼了好几个星期。她一挣脱，那人就跑进车里去了。要是玛丽没有及时醒过来，就被他塞进车里面去了。这是一场巨大的创伤，让我们瞥见了嬉皮之地更黑暗的一面。

奥德里斯科尔：那人抓到了吗？警察介入了吗？

希尼：警察马上就到了，玛丽被送到了医院做急诊治疗。最糟糕的结果是一两天之后一辆警车停在了我们的公寓前，车前排坐着一个嫌疑人。警官们走进来对玛丽说，由她来指控逮捕那个人。换一种说法就是，她的指控将是把这人置于监管状态的唯一根据。但是她并不能辨认出肯定就是这个人。于是她让警察放了那人。警察一走，她发现自己陷入恐慌之中，因为那个嫌疑人，无论是否犯罪，现在知道她住在哪里了。一两周之后，她又看见那个人在街上。这对她是一场噩梦。

与此同时，当我们八十多岁的房东——他并非嬉皮士——听说这事之后展示出来的偏见让玛丽都笑了起来。首先，他对她说他非常抱歉加利福尼亚竟然发生这种事情。然后，他马上问道："是个嬉皮士吗？"听到"不是"的回答后，他接着问道："是个黑人吗？"当他再次听到否定的回答时，他难过得无以复加了："天哪，希尼夫人，我非常抱歉！"然后，他给玛丽带来一件武器，可以装在手提包里的——一把很小的三棱锉刀，由一个圣昆汀监狱的囚犯磨得剃刀一般锋利。这位老房东的儿子在圣昆汀监狱当监狱长，收缴了这东西。他听说玛丽的情况之后，把它作为一件礼物送给了她。

奥德里斯科尔：投射在这田园牧歌之上的另一重阴影当然是越战。你参加过集会或游行吗？你会追着看电视里的战争新闻吗？

希尼：我们在那里的时候，卡莱中尉正因为美莱村大屠杀而受到审判。对柬埔寨的轰炸正在进行。你根本无法忽视这场战争。你周边的整个生活都在对此做出反应，但我没有参加任何游行示威。我甚至不知道是不是有过游行示威活动。那时候那地方的文化的总和就是一场持久的稳定的抗议。我们到伯克利后的第一个周末就去参加了一场彼得·西格的演唱会。那年末，我参加了一场不一样的反战朗诵会——罗伯特·邓肯穿着丑角戏服装扮出场，罗伯特·勃莱披着庞乔斗篷。所有这些事情中有一种复兴主义者的欢欣，道德的愤怒和激进的行为。在旧金山的另一次勃莱和加里·斯奈德的朗诵会上，我突然意识到勃莱的路德教背景透露了出来：我们眼前的舞台上是一位诗人布道者。很多话语谈到了潜意识和“有牙阴道”之类，帝国主义的男性自我如何要为战争负责，某种程度上男人的性器官和武装直升机有着同等的罪行——所以要去信仰禅宗，我们听到的是一个中西部的牧师在向人群作慷慨激昂的劝导。

奥德里斯科尔：你是说你对正在发生的事情抱一种旁观的态度？

希尼：不完全是。更准确地说我是在学习做一个美国人意味着什么。相信事情能够得到改变。战争机器和资本主义猪猡被认为是残忍和玩世不恭的，但抗议者心里仍充满信念，形势可以扭转过来。没有厌倦，没有真的害怕人类会堕落，没有欧洲人想当然认为的我们的知性是黑暗的、我们的意志是软弱的。换一种方式来说，我无法想象贝尔法斯特的一场诗歌朗诵会简单地主要就是为了针对大骚乱而举行。诗人和听众一样为复杂难懂的事情提供一点线索，我们知道我们全都复杂难懂。在北爱尔兰发生的事情之中和湾区的状态最像的是“和平人们运动”——马雷德·科里根、贝蒂·威廉斯和西雅兰·麦克恩组织的群众运动，和我们在伯克利周边看到的事情有着某种相似。

奥德里斯科尔：罗伯特·勃莱和加里·斯奈德影响了你的写作吗？

希尼：他们身上有一种严肃性。在他们的敏感性之中有一种抒情诗核心，如果你喜欢的话，也可称为一种宗教气质。我后来领悟到，这些品质使得他们对我有着强烈的吸引力。勃莱的诗写到老木板在融雪天被踩踏着，斯奈德的诗写到在一条路上把铺路石抛下铺设。他们诗歌的要素和我诗歌的要素很接近。红杉而不是柳树，雪野而不是石楠沼泽，但是地母盖亚的因素明确地在运行。这是一种非常不同的美学，和那种尘世反讽性的诗人如兹比格涅夫·赫伯特不一样，而我易受影响。正是受了勃莱的散文诗的部分影响，我试着写了自己的散文诗——那些收在诗集《斯泰森岛》前面部分的诗。还有《雨的赠礼》《小雇工》《木斯浜，阳光》的早期草稿——都是那段时间写的。

奥德里斯科尔：你遇见过很多当地作家吗?

希尼：有一次汤姆·帕金森举行了一个盛大的聚会，斯奈德参加了。但那一次我与之交谈的是劳伦斯·费林第，一个温文尔雅的绅士。他告诉我战争期间他在美国海军预备队，曾驻扎在贝尔法斯特和德里，这真让人有点惊讶。我有时遇见诗人约瑟芬·迈尔斯，一点也不是像六十年代的花之力艺术家①。一个英语系的学者诗人。有时还遇见列奥纳多·那桑，他在修辞学系。还有列奥纳多·麦克尔，小说家，我已经提到过。还有汤姆·弗朗甘——不仅是《法国人那年》的作者，更是一个极好的活生生的人。

奥德里斯科尔：你实际上对加利福尼亚本身并没有写什么。你也许记得帕特里西亚·比尔的抱怨——她在《听众》杂志上发表的关于《在外过冬》的评论——在诗集的最后一首诗《向西》中，你已经迫不及待地把目光从加利福尼亚转向多尼戈尔了。

希尼：那首诗是以兰德·麦卡纳利出版的“正式版月球地图”开

① Flower-power artist，1960年代和1970年代早期的年轻人，他们相信和平，反对战争。

始的。当我走到那么远时，我觉得我走得足够远了……但帕特里西亚说得对，加利福尼亚的遥远把我们带回了爱尔兰的记忆之岸。也许是美国原住民诗歌、中国诗歌和日本诗歌的风尚促使我信任我自己材料的“自然”的一面。与此同时，你看到詹姆斯·赖特刚写了他新的大作，抛弃了“形式化诗歌”投身到“赤裸诗歌”的阵营，打开了赞美通道，乘上了里尔克式的波长，因此也让我倾向于溯源和内向的道路。

奥德里斯科尔：尽管如此，我想知道，有着乡村背景的你有没有发现那些作家信奉的原始主义是不是有点情绪化、幼稚或只是一种浅显的时尚？

希尼：我确实有那样的保留，但我无法否定我对他们的作品确有反应这一事实。你的批评头脑和你的写作肩膀经常会这么失去平衡。

奥德里斯科尔：汤姆·弗朗甘看来是一个非常重要的朋友。这是不是真的，麦卡锡——《法国人那年》里的那个诗人——有些部分写的就是你？

希尼：汤姆说，某种程度上那确实是的。并不是说麦卡锡的性格或个性有什么地方像我，只是因为他也是一个诗人，出生在爱尔兰暴力时期，一样关注我和汤姆经常谈论的问题——并不是抽象地谈论，你知道，是与我那段时间做了还是没做的写作情况相关联：置身事外和投身其中之间的冲突，成为一个活动分子和一个艺术家之间的冲突，一个诗人和一个宣传家之间的冲突，诸如此类。无论麦卡锡这人物源于什么，最重要的事实是从我们最初在加利福尼亚落地开始，弗朗甘夫妇就对我们非常体贴照顾。在我们寻找公寓时，珍是我们的司机，而弗朗甘家是我们那一年的另一个家。

对于我，汤姆事实上变成了一个文学上的养父。一点也不夸张，他重塑了我思想的方向。在我刚降落到加利福尼亚时，我是芸芸众生中的一个对爱尔兰文学和历史所知有限、头脑里布满的基本上还是英国文学站点的人。我只是一个有着本科学历的人。在我离开时，主要感谢汤姆才华横溢的、嘲讽性的爱尔兰文学中心思想，我已经在着手建立新坐标，有了更深远的意识，比如，对叶芝和乔伊斯，还有对整个爱尔兰文学的重要性有了更充分的感觉。作为一个“北方诗人”，我开始把自己的处境更多地与作为一个整体的爱尔兰的作品与伤痛联结在一起。

汤姆在哥伦比亚大学跟随列奥莱尔·特里林学习，他关于十九世纪爱尔兰小说家的著作获得了特里林奖。他是我习惯的那种新批评派批评的对立面。历史的、政治的、传记的文本总是吸引他的关注。他的谈话里充满了引文。不仅仅是文学，还有历史和喜剧。他是弗兰克·奥康纳的好朋友，他和杜鲁门·卡波特曾经是高中同学，五十年代他在《纽约客》上发表过犯罪小说，其中一篇获得了艾莱利女王奖。除了这一切，他似乎对爱尔兰的每一处历史名胜都了如指掌，因为他十多年来，每年暑假都到爱尔兰去。他是一个健谈的人，有着强烈的幽默感和历史感。他同时也会大发雷霆。因此，非常感谢汤姆，让我在太平洋岸边度过的时光成了一次教育之旅。

奥德里斯科尔：你选择把《传统》这首诗题献给他有什么特别的理由吗？

希尼：这是首汤姆的诗，因为我从他关于爱尔兰小说的书中提出了这首诗的结尾。在那本书的题词中并列着《亨利五世》中麦克莫里斯的问题——“我的祖国是什么？”——和《尤利西斯》中布鲁姆对公民问题的回答：“你的祖国是什么？”“爱尔兰，”布鲁姆回答，明确而平淡地，“我生长在此，在爱尔兰。”在七十年代初期，这解决了围绕着我们的身份危机，所以我把它窃用为这首诗的结尾。

奥德里斯科尔：弗朗甘在《哈佛评论》上写过你们一起经过的几次旅行。他提到了，比如，一次去巴利纳穆克战场遗址，另一次去看巴利里塔。

希尼：巴利纳穆克是英国人在1798年终结法国人干涉的地方。法国军队投降了，沿皇家运河撤到了都柏林，但是数百名跟随他们从梅奥来到这被上帝抛弃的莱特里姆沼泽的爱尔兰反抗者被截击了。汤姆那时候正在写《法国人那年》，我们花了一天时间在那些悲哀的田野和树篱中四处游逛，试图在头脑里重构那战场的模样。那是一段奇异而沉痛的时光。而巴利里塔之旅非常不一样——我们是在圣帕特里克节开车从都柏林去往叶芝之塔的，途中在威尔的莫兰餐厅停下来吃了一顿牡蛎。大卫·哈蒙德也和我们一起去了。印象最深的是返回的时候，在洛赫雷附近的一个地方我注意到一座房子的门口挂着的一块牌子：菲利普·拉金——曲棍球球棍制造者。这太好玩了，几乎不可能是真的，但确实是真的，所以我们买了些球棍，印上那个寓言般的名字。我多买了一根，最后送给了安德鲁·摩森，他当时正在写另一部菲利普的传记。我安排在苏豪区的赫拉克勒斯之柱酒吧和安德鲁见面，很有仪式感地把那根球棍交到他手上。

奥德里斯科尔：汤姆·弗朗甘也提到了一次卡梅尔[①]之旅。你在伯克利的时候常和他一起四处转悠吗？

希尼：不是的。卡梅尔之行是后来去的，在1976年我再回来任教时去的。那年春季学期我作为贝克曼讲座教授，教了几门课，做了一些必需的公开讲座。汤姆和珍带我去见他们的朋友杜皮夫妇，他们刚从纽约搬到卡梅尔来。弗雷德·杜皮和《党派评论》关系密切，在哥伦比亚大学教书，在他的时代作为一个传奇般的纽约知识分子而著称。他的妻子安迪也是一个著名的激进思想者。那是一次难忘的拜访，不仅因为弗雷德告诉我那些关于约翰·阿什贝利、肯尼斯·科赫和弗兰克·奥哈拉的玩闹事——他和他们一起在纽约闲逛消遣——还因为那个周末的另外的来访者是萨义德夫妇。我记得和爱德华谈到了贝鲁特和贝尔法斯特正在发生的事情。我认识到了他非凡的才智，他的愤慨和同情是如此奇妙地、协调地纠缠在一起。我想萨义德夫妇和弗朗甘夫妇已经有过交往了，通过他们共同的朋友克鲁斯·奥柏林。

奥德里斯科尔：七十年代中期出版的杰弗里·萨默菲尔德的《世界》中有一张照片，照片显示在你的墙上贴着一幅蹲坐的公牛的大招贴画。你在加利福尼亚的时候对美国原住民的艺术和文化很感兴趣吗？比如，你参观过保留地吗？

希尼：没去参观过保留地。但那时候正是美国原住民历史被恢复和被重写之际，比如在迪·布劳恩的书《把我的心埋葬在受伤的膝盖处》中。书店里摆满了各种选集，比如杰罗米·罗森伯格的《神圣的

---

① Carmel，西加利福尼亚城市和艺术家村，位于圣何塞西南，太平洋沿岸。

工艺师》和几年之后出的《摇晃南瓜》。因为出身北爱尔兰的少数族群，我无法不同情民权运动，那对社会正义的全部吁求，它在美国黑人社群中回响，在美国原住民中间兴起。保罗·穆尔顿也是如此，在他的一首诗《阿尔卡特拉斯岛[①]的印第安人》中发现了两个地方在同一时间的对应关系。我记得在1971年夏天我从伯克利回来的时候给他带了一本《把我的心埋葬在受伤的膝盖处》。所以，我意识到了在美国原住民故事和爱尔兰故事之间有着历史和政治的相似。但我还是无法迈出拉金所谓的“有意后退的步伐”，参与那种“新年代”的圣歌和舞蹈活动，无论是作为一种社群仪式还是一种诗歌风格。

奥德里斯科尔：加利福尼亚在多大程度上改变了你对当时的文学运动的态度？——比如，对垮掉派或黑山派。

希尼：我买书和读书——差不多就像在选修一门课程一样——比如这样的书：《威廉·卡洛斯·威廉斯读本》《查尔斯·奥尔森读本》。我服膺奥尔森的《放射诗》一文和他的《麦克西慕斯之诗》中的一些诗歌。我一头扑向俄耳甫斯·邓肯[②]；我涉猎布劳提根——偶尔看到他本人出现在百老汇街的恩里克咖啡馆——但在最后我又退回来了。我就是无法脱离我所知道的诗歌天地的地球引力的牵扯，无法摆脱诗行和诗节的牵绊。我非常高兴地学会了接受卡洛斯·威廉斯。他的耳朵确实非常精妙，但我无法扩展，让它放射性地展现。与此同时，正如我经常提到的，我学会了怎么聆听和尊重加里·斯奈德，通过听他读他自己的诗。我开始把书页上的诗歌文本看成一种音乐标记，因此后

① Alcatraz，旧金山附近的一座小岛，曾经作为监狱，又被叫作恶魔岛。

② Orphic Duncan，俄耳甫斯（古希腊神秘教，通灵般的抒情风格诗）和罗伯特·邓肯（美国诗人，在黑山派影响仅次于奥尔森）的组合。

来我打开一本他的诗集，我的耳朵里就会响起他的声音。

奥德里斯科尔：一般的观点认为，《在外过冬》中的短诗行是美国式的，威廉·卡洛斯·威廉斯特色的，对吗？

希尼：我相信确实是这样的，虽然在《进入黑暗的门》结尾部分的风景诗中就已经朝这个方向偏移了。即使我没有完全逃脱爱尔兰/英国诗的严谨形式，我也从一开始就倾向于扰乱它。我总是屈从于一种执拗的冲动，不要轻快的滑行而要笨拙的挪动。最终，我想，它把我引向了《贝奥武甫》……但自由对形式，红脖子对白脸蛋，无论你喜欢怎么称它，这种对立紧张一直就在那里。在贝尔法斯特它就显现出来了，在我们看待拉金和休斯、洛威尔和威尔伯时的偏见和喜好之中。它也是我对罗特克感兴趣的部分原因。它也增加了我对托姆·甘恩的兴趣。

奥德里斯科尔：你遇见过托姆·甘恩吗？

希尼：在我后来在伯克利期间，遇见过好几次。我想在1971/1972年那次，我们没有遇到。但在我1976年做贝克曼讲座教授那次，唐纳德·戴维在他斯坦福的家里组织了一次聚餐。他让阿兰·夏皮罗开车来接我，阿兰那时候是他的研究生，有一辆车。托姆·甘恩也是那天晚上的客人，整个聚会非常活跃愉快。但我记得最清楚的事情是托姆是搭便车从旧金山来的。毫不娇惯——甚至公交车对他都太奢侈了。顺便说一下，我现在仍然更喜欢甘恩抑扬格的英国的一面。《战斗期间》是他非常好的第一部诗集。他有些诗像《发现太平洋》，还有那些后期诗但丁式地处理旧金山的艾滋病潜伏期的同性恋者场景。

当他的诗节听命于他时，他真能建立起一种强压力。

奥德里斯科尔：你怎么看待这些诗集，像洛威尔的《生活研究》和W. D. 斯诺德格拉斯的《心针》?《在外过冬》中是不是有短暂的一刻——我说的是《夏日之家》——能看出有自白派诗歌的影响?

希尼：作为一个读者我从《生活研究》中获得了巨大的回报。但对斯诺德格拉斯我从来没到过那种程度。事实上，在伯克利时期我只是拿起过《心针》——在我从电报大街上的旧书店：莫尔书店、莎士比亚书店、科书店和科迪书店，买来的大堆二手书中。《夏日之家》中的那些小诗更多的是来自个人经验的压力而不是来自什么文学影响。洛威尔并没有在我的写作中出现，直到几年后，出自诗集《历史》《海豚》和《献给利兹和哈莉特》中的那些无韵体十四行诗雪崩一般朝我们倾泻而来。

奥德里斯科尔：在洛威尔积聚这些诗集之前的《笔记集》中的诗篇时，你在爱尔兰也经历了一个相似的创作喷发期。你还记得1969年5月——如你在前面的访谈中提到过的——你写了大约40首诗的那一周吗?它们只是一些“尝试之作”还是其中一些保留下来被收入了诗集中?

希尼：那批诗中有好几首收入了《在外过冬》:《地狱边缘》《小夜曲》《老兵的梦》《深夜》《苦力》和《黎明》。但其中更多的只见过一次天日，在《听众》的文章中。我不知道如何解释这种决堤般的爆发。它开始有一种宿醉的感觉，然后到深夜和没事的白天仍在继续——那是在5月，在一年的这个时间，女王大学的课程结束了或将要结束。不管怎么说，白天的工作也不会有太大的压力。那是一种天恩，一次发作，强有力的确信。你会觉得，这就是“它”。你被激发进入灵感的命令之中。即使那些诗的大部分都经不起后来的批评审查，但这体验本身非常重要。从那一刻开始，我感觉自己作为一个诗人有了很大的不同。

奥德里斯科尔：那么多诗没法收入诗集中，会不会让你感到失望，甚至伤害到你的自信？

希尼：一点都没有。最重要的事情是感觉有储备。

奥德里斯科尔：是由你个人决定把什么诗编入诗集还是由查尔斯·蒙特斯——作为费伯出版公司的编辑——来施加影响？他的联合主义背景会不会阻碍你把某些诗篇编入诗集？

希尼：查尔斯从未干涉过或者施加过那种影响或压力。我提交诗稿，然后就会收到一封非常详尽的给予强烈支持的回信。然后它就到了出版部门。

奥德里斯科尔：《在外过冬》出版的时候，你已经从贝尔法斯特搬到了威克洛郡，而这部诗集本身还深切地关联着阿尔斯特的地方和事务。搬到南方去你有没有犹豫过？你是怎么克服它的？

希尼：这故事以前讲过，只因为它都是真的。当我们从伯克利回到贝尔法斯特时，我和这地方有了一种不同的关系。在那些我们前面谈到过的书信体诗中你可以看到一种新的无所顾忌的东西。“你说什么都没用”那一类。我对自己作为一个作家的自信增强了——我指的既是谋生的机会也是写出好诗的机会。我第一次意识到我有了选择——部分是因为我得到了伯克利大学英语系主任的公开邀请，我可以回那里去任教，部分是因为一种感觉，所做的工作不仅关乎我自己，还关乎我们正经历的此刻。在加利福尼亚我曾自由呼吸自由行走，因此当我回来，我羡慕这里的人们只是在家里单干。

那个阶段，玛丽和我开始想我们应该搬出城市。我们回来的那个秋天，我们晚上会开车很远沿着安特里姆郡的道路看“出售”的牌子，到我们知道的德里郡和蒂隆郡的地方四处寻找。与此同时，如我前面说过的，我们经常南下到基尔肯尼去看巴里·库克和桑佳·朗德威，他们那时候住在托马斯镇。他们是艺术家，没一个人有工作，过着自给自足的生活，钓鱼、做园艺、画画、做陶器——他们代表着一种理想。因此，有一段时间我们产生了搬到基尔肯尼的念头，因为那里充满了做艺术品和工艺品的人，音乐家，诸如此类，看起来是一个非常有益的环境。

奥德里斯科尔：在你们搬迁的冲动中没有出于害怕或恐惧的因素吗？

希尼：没有，尽管贝尔法斯特在七十年代初是一个让人不愉快的地方。但它从来也不是一个完全可爱的地方。它一直很熟悉，是的，但在伯克利的经历意味着我在用新的眼光来看它和女王大学了。德雷克·马洪所说的：“一种反常的骄傲，站在／堕落天使一边，拒绝起来”——那种阴郁的最终向下的骄傲开始触及我了。

**奥德里斯科尔：我听说了伊安·帕斯莱的《新教徒电讯报》攻

击你的事。你没有接到恐吓电话之类的吗?

希尼:我做了一个电视节目——我想是在1970年——叫作“希尼在边缘地带”，里面出现了阿尔斯特皇家警察喝得烂醉的镜头，还有警察在射击场的镜头。作为我的画外音评论的一部分，我读了一首1969年灵感爆发期写的诗，有着强烈的反皇家警察意味的诗。节目播出的那天晚上就有恐吓电话打到我家。那电话是我岳母接到的。因为这一原由，我想我更容易不把它当回事。不在乎也因为那些日子里恐吓电话非常流行，要是你明白我指的是什么。任何稍稍出头的天主教徒都很容易接到恐吓电话。帕斯莱报纸上的文章是在我们离开阿什利大街，去了威克洛之后发表的。它称我为著名的教皇党宣传家，暗示我腐蚀了阿尔斯特联合派年轻人的心灵，我是一个别人希望摆脱的赘疣，去到了教皇共和国里我的精神家园。你没法和那样的人争吵。

奥德里斯科尔:你现在谈起它来轻松，但在当时迁移肯定让你们迟疑过吧?

希尼:并没有多少迟疑，真的。搬离的动机，如我经常说的，是写作方面的。我知道我正处于一个转折点。这个转变的做出，得到了巴里和桑佳，还有特德·休斯的鼓励。问题最终得以解决是安·萨德莱姆耶在1972年初提供给我们格兰摩尔的房子。安在多伦多，但因为她研究辛格，她定期往返爱尔兰。当她听说我们准备迁移，在贝尔法斯特之外找地方时她就写信来说我们可以租她在威克洛的房子（说到租，我跟你说，只是名义上的）。然后我们就去了那里，全家一起，在复活节，一看就爱上了那个地方。我们一回来我就辞掉了我的工作。

奥德里斯科尔：对这个决定你没有苦心焦虑？

希尼：在采取这些行动时我就像在梦游一样，似乎有一个梦游者在遥控着。我身上的某些东西显然已经准备好要改变了。我很幸运玛丽也积极顺应这股潮流。事实上，她非常乐意离开贝尔法斯特。

奥德里斯科尔：其他人肯定提出过反对的意见吧？

希尼：这是不是一种征候，我记不起任何反对迁移的意见了。在我们认识的人中肯定有一种遗憾的感觉，我和玛丽自然也分享着这一点。但我们强烈地感觉到我们的行动正当其时，非常正确。我感觉是时候去"一以贯之"了。事实上，在使用了这个词的《斯泰森岛》的最后部分，重复了我在1972年遵循的指令："你听得够久了。现在弹拨你自己的琴弦吧"，"当他们把这圆形天地扩大时／是时候按你自己的意愿游出去了"。我知道学徒期结束了。在这十年间，从1962年11月在《爱尔兰电讯报》发表我的第一首诗到1972年8月我们雇了一辆面包车装上我们的东西运往格兰摩尔，我已学会很多东西。

在这十年间我很有福气地获得了富有创造力的友谊，我的诗也获得了慷慨的接受。但我仍然感觉距我所要求的东西还有一步之遥。只是最近我才发现——在海瑟·克拉克关于那些年的书《阿尔斯特文艺复兴》之中——我给吉米·西蒙斯的书信体诗的片段：我把自己排除在"阿尔斯特诗人"队伍——这伯纳德·迈尔斯为美人鱼剧院之夜努力召集来的诗人群体——之外，潜藏起来，退出阿尔斯特的宣传活动，对聚合起来宣称形势大好感到不安。这一特定的置身事外有着一种政治上的不情愿，但最主要的是艺术上的考虑。我多年前说过，在我们的诗歌集体内部，我们的写作都出自共同的心灵，一种太固定太画地为牢的美学。我承认它富有巨大的能量和支持，继续作用于七八十年代仍留在那里的人们。但出于各种理由，我需要改变。

奥德里斯科尔：你的决定可以被视为六十年代影响的一个结果——发现自己，做自己的事情，拒绝"体制"吗？

希尼：也许吧。那种氛围就洋溢在空气中。但拒绝体制？不是的。在北爱尔兰我曾经喜欢过什么体制吗？那时候，在温和的民族主义者中间，怀疑性的赞同已经让位于明确的不满。除非我完全搞错了，我在血腥星期天、血腥星期五之前甚至有一种感觉：暴力可能是创造性的，会带来一种新秩序。我们离开不是为了寻找一种不同的生活方式。生活的绝大部分还是一样的，除了现在我没了在大学的工作。我一直在写校园广播剧、写评论、做朗诵，在那儿的第一年孩子们上了女修会办的学校。我们并非就好像加入了一个公社……

奥德里斯科尔：在你毅然地采取行动之前你知道你将有足够的约稿工作吗？玛丽计划重拾教学工作吗？

希尼：贺拉斯说过：vivitur parvo bene，你可以靠很少的东西生活得很好。我们的房租是象征性的，我们的开销很少。我们确实有一辆车，我们需要食物、饮料、取暖和光照；但信不信由你，我们有一种对俭朴的喜好。我们都是在乡下长大的，所以对我们来说，在炉火光中给孩子们洗澡，让他们在门前的院子里玩耍，给他们一种乡村黑夜的体验，这些都是丰富而熟悉的东西。它不只是怀旧。让他们拥有树篱后面、打草场和露天明火的记忆看来是一件很好的事情。

我们也担忧等他们上中学了该怎么安排。但在我们移居之后的第一年，来自电台约稿和写作的收入相当不错，还有偶尔的朗诵会收入。一次的报酬二十磅左右。其中一部分付每个月的房租。你说的很对，我从一开始就得到了支持。大卫·哈蒙德委托我做 BBC 校园系列节目，然后 RTE（爱尔兰广播电视台）给了我一个每周一次的书评节目。我也愿意为杂志写一些评论——卡尔·米勒仍在编《听众》杂志。

奥德里斯科尔：在格兰摩尔的第一年你在做 *Buile Shuibhne*[①] 的翻译工作。这本书最终在十年后以《斯维尼迷失记》为名出版，你是在离开贝尔法斯特之前就决定做这翻译的还是你在南方发现自己“迷路”了才有了这选择？

希尼：让我对斯维尼材料感兴趣的是收录在肯尼斯·赫尔斯顿·杰克逊编的《凯尔特语文汇编》中的那些摘选出来的小片断。那些片断促使我找到了那部作品的早期爱尔兰文版本。从中我产生了一个想法，等我到了格兰摩尔，我要把它全部翻译出来。

我知道我仍然需要一份稳定的工作，像原来那样，为了在最初的关键几个月保证一种有目标的感觉，于是一安顿下来我就马上开始做这件事。但也还有另一个动机，非常实际的动机，这和一个自由作家的预先计划有关：一旦这本书出版，我想也可能改编成广播剧，尤其是在我和演员杰基·麦克戈兰说过后，更激励了我往这个方向设想。我遇到杰基的时候他正在加雷奇·布劳恩的克拉达唱片公司录制贝克特的作品。他说我的翻译完成后他将很愿意参与录制斯维尼的故事。

① 《疯狂的斯维尼》，中世纪爱尔兰文学的一套三部曲的末篇。第一部详述了导致马格拉什战争的事件。第二部描写了大屠杀战斗。第三部讲述了斯维尼从战争之后一直到死的生平。

令人悲伤的是这一切还没来得及做杰基就死了。

奥德里斯科尔：我想知道托马斯·金色拉翻译的《泰恩》在多大程度上激发了你去努力尝试。你在1970年为它写了评论，把它视为“一种很清楚的努力，要给有文化的爱尔兰公众带来与爱尔兰最早的文学意义深远的接触；一种有意识的成就，可以进入由道格拉斯·海德和格雷戈里夫人这样的译者构成的传统”。那是对你所做的《斯维尼迷失记》翻译工作的描述吗？

希尼：它并非一条座右铭刻在我的意识中，但任何宏大的爱尔兰语言著作的翻译家都会不由自主地想到那些先行者。金色拉的榜样非常重要，我只是向他报告我想要对付斯维尼的想法，并得到了他的鼓励——感觉得到允许一样的鼓励，因为他曾经是并且很大程度上依然是爱尔兰古诗之主。

奥德里斯科尔：那个时候你经常见到托马斯·金色拉吗？

希尼：见得不多。我现在想起的拜访可能要追溯到我们搬迁时，但时不时我和玛丽会去佩西普雷斯看他和埃莉诺，得到他们毫无保留的欢迎。在我们于1976年离开格兰摩尔搬到都柏林时，是在埃莉诺的帮助下我们把孩子们送进了圣康尼斯公学读书。

奥德里斯科尔：那时你在都柏林的文学界结交了很多新朋友吗？

希尼：不是这样的。我和一群我原来就认识的人在一起时非常自在，他们是和RTE（爱尔兰广播电视台）有关联的作家、记者和播音员。我到都柏林市后，我经常去看约翰·霍根和多内尔·弗雷，在舰队街的鲍尔斯酒吧，就在《爱尔兰时报》对面。本尼迪克·吉利、麦雷·德·帕奥、西恩·麦克里莫因、多莉和齐阿兰·麦克马洪。我的主菜，如果我们可以这么说的话，也包括来自传统音乐界的人们。比如，加雷奇·布劳恩在卢加拉的房子离我们在威克洛的家不远，他家里总是有很多歌唱家和演奏家来来去去。因为加雷奇和他的克拉达唱片公司那时候在全力录制诗人的朗读，因此你很可能在他的聚会上像遇到帕迪·莫罗尼一样遇到休·麦克迪米德。那些日子我新结交的一个诗人朋友是西恩·奥·图阿玛，我是在1973年被任命为艺术委员会委员时认识他的。从那时候起，一直像当时那样，西恩和他的妻子贝蒂就属于我们最紧密的朋友圈之人。西恩是我总能与之坦诚地、愉快地交谈，并能够获得坦诚、愉快的真实回应的人。他锐利如图钉又知识渊博。但他住在科克，因此我们不能如我们彼此所愿的那样经常见面。

奥德里斯科尔：西恩·奥·图阿玛帮助过你理解《斯维尼迷失记》中的爱尔兰语吗？

希尼：他没有。在我认识他的时候，我已经完成第一稿了。并且如我在别处解释过的，我第一轮所遭遇的问题更多的在于欧姬芙版本右手页的英文而不是左手页的爱尔兰语原文。

奥德里斯科尔：这是不是对你自信心的一次打击，在你发现你并不满意自己的译稿而把它搁置了好些年时？你征求过第二人或第三人的意见来证实你认为它“在艺术上完全失败”的感觉吗？

希尼：我没有征求过第二人的意见，但是要说我对它的不满意构成了对我的自信心的打击那肯定是错了。我一直知道我还会回到这件事上。如果有什么的话，只是做完这项工作本身，我就获得了力量。六十页译稿在抽屉里，贝克特的莫洛伊会称之为“一点小储备”。这让我感觉良好。

奥德里斯科尔：《斯维尼迷失记》给你自己的诗歌写作带来了什么影响吗？

希尼：一开始的时候恰好是反向的影响：在写《在外过冬》中我尝试着发展起来的四行诗成了早期翻译的大多数诗的形式载体。对我自己写作的补偿差不多十年后才到来，收在诗集《斯泰森岛》中的一组诗《斯维尼的复活》，里面“斯维尼”和“希尼”压了韵，既是传记性的也是语音性的。

奥德里斯科尔：我相信另一个你用来押韵的姓名是科诺·克鲁斯·奥柏林，作为孩子们玩的游戏。你们到威克洛的时候你去看过科诺和麦莉吗？

希尼：我们见奥柏林夫妇大多数时候是和弗朗甘夫妇一起的，因为正是在伯克利分校弗朗甘家里我们认识他们的。汤姆和珍1971到1972年是在都柏林度过的，我记得去那里看他们，有一次参加了一场科诺和新芬党的托马斯·马克·吉奥拉之间就北爱尔兰问题发生的争辩。科诺对北爱尔兰的新教徒的立场和性情有一种坚定而有益的认识，让爱尔兰共和国的人们不要忘了他们必须正视将来爱尔兰会统一的想法。那是七十年代初，这是他对这个问题的最好的贡献，这是在向前看和寻求未来。但他越认同忠英派阵营“不妥协”的一面，就越没人把他的话当回事。

科诺和麦莉一直让我很喜欢——一点也不是因为你提到的那个游戏。三十多年前它在每个人嘴里念叨，在长时间的旅途中它是小孩们特别喜欢的娱乐活动。你用附加性的短语开始，“著名的爱尔兰旅行社，科诺·克鲁斯·奥柏林”，然后就可以一直进行，只要你有相似的创意：著名的爱尔兰烟囱清扫人，科诺·福鲁斯·奥柏林；著名的爱尔兰大诗人，科诺·缪斯·奥柏林；诸如此类。

奥德里斯科尔：当我在孔雀剧院参加《在外过冬》都柏林发行会时，我对一些工党政治家的出席印象深刻，其中包括科诺·克鲁斯·奥柏林和约翰·霍根。也许反种族隔离运动的卡德尔·阿施梅尔也在那里。你是怎么认识这些人的？

希尼：我第一次遇到科诺是在1967年，在卡德尔·阿施梅尔举行的一次聚会上，当时我在三一学院暑期学校教课。卡德尔是三一学院的法学教授，是布伦丹·肯内利的朋友。因此，可能是经由布伦丹我才进入这个特别的群体。那时候和约翰·霍根已经是好朋友了，六十年代后期他为《爱尔兰时报》工作时他定期到贝尔法斯特来。我并不是有党员证的工党正式党员，但我和他们一起觉得很自在，并在随后的多年里参加过反种族运动举行的很多次诗歌朗诵。

奥德里斯科尔：对政治会败坏诗歌这点你有过什么担心吗？

希尼：没有。虽然我意识到它们会卷入科诺曾经说过的“一种危险的交叉路口”，但我行走的道路把我带到了那个交叉路口，在那里我只接受事情的降临，并努力将它们处理得最好。

六、冰柱里的气泡：《北方》

奥德里斯科尔：在另一次访谈中，你把《北方》描述成“一部非常隐晦和紧张的诗集”，它是“非常高的高压之下的熔合”。现在回顾起来，你还认为你在威克洛的早期岁月是你写作生涯中最紧张的阶段吗？

希尼：当然。不仅仅是写作生涯中的。我们处于转折点上。玛丽和我从贝尔法斯特的一座半独立式别墅搬到了乡下的一处门房乡舍，从集中供热搬到了开放的壁炉，从大学环境——挣工资——搬到了农夫邻居和自由职业者中间。我们承受和准备着一种新的生活方式。在1972年夏天玛丽怀孕时这种改变的真实性更加增强了。所以我们俩都抱着高度的期待。我还记得那年八月份，当我们从贝尔法斯特驱车南下带着为农舍生活准备的第一批家具和东西时那种“让快乐无限制地到来”的感觉。

那天下午挺晚的时候，我们到了加雷奇·布劳恩在卢加拉的住处。加雷奇不在家，但是帕迪·莫罗尼——一个风笛演奏家在那里，还有两个加雷奇的客人，麦克和比安卡·贾格，在他们的魔毯上懒洋洋地消磨时光。那是精神亢奋的时刻，但我仍然知道一个作家翻耕的田地和一个演奏家的不同。我算是跨入了一种不受约束的状态，但我仍然要按时交货。我得让自己处于毫无托辞的境地。在那天早晨我带着孩子们去阿什福德的学校，老师登记“档案”时在注册表的“父母职业”栏目下填上“诗人”时，我这感觉就更清晰了。你不再是“讲师”或“教师”了。

奥德里斯科尔： 你没有对你周围正展开的新生活做出反应，而是深深地扎进了《北方》中的神话领域，你有没有对此感到惊异？

希尼： 这是一条顺着《托兰人》而来的路线。在我写下“有一天我将去到奥尔胡斯”的那一刻我就进入了一片新的力量之野。它和环绕在那颗头颅四周的氛围相关——即使是在照片上。那是一种难以解释的神秘，严格地说来。打开 P. V. 葛洛布的书《沼泽人》就像打开一扇门，我在写《沼泽地》时也是这样。

奥德里斯科尔： 当你在诗集《在外过冬》中发表《那瑟斯》和《托兰人》时，你知道你还没有结束与葛洛布的书有关的写作吗？

希尼： 有一个沉积间断，我正在勘踏地面，如果你喜欢这么说的话。我所进入的考古行动——通过《托兰人》和《图姆》这样的诗——并没有在我提交《在外过冬》的诗稿后停止。1972年的那个夏天，在我们迁移之前一个月，也就是诗集在十一月出版之前，我们很多次开车到英国西南部，看那刻在山上的白马，参观多塞特郡的梅登堡和多彻斯特的古土堡垒。当我们到格洛斯特郡时，我们在玛丽姐姐当时住的非常漂亮的都铎庄园主住宅里停留时，我写了《骨头之梦》——那些松散地联结着的、曲折交错的组诗中的第一首。它们后来被收入了《北方》。我想接下来的一首是《维京人的都柏林》，然后是《亲属》。

当时的紧迫刺激是有一个截止日期：我被要求在一份新杂志《爱尔兰艺术》上发表一篇论巴里·库克艺术的文章，而我卡住，写不动了。巴里那时候正在做一个系列的“骨头盒子”。对这些东西的思考将我的记忆带回到我曾经在木斯浜周边田野里看到的骨头，因此，接下来的事情就是，一种自由联想的嬉戏开始了，最后包括了整个罗马－凯尔特人的不列颠，从梅登堡到哈德良长城。骨头的白垩，白垩丘陵，那个夏天的爱欲和冒险都在那些特别的梦之后。

奥德里斯科尔：是什么东西又把你带回到P. V. 葛洛布的？这本书最先吸引你的是什么？

希尼：如爱德华·托马斯所说的，是“名字，只是名字”。《沼泽人》。1969年，这本书出版的那年，我就买了这本书，作为给自己的圣诞节礼物。在我打开它，看到那些照片，读到文字时，我就知道我将从它里面获得收益。我的意思是，即使没有发生北爱尔兰大骚乱，没有在乡村教区杀人，我仍然会对那“碳褐色的头”感到很熟悉——一张完全熟悉的乡下人的脸。我真的没有“回到”那本书，因为它从未离开过我。现在仍然没有。

奥德里斯科尔：你从没想过在《沼泽人》的基础上写一系列组诗，其规模可构成一整本诗集吗？

希尼：没有。也许如果给我时间写更多一些诗的话，还是有这种可能性的。说到这点，有一个限量版的集子，题目就叫《沼泽诗》，在《北方》出版的同一个月由彩虹出版社出版了，但并没有收入《托兰人》和《那瑟斯》。

奥德里斯科尔：在其他诗人还没利用这些材料之前占有这些材料，你有没有压力？

希尼：没有压力，这些材料的吸引力确实受到了广泛的注意，但并没有产生沼泽诗歌大热潮。不管怎么样，沼泽地是人们合作劳动的地方。比如，理查德·莱恩在同一时期写了他的丹麦语“沼泽水果”系列诗。路易斯·辛普森也写了一支托兰人小曲，它是这样开始的，“他是月亮的伴侣之一／和女神一起坐车出行”。

奥德里斯科尔：你还记得你写那些沼泽诗时的情景吗？——你是不是在写诗的时候把葛洛布书中的照片摆放在你前面？

希尼：那些诗中的有一些——特别是《沼泽女王》和《惩罚》——来自书本的信息和思考是非常重要的因素。并没有《沼泽女王》的照片，只有一段引文介绍十八世纪后期在莫伊拉爵士领地里发现的一具女尸。《沼泽女王》的写作给我留下了一种特别愉快的记忆，因为那是我一生中第一次，信不信由你，有一个不被打扰的整天用于写一首诗。在我们搬到威克洛之前，你知道，我的时间并不是专属我自己的。总是会有女王大学的工作，或学校的，或培训学院的，或批改作业，或在周末去看父母，或别的什么事情。但在格兰摩尔那天我学会了转换重点，发现自己可以把写诗作为整个一天的工作。那是个周末，我仍然以为是工作日。我从早上开始写，一直写到天黑之后。而《托兰人》不一样，我前面提到过，是两三年之前我们去科里度复活节假时写的，是在深夜孩子们上床睡觉之后写的。

奥德里斯科尔：像《格劳巴勒人》和《惩罚》这样的诗很难写吗？

希尼：《格劳巴勒人》写得很快。在奥尔胡斯我口袋里装着一些在纸上随手乱写下来的笔记。有一天我突然一下就把它们汇合成了一首诗。但《惩罚》是一件慢得多的活。

奥德里斯科尔：在写《惩罚》中遇到的困难是不是政治方面的要多于文学方面的？

希尼：我可不想这么说，因为这听起来好像我是在“对北爱尔兰的状况发言”。我在朗诵会上介绍不同的沼泽诗时，我承认过它们是在“对北爱尔兰的状况发言”，然而我现在认识到要是我没有对它们做出这样的评论的话，可能对这些诗，对我和对其他所有人都会更好一些。安娜·斯维尔会把这些诗称作“生命的生物权”，这是要点，仍然是要点，我对这种看法从未过有一丝怀疑。完成《惩罚》的困难在于表达，声音和句法的困难和自我审查的困难同样多，赋予事物以形状的困难和说出我自己的所想的困难一样多。它牵连着如何找到既让我的耳朵听起来真实又让我处理的各种因素显得真实的方式，在碳泥沼泽女孩焦黑色的脸和新闻报道中涂着沥青粘着羽毛的女人之间如何表明立场。

奥德里斯科尔：在你写《惩罚》的最后一行和在《亲属》中提到“我们怎么会／为共同的利益而屠杀”时，你是不是进行得比通常更小心、更谨慎——以免被误解和被视为在做宣传？

希尼：是不是太复杂了，以及于没有暗示出在对形势保持警觉和谈论这点或告诉读者这点之间有一种区别？你说的对，我是进行得很小心很谨慎，我希望，出于正当的理由，管住我的嘴但又能将它揭示出来。

奥德里斯科尔：在阿尔斯特之外，《北方》受到了热情的评价，批评家们像科诺·克鲁斯·奥柏林、麦克尔·哈特内特、理查德·墨菲和克里斯多夫·里克斯全都发出了赞赏之声。考虑到——如你在一次访谈时所说的——你预料《北方》会受到“猛烈的攻击”，这些评论肯定是一种愉快的惊喜。为什么你感觉这部诗集会得到负面的评论？杂志编辑和读者对这些诗篇并没有敌意，是不是？

希尼：没有敌意，但你对这部诗集的接受情况的本能感觉，倾向于忽略这类事证。在我说到会受“攻击”时，我想的更多的不是所谓的政治性反应，而是诗集编排中艺术的双重性可能激起的反应：组成诗集第一部分的是语言上充满粗喉音的佶屈聱牙的诗；组成诗集第二部分的是更散漫的，有时是毫无拘束的诗，像《你说什么都没用》。我非常清晰地意识到诗集的这种双重面貌。但我想在那次访谈中我还说了，不管我预料这部诗集会得到什么样的对待，我仍然感觉很安全。我对它很自信——他们可以尽力地批判，这些诗会经受得起考验。

奥德里斯科尔：《北方》在有一个地方确实受到了“攻击”性批判，那就是你的家乡。你认为阿尔斯特的诗人和批评家对《北方》表现出的敌意，无论在评论中还是在选编中，是不是受了你搬离阿尔斯特这一事件的影响？

希尼：这是一个由他们来回答可能会更好的问题。我前面说过我搬离的理由之一是需要摆脱我们中间建立起来的一种共识文化。六十年代贝尔法斯特的诗歌人群交织得非常紧密，尽管有气质和趣味的不同，但是在很多事情之中都有某种政党路线一样的东西。不管怎么说，在《北方》中很显然也有一条政党路线。毫无疑问，在我身上也发展出一种诗歌警戒线一般的东西。公正地说，我搬去格兰摩尔这件事确实让我站到了旁观的位置。我脱离了党派，这让所有人都陷入了复杂的境地，无论是离开的人还是留下的人。在诗集的最后一首诗《暴露》中你会看到我的看法。

奥德里斯科尔：齐阿兰·卡森在《诚实的阿尔斯特人》杂志上发表的评论是非常负面的，虽然我想你可能会因其语气受到的伤害要远甚于因其内容感到的伤害。艾德娜·朗利在同一期《诚实的阿尔斯特人》上也表明了她的保留意见。甚至新的阿尔斯特大学杂志《四开本》的希尼专号，你为他们提供了《北方》的工作底稿，也有部分负面评价。

希尼：你知道，有这么个故事，也许只是不足为凭的传闻，即便如此——是关于奥登意外地得到了他的老崇拜者兰德尔·贾雷尔的一篇让他很受伤害的评论。在当时这是一桩轰动性事件。有些勇敢的八卦人士问奥登对此有什么感觉。“噢，”温斯坦说，“我想贾雷尔肯定是爱上了我。”但认真地说……有一种苦涩带来的很多情绪你都得让它过去，但它从未让我怀疑过这部诗集。我只要提一下另外的两个人：约翰·乔丹和海伦·文德勒。乔丹完全不是我的诗歌粉丝，但他在《爱尔兰时报》写了一篇对这部诗集赞赏有加的评论。海伦对沼泽地诗的喜爱从一开始就可以感觉到。看来我并没有受到全方位的攻击。

奥德里斯科尔：你的自信没有动摇过吗？

希尼：我不想暗示说我毫不在乎，因为我不可能这样。曾经和我有着不同程度的亲近关系的人现在通告我们的交谊关系改变了。但要说我的信心为此动摇了，那也是太戏剧性地夸张了。让我们还是这么说吧，一种分离已经确立。从那时开始，我就明确地也是冒着风险地成为我自己。这整个态度来源于一种隐含的团体一致性，一种我的所得已经超出我应得的份额因此我咎由自取的感觉。艾德娜·朗利的“小圈子嵌名打油诗”是那阵特别风气中的一根欢快的稻草：“麦克尔·朗利/赞同自己/远不如谢默斯/那么出名”。

奥德里斯科尔：一般来说，你是怎么应对负面评论的？你对它的态度这些年来是不是有所改变？

希尼：这是必然的，态度确实变了。我已经得到太多的赞美性评论和程度轻得多的指责性评论。我有了很长时间来吸收前者的好处，我也学会了审视后者以分辨它是有益的反对还是无聊的争吵。但是在考虑这些负面评论时，你会发现有时候它只是一种“补偿性批判”，你受到惩戒是因为批评家觉得你得到了太多的称赞。并且越来越多的时候，它的主要目的并不是针对作品问题，而是评论家或专栏作家为了吸引注意力。特德·休斯曾经一点不觉得苦恼地说过，“出名的开始就是被咒骂的开始”。我已经引用过庞德对初学者的教导——我最喜欢的教导之一：不要理会那些他们自己从来没有写出过好作品的批评家。

奥德里斯科尔：就“有益的批评意见”这一点，你能否举出这样的具体例子：一篇评论中否定或批判的意见被明确地证明是有助益的？

希尼：在《泰晤士报文学增刊》上有一篇关于《进入黑暗的门》的匿名评论，里面的一个批评切中了要点，可能让我变得更好。那篇评论全无敬意，认为我应该放松一点，应该有更多的机智，更多像《沼泽地》中关于爱尔兰驼鹿骨架那样的诗行：“一个让人惊骇的大木箱/装满了空气。”多年之后我很高兴地发现它是克里夫·詹姆斯写的。

奥德里斯科尔：在《北方》之后你的诗歌方向立即就发生了转变——偏离了考古和神话的道路，这是不是可能某种程度受到了那些负面评论的影响？

希尼：一种新的方向在《北方》中就已经出现了，在像《赫拉克勒斯和安泰》和《暴露》这样的诗中。赫拉克勒斯这首诗，不管它的神话内容如何，它更像米沃什所谓的“母语中的大白话”。在《北方》之前，我就已经在写《格兰摩尔十四行诗》中的第一首了，它们是在五年之后才出版的。我是在1974年5月或6月开始写它们的，在我看到任何关于《北方》的评论出现的前一年。我能确定这个日期是因为在1974年5月我去格拉斯米尔待了三四天，为了做一个电视节目去了解华兹华斯的“鸽舍”及其周边地区。那是在写完第一首十四行之后立即去的。那首诗的开头是“今天晚上布谷鸟和秧鸡……”，我记得心里还嘀咕：这些抑扬格五音步诗在我的生活中都干了些啥名堂啊？其中还有一行诗嘲笑了威克洛那天晚上的现实太文学化了——布谷鸟和秧鸡，你知道，在欢快的5月：“全都是暮色和抑扬格。”

奥德里斯科尔：你已经提到过参观梅登堡和多彻斯特的古土堡垒是《骨头之梦》的灵感来源之一。作为一个整体的诗集《北方》有多少是源于实际参观考古遗址或展览的？

希尼：有好一些。在诗集刚开始部分有一首诗写的是参观梅奥郡的贝尔德格，那个地方现在以“平顶山地”之名为人所知。那里现在是一个展示中心，但在1972年考古学家谢默斯·考尔菲尔德带着我们在那里转悠时，那里只是一片空旷的石楠沼泽。实际参观托兰人——很偶然的是在西尔克伯格而不是在奥尔胡斯——是在《托兰人》这首诗写完之后，但是在1973年这同一次参观中，我在奥尔胡斯的博物馆看到了格劳巴勒人。然后是在国家博物馆展览的“维京人的都柏林”，基于布林丹·奥·里奥达因在木材码头的发掘。

奥德里斯科尔：与此同时，有一场运动反对在“维京人的都柏林”遗址上建造都柏林市政办公楼的计划，高潮是1978年在木材码头举行的游行活动。你介入了那些活动吗？

希尼：没有，但是通过一些人我对这事情很了解，比如汤姆·德拉尼，在阿尔斯特博物馆工作的一个非常有才华的都柏林考古学家。

我们在移居到威克洛之前就成了汤姆和他妻子麦莉的朋友。而布林丹·奥·里奥达因，我们有时在其他朋友家，比如在比尔和狄安娜·米克家见到他。

奥德里斯科尔：托马斯·金色拉非常显眼地参加了木材码头的游行活动。你是什么时候第一次遇见金色拉——也许是通过抒情剧院的奥马利？

希尼：还早一些。我想大约是1963年，当他在女王大学英语协会朗读他的诗的时候。我记得他从《老哈利》读到《顺流而下》，关于后者说了些典型的嘲弄之语，大意是，最好在你的裤腰下面带那么几百行的三行体诗。一两年后我又见过他，在抒情剧院的开幕式上和在巴利里的叶芝塔开放式上。那是一个美妙日子：帕德莱克·科拉姆八十多岁了，想要抓住他的讲稿和麦克风，但风更好地抓住了它们。

奥德里斯科尔：金色拉放弃他早期形式严谨的诗歌风格，就是挂在他"裤腰下面"的，转向一种更自由的庞德式的诗歌风格，你对此感到惊讶吗？

希尼：更多的是惊叹，我得说，而不是惊讶。事实上，在我为爱尔兰广播电视台做的第一期书评节目中——那个系列节目叫"铭记"，就在1972年圣诞节之前开始的——我评论了《来自死亡之地的笔记》，他的第一部庞德式风格的诗集。我曾经在更早的时候作为客座编辑编一期《门槛》杂志时发表过他诗集中的一首诗，但多尔曼出版社出版的这部诗集带来的冲击还是非常强烈。我想我那时候挑选出来的是《娘们》，也许是《祖先》。我无法确定该如何理解所有那些诗，但我能确定他迈出了神秘的一大步。

奥德里斯科尔： 为了回应威杰里法庭对血腥星期天的调查报告，金色拉写了轻蔑的讽刺诗《屠夫的计数》。你感觉这首诗怎么样，在政治方面和诗歌方面？

希尼： 我对它有一种混杂的感情。那愤怒是有益的也是正当的，那双韵体诗行中狂暴的斥骂从未减弱其力量。我赞赏，或更好的说法是，我羡慕这点。它燃烧着对帝国思想的仇恨，它的效果让人兴奋，不仅仅因为威杰里报告掩盖真相，更主要的是因为伞兵部队枪杀平民。然而，然而——它愤怒地塑造的北爱尔兰联合主义者、新教徒的形象看起来太刻板老套了，这种倾向到了一种偏执，而这正是这首诗严厉批判的。我发现自己一方面为它对威杰里报告的伪善的攻击而拍手称快，另一方面又为它对新教徒的丑化而感到不安。那时候，我最好的一些朋友……

《屠夫的计数》在1972年发表后不久，我记得约翰·蒙塔格、汤姆·金色拉和我一起参加一个朗诵会，在克罗纳德村的一家俱乐部，就在瀑布街。约翰读了他的诗《新的围困》，写的是1969年在德里的对抗，导致了在博格赛德（沼泽边）建立了一个“自由德里”地带。我读了一首天知道什么的诗，汤姆当然读的是《屠夫的计数》。毫无疑问，金色拉是对的，对那些说他的诗“毫无助益”的批评不屑一顾。但这些批评在某些地方可能是对的。它不只是“毫无助益”，还包含着危险，就像一团火焰。

奥德里斯科尔： 金色拉称诗歌上的“北爱尔兰文艺复兴”的观点“主要是一种纸面上的东西”。我想知道这是不是影响了你和他在个人层面上的关系？

希尼：我想没这么回事。有一点，我们和金色拉夫妇见面并不是很多。虽然在我们最初移居南方和后来在1976年移居到都柏林时他们都非常欢迎我们，但从来没有非常亲密过，更多的是遇到时的一种轻松、欢快的相处——这意味着我确实非常感谢汤姆，在他把我的诗和马洪的诗选入他编的《牛津爱尔兰诗库》时。我总是把他对“阿尔斯特文艺复兴”的贬低看作是他对艾德娜·朗利对他早期诗的攻击的部分回敬，虽然这么解释会显得太小气。事实上，应该说没有人比北爱尔兰诗人自己更警觉那些媒体赋予他们的光环。他们对自己在整个事态之中的重要性的怀疑一直是非常妥当的。

奥德里斯科尔：就像和托马斯·金色拉、约翰·蒙塔格一起在克罗纳德参加朗诵会，你和蒙塔格也在1973年7月同台表演过，那是他的“诗歌套曲”《不平的机场》的公开演出。你喜欢这种公开朗读其他诗人作品的体验吗？

希尼：非常喜欢。约翰很清楚地想要给这场表演添加一点明确的北爱尔兰色彩。第一场演出是在伦敦，在圆屋剧场，贝克特的朋友、作为明星的演员帕特里克·马基，支援团队包括本·吉利、汤姆·麦古克和我。还有首领乐队的音乐。它制造了一阵轰动，意图也是这样。我想约翰把他自己和我们看作是他诗歌中所写的肖恩·奥尼尔及其武装随员的轮回转世，来自蒂隆郡的盖尔人列队开进撒克逊人的领土。蒙塔格身上有一种玩闹的性情，这种玩闹导致了这一演出。他不停地烦扰我，说1972年将作为《不平的机场》之年被人记住，意思是《在外过冬》将只会被忘掉。

奥德里斯科尔：和一个像蒙塔格这样的已经写过阿尔斯特乡村主题的老诗人打交道是不是需要用很委婉的方式？

希尼：我一开始的时候没意识到这样的问题。在那个阶段，你把所有发表过作品的诗人都看作静止在天上的恒星，超出了你之外的实体，在他们自己的苍穹里。你关注的只是作品，你并没有真的想到过那个人，除了作为作品的本源。蒙塔格的一些诗歌从一开始就对我很重要——比如《运水人》，我是在《基尔肯尼杂志》第一次读到它。还有《环绕在我童年的那些老人像巨石阵》。我也买了他的第一本诗集《毒化的土地》，但那部诗集里的诗歌，我感觉——现在仍然这么感觉——远离我自己想趋近的那种诗歌。我的词语想要安顿和融入事物中，但约翰的词语更多的是在趾高气扬地四下走动和观看，像他论诗艺的诗《明亮的日子》中的光："说一些事的唯一方式 / 尽可能地闪光明亮。/ 不要堆积大量 / 古老的历史语言—— / 那浓重的麝香味！"在我开始写诗时，我是那浓重的麝香派的一员，在明亮的日子里是修补裂缝而不是擦亮窗户。约翰和我当然有很多共同的童年经验，但在把这些经验写入诗中时，特德·休斯的榜样对我来说是最重要的。

奥德里斯科尔：然而，他对你的《在外过冬》的嘲笑表明这种感觉的交集已经成了问题。

希尼：确实是，并且必须淡然处之。提醒你一下，它并不是一直就那样。在我写《在外过冬》和《北方》的那些年，约翰从巴黎回来，在科克住了下来。在我们之间有一种同志情谊和一致意识，一种处于重要历史时刻并对之作出回应的感觉。分担着阿尔斯特的使命的感觉对我们是预先给定的。而没想到的是会发生你可能称之为排名之战的事情,《北方》出版后罗伯特·洛威尔夸赞我是“叶芝之后最好的爱尔兰诗人”,类似这种事情。这事让人耿耿于怀,说到这事,它可能还助长了《诚实的阿尔斯特人》把鹅毛笔磨得锋利。那时候,我还没明白洛威尔把船摇晃得多颠簸。但是正如布莱恩·弗里尔所说的,一切都是考验。同时也很幸运,一切都会流逝而去。

奥德里斯科尔: 在何种程度上你和其他阿尔斯特诗人之间达成了一种默契,互相尊重彼此的艺术空间?是不是有些题目对某个诗人来说超出了他的边界,因为大家接受了它们已被分派给另一位诗人?

希尼: 好吧,在保罗·穆尔顿开始发他的短信和互发短信之前不是这样的……在六十年代末我们中间已经有过半开玩笑的话题了。比如,我写过一首诗,写的是一个特别让人难过的事故,一个邮递员在给厄恩湖的岛屿送圣诞节邮件时陷入冰窟中被冻死。这首诗在《听众》杂志上发表了但从未收入过诗集中。于是,麦克尔·弗雷在《诚实的阿尔斯特人》上大做文章,抱怨这是非法侵入他人领地,申明弗兰克·奥姆斯比拥有对厄恩湖和费曼纳郡的“领土主权”,因为弗兰克出生在恩尼斯基伦。但总的来说,我们允许彼此享有这样的权利,无论是假期我们去阿兰岛度假还是平时在家里。后来,每个人都开始翻耕公共土地,古老的经典。朗利做他的荷马,我做我的维吉尔,我们全都翻译希腊悲剧。我可能会怒气满腹,要是有人在我前头去了德格湖,宣称拥有斯泰森岛的“主权”。但是,更宽泛地来说,其实有很多的人来来去去。

奥德里斯科尔：我们最终将要航行去到斯泰森岛，但此刻我想返回到威克洛郡。我估计《北方》中的大多数诗都是在格兰摩尔写的。你是不是把一天的时间一部分用于写诗，另一部分用于写各种约稿？

希尼：我一开始的时候定好，上午固定的时间翻译斯维尼。在最初的几周里这种安排遵守得最好，因为一旦把麦克尔和克里斯托弗送到学校，这一整天就是我的了，直到把他们接回来的时候。但没多久评论就列队而来，还有 BBC 的校园广播剧和 RTE 固定的电台广播节目需要准备，要去都柏林的演播室播出。因此，没多久，时间安排得井井有条的日子就一去不返了，我又回到了我曾经一直如此将来也一直如此的状态：一种工作和焦虑的忙乱模式，起伏涨落的时作时辍。

奥德里斯科尔：但是你自己支配的额外时间并没有导致你改变你的写作方式吗？

希尼：确实改变了。现在我更明确地意识到我必须要有所产出。因为有安全保障的工作和工资没了，我也想着作品的衍生方式，比如，我一直有一个想法，斯维尼的翻译可以帮我挣到三四种方式的钱——当然，首先是出书，然后是改编成广播剧，也许还能出少儿版，给孩子们看的绘本书。还有，我得承认，当我站在诗歌朗诵会上时，我更清楚地意识到我是为诗歌也是为自己站在这里。于是某种更大胆的东西进入了其中。

奥德里斯科尔：你所有的阅读都是针对你要写的评论，要做的演讲和广播，还是能够扩展你的兴趣范围，阅读得比需要的更广泛一些？

希尼：主要是针对那些需求——但这并不意味着不能扩展。我确实制订了很多系统的自我提升的阅读计划，但都被推到了一边。即使如此，我还是很有兴趣地读了冰岛的萨迦，读了一些人们称作波罗的海欧洲的考古和神话著作。没多久，我就钻进了叶芝的散文中。

奥德里斯科尔：孩子们就在四处跑动，你能在你那小房子里找到一个工作的地方吗？

希尼：房子的楼上有一个起居室，我就安坐在那里。它有着低低的雌雄榫接合屋顶板，"所有橱柜和舱口"。它既是一个烟鬼一根接着一根吸烟的老巢，又是一个隐士的窝棚。但你一旦下到楼下，这么说吧，你就逃脱不了那兽穴里的幼兽。对这情景最好的描述是罗伯特·洛威尔的含蓄的说法。他参加1975年的基尔肯尼艺术周时顺道来看我们。"你和孩子们玩得很带劲嘛"，他用一句话概括了。

奥德里斯科尔：你的女儿凯瑟琳·安出生在1973年。你的诗《枕头上的头》表明这是和前两个孩子的出生不太一样的体验。

希尼：确实是。那个时候玛丽和我已经当了快七年的父母了，我们已经更清楚地知道了生孩子的重大意义。而且，因为我们已经有了两个儿子，我们希望再生一个女儿。所以，真的生下一个女儿时，那真是特别的欣喜。那首诗描写的就是当时的情形——玛丽很早就感到了阵痛，那是一个四月的清晨，曙光初开我们就出门去医院。整个乡间非常安静，沿途的树下都有雉鸡出没。我们都知道我们永远也不会忘记这情景……这次的体验不同也因为这次我进到了产房。我就在那看着这“小小的可触摸的女孩被轻拍着”来到这世界。

奥德里斯科尔：就在这个时期，你发表了一组四首十四行诗，它们肯定写的都是这次孩子的出生。

希尼：是的，《一个新生命》，发表在《听众》杂志上。第一首十四行诗写的是感觉孩子在母腹里鼓动，我记得我的手放在玛丽挺着的肚子上。但那四首十四行诗实际上是从一首更早写的没有发表过的诗发展出来的。在那首诗中，我的手搁在女人的肩膀上说了一番话，大意是我已经放弃历史而选择了地理，正在感觉地形，诸如此类。然后，它击中了我——在一种奥登式的第二重思考时——这根本就不真实，放弃历史是一种那时候根本不被允许的奢侈。当时离血腥星期天还不到一年，我们正生活在一些严重的历史后果之中，包括爱尔兰共和军制造的血腥星期五。

不管怎样，我最初和玛丽在蒂隆郡她家里的见面，记忆中我们沿着湖岸驱车，我们情人间的争吵，等等，全都转化为一个寓言，牵涉到伊丽莎白的军队进入盖尔人的阿尔斯特，土地被庄园主占有——整个艾斯琳梦幻剧剧情——英格兰是男性征服者，爱尔兰是被侮辱的少女，少量的“不屈的”阿尔斯特人是联合的产物。或联合法案。即便如此，在《听众》杂志发表的那一稿中，事情以一个甜美的充满希望的华彩结束：男人 / 英格兰展望未来能恢复女人 / 爱尔兰和他自己之间的秩序和一种“新生活”，“他的手在我的手里，我们两只手在手套里 / 三角形的力量在爱之中迎刃而解”。作为结尾的对句非常好，但过于适当以致不符合真实了。所以这一稿也最终被修订了，变成了《联合法案》，如它被收入《北方》集中的那样，结尾成了“再一次，那巨大的疼痛 / 留给你去忍受，像翻耕的土地”。一首更严峻，不那么伤痛的诗。

奥德里斯科尔：那一稿中似乎更多的是分裂，而不是分娩。有些评论家认为它太大男子主义了。

希尼：但“诗中的说话者”，不管他是谁，深深地意识到他作为一个“帝国男性”的含义。他像不列颠岛一样躺在一个背对着他的怀孕的母亲岛旁边。他感到一种负疚，是他让这女人怀孕了，把她置于“巨大的疼痛”之中。我似乎记得这个词差不多作为技术名词，当然是在简略化的口语中，被女人们用于谈论生孩子时的不同阶段。我确实挪用了这个术语，但那是我全神贯注于产房而不是研究生讨论课的时候。

奥德里斯科尔：把英格兰视为侵犯性的男人而视爱尔兰为消极的或被利用的女人这种表述作为隐喻是不是其来有自？

希尼：它有着很长的爱尔兰历史。从艾斯琳到叶芝的凯瑟琳，胡里汗的女儿，但我不想再用这种对峙，在《大海对爱尔兰的爱》中。这个比喻已经完全很时尚地被解构了，但三十多年来，男女之间的事情的境况也已经改变了，英格兰和爱尔兰之间的权力平衡也改变了。

要历史性地理解艾斯琳，让我们面对它吧，要基于侵略，没收土地，盖尔人队伍被打败这些事实。因此它变成了爱尔兰文化理念的一个部分并继续对北爱尔兰民族主义者有着胜过潜意识的吸引力——我们仍然会把我们自己浪漫化，作为受外国人奴役者，盼望着一个解放的时刻，达成真正的“不再被占领”的境地。但布莱尔和布朗的时代与布鲁克巴罗的时代很不同了。当你只能选择那告诉他的支持者不要雇佣天主教徒的布鲁克巴罗时，天主教徒，无论男女，所受到的不仅是比喻性的虐待。一切都变了，换句话说，就是那产生我的世界变了。通过我所居住的爱尔兰共和国和美国，这变化也影响了我，而诗歌注定要宣示变化的真实。无论是好还是坏，这是一个“我所要写的，我已写出”[①]的事例。

奥德里斯科尔：《北方》的开始就是一首你最喜欢的诗《木斯浜，阳光》，给你姑妈玛丽的颂歌。你成了一个诗人，她对这点感到自在吗?

希尼：我不能肯定她是不是完全意识到过这点。在我们的关系中有种东西，不管是什么，一直未变。这么说我并没有指这关系幼稚或无足轻重。她因为关节炎行动不便了很多年，最后不得不把她的床放到了楼下我们曾经的起居室。在这之前，我的弟弟们每天晚上把坐在椅子上的她抬上楼去。但他们一个接一个都结婚了，都离开了家，所以这种安排没法再继续了。

我那些七十年代的记忆，是她住进阿尔斯特中部医院受特别看护之前的。我、玛丽和孩子们一起从威克洛回来，先是在客厅里和我妈妈爸爸还有安妹妹打招呼，然后进去坐下和玛丽姑妈一起。没有太多说的或需要说的。只是一种深深的、平和的寂静和无言。一种“万事皆堪落泪”和“蒙神之福”交织的感觉。我身上的什么东西返回到我曾经所是的木斯浜小孩。她身上的东西只是保持恒定，像过去那样平静地看着你，毫无责备之意。她是一座情感力量之塔，不反思但使人

① 出自拉丁语成语：Quod scripsi，scripsi。

或事醒悟。我想我所说的一切就是我非常爱她。

奥德里斯科尔：你前面提到过，你在加利福尼亚就开始写《木斯浜，阳光》了。你记得它是怎么演变的吗？从一开始你就感觉到它是你最好的诗之一了吗？

希尼：“演变”一词对它有点言重了。最初的缘起是几行诗，试图描写一场雪之后零落的草料穿过我家的院子。在干草被抱进去喂奶牛时，在草堆和牛棚门之间会留下一道零落的干草痕迹。玛丽总去那牛棚里挤牛奶，在我的脑海里，她是那干草和院子的精灵。最终那“零落的草料／在雪地里僵硬”被用于《小雇工》的结尾。玛丽从寒霜中变为阳光下，从院子里转到了厨房里。我甚至记得我第一次在公众前朗读《木斯浜，阳光》，这肯定意味着从一开始我就对它有着特别的感情。那是在贝尔法斯特的桔园学校的学校音乐会上，为纪念校长约翰·马龙，又一次我和大卫·哈蒙德和麦克尔·朗利同台表演。

奥德里斯科尔：你能给我详细地讲讲那首诗中描写的烤面包的情形吗？

希尼：它的仪式色彩和工作内容一样重。一些餐具被摆了出来，一些容器被召集了起来，一些原料被准备好了，炉子添满了燃料，烤盘加热了。首先是擀面板，一个特别样式的干净的大木浅盘，还有擀面杖——我还记得一个很重的玻璃瓶曾被用作擀面杖。还会有一碗面粉，也许还有一袋燕麦粉，还会有苏打粉和一罐酸奶。然后是和面揉面团，把面团拍按成烤饼的形状，在热烤盘里撒面粉，在生烤饼上撒面粉，在炉子上烤的时候注意火候，然后翻动烤饼，把它们放在一个小铁丝支架上等着凉下来，也许切开抹上黄油，它不那么烫时马上尝一个新鲜……

玛丽一头白发，一张漂亮红晕的脸。她的身子挺直，纹丝不动，而她的双手在擀面板上干着所有这些活，整个厨房飘满烤面包的香气。有时候也会用烤箱烤葡萄干面包，装在锡烤盘里。有时也烤蛋糕。虽然大多数蛋糕都来自我的麦凯恩姨妈，她更有做“甜面包”的才华——也许是更有品味。

奥德里斯科尔：你妈妈和玛丽之间会有关系紧张的时候吗？——比如，为了厨房领地的界线，或为了赢得你爸爸或孩子们的喜爱。

希尼：我没有感知到过这些。除了烤面包，正如我说过的，玛丽是院子里的精灵。她也干一些园子里的活，种香豌豆，把奶牛牵进来，喂鸡，等等。我妈妈倾向于做清洗、洗碗、做饭、缝补、购物。她们俩都是强壮的女人，在这么小的空间里，都给彼此留下无论是身体上的还是情感上的空间。但是我想说没有任何对我爸爸的喜爱的争夺。在那种文化里，争夺它肯定就会失去它……她们的关系受到考验是在她们年纪大了，玛丽瘫痪的时候。她们都已经通过了这考验。基本上她们都是给予的人而不是获取的人。早年的时候，我妈妈完全被怀孩子和养孩子的没完没了的事给占据了。所以你能想象玛丽在那些年里是家里必需的帮手，你喜欢的话可以说是保姆——比我妈妈更自由更适合的保姆。后来，玛丽动不了了，我妈妈成了护士，甚至女舍监。

奥德里斯科尔：如你前面提到过的，你是你姑妈的“大宠

儿”。你会不会因此被你妈妈认为不忠诚？你没有想过那对你会是一种困扰或内疚之源吗？

希尼：“宠儿”的事情主要发生在我还很小的时候。作为长子和长孙，我就像一件展品——也是别的姑妈关注的焦点。毫无疑问，在很早的时候玛丽就担负起了照看我的工作，在十年最好的时期里年复一年，我妈妈常在怀孕之中。但是到了去圣科伦巴公学读书时，我就和我妈妈更亲近了。玛丽是一个心灵单纯的人，让人感觉不那么复杂——也不那么有见识，因为单身和不反思，更像一个古人而不是现代人。但还是让我们说事实吧，对我们每一个人她都是很好的赠予者。

奥德里斯科尔：一个“古人”？

希尼：我想的是托马斯·哈代对这个词的用法，用来指乡下老人，在更古老的、更寡言的、更清苦坚忍的习俗和原则之下养成的老人。在我成长的环境中，有很多像她一样的人。比如，一个叫安妮·德芙琳的，她的形象被我写进《饮水》一诗——一个生活在平炉边的灶神女祭司，养着的一条狗在门后冲你吠叫。

奥德里斯科尔：你的玛丽姑妈去世时多大年纪？

希尼：七十多，近八十了。

奥德里斯科尔：你会说她的一生过得快乐吗？

希尼：她成年的大部分时间被孩子们无条件的爱包围，她也毫不吝惜地回报这爱。她有着艰难的早年生活和安稳的晚年生活，这两者都流露在她的目光中。最后，她能坐在那让伦勃朗作画了。

奥德里斯科尔：《木斯浜，阳光》不止一次被用于和荷兰室内画——比如一幅弗美尔的画相比。你是有意追求绘画效果的吗？

希尼：不是有意的。

奥德里斯科尔：在同组诗中的《木斯浜，切土豆种的人》里特别提到了勃吕盖尔。你是不是有一种对他的认同？

希尼：我对他画中的情景总是觉得熟悉亲切——干草地，农村婚礼，雪地里打猎，孩子们的游戏。事物都突显得很大，与此同时又刻画出了最小的细节，冬天树上的鸟儿，裤子盖片上的针脚。

奥德里斯科尔：我现在很愿意谈论一个在1970年代你也很认同的人，奥西普·曼德尔斯坦姆。你在1974年评论他的作品时就已经是他的崇拜者了吗？还是在希波尼亚出版社寄给你克拉伦斯·布朗和W. S. 墨温翻译的曼德尔斯坦姆诗选后才发现他的？

希尼：娜杰日达·曼德尔斯坦姆的《抗拒希望的希望》出版后不久卡尔·米勒就和我说起过这本书，我在1973年或1974年买了一本精装本，但我注意力的焦点在于写书评。克拉伦斯·布朗写的传记和他翻译的诗选同时出来，所以你一次同时得到了文本和背景。苦难和阿克梅派诗人。

奥德里斯科尔：曼德尔斯坦姆的诗和生活，哪一个先对你开口说话？

希尼：诗歌。墨温译本中的一些无法忘怀的诗，有些出自他的第一本诗集《石头》，有些来自后期的《沃罗涅日诗抄》。早期的诗像“树林里的黄莺……”，或那一首关于荷马与失眠的诗，后期的诗像《黑色的大地》或那首四行诗，写银色的犁铧“安静的劳动”和诗人之歌。很自然，我读到的并非只是曼德尔斯坦姆，而是墨温的英语中透出的某种东西，在我的书评里我也承认了这点。我记得约瑟夫·布罗茨基指责过墨温自由翻译的方式——既指自由诗的那种自由，也指那种偏离原文所允许的限度的自由。我后来终于读到鲍勃·特雷西按音律翻译的《石头》全集，并得益于特雷西的注释和介绍，我能明白约瑟夫的意思了。我从鲍勃的译本中收获的是我明白了建筑原则对曼德尔斯坦姆有多重要。不仅是对他那些写圣彼得堡的圣母大教堂和海军部大楼的诗，还在他的整个美学之中。

奥德里斯科尔：他的散文留给你的印象似乎一点也不比诗歌留给你的印象弱，比如他的《关于但丁的谈话》和他的文章。

希尼：他的散文有一种自由奔放。它是隐喻性的，也是印象性的，甚至是欢呼雀跃的。要是没有认识到这点，我将一直在 T. S. 艾略特和他对“欣赏性的”和“印象式的”批评的压制态度之下摇摆；但曼德尔斯坦姆改变了这点。他把写文章时的思绪比作一个逃犯要偷越一条挤满了中国舢板的河。这给了我许可，如他们说的，让我自己也可做得欢喜一点。他把词语比作禾捆，它的意义从自己身上朝所有的方向伸出去。他的一些更像谜一样的语句在我的头脑里挥之不去，因为其中有一种相互矛盾的因素——像这样的句子："如果我相信橡树的阴影和语言的发音皆坚不可摧，我怎么能欣赏目前的时代？"

奥德里斯科尔：把你对这种矛盾因素的喜爱和你在1974年的一篇评论中表达的恼怒联系在一起有道理吗？——在那篇评论中，你说评论家"把诗歌作为政治态度的图解来探讨"是"一个真理部官员吹毛求疵地死抠字面意思"。

希尼：很显然，它确实是受了曼德尔斯坦姆的无忧无虑的激发。他并非总是无忧无虑拥有他的"内心自由"和"良好感觉"。他称自己是"新时代的病孩子"。在1920年代末他对新苏维埃秩序是半顺从态度。到最后时期，他试图改变自己的处境，给斯大林写了一首颂诗，但鉴于他一贯的表现，他没能获救。对我特别有吸引力的是他面对的冲突，在他作为一个革命前养育出来的抒情诗人，他的非功利美学倾向与苏维埃世界之间的冲突，在这苏维埃世界里确实有来自部委的官员在卢比扬卡监狱审讯他，要求他对他的艺术和他自己做出一个政治性的说明。这对他和娜杰日达都是噩梦。我完全清楚把曼德尔斯坦姆的困境和我自己面对的问题联系在一起来思考，这其中的自负。但是在我被问及我的沼泽（bogs）诗和博格赛德（Bogside）问题有什么关系时，我和他确实有一种对应关系。比如，他出现在我的《暴露》一诗中，这首诗写于1973年底，他作为诗歌的大卫面对着权力的歌利亚。

奥德里斯科尔：因此在那些大骚乱初期的岁月里，他充当着你的榜样角色？

希尼：更像是一个暗影存在。一个提醒者，诗歌之锚必须从耳朵的海底提升出来，随它一起必须拽出一些你的内心事物。它必须要具有语音的价值。到了拯救你的诗歌灵魂时，政治正确的意图在此尘世和在彼天堂都没有位置。

奥德里斯科尔：在解释你对贺拉斯的“诗要有乐趣和用处”的看法时，你曾说过：“只有用处的诗比只有乐趣的诗更有罪。”你还这样认为吗？

希尼：还这样。只是我要调和一下这“不是／则是”的对立面。“用处”就在“乐趣”之中，反之亦然。除非你有耳朵有身体有心灵能够从这些诗句、韵脚和暗示的锯啮与飘荡中获得乐趣，否则叶芝的《长足虻》对你能有什么用呢？

奥德里斯科尔：还是用处的问题。你的观点被你这些年认识的政客们寻求过吗？比如，你会向约翰·休姆或奥斯汀·卡瑞提出劝告吗？

希尼：我们会谈论发生的事情，但从来没有任何寻求或给予劝告的感觉。不管怎样，他们不需要这些，而我也不经常见他们。但是，有一次相遇也许值得提一下。我们刚刚搬到阿什福德时，发现奥斯汀和安妮塔就住在附近的旅馆，用别的名字登记的。他们的家刚被攻击过，安妮塔遭受了一群忠英派暴民的粗暴对待，他们来南方度假。不管怎么说，当他们和我们一起进到我们家里时，我们有种久别重逢的巨大欢喜。但即使那个时候，我们谈论的也是人而不是政治。我们全都按照同样的或多或少的“制宪民族主义者”立场来行事。

奥德里斯科尔：我记得看到了一些最著名的社会民主工党领袖，包括约翰·休姆在内，坐在阿贝剧院的观众之中，在1975年布莱恩·弗里尔的《志愿者》演出时。你认为他们会把你和弗里尔（特别是在他的戏剧《自由之城》之后）这样的作家当作重要盟友吗（为提升公众对民族主义观点的认识）？

希尼：毫无疑问他们是这样的。但是给他们参加一场戏剧的首演之类的事情赋予太多的意义那是错了。你得记住约翰·休姆是圣科伦巴公学的男生，是德里的前老师，可能和布莱恩认识很长时间了。我自己和约翰差不多就是这么认识的，虽然他是个走读生，他晚上还是常来自习室和寄宿生们一起。德里/圣科伦巴的背景对那些友谊非常重要。再加上，在七十年代初期和中期实际上有一所西多尼戈尔暑期学校在开办，玛丽和我会带着孩子们去那度假。布莱恩和安妮在穆拉杜夫有一所房子，靠近金卡斯拉夫。大卫·哈蒙德和艾琳在杜伊也有他们的住处，靠近莱特马卡瓦。约翰·休姆常在格温朵周边晃悠。谢默斯·迪恩和他一家偶尔也会去那里。每个人都非常清楚边界那边的危机，但每个人都在度假，准备狂欢：在酒馆喝酒、唱歌、读诗、抨击当前关注的所有事情，文学的和政治的。

奥德里斯科尔：布莱恩曾经是圣科伦巴学校的学生这一事实在你第一次读他的作品时有过什么重要性吗？你前面提到过麦克尔·麦克拉维迪敦促过你去读《铸造厂》。

希尼：我买了他的第一本书《云雀的托盘》，在它刚出版不久。我相信我读过的第一篇布莱恩的短篇小说就是书名这篇。好些年之后，我开车带玛丽一起去威克洛郡的格林科里看德国公墓，因为那篇小说写到了它。那时候圣科伦巴公学的因素对我影响很小或没有影响。吸引我注意的是这一事实，布莱恩是本地作家，出版了作品，备受赞赏。真的，我直到六十年代末才认识布莱恩。一些记忆犹新的情景：收到一封他谈《一个自然主义者之死》的信，在贝尔法斯特外机场路边停车，听车载收音机广播的《费城，我来了！》。在德里的基德霍尔广场的群众集会上遇到布莱恩，那是1968年10月，民权游行被警察冲击之后的那个星期六。他在那儿，大衣的手臂上扎着一条白手帕，表明他是组织者之一。他身上最了不起的是，他完全抓住了家乡的大地，全神贯注于此，与此同时，他又从最遥远的地平线获取他才智的感觉和艺术责任感。

奥德里斯科尔：*弗里尔从1967年就开始定居爱尔兰共和国。这一点是不是给你移居南方增加了安全感？*

希尼：弗里尔的住所对那个决定没有影响，但在我发觉自己处于全职作家状态时——我在更认真地冒险，指望自己做得更好——我变得特别感兴趣他是怎么做的。也非常感谢他的建议。在七十年代初期我们开始更多的见面。每个地方的所有方面都要重新定位。离开贝尔法斯特是一件事，还有那些年紧迫的政治问题，我自己对爱尔兰文学本身新起的兴趣，部分是和汤姆·弗朗甘在伯克利那一年的结果。我想，那就像一次钟摆的摆动，从贝尔法斯特回到德里。与此同时，我和谢默斯·迪恩又在都柏林相聚了，他也成了我的更新过程的重要部分。我想，布莱恩对我们有着一种导师般的兴趣。我们不是徒弟，但我们被看护着。

当我说布莱恩有一种从遥远的地平线汲取来的作家责任感时，我想到他经常意识到契诃夫和奥尼尔，只说这两个他会援引的剧作家的名字吧。你可以感觉到他内心的投入，你不可能不明白他有一种作家的使命感，他还有一种同等的决心不让这种使命感夹杂名利欲望。他避开很多眼花缭乱的秀场，可能因为他很早就获得了成功，他已经历过了“表演”场景。在《费城，我来了！》之后，他从百老汇回来，给自己盖了一座房子，既是一个家庭的宅邸也是一个作家的堡垒，开始他长期扎根脚下的活动。

奥德里斯科尔：你是被他完全吸引而跟随他的榜样，采取非常低调的文学姿态和艺术界保持一种疏离吗？他是不是曾向你建议过这样一种立场？

希尼：没有，他并没有说过那么多话建议如此。但他总是问我的工作情况，问我进行得怎么样了。并不是说我们交换手稿互相评论，不是这种事。我们寄给对方完成的书稿，也许给对方写信谈论它，但并不是那种文学通信。在我们交往的时候，我们的习惯已经养成，虽然我们俩使用着相同的内心罗盘，但我们走在不同的道路上。他在很大程度上是做向心运动的，而我做的是离心运动。构成悖论的是我从大学辞职，脱身而出，住到乡下农舍时，我开始写更多讲稿了。我最初的详细写好的正式讲稿是在格兰摩尔写出的。我参加诗歌朗诵会的频率增加了，我为电台和杂志写了更多的约稿，通常我的头都伸在护墙之外。但这些事情既与气质相关也一样与环境有关。

奥德里斯科尔：你们向对方题献过自己的书——你的《斯泰森岛》是题献给他的，他的《志愿者》是题献给你的。我们能从这些书和它们的题献者中找出什么特别的联系吗？

希尼：在我开始写德格湖的诗时布莱恩给了我巨大的鼓励。我寄给他一首早期的诗，可能是一首关于遇见乔伊斯或卡里顿的幽灵的诗，收到一封非常好的回信，几乎是见信即回的，说，加油干吧。而《志愿者》的交往也很重要。布莱恩在1974年10月左右给我寄来了文稿，这事我在其他地方已经说过了，但值得再说一遍。我没想到他一直在深入研究考古领域。我一读他的剧本，就立即开始打印手头的写沼泽的诗和《维京人的都柏林》，加上“歌唱学校”／圣科伦巴的诗和其他的诗，到了那个周末，我发现我准备好的诗稿不仅可以寄给布莱恩而且还可以提交给费伯出版社了。《北方》就是这样编成的。因此，就这点来说，它和《志愿者》之间有一种共生的关系，这就是为什么那部戏剧特别地献给了我。

奥德里斯科尔：考虑到《北方》中第一部分和第二部分明显的风格差异，你有没有想过把谈话式和个人性更突出的第二部分诗歌推后作为另一部诗集？

希尼：我不记得有过这样的考虑。从一开始，它们就有一个主题。它们作为第二部分，就如同作为第二乐章一样。一种由作者写下的“作者笔记”。要记住的是这本诗集编成的速度，更好的说法是它结晶的速度。它并不是预先考虑好的材料组织，而多少算偶然发现的编排顺序。第二部分的诗可能在音调上不一样，但它们并非偶发的，而是诗集的整体组成部分，有助于支撑诗集的题名。它们都是关于爱尔兰“北方事务”的。

奥德里斯科尔：它们是写于不同的时间吗？最先写沼泽诗，然后再写《歌唱学校》类型的诗？

希尼：没有这么清晰的划分。《你说什么都没用》写在沼泽诗之前。第一部分的《葬礼仪式》写于第二部分最后一首《暴露》之后。确实，第一部分的《葬礼仪式》本来就是素体诗，属于“谈话式和个人性”的，应该归入到第二部分。但一直在犹豫，就像通常编诗集那样，一直到最后顺序的确定。

奥德里斯科尔：1975年，《北方》出版的同一年，你出版了《斯泰森岛》——一本你在美国就开始写的散文诗册子。我想知道这是不是表明第二部分的谈话式诗歌是第一部分强烈紧张的短句诗和语句松散的散文诗之间的一种折中？

希尼：我不认为它是一个折中的问题。那些散文诗始于一种不同的冲动。它们中的一些是自传性的，一些是象征性的。我记得我是在提交《北方》的手稿之后才又拾起它们，那个阶段我从处理前反思性的木斯浜生活转到了写意识到历史时刻或政治环境的有背光式的诗歌——有一首写了复员军人伊文斯兄弟拿着给我爸爸的念珠到我们家里，有一首写德国战俘驻扎在本地的飞机场，还有一首写在贝尔法斯特的一座旅馆的厕所里遭遇忠英分子。

奥德里斯科尔：据你的《斯泰森岛》和随后的散文诗来判断，你似乎是像乔伊斯式的“精神顿悟”[①]那样构想出你的形式的。

希尼：这说法很准确。它是抓住材料的方式，这些材料在我的记

① 乔伊斯式的“精神顿悟”被定义为：“一种突然的精神显现：无论是来自一些物体、场景、事件，还是意识中的回忆——这种显现超出了与它之产生相称的重要性或相关的严格逻辑。”

忆中保存了那么长的时间，它几乎明白我，开始提防被我写成诗。不是说那些主题无法用诗歌来处理，而是它们进入我视野时我正好处于散文状态中。另外，我不能确定，那些诗是否该被称为“散文诗”。也许最好还是用大卫·琼斯的说法——“作品”来指称它们最好。它在用词时比通常的散文更自觉，但又没达到诗歌的程度。

奥德里斯科尔：艾德娜·朗利对《斯泰森岛》的评论毫无热情，她说这是基于她“对散文诗的长期的偏见，认为散文诗是一种混合物而不是一种混血种类，是一种把砾石不自然地混入矿石的做法”。

希尼：好吧，那时她至少承认了她的偏见。这种反对是有一些道理。但是有些散文诗——比如，兹比格涅夫·赫伯特写的——是反讽性的，这么说来，不是矿石。不论偏见或非偏见，散文诗的形式就在那里，增加了可能性的领域。

奥德里斯科尔：你的“作品”中最不像你的风格而也许最像赫伯特风格的是《北方》第二部分最开始的那首《未获认可的立法者[①]之梦》，它似乎把诗人放置在比你通常作品里更无能为力的境地。

希尼：这首诗是一个很自由随意的创造。我记得我是在布雷的一家咖啡馆里写的，当时我在等着，我的大众甲壳虫车在维修。它确实有一种赫伯特的反讽气息。他是对那一部分的最后一首诗《暴露》的

---

① 语出雪莱《诗辩》：“诗人是未经认可的世界的立法者。”

悲剧性哀歌场景的校正，里面写到了曼德尔斯坦姆和“他的天才像投石/旋转着投向绝望”。这个特别的未被认可的立法者非常健康，他精神活泼愉快，他的观众情绪高昂（“我蒙冤的人民在牢笼里欢呼”），但在抓获他的人眼里，他只是个玩笑，他也意识到他只是成了一种新的政治观赏活动的一部分：“那些就是你们的眼睛现在盯看的吗？”我喜欢它里面的轻快。

奥德里斯科尔：你认为它和你后来出版的《山楂灯笼》里那些寓言类诗歌有关联吗？

希尼：我从没想过这点。但确实，它们都是以同样的方式构想出来的，作为一种想象性原型的转化。

奥德里斯科尔：我想问的第二部分中的另一首非常不同的诗是《1969年夏天》，它的背景是马德里。它写到了洛尔迦，很像《暴露》中的曼德尔斯坦姆，作为一个文学—政治典型，当时或后来，他作为一个诗人对你重要吗？

希尼：对于我这一代人，洛尔迦总是在地平线上。西班牙诗人对于四五十年代英语世界的读者就像东欧诗人对六七十年代的读者一样——像A.阿尔瓦雷兹会说的，是“重压之下的”作家的榜样，那些陷于声援人民的冲动和偏离党的路线之间的压力的作家。我想洛尔迦是一个牺牲者，作为一个自由精神的诗人，投身于解放事业，左倾但并非宣传员，但最终作为反动的右派的嘲讽者被视为敌人。导致洛尔迦被杀的细节非常复杂也很有本地特色——整个事情更像爱尔兰式的而不是苏联式的，非常宗派化和非常有天主教风格，意识形态问题和同性恋恐惧症的问题占了同等分量。在1969年的时候我对这些还不是太清楚：伊恩·吉布森关于洛尔迦之死的著作那时还没出版。

我在大骚乱开始时所感觉到的东西是任何一个诗人在那种环境下都会感觉到的，一种并不明确的责任感。牵涉到政治，但又没有任何真的担当政治角色的欲望。我想洛尔迦的感觉也这样。他在1969年出现在我的头脑里，是因为在马德里的停留，这是我要感谢的萨默塞特·毛姆奖带来的旅行的一部分。我带了一本洛尔迦的诗集到法国，翻译了他一些抒情短诗，作为我的卡斯蒂利亚之旅的准备。我还记得被他论魅力的文章的光彩和魄力所鼓舞的感觉。我想洛尔迦的意思是诗歌要有一种内在的弗拉门戈舞，它必须以其断然的力量激发你的生命热情，以原初的弹奏或颤动让你动起来，把你带到比你以为自己能到的地方更远的地方。这肯定和我自己的经验完全一致。

奥德里斯科尔：在《1969年夏天》中，当大骚乱在家乡鼎沸的时候，你在普拉多美术馆看戈雅的画。你对一个像戈雅这样的画家的兴趣会因为他直面政治暴力这样的事实而有额外的激发吗？

希尼：用美国话来回答就是，该死的你说得太对了。《五月三日的枪杀》是一幅有着齐射力量的绘画。它是血腥星期天的前身。与此同时，我去普拉多美术馆像每一个去那里的人一样，是为了让自己快乐和受教。事实上，那些日子里希罗尼穆斯·博斯的《人间乐园》就在靠近门口处展出。在一个暴力时刻我去那里并不是为了研究具体的艺术典范。我去那里只是看，在那些扎根于大地的杰作面前，用这种方式稳定自己安顿自己。比如戈雅的自画像。但那些所谓“黑色绘画”有着可怕事件的力量，噩梦般的灾祸——《萨杜恩吞噬他的孩子》画面中猩红的血，《女巫的安息日》画中漂浮的女巫。所有这些恐惧混合着一丝惊慌，一丝夏天的兴奋，如同一个在德里和贝尔法斯特的人看到事情发生时的感觉。

奥德里斯科尔：你发现戈雅很有启发意义吗？

希尼：我发现他无法抗拒。比如一点，《五月三日的枪杀》一画的尺寸超出了预想。它很大。你站着完全面对它，从很多方面看都这样。它让你震惊。我想整个七月酷热的感觉也加重了不祥之感。我们和玛丽的妹妹及其丈夫还有我们的两个孩子住在一套小公寓里，地上是玩具，锅里是玉米饼，电视上是斗牛士。还有，如我在诗里写到的，楼下就是鱼市。凌晨三四点就有从加利西亚或别的地方拉鱼的卡车到来，充满了大呼小叫、发动机声、撞地声、喇叭声。然后就是斗牛，因斗牛引起的所有那些口干舌燥的叫喊和会做噩梦的危险……当我再回头去看时，发现戈雅只是那幻境中的一个因素。太阳烤灼着一切，但普拉多美术馆很凉爽，它是这假期太阳下的阴影。

奥德里斯科尔：你去看斗牛了吗？

希尼：我得去，只为了知道“斗牛”这词指的是什么。但还是难以明白，即使你去看过。我不确定现在我对它会是什么感觉，但是半辈子之前体验到的是催眠般的魔力。我不是说那不残忍，特别是公牛被短剑刺出血时：一把很大的铁头矛尖刺进牛脖子里，然后血喷发出来。这真是残忍。但渐渐地我发现自己进入了迷幻状态：场内的舞蹈，情绪的高潮，人的反应随着音乐进行，把你带走。你紧紧地盯着斗牛士和公牛。那斗篷有某种催眠的力量，斗牛士头戴的黑色弯角帽隐约有着魔鬼的样子——等一切结束后，你会眨着眼睛，问自己：

“我这是在哪里？”然后你像一个梦游的人一样再次回到原来状态。斗牛大会的神秘性很容易理解，同样也很容易理解对它的反对。这是一种罗马人的体验。一旦你到了那里，你就会被卷入其中。你身上有某种像在罗马斗兽场上肯定有过的东西的印迹。

奥德里斯科尔：你最终把这体验视为一种异化吗？

希尼：我当然觉得那超出了我通常的自我，属另一个世界。但“异化”一词并不准确。你被带上了一座高山上，显露出了你自己和世界，你无法否定的事物，因为——像海明威——你到过那里。

奥德里斯科尔：在《歌唱学校》中有一种表面的异化体验。在这组诗的第一首，你写到了你在德里的圣科伦巴公学做寄宿生的六年“驻屯”。我想知道，在写它的时候，你在多大程度上意识到了乔伊斯的《一个青年艺术家的肖像》。可以说斯蒂芬·代达勒斯在克朗格斯学校的经历和你在圣科伦巴公学的经历相似吗？

希尼：当然可以这么说。在说到十九世纪后期和二十世纪初、中期的天主教寄宿学校时，那情况是千篇一律的。与此同时，我要强调一点，圣科伦巴公学很幸运地没有性骚扰，不论来自教员的还是同学的。它是通常的修道院管理。早晨做弥撒，夜里自慰，白天上课，晚上自习。冷水洗漱。冷天跑步。

奥德里斯科尔：用皮带体罚的情况怎么样？

希尼：我们把它叫作多克，缝缀的皮条，深深插在长袍口袋里，就像一把剑插在剑鞘里。体罚一般不是全校实行，要看具体的老师。有些老师经常求助于它，但有些根本就不用。我们最害怕的一个老师使用的是一种精神折磨而不是体罚。一个问“你叫什么名字，希尼？”的家伙。他确实被谢默斯·迪恩写进了他的《在黑暗中阅读》中。

奥德里斯科尔：你和谢默斯·迪恩的友谊是怎么开始的？

希尼：我们在圣科伦巴公学时同班，但一直到第六年我们的友谊才真正开始，那一年我们重新读了一年会考班。我们第五年读会考班时成绩都很好，但被认为去上大学还小了一点，于是最后办了一个英语班，由谢默斯和我还有另外两个男同学——麦克尔·卡索尼和帕迪·穆拉基组成。后来我们就进了女王大学。大学时圣科伦巴公学的一帮人会围聚在学生活动中心的一些桌子边，大二时谢默斯和我住在同一宿舍。但没住到一年，他就搬到一套公寓里和一群德里的家伙们住去了——他们在圣科伦巴公学是走读的，而我是寄宿生。谢默斯和我之间城市/乡村、走读生/寄宿生的差别，很好玩很明确地一直进行到成年生活。但我们的友谊在学生时代就很坚固了，忙时和闲时，学期中和假期中。我们写信，交换诗稿，因为我偶尔能开我们家的车出来，我不时会去他在德里的家看他。

奥德里斯科尔：在《恐惧部》中你提到装满诗稿的“厚厚的信件/在假期寄来”。你是否意识到你们自己将是未来的诗人？

希尼：在圣科伦巴公学时肯定没有。在女王大学时，谢默斯被认为是候补诗人。他穿着斗篷。他极有想象力的才华，有着华美丰茂的语言天赋。比如，他为华莱士·斯蒂文斯写的《致敬》，一开始就是“措辞优雅曼妙的，大师！”——这行诗我在《恐惧部》引用了“一双红晕之手的‘曼妙措辞’”。在那个时期我认为谢默斯确实有一种被召唤的感觉，与此同时我则远没有自信。

奥德里斯科尔：是什么让你“抓狂”——用你自己在《恐惧部》中所用的词——对谢默斯·迪恩的那些“手写的诗稿，从（他）练习册的/装订线上撕下来的”？

希尼：它们那非常夸饰的、华丽的词语和律动，言辞的时尚风格。那种感觉有时可能很难分辨，但抓狂感更多是因为那种表演程度。他在写作中已经超出了他自己和我们。

奥德里斯科尔：这么说合适吗？——就是和你相比，谢默斯·迪恩运用抽象思想更轻松自如，也更有政治意识。

希尼：当然。他的这方面在他去剑桥大学读博士学位时更有了很大的加强。女王大学毕业后他回到德里教书，那些年里他在职读了一个文学硕士，研究 E. M. 福斯特的小说。然后，他结了婚，去了剑桥，生了一个儿子，写了一部博士论文，关于法国哲学家在英国十八世纪后十年和十九世纪头十年的声誉和影响。他成了一个学者，最后去了美国西海岸的大学教书，在里德学院和伯克利大学。因此，在那些年里我们几乎没有联系。并不是说我们不来往了，只是我们的生活把我们带到了不同的地方，找到了不同的方向。

奥德里斯科尔：正是在那些年你们开始发表作品，并且作为一

个诗人受到了不少关注吧？

希尼：确实。在1962年和1972年之间，也就是我们本科生活结束和我们再次相见之间，我渐渐地从无名之辈变成小有名气。我也更多地与贝尔法斯特的“另一方”混合在一起了，更多地和阿尔斯特“官方”融洽相处——艺术委员会、考试委员会、北爱尔兰 BBC——比谢默斯曾经或愿意参与的多得多。在他回都柏林大学学院教书前的时间里，他也一直与德里和他一起在博格赛德长大的伙伴们保持联系。尽管他走了很多地方，但他依然是在家的时候最自在，如果你明白我的意思，这点比我强。

他对北爱尔兰的政治弊端一直比我更激愤。从十二岁开始，我对我成长的地方就有一点疏离，而谢默斯一直住在家乡，一直聆听着它。不管怎么说，他的阿尔斯特一直比我的阿尔斯特有更多的政治戏剧性，甚至更摩尼教地二元对立，有更多忠爱派和忠英派的激烈对抗。他在家庭和家庭之外都从未有过新教徒朋友，也没有每日来往于两个教派之间的经验。在博格赛德，阿尔斯特皇家警察是顽冥不化的杂种，就这样。作为事实，这也许是真的，但他认识的人事实上也一样有着钻石一样坚硬的偏见。因此，一点也不奇怪谢默斯所写的北爱尔兰可能会被叶芝称为“狂怒的速写”。

奥德里斯科尔：*在你移居南方之后，谢默斯·迪恩在都柏林教书，你是不是受到了他的压力而觉得你的写作也需要更具政治性一点？*

希尼：我要是说“是的”话，这有点言重了，但要说“不是的”话，又会误解真实的情形。你知道，友谊，特别是有着相同背景和关注点的作家之间的友谊，是一种引力场。相互之间有一种思想快乐的明暗和着色关系。你发觉自己身上不同的东西，世界在不同的朋友的陪伴下才有生机。那个时候，和易受特德·休斯的神话影响一样，我也易受谢默斯·迪恩的尖刻风趣影响。我们感觉到了因他而有的压力。我感觉到扩展、唤醒，受召去吸收更多我们共享的北爱尔兰经验。我们发现我们又成了在一起的诗人，有好几年那种无拘无束的欢喜确实又恢复了。

奥德里斯科尔：在你们或多或少同时住在都柏林的那些岁月里你有什么特别难忘的记忆吗？

希尼：在德里举行血腥星期天的葬礼的那天晚上，迪恩的车开到格林山山口就没汽油了。谢默斯和玛丽恩他们开车从德里很晚才返回，要去马赫拉的姻亲家。我去贝尔法斯特，我开到那的山路时发现他们的车正停在路边。我们让玛丽恩和孩子们留在迪恩的车上，他和我开车返回顿基温去叫醒加油站的老板。实际上在我们猛敲他酒馆的门的时候，还有一群参加完葬礼的人在那喝酒……另一件我一想起那些年就总是记起的事情是：在多尼戈尔或都柏林的许许多多的聚会中，他每次都唱《库林》。然后是从都柏林驾车到德里再返回的长途旅程和编《假日》时的那些夜晚。

奥德里斯科尔：你怎么看待谢默斯·迪恩发表在2000年3月《纽约客》上回忆你们在圣科伦巴公学的时光的文章？它让你感到惊讶或者预先给你评论的机会了吗？

希尼：我没感到惊讶，因为它本来计划更早发表的。谢默斯在

1995年差不多就写好了，在我获诺贝尔奖的时候，我相信它本来是要在12月的颁奖典礼时发表的——这样就解释清楚了，在获奖五年后发表的文章中为什么还老说到获奖的事。不管怎么说，因为这样或那样的原因这篇文章没在1995年发表。它一直放着，直到我的《贝奥武甫》翻译出现在2000年的新闻中时，谢默斯被要求拿出来应景。我没有预先评论的机会，只是问到了所写的事情的准确性：《纽约客》的核实人员日夜找我，这意味着我相当了解会有什么东西出现。

奥德里斯科尔：读一个老朋友写你自己的文章感觉像什么？

希尼：那时候我对人说——或许就是对谢默斯·迪恩本人——就好像你在进入你头脑里的一个私密房间时发现另外一个人坐在里面。

奥德里斯科尔：在他画出的那幅肖像里你认出自己了吗？

希尼：相当多的地方，但也有人认为它有点不太对。他们一直提出他所用的"狡猾"一词，这个词我不会用到我身上——即使在我最愿意认错的状态。

奥德里斯科尔：他说你很受那些有权人士的欢迎，也能够与他们保持一臂之距。你认可这点吗？

希尼：就它作为一幅正直独立的肖像这点来说，我认可。他一旦写这文章，他就被逼入了直写还是曲写的困境。我的意思是，作为一个朋友，他可能觉得要克制，要掩盖他的灵感之嘴，即使不捂住；但作为一个作家，有着卓异的语言才华和猛烈的才智，他需要把手从嘴边拿开，逾越限制，希望写出最好的文章。

奥德里斯科尔：也许在你们开始又走上不同的道路后你们的友谊就失去了一定的亲密了：你去了哈佛大学，他去了圣母大学？

希尼：我会把时间点定在九十年代初，在《户外戏剧节爱尔兰文选》刚出版之后。谢默斯自己的关注点改变了，作为户外戏剧节爱尔兰文选驱动力的志同道合之谊开始消散。然后是他开始了在美国的工作，我也一直在哈佛。总而言之，有一种青春已尽的感觉。一些东西消逝了，不止是在谢默斯和我之间，而且在我们所有人之间，在70年代那些多尼戈尔夏天相聚一起达到快乐高峰的人们之间。

奥德里斯科尔：你把特德·休斯的“神秘”和谢默斯·迪恩的“尖刻”相对照。你能对此说得更详细一点吗？

希尼：我也不是太确定，也许我过于夸大了这种对比。他们全都对诗歌本身感觉非常敏锐，所以这也没什么意外的。可能因为谢默斯的德里人特性和政治倾向，与《恐惧部》相比，他会更喜欢《格劳巴勒人》或《葬礼仪式》。

奥德里斯科尔：说到特德·休斯的“神秘”，他鼓励过你在他姐姐奥尔温的彩虹出版社出你的沼泽诗吗？就这事来说，他鼓励过你写这些诗吗？

希尼：他用一种非常特别的方式鼓励过我写这些诗。有一个国际诗歌会在伦敦开，在1974年左右，荷兰诗人朱迪斯·赫兹伯格出席了。朱迪斯是桑佳·朗德威和巴里·库克的朋友，所以在我们一起朗诵的那天晚上她和我聊了起来。那天晚上结束时，她告诉我特德叮嘱她要特别注意听我的朗读，尤其是注意那些沼泽诗——这一消息，你能想象，给我带来多大的益处。我知道特德喜欢这些诗，但他在背后做出的称赞，可谓将这事封印定案了。我想象特德和奥尔温就是这么决定在彩虹出版社出版这些诗的——这是赞许之印。这当然是我的看法。我们都相处得很好。奥尔温在切特文德路有一处房子，那些年里好几次我在朗读之后应邀去过那里。出现在那些场合中的每件事每个人都要经过筛选，那些沼泽诗通过了。

奥德里斯科尔：你和特德·休斯在七十年代中期就是亲密的朋友吗？你们会交流作品吗？

希尼：我很难说我们“交流”作品。如果我给特德写信我会附上一两首诗，在他回信的时候也可能附上一首他的诗。我也不能说在那个时候我们就是亲密的朋友了。我觉得和他一起很自由，觉得信任，和他的频道一致。对我来说那是一种特别的荣幸——一种生活的改变：在开始写作时，特德的作品对我有一种魔力般的影响，结识这样一个人是一桩大事，而得到他的称许更是一件我视如珍宝的事情。你并不需要让你的诗总是被“研讨”，你知道我指的是什么，作为一个诗人要得到帮助。只要能得到一个你特别看重的诗人的平等对待，就能给你带来难以估量的影响。它增强你的自信心，让你感觉到更富于创造力。

奥德里斯科尔：你经常提到塞菲里斯所说的对诗歌的探索“坚

强得足以帮助生活”。我这么想对吗？——你《北方》中的最后一首《暴露》的写作，在一个自身不确定和社会骚乱的时期对你是一个“帮助”。

希尼：用我喜欢引用的米沃什诗中的另外两条格言来回答你吧：一条是“清晰的表达能增强它自己”；另一条是“一节清晰的诗歌的载重量/远超一整辆精致散文的马车”。

七、展示给我们的生活：《田野工作》

奥德里斯科尔：你是不是同意《田野工作》比你之前的诗集更关注诗歌的形式？

希尼：也许是吧。里面毕竟有十四行诗，有押韵的四行体诗和很多没押韵的。诗集的最前面有一首不规则的五行体诗，最后面有一首弱化了的三行体诗。《北方》出版后我最早写的诗中有一首《丰收结》，这首诗可以说是因诗节的形式而写成的一首诗。我记得我发现了一种形式，然后认识到可以把它建构起来，享受着整个逐渐写成的乐趣。但《丰收结》的文本比诗集中的很多诗更丰富。

奥德里斯科尔：这更像济慈式的，虽然总的倾向是叶芝式的。事实上，我想总体上问你一下你和这位“最重要的诗人”——如罗伊·福斯特所称——之间的关系。一句公认的格言是，所有爱尔兰诗人都在他的阴影下写作，他因此既是激发因素又是压抑因素。

希尼：他从未对我造成过压抑。这么说也许有点奇怪，但好长一段时间叶芝并不是我真正呼吸的文学空气的一部分。早期是英国文学课程里的大人物更盛行，华兹华斯、济慈、霍普金斯、艾略特，还有程度稍弱一点的弗罗斯特。在那之后，是卡瓦纳和休斯，战争诗人，当代爱尔兰诗人。在我读大学的时候，用我们曾经爱用的话说就是，我没有“学过”叶芝。我开始认真阅读他是为了在课堂上教他的诗，最初是在教师培训学院，然后是在女王大学。

因此到三十岁左右时，他还不太算是我自学的一个参照点，只是我的课程的一个部分。我记得菲利普·拉金在他的《巴黎评论》杂志的访谈录中吐槽“研究”一个诗人（在课堂之外）这种观念，但就叶芝这例子来说某种研究是需要的。不管怎么说，为了钻研《塔》这样的诗，我花费了好些时间和精力。对那些大型组诗也一样，像《1919年》《内战时的沉思》。我早前说过了，我在1970年代严肃认真地阅读了叶芝，那是我最需要他的时期，和他的诗一样，那时我还读他的自传和文章。

奥德里斯科尔：你提到了卡瓦纳——事实上你经常提到他，作为你的爱尔兰诗人谱系中的一员。你认为他是比叶芝更重要的文学前辈吗?

希尼：在我开始写诗的时候卡瓦纳更重要，在我得继续写下去时叶芝更重要。你得留心，随着年龄的增长，你在回顾这些早期的影响时会遇到双重危险：你要么倾向过于夸大要么倾向降低他们的影响。但毫无疑问，在1960年代中期，我更能直入因尼斯基恩[1]的中心而不

---

[1] Inniskeen，爱尔兰语是 Inis Caoin，意思是“和平岛”，卡瓦纳的出生地，爱尔兰莫纳罕郡的一个小村。

是柯尔庄园和巴利里塔[1]。在那些日子里《大饥荒》对我来说相当于今天电影院里的环绕立体声的效果。它有着封闭环境里大银幕电影的冲击力，一种放大的可以将你震晕的说话声。让你迎面撞上，带着凉气、坚实，如挖土豆者从垄沟里撬出东西。卡瓦纳走进我的耳朵就像一个老式农夫走在田野里。他有那种无知的权利，他的自信之中交织着对抗和挑衅。你被告知要是你不能踩在自己的土地上你就无法迈开大步，要是你的声音不像你自己最初的语言一样那么深厚你就无法找到正确的音调。

奥德里斯科尔：叶芝没有告知你这类东西？

希尼：我曾经用过“艺术言语”一词来指罗伯特·彭斯在他的《诗集，主要以苏格兰方言写成》所取得的成就。我想如提醒任何其他人一样提醒我自己，显得自然是一项风格成就。你不会仅仅因为一开口就带着一套俗语和口音，而在你用笔书写时就拥有了风格。另一方面，你可以相信，用叶芝的话来说，风格是“建立在终日伏案的辛劳/和对伟大作家的模仿之上的”。换一种说法，就是你的艺术要显得充满匠心而不是毫无用心。让我这么说吧，起初的时候我很容易被那种毫无用心的假象迷惑，至少是那种自发性的直言讲述，就像《大饥荒》或休斯的《摩西公牛》所显示的那样。这是我自己刚开始写作时最主要的追求。

奥德里斯科尔：你对叶芝的兴趣是在1970年代开始加深的吗？

---

① 指叶芝的诗，叶芝写过一首《柯尔庄园的天鹅》和《塔》。叶芝晚年购买了巴利里塔作为自己的住处。

希尼：我并没有说在那之前我就没有为他的作品兴奋过。我在半醉之时很喜欢大声喊出那些著名的诗句，一首接一首，《驶向拜占庭》和《爱尔兰诗人，学好你们的手艺》《旋转，旋转，绕着扩大的圆圈》和其余的一切。但某一个时刻降临了，我被唐纳德·戴维所称的具有“清晰能量”的诗歌所唤醒，那些由于句法的活力——遍及句尾和整个诗节的论辩——而充满力量的诗歌。这种诗，要是能接受这一说法的话，更像脊椎骨而不是血浆。那是我在克里斯福德学院开始教书时，第一次讲授玄学派诗人，发现了艾略特在谈马维尔时所说的“刚劲的合理性”。我突然产生一种对他的《贺拉斯风格的颂歌》和他非常奇异的诗《林中仙女哭悼她小鹿的死亡》强烈的崇拜。与此同时，我开始聆听并看重在“中年叶芝”那里发现的一种新的诗歌方式，三个重音的、压力增强的诗行，在他的《1916年复活节》《渔夫》和《随年龄增长而提升的人》中。

这一切的发生，我想是因为我自己的写作和北爱尔兰一直在发生的一切。在《歌唱学校》这样的组诗中，我已确定了一个位置或立场，针对与我们居住的地方与时代的关系。这达成了声明——比如，在《暴露》中。这种转变让我领悟到叶芝巨大的整合力与活力，作为一个公民和争议人士他的喜爱和厌恶可以被容纳和转化。他有着极为出色的才能，将每天生活的碎铁捶打成一个清脆的响铃。

奥德里斯科尔：于是在你听到那打造响铃之声时你就“迈着更轻灵的步子”？

希尼：用更平白的话说，至少是这样。在1976年，我们从格兰摩尔搬到都柏林的新房子时，我担心它是否能作一个“写作之地”。在写出作品之前，我在那里不会感到快乐。所以我很快就坐下来，有意地挥舞起铁锤敲击着我自己的碎铁，想要将我失去的朋友西恩·阿姆斯特朗和路易斯·奥内尔，锤炼出诗歌的感觉和形状。那一次，对于我正在写的诗歌，叶芝是一个确确实实的校音音叉。《遇难者》是为了纪念鳗鱼渔夫路易斯·奥内尔——我之前也提起过他——我数着节奏以保持这样的步子“那个脸上长着雀斑的人／走向山上灰暗的地方／身穿灰色的康尼马拉装”①。

奥德里斯科尔：这会不会有受叶芝影响过度的风险？

希尼：我不这样认为。叶芝的音乐性如此不同于他人，如此独特可辨，我会明确地意识到它是一种外来因素。那个时候我更强烈意识到的是我在使用罗伯特·洛威尔的腹语术。

奥德里斯科尔：你在《作为榜样的叶芝？》一文的最开始处引用了洛威尔——那篇文章是基于你在1978年发表的一次讲演，那是《田野工作》出版的前一年。在那一个时期，你是有意识地把叶芝和洛威尔视为模范角色的吗？

希尼：再说一下，“模范角色”可能并非适当的用词。在七十年代中后期，我在叶芝暑期学校做了一次关于叶芝诗集《芦苇丛中的风》的讲座，那次讲座被我用于《作为榜样的叶芝？》一文。在准备这一讲座的过程中，我认识到这部诗集是一种诗歌的顶点，在这部诗集出版之后，那个直白的、“裸身行走”的叶芝就登场了。虽然我非常清楚地意识到自负的危险，但我还是不由自主地注意到一种相同的转变发生

① 出自叶芝的诗《渔夫》。

在《北方》出版后我自己的写作之中——甚至，实际上，在《北方》出版前就发生了……也是发生在大约同样的年龄段，像叶芝那样在三十到三十五岁之间。因此，我能看到在大师的作品和我自己的诗作之间有一种同步关系，他成了一个榜样——或者，因为《北方》和《田野工作》之间的转变的到来是独立发生的，更好的说法是一种实证的支持。我并没有着手去效仿叶芝，这就是我为什么犹豫是否称他为模范的原因。

奥德里斯科尔：是啊，生活在大骚乱时期，你肯定意识到了叶芝也度过了他自己的大骚乱时期，包括1916年的起义和爱尔兰内战。他对他的时代做出反应而写的那些悲剧性哀歌组诗作为典范是不是耸立在你眼前?

希尼：那当然，确实如此。但那样伟大的杰作是无法仿效的。你仰望着它如望着一座高山，但无法给你带来帮助。[①]

奥德里斯科尔：那帮助从何而来?

希尼：来自诗歌写作本身，像那一首《牡蛎》："清澈的光，像诗歌或自由/从大海斜倚进来……"来自全身陷入的复杂境况中，住在都柏林却感觉到北方发生的一切的召唤。来自重新感觉到诗歌自身作为一种凝聚因素的价值。一些诗的写作把我带到我自身之内的某些东西的底部，某些未成熟但困扰的东西。比如我刚引用到的《牡蛎》一诗，《歌手之家》《收获结》《喉音缪斯》。你可能会说，大骚乱搅浑了水，但我觉得那些诗是从更古老、更深处、更清澈的泉水中涌流而出

① 这句是改用《圣经》的诗篇，I will lift up mine eyes unto the hills, from whence cometh my help? 我要向山举目，我的帮助从何而来?（和合本）

的。当然，我现在比我在那时看得更清楚了。

奥德里斯科尔：你提到过你特别敬仰叶芝诗中神谕般的、先知般的品质。而你也说过在《田野工作》中你想让诗歌的调子显得更像你的“社会性自我”。

希尼：我应该说的是“包含我当前的处境”而不是“显得像我的社会性自我”。那个时候我非常高兴我在格兰摩尔所过的真实生活中的一些东西写进了诗歌，那从隔壁农场传来的青贮饲料味而不是布罗阿赫的亚麻池散发的气味。然而，现在隔了那么久，《一个自然主义者之死》《托兰人》或《格劳巴勒人》看来和《田野工作》中的诗一样是“社会性”声音。

奥德里斯科尔：这么说是否合理：就是在《田野工作》中也有一种先知声音的倾向——比如，在《三联画》中的第二部分。你怎么看作为预言的诗歌？

希尼：我得说我很容易受教诲性的声音的影响——比如说，米沃什的声音。这也许是你耳朵的调谐功能，甚至可能是你被训练出的一种对待神的姿态。如果你调谐到的是格里高利圣咏的安宁之声而不是旧约散文和诗篇的狂野呼唤，如果你是在罗马天主教训导之下开始的而不是在个人良知的竞斗场开始，你可能不会渴望一个人在旷野中发出的呼唤之声。即使这样，诗歌也总保持着它要直达星空的权利。问题是诗人能否让自己的声音高升到如此境地。

奥德里斯科尔：对当代诗歌来说要容纳一种本质上并非直陈

性的语言会有多困难?

希尼：也许那种不只是删削的散文，而属于真正诗歌的直陈式诗歌，可能会在与一些更古老的没听过的“诗性”音调的对话或对比中听到。比如阿什贝利，戏用所有类型的传统的崇高。另外，你还可以举出口语诗人的例子，像克里斯托弗·罗格寻求荷马般的上冲力。美国诗歌一般更便于推动这进程：我想到露易丝·格丽克或约里·格拉罕，更不用说洛威尔，我想到那些声音，它们不会为努力达到更高的音阶和措辞而觉得尴尬。但在大西洋的这边，你会看到德雷克·马洪，他可以上升到有着高度经典支撑的华丽辞藻，像菲利普·拉金在《上教堂》和《降临节婚礼》结尾做的那样。还有莱斯·穆雷：尽管他用澳大利亚俗语，穆雷在他的语言中植入的扭转和牵引力既是他语言之马的刺棒又同样经常是缰绳。汤姆·鲍林也一样——某个人用着方言土语，但他随这些语言升起，他的下降就像下蹲助跑是为了起跳升空一样。

奥德里斯科尔：这样的话你会不会觉得纳吉布·马哈福兹的观点有一些道理？他认为口语是“人们遭受的疾病之一……我们社会的弊病之一，和无知、贫穷和疾病完全一样。”

希尼：我认为这说法有道理。世界会被有简约化力量的言语所简化，像乔治·W. 布什[①]那种人的言词。在一个言语极度贫乏的世界，奥登曾称之为我们栖居的“真实世界的宏伟和庄严”应该与之相称的“携带着所有的重量并总是同样的重量”——全都会变得轻微。这并不是说使用浅白的语言必定会妨碍一首诗达到崇高之境。想想叶芝的

① 小布什总统，他以讲话中的各种语义、发音、用法错误而著名。

《长腿虻》或奥登的《阿基琉斯的盾牌》，有着语法的智慧之头和强壮肩膀的节奏仍然有着强大的负载能力。

奥德里斯科尔：你经常引述叶芝的说法："诗人即使在他看起来最是他自己的时候，他也从来不是坐下来吃早饭的一团偶然和混乱的聚合体。他是作为一种理念、某种意愿所为的、完整的存在而再生的。"你回顾这段话是因为你感觉到在你本人和你的角色之间，在作为人的谢默斯·希尼和作为诗人的谢默斯·希尼之间有一道鸿沟吗?

希尼：说"鸿沟"有点夸张。我不断回顾这段话，是因为它说出了真实。还有一种方式可表达这一事实：如果一首诗写得好的话，你自己重读一遍的时候，会觉得它像别人写的一样。这种完整性让它独立于你也让你独立于它。你可以读它，一再读它而不觉得自我沉溺：你心里的那种促使你写它的东西已经超越了你。没写出来的诗总是和你自己的事情纠缠在一起，是你的偶然和混乱的一部分——正是这点驱使你去写它。一旦这首诗写出来，就可以这样说，它已与你无关了。

奥德里斯科尔：但我还是对那个在格兰摩尔坐下来吃早餐的"偶然和混乱的聚合体"很感兴趣：这个人从城市移居到乡下，每天早晨开着他的大众甲壳虫送孩子们去上学，然后爬到楼上去写作。他努力投身于自己诗歌的写作但又要为谋生而写各种约稿。我想要对这种东西有更多的了解，就是产生"意愿所为的，完整的"的诗，比如《格兰摩尔十四行诗》的东西。

希尼： 关于格兰摩尔有两点很重要。我知道它是一个很适合我的地方，因为在那里，我总是感觉到华兹华斯可能会称作“蒙福的状态，/在其中挚爱温柔地引导我们”。格兰摩尔指引我走向更自信的、新的写作，所以我对这次迁移没有任何怀疑。从没有想过，“噢，上帝，我希望我回到了阿什利大街”。与此同时，也有一些焦虑因素，因为我知道在那里生活不可能是一个永久性安排。在那些年，安·萨德莱姆耶一心一意想着退休后回威克洛，所以她不会出售这个房子，而它不管怎么说，对三个孩子和两个成人来说住起来也小了点。比如，我们的家具就还留在贝尔法斯特的房子里，我们还保有那栋房子。即使这样，我内心的一切仍感觉到和一种力量之源联结在一起。也许是因为这栋房子的一些物理性面貌——客厅冰凉的水泥地板，在门上推上推下的门栓，壁炉里的火——联结着木斯浜老家屋中的东西。

我发现自己，如果你允许这么表达的话，生活在这乌尔共和国之地毫无外来感。这里没有暖气，除了那个开放式的壁炉和那些可怜的两棒电暖炉，但这清冷也自有其魅力。它的补偿是能观看到树叶萌发、杂草茂盛和鸟儿筑巢。虽然这一切我差不多都是透过萦绕的卷烟的烟雾往外看见的，它仍然是一种有益的养分。我们处境的超然——远离都柏林，不被贝尔法斯特打扰——产生了一种被授权的感觉，你决心做点什么来展示它。所以当布谷鸟和秧鸡“在星光下求偶”时，我们在那里住了大约两年时，我顺从了这种愿望。我写的那一刻不由自主地用了“平滑数”——抑扬格诗行，音调不同于我那时候正在写的那些格式更严谨的东西，那些将收入《北方》的诗。这种音乐性的变化意味着我与格兰摩尔这地方确立了休戚与共的关系。

奥德里斯科尔：在什么意义上？

希尼：格兰摩尔是第一个这样的地方，我在此的即时经验进入了我的诗歌。在此之前，几乎所有的诗歌都出自萦绕久远的记忆。但在这农舍住了几年之后，它从只是一个住处变成了一个可被写入诗歌中的地点。《暴露》——我们已经讨论过了——正是它的开端。然后，在接下来的五月，我刚刚在鸽舍做完BBC的节目之后，这组十四行诗就自己冒了出来。甚至有一首十四行诗写的是格拉斯梅尔一个叫白苔的地方，华兹华斯曾在那里散步——他的苔路。但最后我觉得这首诗没写好，也许是因为它过多的使用了那种文字游戏。格兰摩尔真的是我对它的称谓，一所"树篱学校"，就其字面的感觉。我从野蔷薇丛上采摘黑莓吃，我似乎又回到了小时候的上学路上。我甚至在我们山墙的树篱上看到一个乌鸫窝。

奥德里斯科尔：在费伯出版社的《田野工作》初版的护封上，有一幅老地图标画出一片林木茂盛的地带。在格兰摩尔城堡的图上有一个小点，标记出"屋舍"。你就住在那里吗？

希尼：没错，"屋舍"标出了那个点，格兰摩尔城堡是弗兰西斯·辛格[①]在1804年修筑的，在那片地上——上千英亩[②]的土地上，他在恶魔谷之内和周边买下的土地，那时和现在都是著名的风景秀美的地方。城堡还在那里，"一座有城垛的宅邸"，但现在它成了公寓，地产被分割了，被出售而后再出售。所以你能看到一个骑手村和各种迷人

---

① 据安·萨德莱姆耶考证，Synge的发音同sing，但中文多译为"沁孤"或"辛格"。

② 英亩，英美制面积单位，1英亩＝0.004047平方公里。

的宅邸隐藏在周边。但你不会失去那种老地主的感觉。那片地产的围墙沿路伸延好几英里，大片起伏的田地，种植的坡地，宏大的农场建筑的遗迹，像军营一般巨大。我说遗迹是因为这些建筑的屋顶都在1920年代被掀掉了，你现在所看到的只是墙壁，但仍然巨大，像很多被毁掉的修道院一样。

这就是从我在楼上写作的房间的窗户看出去所看到的一切。一大片田地干干净净地上升到那山顶的石头墙边，那墙上每隔一段就会有一个椭圆形的窗户，每个窗户都用非常漂亮的尖角砖砌了边。周边和翻过山去，是恶魔谷树林。当这地方还是耕种的农场时，从那些树林里来的鹿会经常来烦扰。不管怎么说，那就是1972年8月我们的落脚之地——从阿什利大街传来遥远的叫喊，街角的“阿什利酒吧”的老板拉维利先生被炸翻了，在他试图从酒吧拿走一个邮包炸弹时。

奥德里斯科尔：那座乡舍的门本身有多大？

希尼：非常小，但这点被总体的吸引力所弥补了。它有很多可观之处。柱子和门。石头屋子，石板屋顶，还有所有窗户四周那些可爱的红砖嵌边。玫瑰。壁花。楼上房间的屋顶窗。有着低低的榫槽接合天花板的楼上起居室——我把它用作书房——摆着玻璃顶面的胡桃木木纹桌子、古董架和粉色的扶手椅，像出自盖斯凯尔夫人小说里的东西。原建的房子楼下有一个厅和两个房间，一个用作客厅，有一个开放式的壁炉；一个用作卧室，两个男孩睡在那里。楼上有一个起居室和两个卧室，其中一个卧室非常小，只够放凯瑟琳的幼儿床。1950年代的时候加盖了一个侧屋，于是我们就有了一个毫无装修的水泥地面的浴室和一个小厨房，有一个烧罐装煤气的灶具。水用电泵从前门外面的一个井里抽取——虽然那个电泵一直出故障。你得用煤块和木头来生火，在炉火前给孩子们洗澡，因为没有中央供暖。但我们足够年轻，可以把它作为一种刺激的经历来享受。

奥德里斯科尔：你们觉得与世隔绝吗？在前面你提到了去加雷奇·布劳恩在卢加拉的家里拜访。在附近你们还认识别的人吗？

希尼：刚开始的时候没有。得这么说，我们去卢加拉主要是在加雷奇举行晚会或招待诗人的时候。他是个非常好的主人，作为克拉达唱片公司的头他在七十年代初期非常活跃，因此卢加拉经常高朋满座，各种音乐家、作家和纵酒狂欢的人。也会有画家和艺术家光临，路易斯·德·布洛克和安妮·梅登；巴里·库克和桑佳·朗德威；雕塑家艾迪·迪拉尼和他的妻子南希；风笛手帕迪·莫罗尼和他的妻子丽塔；歌手多莉·麦克马洪和她的丈夫奇兰，爱尔兰民间音乐的广播者和权威。约翰·布曼在附近的安纳莫买了房子，所以他也会带着一家来参加。事实上在那些日子里去布曼家是我家孩子们的盛大时刻，因为约翰家里有一个小型影院，可以像在正规影院一样给他们放电影看。

奥德里斯科尔：那么说，你并没有完全脱离社交圈。

希尼：完全没有。虽然应该说那些晚会是非常难得的最好时刻，绝大多数时间我们就待在自家农舍里。我的社交中心并不是山上的一栋十八世纪小屋，而是阿什福德一家酒馆的吧台，在沿路而下一英里半左右的地方。我们还是很幸运，我们的邻居，一边是约翰逊，他有一群奶牛，另一边是查普曼，他主要耕种。我记得我们落脚不久，沿着从村里上来的路走着，然后就面对着十或十二头牛从山上朝我奔跑而来，约翰逊夫人远远落在它们后面。我意识到它们是炸了群，必须赶回去，于是我张开手臂，大声吆喝，就像在老家在我们那地方做的那样。那些牲畜停了下来。我将它们往回赶，从那一刻起，我就被认可，被接受了。后来，玛丽在阿什福德的学校教书——感谢她在那的工作——我们更深地融入了本地的生活。在商店和在路上我会遇到学生们的家长、我们保姆的父母，酒馆的客人中也有一些听过我每周做的电台节目，所有这些都有助于我们融入其中。

奥德里斯科尔：那些广播节目转瞬即逝的性质让你感到困扰吗？——做了很多工作，但没有留下书面痕迹。

希尼：那时，支票是重要的书面痕迹。我想有一些固定的金钱收入，因此这每周的薪水是一种安抚。我一直喜欢电台工作，那时候我在 BBC 的演播室积累了相当多的经验，在各种艺术节目和校园广播节目中，我和大卫·哈蒙德一起做。我也很喜欢来到我手中的各种书——不只是诗歌和小说，还有传记和非虚构类的，比如蒸馏威士忌的书，旅行类书，那些我不做这工作就不会注意到的书。读那些每周评论的书，准备脚本，前往都柏林做广播——经常坐公交车去——给我一种感觉：我现在很好地过着真正的自由撰稿人的生活。每次节目我写五到六分钟的评论，其他的两三位嘉宾发表别的书的评论。这是一种很简单的套路，但很值得去做。

奥德里斯科尔：你怎么看待莱斯·穆雷的观点？他说“在一个农夫看来，任何雇员都是小孩”，还有“在我生长的地方任何工作都是一种落魄”。

希尼：我知道，正如他们所说的，穆雷来自哪里。我的父亲肯定会觉得卑屈，如果他得为某个人工作而挣一份工资的话。事实上，我在前面已经提到过，当牲口交易从商贩的个人买卖变成拍卖人公开拍卖时，他突然发现他只是一个顾问而不再是主事者时他一点都不开心。但那种需要受到良好的教育才能承担的工作被认为是一种提升而不是落魄。比如，我父亲的妹妹萨拉，当了学校老师，因此被认为是一位女士而不是小孩。从一开始就伴随着我们的问题是："长大后你想做什么？"一旦我去上了学，就总有一种感觉我得获得一个职位。这是事物的经济形态，也是道德形态。

奥德里斯科尔：在提到马修·阿诺德时，你曾经说过："你会因为不记得让它总是保持时刻准备的状态而背离你的天才；你会因为处于另一种方式的道德中而背离你的天才……照顾好职责。"你现在还这么认为吗？

希尼：我一直很想在漫不经心和积极作为之间找到一种良好的平衡。多年来我很怕写出勤勤勉勉的诗，对勤奋写诗有一种相当消极的态度。它似乎难以产生伟大的艺术之作——在别人身上，也许可能。诗歌是突然进入我的生活的，我经历了一种那时候觉得有如中了魔法般的改变。这一经历所显现出来的那种老派的诗歌理解对于我是一种决定性的理解。不管是好是坏，我从来没有把自己的写作生活建立在你可能会称之为职业性写作的基础上。在大多数年月里，我得教书和谋生，不是天天有时间写诗，没有固定的时间。我甚至可以说在内心里有一种迷信，害怕这样的程式化写作可能会把诗歌赶跑。我有这种矛盾，一种任性的驱动力，甚至在我自己看来，不要从事那种"诗人"一词在学院中可能获得的安稳的写作。这么说你能理解吗？

奥德里斯科尔：它肯定是和你曾说过的另一些事情紧密联系在一起的。在与《基督教科学箴言报》所作的访谈中你说："把朗读诗歌作为谋生手段……是对诗歌自由的某种犯罪。我确实相信诗歌属于天赋领地和神圣领地。"你是否仍然坚持那些看法？

希尼：我仍然这么看——虽然这并不意味着我不会为朗读诗歌而收取报酬。那番特别的表达出自七十年代末八十年代初某些时候所做的巡回朗读的体验。那是一种谋生活动，由一个经纪人组织，就这么进行。两到三周的艰苦行程，夜复一夜的在全美国不同的大学里。这事发生在汤姆·弗朗甘从加州大学伯克利分校转到纽约大学石溪分校后不久，他在那儿又一次和路易斯·辛普森成了同事。路易斯向我推荐了这位女士，她当时是他的演讲经纪人，同时也是奥登的经纪人。她住在离长岛很近的地方，因此我去看弗朗甘的时候也去见了她。没多久她就制作了一份传单，上面写明了我和我的作品的一切情况——包括这样的信息：我在圣科伦巴公学时杰拉德·曼利·霍普金斯教过我；因为在我向她提供的传记介绍中，我提到了我很早的时候受到过霍普金斯的影响。

不管怎么说，这事的结果是一场大横扫：每天飞行、面谈和学生老师一起聚餐，然后，在此之后又是某个人家的晚会，最后，在旅馆还需要自己喝一杯——只为庆祝你终于能自己待着了这一点。并不是你还没有喝过……到最后我都累垮了。最糟糕的是，我参加这些几乎一样的活动的乐趣逐渐消失了。我疲惫地开始一天的行程，虽然到了晚上站到讲台前时我能让自己振作起来。对于每一批新听众的关注，我都能够做好。但对我自己，整个事情开始失去活力和热情。我认识到理想的诗歌朗诵应该是那种可把叶芝的诗句做前言的："长久沉默之后的言语。它正确的……"在重复之中丧失的东西就是我称之为天赋的那一面，你在分享诗歌时那种真实的快乐，你自己重新发现一首诗的快乐。在一次感觉很好的诗歌朗诵中——是说你这个诗人感觉很好——你重又获得了你第一次写这首诗时你感觉到的觉醒。那种惊讶和感激在那一刻又回到了你身上——那种你的需要得到满足的老感觉，应你的需要被召唤来的词语带来的满足。作为一个诗人你有义务不能背弃这样的真情实感。你已经神秘地被词语补偿了，你对这种神秘负有某种忠诚的责任。

奥德里斯科尔：这种信念如何适应于你仍然在持续的年复一年遍及世界的诗歌朗诵活动？

希尼：首先，在那次大规模的巡回朗诵之后，我再没有参与这种夜复一夜的持续的活动了。我养成了一种为每一次活动充分准备的习惯，无论多么常规性的或低调的活动。无论是在雅典还是在阿纳霍瑞什学校，除非我有两三个小时的时间去遐想要读哪一首诗，同时有时间去设想整个节目的连贯、顺序和总体形态，否则我几乎不会参加。所以现在每次我站起来时我内心已经准备好我希望表达出来的东西，感觉既准备好了也能应对了。这也许就是冥想的另一种说法，但在这一阶段它是一种必需。这意味着每一次朗读都获得一种它自身在此时此刻的感觉。你可以谈论同样的诗，但它们是意愿的某一部分，它们并非只是包含在一些偶然或一堆杂乱的东西之中。它意味着你能在表达出自己的同时还保持你是你自己。

奥德里斯科尔：将某种东西表达出来同时仍使它保持为你自己所有，这种看法在你关于诗歌技艺的谈话中也触及了。你认为诗歌技艺是一种手段，由此可以将亲密的经验转化为“一个可被审视的客观文本。它让你说出你亲近和亲密的感受而不觉尴尬”。这一看法可用于《臭鼬》吗？这一看法反映出你对整个艺术的期待吗？

希尼：当然。当这种未能转化的材料正好展现给你时，你就会体会到这一看法的合理性。我曾经出席过一个小规模的学术聚会，讲话者完全放开时读了一首他的爱情诗。他先读了一篇关于爱情诗的论文，受到了大家的好评。不用说他的妻子就坐在前排，鼓励他大胆地更进一步。不管怎么说，我们的情绪调动了起来，然后就听到了第一行：“我喜欢你穿着内衣的样子……”完了。这首爱情诗的朗读还在继续，但我们已经没法听了，大家都强忍着不笑出来。洛威尔曾经坚持认为你可以在诗歌中说任何事情，只要你把它掌控得恰到好处。这个人显然没有学会的一件事情就是不知道怎么掌控。一旦你想展示一件事情，这事在生活实际中是真实的但在艺术上并不会自行成为真实，这时候你就需要掌控力了。

奥德里斯科尔：你能在此语境中谈谈《臭鼬》这首诗吗？你把它给玛丽看的时候感到紧张吗？

希尼：我不觉得有任何可紧张的。毕竟，这首诗中有一些好玩的因素，也有很明确的严肃的内容。它是关于一只臭鼬的，对吧，但它同时也是关于联结我们的横跨大西洋的缆线。当我在加利福尼亚，我看到那只小动物出到外廊；没有难闻的臭味——一切都被北伯克利那些芬芳山坡上的桉树消除了。那个学期我一个人占有一整座房子，替马克和露丝·索勒看家。他们告诉我留意这只臭鼬和她一家，如果它们出现的话，一动也不要动就不会有事：没有惊吓就可保证不会喷臭气。我非常近切地看到了她悄悄地走动，她尾巴的闪光，黑白条纹尾巴的摇摆。直到现在我还把那次探访与情欲相连结。

奥德里斯科尔： 情欲在诗歌写作中是一种多么重要的动力？你是否觉得一部诗全集要是没有爱情诗或情欲诗——无论多么崇高——几乎都可确定是一种缺欠？

希尼： 也许情欲是不可或缺的。是通过绿色根茎催动花开的力量。甚至是催动莎士比亚和《圣经》的力量。还有但丁和叶芝、萨福、安娜·斯维尔、D. H. 劳伦斯、德雷克·马洪，这个名单长得像诗歌本身。无法实现的欲望，性满足，性无能，迷恋，升华——举不胜举。在诗歌中回忆就像勃起一样有生殖力。想想怀亚特。记忆允许洛威尔所说的身体的万千欢乐小溪流入词语之根，但从这根中萌发出来的东西并不必然明显地感受到性经验的源头。爱神厄洛斯会伪装自己，变身为暖房里的一棵幼苗或维拉内拉诗体[①]韵律结构中的一个蜿蜒曲折。但还是很难宣称一部没有爱情诗的诗全集存在缺陷或别的。我想爱情诗本身并不是不可或缺的。比如，我想爱情诗并不是兹比格涅夫·赫伯特诗歌的重要组成部分，虽然我可能只是不知道他诗歌的整体面貌。但乔治·赫伯特在此值得提及，霍普金斯也是。没有一首给情人的十四行诗，但那欢乐的小溪在它们渴想的诗歌中到处甜蜜地流淌；在所有萌芽和“明亮的幼苗”的背后必定有性液和欢乐。就我自己的例子来说，情欲最终蜷入了一首诗的曲折之中，收入《区线与环线》的一首诗《蕨菜》。

---

① 起源于法国的一种精美的诗歌形式，它由若干个三行诗节和结尾的一个四行诗节组成。

我甚至想知道那晾晒在金雀花灌丛上的白色的漂洗织物——在《田野工作》的题名诗中——是不是无意识地被色情化了，被《冬天的故事》中奥托里库的小曲“白床单在树篱上晾晒／引得我的贼牙发痒”。这些诗句并没有特别的性意味，但莎士比亚很多歌谣里的野外爱情生活，“在这大片的黑麦之间……／这些漂亮的乡下人会躺下”这乡下场景的展望，会给玉米地和干草堆的安乐窝投下一抹性活动的意味，而罗茜·多内尔或特蕾莎·麦克克罗斯凯在那里来来去去，从不会想到莎士比亚。

奥德里斯科尔：你有时候是不是会感觉到困扰，作为一个作家你在生活中丧失了“悠闲自在”的自由，或者没有更多的时间和你的家人一起共享？在《后记》一诗中，那个女人要诗人“从你的房间里下来／和我与孩子们一起在星光下欢笑漫步”。

希尼：很显然，有很多时候我处于在截稿日期之前写完稿子的压力之下，去做广播或诗歌朗诵时会不在家，退避和不耐烦是写作生活的不可或缺的部分。毕竟，你还和诗歌成了配偶，和其他诗人，无论死去的还是活着的，结成了姻亲。因此，在某种感觉上你过着双重生活，有两个家庭。不过，要是有良好的意愿和充沛的精力的话——还有幽默感——这种特别的“重婚”还是能处理好的。我认为幽默是《后记》一诗的中心因素。维吉尔的妻子——一个完全虚构的人——和诗人的妻子，站在地狱边缘突出的岩石上往下看，看到她们的配偶在第九层的冰窟里……这首虚构的诗看起来好像我的现实家庭嫉妒我和诗歌的关系；但事实上，它真正讲的是诗歌家庭内部的嫉妒，“诗人和诗歌的硫磺味消息”，像那个女人说的。

奥德里斯科尔：那个“她”，无论可能是谁，对诗歌职业都不完全迷恋。玛丽在这方面和她有共通之处吗?

希尼：玛丽曾开玩笑说——认真的玩笑——股票市场都不会有诗歌市场那样的牛市，金融市场比起沙龙中的内部交易来说都要干净得多。尽管很多诗人她都觉得很可爱，但她总有一种自己的疏远。

奥德里斯科尔：你说过你和玛丽在格兰摩尔“重新开始”。这种新开始带来了什么？有什么贝尔法斯特的事情结束了?

希尼：贝尔法斯特是我们成长的地方，在我们到格兰摩尔时我们已经成熟。它是一个新的阶段，也许我对生活和艺术的秘密的信念基础有三重：开始，继续，重新开始。我们站在一个异常丰富的十年的终点，无论你是从创作生活、职业生涯还是从个人爱情和友谊的角度来看。在1962年，我开始教书，遇到了玛丽，开始写作。在1972年，我辞掉了女王大学的工作，退出了兴盛的诗歌场景，到更孤寂的威克洛做起了全职作家。而在格兰摩尔的退隐感不仅仅属于一个方面，它就像每一学年开始的时候我们总是要做的精神退隐：最后一个晚上有一个很正式的重新宣读你的受洗誓言的仪式。我得说我们的搬迁要求类似的东西，一种新的结婚誓言。我想那种两个人承诺和再次承诺的感觉体现在《格兰摩尔十四行诗》中，“我们的分离；/在我们带露的做梦的脸上延缓”。就像另一承诺：“元音犁入另一个元音，翻开土地，/每首诗返回就像犁调转过犁头。”

奥德里斯科尔：搬迁到威克洛有没有感觉到玛丽被迫脱离了她的工作生活？你提到她“后来”在阿什福德教书。在你们开始搬到那里的时候，是做什么工作？

希尼：玛丽当时已经不教书了，为了陪伴两个孩子成长。这在她是一个深思熟虑的决定。还有我们在伯克利的那一年，她毫无疑问又成了外出工作的妻子。一年后，我们到威克洛时，她正怀着凯瑟琳。所以那些年她是有意留在家里的，并随着岁月的流逝越来越有成就感。后来，是的，她得到一个去阿什福德教书的机会，这既提高了我们的收入又让她有机会在教室里散发她的光彩。她很受当地的学生家长的欢迎，我前面说到过，这对我们融入当地生活有显著的帮助。

奥德里斯科尔：你回北方的次数多吗？

希尼：回德里郡和蒂隆郡去看我们的家人的次数要多过回贝尔法斯特的次数。我和大卫·哈蒙德一起做 BBC 校园服务节目这一工作意味着我和他有很多接触，大卫在多尼戈尔有一座避暑的房子，因此夏天定期去那里。在那些年月里，你得和整个骚乱中的贝尔法斯特的沦落作斗争——不仅和军队与警察，也和极端化的与潜藏的宗派主义做斗争。有些作家在那里停留的一个动机是为了救赎那个地方，甚至也许是救赎整个国家，但我没有这种动机。那是一个“转换营地”的时期，正如数年之后我在《第一次飞离》中所说，阵线重组非常清楚，比如对《北方》出版所作的反应。

奥德里斯科尔：你是说你自己因此有意地疏远贝尔法斯特阵营？

希尼：在某种程度上是这样的。当我从伯克利回来时，我的第六感告诉我必须得有一些转变或改组。不然的话，我感觉到的自由的风气和承诺将永远消失。我知道这是一个转折点，虽然我不知道我们最终会落脚在格兰摩尔。迁往南方是碰巧赶上的——即使这是一个快乐的举动。再引用一下《第一次飞离》中的诗句，“它更像梦游而不是抽筋/但那个时候正是一个/抽筋的时代”。还有，再重复一下我前面和你说到过的一些事情，我们听到朋友们的声音——巴里·库克的和特德·休斯的——劝我们考虑移居，他们的鼓励也是一个重要因素。

奥德里斯科尔：辛格和格兰摩尔的关联是不是对你也有很大影响？

希尼：这点很有吸引力，但它对我采取行动没有任何影响。那个时候华兹华斯在格拉斯梅尔的鸽舍比辛格在格兰摩尔的城堡对我更有意味。不管怎么说，约翰·辛格和城堡的关联并不是那么紧密。他是在绵羊谷长大的，在母牛渡住的时间要多过在格兰摩尔住的时间。我后来把辛格写进了一首牧歌，他作为梅利伯出现，而安·萨德莱姆耶成了奥古斯塔——安对于我是一个女奥古斯都，和格雷戈里夫人是同一类的人。

奥德里斯科尔：都柏林的文学场合怎么样？奥斯汀·克拉克？托马斯·金色拉？伊文·柏兰德？

希尼：我们确实有时见到金色拉，正如我前面说过的。伊文和她的丈夫凯文·卡西到格兰摩尔来探访过我们一次。奥斯汀·克拉克，我在贝尔法斯特见过几次，和诺拉一起，他们是很好的同伴，但也就有联系那种程度。伊文我是通过德雷克·马洪和朗利夫妇认识的；那个时候，我们定期在电话里交流，也不时地在都柏林的这里或那里碰到——比如在爱尔兰广播电视台的演播室。但那个时候我退出了所有的文学场合。

奥德里斯科尔：你意识到了南方爱尔兰作家中有人对你抱有敌意吗？——感觉你侵入了他们的领地或者感觉你在北方的大骚乱中得到了一个他们没有的“大题材”？

希尼：只有傻瓜才会认为一种写作环境中会没有敌意。我对这些事情几乎不加考虑，因为我把它们视为理所当然。我同时也理所当然地认为，在文学之共和国中，每个人在每个地方都有权利走自己的路。我不认为我是一个入侵者。如果说有什么感觉的话，我更感觉像一个回家者。考虑到我自己的政治和文化背景，我把“南方”这一维度视为某种我属于它而它也属于我的东西。我经历的唯一明显的敌意属常见的那种，起因是我在《铭刻》节目中做了一些稍带贬义的评论。另一方面，我确信小说家约翰·布罗德里克有一阵子简直是疯了，在他受到与我同一节目的弗兰克·奥姆斯比的一通里维斯式的严厉批判之后。因为奥姆斯比来自费曼纳郡而鄙人来自德里郡，布罗德里克可能认为有一种北爱尔兰阴谋故意要贬低他。但我对弗兰克要说的话一无所知，即使我想要约束他，那也不是我所处的位置能做的事。

奥德里斯科尔：尽管“退出了所有文学场合”，你还是编辑了新的名为《探测》的爱尔兰诗选，第一本出版于1972年，第二本出版于1974年。《探测》是怎么编出来的？

希尼：詹姆斯·格雷西在七十年代初是贝尔法斯特的林恩霍尔图书馆的助理馆员，他开始运营黑皮出版社。出版诗歌选集的主意肯定出自他和我还有麦克尔·朗利之间通常你一言我一语的交流，当时朗利在艺术委员会任职。照老样子，我把编辑工作视为有益的打零工，但我也很想终结南/北诗歌的分离。比如，我最后选入了彼得·法隆、杰拉德·范宁、哈利·克利夫顿、德莫特·赫利、格雷戈里·奥多诺休、帕特里克·金，这些人的诗，同样选入了北方诗人像齐阿兰·卡森和弗兰克·奥姆斯比的诗。

奥德里斯科尔：你鼓励过那些南方的年轻诗人把他们的诗寄给你看吗？你是否想过在都柏林也组织一个“诗社”？

希尼：我见过并且和他谈论过他的诗的一个诗人是德莫特·赫利。他寄给我一堆诗稿，从各个方面都散发出天才。我记得就在亨利大街的一家酒吧里我们见的面，离位于GPO的爱尔兰广播电视台的老演播室不远。我记得很清楚安东尼·克罗宁在那里看到了我们，那时我还没有和他单独见过面。德莫特·赫利是一个例外。一般来说我只是给人们一个发表的地方，并没有想要参与到他们作品的评判中。那种评判我已经有够多的了。在1976年我们搬回都柏林后的一小段时间里，我头脑里一直有一个念头，每周组织一次文学聚会——真的，只是为了我自己，只是想让我身上那个年轻诗人保持活跃。但它更像是那些老诗人叶芝、AE（乔治·威廉·罗素的笔名）曾经组织的“晚会”的迟来者的仿制品，而那种时刻已经过去了。

奥德里斯科尔：我们再返回到“宏大主题”吧。《田野工作》包括了对宗派冲突的谋杀事件的叙述和几首哀歌。然而，它出版的时候你把这部诗集描述为对“一扇通向光明的门”的探寻。

希尼：辛格关于风格的说法是新主题进入意识中时的震动。洛威尔的诗句，“为什么不说出发生的事？”米沃什对“一个清晰的诗节”的尊重。新闻头条中的黑暗事物需要进入《田野工作》，但我希望的光明来自表达的明晰，来自朴素的言语，像叶芝中期的那些诗一样——如你在《牡蛎》中读到的“清澈的光，像诗歌或自由/从大海斜照进来”。

奥德里斯科尔：紧接着《牡蛎》的《三联画》中的第一部分，暗示了英国驻爱尔兰大使克里斯托弗·伊瓦特－比格斯在1976年被谋害一事。他在都柏林任职期间，你见到过他吗？

希尼：我没见过他。它并非只是个人悲伤，更多的是对这谋杀的震惊，把我和每一个人都击倒在地的震惊。杀死一位大使不仅是违反国际公约更像是冒犯了古老的禁忌。那天早晨电台的新闻里提到两个拿着步枪的人从爆炸现场跑上了山。这一点是否被证实，我不太确定，但它留在我的头脑中像一种梦中景象：似乎西科克游击队的那些老爱尔兰共和军成员的幽灵又回来了——“那动荡的创立者”，那战斗和伏击“黑棕队员”[①]的人——似乎他们又回来了，出没在这个他们曾经为之奋战要建立起来的国家。

奥德里斯科尔：因为公开批评对一个英国外交代表的谋杀，你是不是激起了共和派中一些人对你的敌意？

希尼：不管怎么说，我没有遭遇过直接的敌意。我间接得到的，

① 1920—1921年英国派往爱尔兰和新芬党作战的武装人员。

来自相近的人们，是回溯性的批评，要是我能这么说的话，在我颁发伊瓦特-比格斯奖后。它授予一部帮助英国—爱尔兰相互理解的书，或类似这样的内容。约翰·鲍曼写的关于德·瓦莱拉的书是第一部获奖作品，还有——如果我没记错的话——科诺·克鲁伊斯·奥布里恩是评委之一。那种回溯认为，共和派阵营全都如此，伊瓦特－比格斯是军情5局——或军情6局？——的人，因此这是场公平的游戏，因为他是大英帝国的战争机器的一部分，因此这个奖只不过是英国的宣传伎俩。我能够看出这种宣传的指控有几分道理，但在我老式的眼光看来，爱尔兰国家的荣誉由于这场暗杀而受到的损害，我体会到的无论什么内疚都微不足道，比起应付出的补偿来说。

奥德里斯科尔：紧随在《三联画》之后的诗《图姆路》对正在你家乡的土地上巡逻的英国军队充满敌意。它放在这里是想要提供一幅那时候你的情感的平衡画面吗？一种“你们双方都不得好报”的方式？

希尼：那不是我的意图，我从来没有这么看待它。与此同时，我很快就发现《图姆路》激怒了一些非常公正的人。他们想要知道考虑到爱尔兰共和军的袭击活动，我的可以替代军队巡逻的办法是什么。在学院里，理论层面，可能也有一种反对意见，针对我对“看不见的无法推翻的翁法洛斯[①]”的祈求中的本质论。不管是不是本质论，这始终是一种对这片传承土地的羞辱，在我自己小时候家里的小路尽头，被这些穿着制服但对本地一无所知的毛头小伙盘问我的姓名和

---

① 指在希腊宗教中有着神圣意味的圆锥形石头，尤其是德尔斐神庙中的那一块，据说是世界中心的标记。

住址。

但这首诗最主要的，就我的关注来说，是对我在大骚乱很久之前做的一个梦的认可。我梦见我穿过田野去告诉人们侵略者来了。在梦中，我看见这些亚洲士兵坐着坦克，沿着安特里姆郡海岸公路列队而来。我是唯一在那发出警报的人。这个梦很恐怖，印在我头脑里好些年。部分原因是我把它和一个著名的诺查丹玛斯的古老预言联系在一起：俄国人将饮马内伊湖岸。顺便提一下，这个预言数年之后变成了德莫特·塞莫尔一幅著名的大骚乱题材画的标题。在那幅画中，你会看到一架英军的直升机在空中监视，而在下面，一个陷入焦虑和恐慌状态的年轻人，正穿过一片满是大黑牛的田野。

奥德里斯科尔：直升机和路障经常出现在你的诗歌中。你是不是对这种英国军队的巡逻感到特别气愤？

希尼：我身上的一半会说，“他们只是一群奉命行事的新兵蛋子；作为个人，他们很快就会回到他们在利兹或别的什么地方的家里——他们来到这里是因为爱尔兰共和军对生命的威胁”。但是当我一转弯看到装甲车封锁前面的道路，狙击手藏在树篱后面，迷彩士兵在检查点检查，我身上的另一半又会抗拒。这很大程度上依赖于你所打交道的那个人的态度。但这件事的真相是他们被派来把你控制在你所在的地方，他们的同伴在德里郡枪杀民众，他们基本上可以想怎么做就怎么做。这种军队的耻辱来自高高在上者保护低下者的方式。除了血腥星期天的丑闻之外，还有那些案例，士兵枪杀无辜的人被判罪之后只被象征性地惩罚，然后嬉笑着又回到原来的部队中。在这样的事例中，对民族主义派人的轻蔑，对公义的轻蔑，告诉你你在和什么打交道。

在这样的时刻你只想说，“让他们下地狱吧”。它不再是你所想的来自利兹的什么新兵蛋子，而是苏格兰军团的保皇党分子和在军官食堂里高谈阔论的高级军官。二十多年来我每次开车从都柏林去蒂隆郡和德里郡，我总是在那些荒僻的路段感到一种全面的危险：你知道乡下充满了秘密活动，不仅有双方的准军事组织，而且还有像 SAS① 这种组织的秘密行动。我记得写过一首关于这事的俳句：“春天的阿尔斯特：/天线在树篱中，对讲机/粗声大气地叫喊”。

奥德里斯科尔：在血腥星期天之后，你确实写了一首歌，《通往德里的路》。

希尼：我是在参加了一个被射杀的人的葬礼之后写的。卢克·凯里，都柏林人乐团的歌手，请求我写点什么，他会演唱。因此我写下了这首传统的谣曲，以这样的语句开始，“一个星期三早晨一大早我起身上路去德里，/经过格伦谢姆山口，福戈伦林地和希尔海寒冷的森林”——它是我最喜爱的一首爱尔兰传统民谣《穆拉邦的男孩》的回响：

一个星期一的一大早，我漫游的步子带我到一个农夫的草地和绿色的小径，我听到小鸟儿抒发着巨大的悲伤，说“我们和穆拉邦的男孩再无约会”。

这首民谣的曲调优美缓慢，悲伤欲绝，我认为它很适合我所写的词和情绪。但它似乎未让卢克觉得合意，他并没唱它，然后时机就过去了。绝大多数的词句都还不错，但有一个段落和有几行诗句很不

① 特种空军部队（Special Air Service），英国一支用于秘密或艰巨军事行动的部队。

好，就艺术来说，匠气太重了。所以在血腥星期天13周年再发表时，我做了一些删节和修订，但核心意象和陈述从一开始就是这样：“正义埋在污泥中就像橡子埋在冬天里……那里十三个人死了躺在那里。”

奥德里斯科尔：你没有想过把它收入到你的诗集中吗？

希尼：没有。它属于写下它的那一刻。它是华兹华斯所说的起缓解作用的“应时叫喊”。像所有歌一样，它是为公共声音所写。如果它由卢克演唱了的话，它会起到即时与合适的作用，作为共同的悲伤和愤怒的表达。另一方面，如果我把它收入到后来的诗集中的话，我会觉得我是在向支持者邀宠，是在做宣传，拉低我自己。这是在做一件布罗茨基曾经嘲讽过的事情，“那些好家伙来了”。

奥德里斯科尔：几年之后你回到血腥星期天这一主题，写下了《遇难者》。讲述一个喝酒的朋友因为没有遵守准军事（民兵）组织的宵禁令而被“炸成碎片”。你提到过这个人，我很想知道更多他的情况。

希尼：路易斯·奥内尔是我岳父在阿德波开的酒馆的一位常客，一位小个子的农夫和鳗鱼渔夫。那种头脑冷静、节制、很有幽默感的乡下人，这种人我和他交往时非常自在。我有时在柜台外作为顾客和他还有他的朋友一起喝酒聊天，有时候我作为店主的女婿，在柜台里面当服务员，给他倒酒。我和路易斯的友谊变得非同一般，因为那个难忘的夏天清晨他带我一起去内伊湖，还有一次带我去收钓鳗鱼的线。所以当他在爆炸中被杀，我就知道我得写点什么，但不知道该怎么写。我岳父的酒馆在宵禁的那天夜里关门歇业了，注明为了血腥星期天葬礼，但路易斯去了另一家酒馆，它开了后门纳客，继续营业。随便提一下，一开始的时候我们以为炸弹是爱尔兰共和军紧急队安放的，作为对违抗宵禁令的酒馆的惩罚，但是编辑《失去的生命》的记者不这么看，这是一本报道大骚乱时期每一个死亡案件的事实的书。他们认为这可能是阿尔斯特志愿军[①]采取的一项行动。但不管是谁干的，他们都把奥内尔炸成了碎片。

奥德里斯科尔：《遇难者》似乎是一首很难定稿的诗，因为在它最终被收入到《田野工作》之前，它出现过好几个不同的版本。这困难的核心是什么？是因为你的《惩罚》一诗被一些评论诗集《北方》的评论家误读，所以你对"我们部落的共犯"方面的东西小心谨慎？

希尼：并没有这种小心谨慎。现在这个时候我已经记不清楚为什么花了那么长时间才把整首诗写得妥帖。即使那时候，我可能也没法告诉你。我确实在探索一种非常难把握的东西，北爱尔兰的很多人那时候都深刻地体验到的一种困境，他们经常感觉一种政治上保持团结的冲动和精神状态上彻底孤独的体验之间的拉扯。在路易斯·奥内尔违反宵禁令——其根本是一种团结的呼吁——这点上我看到了一幅乔伊斯式"我不遵从"的形象。《遇难者》对于我是一种新的诗歌，一种预谋好的形态，它的叙述和节奏组合意味着它的有些部分可以从一种立场转换为另一种立场，这种方式不可能用自由体诗达成。你那时候所依赖的第六感觉是那种作品还没完成，还需要把触角伸向它的周

---

① The Ulster Volunteer Force，简称UVF，北爱尔兰忠英派的准军事组织，成立于1966年，以二十世纪初的UVF而命名。

边和它的内部，看看问题出在哪里。

奥德里斯科尔：你前面提到了你曾从事过某些“为罗伯特·洛威尔而有的腹语术”。也许因此你会觉得一些评论家强调你受到洛威尔的影响是言之有理的，其中包括唐纳德·戴维的评论（诗体写的！）。

希尼：噢，没错，确实言之有理。事实上你可以在《北方》的第二部分看到这种影响，在素体诗，组诗《歌唱学校》中的《为什么不说出发生的事》中，特别是在《领养》一诗中。《领养》是一首无韵十四行诗，效仿的是洛威尔《笔记》和《历史》中那些刻画作家肖像的十四行诗，比如其中的《罗伯特·弗罗斯特》。《领养》也可以相应地被称作《麦克尔·麦克拉维迪》。这同样的音调和直接的肖像描写方式——要是我们可以这么命名的话——也显然出现在《田野工作》中，在那首纪念西恩·奥·李亚达的诗中，当然，也在纪念洛威尔自己的那首诗中。

谈到了《北方》，我也许该提一下洛威尔从他住的私人医院逃出来给我颁发杜菲·库伯奖的事。那是1976年初，在伦敦。他事先答应了出席，但事到临头时他正处于发作时期，被圈禁在私人疗养院内。然后——在定好的那天下午——他不见了，让他妻子和朋友们陷入巨大的恐慌中，最后他们才在伦敦大学的一个房间里找到他，颁奖仪式将在那里举行。那是一件悲哀的疯狂的事情，洛威尔四处走动，睡衣外面套着一件夹克。狄安娜·库伯手臂抱着一只吉娃娃狗，在某个时刻告诉他奖项将由某个美国疯子颁发。洛威尔目光狂乱点头回答，“我知道，我知道”。最后，他的讲话包括了一段朗读，还有评论——还有向我提了问——关于《歌唱学校》中的《1969年夏天》那一首诗，那一首诗也用上了从他的《笔记》学到的方法。

奥德里斯科尔：这些洛威尔晚期的十四行诗影响到你自己的《格兰摩尔十四行诗》了吗？

希尼：我没有有意识这么做。我记得在1975年夏天的基尔肯尼艺术周我们一起度过一段时间之后，我给他寄了部分这些十四行诗。我非常清楚这些诗的抑扬格太正确了，相比于他自己那些带着粗糙疙瘩的格律，并且他确实在一封信中暗示它们可以做得更宽松一点，但在他说到它们总的来说“似乎出自一种悲哀”时我觉得很高兴。他有一种非常美妙的亲近方式，无论是在个人交往还是在诗歌批评中。

奥德里斯科尔：在基尔肯尼的那个艺术节你是怎么带着洛威尔度过整个一周的？

希尼：我请他在那一周的中间来做一次朗诵，但他星期天就降落到了都柏林机场，到第二个周末才离开的。他过了格兰摩尔，和加雷奇·布劳恩一起待在卢加拉。当他到格兰摩尔乡舍时，麦克尔——他刚刚九岁——对他说：“我知道你是一个著名诗人，但我渴望的是见到一个著名的足球运动员。”也就是那一场合中，洛威尔对我说：“你和孩子们玩得很带劲嘛。”他去和加雷奇待在一起，因为他喜欢卢加拉具有的那种艺术家氛围和英爱（盎格鲁-爱尔兰）阶层的氛围。他在伦敦时就认识了加雷奇，通过卡罗琳·布莱克伍德的关系。事实上，我第一次见到洛威尔是在1972年伦敦的一次聚会上，是索尼亚·奥威尔为庆祝洛威尔和卡罗琳的新婚而举办的。我并未得到邀请，我当时正和卡尔和简·米勒夫妇在一起，他们在被邀请之列，于是把我也带去了。那真是星光璀璨的场合——西里尔·康诺利、斯彭德夫妇、索尼亚·奥威尔自己，更别提那快乐的一对。

我当时确实和洛威尔在一个角落里聊了半个多小时，像布罗茨基说过的，列细目清单——看看对哪个诗人说些什么。比如乔治·麦凯·布劳恩，洛威尔和加雷奇见过他，在克拉达唱片公司的人们去奥克尼录一张麦凯·布劳恩的唱片时。“他是一个很好的诗人，但不是一个伟大的诗人。”天线总是伸出的。他知道麦克尔·朗利的作品，还有德雷克·马洪的，因为卡罗琳在北道恩的克兰德波伊长大，所以他对北爱尔兰的情况很了解。那是一次真正的面谈，他魅力四射，智力更是超凡。但我读过诺曼·梅勒在《夜晚的大军》中对他的描述，其中对他恭维人的能力有非常准确生动的刻画，因此尽管我们相处得非常愉快，我还是有所保留。然后，一两年之后，我在《铭刻》上写了一篇关于《海豚》和把《笔记》重新编排而成的《历史》和《给莉兹和哈莉特》的评论，他给我写了一封表示感谢的信。所以那个时候我请他来参加基尔肯尼艺术节。

奥德里斯科尔：你应该在见到他这个人之前很久就知道他的诗了吧？

希尼：我在读大学时就知道了《南塔基特岛的教友派墓地》，因此这首诗和它的作者对我来说都是真正经典性的。整个六十年代我都在读他的诗，经常性的——《生活研究》《模仿集》《给联邦死难者》——这些诗集是我们当时呼吸的空气的一部分。洛威尔经常是诗社选读时喜爱的诗人。菲利普·霍布斯鲍姆特别喜欢《生活研究》和《模仿集》：我记得他读过后一本诗集中维克多·雨果的诗，亚瑟·特里读过——也是出自那部诗集——利奥帕迪的《星期六夜晚在村里》。

奥德里斯科尔：《模仿集》对你自己的翻译态度有影响吗？你说过，最近这些年里，"我年纪越大人变得越温顺"，这意味着一种对洛威尔立场的否定。

希尼：那时候，在诗社的语境中，洛威尔牵涉到美国文学史的白种人版本和红种人（印第安人）版本的对抗。这有点简单化，但它是一种划分的方式。我一般来说站在洛威尔/红种人一边，而朗利夫妇更倾向于威尔伯/白种人一边。他们认为德雷克·马洪翻译的维庸，在他的第一本诗集中，比洛威尔的翻译更好——也许确实如此。他们还会进一步宣称拉金的诗比休斯的更好。诸如此类。这是我们在自己中间制造出的水流和导向。因此，没错，我的翻译态度受到了洛威尔的影响，但并非特别受他的风格影响——那时候，毫无一丝这种影响。

洛威尔的翻译中对我冲击最大的是《邻近大洋》中所收的他翻译的布鲁内托·拉蒂尼的诗章。要是我没有遇到它的话，将不会有收入在《田野工作》中的《乌戈利诺[1]》。另一方面，如果我现在译《乌戈利诺》的话，我不会允许自己再那么过度夸饰，比如"一个迸溅的肉乎乎的西瓜"，这显然是来自我的洛威尔化。关于这种顺从/偏离的问题很难普遍地概括。在不同场合你对原文有不同的做法。比如，在翻译奥拉希利[2]的《美人中的美人》时我无法想象自己不会去设想某种格律模式，但在翻译一首爱尔兰吟游诗时，我不觉得有责任必须保

---

① 13世纪意大利贵族，和他的孩子一起被关在一座塔楼，最后被活活饿死。但丁在《神曲·地狱篇》的第三十二、三十三章中写到了他。

② 艾根·奥拉希利（Egan O'Rahilly，1670—1726），爱尔兰语诗人，他最先写出了完全成熟的艾斯林（Aisling）体诗。

持一种格律模式，计算着元音和音步之类的。

奥德里斯科尔：在基尔肯尼艺术节的朗诵会上介绍洛威尔时，你说到“一个诗人的任务是精通你这门艺术的意义和精通‘诗人’一词的意义”。难道很多诗人不是更愿意对这些问题不作太多的自我思考，而只是简单地通过写诗这一行为本身去寻找答案吗？

希尼：也许是这样，但我仍然认为那些关于精通这门艺术和诗人的任务的说法是有道理的。洛威尔是一个有公共立场的诗人，就是贺拉斯所说的“有教益”和菲利普·锡德尼所说的“有教导性”。另一方面，像《给联邦死难者》和《邻近大洋》那些开辟新纪元的诗并非出自什么教导性规划，而是出自他所陷入的困境，出自他的自我和他的时代，是一种逃避，是内心生活波涛的起伏跌宕。每一首真正的诗都是这样得来的，自我意识让位给找到合适词语的快乐中的忘我状态。如你所说，这是去寻找答案。但是再返回到你的问题，我相信你对我所指的那些意义思考得越多，你越有机会写出好作品。最终，它也许是一个良性和恶性循环：除非你真正具有“具体的写诗行为”的经验，否则你没有理由去思考它的意义。

奥德里斯科尔：基尔肯尼艺术节之后你见洛威尔多吗？

希尼：那之后就没多少时间了。在杜菲·库伯事件之后几个月我见到了他，然后是一年半之后，也是他生命的最后一年，他和卡洛琳在都柏林来拜访过我们两三次。他们在卡斯尔城堡住烦了——那是都柏林附近的一处乔治亚风格住地，卡洛琳在那里从她表哥德斯蒙德·吉尼斯处租了一套公寓——他们会进城一趟喝伏特加和见我们。

无论在哪里，他们的生活都挺混乱的，他们可能认为我和玛丽的生活过于正常了；而他们一旦到来，空气中就总是充满着机智和八卦。

奥德里斯科尔：你的《哀歌》动笔于洛威尔夫妇这些最后来访的日子。那时候你看着他像一个临死的人吗？

希尼：他只是看起来有点柔弱，但只是身体上，我当然没感觉到他正临近生命尽头。他留下一本美国版的《日复一日》；当我们得到他的死讯时，这本书还在他当时放下的咖啡桌上。我当时所感觉到的，借助于那时四处流传的八卦，是他和卡洛琳的关系将走到尽头了。在《在卡斯尔城附近暂停》中我把那天晚上发生的两件事融合在一起了。其一是我们在庄园大门附近停车，以便我和他在车边方便。其二是在我驾车送他们回去之前在门厅里，趁着玛丽和卡洛琳她们穿大衣的时间，我们迅速交流了几句。“我能很快再见到你吗？”我问。他回答，“我想不会的”，带着他声音里有时会有的很高的嘶鸣声，一道闪光透过他的眼镜。

奥德里斯科尔：在那同一首诗中，你提到玛丽·麦卡锡把你在洛威尔的伦敦追思会上的讲话描述为——或贬斥为——“水门事件之后最大的掩饰”。你想过你为什么会被挑选出来作那次讲话吗？

希尼：我没法说为什么我会被挑选出来作讲话，但那肯定是卡洛琳深思熟虑的决定，也许还和约拿桑·拉班有关，洛威尔夫妇最后一年在伦敦期间他和他们关系密切。这可能惹怒了一些人，他们和他交往已久——比如，阿尔瓦雷兹，他就坐在人群之中，还有伊安·汉密尔顿。再说，像通常那样，对这种场合的讲话的担忧带来一定程度的拔高。我只谈了他作为一个诗人的使命和行为，既没有谈他的精神崩溃也没有提到他的婚姻。最终，我是从汤姆·弗朗甘那里听到麦卡锡的评论的，而他又是从康诺·科鲁兹·奥布里恩那里听来的，后者又是在那位女士从教堂门口出来时亲耳听到她气呼呼地说出的，她提前离开是为了去赶一趟飞巴黎的飞机。

奥德里斯科尔：再回一下1975年基尔肯尼艺术周：活动正在进行时，你得到消息，你的二表兄麦卡特尼死于忠英派民兵组织的一次随意的教派谋杀行动。这肯定把你置于了一个尴尬的困境——如果你去北方参加家庭葬礼的话，你就得放弃你对洛威尔和其他诗人的职责；如果你留下来，你会觉得自己“没有尽到义务”（借用你《斯泰森岛》中的一个说法）。

希尼：在那个时候，选择并不像这么严峻。科伦·麦卡特尼是我父亲的表姐的儿子，一个斯卡利翁[①]家的表姐嫁给了麦卡特尼家。我个人并不认识科伦，我住在离老家够远的地方，并不觉得有立即作出反应的义务。我六十年代初就住在贝尔法斯特了，那时候正住在威克洛。我的弟弟妹妹们和我父母都参加了守灵和葬礼，并没有期待我回去。然而，由于他死于如此可怕的情境你忍不住会觉得你有责任出席，既是同情也是抗议。

奥德里斯科尔：所以你觉得有些负罪感？

希尼：说负罪感可能有点太重，说不安可能又太轻了。礼仪是焦

① Scullion，是“厨师”的意思。《在贝格湖的岸边》提到了做厨师的祖先。

点，德里郡的希尼家族总是遵守礼仪的。

奥德里斯科尔：还有，当你在《斯泰森岛》中又写到这一主题时，你允许你的表兄声称在《在伯格湖的岸边》中你"混淆了回避和艺术策略"。你是真的因为将他的死过于美学化而感到负疚，还是这只是设想的戏剧性对话以探讨公共诗歌这一总体观念?

希尼：完全像你说的，是设想的。像有人说的，"创造"和"责任"的纠缠是一种质问，它是对那些事例的另一种理解。在那个时候我还没听到约瑟夫·布罗茨基的格言"如果说艺术教导了我们什么的话，那就是人的存在是隐秘的"，而这也是《在伯格湖的岸边》所说的。在开头第一节，可能有足够的关于谋杀背景的坚实的事实交代以抵偿诗歌最后的治疗性的风景段落。

奥德里斯科尔：在诗歌中，为什么你称科伦·麦卡特尼家的人——还有你家的人——是"墓地里迟钝的仲裁者"？

希尼：麦卡特尼一家住在伯格湖附近，因此那是一个适合遇到科伦的幽影的地方。湖岸偏僻，长满灯心草，雾气蒙蒙，湖中间有一个岛叫教堂岛。老教堂的塔尖是十八世纪由德里郡的勋爵主教建起来的，整个地方都笼罩着一层忧郁，和格雷的《墓园哀歌》很适合。但它给我留下了特殊的记忆，因为我经常和我父亲在晚上去那里查看牛群。他租下了湖岸来放牧，所以有时候在"分离日"我们会走过高高的细草和蓑衣草丛，感觉到那地方的孤独和它的寂静。我们是在干一件很实际的活，但同时又像是在进行一场灵魂的沐浴。

我读到但丁《炼狱篇》开始的段落，它描写一个小湖和长满灯心草的湖岸，维吉尔和但丁就是在那里发现他们脱离了阴森的地狱。我忍不住把它和我的湖岸联结起来，所以这首诗的最后部分是最早写出来的。开始和中间部分是后来写的——包括所说的“墓地里迟钝的仲裁者”。这句话在那里我想是总结那些斯卡利翁家长辈的谈话——他们是科伦的祖辈也是我的祖辈：在山墙边和在畜栏边缓慢而深思的谈论，关于牛群、庄稼和死去的祖先——谁安葬在墓地的哪里等诸如此类的话题。那些人没有任何政治化的感觉，游行活动可能就发生在他们家门前小路的尽头，但他们从未去“开始行动或把握今天”。我只是想说明科伦和我出生在同一个最安静的信奉宿命论的家族。

奥德里斯科尔：他被杀害的具体细节弄清楚了吗?

希尼：人们一致认为他是被一群穿北爱尔兰防卫队[①]制服的忠英派民兵拦截了。北爱尔兰防卫队（UDR）当然也有它的“烂苹果”。《失去的生命》一书也倾向于这一解释。

奥德里斯科尔：科伦·麦卡特尼是你家唯一死于大骚乱中的亲戚吗?

希尼：唯一的亲戚，是的，但还有朋友——朋友的朋友——失去了生命。路易斯·奥内尔。维里·斯特拉西恩，一个阿霍希尔村[②]的店主。西恩·阿姆斯特朗，大学时的朋友，他最后成了一个社会工作者，是在他公寓的楼梯平台被射杀的。弗兰西斯·休斯，绝食抗议

① 北爱尔兰防卫队（Ulster Defence Regiment），是北爱尔兰英国军队的一支，现在是爱尔兰皇家军队的一部分。

② 阿霍希尔村（Ahoghill），意思是紫杉林地，北爱尔兰安特里姆郡的一个大村子。

者，我并不认识他本人，但我和他父母、他的姐姐们非常熟悉。马丁·麦克伯尼，贝尔法斯特的律师，麦克尔·朗利写过他。西恩·布劳恩——我非常熟悉的一个人——贝拉菲村的盖尔运动员协会俱乐部的秘书，晚至1997年还被一个忠英派枪手射杀。应该还有其他人，至少有一两个我在巴里墨菲的圣托马斯学校教过的学生。

奥德里斯科尔：《来自北安特里姆郡的明信片》这首纪念西恩·阿姆斯特朗的诗也写到了你和玛丽的第一次相识。

希尼：我在女王大学上学时西恩也在那里，编辑一份微不足道的杂志《PTQ》——贝尔法斯特城市铭文“Pro Tanto Quid Retribuamus”[①]的首字母缩写。我记不清我们第一次认识是怎么发生的，但记得1962年10月他举行一场聚会时邀请了我去参加。在那几天前的晚上我刚认识玛丽，就是那周的星期二，并约好星期四她来找我返还我借给她的书。因此在她来还书时，我提议我们一起去参加西恩热闹的聚会。她同意了，我们的事就从那时开始了。后来西恩就不见了，再现身时已是七十年代初期。他在加利福尼亚的这个或那个群居公社过日子，变成了一个非常奇妙、非常风趣、富有创见的人，半是嬉皮士，半是艺术家，全心全意投入到做一些对贝尔法斯特有益的事情中。他成了一个活跃的社会工作者，他在不同的阵营之间来往，穿梭于从香克尔[②]到福尔斯的和平线[③]之间。我们猜测，就是因为这一点他被一些

① “我们如何回报如此重恩”，出自耶柔米通俗本拉丁文《圣经》中的诗篇。

② 香克尔（Shankill），位于贝尔法斯特西部，大骚乱时期是忠英派民兵组织的大本营。

③ 和平线或和平墙（The peace lines or peace walls）是北爱尔兰的天主教徒社区和新教徒社区之间划出的隔离线或墙，以防止双方的冲突。

强硬分子认为是奸细而枪杀了。

奥德里斯科尔： 在那首诗中，西恩请你来一个“生唱”……

希尼： “生唱”是一个阿尔斯特说法，我想我们可能是从歌曲收集者西恩·奥博伊尔那听来的。它就是指无伴奏清唱一首歌。

奥德里斯科尔： 你真的唱了？

希尼： 吟唱。用宣叙调吼叫。我从没有一副唱歌的嗓子，但我有一些聚会曲目——“一个水手追求一位农夫的女儿／她住在斯特拉班镇附近；／他唱着温柔的歌曲对她说／她应该嫁给他在她嫁给其他男人之前”。还有《卡拉巴号揽客》，在那首诗中提到了：“你们旱地上的航行者来听听我的歌吧，／我的歌只有四十节，不会耽误你很长时间，／它讲的是这个老里斯本水手的全部冒险，／他怎么站在桅杆前航行／乘坐快船卡拉巴号。”

奥德里斯科尔： 六十年代时你是不是经常去听“民谣演唱”？

希尼： 我去现场看演出并不多，但作为一个普通人我感受到了克兰西兄弟刮起的风暴，听过很多他们早期的唱片。很多歌都是这么学会的，《旷野中的布伦兰》《十五岁的美少女》《圣地》等。玛丽是一位很好的歌手，会唱非常动听的阿德波歌曲，我尤其喜欢听她唱《斯利夫加隆山的陡坡》，北爱尔兰最优美的歌曲之一，以我们本地的山命名的。托尼·麦考勒常和我们一起，托尼也是一位非常出色的歌手。在我们和大卫·哈蒙德成为朋友之后，·演唱曲目就更广泛了，玩闹和欢宴就更没节制了。但大多数这种活动都是在我们自己的房子或公寓里，在深夜、吃完饭之后或酒馆关门之后。我记得没怎么去过那些公开的演唱会。我确实记得的一次演唱会是1970年到伯克利的第一个星期六，玛丽和我带着孩子们，彼得·西格演唱会上我们齐唱："这片土地是你的土地，这片土地是我的土地……"激动人心的时光。

奥德里斯科尔：你怎么看待西恩·奥·李亚达的音乐？

希尼：他为《我是爱尔兰人》所做的电影配乐在六十年代是一场巨大的轰动。《斯利弗那蒙山》的旋律，《深红的小玫瑰花》的旋律。然后是他和"雪兰音乐家乐队"[①]的合作，他作为编曲者、指挥和竖琴演奏者。他的贡献对传统音乐世界有巨大的矫正作用。奥·李亚达确实有一种天才的气质，他给传统音乐世界留下了一种更好的秩序，整个国家的音乐文化在某种程度上得以重新调整。在六十年代的爱尔兰你作为年轻人不可能不感觉到奥·李亚达的影响，无论是从广播节目中还是从他改编而流行的乐曲中：卡萝兰的协奏曲、《南风》、普兰克提舞曲和波尔卡以及整个那一大批爱尔兰鼓乐、小提琴曲、低音风笛曲、吟唱曲和手风琴曲，你能听到的一切。

奥德里斯科尔：你前面提到过西恩·奥·李亚达广播的《克莱格的龙骑兵》。

希尼：我没有听到那期节目。如我提到过的，那是在1968年，在

---

① "雪兰音乐家乐队"（Ceoltóirí Chualann）是一支爱尔兰传统音乐乐队，由西恩·奥·李亚达领导。Ceoltóirí 是爱尔兰语，意思是"音乐家"，Chualann 是都柏林郊外西恩·奥·李亚达居住的地方。

民权游行抗议在德里刚刚被驱散之后。他在10月初写了一封短信给我，请我写点什么，他可以用于他在和平电台的广播节目，于是我提供了《克莱格的龙骑兵》的歌词。那年夏天我在凯里郡的巴利戴维村见过奥·李亚达，当时玛丽和我去那里度假。他有时候出现在伯格莱的酒馆里，我记得他跳凯里波尔卡舞，跳得非常卖力。他的妻子露丝也一起在那儿，那个夏天他们邀请我们去库里山[①]作客，在科克郡的盖尔语区。

他们好些年前就搬离了都柏林，那时候西恩经常忙于和音乐家们一起活动，忙于赶路和忙于干杯，在他的追随者之中像王子一样高视阔步，但与此同时又隐身在他作为作曲家的职业之中。他身上有一种戏剧化的性格特征，有点爱出风头，但与此同时又有着犀利的才智，乐于探索和挑战。我记得他把我领进他的工作室的那天上午，他并不太像一个叶芝式的穿着灰色康尼马拉服的音乐家，炫耀他的枪和钓鱼竿。与此同时，又有一种突然的、毫无保留的坦诚，在他说到他并没有像他应该做的那样去工作时。我一字一句地把我们谈话中的一小部分写进了怀念他的那首诗中。“你是怎么工作的？/有时候我只是躺着/像压舱物躺在船底/听着布谷鸟的叫声。”

奥德里斯科尔：你也捕捉到了他指挥阿尔斯特交响乐团“像一个拿着楞木棍的赶牛人”的形象。那是发生在什么时候？

希尼：也是那一年，1968年，稍晚一些的时候，他作为女王大学艺术节的“年度作曲家”。在第一次对民权游行的攻击之后不久。我记得那种极端的快乐，在他和他的乐队出现在威廉·惠特拉爵士礼堂

---

① 库里山（mountains of Coolea），位于科克郡和凯里郡边境的马科鲁姆。

的舞台上，煽动所有那些爱尔兰吉格舞曲、双人舞曲和进行曲时。惠特拉礼堂有如阿尔斯特的官方神庙，优雅豪华的圣地，光临的是上流社会的英国人而非爱尔兰人，它和不列颠的关系要比和爱林[①]的关系紧密得多。现在，盖尔人在这里横冲直撞。一个晚上穿着贝宁呢夹克带着他的乐队，第二个晚上戴着黑色领结，拿着指挥棒，指挥最好的地方乐团。无论那时还是现在，我都不能否认奥·李亚达那时候在文化方面给予我的促进。虽然他只是众多人中的一个，因为那年参加艺术节的还有约翰·蒙塔格、汤姆·金色拉和约翰·麦加亨，我们全都参与了一个由泰隆·古斯里主持的论坛，后者当时是女王大学的副校长。要是威廉·克瑞格更多地倾听这个论坛的成员的见解而不是皇家阿尔斯特警察特别分部的成员的意见的话，这之后三十年的局势可能会好很多。

奥德里斯科尔：你和奥·李亚达合得来吗?

希尼：没错，挺合得来，但我得说他的姿态感让我很恼火。转着白兰地涯杯和挥舞着雪茄，摆出一副苏联政委的样子，审讯别人而不是互相交谈。我记得那周走进俱乐部酒吧，被他非常隆重地问道——在金色拉和蒙塔格之前——“在北方问题上你站在哪一边?”我本该说出我的立场的，不像和我一起的人，我坚守了这立场三十年，但我放走了那个机会。即使我和他并不太亲密我也非常敬佩他。我得说当我们在凯里郡时他对我非常豪爽，让我觉得和他一起非常愉快，虽然也有部分的表演。

---

① 爱林（Erin)，Erin 是爱尔兰词语 Éirinn 的爱尔兰式英语的派生词。

奥德里斯科尔：你有在某种意义上把他视为导师吗？

希尼：没有。但那种传奇——和责任——他改变生活所体现出来的，从都柏林的波西米亚艺术家变为盖尔语区的历史遗产守护人，是值得效仿的榜样。如果他能活着，我可能会更深入地了解他。当他在1971年去世时，我完全像其他人一样震惊。

奥德里斯科尔：你的下一次迁移是搬进而不是搬出都柏林。你是不是厌倦了自由撰稿人的生活？还是只因为太不稳定难以支撑了？

希尼：既不是厌倦也不是不稳定，而更像是一种谨慎。到1975年时，我们有三个孩子了，两个男孩一个女婴。男孩子长到要进入教学体制的年龄了，要踏上一台自动扶梯，带着他们从小学升到中学再升到什么地方去。如果我们继续留在乡下的话，我能预见他们之后数年都将坐校车来去，夏天和冬天到最近的公交站接送他们，挤住在乡村农舍里，在我外出演讲或朗诵的时候，玛丽会一个人孤独地留在乡下独自承担一切。

看来最好的办法就是搬到都柏林，把男孩送进一所学校，他们可以在那里完成小学阶段的学习，然后接着上中学，不用再去别的地方。但这么做的话我们就需要获得住房贷款，要还住房贷款的话我就得有一份工作。做自由撰稿人挣的钱只要我们待在格兰摩尔只需支付给安·萨德莱姆耶象征性的租金的话那是足够了，但要承受更大的责任——更重的负担——就需要更确定更可靠的方式了。那就是这行动背后的考量，它的显而易见的逻辑性。我就是遵循这一逻辑思考的。一旦作出决定，我们就开始找房子。在海湾南边，有一条直达城里的公交路线的地方，我们很幸运地找到了一处很好的住房。

奥德里斯科尔：你已经找到了一份教书的工作，在克里斯福德学院英语系，一所培训老师的学院。

希尼：我得到一份邀请，让我申请当时空缺的一个职位。在1975年夏天，我们已经在威克洛住了三年，《北方》已经出版了，第一个动作已经完成，而下一阶段的行动有着很大的空白和不确定性：我们仍然保留着贝尔法斯特的住房，出租给学生，决定的时刻再次降临在我们面前。我喜欢格兰摩尔，这所房子，非常喜欢。我并不想离开。我知道我在一个绝对适合写作的地方。每次我拉开门栓走进我们小小的洗碗间，那声响和它的下落像一种感谢之情穿透我。或像一种确信之感。忒修斯有他的毛线头，我有我的门栓，它为我打开。或更进一步地说，它打开我。但我还有其他四个人需要照顾。

奥德里斯科尔：因此这份申请的邀请函来得正是时候？

希尼：同时也来得正是地方。我的想法是我应该找一份工作，不是在大学而是在某个不那么引人注目的学院，我可以不声不响地进出市里，挣一份工资同时又能继续过自己的日子——在乡下。我已经在贝尔法斯特的一所教师进修学院教过书了，因此一个星期天下午来自克里斯福德学院的代表到访格兰摩尔的乡舍时，我动心了。尤其是因为那时候的工作量很轻。于是就这么开始了，那时候也非常适合。我坐车来去，每周三四天，有时候坐公交车去，有时候开车去。校方对我也非常宽容，比如允许我在1976年春天去伯克利，担任那年的贝克曼教授一职。

奥德里斯科尔：你有没有一种失败感，就是你没法坚持自己作为自由撰稿人的生活？

希尼：我没有这种感觉。首先，自由撰稿人生活并不是我所要选择的。我一直追求的是为我自己作为一个诗人能拥有一片单独的领地，对一种使命的更确定的把握。在“树篱学校”的这三年我得到了这点。当然，在我们转移到城郊时，我仍然感觉我背叛了什么东西。我背弃了我所热爱的某些东西，但那是为了其他我所热爱的东西的缘故。我同时也感觉到我给未来的十年打下了很好的基础，标划出了一片空间，在它之内或之外我可以作为一个诗人去从事一切。在新房子里有一个阁楼，很安稳合适，一个我可以立即进入自我之境的地方。甚至有一道叶芝式的“狭窄的旋转楼梯”。

奥德里斯科尔：在《写作的地方》一文中，你谈到了叶芝生活过的各种地方，它们大多数是无名之地，和非常引人注目、富有象征色彩的巴利里塔堡相反。在买下你位于都柏林滨海路的房子时，你确定它并非一个艺术家的住处，而是——引用你自己在《哈代的最高之门》一文中的话——一个“既接受也体现日常生活地方，只是躲避或退隐之地”？你的滨海路住处是哈代式的还是叶芝式的？

希尼：如果二选一的话，它算是哈代式的住处。但一直到我在这个新住处写了好几首诗之后我才开始又获得安全感，扎下根来。比如，我记得在楼下的一张长餐桌顶端开始写《遇难者》一诗，餐桌是克里斯福德学院重新装修餐厅时从那里挑选出来的。在我努力完成那首诗时我感觉到一种对自己和对房子更确定的把握。在那之后，焦虑就减轻了，意志更坚定了。

奥德里斯科尔：你曾受到过诱惑而想要再次搬迁吗？

希尼：没有。事实上在我拿到产权的第一时间就有一个预言者告诉我我将终身住在这里。1976年11月我从中介那里拿到钥匙的那个晚上，约翰·麦加亨也在城里，参加那年为《新爱尔兰写作》杂志供稿者颁发的轩尼斯奖。他是评委，阿兰·西利托也是，我见到他时他正和约翰在一起。不管怎么说，我郑重其事的感觉使得他们俩和我一起来到了滨海路，拿着照明的蜡烛和一瓶作奠酒的布什米尔斯威士忌行了进门仪式。但就在进屋之前，我们停在门口，抬头仰望着冬日天空映衬着的屋顶和烟囱，这时约翰说了一句话，“真不错，你已经给自己买了棺材”。其实在我的内心深处，我已经意识到这点，而麦加亨这句特别的话给我的意识盖了一个封印。

奥德里斯科尔：这个新住处对家里的其他成员来说怎么样？

希尼：非常好。男孩子，如我前面提到过的，进了圣康尼斯公学，这要感谢伊利诺·金色拉的建议和支持。凯瑟琳开始上幼儿园，然后进了布特镇本地的小学。在随后的几年里，玛丽真的成了美国人所称的“家庭主妇”。

奥德里斯科尔：你是在一所由慈光会修女经办的学院里担任讲师。也许你可以解释一下为什么你选择这样一个没有学术抱负的职位，而不是，比如说，和谢默斯·迪恩一起在都柏林大学学院任教？

希尼：因为一点，我没有学术方面的雄心。在我大学毕业之后的十年里，我在学术职业方面获得了足够的上升——开始做中学老师，然后被任命为学院讲师，然后成了女王大学的讲师，然后成了加利福尼亚大学伯克利分校的访问讲师。所有这一切都在我名下只有一个学士学位的情况下发生的。我并没有兴趣证明我是一个学者，我并不是一个研究者或一个文学史家，我在文学文章和讲座课堂之间游走。与此同时，诗歌降临，改变了我和我的自我感觉，所以在那个时刻，在我三十六七岁的时候，我需要的是加强我身上的诗人部分：我感觉到大学有一种太公共化的氛围，而克里斯福德学院能给予我更好的机会让我埋头过自己的生活，遵循我的第六感觉。再说，也没有任何人请我加入都柏林大学学院的教师队伍。

奥德里斯科尔：*在克里斯福德学院人们期望你的课程重点突出天主教色彩吗？你是不是必须假装某种程度的虔诚？*

希尼：我无须假装虔诚，任何其他人也无须这么做。与我在女王大学所教的或在伯克利所教的相比，我在这里的教学当然不需要突出任何不同的重点。这个地方归慈光会所有，由它管理，一定程度上工作人员也由它配备，由于她们非常良好地一直经办了一百年，那地方的精神气质当然是天主教的。校长是一位令人敬重的思想开阔、怜悯慈悲的修女雷吉娜·德肯修女，在我最初接受任命之后一年左右我接任了英语系主任，这之前的系主任也是一位教团成员。修女头巾和面纱在走廊上随处可见，但那地方也处在变革之中。

她们看中我的部分原因在于我履历中的双重经历，一方面，我有在贝尔法斯特圣约翰教育学院任教的经历，这主要是一所职业教育学院；另一方面我有在普通大学任教的经历。克里斯福德学院那时候刚开始授予教育学士学位，需要建立作为国家大学系统之内的学院的自信。它正在世俗化的过程中，在我到任之后的几年内教师的职位和学术地位改变得非常快。不管怎么说，最初作为女王大学的学生然后作为女王大学的讲师，我很习惯于拒绝“认可”我所在的大学的一些形式和预定理念。无论你落到什么地方，都会有需要遵守的规约和礼节。在六十年代的女王大学，会有这样的事情，比如毕业日会有皇家北爱尔兰警察部队乐队和《上帝保佑女王》。在七十年代的克里斯福德学院，每年开学日会有《我们的主父的信仰》和全院参加的弥撒。你的私人生活仍然属于你自己。事实上，就我所知，我那时候对天主教的态度比都柏林大学学院天空里的很多明星要开放多了。

奥德里斯科尔：在克里斯福德是不是仍然有一定程度的女修道院氛围，和世俗感觉相反？

希尼：是的，确实有。你有时会在一个壁龛里看到一座雕像，在墙上看到圣像，我想，你还会在晨、午、晚颂念三钟经。年纪大的修女倾向于把学生当幼儿看。但所有这一切，如我所说的，都在变化的过程中。我在那里工作的六年中，我见证了集体化组织的消逝，以及更多思想独立的学生团体的建立。我说过雷吉娜·德肯对这一发展施加了积极影响。我还想进一步说我非常高兴我自己有机会在那场变革中起了一些作用。在改革课程内容方面和在与大学院系的人们的联系方面，我都做了一些贡献。我的职责是展示给我的学生和同事们看，他们不能自认为自己是二等学术公民。我在不同的三种类别的院校之间来去，我不觉得需要为我的工作地址感到惭愧，为什么他们要有这种感觉？我当时相信并且现在仍然相信我当时在做的事情有教育意义。

奥德里斯科尔：你提到过你从克里斯福德学院捡来了一张餐桌，我知道你在阁楼里安放了一张简陋的桌子，用两块旧学生长凳的板面搭成。你怎么会满足于这种最基本的条件？

希尼：那道狭窄的旋转楼梯是一个因素：几乎难以把任何木板之外的东西搬到顶楼。事实上，是英语系的一位同事，约翰·奥多赫替，打起的第一个书架。除了这实际上的困难之外，还有一种迷信的恐惧，怕装出一个设计好的书房，像电影布景而不是一个避难之地。在我上到那里时我不想感觉到一种刻意。我还想忠诚于格兰摩尔简朴的环境。这工作地方是对优雅期待的有意识的抵制。它是一个替代，如果你喜欢这么说的话。像大多数写作的地方，它一直很适合我。

奥德里斯科尔：它出现在《哭泣》一诗中，你诗歌的感恩举动。收在诗集《电灯光》里。

希尼：确实是。在那首诗里我描述了我做过的一个梦，我搬到滨海路不久时做的，我把它视为一个吉兆。我梦见我打开了通往阁楼的门，巨大的水流沿着楼梯倾泻而下，晶莹清澈的水里漂满了绿色的玫瑰，它从头顶而下冲刷着我，但并没有任何要淹没我的恐慌或威胁。从头浇灌对我来说似乎是好兆头。那也是一个重要时刻。

八、去到水边：《斯泰森岛》

奥德里斯科尔：大学时期你去斯泰森岛朝圣了不下三次。我想听你说说你为什么去，和谁一起去的，产生了什么效果。

希尼：这和好奇心有很大关系。从小时候起我就一直听人说到德格湖，听说早先的人们严格持守“斋戒”的规定。他们显然是徒步走完去多尼戈尔的整个路程，一路上只喝红茶啃干面包。这种场景一开始就印进了我的头脑，当去那里的时间终于到来时，我在一种乔叟[①]了解的氛围中动身了——那种和同伴一起出游的氛围，只是想看看会有什么结果。第一次是在女王大学的夏季考试之后，我们乘坐天主教神职人员的特别巴士去的，一群人一起，我和其中不少人曾经一起逛荡过。几年前我们还全都是公学里的男生和女修会学校里的女生，现在我们开始衡量我们自己和我们的自由，因此这次旅行有着调情的一面。但也有宗教的维度。禁食和守夜有一种未知事物的吸引力。我最初去的几次基本上是期末旅行，虽然现在可能把它视为一种成年礼。

---

① 这里指乔叟写的《坎特伯雷故事集》，关于一群人结伴去朝圣的故事。

一种“在那儿，做那事”的事情。

奥德里斯科尔：你们家有朝圣的传统吗？

希尼：没有。

奥德里斯科尔：当你说它基本上是一种大学生集体游玩时，你意思是你并没有把它太当回事？

希尼：那是1950年代末期，宗教仍然是一种普遍的因素，因此一种欢快的氛围并不意味着不严肃认真地投入。朝拜德格湖是一种仪式，它涉及完成一系列活动，重复祷告，持续禁食，光脚绕转大教堂和花坛。在你做这些事情的时候，你必须专心致志才能完成，但你无须沉入神圣的冥想状态。也不要求你这样。严格地说来，完成朝圣会得到一种绝对的沉溺，但真实的动机是在那种条件下的自怜——禁食，光脚走在坚硬的地面上，雨淋日晒，第一天夜里和第二天白天一直醒着。在这一切结束时，会有一种很明确的宣泄。在你乘船离开那个岛时，你会高唱德格湖赞美诗，“嗨，光荣的圣帕特里克！”；但在内心深处，你的身体和灵魂在唱的是“看，我们完成了！”

奥德里斯科尔：你曾提到过圣帕特里克和安特里姆郡的斯莱米思山有关联，因此我想知道你是否把他看作本地神灵。他是特别尊奉的对象吗？

希尼：不是的。他基本上是一个人身大小的石膏塑像，穿着绿色十字褡的主教，头戴主教法冠，手握曲勾牧杖，脚下踩着一团蛇。斯莱米思山据说是他做奴隶牧童时放羊的地方，这山确实有一些光环。虽然如此，但帕特里克并非我精神的重要部分。他是一个传说中的人物，是在斯莱恩山上点燃了复活节之火挑战祭司的人，是驱除了蛇的人，是出现在圣帕特里克节旗帜上的一个形象。

奥德里斯科尔：小时候上帝在你头脑里的形象是什么样子？只是另一尊石膏像？

希尼：我有一个非常鲜明的守护天使的形象，就在我身边，它高大、带着翅膀、大步流星，就像从文艺复兴时的绘画中出来的形象。那是一个真正想象出的身影；但对于主父上帝，我头脑里从来没有一个相像的形象。我确实想象一个充满光明的国度在天上，那世界的天花板正是天堂的地板，一个远远的半透明的阁楼，他就隐遁在那里。所有这一切肯定和圣体盒里面的闪光有一种相同的美学关系，那圣饼在金盘衬里的反光。在那些神圣器皿的凉意、光彩和清脆声响中有一种确凿无疑的神力。

奥德里斯科尔：你曾经与这些概念（或词语）搏斗过吗？比如“（酒饼是基督的血肉的）体变”或“真身的降临”。

希尼：开始的时候没有。和其他人一样，在做弥撒到给面包和酒祝圣的环节时我低着头，到主持人直起身举起圣杯时我才抬起目光。我相信（不管是什么）一种变化已经发生了：我走到祭坛的栏杆边，用舌头领受神秘之感，返回到我的座位，紧闭眼睛，做出一个感恩的动作，张开眼睛，感觉时间又重新开始了。这是一种难以置信的焕然一新，在我自己认识到我正丧失对它的信仰时，我非常难过。理智地说，信仰的丧失是在幕后发生的，从来没有这样一幕我和自己摊牌或与别人摊牌。但这些词的影响力仍然留在我身上，它们继续拥有一种永恒的震颤和吸引力，我无法否认它们。我也无法做出信仰的行为。在《斯泰森岛》中我安排十字架上的约翰来帮助失去信仰的我，通过翻译他的《因信仰而认知上帝的灵魂之歌》。

奥德里斯科尔：你认为《斯泰森岛》是一部忏悔之书吗？

希尼：我认为它更像是一种良知的检验而不是忏悔。一种内心法庭的审查，它的戏剧性一如它的忏悔性。它的写作确实是为了释放一种内心压力。而它的确立，也使得不同的声音可以说出，不同的重压得以去除。

奥德里斯科尔：要是说但丁所谓的人生中途的迷路——作为人或作为作家——是刺激《斯泰森岛》写作的因素之一，会不会有点扯得太远了？

希尼：但丁是一系列因素中的第一推动力，这点毫无疑问。1970年代我对他的阅读经验非常强烈，翻译乌戈利诺片段像是在做俯卧撑，锻炼好以备做更大的运动。我1979年从哈佛返回来时头脑里就形成了它的模样。我们在那里度过了春季学期，然后去纽约长岛弗朗甘家里消暑几周，但在六月时我返回克里斯福德学院改试卷。回到爱尔兰后，我去了北方看我父母，也拜访了我们的考古学家朋友汤姆·迪拉尼，他当时正在住院，因为严重的心脏病，一种致命的病。改完试卷之后我又回到了长岛，而迪拉尼随后几周就去世了。《斯泰森岛》中最早写的就是关于汤姆的部分，那年的九月开始写的，在我们全家从坎布里奇回来后。在他的葬礼上有一只白嘴鸦飞进了教堂，就是这件事让我开始了——因为汤姆自己长着一副白嘴鸦的样貌，他的黑头发、狭长脸和额头。

奥德里斯科尔：你头脑里有一首长诗萦绕了很长时间吗？

希尼：德格湖在我头脑里出没了好多年。早在1966年我就写过一首短诗叫《四旬斋物品》，是这么开始的，“现在我发现自己在这么一个地方 / 一个内陆湖中的低岸岛上。 / 一座冷峻的教堂占据了半个岛”。我曾经浏览过一本伊丽莎白时代的散文选，从托马斯·纳什的散文中取来了这个题目。从它出现在笔记本上的位置，我知道这诗写于1966年5月。我的身体充满了朝圣的记忆，我直觉到这是我的一个主题，但在这最初的尝试中还没有任何材料的真正运行。

奥德里斯科尔：罗伯特·品斯基认为“在某个时刻，希尼决定不去写一首史诗，决定这部作品（《斯泰森岛》）不用像史诗一样庞大”。

希尼：说到史诗就有点远了。我确实从没有往那些线索或范围去想。也许是因为我大学时读了太多 C. S. 刘易斯关于主要的和次要的史诗，《〈失乐园〉前言》中对这种体裁的所有讨论。我所设想的是一个诗歌系列，有一个中心人物走在他朝圣的固定的路线上。三部分的但丁式旅途缩减为三天的朝圣历程，没有地狱，没有天堂，只是“帕特里克的炼狱”，这正是这个地方今天为人所知之处。

奥德里斯科尔：保罗·布雷斯林把《斯泰森岛》描述为“属于

那些决定性的诗篇之一，是诗人为了突破一种障碍有时候必须去写的诗篇”。

希尼：保罗·布雷斯林说的很对。我需要撞出一条路来，从阻塞之中，从堆积的障碍物之中，从我内心积聚的所有事物之中，因为我在北爱尔兰局势之内或之外生活的方式。我并没有实际卷入其中，但我感觉被它拖拽和受它左右。你记得贝里曼《梦歌》的开头，他对叶芝的影子说“我搬到了都柏林来和你说清楚/高贵的影子”吗?《斯泰森岛》也承受着类似的情境，是为了和我自己说清楚，澄清头脑，即使不能解决。

我总是抱着一种希望：我能得到斯维尼一样的自由。我可以栖居在他的声音中或让他的声音可以栖居在我之中。斯维尼的逃离有一种类似炼狱的因素，但最后它将他带到了他可以自由地彻底地讲述他的故事的地方。在我开始写《斯泰森岛》的时候，我也在追求这种自由和彻底。事实上，很长一段时间我有一个想法，在这首诗的最后部分斯维尼能够加入进来。但我为他而写的部分最终导向了一个他自己的系列，《斯维尼的复活》，这部诗集的结尾部分。

奥德里斯科尔：最终，是詹姆斯·乔伊斯给予了你宽恕，如他们所说的，“允许”。我想知道你是否在旅程的初期就想过祈请乔伊斯?我知道你有过找一位引导者的想法，像但丁征召维吉尔那样。

希尼：威廉·卡尔顿是为这一角色试镜的人。乔伊斯应该从来没有走过那些十九世纪天主教徒的道路或忍受岛上那喃喃低语的忏悔认错声。另一方面，卡尔顿具备一切资质：他自襁褓期就是天主教徒，一个北爱尔兰天主教徒，他在生活中见证了宗派主义丑陋的一面，但仍然改宗国教会，打破了“我们部落的共谋”。他对整个爱尔兰图像有一种广角镜般的理解，和北爱尔兰充满仇恨的一面有着深刻紧密的关系。当我读到六十年代重新出版的《自传》时，我感觉我对他了如指掌，在我和玛丽开车进到蒂隆郡他出生的农家院子里时，这种感觉更是极为强烈。这就像开车进了我们自己家的院子，一座白色的房子，一扇直接开向街道的大门，一种你自己可能在里面过着的生活。

奥德里斯科尔：你在年轻的时候读过很多卡尔顿的书吗？他对你意义重大，如十九世纪北爱尔兰诗人萨缪尔·弗格森和威廉·阿林哈姆那样？

希尼：我年轻时读卡尔顿的书并不多。我到女王大学教书时才接触到卡尔顿的书。第一印象——也是最强烈的，因为是第一印象——来自读他的《自传》，一个有帕特里克·卡瓦纳写的前言的版本。我在《导报》上写了一篇它的书评。不同的平装本选本《爱尔兰农民的事迹和故事》那时候也出现在图书市场上，在适当的时刻，我也读到了汤姆·弗朗甘论爱尔兰小说家的书中卡尔顿的那一章。所以他变成了一个让人充满强烈遐想的人物，无论是作为一个作家还是作为一个漫游者，对我来说远比弗格森和阿林哈姆更鲜明。在想象之中他和奥根·奥·拉希尔一样消瘦，也许有一种《金银岛》里的瞎皮尤那样的气质。所以当我发现卡尔顿在后视镜中出现时我非常高兴——虽然严格地说来不可能在镜中看见他，因为他已是一个幽灵了，但对他来说从另一个维度到来是一个很好的方式。

奥德里斯科尔：你读过詹姆斯·克拉伦斯·曼甘吗？

希尼：在我的耳朵里曼甘显然是一个更强有力的声音，相比于阿林哈姆或弗格森，即使仅仅因为有《黑色的罗萨琳德》。这些年来，我越来越喜爱和尊重曼甘诗歌中的广度和陌生性，但他并非巍然矗立。他从来不曾矗立在任何人面前，甚至在他活着的时候。曼甘更属于闪烁者而不是矗立者，艾略特也许会称之为“一副正在形成中的面貌”。

奥德里斯科尔：艾略特的《小吉丁》和济慈的《夜莺颂》曾被你在一篇文章中引用过，作为逃脱了“本地历史时刻的束缚”和“悬浮在沉思的意识苍天”的诗歌的例子。你是希望《斯泰森岛》获得类似的逃脱还是满足于让它成为它所在的时间和地方之作？

希尼：也许我不该说是逃脱历史时刻的诗歌，而应该说是在历史中留存下来的诗歌或与历史同居的诗歌。很显然，我是想要读者打开一本书，走进他们所知的这本书之后和之外的世界，比他们在真实的生活中更清晰地感觉到他们所在的地方，一种和混乱相反的感觉。这是最强烈的阅读快乐之一和写作成功的标志。我想要这一阅读旅行就像乘坐火车旅行一般的具体确实，但是在产生乘坐火车旅行的感觉时，也会产生一种整个过程只是发生在玻璃后面的一个梦里的感觉，所以火车到站确实像到达了济慈《夜莺颂》的结尾的感觉，你又返回到你唯一的自我。

奥德里斯科尔：你前面提到过的乔叟以某种方式成为过你的模范吗？他进入过你的意识吗？

希尼：我仍然能够背诵《坎特伯雷故事集》“前言”中的一些片段，那是我们在圣科伦巴公学大学入学A级考试时背过的。我喜爱那个售卖天主教免罪符的人在他的故事的前言中的声音。因此，是的，一个乔叟的原声对我有影响。但影响并不是很深。他是遥远的。我可以把坎特伯雷的朝圣引为一般的文学史先例，但并不是一种模范。

奥德里斯科尔：那托马斯·金色拉的《顺流而下》呢？你曾写文章把这首诗称作“在一个经常处于崩解和错乱的世界里对连贯性和统一性的”追求和探索。这听起来很像是对你在人生中途和大骚乱年代中写下的《斯泰森岛》所寻求的一切的准确描述。

希尼：听起来确实是这样，因为那篇文章是在写完《斯泰森岛》之后写的。在我开始准备写一篇关于但丁和现代诗的文章时金色拉就出现在我眼前了。幸好在我写德格湖系列诗的时候《顺流而下》没有出现在我的意识之中。我说幸好，是因为意识到它三行体诗的成就将会是一种障碍而不是帮助。够奇怪的是帕特里克·卡瓦纳和丹尼斯·德夫林并没有这种妨碍，也许是因为他们缺乏但丁式的主题。

奥德里斯科尔：或许还因为你对他们的评价没那么高？

希尼：这也是部分原因吧。德夫林的诗对于我似乎过于雕琢，诗中的声音没有足够的内部关联，用力过猛。卡瓦纳追求更多，但又过于松懈——松懈到了散开的程度。里面充斥着许多老套的废话，但至少你能看到有血有肉，还有，到处是这种生活严酷的真理与欢快语言的混合物。特别是那四五首作为朝圣者的祈祷辞的十四行诗。这些都是非常精彩的诗。

奥德里斯科尔：*评论家经常称赞德夫林为爱尔兰诗歌引入了深受欢迎的现代主义张力。*

希尼：我更多意识到的是张力的表象。我在他那里听到的是焦虑的表达——一种艺术张力的感觉，在手法和材料还有感觉之间的不合适。在乔伊斯那里，弗兰·奥布里恩那里，贝克特那里，你一下子就能认出那种恰如其分——至少大多数时候贝克特是这样，因为我把他的《妓女镜》排除在外。事实上，正是贝克特《妓女镜》中单一片面的评论给我们偷偷塞进了爱尔兰“现代主义”诗歌“传统”的臆想。在我看来，那些三十年代的现代主义者的最后一投，如卡瓦纳可能会说的，其努力程度是可以得分的，努力的方向也是对的，但他们实际写出来的东西一般只有阶段性的意义。

奥德里斯科尔：*你自己的《斯泰森岛》现在还让你感到高兴吗？在以前的访谈中，你说过这一系列诗是一种严峻的，甚至是阴郁的诗，回顾北爱尔兰二十年的大骚乱。这是不是意味着你开始像卡瓦纳看待《大饥荒》一样看待它——认为它缺乏喜剧性的一面？*

希尼：这话说起来可能会有点儿远了，也可能会有点儿浮夸。那些话也许最初说的时候就判断失误了。有时候你通过敲打出一些裂缝来检验你完成的作品，只是为了验证它能够经受得起摔打。在不同的时候，我喜欢称这首诗为“一艘满载主题的大驳船”以及诸如此类的东西，但你可能和你的驳船不可分离，特别是如果你生来是一个居住在陆地上的人。麦克尔·麦克拉维迪曾一再说起萨默塞特·毛姆的一个轶事，作为对这种自我贬低的防备。毛姆显然是在被记者问到他有没有觉得自己的作品存在特别的缺陷，而他回答，“我缺乏抒情才能”。“你们知道”，麦克拉维迪会高声喊道，“从那之后每一次他被人评论，那些人都会说他缺乏抒情才能”。

奥德里斯科尔：你确实照毛姆的路径，在谈到《斯泰森岛》时说它“拒绝抒情的甜美”，禁绝了你自己抒情的一面。为什么你要这样，禁绝那天真的部分——抒情——而不是扩张它以使它符合变化了的需要？

希尼：你知道，我并不是一开始就在稿子的上头写上了“现在我要禁绝抒情性”。那是在诗出版之后，我试图从外部来总结它的特点——这么做，我想是为了给新读者指一下方向。这是一种非常认真的注释，但我不知道我还能用其他什么方式做。我身上的批评家角色可能会对最终说出来的东西感到好玩，但我身上的诗人角色只是根据他道路上堆积的材料来写作。然后，如果你能接受这个说法的话，他就放松起来，在《斯维尼的复活》中离地升空了。

奥德里斯科尔：在朝圣途中，你遇到了朋友和亲人——还有其他，更多的无名者，诸如传教士和被杀害的店主这样的人物。在刻画这些人物形象时，你是不是有很多的自由发挥？

希尼：我自由发挥得很少，尽管第一个出现的人物碰巧是一个合成人物。他的名字来自一个叫西蒙·斯维尼的旅行者，但我同时也把我记忆中一个叫查理·格里芬的老邻居写了进来，他总是在树篱中游荡，带着一把弓锯，锯些树枝拖回家做柴火。还有，如我前面说过的，第一部分并不是最早写下的部分。最早写的是和汤姆·迪拉尼的幽灵相遇的部分。这部分让汤姆的寡妻梅尔很喜欢，因为她觉得它取自真实的生活。就她所关切的这点而言，里面有一些写作中新的或不同的东西，那就是我觉得她对之作出反应的叙述因素。它有一种清晰确凿，文献记录般的品质。

奥德里斯科尔：你又回到了西蒙·斯维尼的世界——那个流动人物的世界，或者说“流动修补匠”的世界，如你小时候所知道的那样——很久之后，在你翻译雅纳切克的抒情诗《一个消失的人的日记》时。

希尼：在“修补匠”这个词中我总是能听到锡铁匠的锤子敲击出的叮当声，一个锡罐的边缘被敲击得整整齐齐。在我们家，这个词并没有看不起的意思。事实上，西蒙·斯维尼总是上门来聊天，作为一个受尊敬的人，提起时总是很让人喜爱，很值得信任的人。我并不确切地知道他，尽管知道他是一大队人的家长，他们一年好几次在路边小空地上扎营，就在我们上学走的路边，拉甘斯公路边。

尽管有家里这些对西蒙的完全接受，但每一次我走近那些大篷车和帐篷时身上都会感觉到一种轻微的恐惧。经常是在早晨，那地方完全沉浸在寂静之中。如果碰到下雨天，你会看到大篷车下的水洼和盖帐篷的油布的褶皱处和凹陷处的积水。但仍然会有一堆火，如果是湿的，就冒着烟闷烧，如果是干的，就冒着迷人的火苗。还有那早已熟悉的烧木头的烟火味。路上的新鲜马粪。营地两边绊着马脚的小马。约翰·克莱尔是怎么说他们的?“一个安静的、偷盗的、不受保护的种族”。我得说我们所见的这一群更多的是纠缠而不是偷盗。

真正麻烦的是站在门口的那些妇女，带着要卖的物品——铁桶、锡罐和修补锅，我记得还有大朵的假花，用染色的刨木花做成。我总是希望我妈妈能换一朵那样的假花。大多数时候她会对那些妇女感到厌烦，在她给了她们鸡蛋、茶叶或其他东西之后那些妇女还在讨要更多的东西。“啊，夫人，”她们会说，“你真小气。”身材高大的女人披着红发，披肩裹着一个婴儿吊在手臂的肘弯处，另一只手臂挎着装货物的大篮子。

奥德里斯科尔：那些男人有一种狂野的名声。

希尼：他们属于狂野的一类，这毫无疑问。我通常遇到他们中的一个人，在野外，远离他们自己人。“你看见一匹老马了吗，主人？在这条路上的什么地方？”这就是我和他们的接触。但我确实记得一次可怕的斗殴，就在布罗阿赫路尽头，离我们木斯浜的家只有几百码的地方。在一天大中午，那些成年人在嚎叫打斗流血。我离得不够近，没看到任何细节，但我一直忘不了那种害怕和危险。是那种打斗突如其来的性质和它的狂暴显得如此吓人。我想是狂暴的战斗。这种事情你现在只能在电影特写镜头的特效中看到。自从我看到戈雅的“黑色图画”，两个暴怒的人拼命地互相攻击，棍棒和衣服后摆都飞起来了，我就把它和那天中午联系在一起。它对于我仍然像一个梦。暴力天使降临。现在我头脑里会把它和玛丽小时候所见到的情景联系起来。她感到了同样的恐惧。当时一个喝醉了的修补匠疯狂地把一辆自行车从窗户扔进她家的酒馆里。她父亲拒绝卖给那个人更多酒了，并把他推出屋外。因此，没错，他们也是有野性的。

奥德里斯科尔：我们现在能不能跟随你第一次被带去学校时你看着拉甘斯公路的目光，更详细地看看那情景？

希尼：拉甘斯路长约四分之三英里穿越一片湿地。它是条狭小的鹅卵石乡村路，中间长着野草，路两边是草皮和高高的树篱，还有——树篱背后——是湿地、沼泽、小片灌木和白桦树。因此，每天有一两分钟，你会处在荒野之中。但在我去上学的第一天早上，似乎是精灵国的仙后领着我走过那里。麦克尼克尔斯，我前面提到过，是我们的邻居，菲洛米娜·麦克尼克尔斯——那时候是个“大女孩”——在去上学的第一天负责照料我。姜黄色头发，雀斑脸，绿色校裙服——一个仙女，要是真有仙女的话。

我记得我第一眼看到的学校，几座低矮的半桶形圆顶屋在树篱之上露出它们波纹状的背影。隔着四分之一英里远，我就能看见那些建筑前面的路上到处乱跑的小孩，能听到操场上的叫喊声。很多年之后，当我读到一篇报道，讲述太平洋沿岸西北地带的印第安人如何预见到他们抵达死亡之地——沿着森林之路，看到其他旅行者遗弃的东西散乱在灌木丛中，听到欢笑和喊叫的声音，知道前面的林中空地就会有熟悉的生活，但同时又升起一种强烈的失落感和思乡之情——它打动我，因为我已经体验过这种抵达。接下来的事情是，在走廊上我面对着一排排大衣钩，它们在不同的高度成排钉在墙上，这样不同年级/班级的孩子都能够得到，每个人都有一个地方挂他的大衣或围巾，然后走进陌生的教室，我们的名字新写在点名册里，很快就要被叫到。

奥德里斯科尔：学校有几间教室？

希尼：四间教室，四个老师。所有老师每天早晨都骑自行车来学校。墨菲老师和墨菲夫人一起来，华尔斯小姐和葛瑞宾小姐分别从不同的方向来。有两座尼森式半筒形建筑，每一座分成两间，男孩在一间，女孩在另一间。这些尼森式半筒形金属结构掩蔽棚屋是1942年由国防部建起来的，在原来的校舍所在地被征用建了飞机场之后。

奥德里斯科尔：你是什么时候开始上学的？

希尼：1944年的5月份，在我五岁生日刚过完之后。那些建筑当时可能是新的，但我们感觉它像亘古永恒的学校。现在感觉还是如此。墨菲老师的教室保留着传统的布置。前面一张高桌，老师坐在桌子后面像一个舵手，穿着蓝色斜纹哔叽西装和背心，平纹布衬衣和浆硬的翼领，领带打着松软的大领结。桌子的一边有一只圆铁炉，在老师的右边，一根铁烟管直升到屋顶。在桌子的另一边稍微靠前，是一块大黑板安置在一个黑板架上，可调节高度。在老师讲台的正前方，是我们的课桌：每一张都是传统的那种厚重木板，也许有八英尺长，结实的稍稍倾斜的桌面上，沿着顶端间隔均匀地刻着墨水池和放置钢笔与铅笔的凹槽。长凳又窄又硬，但可以坐下六七个学生，胳膊肘挨着胳膊肘。我们那时候差不多也是按班级排座位。事实上在墨菲老师的教室里，三年级坐在第一排，如此排列到六年级，甚至可能到七年级。在四十年代后期，开始实施十一岁及以上儿童入学考试以选取授予奖学金的学生之前，教室后面坐满了十四岁的孩子——当然，是园艺课上的理想学生。

奥德里斯科尔：你现在说的主要是男生？

希尼：是的。华尔斯小姐带幼儿班的男生。高年级女生由墨菲夫人教，低年级女生由葛瑞宾小姐教。高年级女生会有烹饪课和缝纫课，而不上园艺课。

奥德里斯科尔：在《斯泰森岛》所写的关于墨菲老师的部分，你提到了学校花园的土壤，所以我猜你参加了园艺活动。

希尼：确实，我参加了好几次。并不是定期参加的活动，不是每周都有的。我想这门课肯定有指导性的一面，但我记住它主要是因为它的好玩，尤其是春天的时候。铁锹、耙子和锄头偶尔碰到石子发出的那种轻微的叮当声，那种静寂和专注，每个人都在自己的那一小片地上耕作和歇息。看着穿衬衣的老师有一种别样的陌生感。我喜欢走廊尽头储存室里堆放的园艺工具：那门偶尔打开时你都会看到，那些歪斜堆放的工具柄杆，本来可以靠墙码放好的。

奥德里斯科尔：你在《字母表》中写道，“有图表，有摹写本，有正确／和错误的握笔方式”。

希尼：是的，全都是那样。不过，图表主要是在华尔斯小姐的教室里，图表上有图画和所画的东西的名字——用很大的黑色字母写出的。摹写本是在长条形的横格纸上用维尔·福斯特手写体字母刻印着的句子，你必须照着抄写，学习正确的书写。在写字母 l 和 h 时要会正确地转圈，写字母 e 的时候不要把眼睛玷没了。小写字母要保持在蓝线格内，大写字母的转圈要切在红色格线内。

我现在和你说的这一切我自己都有点难以置信了，一切过去那么久了，环境变化太大了。比如，墨水池里的墨水是用墨水粉冲调出来的，而墨水粉就和园艺工具一起放在储存室里。此时此刻，我才意识到学校没有自来水，因为我最清晰的记忆之一是，被派出去拿着一个罐子或大杯子到流经操场尽头的小溪里去取水，用来调墨水。令人奇怪而难忘的是那个时候学校的异样性：你只是离开教室里的生活几步之遥，但你却感到完全脱离了那个世界。你在外面，整个天空和大地都是属于你的，同时在你前面，还有那静默的教学楼。你看着它不可思议的存在，品味着你自己的全部孤单和独特。

奥德里斯科尔：你写到过学校墙壁上挂的地图，是在墨菲老师教室的墙上吗？

希尼：是的。在华尔斯小姐的教室，男校的幼儿班里，你会看到小孩的各种教具——橡皮泥，带彩色算珠的算盘，彩色图表，花瓶里的柔荑花序，等等。但墨菲老师教室里装备的是成人世界的东西：一幅地图，一个很大的挂钟，钟摆在玻璃后面摆动，一个橱柜，里面装着科学课上要使用的天平秤和玻璃器皿，而就我记忆所及，从来没有用到过。

奥德里斯科尔：所有学生都是天主教徒吗？

希尼：不是的。阿纳霍瑞什学校是由天主教会管理，但也接受本地新教徒农民家的孩子入学。比如，我的隔壁邻居汤米·伊文斯就在那上学。还有布什家、迪克松家、伊瓦特家、科伍德家、艾利斯家、克拉克家、鲍尔家……这些人家的孩子。在午餐前他们会提前出去，让我们其余的人做教理问答和祷告。我并不是很清楚我们对此的感觉，我猜布什家或科伍德家的孩子也不会太清楚。我们全都认识到有一条分界线，虽然我可能更应该说，认识到一种差异。“分界”可能是对当时的感觉的一种有些夸张的事后追认。这不是城市贫民区生活，而是唇齿相依、紧密相连的乡村邻里生活。我相信这么说是社会学事实，而不是煽情的幻想。

奥德里斯科尔： 你们学唱什么歌——是本地歌曲吗？比如《罗迪·麦卡科莱[①]》。

希尼： 我们学唱《斯利夫加仑山[②]》，而没学《罗迪·麦卡科莱》，因为它可能被认为是一支“舞曲”，这没错，它还是一支造反的歌，备受争议。我猜想我们在学校里学唱的歌曲出自一个校园歌曲目录，在1922年爱尔兰分裂之前就确立的——墨菲老师和华尔斯小姐的教书生涯开始之时。《洛蒙德湖》《我唱歌的小鸟》《我爷爷的大钟》《穿过乔治亚州》——在亚特兰大它可能是作为舞曲，但在阿纳霍瑞什不是。同样，我怕斯蒂芬·福斯特的《可怜的老乔伊》也是这样。独立之后，爱尔兰自由邦的学校修改了这个歌曲目录，以容纳更民族主义的歌曲；但边界的北边仍然保持着英国的老传统。

在我说到“边界的北边”那一瞬间，我又意识到那墙上挂的地图给我留下了多么深刻的印象——一张大比例尺的北爱尔兰六郡地图，BBC新闻广播员曾经以及现在还经常称之为“地区”。这六个被分离出来的郡被一条粗大的红色分界线与传统的阿尔斯特地区的其他郡及爱尔兰其他部分分隔开。这条线在纽里郡下面，沿着劳斯郡、蒙纳干郡、卡文郡和多尼戈尔郡的边界画过。地图的底边带着一根黑色横棍，很简单地把爱尔兰岛的其他部分切掉了，在政治上和地理上都把

---

① 罗迪·麦卡科莱（Roddy McCorley），1798年爱尔兰反英起义英雄，1800年在贝尔法斯特被处死。有民歌传唱他的事迹。

② 斯利夫加仑山（Slieve Gallon），出自爱尔兰语 Sliabh gCallann，意思是“最高的山”，位于北爱尔兰德里郡。

它贬入空无。因此，那幅地图的意图是铭记官方的北爱尔兰概念，从一开始就培养以六郡为中心的视角。我现在还能看到那些小船沿着断点标出的航线穿过北方海峡，从拉恩港[1]驶向斯特兰拉尔[2]，从德里驶向格拉斯戈，从贝尔法斯特驶向黑夏姆——全都兴高采烈地驶向“大陆”。

奥德里斯科尔：学校的混合制招生对你和其他孩子的关系有影响吗？比如，会不会接受一个天主教徒孩子和一个新教徒孩子做“最好的朋友”？

希尼：出现“最好朋友”的现象还有点早。操场上是有一种成群结伙的玩闹。在这个阶段宗教差异并不太要紧，个人间的喜爱比家庭宗教更重要。放学后的傍晚我会去找的同学，最接近“最好朋友”关系的同学是住得离我家近的：伊蒙·格里宾、亨利·格里宾、赫尔家的孩子和席夫家的孩子。

奥德里斯科尔：在《字母表》中，你称圣科伦巴公学是“更严格的学校”，这意味着阿纳霍瑞什学校的管理相对来说要更宽松。

希尼：华尔斯小姐有一根教棍，她几乎不用。实际上，是一根细树枝。那根管教用的教棍，我们称之为“手杖”，属于墨菲老师。它有两到三英尺长，是从作树篱的梣树或柳树砍下的枝条，有大人的食指那么粗。它搁在窗子的窗台上，不时地被拿起来。墨菲老师并不是滥用暴力的人，但他很严厉，打过之后不会懊悔。我只见他发过一次火，

---

① 北爱尔兰安特里姆郡的小镇。

② 苏格兰西南部的港口小镇。

很奇怪——几乎是狂怒——因为一个男同学在读 geography（地理）这个词时坚持把重音放在最后一个音节，这样就和 fie 押韵了。

奥德里斯科尔：当地社区的人们怎样看待他？

希尼：很尊重他。他在教我的时候肯定有六十多岁了——因此他应该教过我父母那一代的本地人。在二十年代初期他给我姑妈萨拉做过特别辅导，在她为获取国王奖学金而努力的时候。那些不识字的老人会拿着表格去找他——在他们申请养老金或农业补贴的时候。在他们需要帮助以回复官方的信函时，也会去求助于他。

奥德里斯科尔：我想问一下《斯泰森岛》第三部分的“海边小饰品”，为什么它对你有那么深的影响？

希尼：我们家中有一件重要的遗物。它放在我父母卧室里的餐具柜的深处，用白色棉纸包裹着，一个小穴壶（grotto），形状像岗亭，外面包着彩虹色的小海贝壳。我们做过的捣蛋事之一就是把那些深藏的东西翻出来，乱扔在地板上，然后从那些大人们的反应你很快就会认识到，在他们的眼中这个小穴壶——我不知道它该叫什么——有一种神圣的意味。然后我又知道了，在很早的时候，这个东西属于阿格尼丝，阿格尼丝姑妈，她在十多岁的时候死于肺结核。她的名字一直是“温柔”的同义词。她的遗物是我始终记得的东西之一。

奥德里斯科尔：尽管有阿格尼丝，这首诗还是受到了一些反对性的批评，其根据是这首诗本质上是一首写男性朝圣者的诗，那些女性只是他无声的陪伴者。

希尼：事情中的这种男性色彩可能会冒犯某些人，成为一个备受争议的问题，就好像你可能把天主教背景和特性视为严重的事情一样。但对于我来说，这些异议经常只是基于特定批评立场。不管怎样，我想说其实女性观念强烈地贯穿于第四部分的三首十四行诗中，这部分跟随着朝拜者前行，摆脱性罪恶感。但这么说也没错，这组诗整体上来说，更属于政治性而不是爱欲性。这组诗的主导性力量，在它背后惊动它并推动它向前的，是和北爱尔兰政治的关联。对良知的检验主要是在这一场域之内和那些词语所指涉的范围中。

奥德里斯科尔：回到那一场域吧，尤其是第三部分写到的那位被谋杀的店主，我很想知道他的家人对你写的这诗有什么反应。在发表这组诗的这部分之前，你和他们说过吗？核查过一些细节或确保他们不会反对？

希尼：我没有事先和他家人交流。很显然，那个人在诗中出现的样子完全是"被谋杀的店主"，无名无姓，很有代表性。但是对巴恩河谷的人们来说事情一目了然，知道他是基于一个众所周知的现实中的人。我使用的是人们谈论威廉·斯特拉西恩时普遍认可的事实，他怎样在半夜被两个 RUC 成员从他锁上的店铺二楼的卧室叫下来，在他自己家的门口被枪杀。这些人是警察，但他们同时也是忠英派民兵组织的积极分子。我承认，我在写的时候更多的是担心把 RUC 写成了教派斗争杀手的代表，而不是担心死者家人的感受。我理所当然地认为他的家人会把这首诗视为对他们失去的亲人的绝对的同情，是一种纪念威利的努力。但是在我想要说出"发生过什么事情"的时候，我并不想把它变成对 RUC 一般的控诉。我并不想为宣传站提供弹药。

奥德里斯科尔：我听你说过在诗歌朗诵会上听众经常以为在门口开枪杀人的是IRA（爱尔兰共和军）成员。你有没有觉得遗憾，没有把事实表述得更明确一些？

希尼：这让我挺不愉快的。但是，二十年过去了，我依然对这种处理事实的方式感到高兴。更高兴的是有一天我在马拉费尔特的课堂上读完这首诗之后，威利的一个孩子走上来告诉我这首诗对他妈妈和其他家人是多么的意义重大。

奥德里斯科尔：对《斯泰森岛》写到的其他人物，他们的家庭有什么反应？比如，科伦·麦卡特尼，那个年轻的牧师，那个绝食抗议者……

希尼：没有反应。但本来也没期待什么反应。那个神学院学生回来过暑假，这年轻的神职人员是本地人家的孩子，在家里第一次做弥撒，给邻居祝福。这些都很有典型性。至于你提到的其他人，也是一种很自然的沉默。这些家庭和我们住得很近，无论是物理空间上，还是就友好关系而言，都很亲近——不管怎样会有一种理解，那就是写出这种悲痛正是诗人所要做的事。在我回到德里郡的家里时，其中总会被说到的一件事情是："你们可得注意自己，这个人也许会把你写入他的诗中去。"这是在开玩笑，但它说的是事实。

奥德里斯科尔：在《斯泰森岛》临近结尾处[①]引入的第二个牧师更像是一个神秘幻影的代言人而不是一个实有人物。

---

① 整个组诗的第十一首。

希尼：他是基于一个白袍修士[①]，在我上圣科伦巴公学的最后一年他在隐修。他并没有真的建议我为赎罪去翻译十字架上的约翰，但他确实刚从西班牙回来，散发出一种内在的光芒。他确实对我说过："就像祈祷一般去读诗。"他应该解释过究竟是什么意思，在他引用霍普金斯的诗句，"这世界充满了上帝的荣耀"，在他说上帝的荣耀在诗歌"颤动的箔片"上闪烁时。我过去和现在都能明白这感觉，在那种精神状态中读诗的观念。米沃什的一句诗也曾表达过类似的东西："他充满感激之情以至不能不相信上帝的存在。"

奥德里斯科尔：在结束《斯泰森岛》的最后一首诗中，你为什么选择写乔伊斯而不是其他人，比如叶芝？

希尼：这样做的理由之一是让乔伊斯来帮助失去信仰的我。叶芝无法成为整个这出戏中的一员是因为，照直说吧，朝圣是教皇党人[②]才干的事。

奥德里斯科尔：但为什么把这个劝导者的角色分派给一个散文作家而不是一个诗人呢？

希尼：因为乔伊斯作为一个诗人比大多数诗歌作者更合格。他通过进入、探索和超越语言来进入、探索和超越他的自我。我的想法一直是朝圣者在离开圣岛后会得到新生，在他身后和在他前头都是解放的体验。这模式一直都很简单，就是出发，面临考验，通过考验，获

---

① Carmelite，12世纪创立于叙利亚卡迈尔山的修会，卡迈尔派男（女）修士，白袍修士。

② papist，教皇党人，某些新教教徒对天主教徒的蔑称。

得新的独立；就这样的事情来说，乔伊斯是我们的总顾问。

奥德里斯科尔：尽管如此，他可能会把你们家那样的家庭轻蔑地称之为“阉牛之友”，你难道不会因此而拒绝他作导师？他难道不是把它和“民族、语言和宗教之网”联系在一起吗？

希尼：他当然会的。正因为我出身这样的家庭，他的作品才给予了我的自我意识根本性的帮助。在《一个青年艺术家的画像》中，乔伊斯想象斯蒂芬·代达勒斯和一个乡下老人打架，最后斯蒂芬心肠一软，松开了他卡住老人“喉管”的手，说，“我不想伤害你”。而同样的态度也出现在斯蒂芬玩曲棍球的朋友达芬身上。因此，他对乡村的敌意是有限度的。乔伊斯不是布伦丹·贝安[①]。还有，事实上，到1960年代——即使在立法层面上并非全部，至少在想象层面上——乔伊斯的战斗结束了并取得了胜利。正如洛威尔所说的，他为灵魂留下了出口，别的灵魂找到了它，并穿越出去。

奥德里斯科尔：我很好奇通过乔伊斯之口，你给予自己的劝告：“是时候了/该自己游出去，以自己的频率/在自然中署满自己的名字。”难道你不是从最开始就这么做的吗？

希尼：这劝告本身并无特别之处：“说出真实。不要畏惧。”有点像在这本诗集后面的一首名为《大师》的诗中给出的箴言。但在这首虚构的诗中，这劝告是给一个一直在德格湖中“游泳”的人，而不是给他自己。他被告知要逃离那些罗网。

① 布伦丹·贝安（Brendan Behan），爱尔兰作家，爱尔兰共和军成员，著有《感化院男孩》，41岁时因酗酒身亡。

奥德里斯科尔：布莱恩·摩尔是你的诗《记得马利布》的题献者。你认为摩尔是一个游出去的人吗？

希尼：这毫无疑问。他的很多小说都是关于脱离贝尔法斯特天主教中产阶级的。《冰激凌皇帝》是最基本的阿尔斯特成长教育小说。

奥德里斯科尔：在摩尔刚过世时你的谈话中，你强调了他"作家的团结友爱"对你有着非常重要的影响。你记得什么事情吗？

希尼：一开始是他的友善。我们在加州那一年，他邀请我和玛丽还有孩子们去马利布看他和珍。对于一个只出过两本薄薄的诗集的人来说，能被一个像摩尔一样声名卓著的作家接纳为同行中的一员，是一种激励。从那时候开始，我们会定期地虽然短暂地见到珍和他，在他们夏天到爱尔兰来的时候。但这种团结友爱是在一个决定性的时刻表现出来的，那就是他在《洛杉矶时报》发表的关于《斯泰森岛》的评论——当时他为了反驳A.阿尔瓦雷兹对我做的一些高高在上的评论。

奥德里斯科尔：你可能更期待被划在乡村作家比如约翰·麦加亨旁边，而不是城市作家摩尔一边。你曾经写到麦加亨的"社会现实主义"的真正"目的"是"贴近一种内在的情感"——你可能也是在描述你自己吧。

希尼：我很高兴被这么描述。就麦加亨来说，这一明确的表述是他自己在贝尔法斯特的那次论坛上说出的，我们前面谈到过那次论坛。他说，“我只对诗歌感兴趣，这兴趣更多的发生在韵文方面而不是散文方面。”我对麦加亨感觉亲近不是因为乡村背景和主题而是因为他的音域，他直觉的节奏。声音的意味很重要，他音乐中的忧郁。在他的句子中音色和内容一样重要，也许还更重要。

奥德里斯科尔：你是不是对那些特别舒适地嵌在日常生活之中、只满足于社会现实主义的诗作充满警觉？

希尼：确实是的。除非有一些敏感性的迹象，否则我不会有兴趣的。词语之间要有一种组合绑定的因素，赋予它们心理和音乐的分量，这是必要条件。如果去掉叶芝的诗《茵尼斯弗里湖岛》第一行诗中的“现在”一词，你仍然会一样保有思乡时刻的日常真实，但你会丧失这行诗转动的永恒轴心。我并不是反对内容或主题之类的，完全不是这么回事。我只是喜欢它梦一样飘过，就如它现在这样，而不是沉重地落下。比如，还有爱德华·托马斯的《当耕犁的铜头》，或毕晓普的《在鱼房》、华兹华斯的《决心与独立》。

奥德里斯科尔：华兹华斯是你跟随其足迹做过文学朝圣的诗人之一。我注意到斯泰森岛只是你的朝圣地之一，你肯定是活着的诗人中参观过世作家的旧居地最多的人了——比如，叶芝的塔楼，哈代的出生地……

希尼：……还有查尔顿的出生地，丁尼生的出生地，狄兰·托马斯的蕨山，阿尔封斯·都德的磨坊，霍普金斯在都柏林的墓地，乔伊斯在苏黎世的墓地，王尔德在巴黎的墓地，艾米莉·狄金森在阿默斯特的故居，济慈在汉普斯特的故居，彼得堡阿赫玛托娃的“喷泉楼”，同一座城市里布罗茨基的“一间半屋子”，更不用说斯特拉福德[①]和阿伯茨福德[②]，柯尔庄园[③]和斯宾塞的城堡，利索伊和朗霍尔姆[④]……我认为去那些地方的冲动是很普遍的。一种题献，正如叶芝在他的一首库尔庄园诗中所说的，“对头戴桂冠者一瞬间的记忆”。

奥德里斯科尔：你并不是希望去获得灵感？

希尼：不是，没有这样的目的。在《斯泰森岛》中有一首诗来自一次这样的参观，那就是《出生地》，写的是上博克汉普顿的哈代故居。那个地方周边的树木，那茅草屋顶，那些小小的房间，都让我想起木斯浜。但我写它并非只是这一个理由，还有别的，事实上到那里去的时候我正沉迷于哈代的小说和诗歌。事实上，哈代在斯丁福德教堂院子的墓地和上博克汉普顿的故居是我不断回访的文学“站点”。比如，在2000年12月31日，哈代写下《黑暗中的画眉》一百年之际，我和玛丽去了多塞特，在斯丁福德教堂墓地读了这首诗，在教堂里面读了《教堂罗曼史》。

奥德里斯科尔：你是否曾经——作为年轻诗人或后来什么时候——偷偷去一个活着的作家出入的地方以期能看到他一眼？

希尼：六十年代中期，在我从贝尔法斯特到都柏林时，我曾去了南安妮街的巴利酒吧，偷看了一眼卡瓦纳和他的同伴。有一次，那是

---

① Stratford，莎士比亚家乡。
② Abbotsford，瓦尔特•斯科特爵士故居地。
③ Coole Park，叶芝写《柯尔庄园的天鹅》之处，格雷戈里夫人家的产业。
④ Langholm，苏格兰诗人休•麦克迪米德的出生地。

我们结婚之前，我和玛丽到爱尔兰西部时，我们去了克雷根的奥马雷酒吧。我们知道理查德·墨菲的诗《克雷根的灾难》和《最后一条高尔威渔船》，也知道他驾着那条船从克雷根驶向因尼斯波芬岛。我接下来知道的是理查德·墨菲本人穿着他的阿兰羊毛衫和水手靴走了进来。我根据他的照片认出了他，但没有和他说话。太害羞了，还有，他和自己的一帮人在一起。

奥德里斯科尔：在都柏林周边有什么你会经常带文学参观者去的地方吗？

希尼：有两三个显著的地点：格拉斯尼芬公墓里的耶稣会墓区的霍普金斯墓——到了那里，我们还能看到帕内尔的墓和约翰·奥利尔里的墓，叶芝称之为浪漫的爱尔兰随之埋葬之地。沙地库夫湾的乔伊斯塔，大运河岸边的帕特里克·卡瓦纳纪念座位。圣帕特里克大教堂，斯威夫特曾担任过它的座堂主任牧师，在那里的墙上你能看到他的碑文。一点都不缺拜访的地方。查尔斯·赖特写了一首非常棒的关于他参观霍普金斯墓的诗，他称他为“天堂鸟神父”。

奥德里斯科尔：《斯泰森岛》诗集中的第一首诗写的是一个真实的车站——一个伦敦地铁站——而不是文学或精神朝圣中的一个地方。把《地铁》选作诗集开篇的第一首诗是出于什么考虑？

希尼：《田野工作》的最后一首诗《乌戈利诺》，是一首非常不一样的写地下世界的诗，所以接下来的这本诗集我们想以飞奔、向上、离开的方式进入。我很喜欢这首诗，因为它显得既符合生活的真实也符合爱的真实。它开头写的是一段记忆：我们从南肯辛顿地铁站穿过地下通道跑向阿尔伯特大厦，BBC的逍遥音乐会我们要迟到了。我们当时在度蜜月，玛丽穿着她的蜜月大衣，在她奔跑的途中，她大衣的扣子开始崩脱。但诗的最后一行"要是我回头看的话那就完蛋了"，越出了蜜月之外。在这个版本的故事中，欧律狄克被救出了阴间，由非常古怪的诗人在前面带领，一直走着而不回头。

奥德里斯科尔：我想《在外过冬》中收入的《婚礼日》一诗刻画出了你和玛丽结婚那天你们的心境。那首诗中的形象有一种不真实的虚幻感——比如，满是"狂烈的悲伤"的脸。你使它看起来像是一种很悲伤的体验。

希尼：在那天，确实是，那是一场婚礼聚会。虽然对两个家庭来说都是第一场婚礼，虽然整个场合必然会有一种少见的新鲜感，但它仍然是一场毫无神秘的普通聚会。每个人都情绪很好也尽情流泪。每个家庭都是自己本来的样子，甚至比平常更像自己，我们的朋友也尽情欢乐。我父亲拒绝穿租来的服装，也不愿发表讲话，因为讲话从来不是他擅长的事情。尽管如此，他和我母亲都非常高兴。每个人都说那天很尽情很开心。

奥德里斯科尔：但是在那首诗中，玛丽"在高高的蛋糕后面唱歌/像一个被遗弃的新娘"。

希尼：婚礼总会有它带来陌生感的一刻，喜乐中一道突然裂缝，父母和孩子间形成的非常亲密的关系，这第一个圈子被打破了。它是陌异之物（unheimlich）一词的本义，不在家之感。我在《新郎的母亲》一诗中也试图捕捉到这种感觉。在这样的时刻你要是没能感觉到生活的转变那你肯定尚未成熟。比如，在出租车里的那一刻，你们俩坐车离开，那些脸和地方在身后消失，“将更新，转变，成为另一种样子”。它有一种完全不真实的虚幻感，这也是你一直难以忘怀的原因。

奥德里斯科尔：你的孩子们，随着他们的成长，可能会持续地让你和自己童年时代的很多东西再次联结起来。像《铁道边的孩子们》和《阿尔斯特的一个星光之夜》这些诗也许就是出自你和他们的童年的对照？

希尼：《铁道边的孩子们》写得很快，一天下午在克里斯福德学院我的办公室，在一次辅导课之前。但你可能说得对，这首诗和孩子们有着某种关系，因为在那之前几年，一个叫拉里·赫尔曼的摄影师到德里郡来拍摄他们、玛丽和我在我过去常出没的地方游逛的照片。其中的一些照片最后刊登在杰弗里·萨姆菲尔德编的企鹅版选集《世界》之中。《铁道边的孩子们》和那本选集里面的一张我们四个人的照片——里面没有凯瑟琳——可能有很大的关系。那张照片拍的是我们走在布罗阿赫铁道转弯处的山坡上齐腰深的草丛中。

在我写《给麦克尔和克里斯托弗的风筝》时，我非常清楚地记得自己童年时的情景——有一天下午我父亲走到屋子后面的田地里放起了风筝。当时最让我吃惊，直到现在我仍然记得最清晰的是风筝线那很大的牵扯力。部分是因为那只风筝本身是一个沉重的大家伙，用板条和报纸粘起来的；部分是因为随着风筝越飞越高，牵引力也越来越大。你能放出越长的线，风筝就能飞得越高越引人注目。因为巨大的拉伸力，风筝线经常会被扯断，而风筝也因此会飞失，即使你最后找到，它也已经摔烂了。

奥德里斯科尔：你真的给麦克尔和克里斯托弗做过风筝吗？

希尼：我给他们买过一个尼龙布做成的风筝。那个时候我们已经进入了消费时代。比如，在《阿尔斯特的一个星光之夜》中，我圣诞节得到的玩具战舰是本地的木匠制作的，到了麦克尔和克里斯托弗玩玩具时，那就是从商店买来的动作玩偶了。

奥德里斯科尔：圣诞老人是每年必到的客人吗？

希尼：那当然。圣诞节的早晨一如既往的单纯和快乐。玛丽和我那个时候又返回到了我们自己的童年时代。

奥德里斯科尔：圣诞老人在你的童年幻想中是一个重要形象吗？

希尼：并不是那么重要，但我确实期待他送来的礼物，并且有一阵确实相信他的存在——尽管如此，从很早开始，我的信仰就有一条大致的边界。在圣诞节前夜，我父亲会告诉我们“圣诞老人已经在路上了，正走到加仑山，如果你们使劲听的话，就有可能听到他的雪橇铃声”。我记得有一次我爬到我们家小路尽头的山毛榉树上，透过雾气使劲地眺望和聆听。我父亲当然也会警告，如果我们淘气，圣诞老人这一年就不会来了。

奥德里斯科尔：《改变》这首诗显然是在对你的一个孩子说话。诗的结尾处是一个告诫，要记住一只在水泵上做巢的鸟，“当你长大后离开，最后站在/空洞的城市的最中心的时候”。从威克洛搬到都柏林，你的孩子们将在城市中长大而不是像你一样有着如此丰富的乡村成长经验，这一点是不是让你感到难过？

希尼：它确实让我有点难过，但这么做也有好处。事实上，诗中提到的城市的空洞并不是来自我自己的感觉，觉得他们的未来将会成为什么样子。它只是来自《易经》，“变化之书”的一个意象——也是这首诗的题目的来源。在这一语境中，可以说征服或胜利本质上不过是一场空：你夺取了一座要塞或一座城镇，却发现里面什么都没有。

奥德里斯科尔：正如《斯泰森岛》中的《沙坑》一诗，你的其他诗集里还有一些诗——其中包括《西洋李》和《字母表》——着迷于建筑和砌砖、镘涂和粉刷。这其中有什么缘故吗？

希尼：有两点。首先是总看到沙子、地里的沙坑、河边的砂质河床和卵石河床。二战期间，因为修建克里夫机场、新跑道和附属建筑，产生了对沙石的需求，这一需求在战争之后仍未减弱，因为安居工程的启动。这意味着一些地里有沙石坑的人就此发了财，结果是沙子成了黄金之源，不仅仅指其颜色。还有一个事实是我姑父麦克，我把他写进了《区线与环线》中的一首诗，是一个泥瓦匠。麦克·乔伊斯，一个当过兵的科克人，娶了我父亲的妹妹，苏珊。我一直记得他穿着卡其布制服来到木斯浜的样子，从铁路那边沿着田野走来，他要么是休假要么是复员了。麦克个子很高，在我们眼里显得很奇异，因为他的口音和他作为医务兵到过英格兰和北非沙漠的经历。他有一个很大的帆布袋，里面装满了泥瓦匠工具——砂浆板、镘刀、泥铲、铅锤线和各种东西。它们全都比你预想的要重得多，真的，像阿基琉斯的装备，你得是一个大力英雄才能使得动它。

奥德里斯科尔： 你对火车也很着迷，你的诗歌里到处是它们的身影。你在家里的沙发上玩火车，你把耳朵贴在铁轨上去谛听，你看着消防员站在消防梯上仿佛冥神普鲁托坐在他的战车上。

希尼： T. S. 艾略特把从他家乡城市奔腾而过的河流称为“强壮的褐色大神”。在我的家乡，蒸汽火车是一个铁铸的黑色大神，不管它是咣当咣当一路开来的货车还是呼啸而去的客车。伦敦—内地—苏格兰铁路公司的铁路把农场分隔开，交叉道口的铁门打开、关闭，穿过铁道的那条路连接房子后面的田地和铁道另一边的田地。每次特快列车经过时我们的地板都会颤抖，蒸汽喷薄而出，渐渐消散，煤烟浓黑散发着臭味。卡斯尔道森火车站在岔轨调车的响声像巨人的嘟哝声。

奥德里斯科尔： 你小时候坐过火车吗？

希尼： 坐过几次。我很喜欢那些带软垫的座位，那些隔间，非常讲究的设计。第一次坐火车是和我的玛丽姑妈和萨拉姑妈一起，坐白天的车去海边，它让我终生难忘。记不清怎么回事我让车厢门卡到了手。很幸运，手指没有卡断，但疼得终生难忘。可能这就是为什么我对那些车厢的笨重和坚实有一种不可磨灭的印象。

奥德里斯科尔： 后来呢？你最难忘的旅程是什么？

希尼： 1958年我去卢尔德朝圣，从德里到敦劳费尔全程火车，然后坐渡船到霍利黑德，坐火车到多佛，再坐渡船，然后从加莱坐火车一直往南。这是我第一次到法国，第一次听到法国人说法语，侍者取笑我们不停地提出的“茶茶茶茶”的要求。还有我的第一次橄榄球运动之旅，那是六十年代中期，和麦克尔·朗利，坐贝尔法斯特—都柏林“企业快线”列车。那是一次阿尔斯特仪式之旅。在酒吧喝酒，在兰斯多恩路的看台上叫喊，回程路上又站在吧台那里喝。然后是，还有一次，几年前从彼得堡到莫斯科的夜行卧车之旅，在最后一节车厢的后面车窗前，看着松树林迅速闪过，月光照亮的铁轨摇晃着向后远去。

奥德里斯科尔：还有一次清楚地记得的旅途，就是你在《飞行路线》中回忆过的那次，你被一个共和军发言人质问为什么你不为他们的事业写些东西。那首诗表明是一种“记录”，所以我猜想你描述的是真实发生的事情。

希尼：是的，对那次火车上发生的事情的描述的确是照实进行的。我让那个说话者表现得比他实际中的更有挑衅意味了一点，但他对自己权利的认定，这是那次面谈最主要的让人惊讶之处，这一点是非常忠实的。

奥德里斯科尔：那次交锋有着怎样的公共性？

希尼：实际上的进行是很慎重的。我的质问者是新芬党的发言人丹尼·莫里森，那时候我对他不是特别了解。他从车厢里他的座位走来，在我前面的座位上坐了八九分钟。声音不大，也并没有引起旁边人的注意。就好像两个人发现他们在同一辆车上碰巧遇到了，叙起旧来。我没感觉受到了威胁。那是一种直截了当的面对面的意志力或坚定性的测验。我只是对被命令表示抗拒。如果有人想要摆架子，那也轮不到一个政党发言人。那是绝食抗议之前，在共和军囚徒在H监区进行“肮脏抗议”期间。我已经感觉到这整个事情沉重的分量，我已经在考虑把《乌戈利诺》的译文献给那些囚徒。但我们朋友的干涉，终断了所有这类的表示。在那之后，我不再具有那么多的自由去拒绝，正如没有自由去接受。

奥德里斯科尔：在那首诗里，你说火车上的那个人曾在你一个梦中出现过。

希尼：这一点并不是严格的“真实的记录”。我确实做了一个梦，梦到一个被关押在长基（Long Kesh）监狱的学生时代的朋友要我驾驶一辆装着炸弹的汽车，就像在《飞行路线》中写到的那样子。而那天上午质问我的人并不是一个朋友，虽然他确实代表着产生这些梦和焦虑的现实处境。

奥德里斯科尔：在这次遭遇九年之后、诗集《斯泰森岛》出版五年之后的1988年，这种焦虑还逗留在你心中。在接收《星期日时报》文学奖时，你在讲话中对英国政府的北爱尔兰政策提出了比你一直以来所持的态度要强烈得多的批判，你说“由置身事外而来的谨慎是有其限度的”，那次讲话在报社的宴会上受到了怎样的反应？

希尼：当然从房间的后排传来一些抱怨声，在席间也引起了某种紧张，但并没有特激烈的场面。那是在两个英国士兵驾车进入福尔斯路的葬礼人群而被绑架并杀害之后。这是野蛮的爱尔兰共和军人干的，而不是我的过错，也不是整个爱尔兰人民的过错，虽然《星期日时报》和整个英国新闻界都喷射着通常的反爱尔兰口水。我只是觉得我无法站在那里接受他们的奖励却不清晰地表明我对那种仇外思想的态度。这是我自己的抗议，我知道如果我不这么做的话那将是我的失职。那天早一点的时候，我和卡尔·米勒共进午餐时他鼓励我就这么做，要说点什么。

奥德里斯科尔：这个《星期日时报》文学奖的受奖讲话似乎是一种一次性行为。你觉得经常做这种介入会带来危险吗？

希尼：我没感觉到这点。我从来没有因为恐惧而退缩。我没考虑过个人的后果（对个人后果的考虑不会出现在我的头脑里，我没有过对个人后果的考虑）。而我也从来不是一个合唱团成员或啦啦队队长。如果我静默不语，也是出自内心的不安而不是外界的压力。比如，在我的诗被收入《企鹅当代英国诗选》后我发表了《一封公开信》，这事让我感觉到的是尴尬而不是气愤。我觉得有一种道义的责任去打破对整个英国/爱尔兰这一名称保持的沉默。但我并不想刺激两国的任何一方。

奥德里斯科尔：在H监区发生绝食抗议期间，对于不能有助于缓和局势或为解决问题出些力这一点你肯定不可能不感觉到一种内疚吧。

希尼：是的，不可能不感觉到内疚。这是在写《斯泰森岛》期间，那些日子里的自责在这组诗中随处可见。在一些单首的诗中，比如《契诃夫在萨哈林岛》《砂石纪念品》和《远离一切》中，也体现了这点。因为之前我和莫里森先生在火车上的冲突，在“肮脏抗议”期间，我对绝食这事的宣传性有着充分的意识，警觉着不要被召而入。

这是一种现实政治在运作。但与此同时，你又知道你在见证一部圣神戏剧一样的事情。如果我遵照《契诃夫在萨哈林岛》一诗的逻辑，那么，我就得去到监狱里，看那些绝食的犯人到底是什么样子，并写出报道，“不歪曲，不教条”。而真实情况是，在那几个月里，我“远离一切”：身体性的远离，住在都柏林，去法国度假。

奥德里斯科尔：在《写作的前线》中，你触及了那个夜晚，弗兰西斯·休斯——一个邻居的儿子、第二个绝食而死的人的遗体，被搬回德里郡家中的那个守灵之夜。他死的时候你不仅是在牛津，而且是在一个英国内阁大臣的屋子里。

希尼：这真是有点无所适从。查尔斯·蒙特斯带着我作为他的客人去参加那一年在牛津万灵学院的戚斯理大楼举行的晚宴。那天晚上我被安排住的学院董事成员的房间属于凯斯·约瑟夫爵士，他是当时撒切尔夫人政府的教育部长。十年之后回想那个场景时我才明白那是总体困境的一个象征，弗兰西斯·休斯是一个邻居家的孩子，没错，但他也是一个杀手，在他的新教徒邻居看来他卷入的是一场针对他们的种族灭绝战争而不是一场反对英王占领军的解放战争。在那个阶段，作为解放者的爱尔兰共和军的自我形象对我来说并没什么魔力。但玛格丽特·撒切尔过于残忍的简单声明“犯罪就是犯罪，就是犯罪。它不是政治”也一样。在那些日子里我自己念的真言经语是我在《远离一切》中所引用的米沃什的话：“我被绷紧在静止不动的沉思和积极参与历史的命令之间。”①

① 引自米沃什1959年出版的自传《吾国吾土》。

奥德里斯科尔：不管你对绝食抗议的“宣传性”有什么样的适度疑虑，你是不是对那些人也有着某种同情，对他们的勇气甚至有某种敬佩？

希尼：我当然有。这正是这困境里的残酷部分。与此同时，我也警惕不要把他们的牺牲抬高得超出其特定的历史和政治背景。比如，我对把这事按照叶芝的戏剧《国王的门槛》来理解感到不安。这部戏剧写的是英雄时代的绝食，发生在过去传说中的国度。人类学无法让你脱离你所退入的道德角落。有一件事对这点有一些作用，即使不算很好的解决方法，那就是我参加了托马斯·麦克艾维——第八个绝食而亡的死者的守灵。他是弗兰西斯·休斯的表兄弟，他们家相邻而居。他的遗体送回他家里时我正好上德里郡来了。我记得那是个阳光灿烂的八月的下午，我穿过他们家的院子，进入安放着遗体的房间。这是通常表达最后敬意的仪式。它缓解了一些悲痛，至少对我来说。这家人应该知道我并不是爱尔兰共和军的支持者，他们也应该知道这一跨过他们家门槛的举动高于或超越了使每个人都痛苦不堪的政治。

奥德里斯科尔：他们或休斯的家人寻求过你的介入或呼吁吗？

希尼：从未有过。在那个时候，我已经离开贝拉菲地带二十年了，也许在他们的意识中算不上是可以求助的本地人了。

奥德里斯科尔：文学界的朋友像谢默斯·迪恩和澳大利亚诗人文森特·巴克莱是不是敦促采取公开支持绝食者的立场？

希尼：我不记得他们向我施压过要我改变自己的方式，同样他们让我毫无疑问地确知他们持有不同的看法。我认识到文森特·巴克莱是绝食者毫不畏惧的忠实支持者，在巴克莱开始写一组关于绝食者的诗的时候，他在诗中一个一个叫出这些绝食者的名字。就我所知而言，文森特把到那时为止的相关情境都浪漫化了。他陷入了一个时间之环中，坚持着一个六十年代末七十年代初的“斗争”想象。我想他很早的时候在澳大利亚，就参与了为监禁者的家属募集资金的活动，并一直和爱尔兰共和军的各种同情者保持联系。我并不是说文森特是爱尔兰共和军的志愿者，虽然相对于我，他更接近于一个政治活动积极分子。

他是一个充满激情的人，八十年代初期我和他见面挺多的，他当时尽可能多地待在爱尔兰。我从格兰摩尔时期就认识他了。我们说话总是非常坦率，充满温情，我们不仅仅是谈论政治。他是一个我新写的任何东西的诚实读者，我记得特别清楚的是我给他看“斯维尼的复活”部分的诗，那肯定是在1983年左右。他完全不喜欢那些诗。这一点都没让我觉得有什么疙瘩，因为从一开始我就对这些诗有一种确定的认识。他可能不喜欢《第一次逃离》和《漂离》这些诗中展现出来的希尼（Heaney）和斯维尼（Sweeney）间的对应。

奥德里斯科尔：那么人们正确地辨认出了斯维尼系列诗中强烈的自传性因素吗？

希尼：“自传性”一词并不是很准确。它们是严格的戏剧性独白。在我写它们的时候我感觉自己获得了解脱。

奥德里斯科尔：它们属于你曾称之为写诗的“冲刺模式”。你是不是对这种冲刺性诗歌有着特别的信任——因为它更像是被

“灵感”驱使而写出的？

希尼：我确实因为这点而更信赖它。要是我可以援用另一个土生自产的批评术语的话，我想说冲刺模式更可能产生“裸线”品质的电线。

奥德里斯科尔：斯维尼系列诗歌中采用的声调比《斯泰森岛》组诗的音调更自信、更无须辩解。你是不是写这些诗时得到了特别的满足？

希尼：确实是。我感到“升腾和远离”，像其中一首诗里所写的那样。全速前进。无所顾忌的、准确无误的、完全彻底的斯维尼化了，和善于揭露丑闻一样善于自我嘲笑。这些诗带着角色面具（the persona）。

奥德里斯科尔：很明显的，其中有一种叛逆的感觉，对某些人的抨击。好些诗所含的话语和回忆用你自己个人的声音很难表现出来。

希尼：完全正确。不仅仅是一种飘浮在空气中的“诗人和诗歌的硫磺味丑闻”的气息。很多是从我自己身上释放出来的，比如，和北方人对诗集《北方》的反应有关。在《缮写员》里面写到了我作为南方的“闯入者”受到的敌视。但在那些诗中也隐含着正面的内容。这些内容也同样难以直接表达。比如，《大师》就是和切斯拉夫·米沃什相会的一个变形的描述。在伯克利的一家餐馆和他一起吃饭，作陪的有鲍勃·哈斯和罗伯特·品斯基，这事情转化为斯维尼到一座古塔去请教一位“大师”的故事。

奥德里斯科尔：我以为——也许是因为古塔的缘故——这首诗是向 W. B. 叶芝致敬的诗。

希尼：这首诗里有着被风吹拂、振翅而飞的氛围，这是来自叶芝的。他当然是大师形象的一个构成因素。但就我想象的他的性格来说——去戏剧化，去神秘化，清晰的言语，他的权威来自丰富的经历而不是幻觉体验——所有这一切都来自于我和米沃什的会见。

奥德里斯科尔：另一位大师，塞尚，成了《一位艺术家》的主题。为什么是塞尚？

希尼：正如我在诗中写到的“我热爱他生气的思想”。坐在那“面对主题”，他性情暴躁的倔强的衰老背影对着我们，在他面对那隆起的、与他对峙的山的时候。我第一次去伦敦时带回来一张塞尚画的圣维克多山的印刷品。我给自己买的第一本艺术类书是关于塞尚的。在我写《一位艺术家》时，我正在读里尔克写的他痴迷于塞尚绘画的书信，里尔克的一些话在诗中被引用了。我所热爱的是那种面对工作顽强不屈的劲头和勇气，那霍普金斯会称之为“自我发酵”的一代人——当然是从积极的方面说的：磨坊主磨着他自己。艺术批评家和艺术史家可能知道也可能不知道这样的塞尚，但这个塞尚是我与之共处的塞尚。那个得以画出那些无可争议的画作的塞尚。那些画自身如此稳固，连同你和世界都得以稳固下来——连同在这个世界中的你。

奥德里斯科尔：对你来说，他比其他印象派或后印象派画家也许更重要、更有教益？

希尼：我可以添加所有的限制条件，但答案仍然是，没错。我从未忘记巴黎网球场美术馆那满是凡·高画作的房间里第一次见到时那灼目的光芒，也无法忘怀阿姆斯特丹凡·高博物馆里他的麦田上空的乌鸦画作透出的悲伤。还有，谁会不需要马蒂斯、莫奈或他们中的任何一位画家呢？但对这个问题，实情是，在我去看新的展览时我总是直冲塞尚的画而去，把能有的时间都用于站在那些画的前面。

奥德里斯科尔：他对你的吸引力有一部分是在于他的风景画吗？

希尼：不是这样。他对我的吸引力在于他的个性而不是他的题材。我喜欢的乡村风景画家是柯罗。河岸，老树根，就是莫耀拉的世界。还有埃米尔·诺德。还有康斯坦布尔，他画的泥泞和他的云。但在绘画中，我容易被感染的远不止是莫耀拉的风景。我喜欢毕维·德·夏凡纳、理查德·狄本科恩[①]、雅克-路易斯·戴维，天呐，还有菲利普·古斯顿[②]。

奥德里斯科尔：古斯顿很可能对你的斯维尼诗歌中的另一首《在山毛榉林中》写到的驾驶舱铆钉会有所反应。你真的见到过那些坦克里的士兵和飞机驾驶舱里的飞行员？

希尼：真的看见过。在1943年底和1944年初的时候，在美军准备

---

① 理查德·狄本科恩（Richard Diebenkorn，1922—1993），美国画家，他的早期画作和抽象表现主义及五六十年代的湾区逃亡者运动有关。他的晚期作品，最著名的是海洋公园风景，获得了广泛的国际声誉。

② 菲利普·古斯顿（Philip Guston，1913—1980），美国纽约画派成员，属于包括了杰克逊·波洛克和德·库宁的抽象表现主义画派。

诺曼底登陆时空中和地面上有很多演习活动。飞机在飞越我们家前面的花园时会飞得很低，我有时候会看到的一个形象，现在成了第二次世界大战的图像中不可磨灭的部分：那个戴着皮足球状的头盔、遮风镜和波纹形口罩的飞行员。全都飞速闪过，但难以忘怀。我确实藏在我们家小路路口的山毛榉树的枝杈间，看着坦克、装甲车和列队的士兵从下面经过。

奥德里斯科尔：在《预言》一诗中，你也藏身在一棵树上——一棵柳树上。你是一个独来独往的人吗？

希尼：我记得童年时代我有很多孤单出神的地方，在那些地方我感到自己内心的某种东西得到了彻底的安宁。也许我退回了一个或两个进化时代，回到了进化过程中的某个阶段，我在草丛中栖身或在树枝上居住。毫不奇怪“斯维尼的复活”组诗结束于多尔多涅[①]的一个洞穴。

奥德里斯科尔：《斯维尼迷失记》和《斯泰森岛》出版发行时，很多人说你自己坐着直升机像斯维尼一般飞行。现在还有人说起你和卡耐基一起坐直升机的促销之旅，好像这真的发生过一样。

希尼：《斯泰森岛》和《斯维尼迷失记》于1984年10月初出版时，卡耐基的书《富庶》也同时由费伯公司出版了。巡回签售的活动在几个月前就安排好了，我想是5月份，当时我人在哈佛。不管怎么说，

---

① Dordogne，法国西南部地区。

我在电话中同意了，我们可以参加同一天在牛津和在英格兰北部某个地方做的两场活动，要是我们坐直升机而不是火车去的话。这种交通方式，就我所知，完全是工具性的。但到了夏天的时候，如他们所说的，这变成了当时由德斯蒙·克拉克操作的出版公司的一个公关宣传策划。

我最后变得越来越恼火。我记得我给马修·伊文斯写过信，他当时是执行主管。我说以这种方式通过制造噱头来追求市场效应，费伯公司有丧失其自身魅力的危险。不管怎样，直升机最终取消了。但计划仍然需要诗人们快速运转，我们最后坐了一架小飞机。但就这一安排来说，公关部门很明确没有声张：这并不是促销活动本身的一部分。

九、书籍敞开大门畅通：哈佛大学

奥德里斯科尔：在《斯泰森岛》出版之前好些年，你就开始在哈佛教书了，根据协议，你每年要在那里教一个学期。

希尼：这是最初的协议，从1981／1982学年的春季学期开始，合同期为三年。但我作为英语系的客座讲师已经在哈佛教过1979年春季学期的课了。你知道洛威尔在1977年突然去世，而同一年伊丽莎白·毕晓普因为年龄原因和各种事情被强制退休了。我1979年到了那里，基于一次性合同。我的哈佛生活就是这么开始的。

奥德里斯科尔：换而言之，你又回到都柏林待了两年才又接到邀请来担任一个更长久的职位？

希尼：正是这样。邀请函是在1981年春或初夏寄到的。那时候，哈佛大学英语系的人已经认识做过同事的我了，已经听过我的谈话和朗读，也应该有机会读到学生写的关于我指导的写作课堂的报告。但并没有正式的面试。那时候提供给我的是一份兼职工作，而不是终身职位。

奥德里斯科尔：你把这视为一种荣誉吗?

希尼：我确实把它视为一种荣誉，同时也视为一种解脱。那个时候，克里斯福德学院的工作成了沉重的负担。我们开设了一项学习期三年的课程，当时也招收了研究生。我是系主任，要上课和组织讨论，批作业和改试卷，还要指导学生，参与课程规划和学院董事会会议，还有其他的一切。夏天时我要到七月中旬才能把工作全部弄清，九月初我又得回到工作岗位改重考的试卷。哈佛的要求只是说：在这里你全年都可以做你自己的诗人，除了春天时你来诗歌课堂教教课。另外，这牵涉到我自己离开，而留下玛丽和家人；这决定并不是一件简单的事，虽然我们全家曾在坎布里奇住过半年，这一事实意味着每个人都对这样的生活和我将重新见到的朋友们有一些憧憬。

玛丽已经准备好也愿意接受这样的改变，但还有两件事最终促成了我们的决定。第一件事是玛丽的妹妹克莱尔愿意每年腾出几周来照顾孩子们，以便玛丽去哈佛度一个假期。第二点同样重要——在我就要告诉哈佛英语系系主任我的决定的前一个晚上我做了一个梦：我在沙漠中，天就要黑了，突然在我前面，出现了一道峭壁，壁面伸出一个单坡屋顶，正好庇护着好过夜，然后是下一个情景，在下一个梦中，那是阳光照耀的早晨，那道峭壁已经走了，我站在苏伊士运河的岸边。我所认为的峭壁只是一艘靠港的邮轮，已经在夜间开走了……反过来我把这视为一个要敢于冒险的忠告，一个提醒：那看起来安全、稳固的东西并非必然如此，你不应该依赖现状。因此我决定在克里斯福德这条邮轮开走之前自己离去。

奥德里斯科尔：你曾在什么地方说过，在这个关键时刻托马斯·特朗斯特罗姆给了你很好的建议。

希尼：他确实给过。我们是在1981年夏天遇到托马斯的，那个夏天发生了很多事情。我们在法国过了一个很长的假期，我参观了罗卡马杜尔[①]和多尔多涅的洞穴，与此同时，北爱尔兰家乡的绝食运动一直在持续，在持续。然后在夏末，也可能是七月，我和玛丽去墨西哥参加了一个在莫雷利亚举行的诗歌节，我参加过的最好的诗歌节。它是由霍梅罗·阿里达基斯组织的，他曾做过驻海牙的墨西哥诗人大使。霍梅罗从鹿特丹艺术节获得了国际诗歌节的理念，他和鹿特丹也有联系，因此当他被召回国之后，他开始行动。他邀请的人有：托马斯、瓦斯柯·波帕[②]、塔杜施·罗泽维奇、博尔赫斯、君特·格拉斯、艾伦·金斯堡、马林·索雷斯库、麦克尔·洪堡、奥克塔维奥·帕斯……这是一场让人陶醉的活动，不仅仅因为这是我第一次长久地面对牧豆树和墨西哥的月光，同时还有其他理由。比如，就时间来说，没有更好的了：我在那里，在一份有着英雄名字的花名册上，"最终自由地"成了一个诗人。还有一些轻微的迟疑，我们去哈佛的决定是不是正确——托马斯打消了它。很多年，他和他的妻子莫妮卡过着这样的生活，他常常在路上，离家在外。以他作为诗人和心理学家的智慧，他告诉我们一切都会很好，只要保证不见面的时间不要超过六个星期。我们一直这么做的。

---

① Rocamadour，一座沿着阿尔祖峡谷建造的山城，自十二世纪起就是远近驰名的朝圣地。

② 瓦西里·瓦斯柯·波帕（Vasile Vasko Popa，1922—1991），罗马尼亚裔的塞尔维亚诗人。

奥德里斯科尔：你和玛丽从未认真考虑过把整个家搬到坎布里奇去吗？

希尼：从未想过。我经常说我更像一个灯塔看守人而不是移民。四个月出海守望，八个月回到岸上。

奥德里斯科尔：这意味着一种孤独，也许甚至凄凉的生活经历吗？

希尼：完全不是。在1979年我到哈佛的第一次教学之旅，这么说吧，我一抵达就受到了我认识的人们的欢迎。那里有海伦·文德勒，虽然海伦还不是哈佛的正式老师。我们从叶芝暑期学校和1975年著名的基尔肯尼艺术周的时候就认识她了，因此她是我们很好的导游和监护人，带我们去布鲁克林吃饭，把我们介绍给那些神奇人物，像约翰·马尔科姆·布里宁。然后还有阿尔康一家，一个美国家庭，他们在我们住在格兰摩尔的那些日子曾在威克洛住过，但在我们于1979年出发之前他们就已经返回美国了。阿尔菲·阿尔康毕业于哈佛大学，他辞掉自己在报社的工作，带着他的妻子萨丽和他们的两个女儿在威克洛租了一间房子住下，为了写一部小说。我们和他们成了好朋友，和他们一起度过了很多美好的时光。我们第一次飞到马萨诸塞去的时候正是阿尔康夫妇去洛根机场接我们的，开车把我们送到在我们到达之前他们事先替我们租下的公寓。

我总是记得坐在阿尔康家的车上沿着查尔斯河行驶，看着河对面哈佛大学的建筑——艾略特大楼、洛威尔大楼、文斯罗普大楼和亚当斯大楼——它们的圆屋顶和钟塔。他们给我们找到的公寓离大院——哈佛并不被称之为校园——只有几个街区。在我第一次在那里任教期间，我在去英语系的路上，要穿过法学院，经过很多哈佛的标志性建筑，比如马萨诸塞大楼和威德纳图书馆。

奥德里斯科尔：1979年你到那里时，你认识英语系的什么人吗？

希尼：不认识。但是在我到达的第二天，门罗·英格尔，负责创造性写作部的教授，带我去吃午饭，在巴特莱先生的伯格小舍——又一个坎布里奇的地标性建筑，很快就让我感到无拘无束了。门罗是一个小说家和前出版人，是贝娄和贝里曼的朋友，一个非常善良忠实的人，在随后的几个月里他将指导我如其所是地增进对系里的认识。巨人家族依然在位，在他们王朝的丰硕的秋天：瓦尔特·杰克逊·贝特在英语系，哈利·列文在比较文学系；还有罗伯特·菲茨杰拉德，他那一年正好休学术假，将他在新普色图书馆的研究室供我使用。即使这样，那一年和之后的岁月里，我的朋友和交往的人很多并不是哈佛的教职员工，而是周边的作家和纵酒狂欢的人。

奥德里斯科尔：比如什么人？

希尼：比如，弗兰克·比达特，洛威尔的前学生，后来成了他的朋友和文学知己，最后成了他的遗稿保管人和他的《诗全集》的编者。我是在都柏林第一次见到弗兰克的，当时他去那里短暂探望卡罗琳·布莱克伍德，在卡尔死后不久。弗兰克最好的朋友是罗伯特·品斯基。没多久，我就见到了他俩和另一个洛威尔的崇拜者，阿兰·威廉姆森，一个诗人，是英语系的布里格·科普兰诗歌研究员。然后，又因为弗兰克是伊丽莎白·毕晓普的好朋友，所以玛丽和我经常参加在伊丽莎白和艾丽丝·梅斯菲赛尔同住的坎布里奇公寓举行的餐会，有时候也在伊丽莎白自己在波士顿港口老码头的住处。一直以来，我们都会兴致勃勃地过河到布鲁克林，去波士顿大学的地界，到海伦·文德勒家吃饭。所有这些人，还有其他人，都是在1979年第一次任教期间就进入了我们的生活。只是五个月，却建立了终身的友谊。

奥德里斯科尔：伯纳德和简·麦卡比夫妇怎么样？斯特拉蒂斯·哈维阿里斯呢？斯文·伯克兹呢？我听你谈起过他们和其他人，比如，威廉·科贝特、阿斯柯德·墨林祖克、德米特里和辛西娅·哈德兹……

希尼：……还有阿德勒·达尔西美、埃伦·威尔伯、彼得和帕德莱格·奥马勒、索恩·奥康内尔、露西·布洛克-布劳多、亨利·科尔、麦克尔·布鲁门塔尔、斯坦尼斯拉夫和安娜·巴拉谢克、凯瑟琳·香侬……这么多年来，我们马萨诸塞的朋友来自三个不同的世界：哈佛及本地别的大学，作家群和爱尔兰人或爱尔兰研究群。这是一个不断扩张的熟人群体。比如，彼得和帕德莱格·奥马勒经营着坎布里奇一家著名的酒吧，叫“犁（北斗星）与星”，彼得还编了一个杂志《犁头》。然后彼得娶了埃伦·威尔伯，他还是麦卡比夫妇的朋友。麦卡比家有一栋很大的房子，他们允许彼得在他们的房子里举行为《犁头》募集资金的晚会。伯纳德·麦卡比是赫伯特·麦卡比的兄弟，赫伯特是牛津的多明各会修士和《新黑衣修士》的编辑。而我最初是在一个诗人朋友德斯蒙德·奥格雷迪——他1979年春天也在哈佛大学——举行的一个聚会上见到伯纳德和简的。伯纳德和简成了我们紧密而持久的朋友，他们的家最终也成了我在坎布里奇像家一样舒适自在的地方，但我们要直到我开始每年一度到来时才经常见面。你说到的斯特拉蒂斯、斯文和其他人也一样。真难以置信，我发现自己竟然在哈佛大学当了十四年老师，从1982年到1996年。

奥德里斯科尔：你不再是哈佛的老师了吗？

希尼：在1996年我辞去博伊尔斯顿教授职位时，鲁登斯廷校长和劳尔斯院长劝我和哈佛保持某种联系，于是我接受了拉尔夫·瓦尔多·爱默生驻校诗人的职位，虽然驻校的要求并不太多——每两年来几个星期，给学生讲一些课，做些朗诵，举行一些座谈。2007年我把这个职位也辞掉了。

奥德里斯科尔：你能谈一谈这个博伊尔斯顿教授职位吗？我印象中这是哈佛大学很特别的一个职位。

希尼：它是为约翰·亚当斯设立的，在他从华盛顿返回波士顿之后，是整个哈佛大学最受尊重的职位之一。它是一个修辞学和演讲术教授职位。演讲术方面一直保留着，因为这个教授必须组织每年一度的博伊尔斯顿演讲比赛。这是在1829年得到捐赠设立的，根据尼古拉斯·博伊尔斯顿对比赛所作的最初的说明，评委需要特别注意"在大声说出来时给书面文字增添光彩的一切因素"。当然，在十九世纪时，那些书面文字就是希腊语、拉丁语和希伯来语，但在我负责的时候几乎都是英语了——比如，诗歌、散文片段、马丁·路德和约翰·F. 肯尼迪演说词的节选——虽然你偶尔仍然会听到一些西塞罗的雄文。在过去的五十年左右，这个职位都是由作家担任，阿奇巴德·麦克利什，罗伯特·菲茨杰拉德，现在是乔丽·格雷厄姆，第一位女性任职者。

奥德里斯科尔：在坎布里奇你总是感觉像一个观光客吗？

希尼：一个移民会有什么样的感觉呢？我既在家又在外。我既置身其中，同时又处于一个可看见整个地方的角度。后来，我认识到在德雷克·沃尔科特和约瑟夫·布罗茨基身上也有着同样的既安于此地又漂无定所的状态，他们俩都既在马萨诸塞州场景之内又在它之外。我只能是一个参观者，但是从一开始我又在美国有着自己的安居之所，因为我每年都住在亚当斯楼相同的房间里。这一点要感谢罗伯特·吉利，英语系的一个同事，他是亚当斯楼的宿舍主任，他的妻子雅娜是助理主任。

年复一年，我到那里，打开行李箱，把书摆到书架上，出门去逛书店，然后去当地饭馆的酒吧，"一个土豆两个土豆"。在第一个星期之中，我会收到六十到八十份诗稿，这是那些想要参加两门写作课之一的学生提交的。两门课的代号是英语 Sbr 和英语 Rbr，前一门是为水平更高或"高级班"的学生开设的。事实上，第一周周末的评定是一个学期最棘手的时刻，因为挑选参加写作课的学生对自己和对被选上的人都是相当重要的事——更别说对没有被选上的人。

奥德里斯科尔：你对未来的学生进行面试吗？

希尼：不面试。也不需要提交介绍他们是谁和他们为什么要选这门写作课的文章。我只要每个申请者提交五六首诗，我要判定的只是他们的作品。一旦你和他们谈话，几乎每一个聪明的人都会变得很有趣。我想要的是他们的艺术才能的证据。我不想经常面对那种巨大的落差，一方面是你收到的大多数诗歌的贫乏，另一方面是那些美国学生特别擅长的自我介绍文章的丰富多彩。当然，这种后果，需要你一开始就判断准确。如果你把一个并无诗歌天赋的人选入高级班，你会让他和班里其余的人还有你自己都受到伤害。如果把一个真正的天才漏掉了，你就制造了一道伤口，刺伤了一颗自信心。你是很容易犯错的，但必须做得万无一失，因接受和拒绝会引起如此多的后果。

奥德里斯科尔：出过什么岔子吗？

希尼：只有一次，我想我犯了一个真正的错误。这种情况下最烦恼的是调和心里的那种虚伪性。因为你没法在一个学期的第三或第四周后对一个学生说："你看吧，我很抱歉，我犯了一个错误，你并没有我以为你有的天赋，因此你最好是离开这个班。"到了你认识到自己判断错了的时候，盟约已经确立了，你只能作为一个老师工作，对班里的每一个学生承担责任。让人沮丧气馁的实际情况是，即使对于很一般或糟糕的作品你也可以很容易地给出一些"有趣"的评论。而在哈佛大学，这些写作课是给本科生开的，是一次性的，一个学期的课程，并非那种注册一年或两年的硕士学位项目。

奥德里斯科尔：你的哈佛学生的阅读情况怎么样？在他们个人的经典和你的经典之间会有根本性的冲突吗？

希尼：说冲突有点言之过甚，但差异当然是有的。一开始，他们上大学之前所受到的诗歌教育有点参差不齐。来自新英格兰地区的精英中学的学生会受到更深入的文学教育，他会像大西洋这边优秀的六年级中学生（高三学生）一样准备充分，可能还准备得更好，有更成熟的个人趣味……如果你读过托拜厄斯·伍尔夫的小说《老学校》，你就能知道这种学生的真实面貌。然而，来自加利福尼亚州和纽约市的高中的学生，可能从美国选本上很粗浅地知道一些当代作品，但不知道一首经典的英语诗歌。一般来说，我把这视为我工作的一部分，给他们介绍十五世纪以来的诗歌：十四行诗，圣诞颂歌，谣曲，颂诗，哀歌，等等。威廉·邓巴[①]，威廉·华兹华斯，温斯坦·奥登。当然也有爱尔兰诗歌，特别是叶芝。我凭记忆给他们引述诗歌，并不是很多，但我希望足以表明他们自己也应该储备一些。我把《诺顿诗选》用作选定的课本。

奥德里斯科尔：你要求他们背诵诗歌吗？

希尼：我敦促但并不要求……约瑟夫·布罗茨基单枪匹马地，也许我应该说是毫不含糊地，把背诵诗歌的活动重新引入，作为写作课的要求。我估计对大多数学生来说，这更像是一项古怪的挑战，而不是一项正式的练习作业。如果你从小学开始大声读诗，并继续学习大量的莎士比亚和乔叟的诗歌直到你十八九岁，你的耳朵很可能调谐得很好；但如果你在那之后才开始记诵，我无法确定那还有多大的效果。

奥德里斯科尔：这种新的生活影响了你自己的写作习惯吗？

希尼：一开始的时候没有。我的生活发生这些变化的时候我正在艰难地写作《斯泰森岛》组诗，更多的关注爱尔兰的事情。但这种生活产生了一种能量的分隔：在哈佛，我教书，做朗诵，让执行行动的自我负责一切，回到家，在夏天的几个月我又开始“享受作诗”。这通常都挺有效的。在那些五月底的早晨，当爱尔兰航空公司的飞机在中部地带降低高度，整个全国都是一片繁茂的山楂树，绿色的，白色的，山峦

① 威廉·邓巴(William Dunbar，1460?—1520?)，苏格兰诗人。

起伏，浪花阵阵，我总是能立即就感受到一种身体上的喜悦。夏天在说“我来了”，而我回到家中，拥有接下来的再没有学生的八个月。

奥德里斯科尔：你有没有担心过这种教授职业可能会驱逐掉诗歌？

希尼：我对此并不怎么担心。从早期开始，诗歌悄然接近我的方式，或我接近它的方式，意味着我倾向于认为一种全职写作的生活是太奢侈的事情。但是在博伊尔斯顿职位到来时，罗伯特·菲茨杰拉德劝我要非常仔细地考虑清楚。我相信，罗伯特发现相对于他的要求，这个教授职位是一种巨大的消耗或限制。在那之前，他当过记者，然后在意大利全职翻译《奥德修斯》，因此，对他来说，也许哈佛最后给他留下的是牢狱一般的阴影。不管怎么说，他是真心关心我接受这个职位对我是好还是坏——怕它可能妨碍我的诗歌写作。这就是为什么我称他为我“在哈佛的涅斯托尔”，在《电灯光》中的一首十四行诗中。但我仍然认为，就我自己的情况来说，四个月教书和八个月写作的安排肯定是非常合适的。

奥德里斯科尔：现在大多数美国诗人都是以在大学里教授创意写作谋生。这一点是不是已经无法挽回地改变了诗人在社会中承担的角色？

希尼：在诗歌中没有什么是无法挽回的。但确实是这样，除非另一个震撼性的天才出现，某个越出常规的格伦德尔[①]，某个金斯堡或

① Grendel，中古英国史诗《贝奥武甫》中的雄性怪物，被贝奥武甫杀死。

惠特曼，扑腾着语言的鸽笼，打翻草地长椅，诗人和诗歌将总是在短波中被听到，一如曾经的样子。罗伯特·弗罗斯特是第一批进入学院的诗人之一，但你可以说他是征服了学院而不是进入了学院。他在公共市场上确立了自己，而且——作为一个教师母亲的儿子，他自己早年也当过老师——从哪方面来说他在教室里讲课都很合格。

也许洛威尔是最后一个有着大学和外面世界的双重公民身份的美国诗人，在哈佛如在家中，在大都市里也如在家中，一个在鸡尾酒会上和在走向五角大楼的游行队伍中都适合被拍照的人。他既有权威又有名望。我想不出哪一个诗人目前在美国拥有那样的文化地位——艾德丽安·里奇或加里·斯奈德也许算得上，虽然他们的吸引力有某种派别性。职业性的学院工作是典型的美国诗人的生活状态，但在英国和爱尔兰这种情况也越来越多了。在我们这一代与此很不同，我们有着这样的榜样：奥登，麦克尼斯，帕特里克·卡瓦纳和R. S. 托马斯，特德·休斯，菲利普·拉金，斯蒂夫·斯密斯，各种天才人物在学院之外传播，并在学院之外找到观众。更别说狄兰·托马斯和休·麦克迪米德了。他们中没有一个人栖息在写作学校，但现在大多数诗人栖居在这个或那个系里。即使这样，让人高兴的是在爱尔兰还是有一些独立的诗人像保罗·杜肯和你自己。更不用说由伊斯达纳[①]的补贴维持的歌唱学校了。

奥德里斯科尔：你似乎表明，一种创意写作教学方面的职业生活会损害作为受感召而从事的诗歌事业。

---

① Aosdána，爱尔兰艺术家联合会，最初由一群作家于1981年在爱尔兰艺术协会的支持下成立。

希尼：对有些人来说，是这样。在美国，在观众提问的环节，当一个来访的诗人被问及他或她所敬佩的其他诗人时，回答时很少听到那些去世了的伟大诗人的名字。通常你会听到在其他学校教创意写作的人们的名字，那些在关系网中心的人的名字，他们的写作好得足以代表当代的面貌，但是确实如唐纳德·戴维曾经说过的——在另一种背景中——“视野狭窄，毫无前景”。有时候你会意识到现在的诗歌行会既是由搞关系的人也是由做梦的人组成。

奥德里斯科尔：没有关系网，一个二十一世纪的天才的新诗人有什么机会从大量的废稿堆中和待处理的文件盒中被挑选出来？

希尼：几乎没什么机会，因此，我承认，老师的关注和写作学校的关系网络是一种新的现实。事实上，是一种必然的生态。除了其他一些因素之外，还有地方的大小。当爱尔兰或英国的作家开始傲慢地看待美国的文学状况时，他们忘了它的人口众多，它的物理范围，到处都是大学写作中心，从西雅图到南加利福尼亚，从哈佛到休斯敦，从阿肯色到犹他，从普林斯顿到斯坦福，从纽约大学到北卡罗莱纳，从波士顿大学到爱荷华。

在大西洋的我们这边，边界或多或少是封闭的，听觉也更敏感，被听到的机会也更好一些。但是这边的大学也知道这事实，创意写作是一个可以赚钱的项目：是一种普遍的、新潮的自我实现的事业与大学院系的企业化转型之间的融合。一个结果是，那种在追求自我实现同时也追求被认可的人数急剧增多。写作工坊和诗歌市场都是这一现象的组成部分。越来越多的英国诗人和爱尔兰诗人被聘请到大学担任写作老师和进入地方艺术组织机构，因此受感召而从事的事业和职业变得越来越多地交织在一起。

奥德里斯科尔：你有一次说过，在诗歌工坊度过一个学期之后，一个诗人最后会精疲力竭而厌恶这种工作。

希尼：在我这么说的时候，我只是要说明在你与别人的希望和内心自我一起深入、紧密地工作了一学期之后，你精神上的疲惫和低落。把你累倒的，一方面是你经常愿意作出的回应，也许是真诚的回应，努力作出真实的判断，另一方面是你又感觉到一种培养意识在召唤，你的称赞之举在备受期待。

就我自己的情况来说，在整个一学期十二周的课程里我要教多达三十个学生。每个学生，一对一的面谈至少要两次，还要给他们安排出更多的办公时间，谁有需要都可以把一大沓的诗稿交给你看。随着你和每个学生的关系的发展，那些诗稿越堆越高。你的头脑就好像连接着三十个遍布哈佛的不同终端。我的形象就像是格列佛，他的大头被小人国的人用绳索绑住，用他自己的头发紧系在地上。这是一项全职的、要求很高的工作，你所有的关于诗歌的讲授，如果可以这么说的话，都被调动出来了。由于这是教学班级，因此还需要打分，学生们来这里是为了得到指导，你的谈话——我想是必须的——听起来好像写得更好是完全可能的，好像成功也是可能的。

因此，在任何教学情况下，这种疲惫都是很自然会产生的。还有一种更深层的损耗，因为写作班飘荡的“我能写好”的回声和你感觉到的艺术成就本质上的命运使然——和机缘凑巧——相抵牾。每年新学期开始的时候，我都会对全班的同学说一说同样的话，几乎就像是上课之前的祈祷。我会告诉他们，我将介入的是他们作为一个作家的能力，而他们作为一个作家的命运将是他们自己的事。

奥德里斯科尔：什么意思？

希尼：我的意思是我所要做的工作是有关他们的词语选择，而不是他们的生活选择。我们在教室里的教学活动，我们针对提交的作业进行的谈话将是直接的、技术性的、劝告性的，还有职业性的。这意味着艺术还有着另一面，如你所说的，受感召的天命性的。我想我的谈话同时还出自一种更深的认识，那就是一个诗人心灵的成长是他自己孤独的事务，尽管他从环境和同伴中得到了所有的帮助。华兹华斯和柯勒律治，欧文和萨松，摩尔和毕晓普，休斯和普拉斯，是彼此命运的一部分，但对于一个学生来说，期待在写作班获得这种现象的经历将会是一种妄想。说过这些之后，也应该补充一下，这么多年来，一个诗人老师也必然会和一些学生发展出特别的关系。

奥德里斯科尔：就你自己来说这种关系发展到了什么程度？

希尼：有一些人成了朋友，有一些人的诗作我过后还保留着。但是这种事情并不是教学合同要求的一部分，它不应该成为班里任何同学期望的一部分。通常你持续关注的是那些与你有默契的理解的人——尽管写作课堂上完全是民主公开的，它授予课堂上的每个学生所有的权利，让他们平等地拥有实践机会和热望——但最后的结果是分等级层次的。学生的写作和诗人的写作一样。有些人就是比其他一些人写得好，值得得到一种不一样的尊重。

奥德里斯科尔：诗歌朗诵——在美国或任何别的地方——在增加一个诗人的读者数量方面起着多大的作用？

希尼：诗歌朗诵毫无疑义会对观众产生影响。也许最好还是说“观众们”。然而，你能够把人召集到你面前，但你根本不能确定这种转化率有多大或多可靠，即把坐在听众席上的人们转变成买你的诗集读你的诗的人。更多的情况是，一个美国诗人可以在一个写作教学圈的相对封闭的世界里有着一种相对大的名声。他或她可以依靠本行业的同行的尊重而维持生活，不用在这个特定的崇拜者的圈子外面去激起反应或吸引注意。而即使在这个圈子内，朗读和个人现身也是很重要的。

就我自己的情况来说，事情是慢慢变化的。我的前四本诗集在美国出版后的反响相当冷淡。《北方》得到了海伦·文德勒热情洋溢的认可与赞许，罗伯特·菲茨杰拉德在《新共和》杂志发表了一篇称赞的评论，所以到了七十年代中期，我开始在美国四处走动，主要是分布在不同大学里的朋友们资助的结果：贝特·洪贝克和唐纳德·霍尔在安阿伯，汤姆·弗朗甘在伯克利，唐纳德·戴维和比尔·查斯在斯坦福大学，弗兰克·麦克沙尼在哥伦比亚大学，在费城地区的两所不同的学院里的朋友们。这些朋友和其他那些当时帮助我的人，首先为我做的，就是朗读这些诗集——诗人出现之后就是诗歌开始默默地被接受。

然后，《田野工作》在1979年的出版极大地改变了局面。哈罗德·布鲁姆和丹尼斯·多诺修分别在《泰晤士报文学增刊》和《纽约时报》周日版发表了对这部诗集的好评。影响开始显著起来，它不仅体现在朗读邀请的数量上，还体现在读哪一首特别的诗的朗读要求上。比如，布鲁姆特别注意到了《收获结》这首诗，于是这首诗经常被要求朗读。这表明明星批评家和评论家在提高你的诗歌读者的数量这一点上也有着相当大的影响力。

奥德里斯科尔：*伊丽莎白·毕晓普的名字在这里无意中提到好*

几次了，我很想知道更多你和她交往见面的情况。1980年在《泰晤士报文学增刊》你发表了一首献给她的诗。那首诗，《一个毛线圈》，后来再没出版过。

希尼：我感觉它没有写好。我第一次写这首诗是在1979年夏天，我们住在纽约长岛弗朗甘家的房子里。我写了好些诗，题目像《给麦克尔和克巨斯托弗的一只风筝》《给凯瑟琳·安的一根榛木棒》《给爱德华·加拉赫的一辆手推车》（后来成了《最后一瞥》），也写了一首短诗《一个毛线圈》给伊丽莎白。在哈佛的这个春季学期里，如我前面说到过的我们认识了她和艾丽丝·梅斯菲赛尔，到了学期结束时，她们邀请玛丽和我还有孩子们去她们在缅因州的度假处。那时候，我们和她们俩一起已经非常轻松自然了，但我们已经计划好假期就住在弗朗甘在长岛的家里——因此没能去缅因，我就给伊丽莎白寄送了一些诗，其中就包括《一个毛线圈》这首写给她的诗。它只是一次小小的扑腾，表达对邀请的感谢和不能应邀的抱歉的一封短笺。这首诗的开头写的是我还是个孩子的时候把手臂伸出去绕毛线圈——这样我的姑妈玛丽就能够把毛线绕成一团毛线球——结束时写的是我站着，手臂依然伸出去，空空的，面对着缅因，一个向毕晓普致敬的姿势。

然后我收到了她的一封回信，信中说她喜欢那些诗歌中的这一点那一点，并且说到第一次世界大战时期在新斯科舍①她外婆曾经怎样教她织毛线，织小小的彩色方块，用来缝在将送给士兵的百纳布物品上。但典型的毕晓普部分出现在最后，她在最后说，一旦她尽责地织好那些方块，她会又把它们拆掉……

最悲哀的事情是那个夏天结束后她突然去世了。在十月的一天傍

① Nova Scotia是“新苏格兰”的拉丁语。加拿大的小省，由大西洋边的新斯科舍半岛和一些岛屿组成。这是毕晓普母亲的家乡，毕晓普小时候在那里生活过。

晚，在她波士顿的公寓里，正穿衣服准备去吃晚饭。她准备到坎布里奇去，和玛丽·拉文一起参加诗歌朗读会。不管怎么说，这之后的某个时候，我把这首小小的向缅因致敬的诗修订了一下，把它作为一种“纪念”发表了。作为一种个人的敬意的表达，它也许还可以，我只是觉得它还没达到适合的效果。

奥德里斯科尔：在一次广播访谈中你说过，你觉得毕晓普“并不完全反对我所写的东西”。这种否定式语句是不是意味着在她对你的称赞中有一定的保留？

希尼：完全没有。恐怕是我自己对她赞许的评论有点太忸怩了。事实上，伊丽莎白在信中说了她是多么喜欢那些诗歌中的特别之处，比如有一行诗写到“诗歌之鹿”站在“透明的声音之池”边。我在那次访谈中想要说清的是伊丽莎白典型的风度，非常吸引人，不露声色但带着愉快的机智，总是很有效果，一种温文有礼和毫无忌惮的美妙结合。一种幽默和严谨的能力，在同等程度上。

我和玛丽在和她一起时都非常自在，我想这和我们都很熟悉的苏格兰气质有关。我们在阿尔斯特苏格兰人中间长大，在坎布里奇我们遇到了一个新斯科舍人：伊丽莎白童年时期在新斯科舍了解的生活和我们在阿尔斯特了解的生活有很多的共同之处。就拿她的小说《在村里》来说吧：一个乡下裁缝，一个铁匠，一个铁匠铺，一个被派去办事的小孩……这完全可以是在阿德波或贝拉菲。或者可以拿《麋鹿》中的那辆班车和班车上的人来说。

奥德里斯科尔：在你见到她的时候，你已经对她的诗歌非常熟悉了？

希尼：确实是。我有1960年代查托出版社给她出的老版本的《诗选》。多年来我一直很喜爱《公鸡》《在鱼棚》和其他一些诗。比如《佛罗里达》和《矶鹞》。在女王大学时，我曾把她的诗《地图》用于批评实践讨论课。在那个特别的日子，我记得讨论班成员包括了齐阿兰·卡森。因此，梅德卜·麦古奇安和保罗·穆尔顿应该也在——当然，除非他们那天逃课了。《地理三》出版于我们去哈佛之前不久，人们正热烈谈论那些诗。在我们到那里时，伊丽莎白是正“当红”的人物。

奥德里斯科尔：你是她在哈佛职位的接替者这一事实影响了你们的关系吗？

希尼：在我到那之前，确实对此有所担心。我知道伊丽莎白是出人意料地，根据传言，毫无准备地被告知她在系里的教职到终点了——就因为她已年届六十五岁。我感觉她因此肯定会厌恶来自爱尔兰的狂妄小子，一只飞来抢占了她的鸟巢的斑鸠。但是很高兴的是结果根本就没这回事。我们全都成了最好的朋友。在那一年她的生日聚会上，我送给她一件礼物之后，她回赠了我一件礼物——一瓶从德克萨斯送来的“造反呼声”波旁威士忌。在纽约的另一次聚会上，那是我在希伯来青年男女联合会的诗歌中心朗读完之后，她甚至给玛丽和我唱了一支歌——瓦萨学院的逗乐曲目，照着《洋基歌》的曲调唱。

奥德里斯科尔：毕晓普有她的心魔——其中包括她的酗酒，两个和她关系非常亲密的人的自杀。她给你留下了备受伤害、深陷困扰或与世相违的印象吗？

希尼：我可以再次引用洛威尔的话，说她似乎是“从悲伤中穿行而来”。这并不是说在她的仪态上有任何忧郁或悲伤的成分。我从未见过她喝多了酒胡乱叫喊或喝多了酒消沉萎靡。当然，她从未敞开心扉说过她的个人生活。她有一种真挚、温和的品质，感觉非常机敏，不管是道德还是身体。如果有一只苍蝇在墙上，她将是第一个看见它的人。显然，她的机警，甚至她注视每个人和每个事物的目光都来自她早年和后来理解的并与之生活的悲伤。然而，就我们和毕晓普的友谊来说，最悲哀的是它的突然终止。当我们在1979年6月分别的时候，所有的一切都让人相信这是一个开端而不是结束。我感觉还有很多的时间。我甚至还没有请她给我在她的诗集上签名。

奥德里斯科尔：你是不是很惊讶我们的时代对伊丽莎白·毕晓普的喜爱要大大超过对罗伯特·洛威尔的喜爱。

希尼：洛威尔受到了那些大人物最后总是要遭受的惩罚，因此，不，我一点都不惊讶。洛威尔是一个白种盎格鲁－撒克逊新教男人，一个欧洲中心主义的、自我中心主义的非凡人物，他的写作似乎是想要在大风中被人听见。从一开始他就站在了胜利一边：出身波士顿名门望族，艾略特的朋友，大西洋两岸文学势力的成员——虽然他明确知道这种优越地位，但是无论公开还是私下里，他一直都在躬身低头地对毕晓普和她的诗歌成就表示敬意。但随后风气变了，时代文化喜欢不那么盛气凌人的风格，性别的平衡也需要调整，梅里尔和阿什贝利的时代到来了，室内乐和卡巴莱歌舞而不是管弦乐的轰鸣受到了喜爱。这个时代更偏好于毕晓普完美的音调。

奥德里斯科尔：然而伊丽莎白·毕晓普矢志忠诚于传统经典作

家，比如，对乔治·赫伯特。我记得，你曾经把她在美国诗歌中的地位和拉金在英国诗歌中的地位作过类比。

希尼：是的。我认为她那种谨守礼仪确实来自英国诗歌传统。

奥德里斯科尔：这是不是让你更容易听清她的诗？

希尼：也许是的。但她有她自己的方式，把她的诗行绑定在纸上和传进耳朵。

奥德里斯科尔：很有意思你会说把诗行绑定在纸上，因为你在过去曾经说过美国诗歌有一种“漂浮”的特性，它的词语与爱尔兰和英国的相比“缺乏特别的重力”，诗作缺乏“与现实实际的关系”。

希尼：曾经使用“把词语绑定在纸上或耳朵上”这意象的是弗兰克·比达特。弗兰克显然又是从罗伯特·弗罗斯特的观念中拾取来的，弗罗斯特认为“声调”“句子的声音”和“感觉的声音”具有根本性的重要意义。毕晓普是一个精妙的文体家，一个制作者——要是曾经有过这样的人的话——一个文本编织者，一个非常自觉的作家，但在古老的口头/文本争辩中，她可以被两边都引用。她的诗句具有汤姆·鲍林曾说过的“说话的现在时”。“我钓到了一条巨大的鱼……”，“现在你看到那纪念碑了吗”，“名字最美的州……”，“可怕但欢快的”……

我最初偏好的是那些和彼时彼地的事物有着某种关联的诗。如毕晓普所说的，出自“寒冷源泉”的诗——用陈述语气，与历史有着某种关系。在我说到美国诗歌的那些特性时，我有点在防护，更准确地说是防护我的那片领地。在爱尔兰/北爱尔兰语境中，对放弃或承担“现实形势”有一种经常性的压力，所以你永远在注意着其他诗人怎样在这个世界上开辟他们的想象之路。对我来说最有意义的东西是从承受着更大压力的环境里诞生出来的，就此而言，是那种比阿什贝利诗派、梅里尔诗派，有着更复杂难解的起源和更紧密的纹理的东西。我从兹比格涅夫·赫伯特和米洛斯拉夫·赫鲁伯还有整个东欧诗派所获更多。我并非不能跟随一种不同的诗歌去那它要把我带往的地方。我指的是那种更多地在其主观性中逍遥自在的诗，音乐性更轻松的、享乐主义的、油滑的诗，随时准备成为即兴与反复的片段或不知不觉地飘入梦幻曲中。作为一个读者，我当然能领会那些东西，尤其是当它写得很好的时候，正如奥哈拉、斯库勒、柯赫及其同伴。

奥德里斯科尔：二十多年以前，你把约翰·阿什贝利的诗描述为“一个中央供暖的白日梦”，并还加了一句“它同时也很悲哀，它知道它的匮乏”。但是在那以后，对他的诗你给予了更积极的评价。你和阿什贝利的诗做过特别艰苦的斗争吗，也许因为你的学生对他非常崇拜?

希尼：三十五年前，当我在伯克利读到《网球场上的誓言》时，坦白地说我对它什么也没读明白，我也没怎么去费工夫。奥尔森和邓肯已经是够陡峭的学习曲线了，可供继续学习的。但现在当我翻开一本杂志，看到一首阿什贝利的诗的时候，我能够，这么说吧，听懂它。部分是因为我知道了太多生活在美国是什么样的感觉，部分是因为阿什贝利有催眠天才，他确实创造了一种趣味，他自己对此非常享受。但现在我们是在“9·11事件”之后的世界，我想我提到的“中央供暖的白日梦”和我感觉到阿什贝利知道它是“匮乏”的，显得更有道理了。我并没有想要贬低他，只是指出他并没有准备发布耶利米哀歌，对于他的国家变成了歌利亚的领地这一事实。

基本上，我想要表达的感觉是，美国的某种时代已经过去了，那种美国可以以洛威尔那种方式被说出来或对别人说话的时代。美国在八十年代的时候看起来好像一艘巨大的气垫船，漂浮在自己的繁华和对未来的信任之中。就好像美国在一座大洲规模的穹窿圆顶建筑之内生活了很多年——共同地奢华地隔离在世界贫困的寒冷风暴之外，不用担忧社会和政治领域的危险。这是他们的骄傲和他们的幸运。他们生活在美国梦中，它当然是“中央供暖的”。和阿什贝利的诗歌相匹配的正是这种生活方式，这种中产阶级的人们在它的购物商场和它的导弹发射井之间走动的，惊人地被隔离的，物质上舒适的，喜欢滔滔不绝地说话的安稳的生活状态。阿什贝利应该像任何一个人一样意识到了那军事机器的巨大威力，但是他的才华和装备并不适合充当恐吓的角色。他不是金斯堡。他接近于费斯特[1]的“嗨，啃，风呀雨呀”，有那种样式的悲哀。

奥德里斯科尔：你在哈佛的岁月加深了你“听懂”美国诗歌的能力，与此同时也留给你某种与这结果淡漠的距离吗？

希尼：我想以一种克里斯多夫·里克斯做出过的区别来回答。与其说那是真实的，我宁愿说真实的是那……但当我想到像汤姆·斯勒和亨利·科尔这样的人，只提几个我在坎布里奇认识的年轻诗人，我感觉对于一种基本的声音，我过于强调了诗歌方面的“他们和我

① 莎士比亚喜剧《第十二夜》中的丑角，一个傻子。所提到的这首傻子之歌出现在第五幕第一景的结尾处。

们”。可以说，我也和那些美学观念与我差别极大的诗人交流，乔丽·格雷厄姆和露西·布洛克－布劳多，威廉·科贝特和詹姆斯·退特。

奥德里斯科尔：也许有一些你曾经说过的“松散交织的谈话式”的美国风格也潜入了你自己的诗歌写作之中呢？你曾提到过《电灯光》中的一些诗属“松散交织”之作。

希尼：这次，我想我不引用里克斯而引用李尔王的话来回答，“那也是真实的”。当然确实有一些更自由的联系出现，整个事情有点起锚出航的感觉，但我发现很难确认这是美国诗歌风格或内容的直接影响。在写完被收入《酒精水准仪》中的《继续前行》这首诗后，我喜欢上了一种松散的节奏。我猜这是读了米沃什那些大型的开放性组诗的结果。但那时候，八十年代中期，米沃什或多或少被算作美国诗人。

奥德里斯科尔：美国的风景和对美国文化的反映某种程度上是米沃什诗作很明确的特征，但它们从未在你的诗中出现过。是不是你更像移民工人而不是驻地诗人？

希尼：我觉得你抓住了着力点。比如，当我被约请为哈佛大学建校350周年写一首诗时，让我开始动笔的是这个发现：约翰·哈佛的父亲在成为萨瑟克成功的屠户之前曾在斯特拉福德做过牲口贩子——还有，知道了最初的学院建筑正挨着将被称作坎布里奇的新城镇的牲口棚院。我在那里，实际上是远游到了我最初的出发之处，“那关在屋里的动物，那聆听的卧室”——为了庆祝一个不同的院子[①]，这个院

① 哈佛校园被称作 Yard（院子）而不是 campus（校园），希尼这里把哈佛的校园 Yard 和小时候家里的院子 Yard 联系在一起。

子里“书籍敞开大门畅通”。

奥德里斯科尔：身在美国让你和爱尔兰保持了一段距离，这一点是不是给你提供了一种新的视角——甚至一种明确的重要的客观性——来看待爱尔兰和大骚乱？

希尼：很难这么说……我的感觉是在哈佛度过的时间不足以让我这么认为。七十年代初在加利福尼亚度过的那一年更为重要。我从伯克利回到贝尔法斯特时，有了一种更超脱的心态，也导致了改变生活方式和地点的结果。

奥德里斯科尔：那么多爱尔兰诗人把美国当作挣钱和出名的地方，这其中蕴含着什么危险吗？

希尼：说危险有点过甚其词了。我认为这两种文化现在有着相当深的相互渗透，因此这种来来往往促进了好奇心的满足，而不是构成危险。对于在美国的爱尔兰诗人来说，最主要的危险是隔绝在爱尔兰研究界之内，只沿着民族的线索构建网络。我并不认为作为驻地诗人、几次朗读或一两年交流会有任何能挣一大笔钱的真正的危险。它往往对人们有好处。危险——无处不有——在于意识不到批评标准或生活在一种批评标准被悬置的境地。它当然发生在美国，但别告诉我说它在爱尔兰不存在。散漫，松散交织，中心供暖——这些词也许应该通报所有人，贴在我们自己的评论专栏的顶端。

大雅
为一种品格注脚

希尼系列

踏脚石：

希尼访谈录（下）

［爱尔兰］丹尼斯·奥德里斯科尔　著
Dennis O'Driscoll

雷武铃　译

广西人民出版社

十、树丛中的一条河：《山楂灯笼》

奥德里斯科尔：对于一本诗集应该保持多少页码你有没有什么特别的预先限定？我问这个是因为，紧随着你篇幅最长的诗集《斯泰森岛》之后出版的是你篇幅最短的诗集《山楂灯笼》。

希尼：大概有一个四十页左右的最低界限吧，但就抒情诗集的出版来说，篇幅短小并不是一个必然的缺点。《较少受骗的人》①《牧神节》②和《地理三》③——这些诗集没有一部是篇幅长的。事实上，我考虑过把《斯泰森岛》组诗单独编成一部诗集，后来我也同样考虑过把《观看事物》中“打方框”部分的四十八首诗单独编成一部诗集。不管怎么说，至于说到《山楂灯笼》，我有意作了一些剪取。甚至编过一本更短的诗选《冰雹》，由爱尔兰的彼得·法隆画廊出版社出了一个限量版。

---

① 菲利普·拉金于1955年出版的诗集。

② 特德·休斯于1960年出版的诗集。

③ 伊丽莎白·毕晓普于1976年出版的诗集。

奥德里斯科尔：你在画廊出版社出过好些特别版本——有一些，像《冰雹》，是精选本，但另一些是作为独特本，比如作为奥维德和布莱恩·梅里曼[①]的诗作翻译的《午夜判决》。

希尼：我和彼得·法隆的关系说来话长。我一直记得1971年圣诞节前他出现在贝尔法斯特我家门前的样子，戴着一副约翰·列侬式眼镜的长发青年，拿着一套三一学院手工出版社制作的大册页：我的一首诗的限量版，他是从都柏林买来让我签名的。他已经开辟了两条战线：写自己的诗，出版别人的诗。他是个低调坚定，很有自己想法的人。这么多年来我们的友谊一直在成长，因为真心的交流和持续的信任，因为整个的对事情的幽默感和对诗歌特别严肃认真的兴趣。彼得作为嘉宾参加了1995年的诺贝尔奖颁奖典礼，因为两点：作为我的私人朋友和我在爱尔兰的出版商。我在他那里出的书的目录也许很简短，但我们俩的关系很长久。

奥德里斯科尔：你觉得在《山楂灯笼》中你越出了你作品的边界了吗？你在你的牛津讲座中说过："为了找到它真正的尺度，创造性天才必须越出它自身的限度。"

希尼：它不太像逾越边界，更像是拉开隔断门或日本的纱门。像是闯入一个陌生的房间，置身于焕然一新的光亮中，特别是在那些寓言式诗歌里。

奥德里斯科尔：《山楂灯笼》篇幅相对短小是不是有可能因为

---

① 布莱恩·梅里曼（Brian Merriman，1747—1805），爱尔兰语诗人。

你没法再写那些寓言式诗歌了？

希尼： 这部诗集的长度和诗歌数量或寓言式诗没什么关系。它们是在一个相当短的时间内出人意料地、奇异地降临的一场大惊喜，然后这种激动就消失了。我记得1986年夏天的一个上午把刚完成的诗稿递给伯纳德和简·麦卡比的情境。我们正驱车穿越英格兰，刚在林肯郡的一家旅馆过的夜，那天晚一些的时候，我们要去索姆斯比参观丁尼生旧居。这部诗集就是献给麦卡比夫妇的。那两行题献诗写的是玛丽和我与他们另一次一起度假，我们在约克郡的格里高利修道院的一个小萨克森教堂停步驻留的情境。

奥德里斯科尔： 其他很多诗也同样与特定的地点或写下它们的地方有关联吗？

希尼： 大多数诗都是在家里写的，在滨海路家里的阁楼上。但《寓言岛》中的一部分是1985年在冰岛写的，《字母表》是在哈佛的亚当斯楼里用了几周时间写的——作为1984年的优等生毕业典礼朗读诗歌。另一首与特定的地方相关联的诗是《泥土幻象》：它被设置在爱尔兰中部地带。但在它后面隐含的真实记忆是1950年代末蒂隆郡一座房子周围的花园和拥堵的道路，当时传言童贞女玛丽向一个阿德波村女人显身了。

奥德里斯科尔： 是不是和都柏林的吉尼斯霍普商店的展示空间也有一些联系？

希尼： 当然有。让我到那里去的是艺术家理查德·朗的作品，他在霍普店的一面高墙上做了一个由泥手印构成的巨大的环圈。那是在都柏林做的一个他作品的大型展览的一部分。一种布埃式窗户（boue window）。无论怎么看，这轮式窗户呈现眼前的都是泥。

奥德里斯科尔：从童年时就知晓的献身宗教的一种隐秘生活或另类生活，似乎也促发了《泥土幻象》。

希尼：在《山楂灯笼》中的另一首诗里有两行写道，“真实的事物融化／刺痛着化成了空无”。这写的是你手握一颗冰雹球，紧紧攥着拳头的感觉。但它们也意指这本诗集的一个主要关注点：所谓信仰的丧失——或更准确地说，是所有信念的丧失。如《泥土幻象》或那一首《匙形钓饵》中的宗教信仰；《伍尔夫·托恩》和《消失的岛屿》中的爱国主义。信仰的丧失，在某种程度上，是就语言本义来说，或至少是对“真实的事物”背后的东西的怀疑，如在《筛网》中。那时候我还未能清楚地认识到这一点，但现在我同时看到还有一种与之对抗的冲动在作用，就是拒绝抛弃那“真实的事物”，不管它可能已经融化到什么程度了。这是一场竞争，在德里郡和德里达之间。不是说我读过德里达，而是八十年代在哈佛大学英语系的氛围中，不可能意识不到因他而来的挑战。词汇表中的词语陷入消解的危险之中，我身上的每一处都在无声地抗议——这就是为什么，在《石头判决》中，我父亲的沉默被放在天平的一端以抗衡另一端的所有高谈阔论和理论话语；这就是为什么我更偏爱“不出声的土地”，为什么《泥土幻象》中去神秘化的国度的人们在“专家／开始他们事后的含混不清的叽叽咕咕”时感觉到失望。这首诗中的人们承担的风险也是写这首诗的诗人甘冒的风险。

奥德里斯科尔：你指的是什么？

希尼：他们源自敬畏地凝视的世界，那个世界相信奇迹，相信太阳静立和太阳变换颜色——就像传说中法蒂玛时那样。但他们已进入媒体时代和后现代社会。他们被驱逐出德·瓦勒拉[①]时代的爱尔兰文化——简朴、乡土气息和内向，但仍谐和于一种超自然的维度。他们发现自己置身在一个全球化的、世俗化的、消费主义的，取消了任何真正的地方感或历史感的宇宙中。他们从这样一个世界中迁移出去了，这个世界的年轻人曾被送往卢尔德圣地充任担架手，他们移居到了这样一个世界，年轻人享受着他们凶猛有力的凯尔特父母在他们出生时就为他们作出的投资。在所有这一切之中，那诗中虚构的人们就像我自己。

奥德里斯科尔：我从你早前说的话，还有你的诗集《区线与环线》中的诗《担架手》中知道你确实去过卢尔德。

希尼：我确实去过，和我的表兄麦克尔·乔伊斯一起，跟随1958年德里郡主教区朝圣团，费用是我们的姑妈简支付的。在卢尔德有四五天我们担任担架手和推轮椅人。我还经常充任辅祭和捧香炉人，因为我刚从圣科伦巴公学毕业，因此负责朝圣团的很多神父知道我。

奥德里斯科尔：结果证明这是一次非常折磨人——或非常安抚人——的经历？

希尼：我理所当然地接受它，以一个年近二十的青少年的欢快精

① 德·瓦勒拉（de Valera，1882—1975），爱尔兰政治家，一直作为爱尔兰领袖，当过爱尔兰总理和总统。

神。我事先就了解它。那个年代，那个洞穴的图画在天主教徒的室内和敬拜处无所不在：跪着的伯纳黛特，手里握着念珠，头上盖着披肩，玛丽系着蓝色腰带，伸出苍白的双手。那个时候，我们甚至对圣地本身的照片都很熟悉，那蜡烛堆和拐杖墙，由那些被治愈的人们扔下的。因此，在我到达那里时，既无折磨也无安抚，而是一种期待和慎重交织的感觉。

我完全相信这会有益处，我相信治愈是可能的，虽然我不相信必定会治愈或这其中必然蕴含的神圣意味。但我还是在一些特别的弥撒和祝福活动中做了辅助工作，比如在洞穴前为那些残疾人和病弱者所举行的活动。它既平常又神秘，当然，我很容易受到感染，对于人群中涌起的情感浪潮，对于玫瑰经和赞美诗响起时人群掀起的巨大的回应声，还有洞穴里散发出来的花朵和蜡烛的让人上瘾的芳香。你可以认为它是“彻底的空洞”或“根本的源泉”。

奥德里斯科尔：你用《筛网》一诗结束诗集《山楂灯笼》是不是因为你不确定下一步要走哪条路？Incertus[①]又回来了吗？还是你实际上意识到了你要开始《观看事物》的新阶段了？

希尼：如我前面说到过的，Incertus，从未真正离开过我。在那个时候，他度过了八十年代，对于爱尔兰来说这被认为是相当沮丧的十年——对我也一样。它始于绝食抗议，随着它的推进，北爱尔兰的僵局看不到任何可被打破的迹象，也看不到任何暴力活动会降低的迹象。民族主义阵营中的人们陷入了爱尔兰临时共和军[②]杀手和修正主

① Incertus，拉丁语，意思是“不确定”“无名者”。希尼年轻时曾以此做笔名。

② 爱尔兰临时共和军（Provisional Irish Republican Army，简称PIRA），是北爱尔兰大骚乱时期最大的爱尔兰共和派民兵组织。

义历史学家之间的困境。在一些高尚社区，“绿色”一词成了骂人的话。浪漫的爱尔兰又死了，更准确地说是被处死了，因为爱尔兰临时共和军的罪行和父权制的罪行。我感觉启航离开了很多我从中成长的东西。

理智上，我同情女权运动的愤怒，同情针对把爱尔兰视为受难少女来崇拜这点所作的批评，同情对多样性和多元化的需求。我也认识到在我们的情感和态度中很多作为自然而接受的东西是一种文化结构，我也慢慢地开始解构。比如，这本诗集的倒数第二首诗，《消失的岛屿》，仍然是一种幻象诗[①]形式，一首关于爱尔兰的幻象诗，即使它是一种带有反讽意味的幻象：“我相信的发生的一切都是幻象。”所以你的提问中有些东西确实说中了，我走到了通向《观看事物》的地点。事实上《山楂灯笼》的献诗也同样适合作为后一部诗集的前言：“河床干涸，半是树叶。/我们听见一条树林中的河。”

奥德里斯科尔：这是不是有意用上了艾米莉·狄金森的典故？她在一封信中说过：“我今天第一次听见一条树间的河。”

希尼：没有用典的意思。我现在才知道有这么个句子。我不知道该对此感到高兴还是不高兴。

奥德里斯科尔：我想知道干涸的河床这一意象是不是来自一种情感——或害怕——你作为一个诗人可能正步入一片干裂地带。或者你单纯地把它作为一首“补给性”（用你自己的话说）

---

① The aisling，aisling为爱尔兰语，意指“梦境”“幻象”。这种幻象诗产生于17世纪末和18世纪爱尔兰语诗歌中。

的诗。

希尼：也许“补偿”是更合适的词，我相信它是这部诗集最后要写的东西。虽然它印在书页上很短小，但却是一个重要的小赠礼。我甚至被这一想法所引诱：把这部诗集名字取作《树林间的河》，但在那个时候这书名显得有点太安适了。这两行诗确实包含了后来在《观看事物》中以不同的方式表达的一个观念：越来越意识到诗歌不能放任自己“懒散地停留在所发生之事的消沉中”。它应该在这样的信念中继续向前：“不管现实如何给定／它都能被重新想象，无论是怎样的方块，／厚板，愚钝的外壳，出自其时代／碰巧成为这样。”在它深处，与大骚乱相关的义务问题依然存在。米沃什面对的古老挑战无法逃避：“诗歌是何物？那不能拯救／国家和人民的诗歌？”

奥德里斯科尔：你为大骚乱时期贡献出了山楂这一意象，作为“给小人物的小亮光”。你为什么选用《山楂灯笼》作为诗集题目？除了《树林中的一条河》之外，还有过其他的考虑吗？

希尼：有一阵明确地倾向于《石头判决》，但是随后理查德·墨菲出版了他的《石头的价格》，那书名只能作罢。山楂是冬令之物，细小，经常被雨淋湿，因霜冻而变甜，一个有关生存的意象，它的自身之内包含自己小小的石头判定。我喜欢这些联想，但我也喜欢这首诗，因为它要求每个人作出严格的自我反省，不管他们是诗人、专家、牧师、政党政治怪兽，还是其他什么人。它发现了一种基本层面的失望。它不认可北爱尔兰风行的愚行和狭隘，但同时它也允许有一道亮光的闪烁。很让人高兴的是，它也有一点奇怪。

奥德里斯科尔：在这首诗中贯穿的、被审视和检验的观念可以被认为是整部诗集的主题。比如，它出现在《来自写作的前线》和《来自良知共和国》之间。

希尼：我得说它是其中的一个，而不是整个的主题。比如，还有那些纪念我母亲的十四行诗，几个即兴闯入的主题和哀歌。

奥德里斯科尔：鉴于这种主题的混杂，这本诗集编起来是不是有些特别为难？我想知道它现在给你的印象是不是像一本独立的诗集，一本和你的其他诗集没什么联系的单独的实验性作品集？

希尼：它是一条轻快的船，一路抢风行驶，偏离航线，但我把它视为一本恢复之作——恢复到“为其中的快乐”而写，正如《斯泰森岛》老艺匠所教导的那样。比如，我记得在写《字母表》中的诗节时我体验到了一种真正的提升，在开始写《来自良知共和国》时我感觉到一种打破常规的快乐。尽管《出空》里那些十四行诗饱含着丧失之痛，但在写它们的时候确实有一种快乐。

奥德里斯科尔：你前面提到的这两首诗都是接受委托而写的：一首来自哈佛的委托，一首来自大赦国际在你们本地的分支机构的委托，你显然不认为接受委托是一种禁忌。你会不会更进一步地说它也是一种激发因素？

希尼：我愿意进一步这么说，但是是以一种无情的旋绕的方式，因为除非你发现一种能表达出你自己生活的回应它们的方式，否则不会是激发因素。比如，那首哈佛优等生典礼诗歌，它的意图是关注自身的“学习”，通常是带大写字母L的学习（Learning）。但在我想出一直低调地用小写字体写，写我自己的进步历程，从阿纳霍瑞什的课桌到哈佛大学桑德斯剧院的讲坛。一想出这个主意，我就上道了。这首诗的第一节是一天早晨在亚当斯楼我的家里降临的，当时我还没起床。它们很清楚是受到米沃什的诗《世界》的启发。《世界》是从一个孩子的视角写的，他刚开始学握铅笔，打开他的启蒙读本。那种兴奋的期待正是我所需要的——要是我没有听到这一音调的话，我不知道将会写成什么样子。

奥德里斯科尔：而大赦国际的委托导致了《来自良知共和国》的问世？

希尼：我记得又是另一位诗人的一首诗帮助我找到了出发点，这次是理查德·威尔伯的一首诗。我实际上用威尔伯的诗《羞耻》做过我自己布置的作业：威尔伯通过把羞耻转化成一个狭小拥挤的国家，创作了一个羞耻的寓言；在此前的学期中，我布置我哈佛写作班的学生用这个方式写一首诗。然后我就想到，我可以布置我自己做这同样的事情：创造一个想象性的国家用以代表一种特定的心灵或情感状态。一旦这一工作以这种方式展开，戏玩的因素就进入了，我就能够跨越写作的前线了，能够从“所发生之事的消沉中”挣脱出来（在这里，就是从实际状况的残酷中挣脱出来）。大赦国际送给我一些报告，关于世界各地的良知犯所遭受的不公和痛苦。一开始我所有能做的只是在这些证据面前战栗。我在诗歌中能发出的任何叫喊都无法匹敌那些报告材料所发出的叫喊。我必须恢复好并“用间接的方式找到出去的方向”。

奥德里斯科尔：我理解也有一种和奥克尼[1]相关的因素在起作用。

希尼：我把良知共和国想象为一个寂静、孤独的地方，一个人在那里会发现难以避免意识到自我并自我反省，正是这点让我想到了奥克尼。我一直无法忘记那里的寂静，那简易机场上，我第一次在那里落地。我乘坐的是一架小型螺旋桨飞机，它滑行后停下，关掉发动机，我们坐在座位上等待地勤人员；这时你能感觉到飞机在风中轻轻摇晃。然后，机舱门打开了，登机梯当啷一声放下，在我穿过草地朝一个小小的到达棚走去时，我听到一声麻鹬的尖叫，就像叶芝的诗《白丁》里面的那只麻鹬。在那首诗中叶芝谈到“那上帝眼中一览无余的孤独的高处”，还有“忘掉我们混乱的声响，那里绝不会／有一个灵魂没有甜美、清澈的叫声”。

奥德里斯科尔：也许《山楂灯笼》集中的《来自良知共和国》和其他一些寓言诗受到过盖尔语航海文学《依姆拉姆》的影响？

希尼：我没有意识到这点。但是当你处理这些典型的求索故事时，从《奥德赛》到《古舟子咏》里的所有东西都会回应着其他的所有东西。然而，我还是得说，我经历的移民管控和海关检查体验比任何对《依姆拉姆》的阅读都更重要。

奥德里斯科尔：你对东欧诗人的阅读呢？也许还有博尔赫斯的寓言呢？

---

① Orkney，位于苏格兰东北部的群岛。

希尼：所有这些确实一般性地指向寓言模式，但我想没有一首诗、一个诗人或一则寓言促使我着手去写这些诗。不过在那些题为“来自……”的诗中有一种很直接的翻译感，向我和你还有任何其他人表明它们的发源地很可能在“企鹅现代东欧诗人丛书”中找到——还能想到，在博尔赫斯那里。

奥德里斯科尔：写这些寓言诗需要一种和你的其他诗歌不同的思维方式吗？

希尼：并非完全不同，比如和“斯维尼的复活”系列诗，你采纳了一种声音姿态，或者一种声音姿态采纳了你，然后你跟随着它。但这一点你是对的，你感觉到了那组诗和别的诗的不同。在写这些诗的时候有一种眩晕感，它们获得了一种很自由的主观性，那种以前通常具有的忠实记录的重力牵扯被悬置了。

奥德里斯科尔：通过引入第欧根尼、珀涅罗珀、苏格拉底等这些人，《山楂灯笼》——像它之后的诗集，成了一部到处暗含着古典文学和神话典故的诗集。这种古典典故的大量使用有什么特别的缘由吗？

希尼：这东西一直就在心灵深处，在我遇到罗伯特·菲茨杰拉德并开始重读他翻译的《奥德赛》和《伊利亚特》时，我就又开始面对它了。坎布里奇的书店里一般来说很容易看到古代经典的译作，这点也有影响。我重新阅读一些书籍，部分是我自己获取到的。比如，有一本书，我只是很偶然地买到——就因为它摆在书架上——结果它成了我强烈而永久的兴趣点，就是威廉·K. 古特里斯的《希腊人和他们的神》。我就是在这本书中知道了方柱胸像和赫尔墨斯的关系。一个方柱胸像是一根直立的石柱——很多时候，一个风格化的赫尔墨斯像挺立其上。赫尔墨斯，作为旅行者和市场之类的保护神，与路口的石堆路标之类联系在一起。因为所有这一切，我开始把他和我父亲联系在一起，于是你就读到了《石头判决》。

奥德里斯科尔：拉丁语曾是你在学校学习的课程，让人惊异的是你那么频繁地引用希腊文学和神话。

希尼：通过希腊人，你就手握着手一般握住了世界。很多罗马人的东西源自希腊文本，而希腊人全是自己竭尽全力发展出来的。古典时期和前古典时期的希腊人中有一种宗派力量感觉很熟悉。我有一个看法，爱尔兰语单词 flesdh 比 festival（节日）能更准确地表达他们日历中很多日子里发生的事情。厄庇多勒斯[①]不完全是格莱德伯恩[②]：它周边有一种诺克圣地[③]的感觉，可能甚至是帕克节[④]的氛围。比如，对厄琉西斯[⑤]洞穴的敬畏感肯定和对去德格湖朝圣的朝圣者曾进入的洞穴的敬畏很相像。我感觉在日常所过的生活和官方壮丽的仪式之间，希腊人比罗马人有着更紧密的关系。正是这种仪式的活力和贴近底层的传奇吸引了我，就像那文学和神话惊天动地的巨大力量一样。

---

① 厄庇多勒斯（Epidaurus），古希腊的一座小城，位于阿尔戈斯半岛的萨洛尼湾。

② 格莱德伯恩（Glyndebourne），一家英国乡村歌剧院，从1934年来一直是一年一度格莱德伯恩歌剧节的演出场地。

③ 诺克圣地（Knock Shrine），爱尔兰语为 Cnoc Mhuire，意思是“玛丽之山”，是罗马天主教徒的朝圣地和国家圣地，位于爱尔兰马约郡的诺克村。有人报告1879年在那里看到了圣母玛利亚、圣约瑟夫、圣约翰和耶稣基督现身。

④ 帕克节（Puck Fair），爱尔兰最古老的节日，每年的8月10日开始的三天，在凯里郡的基洛格林举行。

⑤ 厄琉西斯（Eleusis），古希腊城市，在雅典西北。

奥德里斯科尔：你是系统地展开对古希腊典籍的研究吗？你肯定能看到全部的“勒布古典丛书”——当然它是由哈佛出版的。

希尼：确实是，绿色封面的是古希腊语经典，红色封面的是拉丁语经典。那得是一个比我更勇敢的人才敢面对整套丛书而进行研究。我的阅读是零打碎敲式的，没有系统性。

奥德里斯科尔：1998年，在加利福尼亚的一个米沃什研讨会上，你说起你去过诺森伯兰参观哈德良长城，在参观过程中你发现你所站的地方正是罗马-凯尔特女神科文提娜圣地。这可能就是《格罗图斯和科文提娜》一诗的背景吧。

希尼：在一座长城博物馆，我看到了这个可爱的小东西的一些形象，她支着胳膊肘斜躺着，在另一只胳膊肘下，她让一个水罐倾倒出稳定的水流。她更像泥塑的少女而不是大理石仙女。也许我记得她这一副模样是因为我参观过她的神龛，就在离长城几百码的地方，一个湿软的长满灯心草的角落，像是家乡田野的一个角落里，某一座那种脏乎乎的旧圣殿，远离大路和房子。回到博物馆，我看到一座展示牌称之为“祭坛”，由罗马军团的军人献给科文提娜的，一个小小的砖片做的东西，上面用非常粗糙的字母刻着“格罗图斯”这一名字。没错，这是一件“奉献之物”，但它又像是一个刻在桌上或写在墙上的女孩的名字。如帕特里克·卡瓦纳所说：“这是爱在物上留下的东西”。这样格罗图斯、科文提娜和那个小小的祭坛最终成了一首诗，关于玛丽和我在格兰摩尔面对坏了的水泵的一首诗。

奥德里斯科尔：在着手写一首像《格罗图斯和科文提娜》这样

的诗，或写那些引用到经典的诗时，你有没有犹豫过，这些典故的使用可能会让你的读者感觉太古奥或太“阳春白雪”了？

希尼：《格罗图斯和科文提娜》是为它自己，为科文提娜，为我们在格兰摩尔的生活而写的。它不是一种引用，而是事物本身自有的。因为是自有的，所以也不是那么太“阳春白雪”。不管怎么样，当你说出格罗图斯和科文提娜这两个词时，你立即就会感到一种听觉和口腔的愉悦，那元音和辅音在你的嘴里融化就像外硬内软的糖果在你嘴里融化一样。这一点应该能补偿这名字散发的任何高雅文化味。

诗中对经典的引用并不表明我在“文化战争”中的站队。实际上，我不认为这些诗中有什么高雅文化味。诗歌固有一些其他诗歌的属性，就这范围来说它是文学。我不反对文学本质上是一种知识，一种真实，一种人类的理解，一种持久的价值。我们已丧失整体的有序的基督教神话：“上有天，下有地，我们居于中间。”它已经不再是活生生的神话。在西方文化中它的位置被对古典神话的一般认识所取代。就我自己来说，它差不多就是一般认识：我不认为我的文化行囊是“渊博”。我只不过碰巧属于学拉丁语的最后一代，读过维吉尔，知道有人下到阴间地府的故事。

奥德里斯科尔：在《字母表》中，你提到在学校学习“基础拉丁语”，想起用唱歌般的音调背诵单词变格。你一直很喜欢拉丁语吗？

希尼：是的，从一开始就喜欢。甚至在上圣科伦巴公学之前就很喜欢了，那是我获得奖学金之后，墨菲老师给上的早晨的拉丁语课。一旦你掌握了变格、变形和变性等东西，就很管用了，就可以预知了。因此我一进入公学读书，就有了一个很好的开端，从没丧失过热情。我也非常幸运在毕业那年遇到一个好老师，麦克尔·麦克格林奇，他喜爱拉丁语，对文本的文学品质很有感觉——特别是对维吉尔。我们布置要读的书中就有《埃涅阿斯纪》的第九章。但我总是记得他在不同的时间里反复地说，“哦，孩子们，我真希望安排的是第六章”——在我读到这一章之前很久它就激发了我对它的兴趣。

奥德里斯科尔：你的女儿凯瑟琳写过一篇文章，回忆你为了给她逗乐，用拉丁语开玩笑。

希尼：没错，那也是为了教她学拉丁语。在她刚开始上中学时，我曾使用搞怪音译法。如果悉尼帕拉德火车站[①]的平交道口拦截门意外地落下来，我会大喊“Sanctos fumos[②]！”或“Sanctum Jesum[③]！”，然后欢呼：“Exclamatory accusative！”有时候我会用混合爱尔兰语和拉丁语词尾的方法，问她是不是带了家里的门钥匙：“Eochar habesne？”为了强调直接受格甚至说：“Eocharum habesne？”我已经说过了，我小时候和我妈妈做过语源游戏：用前缀、后缀和拉丁语词根押韵。这些东西，我现在一个都记不起了。但这第一次对语言的历史层面的引入为我做好了学习的准备。不同压力和记录的一种紧密关联导致了整个键盘的形成。

---

① 悉尼帕拉德火车站（Sydney Parade Railway Station，爱尔兰语：Stáisiún Pharáid Sydney），位于都柏林市桑迪蒙特的悉尼帕拉德大街。火车站的北边有一个平交道口。

② 圣哉。

③ 圣地。

奥德里斯科尔：在《午夜判决》中你翻译了《变形记》中的两段话，它比特德·休斯翻译的《奥维德的故事》中的译文更忠实于原文。

希尼：特德是读奥维德长大的。他是一个天生会讲故事的人，他尽力用自己的习惯用语来讲述原文中的故事是对的。奥维德在他里面放置了一个马达，拒绝停下的马达。在那些故事中你经常会有一种感觉，他正看着自己翻过顶端，奥维德的欢喜允许他从自己的休斯身上脱离开休斯。他找到了适当的主题，它让他非常兴奋。那是一种自由和不同寻常，但也是——用蒙塔莱①的话说——“一个伟大、奔放的事件”。

奥德里斯科尔：对于他翻译的《奥瑞斯特斯》你也这么看吗？

希尼：我也很欣赏他这种与材料迎面相击的方式，全力使用他那约克郡人的攻击手段，那“方言的喉音”，用简短的、重读的诗行不断出击、出击，渐渐形成一个咒语圈。也有一种感觉，就是巨大的扭转世界的东西在运行。甚至比这还好，你可以感觉到一种巨大的，推动世界运转的能量就在那语言之中。特德是一个恣纵的人，因此他不可能也不需要顺从。对于应该怎么翻译，你可以设定自己很满意的原则，但是翻译实践会忽略或胜过这些理论。

奥德里斯科尔：在《山楂灯笼》出版前一年所写的文章《翻译的冲击》中，你说到英语中的诗人“被迫将他们的目光投向东

---

① 埃乌杰尼奥·蒙塔莱（Eugenio Montale，1896—1981），意大利诗人、散文家、翻译家，1975年诺贝尔文学奖获得者。

方，信服地同意伟大的中心正从他们的语言中转移出去”。你依然认可这一观点吗？还是回头看来，似乎过于强烈地偏爱一些东欧诗人，被自己的热情弄得太晕乎了？

希尼：当然是过于偏向东欧诗人——还有俄国诗人了，不过在我所说的话中有一些东西我仍然相信。我确实是过于热情，但我认为我并没有被它们蒙骗。比如，二战后波兰那些认识清晰、无所畏惧的诗，是我希望大众媒体控制下的美国有人能去写的一种诗的指针。对于某个在北爱尔兰长大的人来说它当然有振奋作用，因为在北爱尔兰安静的表面之下掩藏着严重的错误和骚乱。它适合我所属的少数族群的情绪和态度。它说：“也许你不能期望从生活中得到很多，但永远不要忘记你值得得到更多。你忍受着不体面的生活，并不意味着你不是为享受和成就而生。”东欧诗歌——更准确地说是我从“企鹅现代东欧诗人丛书”中所知道的东欧诗歌——同时是天路行粮和旅行指南。它是教育，但也是戒令：它责令你作为一种孤独的呼唤真诚地对待诗歌，不要擅离岗位，要坚守在真理和美的交叉路口。

奥德里斯科尔：没有这些东欧诗人的榜样，你会成为一个和现在不同的诗人吗？

希尼：也许和我已经写过的不会有太大的不同，但对写作本身的价值不会这么确信。除了这种寓言的触动，并没多少直接的影响。我使用词语的方式很不一样。我倾向于涂色法，而他们很多是黑白线条画。

奥德里斯科尔：特德·休斯加深了你对外语诗歌的兴趣吗？毕竟是他帮助创办了伦敦国际诗歌节。他和诗人、编辑、翻译家丹尼尔·韦斯波特是朋友，他们合作编辑了《现代诗歌翻译》。

希尼：我第一次见丹尼，我想是在爱荷华。我们都是特德的朋友这一点，让我们很迅速地成了朋友。在我见到特德很好的爱尔兰朋友特伦斯·麦考时，也是这样子。他们在剑桥大学彭布罗克学院读本科同学时，特伦斯就向特德介绍过《斯维尼的复活》。所以说诗歌翻译从一开始就一直是很重要的双向交流。特德的谈话中全是出自所有地方和时代的诗人，他们对于他全都非常真切，任何一个他谈起的诗人都会因此显得特别新鲜，具体确实。他读到的一切和他都会有种一对一的关系：《吉尔伽美什》，《高温爵士和绿衣骑士》，瓦斯柯·波帕，雅诺斯·皮林茨基[①]，艾米莉·狄金森，《年轻的多纳尔》[②]……

特德完全是英国老祖先模子里刻出来的，这点确定无疑，但他自认为是爱密特，东北部的罗马－凯尔特王国的孑遗。他身上还有一种约翰·邓恩所说的水肿一般对知识学问无节制的渴求，他追寻和聚集各种各类的知识和观念。他确实相信诗歌良好影响的力量。他为第一届国际诗歌节所写的项目说明就是一个这样的宣言，认为诗歌可以创造一种精神，这精神可以帮助各国人民达到他所谓的“把剧烈的矛盾冲突化解为一种可行的融合”。这种精神也许能展望一些现实政治的新前景。但特德并非瓦茨拉夫·哈维尔，他更属于神秘主义而不是民权运动。在面临如何治愈社会疾病时，他更可能会想到萨满教巫师而不是国会议员。

---

① 雅诺斯·皮林茨基（Janos Pilinszky，1921—1981），匈牙利诗人，在战后匈牙利诗歌中有着重要影响。其风格之一是将罗马天主教信仰和知识分子的清醒并置在一起。

② 《年轻的多纳尔》（*Donal Óg*），一首八世纪时期的爱尔兰民谣，有格雷戈里夫人的英语翻译。

奥德里斯科尔：你在好些场合会见过哈维尔，最具公共性影响的一次是2003年在都柏林的大教堂剧院，他接受大赦国际给他颁发的以你的诗题“来自良知共和国”命名的奖项。你和他更早的一次会见是他1996年作为总统到访爱尔兰的时候，在那种场合他给你留下了什么印象？

希尼：在我们会见之前很久他就给我留下很深的印象了，通过他各种文章和访谈中清晰与深刻的认识。更不用说他作为一个有原则的人的经历，无论是作为囚徒还是作为总统。我很钦佩他坚持希望和乐观之间的区别，我经常引用这一点。因此我们谈了一下这问题，还谈到了昆德拉，但那是正式场合而不是真正的交流。同时他的英语程度有限，我自己也有些拘束，屋子里还有很多各种各样的总统助手和朋友。但你面前这个人的精实和正直是确定无疑的。

奥德里斯科尔：你对东欧诗歌的兴趣是不是让你接触到了那时候的文学异议者？比如，你有没有被请求把禁书偷带进去或把查禁的手稿偷带出来？

希尼：不瞒你说，我不是冷战英雄。我在1990年才开始认识一些克拉科夫的人，而在此之前我几乎没去过东欧集团国家。我在1978年去马其顿参加过一个研讨会，然后在1985年去莫斯科参加一个盛大的青年学生联欢节，在那期间叶夫图申科组织了一系列诗歌朗诵。那是联欢节的高潮。但这足以让我知晓苏联的行为方式，比如，意识形态对媒体的禁锢，党员负责人阴沉的分量。我得承认对于低廉的价格、没有促销活动、面包和猪油和苹果放在柜台上面的赤裸现实我很有好感。与此同时，我记得当我回来，在香侬机场落地时我有多高兴，只为那色彩，为机场商店展现的促销花招。

奥德里斯科尔：你能多谈谈你对波兰的访问吗？对于作为一个作家的你，它似乎比你的短期美国之行有着更重要的意义？

希尼：在不同时期不同的美国作家——弗罗斯特，洛威尔，也许甚至还有毕晓普——影响了我使用词语的方式，这一点我不能说波兰诗人对我有过什么影响。但到现在为止，我确实感觉到和波兰人有一种特殊的关系，这部分是因为我遇见并友好地结交了一些波兰诗人，部分是因为波兰和爱尔兰在历史上和文化上有很多共同之处。比如，我第一次见米沃什，是由罗伯特·品斯基和罗伯特·哈斯陪同去的。那个晚上哈斯、米沃什和我花了相当多的时间谈论我们作为天主教徒的经验——神圣感，罪恶感，诸如此类。

奥德里斯科尔：你第一次去波兰是什么时候？

希尼：1994年11月，和斯坦尼斯·巴拉谢克及其妻子还有他们的女儿，为参加斯坦尼斯翻译的我一本诗选的发布会。出版这本诗选的是克拉科夫的兹纳克出版社，由杰兹·伊尔格掌管的一家小文学出版社。在克拉科夫，我第一次感觉到诗歌圈的亲密和战友情谊。比如，在杰兹家的一次晚会上，在朗读之后，我第一次见到了维斯拉瓦·茨姆博斯卡和布罗尼斯拉夫·玛西。诗歌界这种紧密交织的友谊和责任让我想起1960年代的贝尔法斯特。

奥德里斯科尔：在那次晚会期间你是不是接到了切斯拉夫·米沃什打来的电话？

希尼： 确实是。从六千英里之外的伯克利，他对我说的是这样的话：‘你正和一些非常好的人在一起。”

奥德里斯科尔： 那时候你和米沃什非常熟了吗？

希尼： 我可不敢说自己有对他很熟过。我心里总有一种对他的敬畏。我第一次和他一起感觉很放松，或准确地说让我感觉到放松，是在1987年。那是在庆祝爱荷华“国际作家写作坊”成立的活动期间。那一天诺贝尔文学奖预定要宣布，他有一种预感——后来证明完全正确——布罗茨基将赢得那年的诺奖。他事先同意了，要是布罗茨基真的获奖，他将接受一家瑞典报纸的访谈。我见到他的时候，他明显处于焦虑不安的状态。“我挺困惑的”，他说，拉长的缓慢的斯拉夫语式的发音把 puzzled 说成了和 sozzled（大醉）押韵，“我挺困惑的。我还没得到来自斯德哥尔摩的消息”。我忍不住脱口而出：“切斯拉夫，据我所知，你只能获一次诺奖。”让我大为轻松的是，他笑得宽阔的肩膀震晃不已。我由此感到我们的关系跃进了一层。

多年后，他和他的第二任妻子卡罗尔，到过都柏林我们家里吃饭。后来，玛丽和我也去他位于灰峰大道（Grizzly Peak Boulevard）的家里拜访过他，从那里能看到旧金山湾，他在《礼物》一诗中写到过。那个时期他过得很快乐，我想这很大一部分要归因于和卡罗尔的共同生活。但卡罗尔死于突然而来的残酷的癌症。我最后一次见他是在2003年，他在克拉科夫的公寓，印象最深的是房间里摆着一座人身大小的卡罗尔的半身铜像。他晚年有些耳背，因此他往往在你一进门就开始和你说话，款待你。

奥德里斯科尔： 你能记起有那么一个决定性的时刻，你清晰地

意识到他是一个对你极其重要的诗人吗?

希尼：在我拿起埃克出版社第一次出的他那本《诗选》时，我就被迷住了。就是那本以《相遇》开头，包括《欧洲之子》和《神圣安排》的诗集。早在1970年我就知道他了，作为《战后波兰诗歌》选集的编者。但过了好长时间我才知道作为诗人的他。接下来我记得的事情是，在克里斯福德学院的图书馆，读到《纽约书评》上刊登的他的诺贝尔奖受奖演讲。他的讲话极大地吸引了我。1982年我开始了在哈佛的生活，他的诗集只要有英文版出版，我就能弄到手。同样是在哈佛，我去听了他的诺顿讲座，这些讲座最后以《诗的见证》为名出版了。在1992年的一次诗歌朗诵会上我介绍过他。我记得第二天早晨吃早饭的时候他对我说，在他的诗歌中，他经常感觉就像一个小男孩在河岸边嬉戏——这点非常让人喜爱，可联想到《曾经伟大的事物》的最后诗句，这是他最短的诗之一，也是我一直最喜爱的诗之一。那最后的诗句是："在河岸边的草地上舒展着，／像很久很久以前那样，我启航我的树皮船。"

奥德里斯科尔：米沃什的生活这一榜样和他的诗集对于你具有一样的重要性，我这么说对吗?

希尼：你很难把他和他的诗分开。他的才智并未被迫在"完美的生活或完美的诗作"之间作出选择——而是极力去融合这两者。比如，当你想到叶芝的生活时，你有一种强烈的感觉，对他的所作所为，对他积极地让自己强行加入到爱尔兰生活和爱尔兰历史的方式。他非常有意地显露头角，使自己成为一道奇观。他和阿贝（大教堂）剧院三十年的奇异关系，他的争议和干预，他需要留下文化景观的印记，用巴利塔和德拉姆克里夫[①]的墓碑。

但是当你想到米沃什的时候，你想到的是发生的事件在他身上留下的印记，而不是他自己有任何需要去制造自己的事件。他经历的事情都转化成了记忆，然后成了源头。当俄国革命爆发时他还是个小孩，就在俄国，他的工程师父亲正在那里为沙皇的军队建造桥梁；当波兰重获独立时他正在维尔纽斯上大学；纳粹占领华沙期间，他就在那里，见证了犹太人隔离区的摧毁和华沙起义失败的悲剧；在法国50年代的意识形态内战时，他就在那里，最终他倾向于加缪而不是萨特；在甲壳虫、嬉皮士和反越战的年代里，他就在伯克利；他的精神出现在——你甚至可以说，无所不在——波兰的团结工会年代。

所有这一切都是对世界和历史有塑造性影响的，但除了写作，米沃什对之没有任何表演性的反应。很难想象，要是叶芝沿着同样的轨迹生活他会不在某些时刻去显露头角。叶芝倾向于相信“荣誉是功绩的闪耀”[②]——霍普金斯在这一诗句的结尾加了一个限定“他们这么说”；但霍普金斯在对米沃什这样的人表示敬仰的时候并未加以限定，这些人承受着内心的战争，他们的功绩是道德和精神上的。我对米沃什如此尊崇，是因为他顺从良知走入孤独的方式。他和特拉普派修士托马斯·莫顿的通信集是最能揭示这一方式的书之一。我并不是说他是一个圣徒或英雄——他也从未扮演过那样的角色。毫无疑问他总是意识到这一事实，他并未在华沙起义时拿起武器，他也曾为新的共产党政府服务过一段时间，但他使他的灵魂，生造一个说法，通过写出的道路摆离了那种事态——不仅在诗歌中，也在《被俘获的头脑》，在散文和书信中。济慈在什么地方说到过天才的生活里总有一

---

① Drumcliff，叶芝的家乡，也是他的安葬地。

② 这诗句和下面谈到的内心战争的功绩，意思都出自杰拉德·曼利·霍普金斯的诗《圣阿尔丰索·罗德里格兹》。

种寓意因素，在米沃什这一事例中，你所见证到的是一种二十世纪的朝圣历程。

奥德里斯科尔： 他对你在大骚乱期间或一般情况下作为一个诗人如何行动这点施加过有意的影响吗？

希尼： 没有，我认为没有。

奥德里斯科尔： 但你前面提到过，在大骚乱期间最黑暗的日子里，你念叨的“真言”就是米沃什的话，“我被绷紧（撕扯）在静止不动的沉思和积极参与历史的命令之间”。

希尼： 约翰逊博士谈论过在真理的稳定性中休憩，这种安憩的感觉在我第一次读到这些文字，以及后来每次遇到它们或重述它们时都能体验到。它们并非解决办法，而是准确地描写出了这职责的性质。因此它们是一种助益。

奥德里斯科尔： 米沃什的断言“魔鬼在社交活动中”表明他并没有浪费太多时间在各种宴会上。

希尼： 这句话是简·赫斯菲尔德记下来的。1980年他得知自己获得了诺贝尔文学奖时，简是他在伯克利大学上的陀思妥耶夫斯基课上的学生。他那时候是在课堂上对他们说这话的，说他有多害怕伴随这诺奖而来的公共社交的一面。这是这话的背景。在这之前，他在美国的生活一直相当安静：在加利福尼亚，他拥有沉寂、流亡和阳光，能够日复一日地从事着自己的写作。他正确地预见到这世界要开始劈出一条通向他家门口的路，他并不喜欢这点。但没有作家能比他更好地应对自己的公共角色和个人使命。毕竟他身上有一种极其合群的东西。他既能宴饮寻乐也能退却隐居。他能够做到四处走动，“扮演他自己”，如拉金所说的，参加诗歌朗读会和作演讲，又没有承受伤害的后果，而拉金认为这是无法避免的。你只需看一下《卡普里岛》这样的诗，你就会明白他在这种时候多么有自知之明和富有机智。

奥德里斯科尔：你有时候引用米沃什《铁匠铺》结尾的诗句，“我似乎是为此而被召来：/赞颂它们，只为这些事物是其所是”。但对于一个二十一世纪的诗人——他在某种程度上无法否定这世界和人类——还有多大可能性去“只为事物是其所是而赞颂它们”？

希尼：这句子出自一首诗，所以它有着诗歌语言自由漂浮的特性，你对它的理解得和米沃什的哲学信条以及他的观察联系起来，比如，他认为一个诗人的理想事业是沉思“是（存在）”这个词。这是一首带着沉思“不动点”的冲动的诗。但这显然只代表他的所知所感的一个方面，只表达了他与自己争辩的一个方面的立场，这争辩产生了诗歌。那另一方面经由不同的方式得以表达，比如更著名的“诗歌是何物？那不能拯救/国家或人民的诗歌”。你可以想想伊萨克·罗森博格的《战壕里新的一天破晓》为例来说明这点。在那首诗中，罗森博格赞美他耳边的罂粟花“只为它是其所是”，但没有人会说这一赞美表明他对世界和人类的否认。可能有抗拒，但并非是否认。对于米沃什也同样如此。

奥德里斯科尔：你是否敬佩米沃什——不像其他很多著名的东

欧诗人——在战后继续吸取语言的全部资源，拒绝把语言本身牵扯进对奥斯维辛的负疚感之中（像塔杜施·罗泽维奇一样）?

希尼：诗歌出自性情如同出自时代一样，甚至比时代的分量更重。把这事夸张一点，你可以说米沃什对暴行的反应倾向于威尔第《安魂曲》中的“末日经”，而罗泽维奇更可能寻求一种贝克特式的完全荒凉的极简表演。我发现自己在这些波兰文化之争中很难选边，但我肯定不会指责米沃什坚持把注投向基督教人道主义。这既非否定的征候也非艺术上的失误，这是“欧洲之子”必须参加的竞赛。如果米沃什继续坚持他语言的交响曲式的可能性，那是因为愿景的倔强固执而不是中止发展。也许可以把他这点和华兹华斯加以对比来进一步说明，但你可能会说在奥斯维辛之后米沃什对整个管弦乐队的调用和华兹华斯在他伟大的《颂歌》中对丧失了愿景的闪耀做出的反应相类似：只有当那闪耀已经消退时，华兹华斯才得以打开所有光彩夺目的停顿。在米沃什的诗歌中，没有任何像《不朽颂》中的刻意的管弦乐队效果和语言的全部调用。

奥德里斯科尔：米沃什去世后你多快就写出了发表在《新共和党人》和《导报》上的长篇悼文?

希尼：几乎立即就写出来了。我得知他去世的消息时，很幸运恰好有几天属于自己的时间，因此能够答应杰兹·伊尔格的请求，为一家波兰报纸写点东西。有好一阵子我已经意识到米沃什正排在等候卡隆[①]渡船的队列中，我从他当时写的诗中也看出他的视角是一个准备

① Charon，把亡魂送到阴间的摆渡人。

好横渡冥河的人的视角。事实上，在那之前的几个月我一直想到他，当时我正翻译《俄狄浦斯在科罗诺斯》中信使的讲话。那段讲话告诉我们这老国王怎么被一个来自大地的声音召往另一个世界，他怎么——听从这召唤——消逝在大地之中。在写这部戏的时候，索福克勒斯自己也已是一个老人，它显露了他对长寿的准备好的俄狄浦斯的温情。那整个场景似乎恰好适合米沃什，因为他，像俄狄浦斯一样，在多年的艰辛和漂游之后终于找到了一块安息之地，并注定将成为一个英雄。我说的英雄完全是专业的感觉，意思是一个有自己领地的天才人物，他将有自己的敬奉者，被尊崇为一种教导精神。

奥德里斯科尔：以同样的专业感觉来看，在克拉科夫举行的葬礼也是一个英雄的葬礼？

希尼：确实是。是我参加过的最伟大的典礼之一。在弥撒预定开始前四十分钟我就到达了主广场前的玛利亚教堂，那个时候整个教堂就几乎已经座无虚席了。你能看到棺木就摆在圣殿的入口处，一座巨大的木质棺材，铭刻着“切斯拉夫·米沃什，1911—2004”的一端朝着人群。四个角上站着守护的士兵。灵柩台的侧面覆满了鲜花，花环有车轮那么大，蜡烛有士兵那么高。来自全国的诗人、政治家和公众人物都在寂静地等待：维斯拉瓦·辛波斯卡、朱莉娅·哈特维格、亚当·扎加耶夫斯基、亚当·米奇尼克、雷奇·瓦雷萨、电影导演安德雷奇·瓦奇达。罗伯特·哈斯来自美国，托马斯·温克洛瓦也一样。然后，多人襄礼的大弥撒开始了，红衣主教、大主教、神父，全身法袍，合唱队唱着格里高利圣咏，祭坛上闪耀着主教冠冕和钩形法杖的亮光。弥撒之后，我们走在封闭线之内的队列中，通往斯卡尔卡修道院的一英里路上，路边的隔离栏边挤靠着汹涌的人群。然后，在大门前的台阶上棺椁又放了下来，举行了更多的仪式，各人都读了诗。最后，安葬在教堂地下室的墓穴中，在众多波兰爱国者和作家的墓之间。

奥德里斯科尔：你读诗了吗？

希尼：我没在那里读。读诗的几乎都是波兰人，当然罗伯特·哈斯作为老朋友和译者，也加入了那读诗仪式。我是那天晚上才轮到的，和二三十个诗人在另一座教堂的祭坛上读的，我想是圣凯瑟琳教堂，由杰兹·伊尔格主持的。我们每个人读一首诗，点亮一支纪念蜡烛，然后坐下。非常简朴、崇敬、强烈，大群沉默的人们参加。我很荣幸是其中一员。

奥德里斯科尔：维斯拉瓦·辛波斯卡一直在那里直到结束？

希尼：是的。朱莉娅·哈特维格和我提到的所有其他人也一样。兹比格涅夫·赫伯特的遗孀也这样。托尼·米沃什，诗人的儿子也是。还有托尼的妻子乔娜。整个主办的一班人。

奥德里斯科尔：英语世界对于维斯拉瓦·辛波斯卡这个人所知甚少。

希尼：她和大家一样很活泼，幽默，非常有颠覆性，富有才智，但不幸的是她几乎不会说英语，虽然我和她一起欢笑过，坐在餐桌前参与过交谈之类，但交流主要是通过目光、比划和翻译，尽管如此，那仍然很真切。人们说她是一个很内向的人。她很合礼地一直在场，但典礼一结束，她立即就像精灵一样飘走了。我特别喜欢她的一点是她吸烟的方式：真是优雅，就像一个1940年代的电影明星，在两次吸食之间手里的烟嘴大角度地斜竖着。

奥德里斯科尔：1996年当她获得诺贝尔奖的消息传来的时候，你正在波兰。

希尼：我确实在那里。非常凑巧，杰兹·伊尔格安排了一个朗诵会，为了庆祝斯坦尼斯拉夫·巴拉谢克翻译的《酒精水准仪》波兰语版的出版。

奥德里斯科尔：你怎么看那次诺奖颁发给辛波斯卡而不是兹比格涅夫·赫伯特？我猜想赫伯特对于你更重要。

希尼：是的，他确实是。我知道他的作品超过四分之一世纪了，我写过关于他的诗歌的文章。赫伯特在我的头脑里像一个古典的拱门耸立着，真的不需要什么荣誉。高贵（Noble）而不是物质性的诺贝尔（Noble）奖。我当然期待他获奖，但选择辛波斯卡仍然是一件高兴的事。颁发给赫伯特，那将是一种追认，颁发给她则是一种还原。这就好像瑞典学院选择了一个伊丽莎白·毕晓普而不是一个罗伯特·洛威尔。有争议，但也很激励。

奥德里斯科尔：我知道你没见过兹比格涅夫·赫伯特，但我知道你见到过其他东欧诗人，包括马林·索雷斯库和叶夫根尼·叶夫图申科——有着在专制政权下反体制形象的两个诗人，但同时又有着非同寻常的自由可以外出旅行。

希尼：我是1981年在墨西哥见到索雷斯库的，在那个诗歌节上——我前面已经说到过的——有瓦斯柯·波帕、塔杜施·罗泽维奇、君特·格拉斯，还有其他人参加。他似乎拥有那些人的友谊；那种环境，加上他悲哀的脸色和垂下来的巴尔干八字胡，更别提他诗歌中的忧郁和幽默，我按我所见到的他来理解他，有点离群，有点爱拉关系，但也同样有点卑躬屈膝。那之后的年岁里，他四处旅行，到过爱尔兰好几次，但我一直见他不多，也对他了解甚少。说到他的政治行为，我对他在齐奥赛斯库统治下的罗马尼亚的处境也所知不足。但我很高兴为他在美国出版的一部诗集写过一篇短序。最近，我给他又写了一篇序，这次是用爱尔兰语，给他一本翻译成爱尔兰语的诗选写的。

奥德里斯科尔：那叶夫图申科呢？

希尼：叶夫图申科毫无卑躬屈膝的样子。我见过他三次，第一次也是记忆最深刻的一次是1985年在莫斯科；然后是很短暂的，在拉斯维加斯，各种地方——在内华达大学，1990年代他在那里作客座教授；然后是几年前我重访俄罗斯，在他别列捷尔金诺的家里。在1985年夏天，俄国举行了“青年学生联欢节”，我前面已经说到过——一种苏联式的奥运会，在莫斯科。作为那一次活动的附属活动，叶夫图申科组织了一个国际诗歌节，邀请了一些他的朋友，包括罗伯特·勃莱、厄内斯托·卡德纳尔，信不信由你，还有鲍勃·狄兰。不管怎么说也包括玛丽和我，作为“爱尔兰代表团”。我把我的诗《挖掘》交给叶夫根尼翻译，并由他在篮球馆里大声读出，我们都在那里读诗。但典型的叶夫图申科活动发生在他带玛丽、我、勃莱和勃莱的妻子去他在别列捷尔金诺的别墅之时。他似乎任何时候都能召来司机，因为我们出发时已是深夜，朗诵会结束很久了，我们返回的时候就更晚了。在这之间，我们是享受特殊优待的人，喝着格鲁吉亚酒，聆听着关于帕斯捷尔纳克和扎博洛茨基的故事，在精力和自我的洪流中疾驰。

那天夜里快结束时，我非常感谢勃莱直接拒绝端着伏特加和蜡烛出去，去附近的一个公墓，帕斯捷尔纳克安葬在那里。我们作为来访者，有点警觉，不确定极权政府的法律长臂可以伸到多远。那天夜里狄兰也想要出席的，但公交车一直没到来——虽然他确实在一两天之后的夜晚现身在沃兹涅先斯基家的晚会上，就在同一条路上隔着几步远的地方。他现身了，但整个过程中待在那里，几乎一言不发。

现在想起来了，沃兹涅先斯基在那之前不久在我们都柏林的家里待过一个晚上。当时他到艺术中心做一个朗诵……事实上我更喜欢他的诗而不是叶夫图申科的。当《反世界》的英语译本出版时，前面有奥登的序言，如我已经说到过的，引起了巨大的轰动。但那时刻很快就过去了。书架上开始充满一系列非常不同的俄国人和东欧人的名字：娜杰日达和奥西普·曼德尔斯坦姆，阿赫玛托娃，茨维塔耶娃，前面所述的波兰人、捷克人、匈牙利人，然后，当然是布罗茨基。

奥德里斯科尔：我想布罗茨基对前述的沃兹涅先斯基和叶夫图申科是有话要说的？

希尼：他对他们很轻蔑，但并没有到处去宣扬。他的行为比他的语言更响亮。当叶夫图申科被选为美国艺术与文学院院士时，他宣布从中退出。在他谈论起他们的时候，就像维吉尔和但丁谈起在地狱圈中受惩罚的罪人：他指导你观察并迅速走过。

奥德里斯科尔：我现在很想把话题转到一个不同类型的东欧

人——米尔恰·伊利亚德[①]身上。在另一个访谈中，你把他和他论神圣与亵圣空间的书，与你《出空》中的观念还有另一处的“绕着一片空间走着、走着/那彻底的空无，根本的源头”相联系。你是怎么发现伊利亚德的，他对你有多重要?

希尼： 我可能第一次是从巴里·库克或特德·休斯那里听到他的，他们俩都很多次谈到他关于萨满教的书。但我发现他论神圣与亵圣空间的书是在八十年代早期。不管怎么说，我读过那本书，在我写作《斯泰森岛》组诗的时候，在那里不断绕着圈走构成了整个朝圣行为。你引用的那两行诗最初出现在《斯泰森岛》组诗中的第三首，朝圣者在那里想起他“发现残骸和碎毛/是几星期前我们丢失的狗”的地方，一个感觉半神圣半亵圣的地方。

空间的去圣化是我们这一代人在所有方面都体验到的东西：信仰衰落，仪轨——绕着圣井或十字架位置转圈——失去了超自然影响力的维度；“仙女环”被考古鉴别为“山顶城堡”，炉栅从起居室和厨房移除，壁炉被封堵，安装上中央空调，结果是失去了聚集的中心。与此同时，我还记得分界线所蕴含的标记世界的力量，比如在一块地上翻开第一道犁沟，或给房子奠下地基，甚至足球的开场哨。更不用提那深深印刻的观念：圣殿在祭坛栏杆后面的地方；总是能意识到墓地和道路之间的边界，诸如此类。伊利亚德的书把那些迥然不同的感知纳入一个可信的框架之中，他帮助你看清你经历的和周围的那些偶然事件都是你所在的世界的精神转变的症状。这点使他具有了非常明显的重要性。

---

① 米尔恰·伊利亚德（Mircea Eliade，1907—1986），罗马尼亚宗教史专家，小说家，哲学家，芝加哥大学教授。他是一个引领性的宗教经验解释者，他在宗教研究方面确立的典范延续至今。

奥德里斯科尔：以《出空》为背景，我很想听到更多有关你妈妈的情况。你前面提到过她比你爸爸“更容易受到刺激”，因那些宗派不义。你在接受《巴黎评论》的访谈时，把她的家族——麦凯恩家——描述为严格遵守着装规则和餐桌礼仪的人，同时也是“好辩者”。这些性格特点在你妈妈身上是怎么体现出来的，这些特点在多大程度上遗传给了她的孩子们？

希尼：她有一种忍受和抵抗的能力。当这一点和希尼家禀赋的庄重与不屑在她的孩子们身上结合起来时，在不同的人身上产生了不同的结果。麦凯恩家的人还富有幽默感。除了一两个之外，她的姐妹们和兄弟们都思维敏捷，情绪易变，这是希尼家的人身上没有的。他们都是猜谜能手。我妈妈的性格中还有一种强烈的虔诚。我印象中她父亲和他家里既严格又充满热情地遵循宗教规定。不管怎么说，祈祷是她非常重要的习惯，是她的装备。

奥德里斯科尔：她的“装备”？

希尼：我年纪越大越意识到她在婚后的前二十年中身体和精神都肯定遭遇过困境——先是几乎一年一个孩子的生育，然后是被圈在一座小房子，一大家子在身边围绕着，成长着，生活在一个农家厨房里，她的身体变得粗壮——需要一些支持的力量，我相信这力量来自祈祷和宗教领悟。宗教在某种程度上“装备”了她。把一个母亲的痛苦和基督的母亲的痛苦联结一起。祈祷获得力量去承担。在她引述玫瑰经时，在她宣称奥秘和领读圣母经的声音里你几乎能听到有一种抵抗的力量，仿佛她跪下来向所处的境况发出挑战。然后是在连祷文中呼告童贞女玛利亚之名——“象牙之塔，黄金之屋，罪人的避难所，病人的康复，启明星，大海之上的明星”——现在对我来说那是救援祷告。

在诗集《酒精水准仪》所收的《秋千》一诗中我所写的她的形象，几乎是超级真实的。那是“照相式”的，但同时我希望也是内心秘密式的。经常在晚上，当她把肿胀的脚在一个装满热水的搪瓷盆里泡过之后，“她拿出／卷起的弹力袜，穿上它／像她不愿放弃也并不指望的／生活”。那个时候她身上有一种真正的尊贵和忍耐。

奥德里斯科尔：她后来的生活呢？

希尼：当养育孩子的事完成了，家庭成员开始分枝散叶，搬出去，离开她，她得到了极大的酬报，为孩子们感到骄傲。我相信她适应了一种更轻松的信仰生活，有点怀疑但并未动摇，仍然“奉行”，但我想她不再像原来那样相信死后生活。晚年时的她很胖，身体上有些行动不便，但她明显的有一种内在的光芒和真正的自信。因为我们离开了，她在家里有了更多自由，有了更多成为自己的女人的感觉。

奥德里斯科尔：在你们成长的过程中，她对你们这些孩子进行过惩罚吗？

希尼：从未有过惩罚。她从未对我们中的任何一个人动过手。当问题严重时，令人惊恐地出现的是我父亲的权威，但也从未有过体罚。我不确定他们俩谁比谁更强：他们的个性和说话的方式是如此相反，也许我更应该说互补？她会以对抗性地说清楚自己的看法来维护自己，而他的回应则是克制不动和保持沉默，但这种沉默的方式更像是回击而不是退让。但我不应该过于夸大这针尖对麦芒的一面。大多数时候他们证实安托瓦尼·德·圣埃克苏佩里的观点："爱并非由彼此的凝视所组成，而是由看向同一方向所构成。"

奥德里斯科尔：《出空》中的第三首十四行诗是你最受喜爱的诗之一。在这组诗的实际写作过程中，这首诗比其他的诗更突出吗？

希尼：事实上，这首诗——或者说一首像它的诗，双韵体——是在我妈妈去世前几年开始写的。它写到了削土豆的情境，也写到了一段记忆，就是我从教堂的跪板下面捡起从她的弥撒经书页间掉下去的弥撒卡。我一直未能将它写完，毫无疑问这诗的写作受阻于我的一些顾虑，和我不发表另一首写我父母的诗《男孩驱使父亲去忏悔》一样。你知道，这让我想起，远在1960年代我和诗人托尼·康诺的一次谈话。那时候他、奥斯汀·克拉克和查尔斯·汤姆林森在牛津大学出版社合出了一本平装本诗集。里面有一首他的诗《给阿尔弗雷德·哈巴德的哀歌》，这首诗的开头是："哈巴德死了，这个老水暖工：/现在，谁来给我们修破裂的水管……"我非常喜欢它，并这么告诉他。然后他说："哦，好吧，你知道哈巴德还活着，还好好的。但是写一首关于一个仍在四处走动的人的真实的诗很难。我的解决办法是写成哀歌。"当我妈妈去世了，我的诗很容易就写成了。写那些十四行诗我实际上挺欣喜的，这些诗写得很顺畅。写得最顺畅的是折收床单那一首，结果那首诗也是最复杂最好玩的一首。

奥德里斯科尔：你觉得哪一首会是她最喜欢的？

希尼：也许是那首写她的幽魂回到位于新街她娘家的诗。回到那闪亮的、干净整洁的厨房，回到她戴着眼镜、头顶闪光的父亲身边，她会非常喜爱老麦凯恩家的家居风格发出的召唤，家里的一切干净整齐，井井有条，摆放得很好的桌子，抛光明亮的油地毡和水龙头，从农场回到精致的家居中，这是她的姑妈们在"别墅"做服务的日子里学会并带回来的，那"别墅"是磨坊主克拉克在布罗阿赫的住所。

奥德里斯科尔：这些诗饱含了对你妈妈的温柔之情，你的很多诗中都含有对妇女们的温柔与同情。但一些批评家更喜欢强调一种他们宣称的性别傲慢的东西，争辩说你诗中的妇女是刻板老套的、图画般而不是活生生的人物。那些诗中有没有你现在想要加以修订的？

希尼：我在这方面的教育来自与一个有独立精神的女人的共同生活。当然有一两首诗我想修订，或最好丢掉，既因艺术也因意识形态原因，——比如，《进入黑暗的门》中的《春天的仪式》，有点粗鲁的诗。但我仍然维护这本诗集中的《女水仙》一诗，农场排水沟和受暴力管制的性萌发——文学上的暴力。我相信《妻子的故事》一诗，虽然是图画式的，但还是抓住了某些男人/女人之间的同伴和竞争关系。同样，在诗集《在外过冬》中的《美人鱼》和《岸边女人》里面，如果你要说的话，有一种图画式的背景，但你知道它们恰好就发生在现在诺拉·尼高纳尔[①]的领地上，既是心理上也是地理上的。

当然，我写的诗无法免于受到教条的批评。女性主义意识形态的方式一直在改善，即使有些情况下所使用的方法非常粗糙。像其

① 诺拉·尼高纳尔（Nuala Ní Dhomhnaill，1952—），当代最著名的爱尔兰语诗人之一。她的诗被一些著名的爱尔兰诗人翻译成英语，如谢默斯·希尼、梅德·麦可高更、保罗·穆尔顿。

他人一样，很自然的我也在改变，因为受女性主义的影响，意识发生了变化。但就像受到其他政治压力时一样——比如，新芬党那次，写入《飞行路线》——你身上的诗人告诉你拒绝别人告诉你做什么。我们追求的更多的是正当，而不是正确，我想这些诗，像《地下》《水獭》《臭鼬》《后记》和《红、白和蓝》，有足够的正当性可继续存留。

奥德里斯科尔：你九十年代初的一些翻译似乎是性别战争中的连续投射。我想特别是《午夜判决》——不仅是奥维德而且包括你收录其中的布莱恩·梅里曼的《午夜法庭》。

希尼：我一直很喜欢托马斯·摩尔对廷代尔所翻译的《圣经》所做的评论，说他有“一种无目的性”。因此我也承认在《午夜判决》这一工作中也有一种无目的性。我受麦克尔·霍夫曼和詹姆斯·拉斯顿所请，给他们出的奥维德作品集提供一个奥尔菲斯和欧律狄克故事的新译本。译完之后，我想为什么不继续做，把奥尔菲斯之死的故事也翻译了，这故事在内容上更令人痛苦，讲述得也更阴郁。然而一旦开始做，我身上的快乐天性就忍不住把被围攻的奥尔菲斯看作一个总编辑的形象，他不只是在野地里被攻击，更是在《户外戏剧节爱尔兰文选》[①]之事上被攻击。这个故事的开头是一群女人看见奥尔菲斯在弹竖琴，然后“她们中一个头发在轻风中飘拂的人／开始大喊‘你们看，你们看，奥尔菲斯在那里／那个讨厌女人的奥尔菲斯’”，然后就跑去追逐那吟游诗人，并把他撕成了碎片，直到最后酒神狄奥

① 《户外戏剧节爱尔兰文选》是爱尔兰语作品选刊，它的前三卷被指责带有男性沙文主义思想倾向。

尼索斯也看不过去了，无法原谅她们对奥尔菲斯所干的暴行，把这些女人变成了树。因为奥维德的主旨吻合《午夜法庭》中男女对抗的主题，也因为另外我想把欧洲经典和爱尔兰文本联系起来的文学上的理由，我想把它们并置在同一本小书中会挺有意思的。

奥德里斯科尔：《午夜法庭》中的爱尔兰语原作是你在圣科伦巴公学的爱尔兰语课堂上学过的吗？

希尼：那开始的段落，有点场景设置的意思，被选入过一本叫《盖尔语诗歌》（Fil í ocht nan Gael）的选集，但我们甚至未能理解多少那首诗的意思——很简单，因为对于那个阶段的我们来说，这首诗的爱尔兰语太难了。我们的水平只适合读 An Bonnán Buí，或一首梦幻诗（aisling）像“Úr-Chill an Chreagáin”，或谢默斯·达尔·麦克瓜塔的歌——带点阿尔斯特风味的小曲——但那些大型的芒斯特管弦乐作品超出了我们的能力。

奥德里斯科尔：圣科伦巴公学开设的爱尔兰语课怎么样？它是民族主义建构的一部分吗？在什么程度上你认识到它具有文化对抗的意味？

希尼：首先，需要说清楚的是爱尔兰语的传授没有任何“建构”的意图或设想。但是考虑到北爱尔兰官方的指导方针是坚定的英国化，这门课不需要民族主义阵线做任何推动，如你所言，就具有了文化对抗的意味。它是他者。与此同时，它是整个教学课程的一部分，是教育部考试中的一门课。它的基本意图是作为“文化遗产”，它要带领你去往的是盖尔语田园牧歌而不是民族主义政治思想。由索斯姆·麦克·格利安娜和玛利亚及其他人指定的文本全都是以西多尼戈尔为背景的，你会读到集市、渔船、民间传说和放高利贷者；如果不是蒂尔康奈[①]的民间故事，就是克里郡的童话，还有皮达·奥·劳黑尔神父的小说《圣徒》，集市上的魔鬼，诸如此类的一切。

奥德里斯科尔：你还会说爱尔兰语吗？

希尼：不是太熟练。但面对爱尔兰语出版物我不会有畏难情绪。我会不时地听听盖尔语广播电台的谈话节目，偶尔看看报纸上的爱尔兰语专栏，或读双语对照的诗歌。这已是最好的情况了。

奥德里斯科尔：有人认为爱尔兰人说英语，有一点和他们的经验不合拍或步调不一致。你觉得这种观点有正当性吗？

希尼：这是一个一直在承受的观点，我也安然达到了一种不再忧虑的状态。但这并不是说那些以前的关注是空无或徒劳。它们从极端的历史经验中产生，要逆转爱尔兰的英国化，为它的原生文学和传统重获尊重，在这整个努力中有着壮丽的、拯救性的意图。对好几代的人们——我属于这些世代的最后一代——来说，虔敬和现代性之间总是有一种冲突，但现在的人们有了一种更从容和自信的心态。我仍然相信我的英语是被改造过的，也许更好的说法是被爱尔兰而不是爱尔兰语改造过，但到了现在这阶段，这一点既非可炫耀之事也非让人羞愧之事。

---

① Tyrconnell，直到1601年是爱尔兰西北部的一个邦，现在主要指多尼戈尔郡境内地区。

奥德里斯科尔：你写的很多关于爱尔兰语的诗都是哀歌，因此我想知道你是否认为它只是写在沙地上（如《一份拍摄剧本》最后一节所揭示的那样）？

希尼：但那一节也揭示了在沙地上的书写将持续下去，“就在它看起来似乎完全结束的时候”。《一份拍摄剧本》属于《山楂灯笼》临近结尾的一簇诗，这些诗都是关于爱尔兰经验任何时候都具有的双面性：一方面有一种感觉，如在《伍尔夫·托恩》一诗中所写，爱尔兰“在退化”，如《泥土幻象》中的人们所说的，“可能是源头的东西”，“消散在新闻之中”；另一方面又常有一种复兴的可能性，比如在你提到的诗节中，在《消失的岛屿》的最后一行“我相信在那里发生的一切都是幻象”。

我相信对作为语言和价值的爱尔兰语的信仰并非错爱。事实表明它现在根植在讲英语的爱尔兰的文化想象之中，是其至关重要的因素。关于它的电视口号也许显得老套，但确实表达出了一种共同的态度：它是“我们所是的部分”。这并不是说人口统计数据将会发生有利于它的变化；但我确信，有一条线会被守住，一个数量小小的说爱尔兰语的人口会继续存在。顺便提一下，保罗·穆尔顿肯定也同样怀有这个信念，因为他在翻译诺拉·尼高纳尔的“Ceist na Teangan”这题目时，没有译为“语言问题”，这样的话会让我们退回到老的困扰之中，而是译为“语言议题”，这就承载着我们向前孕育出新生活的美景。

十一、时间绽放灿烂光芒：《观看事物》

奥德里斯科尔：在引导你写出《观看事物》中那些“相信奇迹”的诗歌这点上叶芝有着多重要的作用？

希尼：这点我没法确定。它完全是从《养子》开始，从“修补匠用锡罐做的/树钟”这一意象开始的，并非一个很清晰的意象，即使对我也一样。多年前我在威克洛听过一个故事，关于有个地方的人和魔鬼定了一个协议的故事。我记不清他们得到了什么好处，作为交换他们同意某一天的某一刻魔鬼来收走他们的灵魂。当然，随着时间的临近，恐惧越来越强烈，直到最后，这群锡匠——修补匠——聚到一起想出了一个办法，在树上造一个极大的锡钟，把时间调错。后来，他们把它造出来了，这时魔鬼来了，发现自己搞错了，他来得太晚，违背了协议，因此这些人得救了。

那奇异闪亮的铆着锡边的树的意象一直停留在我的头脑里，恳求被写出来。这和劳伦斯的巴伐利亚龙胆草相反。龙胆草的出现是为了引导灵魂向下去往冥府大厅，树钟却是举着一只奥尔菲斯之手向上指向亮光。在我和你说这些的时候，我感觉也许我们应该谈论的是帕特里克·卡瓦纳而不是叶芝……

奥德里斯科尔：从什么意义上说？

希尼：你知道卡瓦纳早期的那首诗《长花园》吗？我感觉卡瓦纳那首诗的空灵、散漫和极为平常之中有着某种与树钟相关的东西。

奥德里斯科尔：你在卡瓦纳的莫纳罕[①]比在叶芝的拜占庭看到了更多幻想的光芒？

希尼：没有，作为一个读者没有。拜占庭诗节的承载力是巨大的，这是卡瓦纳的音乐性难以匹敌的。叶芝的探索是穿着闪亮的盔甲进行的，长矛在门口敲打，出现在《一亩青草》中的他像威廉·布莱克，“谁在锤击墙壁／直到真理听从他的呼唤”中的布莱克。叶芝的想象有点超出这个世界之外，但他的诗本身仍然承担着物理性的冲击力。即使在我引用的这两行诗中，你能感觉到布莱克的精神力量的全部冲击，也能感觉到他的拳头触及坚固的墙壁。你是对的，你说我更接近于卡瓦纳的天主教基本的神秘主义。我的星光是从一座黏土地板的房子半开的门口透进的，而不是从一座拜占庭宫殿的穹顶照下的。在那地板上挖出的一个小凹口，有一只猫在那里舔着星光照亮的牛奶。

奥德里斯科尔：你对叶芝的《幻象》感兴趣吗？你愿意写些同样的纲要性的东西吗？

---

① Monaghan，爱尔兰东北部的一个郡。

希尼：叶芝做这事的根由——据他自己的陈述——是因为他年轻的时候丧失了宗教信仰，于是便着手用“老故事的包袱”装配出一种自创的信仰。我知道这是他对所发生的事情做的一种过于简化工整的说明，但它为你的问题提供了一个简洁的回答。我的情况是这样，在我年轻的时候我不仅没有丧失宗教信仰，而且是供给过度了。我的生活伴随着、某种程度上是依靠着神圣的奥秘：弥撒的祭品，酒和面包变体为基督的身体和血，罪的赦免，肉体的复活，将要来临的世界的生活，从天堂到地狱的整个宇宙，整个超自然界的人们，德行和罪行的分类，等等。

叶芝无疑会引用布莱克，说我被另一个人的体系所控制，无法创造我自己的体系。但我想——像很多天主教徒，不管是异端还是正统——我是斯蒂芬·代达勒斯的心态：如果你抛弃了这个系统，你也同时抛弃了最好的东西。用某个临时的安排来替换一个非常连贯的东西，这毫无意义。说完了这点，也必须说说另一点：叶芝徒手建起的这个宇宙和心理的结构，即使不是神的显灵，首先也是一个智性力量的证据，其次，众所周知，还是一个巨大的脚手架，一种记忆的戏剧，为他提供心灵感觉和历史支撑。他为自己的未受洗礼的心而自豪，如他自己所说，但与此同时，他需要使徒传承般的等价物，他需要认可和通达古代智慧。当他建起他的系统，他很满意自己做到了这点。

奥德里斯科尔：*你是不是看出了《打方框》和你的天主教信仰的“包袱”之间有一些联系？*

希尼：这是毫无疑问的。

奥德里斯科尔：即使其中的第一首坚定地表达了没有后世的信念？

希尼：但它同时也坚定地立足于人和“变动的光彩”以及漫游的“云的生活”的关系这一“辽阔”的感觉。它依然很容易倾向神圣性。

奥德里斯科尔：写这一组诗对你的艺术信心而言肯定是一次极大的提升。

希尼：确实是。我像一个小孩玩打水漂。事实上，不同部分中的单首诗歌之间的关系有种石片在水面上划擦、跳荡，一个接一个溅起水花的样子。

奥德里斯科尔：2002年在伍尔弗森学院的演讲中你也使用过类似的说法：“我依从速度和机遇来思考它们……我敞开自己以容纳各种突发奇想。”因为处于自发状态，你可能无意中变得过于自我，以致很多读者可能不知道，比如，“特殊审判”是什么，你对此感到过苦恼吗？

希尼：那时候我没为此担心，那之后也没担心过。在我写这些十二行诗的时候，我体验到了介于严守生硬的语言规定和消解这些规定之间的感觉。很多诗句从一种妙不可言的诗意中，自己飘拂而来。“专断的音乐”，“意外饱含着精确的诡计之处”。“不要犹豫／进入语言。不要在它之中／感觉犹豫”。“特殊审判”也许是一个古老的技巧，即使对天主教徒来说，但这之中有一种严格的语音钳合，我得依赖它来暗示精神的最后审判的那一刻。

奥德里斯科尔：考虑到它们的自发性，你是不是对《打方框》的修改要少于通常对诗的修改？

希尼：这是一个几乎没什么要修改的例子。这么说也许有点夸张，但这么说的时候我并没有说错，那就是，一般来说我听从诗歌，而不是考虑其他。

奥德里斯科尔：从写这些诗中你是不是学到了一些东西，直到现在你还能够加以运用？

希尼：我知道了“天予之诗”和“构想之诗”的不同。我知道了灵感是什么样子的但不知道如何召唤它。也就是说我知道了等待也是写作的一部分。

奥德里斯科尔：那场灵感持续了多长时间？

希尼：大约十六到十八个月，从1988年9月到第二年年底。在那之后，就是调整顺序和删汰冗余的事了。

奥德里斯科尔：你实际写的要多于构成现在这组诗的四十八首诗？

希尼：还多一些，也许多六到八首。我养成了抓住任何激发记忆或联想的东西的习惯。没有发表的诗中有一首诗写的是制作果酱，另一首写的是木斯浜床下的香豌豆幼苗。你可以把《打方框》中的每一首诗看作是营帐绳索底端的桩钉，并沿着绳索向上伸入空中的构造物，但仍然和大地及更幽深处有着关联。

奥德里斯科尔：你什么时候决定每首诗由十二行构成，组诗的四个部分中每一部分由十二首诗组成？

希尼：第一首诗是有一天下午在爱尔兰国家图书馆差不多自动流淌出来的。我当时正非常努力地给一本叶芝诗选做注释。我已经在那里工作了大约六周，那天我工作结束后坐在那个最漂亮的阅览室里，雨点正落在它的玻璃圆顶上。我突然写下一些诗句，它成了一首十二行的、四个三行诗节的诗。它属于被赠予的，很奇异，出乎意料。我不知道它从什么地方而来，但我立即就知道了它就该是这样子。它就像一根铁棍一样坚实。于是我开始把它作为一种不同的把杆，一种进行重复练习的刺激，在几天时间里我写下了最初的三首诗——按它们最终出现在诗集中的顺序。这种形式的运用成了我的诗歌发动机。

让我认真起来的是在第三首诗中给“方框”所做的注解，这个词出现在了第二首诗中。在这里，我觉得个人意味必须明确地表达出来，因此我尽最大的努力去描写一个玩家怎样“打方框”[①]，当他在学校操场上摆好姿势要打出一粒弹珠的时候。准备的时候怎样“调角

① squarings（打方框）：弹珠游戏有各种玩法，其中打方框玩法，最具魅力而风靡世界。这种玩法要画两条边界线，在靠近一条边界线端（称为终点线，另一条称为起点线）画一方框，各玩家在框中放入相同数量的弹珠。各玩家先比远近（从终点打出比谁更靠近起点，出界最后一个打），决定出场顺序。按顺序开始从起点出发，目的是将方框中的弹珠打出框（打出即归你）。自己的弹珠进入方框后即死亡。专业名词：火烧（自己的弹珠打到框里的弹珠后又碰触其他玩家的弹珠，需重新打过）；埋死（自己的弹珠进入框中停止，立刻死亡）。

度，瞄准，佯攻，眯眼”，“检验和撤回，重新设想”——所有这些行话都提示往下写出更多诗的方式。还有，在我保持这种十二行诗的形式时，“方框”这词也提示我也许可以把目标定为一百四十四行，十二首十二行诗。但最终我确定了四十八首，一个四部分的模式，每部分十二首十二行诗。

奥德里斯科尔：你设想了四部分的每一部分都和其他三个部分不一样吗？

希尼：开始的时候没这么想。最后的模样是整组诗自己逐渐形成的。第一部分的题目，“灵光”，是偶然所得。我在词典中看到这个词的条目下有一个意思，指的是人临死前精神的闪耀，随之而来也有解除负担、被照亮的意思。所有这些意思都适合最初写的那些诗。比如，那首写一条船在克朗麦克诺伊斯的空中飘过的诗。或那首写托马斯·哈代小时候，仰面躺在一群绵羊中间，目光凝视天国的诗。

奥德里斯科尔：那首写克朗麦克诺伊斯的诗成了这组诗中最著名的一首。

希尼：这故事难以忘怀，它出自肯尼斯·赫尔斯顿·杰克逊的《凯尔特杂集》中，但我写的版本稍有区别，因为我记错了一些细节。在原文中，那条船的锚“直接落到了教堂地板上”，而我让它挂住了祭坛围栏——它有如奇迹般从屋顶落下，而那个船员抓住绳子下到了圣殿。这并不是有意的改写，虽然我确信“灵光”部分第一首诗写到的没屋顶的墙壁和没屋顶的世界肯定促进了这一想法。

这个故事里有一种诗歌的“你在那儿和你在哪儿”的意味。一艘飘在空中的船，它的一个船员下到地面，修道院院长说他会淹死的，修士们帮助他，这船员爬回去，这条船开走了。这叙述有起有落，这神奇的竖铰链窗只打开了一瞬，这奇迹有序发生，显得完全像事实一样。那个船员是一个成功的俄耳甫斯，他去到下界带着收获回来，这点也许是赋予整个故事以原型性的吸引力之所在。

奥德里斯科尔：《观看事物》中展示出毫无阻碍的自由，充分和顺畅，它表明又一阵风吹来，一种新鲜的开始。

希尼：我父亲1986年10月的去世是这世界最后的“屋顶滑落”，我确定这事以不时地躲避我的方式影响了我。那一年休学术假的自由和重新得到格兰摩尔也有着巨大的积极影响。这次我在哈佛教了一整学年，从1987年9月到1988年6月，因此在我们回来时我就有了十八个月的清净时间，因为要一直到1990年春季学期我才需要回哈佛去。

与此同时，我们与安·萨德莱姆耶商定了购买格兰摩尔，让我们重又回到了威克洛“心爱的河谷”。从那以后，格兰摩尔又成了一个可去往的完全寂静的写作之地，靠近都柏林，但没有电话，没有任何打扰。事实上，《打方框》组诗中的第二首就是一个对作为“感觉的堡垒”的乡舍的即时的感恩行动。它写到“钉板条。挖沟。/从白铁桶中喝水。感受洗涤池的冷”——这是在我们装中央空调之前。所有这一切通过这套系统很自然地带来一阵有力地喷涌，正如《养子》的写作，它的结尾声称“时间变得灿烂夺目，心变得轻盈透亮”。它同时也提到了五十岁的来临，整个潜意识混合体中的另一个因素。

奥德里斯科尔：那些年北爱尔兰也目睹了一些最残酷的暴行，包括阵亡将士纪念日在恩尼斯基伦发生的炸弹爆炸和在西贝尔法

斯特发生的对两个英国士官的残忍谋杀。你有重返大骚乱主题的意愿吗？

希尼： 这些事件发生时我人在美国，但西贝尔法斯特士官谋杀案发生不久我就到了伦敦，接受《星期天时报》颁发的文学奖，我前面提到过这事——在受奖讲话中我表达了对英国媒体报道这一事件的方式的抗议。我依然与“前所未见的最不幸的国家”保持着紧密的联系，但作为写作主题它已消耗完了。在那个阶段我还没有发现“诗歌的平衡”（the redress of poetry）这一说法，但我的第六感已经告诉我，我必须在一定条件下才能回到它们，而不是屈服于它们。那个时候什么都不是很清楚。尽管如此，在一首题为《一次皇家探寻》的诗中有一个有趣的段落，写一对夫妻“完好无损地顺流而下，/两边的泥岸上受伤的人们彻夜叫喊/冲着无火光的爆炸和没回音的枪声”。这些诗句清晰地记录了我在哈佛和都柏林过的完好无损的生活和北爱尔兰正经受的境遇之间的脱节。

奥德里斯科尔： 但《一次皇家探寻》无论如何也算不上是一首大骚乱诗歌。像《回顾》的第二部分，它也是通过长焦镜头回望求爱期间和刚结婚时的日子。我发现这些诗有种非个性化的东西——也许是第三人称叙述的距离策略。

希尼： 对于我，有一种触及了禁忌主题的感觉，特别是在《一次皇家探寻》中，进行了对我自己的“特别审判”，甚至是总体审判。这点可能带来了陌生化，但陌生化是好的。

奥德里斯科尔： 在一次为庆贺你五十岁生日而作的电视访谈

中，你说到一个作家生命中的三个阶段——开始，评估审查（在三十岁左右），后期生活的新自由。这种分类对你现在来说还有效吗？或者你的看法改变了，现在在你年近七十的时候，有没有第四个阶段？

希尼：如果有的话，我也还没有达到。但我能想象它——一个在巨大的水面边缘孤独地漫游的阶段。我在那次访谈中所谈到的东西我后来经常重复，但是以不同的方式。我相信这三个阶段是循环的，在你的生活和艺术中会不断有新的努力的高涨。在每一个循环里，进行的模式都是开始、持续、再重新开始。有些诗集属于延续性的，有些诗集——如果你幸运的话——是又一次开始。《观看事物》就是新的开始。旧谚在这里又一次成真了：生命在五十岁开始，或重新开始。

奥德里斯科尔：你是怎么过这个五十岁生日的？

希尼：玛丽和我去罗马度了一个假，跟伯纳德与简·麦卡比一起。《爱尔兰时报》出了一个十二行诗选作为庆祝。

奥德里斯科尔：你肯定是在这个时候写下《打方框》组诗中关于爬卡庇托山的台阶的那首诗吧？

希尼：是在我从那里回到家后不久写的。我在所有场合为我的十二行诗攫取养料。我阅读中碰到的某个句子，在词典里看到的某个词条，比如“灵光”和“渊面”，参观某个地方打开了词库。如果可能的话，我想要某种毫不用心又明确无误的东西。像我在同一个部分写到寒山的寒冷之山诗时所说的，“不刻意又可信”。

奥德里斯科尔：甚至有一首诗写的是一个开赴越南的士兵。它一开始引用了一段我不知道出自哪里的叶芝的话，“给那些看见长时间之后人的精神和皮肤变得特别粗糙的人”。

希尼：这话出自他给多萝西·韦尔斯利的一封信中。这句引语并不是逐字引用的，但非常接近。它让我想起一个年轻的士兵，我曾经在从旧金山到伯克利的机场大巴上见到过的，大巴上只有我们两个乘客。他大约十九或二十岁，显然很孤独，也很害怕，他正去往金银岛军事基地，那是去越南的集结点。他显得大祸临头的样子，额头苍白，也许是前一天夜里在阿肯色或别的某个地方的晚会上宿醉未醒。这给了他一副行走的幽灵的模样。我一直无法忘记他的样子。肯定是一次摆渡。那辆机场巴士像死亡马车。

奥德里斯科尔：在《重返格兰摩尔》十四行组诗中，有一首写到你第一次对你的孩子“真正”发火是在他们剥掉一棵桉树的树皮时，因为一个朋友在那树皮上刻下了他的名字。你是希望开始培植一棵签名树吗？就像格雷戈里夫人的库尔庄园里的那一棵一样？

希尼：库尔庄园在我的考虑中排最后了。那树上刻下的名字唤起的是一件非常温暖的事——麦克尔第一次领圣餐。那天布莱恩·弗里尔和大卫·哈蒙德来了威克洛。为了纪念那个日子，我让他们在那棵树上刻下了他们的名字。麦克尔和克里斯托弗在那一刻把它理解成了一个毁坏树木的例子了。不管出于什么理由，他们几个月之后确实把那棵树的树皮给剥掉了。

奥德里斯科尔：在1980年代初约翰·哈芬顿采访你的时候，你对他说："我气质上不属于容易暴怒的人。"但你在诗集《酒精水准仪》中的一首诗《称量》里不是暗示，让怒火发泄出来有时候是有益健康的吗？

希尼：确实是。但事实上那首诗写的不是我的怒气，而是我的失败，未能做到准确的失败，让它发泄出来了。在这首诗的最后，我对"添加"的重视也许意味着我气质上更倾向于让天平翘起来（weigh up）而不是沉下去（weigh in）。这首诗一开始写的是一个台秤的具体模样。诗的立足点在于不同的感觉：搬动台秤上的两个五十六磅的秤砣来平衡另一边一袋百多磅重的土豆，增加或从口袋里扔出土豆，直到如诗中所写的，"一切都抖颤着，随着添加和拿出"。然后这对负重的弹力的发现让诗歌转入更深的思索：关于承担，咬紧牙关坚持和承受，消极地忍受，转过另一边脸，然后，"砰"的一声，再转过去，不再忍受伤害，不再以德报怨，等等。

奥德里斯科尔：在你成为格兰摩尔乡舍的业主之后，你是怎么看待它的：乡村隐居之地，逃避之处，工作场所？

希尼：首先和最重要的是工作场所，而这也意味着是隐居之地。它保持着它一直以来的样子，诗歌之屋。它是一个寂静的堡垒，一个聆听的哨所，一种拥有，就这个词的所有含义而言。它拥抱意义和事物，甚至增添意义。在我的生活中，格兰摩尔乡舍代表着华莱士·斯蒂文斯所称的诗歌所代表的东西，想象力对现实压力做出的反作用力。格兰摩尔是一个被"争夺"的地带——玛丽认为它是一个周末别墅，我认为它是一个写作工作室，虽然我们找到了办法来维持彼此的平衡。我总是发现这地方有助于写作，它挽救了我的写作生涯，因为我能从都柏林的家里逃走——它越来越变得像旅行社和电话总机的混合体——让自己藏身在那里。

我曾经非常喜欢幽闭状态——面对着带低斜天花板的墙壁。在这座乡舍，我们就有着这可爱的旧式的低斜天花板。玛丽和我意见不合的一件事就是开天窗的问题。她喜欢天窗，而我说："不要。让这地方保持箱笼样。让这舱口继续钉上密封板。"一次我从哈佛回来，走上这屋子的楼梯——上面有一个天窗！确实，它对我是一个巨大的改变。这又是接近五十岁时的事情：我抬起目光仰望天宇……

奥德里斯科尔：回到大地上的事物吧，《观看事物》中描写的那张大木床是放在格兰摩尔的乡舍吗？

希尼： 它是我爸爸的远房表姐的，德里郡的一个老太太，她把它遗留给我。这是一张很大，有着高靠背，可叠合的带木箱的床，像钢琴一样重：刻着字母 V 的当地家具。海滨路的家里没有地方放它，同时它在那里也显得很不适宜。但它属于乡舍。当你凝视着摆放在角落里的它时，你可能就像米沃什凝视"是"的黄金之屋。如诗中所说，它是总能被重新想象的给予之物，我想在这屋子之外的地方，它不可能取得这样的状态。虽然我从未在它上面实际睡过，但我确实认为这张大木床是一个"精美和私密的地方"，像格兰摩尔乡舍本身一样。

奥德里斯科尔：在《大木床》之前还有一首非常吸引人的诗《教士方帽》。

希尼： 尽管题目是《教士方帽》，但这首诗很怪的一点是，它是由一顶软帽开始的——特别是马修·劳勒斯的绘画《病人的召唤》中的那个牧师戴的帽子。这幅画挂在爱尔兰国家美术馆。我被约请为纪念詹姆斯·怀特的文集写一点什么，他是美术馆的前馆长。我预感到劳勒斯画中的某处隐含着一首诗。那是一幅十九世纪类型的作品，很扎实的现实主义手法画出的一条河中的划艇。那条划艇上你能看到一个牧师，那牧师很明显正想着病危的教民，他正等着牧师给他做临终圣餐。这是普通的、满怀同情的画作，非常成功地刻画出了那个牧师既是悲伤的普通人又是执行仪式的神职人员的形象。那顶帽子是如此普通、平常，看起来好像是一个和那所有一切紧密相连的物件。它当然是和有着硬边三角的教士方帽所代表的一切相反：硬边线，教堂小讲坛的叫声，发音清晰和确定无疑的权威，unam sanctam catholicam et apostolicam Ecclesiam。[①]

奥德里斯科尔：但教士方帽才是那首诗的焦点……

希尼：因为抓着一顶教士方帽的中鳍的记忆一直留在我的拇指和手指间。作为一个祭台侍童，我总是对它的质料和重量充满了好奇，还有，孩童时期，我总是有点害怕头戴教士方帽的神父。与此同时，那帽子给我的感觉还带有一种浮力，船形的，几乎是在空中飘飞一样。当你从神父手中接过来拿在手上时，会有一种很诱惑的冲动，把它掷向圣殿，像纸飞镖或黑翅膀的隐形轰炸机。最后，我让象征诗歌的冲动替代了原来的冲动，把它转化成一条船，但丁在《炼狱》的第一行诗中启航的那条船……

奥德里斯科尔：也变成国家博物馆布罗伊特宝藏（Broighter

---

① 意思是"唯一至圣至公从宗徒传下来的教会"。

Hoard）中那条小金船。

希尼：没错，我一直很喜爱那件文物，在德里郡发现的青铜时代的珍宝，极其精美——“毫无杂质的纯粹形象”。在美国版的《观看事物》的衬页上有一张它的照片。

奥德里斯科尔：《北方》的衬页上印上了爱德华·麦奎尔给你画的肖像。

希尼：就我记忆所及，这是费伯公司第一次打破老风格，它们此前从未使用过作者相片或衬页艺术，而是在封面上用镂花字母印上书名和作者名字，在封底印上按字母排列的费伯出过的诗人名单。我猜可能是查尔斯·蒙特斯在一些书的发布会或阿尔斯特博物馆看到过麦奎尔的画，于是决定仿照。它原来是，现在仍然是一幅非常好的画。

奥德里斯科尔：在《观看事物》诗集中，有一首诗《一只装满栗子的篮子》，你在其中提到爱德华·麦奎尔在1973年去了你家。他是在你家里给你画像的？那幅肖像最后怎么到了阿尔斯特博物馆？

希尼：实际这幅画是受特德·希克的委托而画的，他当时是博物馆的艺术保管人。挑选当时那么年轻的我作为一个被画的对象是一个大胆的举措，但爱德华·麦奎尔以他的诗人肖像画而著名，他已经画过皮尔斯·哈钦森和麦克尔·哈奈特的精彩肖像，而特德很想为博物馆收藏一幅。委托一签订，爱德华就来到了我们家里，看看能找到什么东西可以放在背景或前景里增加一点个性。于是摆上了这只篮子，里面装着我捡来的栗子，“像一个钱包塞满金币”。

奥德里斯科尔：但实际上这些东西并没有画进画像中。

希尼：没有。我的理解是他把本来可用于栗子表面的光全都集中起来用到了我的鞋尖上。如果你细看那幅画，你会看到鞋子部分明确的亮光。

奥德里斯科尔：你被画成坐在一张桌边，拿着一本打开的书。你确实在他面前摆着这副姿势?

希尼：是的，确实是。那是在他的工作室，他家里的一个房间，很小的房间。我坐的椅子紧靠在一个角落，我多少有点被那张小桌子堵在那里。我在画中看着的样子，有点僵，定在那，往外看，部分原因是身体受到限制。但还有别的什么让我心里有些紧张，这也体现在画像中了，这是因为我在爱德华面前没法完全放松。他一直非常友好、非常有趣，但即使在上午，摆这姿势的时候，他也一个劲地喝着健力士啤酒，因为盛传他是一个危险的酒徒，所以我常处于警觉状态。而这一点爱德华忠实地画了出来，诗人的机警。

那幅画真实地画出了爱德华在我身上所发现的东西，非常像他看到的他前面的人——这也是我喜欢和赞赏这画的原因。德雷克·希尔，十五六年之后给我画了一幅更柔和的肖像，我记得他说爱德华的肖像更像木刻而不是画，我比画中的形象笑得更开。但事实上，这种凝神专注的、幽禁的、迎面直视的特点正是我所敬佩的：爱德华看出了我保持着紧张，抓住了他看见的东西。说到观看事物，他确实非常厉害。①

---

① When it came to seeing things, he was very good indeed. 这里出现的 seeing thing，和诗集题目一样，意思非常明确，就是观看事物。因此，我把诗集名称译为《观看事物》。

奥德里斯科尔：爱德华·麦奎尔所画的肖像被证明是你许多画像中的第一幅。坐在他面前给他画感觉怎么样？相比于给你画像的其他画家，德雷克·希尔、巴里·库克、彼得·爱德华、路易斯·勒·布罗科和最近的太-山·西伦伯格。

希尼：也许因为那是第一次，因为它而来的对画室旷日持久的多次去访，因为我刚才描述过的焦虑因素——在麦奎尔前面坐着——给我留下了最深刻的印记。我从来没有实际地为路易斯·勒·布罗科摆过姿势，我想他应该把他的作品称为“形象”而非“肖像”。在其他的所有场合中，我都比在爱德华·麦奎尔面前更放松，而且整个过程也要短得多。和德雷克·希尔一起，有过很多轻松愉快的闲聊，和巴里一起是更紧张的沉默，但和路易斯·勒·布罗科以及太-山·西伦伯格一起，我只是摆了两三个小时姿势。他们画了速写，也许用油彩画了草图，拍了很多照片，然后就把我放走了。

奥德里斯科尔：那些后来者的画像抓住了麦奎尔画像所遗漏的东西了吗？

希尼：随后的画家所面对的是一副更苍老的面孔和一个被审视很多的被画对象，因此他们的任务更艰难。但他们都传达了他们自己的力量，将之增加给我，我为此感谢他们。霍普金斯有一行诗是对上帝说的话，它也可以作为一个被画者对画他的画家说的话。当你看到不同的画家所画下的不同版本的你自己的时候，你可能会说，“再一次我感觉到你的手指并发现了你”——虽然这句诗也一样可读作“并发现了我”。

奥德里斯科尔：有一个人在自己宽广的生命空间里同时容纳了诗歌和绘画，他是约翰·休伊特。你是在哪儿第一次见到他的？

希尼：我想是陪特里和西拉·弗朗甘，也许是1965年或1966年，在休伊特回贝尔法斯特度假的时候。他们于1957年去了考文垂，在约翰晋升阿尔斯特博物馆馆长被否决之后。这是当时的一桩大公案，给他留下了永久的怨愤。在弗朗甘夫妇的谈话中约翰·休伊特有着很重的分量：他们热爱他，同时又很喜欢戏仿他突兀的言语和随时打断别人的讲话的习惯。在特里作为一个画家起步的时候，休伊特是一个重要的导师。事实上，在四五十年代的阿尔斯特，他是一个文化界和知识分子的领袖，充满斗志，真实可信，属于左派和清教徒，但仍然是弗朗甘夫妇非常喜爱的人物。

奥德里斯科尔：你也喜爱他吗？

希尼：我也喜爱。在贝尔法斯特他和罗贝塔来看我们，我也去考文垂看过他们。六十年代末和七十年代初约翰和我偶有通信。他在《贝尔法斯特电讯》上写了一篇赞赏《一个自然主义者之死》的书评，并在赫伯特美术馆为我组织了一场诗歌朗诵会，他是那里的馆长。他也组织了一场特里·弗朗甘和科林·米德尔顿的作品展，我记得和他们一起去往考文垂参加开幕式。因此，在他返回贝尔法斯特充任阿尔斯特文学界的大佬之前，我们就已经深交很久了。

奥德里斯科尔：对你的诗他持鼓励态度吗？

希尼：是的。我没有和他亲近到感觉像一个被保护的人。与此同时，在他与我的接触中又有着对我的支持，无论是在通信中还是在见面时。在麦克吉本和基两人于1968年出版他的首版《诗全集》之前，他的作品很难找到。他送过我几本自己印的小册子。我读过他的一些早期诗，在一本1950年代费伯公司出版的爱尔兰当代诗选中——那是马拉费尔特图书馆很少的几本诗集之一。然后是在1962年，我在写一篇关于阿尔斯特的文学杂志的长篇文章时，不仅遇到了他的诗，还有他关于地方主义的观念，他想为阿尔斯特的人们培育出阿尔斯特文学的热望。

奥德里斯科尔：你倾向于把休伊特视为其政治思想——社会主义和地方主义——最终没能超越联合主义的诗人，这么说公正吗？我想起你在《诗歌的平衡》中说到过，他的地方主义概念“适合有权能的新教徒的有产业和自由的情感……而不是天主教徒无产业和政治边缘化的感觉”。

希尼：首先要说明的是，休伊特是一个值得感谢的诗人，无论你是新教徒还是天主教徒。他把镜头倾斜了一点点。北爱尔兰的局势让它容有一种历史维度：他认识到这是一种殖民困境，因此“殖民”仍然是一个诗人重要的介入点。在政治上，他是一个粗声大气的民主派，为所有人争取平等和民权。事实上他也因为这种正直而承受着痛苦，可能正是因为他的自由主义信念和关系导致他在阿尔斯特博物馆的馆长晋升被否决——因为这点，他去考文垂待了十五年。

尽管如此，在约翰·休伊特的想象中，无论是北爱尔兰的天主教徒，还是边境线以南的爱尔兰人，仍然是很明确的“他者”。他对他们有一种原则性的认识，会为他们的权利而斗争，但他身上没有任何东西愿意完全融汇到他们之中。他是一个改革良知的旗手，是同时疏离英国和爱尔兰的奋战的阿尔斯特人。我发现在他付出这种疏离的情感代价时，他作为一个诗人最令人信服，比如在《国王的马群》和《一个本地诗人》这样很不相同的诗中。在他偏离他的僵硬以及左翼人士确定不移的原则，发现自己不是在对别人而是在对自己说话时，他的诗写得最好。大多数时候，在休伊特似乎是在对自己说话时，他真正做的却是在教导读者，想让你知道你应该思考和感觉什么东西。他很欠缺否定性能力。

最好是读他的《诗选》，由麦克尔·朗利和弗朗克·奥姆斯比编选的。每次打开他的《全集》，我对他的勤奋，对他作为韵文制作者一往直前的驱动力都感到敬畏。但作为一个艺匠，他的自我想象，作为从事专业的他的诗人感觉，导致他的很多诗歌因其自身充满想象力的优点而结束得太高效了。我合上它的时候为自己的反应难为情。但他的《诗选》——它一出来我就从头读到了尾——以新的方式打动了我，让我信服。

奥德里斯科尔：休伊特退休后，又回到了贝尔法斯特，你和他见面多吗？

希尼：很少，比他在英格兰的时候见得还少。他是在1972年回来的，而那一年我去了威克洛。从那以后他越来越融入了当地的场景。他甚至写过一首题为《1957—1972》的诗，写他被迫去考文垂度过的那些年，似乎那是一段丧失的生命。但是他在四十年代提倡的地方主义和七十年代在贝尔法斯特盛行的狭隘地方观念差别很大。对于我和其他人，卡瓦纳比休伊特的影响更强烈。

休伊特有一种文化区域的想象，“我们”应该说一种由都铎发音和低地苏格兰词汇组合的曲折英语，写作抱负应该是反映并巩固一种阿尔斯特文化，更有安特里姆峡谷而不是斯柏林特色的，更有贝尔法斯特造船厂而不是德里郡沼泽特色的文化。但这一种想象被另一种更大胆的更突破边界的想象所取代，这要更多地归功于卡瓦纳的诗歌《史诗》在艺术上的胜利而不是休伊特的社会文化活动。虽然他有一个很受喜爱的父亲形象，但休伊特对于这地方的穆尔顿或麦古金并没有塑造性的影响。

奥德里斯科尔：在何种程度上他对你的写作有塑造性的影响？

希尼：我不觉得他对我有任何风格上的影响。我从未感觉到被他的词汇感染。我只是早期不太了解他的诗作。我所感受的是某种支持，从这一事实上，即他是一个有标杆意味的本地诗人，忠诚于自己家乡的土地。他对我的诗的兴趣和赞许有助于我的自信，但对他的诗歌的阅读并没有在我的写作中留下什么继承的痕迹。

奥德里斯科尔：你的《书包》题献为对约翰·休伊特的纪念，并在诗中用到了“定金”（handsel）一词——一种点头同意的地方性用法，如果我没有弄错的话，这个词多年前在雇工集市上交易时会用到。

希尼：确实如此。一旦雇主和他所雇用的女子或男子在街上达成下个季度的雇佣协议，一两个先令就会付出，作为保证，这就是定金。如果它只是地方用法的“点头”之意，它的意思就不会超出这点。我实际上修改了这首十四行诗的最后两句，以便减弱第一版中的民歌博物馆色彩。在早期稿本中，这首诗的结尾是休伊特步调一致地跟随祖辈的男女人流一路走向雇工市场，然后和他们一起离开，真正地进入本地的民谣世界。但最后我觉得这形象太纯粹，太“漂亮”，太像他自己想象的田园版自己，因此我把它改了，招来他心里的一个孤单的孩子的形象，那首《小小灵魂》，就在我最喜欢的休伊特诗歌的心底。我让他“起步后（step out trig）立即回过头看 / 像一个孩子第一次离开父母的那个早晨”。

奥德里斯科尔：在你的视觉艺术教育中他起过什么作用吗？

希尼：没有过直接的影响。但在他担任阿尔斯特博物馆的艺术保管人时，负责购买藏品，因此我在六十年代初观看的一些作品应该是他选购的。大多数刚比他大一辈的英国画家的画作，包括本·尼科尔森和维克多·帕斯摩；也包括本地画家比如约翰·卢克和威廉·科诺，还有更年轻的画家像特里. P. 弗朗甘和巴希尔·布莱克肖。

奥德里斯科尔：1982年这些画家的很多作品被选入一个“个人选择”的展览，由你从博物馆库存的作品中挑选出来。你选的抽象派绘画非常少，因此我想知道，是不是一般来说抽象派绘画远不如具象派绘画对你有吸引力？

希尼：也许吧，比如，我发现自己很难喜欢后期的，锋芒毕露的蒙德里安，但也同样难以拒绝一幅克利或米罗的好玩。但是，你想想毕加索，他压倒了所有这些手法，所有这些抽象和具象之间的区别。几年前我第一次去参观巴黎的毕加索博物馆，在一个漫长的下午，克服了一生的抗拒。到那时为止，我对他不停歇的进步一直抱有一种偏见。我同时也抗拒他画中的性欲因素。在美术馆我会注意毕加索，但会流连于塞尚的画前。但在穿越马莱区毕加索博物馆展厅的旅程就像是穿越奇幻之地的旅程。我完全被他所做的一切的丰富性所压倒。那里面蕴含着比我曾经认识到的更多的亲善。它的慷慨正如它的残忍。似乎是赫淮斯托斯、刘易斯·卡罗尔、希罗尼穆斯·博斯和多尔多涅洞穴画家决定把他们所有的才能倾注于一双眼睛和一双手，让它们自由地装点二十世纪。当然，也使之惊愕。

奥德里斯科尔：庞德的告诫“远离抽象”对你的态度有影响吗？

希尼：在面对绘画和雕塑的时候没有，他的话也不是针对这些的，虽然在我面对诗歌的时候它确实影响了我。在早期的时候，它就像一个我抓住的线头，为了让我自己接近神秘。但那神秘证明它比庞德许可做和不可做的更广大和更少约束。比如，我记得麦克尔·朗利争辩道——他是对的——对于一种诗律无所谓“抽象”，词汇和意象并不是诗歌的全部和目的。

奥德里斯科尔：你肯定又站到了那个立场上，就是你发现自己特敬佩米沃什的《咒语》时所在的位置。

希尼：是的，我确实是，对此感激不尽。虽然米沃什关于他自己的冲突的寓言在诗歌中表达出来时像一个关于抽象和具象之间的冲突的寓言：一方面，他喜欢一种全知视角，就好像从很高的空中俯视地球和它的困境；另一方面，他又不想放弃降低到个人平视的视角所见的特定的困境，痛苦的个体。

奥德里斯科尔：再回到视觉艺术的话题，我很想听你更多地说说你喜欢的画家。你列举了几个出来，在我们讨论你受塞尚激发写出《艺术家》的时候。

希尼：我在一幅布鲁盖尔的玉米地前面比在一幅丁托列托的圣母升天前面感觉更自在。但在美术馆什么都有可能，这正是美术馆的乐趣之所在。被欣喜惊倒：比如乔尔乔内的《风暴》。我早就见过它的复制品了，对它的内容很熟悉——那个妇女和婴儿，那巨大的笼罩的天空，画面中间不安的空间。但当我在威尼斯美术馆见到这幅画的真迹时，我被完全意想不到的方式震撼了。这幅画的尺寸比我想象的要小，那颜料的物质性使整个风景中的威胁和神秘更加触目可感，所以有了这种突然的“陌生化”效果。

同样的这种预料不到的深度收获，这种被拽过知觉的天窗的感觉，有一天在旧金山的现代艺术博物馆也发生在我身上。我转过屋角经过一幅狄本科恩漂亮的抒情画作，迎面看到一幅玛格丽特。并不比照片更真实或超真实——一个特写镜头，几乎是原始主义的目光所看见的盥洗台。极为孤寂，甚至是极为悲痛，隐含在一把梳子和一个剃须刷的描绘中，在桌子木头的纹理中。在深绿和紫蓝色中有着某种哀伤。无以怜惜的悲苦。凝在梳齿上的泪水。

奥德里斯科尔：如果给你一个选择，你愿意成为画家中的哪一个？

希尼：这真没办法回答。选择一个你感觉精神上亲近的画家的愿望和选择一个和你完全不一样的画家的愿望一样强烈。那就忘掉布鲁盖尔，想想画了被鞭打的基督的皮埃罗。我喜欢成为他，就像他梦想成为欧几里德一样。但我也想成为海关官员卢梭，他画出了诗人之画，他的缪斯就像站在他们普通的旧屋门前的一对衣衫褴褛的老夫妻一样。他们自己作为新郎和新娘的一张旧照片。这真是一个极好玩的游戏，你可以一直玩到奶牛回家——直到你甚至想成为库伊普[①]——但不会有真正的结论。

奥德里斯科尔：巴里·库克出现在你的一首《打方框》诗中作为一只“行走的风信鸡”。你在别处还把他比作一个本冈恩[②]。你让他看起来相比一个画家而言更像一个猎人-采摘人。

希尼：他确实是。他对钓鱼的热情至少和他对绘画的热情一样多，这也显示在他的工作中。在这个拿钓竿和执画笔的人之间有着绝妙的联系。水、地面、河流冲刷女人、腹股沟和性欲望，洪水构成我们的肉体和居住地。他的艺术属于执画笔人（brushman）一样属于丛林人（bushman）。难怪他和特德·休斯成了那么好的朋友。

奥德里斯科尔：特德来爱尔兰钓鱼的时候你们三人经常聚吗？

希尼：没有——特德会直接去，经常是和他儿子尼古拉斯，去中部某处和巴里会合去钓狗鱼。或去更西部的地方，钓鳟鱼和鲑鱼。他们有时在回来的路上来看我们，但钓鱼是钓鱼，一种不同的交谊，一旦这种远征结束，巴里就会一头冲向自己的地方。但你会记得1985年新年元旦，和巴里与我一起，你给我们拍了一张举着旗的照片，在黑岩石一家自行车店门口，老板是一个——也许我应该说是另一个——

① 库伊普（Aelbert Jacobsz Cuyp，1620—1691），17世纪荷兰黄金时代的一位主要风景画家，出生于最著名的画家家庭，他是他父亲的学生。他以大幅描绘荷兰乡间清晨和傍晚的光线的画而著名。

② 苏格兰作家罗伯特·路易斯·斯蒂文斯的小说《金银岛》中的人物，他被流放到金银岛独自待了三年。

特德·休斯。我经常想把我们的特德带去看那家自行车店前的他的名字，但巴里准备了这张大纸，上面写着特德被误引的最著名的诗句之一，“自行车，所有部件都完美的自行车……”，我们把它摆在我们中间。我们把你拍的照片匿名寄给他，但他一下子就知道了是从哪里寄来的。

奥德里斯科尔：巴里和特德在何种程度上影响了你，使你意识到现在被称为环保主义的问题？在《在外过冬》中的《征兆》一诗里你很早就警觉到这些问题了。

希尼：污染，特别是河流的污染，是他俩极为关注的问题，也是我自己从小就知道的东西。总是害怕“亚麻水”流进莫耀拉河，因为它对鱼儿是致命的——亚麻水是亚麻池里的亚麻沤烂之后留下的水。我也记得第一次看见白泡沫流入莫耀拉河，雀巢公司在卡斯尔道森建了工厂之后。

奥德里斯科尔：回到干地吧，你的诗《干草叉》表明在打草方面你挺擅长的。

希尼：是啊，我确实擅长。我喜欢挥动草叉和草耙，它们在手中轻盈顺手，它们特别适用于所要干的活。比如，这意味着翻动干草的劳动，就是它自身的回报。调整把手和尖叉的角度，干草就像织品一样被翻转过来——这是一门复杂的艺术性的挑战。有味道的工作，如大家所说的。使用干草叉就像演奏一门乐器。当你压紧和调整草堆的上部时，草叉在干草上的敲击让它变成了一种音叉。

奥德里斯科尔：在你们所在的乡间没有翻草和耙草的机器吗？

希尼：有的，但一直到六十年代初期它们才普遍使用于像我们家那样的小农场。我打干草的鼎盛期就在这之前，我十几二十岁的时候，从公学回到家里，享受着邻居的同伴友情，假期的自由。这活总是在太阳底下干，因为除非天气好，否则你是打不了干草的。那干草的清香现在依然能打开一条通道，通向我身上最深处最喜爱的地方。甚至像一个“草棚”这样的词。我坐在马拉的运草车后面，斜靠在捆码好的草堆上，我大腿的上半部贴在车尾冰冷平滑的钢板上，装载的干草摇摆着震晃着，当胶皮大轮沿着旧车道颠簸行进时。约翰·康斯坦布尔[①]重现！但取而代之的是青贮饲料，它散发着强烈的味道，特别是在星光下，冬天的星光下，当电灯在挤奶间亮起，整个机械的交响乐队开始叮叮咣咣的时候。

奥德里斯科尔：《返回的旅程》是《观看事物》第一部分的开篇第一首诗，是关于菲利普·拉金的诗，一个上班族——如诗歌中所写的——朝九晚五的上班族。

希尼：促使这首诗的写作的第一个因素是来自一本纪念文集的约稿，由马维尔出版社的乔治·哈特利编辑的。我对拉金的了解不足以写一篇个人回忆录，而我在一篇为他六十岁生日而写的赞颂辞中已经表达过我的敬意，因此写一首诗似乎是一个合适的办法。因为我在那篇赞颂辞的结尾部分提到过但丁的名字，说如果拉金写一部《地狱篇》的话，不会以幽暗的树林开始而会以铁路隧道开始，而他的炼狱

① 约翰·康斯坦布尔（John Constable，1776—1837），英国画家，著名作品有《干草车》。

山也将是一座医院塔楼，诸如此类，因此写诗时我就想到了但丁。拉金死于1985年，圣诞节之前，基督降临节期间，这个节日传统认为是东方三博士开始踏上他们朝见基督的旅程，因此我就让他死后的幽灵出发去往死亡之地，乘坐圣诞节前下班高峰期的公交车。这就好像是他再一次下班回家，让他自己显现自己——“一个目睹了诗歌的朝九晚五的上班族”。

奥德里斯科尔：虽然你感觉对拉金了解得不够，无法写出作为个人的他，但你确实遇见过他好几次。

希尼：第一次是在查尔斯·蒙特斯在费伯出版公司的办公室，在1965年8月6日。我记得这个日期是因为那是我们蜜月的第一天，我定好了尽可能最早的时间和蒙特斯见面。在我们正被送出去的时候拉金走了进来，于是我们握了握手。然后，好几年之后，我在女王大学的四方的院子中和他有过一次目光接触——他可能是来贝尔法斯特参加图书馆方面的活动——但我们没有说话，因为在我们彼此认出来之前我们就走过了，并且，我不想做那个首先开口的人。我见他最多的时候是1980年担任阿尔文诗歌大赛的评委时，那次也很短暂，有很多戏谑调侃，和我们的其他评委——特德·休斯和查尔斯·考斯勒一起。

奥德里斯科尔：他在出版的书信中说到过你？

希尼：我想我很幸运，能这样受点轻伤就脱身了。一旦你进入他的轨道之内，你就变成了滑稽装置，一个必须出现在表演中的道具。我无法不进到他的戏中，但很高兴并不完全是狗屎样。“那个高利贷者”，他这么称呼我。我猜想他并不确切知道这个词的意思，除了它同时既是膨胀炫耀的意思又是小气吝啬的意思。特德，当然，是“不可思议的傻大个”。也还不坏。很多时候在写信时，他是在为自己写剧本，一些由他内心的斯特普托[①]，癞蛤蟆道上的忒耳西忒斯[②]说出的台词。

奥德里斯科尔：这一切多大程度上是在扮演角色，多大程度上是他真实的个性？

希尼：我想他本能地把这两者混淆在一起了。拉金可能并没有花太多时间读约翰·贝里曼的《梦歌》，但他整个假面舞会里的某些东西都让我想起贝里曼。如果把那些通信中的恶意称为嘉年华狂欢未免太轻巧了，然而确实也有那样的因素在其中——只是拉金的面具容纳了比贝里曼更为冷酷和令人不悦的东西。用睾丸先生替代了骨头先生，用国家阵线队员替代了打掩护的亨利，你也有了团队和许可。他是如此憎恶比你更清高，以致走向了另一个极端。

奥德里斯科尔：有没有这种可能——尽管他的作品很少——在写出更耐读的单篇诗作方面拉金比休斯更成功，他的作品作为一个整体可能会比休斯的流传得更久远？

希尼：我身上的一部分对这些问题倾向于回答说，有的，因为拉金的诗如此甜美和难以忘怀地铭刻在记忆与语言之中——它们的宁静一如它们的悲伤。有一度，我曾把《草丛中》的氛围和格雷的《墓园

① Steptoe，英国著名的系列情境喜剧《斯特普托和儿子》（*Steptoe and Son*）（后来被改编成电影）中的人物。

② Thersites，远征特洛伊的希腊大军中最丑又最多嘴的人。

哀歌》的氛围相比，我总想，在一两个世纪内拉金的诗将会流传就如格雷的诗的流传一样，作为一种仍然馥郁清香的松香。也许把他和马维尔比较可能更好更经得起检验，不仅是因为他们和赫尔大学的关系。

另一方面，当我想到休斯的时候，我就想到一种“明亮、迸发的檀香”，比松香更浓郁，比修饰更光辉，一般来说也更有魔力。休斯身上有布莱克式的无所顾忌，那种活在当前世界的诗歌，那种基因库和星系的微光。在我开始写诗的时候，我从休斯那里所获更多，我全身的关节都知道他的诗，只感觉到他有一个更大的发射器——这一样也能使之流传久远。他不会和格雷的农夫一起在星光下脚步沉重地回家，而是会和勇猛的凯德蒙[①]一起整理院子，然后和他一起在牛栏里开始唱起创造之歌。

奥德里斯科尔：你在《爱尔兰时报》上为拉金写的讣文中，你说到他的诗“充满了安眠于超验之中的渴望”。这是你最欣赏的他诗歌的一面吗？

希尼：这是使得他和自己争吵的一面，是他要努力克服的沙粒，在这么做时，他磨着这沙粒，直到它被磨得油亮。

奥德里斯科尔：紧接在这首关于菲利普·拉金的诗之后的，是一首描写少年时踢足球的诗。

希尼：那是我们全都会踢的盖尔式足球。我并没有踢球天赋，但我会跟着大伙一起跑：总是更多地在后场而不是前场，有时候射门。

① 凯德蒙（Caedmon，657—684），最早的英语（诺森伯兰语）诗人，他本是照看牛羊的人，不懂得“歌唱的艺术”，但有天夜里在梦中学会了创作歌曲。

你所指的《盯人防守》一诗写的是我们在木斯浜的一个球场，夏天傍晚我们很多人聚集在那里，一直踢到天黑，——但我记得的是天黑之后我们还继续踢甚至仍然能看见球的情景。这成了关于诗歌增添的视像和增添的时间的一个类比，“一种从来不需要 / 结束的游戏”，一种照着临时画的标线但有着无限可能性的游戏。把卷起来的夹克充作球门柱，想象的边界线，幻想的球星……“一些限制被超越了”，我们进入了一种“不曾预想到的自由的”状态。

奥德里斯科尔：谢默斯·迪恩在他发表于《纽约客》的回忆录中写到你后来对足球不太有热情了，在圣科伦巴公学“除非要求”不然就不踢了。这也是你自己记忆中的情形吗？

希尼：确实是。盖尔式足球是强制参加的，如果你是寄宿生的话。学校内部有联盟和球队，每个周末我们都会拿出队服穿上去比赛，不管愿不愿意。谢默斯踢的足球是英式足球，那是在每周上学期间和其他走读的学生一起踢的，在午餐时间——属于非规定的。在那些周六和周日下午，我更愿意待在图书馆。我不具有享受或擅长这项运动的身体的进攻性倾向。

奥德里斯科尔：但你的球技娴熟得足以让你踢卡斯尔道森的青少年队了，你甚至还被德里郡队录用去试训过。

希尼：我在后卫线能够扛得住，同伴压力和对本地的忠诚加在一起意味着我得一直待在卡斯尔道森队直到我去女王大学读书。然后，因为在贝尔法斯特待的时间太久，我慢慢地就和那些队员和那地方分开了。

奥德里斯科尔：你的舅舅桑尼·麦凯恩是一个本地英雄——卡斯尔道森成人队的队员，是郡一级的明星球员。

希尼：桑尼的名字和名声既是一个麻烦也是一种便利。他总是被树立在我前面作为样板，我自己也必须要这样，像他一样棒。只此一点，我就知道了事情肯定会是什么样子，当你有一个非常棒的哥哥在你前面，你在他后面一路追随的时候。

奥德里斯科尔：1991年3月，《观看事物》出版前几个月，一篇对你提出强烈批评的文章——作者是一个讲师和散文作家，德斯蒙德·芬内尔——发表在《爱尔兰时报》的评论版，题目是《名不副实》。星期六早晨起来，发现这样的攻击就在你眼前盯着你，肯定不是一件愉快的事吧。

希尼：约翰·邦维尔，那份报纸的文学编辑，事先提示过我，将会有一篇这样的东西发表。在它最终刊载出来时，我人在哈佛，因此那个时候我已是隔了三层了。它虽然让人不愉快，但也算不上毁灭性的。让我惊愕的是它洋洋自得的样子，那种屈尊俯就的腔调。我也许更多地思考了芬内尔的小册子，这篇文章就是那本小册子的预告片，不过我不明白他是怎么把自己抬举到那样的高度，使他觉得有权力这么居高临下地谈论诗歌问题。但他至少说出来了，而不只是躲在背后不停地嘀嘀咕咕，虽然我知道他受到了很多这样做的人的怂恿。

奥德里斯科尔：你应该早就认识芬内尔吧？他毕竟也是一个北爱尔兰老乡。

希尼：噢，当然。我们见过好几次。事实上，我还曾经开车带他去德里市参加过一次户外戏剧艺术节戏剧在盖德霍尔大厅的首演。他甚至好几次给我家里打电话请我出去喝几杯。也许我应该接受他的约请。

奥德里斯科尔：你和朋友们一起参加了1988年在敦劳费尔举行的作家大会。这次大会之著名，是因为你、约瑟夫·布罗茨基、莱斯·穆雷和德雷克·沃尔科特——经常被视为非都市诗歌上升之证明的作家——唯一聚齐在一起的一次。

希尼：确实，那是唯一的一次，因此我们很幸运在爱尔兰广播电视台的演播室外照了合影以作留念，那是我们为BBC广播3台——当时的主任是麦克尔·斯密特——做完广播节目之后照的。我记得，每个人都很放松自在——自由地表达同意或反对，因为我们很喜欢彼此聚在一起，很喜欢彼此的作品。每个人都很低调和幽默，但谈到诗歌的时候也能高谈阔论，当然也会低声谈论。你该记得莱斯和瓦莱莉·穆雷在1977年时曾在我们都柏林的家里住过几个夜晚。那次莱斯让我觉得很可爱，他告诉我说他在澳大利亚听说我也穿那种两边有松紧带的靴子——这是在上楼睡觉前，把他的靴子脱在客厅里的时候。

因此和他一起没什么害羞的或玩什么心眼，和另两个也一样，我和他俩每年春天都在马萨诸塞州见面。每个人坐在桌前都带着出自自己偏远地带的俚语，每个人都有一只脚踩在一个自家的营地和一个外面的营地，每个人都知道其他人穿越的文化类型和政治涡流，因此我们的谈话更像是逗乐而不是竞争。交谈时能被迅速领会真是一种极大的欢乐，略去了所有陈词滥调和迂腐观念。当事情如这般进行时，你只会觉得你重获了什么东西。你会记起你还是一个年轻诗人时世界的模样。

奥德里斯科尔：几年之后你去澳大利亚参加了墨尔本诗歌节。那次你见到了莱斯·穆雷吗？

希尼：没有，没见到。我想他那时候正在欧洲和美国出游。但即使在那个特定的时刻我没见到他，而且一直很少见到他，他还是经常出现在我眼前。他是“讽刺性的光点”之一。

奥德里斯科尔：在BBC广播3台的节目中，你把穆雷的诗称为“既是民主的又是渊深的”。在你的认识中，这些因素仍然是其根本的构成因素吗？

希尼：仍然是。你还能加上这样的词，像原创性、桀骜不驯、词语丰富、野性自由、革新复兴……我有一次听他说他“反对贬斥”，我想这几乎可视为进入他的价值体系的通行密码。他还说过他反对“紧密”，非常赞成有点“蔓生”。

奥德里斯科尔：德雷克·沃尔科特是你的另一个“讽刺性光点”吗？

希尼：作为一个作家，德雷克是一个更温和的而不是讽刺性的形象——这并不是说他个性中没有讽刺的一面。从六十年代初期我最早读到他的诗歌开始，我就发现自己不仅敬佩他宽广的艺术幅度，而且对他的诗感觉非常亲近自在。我认出了这些诗源起之冲突的性质。圣卢西亚在二十世纪后半期的文化与政治形式和爱尔兰在二十世纪前半期的文化政治形势有着明显的相似性。在这两个地方，作家们都装备了两种语言，一种是在家说的方言，一种是在学校学的通用语，这两者之间的选择有着政治性意味。

比如，在1920年代的爱尔兰，你会遇到一个文化民族主义批评家丹尼尔·科克尼倡导民族主义路线，宣称如果在观看芒斯特举行的爱尔兰曲棍球决赛的观众中不能发现心灵问题，你就不是真正的爱尔兰作家。因此在独立之后要求实行对语言的管制，去除大英帝国的模式和主题。而在1960年代，这种压力在其他地方运行，比如诗人爱德华·卡毛·布拉什维特从他在英国文学中“被教育出来的声音”转换成加勒比地区的非裔—英语的声音，把他的诗句转为非洲鼓点而不是抑扬格节拍器。这种冲突在不同时间和不同地方都上演过，乔伊斯将它在爱尔兰的表现命名为“全瓶塞和半殖民”之间的冲突。不管怎么说，我对沃尔科特拒绝背弃继承而来的英语的压力这点很感兴趣，也很敬佩他在自己的诗歌写作中努力去挣脱这整个问题，将之缴付清。在我们实际见面之前我已读他的诗十五六年了，因此早已对他非常熟悉。

奥德里斯科尔：你们是怎么见到的？在你六十岁生日时的一次BBC广播节目中，沃尔科特回忆说他第一次和你联系是给你写了一封信，表达对一篇贬低你诗集的书评的“气愤”。

希尼：德雷克并不是一个天性爱写信的人，因此，称之为“信”有点言重了。但他确实转给我一张便条，通过法拉、斯特劳斯和吉罗出版社的人——那是1980年我去纽约待了几天的时候。他是反对A. 阿尔瓦雷兹在《纽约书评》上发的评论，说英语文学机构总会为一个爱尔兰诗人预留一个位置，而我是当前人们嘴边的红人。就我记得，布莱恩·摩尔确实为这篇评论给这本杂志写过一封信。那个时候有人给了我德雷克的电话号码，因此我给他打电话，约定在彼得客栈见面，就在格拉梅西公园旁边。那个时候，我已经写过关于《星一苹果王国》的评论。

奥德里斯科尔： 你对那本诗集评价很高？

希尼： 确实是，我现在仍然这样认为。对那时候写下的关于这部诗集的一切评论我现在仍认为无须改动一个词。《飞翔号帆船》是一首里程碑式的诗作。

奥德里斯科尔： 在那次 BBC 广播节目中，沃尔科特还提到了他非常喜欢你开车带他穿行在德里郡的感觉。

希尼： 那是在户外戏剧节演出《特洛伊的治愈》的时候。德雷克和他的伴侣西格里德·娜玛正在伦敦，于是到德里来看这出戏。因此我开车带着他们在木斯浜和布罗阿赫和很多老地方转悠。我们甚至碰到了我弟弟，非常凑巧，就在布罗阿赫的路上。这给我们的关系钉入了更深的一些东西。我相信这让德雷克热切地想带我去看他自己的在卡斯特里和格罗斯岛的家乡。

奥德里斯科尔： 那里是什么样的？

希尼： 富饶和罕见。我喜欢那个岛，绿色的小岛，很容易就弄清楚它的长度和宽度。茂盛的山谷里长着香蕉树，较高的地带是热带雨林，海岸边是椰子树，奶牛和鹳在沼泽地，公鸡在街上走。路上满是全速颠跑的小型货车，人们全力追赶，方言快速而火气十足。我也喜爱那种 en bas gorge 音乐，小提琴，沙沙[①]和邦戈鼓，朗姆酒店和路边货摊。那就像走进一首沃尔科特的诗中。就此而言，也像走进布罗阿赫。你得承受得了贴近地面的戏谑逗笑。熟悉的一切快淹没你的脖子。当然，如果我去一家大型的旅游酒店订一整套旅游服务，事情将会完全不同。在主题公园里更多的是比基尼和马蒂尼酒，而不是沙滩上的啤酒和烧烤。但我们很幸运成为喧闹民众中的一员。它有助于我理解德雷克的创造性自信，他对整个殖民后果的态度在愤怒和满不在乎之间的变换。它让我想起鲍勃·狄兰有一次对汤米·麦科姆的演唱的评论。狄兰说，当汤米唱起来时，他的眼睛里有一个别处，他的歌唱正从那儿来。在圣卢西亚，我感觉到我更靠近了一点德雷克视像中的别处。

① shak-shak，加勒比海地区敲打乐器，用凤凰木的豆荚做成。

十二、一直前行：《酒精水准仪》

奥德里斯科尔：“现在再次聆听”是《酒精水准仪》中第一首诗的结束句。你有没有感觉到在这本诗集中有一些早期主题的重复奏响，只是从不同的角度？

希尼：我没这种感觉。这第一首诗既是写中年的也同样是写一个雨声筒[①]的。那聆听的指令是指向我自己的而不是读者，是一个提醒，要保持吟唱的信念，要信任你可能称之为乔治·赫伯特综合征的东西——“现在年老了我又一次萌发……/我再次闻到露水和雨水的气息，/从诗歌中获得快乐”。《雨声筒》是关于被美妙的声音浇灌，关于由最干燥的东西创造出来的雨声音乐——干透的籽粒在仙人掌茎秆内摩擦。在专门卖民族特产物品的商店里我偶尔看到和听到雨声筒，但我从来没有听到过任何一个像在北卡罗莱纳的布兰德斯之家听到的雨声筒。它的声音如此的丰沛，让我完全陷入了心醉神迷的境

① rain stick，是一根长空管，里面装满了小石子或豆子，管内竖直设置一些针或刺。当这空管被倒转时，石子或豆子会从这端落到另一端，发出下雨声一样的声响。雨声筒通常是用仙人掌做的。

地，以至兰德和贝丝把它作为礼物送给了我——这也是这首诗题献给他们的原因。

奥德里斯科尔：那么这首诗真的是关于“一直前行”的？

希尼：确实是。

奥德里斯科尔：但是在一个很长的时期里一直前行，你怎么确保你并不是只在重复自己的老路或在转着圈子？

希尼：问我一个容易点的问题吧！自然，你要被洛威尔所称的“无与伦比的漫游之声”所引领，你试图等待一个提示音调，但是有时候你不可避免地进入了超速驾驶。就个人来说，我不相信那是艺术世界的尽头。也可以随波逐流，直到下一波浪潮涌起。

奥德里斯科尔：好些年之前，你带着敬意谈到帕特里克·卡瓦纳“在萧瑟的晚年仍保持着充沛的、自由奔放的抒情”能力，而你说艾略特却丧失了这点。一个诗人能采取什么措施以避免重蹈艾略特的覆辙呢？

希尼：我再说明一下，我不能冒充预言家。当你写作的时候，你最主要的感觉是你正起身迎接自己的机会。不同的诗人会以不同的方式去追求这目标。你所引述的说法，如他们所说，“赋予”卡瓦纳的自由奔放比艾略特的保守慎重更大的优越性，但我对此不再确信。我能够接受或差不多能接受，卡瓦纳晚年的那些可疑的打油诗样子的东西，因为在他最好的诗，比如《大饥荒》和运河河岸十四行诗中，也总是有一种满不在乎、去他娘的劲头。但艾略特的天赋更高且非常不同，他的批判性超我警觉多了，因此，对于他来说很自然地，早期和晚期，写诗的时候都会比卡瓦纳写或想写的时候构想得更严谨和更挑剔。不管你中间阶段怎么样，耐力决定最后阶段的结果。斯蒂文斯、叶芝、R. S. 托马斯、米沃什——他们全都一直保持着能起身迎接自己的机会。但即使你身上的诗人似乎已经安于平淡，那不可预料的东西也会到来。比如华兹华斯的《即兴抒发》，弗罗斯特的《指令》。

奥德里斯科尔：在你关于罗伯特·洛威尔的演讲中，你引述了——带着赞许的暗示——波兰诗人安娜·斯维尔的一段话，“我们可以用一个简略的悖论说一个诗人有两个任务。第一，创造自己的风格。第二，消除自己的风格”。为什么经常是费了很大劲才找到自己的声音，一个诗人还要丧失掉它呢？

希尼：我并不如此确定。斯维尔的论点与洛威尔在《笔记本》中所做的一致，因此在演讲中引述她的话很有意义。它似乎也适用于杰弗里·希尔写完《爱的胜利》之后的写作中。但它过于断然，过于教条了。比如，它对伊丽莎白·毕晓普不适用，也不适用于我刚提到过的任何一个强有力的抵达终点者。你可以说他们有一种晚期风格——但你很难说在这过程中他们“取消了”他们的早期风格。

奥德里斯科尔：海伦·文德勒，《风格的突破》的作者，是《酒精水准仪》的受题献者。她成了你1995年诺贝尔奖颁奖典礼上的观礼客人，你能描述一下你和她的友谊是如何发展到这一步的吗？我的感觉是你们现在是生活中的朋友，而不只是文学上的朋友。

希尼：当然是的，“灵魂选择她自己的同伴”。我三十出头就认识海伦了，没有比她更值得信任或值得珍爱的朋友了。没错，我们见面是因为她喜欢我的诗歌。但她让我和玛丽感觉这么亲近是因为她在生活中的为人处事，她的正直与善良使她成了一个远远超出文学范围的楷模。我们的海伦是一座坚强的堡垒。但确实是文学事物把我们紧密联系在一起。在1970年代初斯莱戈郡的叶芝暑期学校我朗读一些沼泽诗的那次，她是在场的听众。她对那些诗的热切关注，你只能从诗人同伴中看到，也许只能从一个可相匹敌的诗人那里看到。她有一种高强度的、聪慧的、完美的音调感——一个有着罕见天赋的诗歌聆听者。

奥德里斯科尔：你们是哈佛大学的同事。

希尼：后来是的。我第一次见到她的时候，她是波士顿大学的全职老师，在一个有着约翰·马尔科姆·布里宁的系——正是他把狄兰·托马斯带到了美国。对我来说他自己就是一个像托马斯一样的传奇。随后，海伦在哈佛得到了一个半年的职位，不久就成了全职老师，从布鲁克林搬到了坎布里奇。因此那个时候，1980年代中期，我们见面很多。我们也继续在都柏林和斯莱戈见面，在她每次到叶芝学校参加活动的时候。她是一个很亲近的同伴，也是一个很亲近的读者。比如，她是一个热心的赠礼者，总是考虑着朋友们，特别是在他们遭受伤害或挫折的时候，也总是考虑着他们的孩子们。玛丽和我与她一起度过了一些最美好的时光。

奥德里斯科尔：1988年——在提到另一个给予你非常大的支持的批评家约翰·卡雷时——你说到了批评家和诗人之间“太紧密的勾连”的危险。你是否意识到和海伦·文德勒之间的这种危险？

希尼：我和海伦之间的关系更像是诗人朋友间的关系。显然，因为她的支持，她对我有巨大的恩惠——没人能更深地体会到这点。但不管它最后是什么，我相信都不能称之为“勾连”。也许我最初应该说“同情”。“勾连”意味着有什么需要调查的规划，但就约翰·卡雷或海伦来说，那一切公之于众没什么可调查的。这就是我把《酒精水准仪》题献给她的原由。对有些人来说，这看起来似乎是我在寻求支持，但多年来是她一直在给予我支持。我主要想表明，正如她是一个批评勇士一样，她也是一种激励的力量。

奥德里斯科尔：你给她看还在写作中的作品吗？

希尼：或迟或早都会给她看的。我很看重她情不自禁地立即就对纸页上的文字所做的耙梳。当她现场作出反应时，就是一种实际的批评，敏捷，很有直觉力，能抓住最基本的细节，像一个说起话来像诗歌写作者那样的反应。你从她的讲话中听到的东西，与她更正式写的文章以及对一本书公开发表的看法并不一样。她是一个作家，我们得记住这一事实，她被自己的语言激发就像被她读到的语言激发一样。一旦她执笔书写，她就会兴之所至，受自己的洞察力和兴奋点的指引。每个人都会获益于这种能清晰地说清楚一首诗的意蕴的能力，但显然我尤其幸运。

奥德里斯科尔：在写作的过程中你会接受她的意见吗？

希尼：大多数时候，会的。因为她是一个天生的检测人：她会用手指指着某些有问题之处，那个你本来就在伤脑筋的词、短语或节奏。

奥德里斯科尔：对她的一般性的批评判断呢？

希尼：她比我有更多明确的观点。有些我喜欢的诗人她不接受，反过来也一样——这是很自然的。比如，她不像我一样从弗罗斯特身上所获甚多，而我也从她那里学会了对华莱士·斯蒂文斯更多的关注。但主要的共同之处是我们走向诗歌都是在细读年代，那个“鉴赏”不仅在生活中进行而且在学校里也教授，而背诵也还很普遍的年代。因此，我们有同样的态度，相信诗歌是一种重要的和持久的东西，相信文学批评也是这样。海伦和下一代一样意识到主题的变动不居和其所有解构之态，但她分享着诗人矛盾的欲望，想让语言媒介本身停留得足够长，形成暂时的存在并被感知到。她积极作出价值判断使她与诗歌圈的人们有点格格不入，并招致了一些人的敌意。但我想象不出在最近四十年里还有谁的写作能比她为艺术创造出一个更好的“在场感”——用叶芝的话来说。

奥德里斯科尔：你曾说过“她有一种非正统的敏锐性，对埃兹拉·庞德／威廉·卡洛斯·威廉斯的传统——特别是黑山派诗人谱系”。你和她分享这种敏锐性吗？

希尼：我不能说我对威廉斯的传统有什么敏锐性，但如我前面说到过的，我试图去理解和成为查尔斯·奥尔森的狂热信徒的努力并不成功。我三十出头在伯克利时，曾尽我所能地通过他的作品去接受教育，那是在我认识海伦之前。查尔斯·奥尔森和罗伯特·邓肯是严肃的，完全献身于诗歌的诗人，对他们的诗人角色有一种高贵的概念，但当我想到他们时，头脑里出现的是两个真人大小的形象摇动着，制造出一个远远大于真人的皮影戏投影。对我的品味来说，这太多姿态，太少实质了。诗学多过了诗歌。威廉·卡洛斯·威廉斯是另一回事，因为我非常喜欢清晰和明确，虽然我有时候会奇怪“整个诗就这样了？”，但我还是很喜爱，比如《布鲁盖尔的画作》系列，但又唯恐承认这种所谓“成人之诗”可以如此直露，和儿童画一般。

奥德里斯科尔：在一个庆贺你六十岁生日的广播节目中，海伦·文德勒说她发现第一次读到《迈锡尼瞭望台》时——《酒精水准仪》中的核心诗篇之一——她很“震惊”。在这首诗的手稿阶段，你把它给她或其他人看过吗？有没有一些阅读反应促使你重写或极为慎重地对待？

希尼：没有重写，没有因此慎重对待这样的事情发生。我记不清海伦第一次读它的确切时间了，很可能是在手稿阶段。震惊因素在于卡桑德拉部分语言的粗野，“操”和“屄”这些字眼，为了表现迈锡尼世界的残忍。但我一直对这组诗有自信，我所做的任何修订都不是出自别人的劝告。虽然这诗写于1994年的停火协议[①]之后，但它的动机是发一声嚎叫而不是唱一曲颂歌。

奥德里斯科尔：有什么特定的人或事情刺激起这种情绪吗？

希尼：真的没有。这并非只是那时发生了什么事，更多的是对此前二十五年发生的一切感到的愤怒。“那屠杀的盛会”，如诗中所称的。把它带回来并且使之结为晶体的是《阿伽门农王》剧中一开始出现的那个瞭望者的处境。他说他没法说出来是因为“有一头公牛压住

① 1994年9月爱尔兰共和军和阿尔斯特民兵组织达成停火协议。

了他的舌头”。在1970年代的某个时候，我听过作家阿兰·加纳以这话为题目在一个英语教师大会上所作的一次演讲，它就一直留在我的头脑里。然后，当我读到埃斯库罗斯戏剧的不同英语译本时，不禁想是不是即使我没读过这“奥瑞斯特斯”全部三部曲，这句话也会不停地发展出一种它自己的越来越强的磁场。

谁能说出一首诗始于何处？肯定牵涉到好些书本知识，但更重要的是这句话自身蕴含的感性深度。母牛的四蹄在木斯浜牛圈地面上的踩踏声，赶着运货牛车前拉套的犍牛，孩子的记忆中这种蹄声得得的动物的重量和危险。屠宰场的惊恐。所有这些全都添加了必要的非理性能量，强力启动了一个对句朝这个主题攻去。我记得1994年10月从墨尔本作家节回来，几天之后上到阁楼，以那些对句开始写起，就像一个建筑工人用气钻开始干活一样。可称之为对秩序愤怒的渴求。

奥德里斯科尔：《托兰人》是另一首爱尔兰共和军停火协议后写的诗，写作日期是前一个月，1994年9月。那个时候你真的在日德兰半岛吗？

希尼：这巧合真是非同一般。爱尔兰共和军是在一个星期三宣布停火的，而在8月的最后一个星期三，要是我没记错的话，我被约请为此给第二个周末的《星期日论坛》写一篇稿。而那一个周末我已定好去丹麦，到哥本哈根大学作一个朗诵，因此不可避免地我想起我二十一年前去看托兰人的那次日德兰之行。接下来发生的事情是，不管怎么说，我们有了一次不曾预想的旅行，去了1950年代发现托兰人遗体的那个托兰沼泽地。我由英语系接待，尼克·罗森梅尔在星期六下午突发奇想，把他妻子、玛丽和我塞进他的汽车，傍晚时乘渡轮到了日德兰，那天晚上我们在他们靠近锡尔克堡的度假别墅过的夜，星期天早晨就带我们去了那个挖泥炭的人挖出了托兰人的沼泽地。

奥德里斯科尔：你称之为“既梦幻又熟悉”。

希尼：正是这种感觉——熟悉得如同穆尔霍兰德镇和斯克里布镇——这些名字都写进了诗中——托纳沼泽。它就像一个失而复得的世界，第二次机会的世界，这就是为什么在诗歌的最后一节，回响着莎士比亚的诗行“理查德又一次成了他自己”。我也想要捕捉那黎明绽放的希望，就是你在《哈姆雷特》第一幕第一景结尾处那一小段优美的台词中会看到的：马塞勒斯谈到在一年中最黑的神圣的夜晚“黎明之鸟会整夜歌唱”。我们在托兰的那个星期天早晨，我感到了类似的轻松状态和敞开的可能。我们像“外出散步的幽灵／不会被光明惊扰，着手新的开始／……再次成为我们自己，再次出自内心，真不错”。我们所经历的，你可以说，是希望而不是乐观。这就是为什么我喜欢“再次成为我们自己”中含有的“新芬”[①]意味的回声。

奥德里斯科尔：你仍然持怀疑态度？

希尼：谨慎，当然是。我知道，期望两边的心意有极大的转变是不明智的。

奥德里斯科尔：当爱尔兰共和军1996年在凯纳利码头引爆炸弹时你可能并不是那么吃惊吧？

希尼：即使不说完全绝望，我也是感到很失望的。但我仍然不相

① Sinn Féin，爱尔兰语，意思是“我们自己”，是爱尔兰政党名称，新芬党。

信这是在终结开始，而认为这是开始终结。我看不出事情会退回到停火前的状态。太多的调整，虽然很小但很重要的，已经作出了，不但是在公开的斗争场所，而且是在大多数人意识的深处。集体的决心已经坚定起来——依然不是乐观，而只是顽强。

奥德里斯科尔：那么，你相信是处在“和平进程中”？从一开始？

希尼：从一开始，我就很慎用“进程”一词。北爱尔兰的和平——不管怎么说，开始启动了——总是变成一件草草搭起、摇晃不定的事情：某种临时安排和小心保持平衡的东西，有赖于两边的人们同时保持极为隐秘和极为大胆的行动。称之为“进程”有点预先就得以解决的意思，似乎所有你必须做的就是启动一种运动或交易，然后整个事情就会在理论和实际中自行得出结果。

奥德里斯科尔：1998年的耶稣受难日协议达成的行政权力分享，包括了联合派和共和派——大卫·特林布尔和格里·亚当斯——也包括立宪民族派。这肯定超出了你少年时代的任何想象吧？

希尼：这是毫无疑问的。第一届行政权团队的争吵、蹒跚和垮台这件事并不重要，比起它给人们的思想带来的整体改变。忠英派看到共和派拥有了斯托蒙特的部长席位时很愤怒，但是，因为一系列事件的漫长、缓慢、痛苦的转变导致了这一最终结果，他们也容忍了这点，被经历一点点地改变。就像共和派和民族派被改变一样，尽管很不情愿，也被纳入了北爱尔兰的国家事务中。他们成了参与者，在一种英国官方的政治文化中增添了一种爱尔兰维度。最终，我们到了这一步，新芬党和民主统一党能够在移交会议上进行协商，意思是，伊恩·佩斯利真的和格里·亚当斯、马丁·麦吉尼斯说话了，意想不到地带来了良好的最初结果。所有的人作为一个整体对未来有了更多的希望和信任，但是私底下的宗派活动仍在那里，这也是很自然的。

奥德里斯科尔：在希望或是悲剧发生的时候——阿尔斯特停火，受难日协议，休姆和特林布尔共获诺贝尔和平奖，奥马爆炸案——你都写过新闻评论。这些评论总是在显要位置发表（有时是在头版），因此我猜想这些都是编辑约稿。你欢迎这样的约稿吗?

希尼：在那种时刻简短的声明是重要因素。你需要作出即时反应，在肾上腺素正高的时刻。我不能说我欢迎这些约稿，但我确实感觉在那样的时候有一种义务。当然，很难找到合适的语言。你需要严肃地提出观点，但同时你又不想只是声调洪亮。不过，我还是认为诗人承担着一种角色和责任。比如，你被允许引用诗歌——也许被期待着去引用。在奥马爆炸事件后的守灵夜，我记得我有多感激能够援引威尔弗雷德·欧文的诗句“这泪水恒久的互助”。在那样的时刻，你会认识到菲利普·拉金表达得很准确，他说“有人会永远惊讶于/自己身上有一种想更严肃的渴望”。

奥德里斯科尔：你在1998年的《爱尔兰时报》上写过一篇关于约翰·休姆和大卫·特林布尔的文章，在他们共同获得诺贝尔和平奖之后。文章中你回忆起1950年代在圣科伦巴公学时休姆就“展露了这种引领他到达这新的荣耀的品质”。我很想知道这几十年来你和他一直保持着什么样的联系。

希尼：我们并没有刻意找对方，虽然从圣科伦巴公学时期我们就建立起了友谊。六十年代时，约翰在德里，而我在贝尔法斯特。即使那时候，远在成为引人注目的政治领袖之前，他就已经被视为一个杰出人物了。他参与了信用合作社运动，开始从事熏鲑鱼业，一种合作制经营。然后，在1968年运动兴起之后，他和我有时又会遇到，在私人场合和公开场合。

布莱恩和安妮·弗里尔是我们共同的朋友，所以七十年代我们暑期在多尼戈尔度假时会经常见到。然后，我们会在都柏林的某个饭局和招待会上碰到，有时也在美国见面。在我1979年第一次去哈佛之前，约翰在哈佛大学肯尼迪学院做过一两年的学者，因此，每当他重返那里我都会参加一起的聚会。他总会去看户外戏剧艺术节首夜在德里市盖德霍尔大厅举行的戏剧演出。我想我们参加的最后一个盛大聚会是2000年在白宫，比尔·克林顿作为总统的最后一次圣帕特里克节。

奥德里斯科尔：那是你第一次参访白宫吗？

希尼：不是的。1996年希拉里·克林顿为我和玛丽举行了一次午餐会，小规模的十二个人左右的餐会，非常轻松和私人化。

奥德里斯科尔：但总统没参加吗？

希尼：总统是大忙人。玛丽和我在他和希拉里1995年访问爱尔兰的时候见过他们。珍·肯尼迪·斯密斯是那时候的美国驻爱尔兰大使，她安排了这次会见——在大使官邸十五分钟的私人会谈，在他们所有人去都柏林城堡参加告别宴会之前。那是每个人都感觉兴奋的时刻，克林顿夫妇在德里和都柏林受到了群众的喜爱和热烈欢迎，当时我们正要出发去斯德哥尔摩参加诺贝尔奖颁奖典礼。那天早些时候，克林顿总统在讲话中引用了《特洛伊的治愈》中关于希望和历史的诗句，所以我带了手写的那节诗给他，带了那部戏剧的书给希拉里，题写了最后合唱中的诗句——“现在水位线高涨 / 潮水撞击着心胸 / 是走的时候了”，等等。然后，玛丽和我就回家了，看电视里比尔在都柏林城堡的讲话，突然听到他说出上面的诗句，作为他的总结和道别词。

奥德里斯科尔：那时候克林顿夫妇给你留下的印象是什么？总统谈论了诗歌或政治吗？

希尼：那个场合，我们谈的更多的是人和地方。我到过他的家乡阿肯色州好几次。事实上，我最喜欢的美国地方中有一个位于公卫镇的五金店，就在小石城的北边。结果发现他也知道那家商店，并且和我一样对它评价很高。我也告诉他我在阿肯色落地之后半小时内就经历了三项第一：第一次驱车经过一片稻田，第一次驱车经过路边一只死去的穿山甲，第一次驱车经过一个“干旱县”。“我肯定，非常快地经过”，对最后一句他幽默地补充。

他非常敏捷，表达非常清晰，他即兴谈起——谈得非常好——《特洛伊的治愈》的主题，在那次白宫的聚会上。我朗读了“希望和历史”的合唱，总统在他的正式讲话中更从容更有洞见地接续这一讨论，比你听很多文学教授的谈话收获更多。如果你能原谅我这么说的话，他是心口如一的人，因为和他一起你也会活跃起来。

就我所知，克林顿是一个很善良的人。他真正地投入到互相妥协的谈判中，最终签订了受难日协议。那些半夜打出的电话有助于鼓起那些主要参与者的勇气去解决关键问题，他在这些方面的努力是持续和冷静的。这也许有助于他赢得那些爱尔兰裔美国人的选票，但我相信他的介入主要不是为了选举着想。因此，他卷入莫妮卡·莱温斯基绯闻案，被他的敌人有机可乘，借此毁掉了他的第二届任期，这真是非常可惜的事情。在他总统任期的最后，他发表了为所有不光明行为请求原谅的声明，这也是一件令人难过的事情。不管怎么说，我毫无疑义地支持比尔，也同样支持他的妻子。

•

奥德里斯科尔：接近家里了，你参访过很多次位于凤凰公园的爱尔兰总统府吗？你会把玛丽·麦克利斯和玛丽·罗宾森算入你的朋友中吗？

希尼：她俩我都认识，远在她们当选总统之前，两个人都让我感到很荣幸地邀请我去过总统府。我参加了玛丽·罗宾森在都柏林城堡的就职典礼，并参加了那天后来在凤凰公园举行的招待会，和伊文·柏兰德、保罗·邓肯一道。然后是，在得知获得诺贝尔文学奖的消息后我从希腊回来的那天夜里，罗宾森总统安排玛丽、我和我们全家直接从喧闹的机场到总统府参加了一个更私人性的欢庆活动。而我在玛丽当选总统之前很久就认识她了。她丈夫的兄弟彼得·罗宾森曾在威克洛我们住家的附近开了一家餐馆，我们那个时候就认识了。她是个律师，一个法学教授，很快又成了代表三一学院的议员，因此在来往都柏林的生活中我们会不断地见面。那是一种令人振奋、非常愉快的、诙谐有趣的关系。我真的对她的精明能干和勇于承担非常敬佩。

奥德里斯科尔：麦克利斯总统呢？你在贝尔法斯特就认识她吗？

希尼：没有，我住在那里的时候还不认识，只是到了1990年代，她成了女王大学的著名人士的时候才认识的。她是一个真正的充满激情的人，同样也是法学教授，有着非常的热忱和慷慨——就我从她的一些讲话中说到我的方式所知。在她的第一个总统任期时，我在哈佛大学肯尼迪学院听过她的一次讲话。那正式发表的讲话很重要，面对现场提出的问题她的反应非常敏捷、非常确定。我非常喜爱她这个人，但是我不想给人留下这种印象，好像我隔一天就会在凤凰公园进进出出。这么多年，我只去过那里四五回。

奥德里斯科尔：在《酒精水准仪》中你还赞颂过另外两个女性的成就，两个都是艺术家，卡罗琳·穆尔霍兰德和你前面已经提到过的索尼亚·兰德威尔——一个荷兰出生的陶瓷艺术家和雕刻家。

希尼：在卡罗琳还是一个艺术专业的学生时我们就在贝尔法斯特认识她了。在1967年或1968年，她给我做了一个头像，一个简明的古典风格胸像，它经受住了时间的考验，从那时开始就一直摆在我们家中。我有时给她写一些说明，关于她的作品和所开过的几次展览。最初，她以给人制作头像而著名，但随后公共展示艺术的委托也开始找上门来。《诗人的椅子》就是对其中的一件公共艺术品作出的一个回应。这是她为都柏林乔治街的一个小庭院做的一把带新生树叶的青铜椅子。不幸的是树叶太容易被扯掉，太容易被破坏，所以那件雕塑被移走了。那真是一个让人喜爱的造型。我不相信卡罗琳想到了德雷克·马洪的诗《乡愁》，虽然她很好地雕刻出了那诗意："那椅子在大风中嘎吱作响/雨水从它的枝间落下。"

奥德里斯科尔：在你写《诗人的椅子》的时候，你自己想到了《乡愁》吗?

希尼：没有。要是我想到了的话，我肯定就没法写了。实际上，《诗人的椅子》的首稿写得非常快，它要在我答应出席的一个卡罗琳作品展上朗读。我想的是在公共场合展出的雕塑，它怎样为你把世界汇聚起来，因此诗从这点写起。列奥纳多笔记本上引用了这首诗的第一行"太阳从不会见到自己的阴影"。

奥德里斯科尔：顺便问一下，对于坐着让她给你做头像这事，你有什么记忆吗?

希尼：黏土被拍打出的声音，它的反光，不时地给它洒水喷湿。我喜欢看着和听着她做的时候的这一切。这让你想回到儿童时代玩泥巴的日子。这是在开始塑造五官面目之前。她揉卷着这些腊肠一样的黏土，把它们绕着骨架拍上去，让它们鼓起来成为头像的主体。我也很喜欢用测径尺来量测我的头形，那仪器的钢尖点轻轻触着太阳穴、脸颊或下巴。在这些冰冷、严格的触及中有某种让人惊异的东西，一种提醒：你并非完全是内在的，你的头脑既是思想的来源处又有着自己的形状。

奥德里斯科尔：《给一位身在爱尔兰的荷兰陶艺家》这首诗是献给索尼亚·兰德威尔的，融入了来自二战时期的意象。这些意象和她的艺术与生活有关吗？

希尼： 索尼亚的父亲真的被纳粹枪杀了，是在战争结束他们从荷兰撤离时。多年前在托马斯镇的一个夜晚，我们去看她和巴里·库克时，她说起了当时那种暴行。但她也说起了她童年时代发生的一件奇妙的事情，那时候北海的海水有时会因为浮游生物而闪着亮光：她会下海游泳，然后湿淋淋上来沿着海岸走，全身披着闪光的东西。“北海边一个闪着荧光的水仙”，如诗中称她的那样。

索尼亚身上铭刻着她父亲遭遇的残忍和邪恶，也铭刻着她自己在海边经历的美好和惊奇，所以她对进行艺术创作时所承担的风险有一种深刻的感受。她可能是在重复柯勒律治所说的艺术行为是永恒之“我是”在现世之中的重复。她对价值、必须之善和艺术作品之美有一种坚定的信念——正如她对透出虚无主义精神的作品的反感。她过着一种高昂的精神生活，所以我倾向于把她这种个性的力量与诚实和她烧制出的作品形体的稳定与端正联系在一起。这就是为什么其中的一行诗写到“牛角之门在黏土之门后面”——在这关于门的神话中，真实的梦出自牛角而虚假的梦出自象牙。这是维吉尔告诉我们的。

奥德里斯科尔： 诗中的战争意象似乎也受到了我们时代的战争的影响。

希尼： 非常强烈的影响。我是在第一次海湾战争刚结束时写的，那沙漠中燃烧的石油钻井，像地狱一般，和索尼亚理解的她正在做的一切完全相反。她曾经称那上釉彩的工作为“抛洒阳光”——因为草中、玻璃中、灰烬中的硅酸盐最初的来源都是太阳光。这个措辞赋予了她的陶瓷制品一层轻微的天使般的意味，也揭示了“泥土哺育”作为她用黏土塑造的补充描写。泥土哺育的可怕反面是将之毁灭，我认为燃烧的石油钻井就是这样的。这是诗中运行的联想。大约在那同一时期，我翻译了 J. C. 布罗伊姆[①]的一首诗《解放之后》，这首诗一方面表达他对欧洲战争终于结束的感恩，一方面表达他对生命最终将战胜死亡的信念。因为所有这一切都写于并发表于北爱尔兰共和军的停战指日可待的时候，因此有一种我们自己的“解放”即将来临的感觉。

奥德里斯科尔：你越来越多地返回到二战时期——最近的例子是《区线与环线》中的几首诗。它已经在你的诺贝尔奖受奖词中和在《酒精水准仪》中被回忆起来——不仅仅在这首关于荷兰陶艺家的诗中，还间接地体现在《一张四十年代的沙发》中。

希尼：这是一个面对真情实景的问题。一件曾经觉得理所当然的事情，这种理所当然非常轻率地就把其重要意义遮蔽掉了。比如，在我小的时候，有防毒面具扔在工棚里和橱柜上——不是在木斯浜，我得说明，而是在卡斯尔道森我外公家里——我们经常会戴上它，装鬼怪吓唬我们自己。也有防空袭百叶窗，总是在夜里拉下。还有口粮本。还有飞机，机场，驻扎在那里的士兵。甚至也有德国俘虏关在机场，星期天下午会让他们到本地人的家里参观——也许那是在停战之后了。

奥德里斯科尔：你记得停战吗？

---

① 布罗伊姆（J. C. Bloem，1887—1966），荷兰诗人、散文家。

希尼：不记得了。但我记得机场，因为它是一片禁区，用带刺的铁丝网围着，里面建起跑道、机库和尼森圆顶棚屋。与此同时，那又有一种神奇之境的意味，飞机跑过来，升空，飞行员和地勤人员全穿着制服。危险和奇迹同等地出现在空中。

奥德里斯科尔：本地的新教社群和天主教社群对战争的态度有没有显著的不同？

希尼：这一点随家庭和家庭的不同而变化，我相信。在新教徒之中，我认为是完全团结支持盟军的，因为对联合王国国旗坚定不移的忠诚。他们当中很多人还加入了军队，像我们地区的伊文斯兄弟。但在天主教这一边，那就要看家庭的教育程度了，或更准确地说是看无知的程度和政治上不满的程度。与共和派或爱尔兰共和军有紧密联系的家庭不会支持丘吉尔。我自己的记忆表明哼哈勋爵[①]在我认识的一些人中——他们并不是极端的共和派——并非全然是恶魔。尽管哼哈勋爵提供了很多私下的娱乐，人们还是害怕德国人。他们是最重要的敌人，整个乡下都是为防止贝尔法斯特遭空袭而被疏散的人员，证明了这点。

奥德里斯科尔：在一篇关于《观看事物》的文章中，达西·奥布赖恩回忆起去你们德里郡的家里拜访，在这过程中“我遇到了一个姑妈，她爱上过一位德国战俘”。他提到的这位姑妈是玛丽吗？

---

① Lord Haw Haw，二战期间纳粹德国电台的英语广播明星。

希尼：不是，那是我姨妈珍妮，我妈妈的一个妹妹，她和她上了年纪的姑妈一起住在布罗阿赫。她比我妈妈小，单身，因此我猜想她很欢迎那些战俘的来访。如我已经说到过的，到战争快结束时，他们中的一些人在星期天下午会被允许外出，去拜访当地人的家庭。他们通常会带上礼物，他们自己空闲时间手工制作的东西，也许是作为工作疗法管理体制的一部分，用塑料制成的小小的阿尔卑斯山景，安放在球根中……战后，你在乡下的壁炉台上到处可见这些东西。不管怎么样，有一两个这样的人到过珍妮家好几次，我曾见到他们经过，在他们沿着铁道线走的时候——这也是为什么在《斯泰森岛》的“来访者”部分会出现战俘。但达西用“爱上”一词有点太夸张了，那可能更多的属于浪漫色彩的调笑和心动，而不是全身心投入的成熟的爱。

奥德里斯科尔：当你在自己的诺贝尔奖受奖词和《一张四十年代的沙发》提到你二战期间的童年时，收音机是一个绝对的中心。你能描述一下那个家用无线电收音机吗？

希尼：我们的收音机靠电池带动，一种一次性的干电池，还有一种需要不停地带到卡斯尔道森去充电的湿电池。我们家的是科素牌，和我们地区其他一些人家里的收音机相比，算是比较小的。台面是呢织品盖着的扬声器。一个白色调谐度盘上用黑色和红色字母标示电台。仅有一个指针，安放得很精巧，尖细而横着移动。当你转动旋钮，看着指针扫过杜塞尔多夫、华沙、斯德哥尔摩、斯图加特和其他所有地方时，会有一种无所不在的尖锐声。

奥德里斯科尔：你花了很多时间盯着旋钮看？

希尼：我被它迷住了。但我同样经常把耳朵贴近扬声器的台面，因为厨房里有很多嘈杂的声响，你必须贴近扬声器才能听清，尤其是当电池快没电的时候。我几乎总是追着听 BBC 播放的迪克·巴顿侦探故事系列。下午五点的时候也有过一个“少儿时间”节目，他们播出 W. E. 约翰斯船长的比格尔斯故事改编的广播剧。我对“少儿时间”的其他节目没什么兴趣——除了《玩具城》中羔羊拉里的声音。

奥德里斯科尔：大人们感兴趣的是什么节目？

希尼：新闻节目，BBC 和阿斯隆（那时候他们这么称爱尔兰电台）。麦克尔·奥赫希尔对克罗克体育场进行的足球比赛的评论。全国赛马会。BBC 轻松频道——这么说是为了区别重量级的第三频道和中量级的家庭服务频道——的“比利·科顿乐队场”。还有一个故事节目叫《家庭医生》和一个午间的室外广播节目叫《工人们的游戏时间》，一些污言秽语的喜剧演员在工厂食堂干活，在中英格兰地区。《工人们的游戏时间》要么在午间新闻之前要么在其之后，因此它是无意中被听到的，而不是专门去聆听的，那真是让人悲叹的事，它是撒克逊人可以堕落到多么低下的一个例子。

奥德里斯科尔：在《一张四十年代的沙发》中可听到一个播音员的声音。可以描写一下那沙发本身吗？

希尼：它有一种神气，从一开始就适得其所，出自沙发的原型。它很大，很结实，样子很优美，看起来无法移动。用黑色的人造革很简单地包裹起来，但仍然有一种富丽堂皇的感觉。最主要的是体量：从一端弯曲的扶手到另一端弯曲的扶手之间大约有六英尺，所以可以容纳我们所有人并排着坐下。有时候我们会坐成一排，我们的腿在沙发边悬吊着，等着“提问时间”。大人们会轮流问我们问题——每轮一个问题，并不会太难，“草的颜色是什么”，“你怎么叫我们家的狗”，“麦凯恩外婆住在哪里”。别的时候我们会假装坐在火车或公交车上面，跪在坐垫上，背对沙发一端面朝另一端，模仿蒸汽机车的声音或公交车换挡。如弗罗斯特所说的，“坐假扮游戏的儿童屋”。

奥德里斯科尔：为什么你所引用的弗罗斯特的诗《指令》对你有如此深刻的影响？你在《诗歌的平衡》序言部分讨论这首诗时，它成了一种诗学。

希尼：这是一首探寻诗，说话者最后发现的是，在任何一个曾有过孩子的家庭的院子里都会找到的东西：一个模仿的厨房，有一块旧木板充作碗橱，有德夫特瓷碎片做茶具，有一块木头充作椅子，等等，你会想到一个小姑娘模拟炉子上一个水壶里的水开了或往一个杯里倒茶。我们曾经称之为“过家家”。弗罗斯特揭示出过家家是一种艺术形式，回应和弥补院子另一边的“真正的家里”发生的事情。

对于我，这首诗有两种吸引力。第一种完全是非理性的，和记忆有关，它的魔法召唤出了那些秘密的、散发臭味的满是碎片和废品的角落，我们拥聚在那里玩着半带性别意识的活动和争闹。但也有一种制造童话故事的邀约，如埃德温·缪尔可能说过的，对现实的物质面貌施以一种抽象的、寓言式的变形。事实上，我对《指令》一诗感到不安的一点是它的结尾，弗罗斯特在此为你构想出了如此可感的用意，他把寓言推入了提升状态。我想要喜爱最后一行，但有某种东西告诉我拒绝它：“喝吧，再次脱离混乱，变得完整。”

奥德里斯科尔：我想《两辆货车》是你写过的唯一一首六行诗。这是不是说明你发现这种诗体形式太受限了？

希尼：完全相反，它让我得以将这首诗写下去。我像通常一样开始，从我这辈子一直记着的一个意象开始——一个送煤人，把煤送到我们木斯浜家里的后院。我用六行诗把那情景写了下来，然后就卡住了。材料仍在施加压力，但信号已被阻塞了。我记得我坐在格兰摩尔家里那张桌子的尾端，诗歌在心里膨大，但与此同时又写不出来。然后我突然想到伊丽莎白·毕晓普的那首《六行诗》，赶紧从书架上把她的诗集抽出来，找到那首诗，让那个在句末重复的单词把我带到它们要去之处。最后，它们把我从1940年代带到了1980年代，从那辆送煤的货车到那辆在马拉费尔特运送人体炸弹的车。

奥德里斯科尔：在这首诗中，你写出了马拉费尔特公交车站怎么被炸弹炸为尘土和灰烬。这座车站建筑与你有强烈的情感关联吗？

希尼：那时候马拉费尔特离我家只有四英里左右，但我母亲有时候会去那里进行一些特别的采购，而坐公交车去有点冒险——诗中写到的过图姆桥到马拉费尔特的路线。我和她一起在那里的候车室里待过很多时间，那光秃的小屋让人无法忘记，除了水泥地面和绕着四面墙壁的长凳，什么也没有了。但此刻，我记得最清楚的是稍后一点的事，那是在1951年万圣节，我上圣科伦巴公学的第一次放期中假，我从学校回家的途中，有一辆私人班车把南德里郡的寄宿生一直送到马拉费尔特。我到那里下车后发现，我妈妈正在那里的候车室里，等那一趟我最后一段路程也要乘坐的“公共交通车”。那时候，我以为这只是一次巧合。但多年之后我才意识到那肯定是她计划好的，为了第一个见到我，并且在一起坐车回家的途中我们能有一会儿自己的时间。

奥德里斯科尔：在你献给休·麦克迪米德的诗《祈愿》和你作为牛津诗歌教授所作的关于他的作品的讲座之间有一种清晰的联系。

希尼：在我为准备关于麦克迪米德的讲座而读他的诗的时候，我发现我最敬佩的是处于危急状态中的那个他，三十年代初期他在设德兰群岛度过的一个短暂时期，情感、创造力和经济状况都处于危急状态。这首诗确实是那篇讲座文章的一个注解，用四节三行诗构成一个部分的方式写成，这在我写《打方框》时成了一种习惯。它的核心意象是麦克迪米德又大又圆的额头，像地球一样朝他上面的北方倾斜，朝向北极。这和他的作品——《石头界限》《关于一段隆起的海滩》《鸫鸟》——有着多种隐喻关系；甚至和我二十年前写的关于他的一篇评论里的东西也有着隐含的关联，在那篇评论里我说他的冗赘里有一种麦克戈纳格尔的气质。

奥德里斯科尔：你称他为“胡扯的天才”。他是一个你想回到的诗人吗？

希尼：更属于在背景中隐现的诗人。他是最不被阅读，最不为人所知的二十世纪现代主义诗人。也许称为“现代诗人”会更好一些，因为有那么多的传统色彩和浪漫色彩涂满了他全身——文化民族主义者，都市文化的鄙弃者，等等。即使这样你也还会面临很多矛盾，他在语言上崇敬乔伊斯，在政治上信服马克思，渴望世界范围的解放、探讨和交流，这一切似乎完全与他对桀骜不驯的本地苏格兰语和苏格兰-盖尔语方言的全身心投入相抵牾，与他对格拉斯哥的工人阶级和设德兰群岛的渔民的热爱相抵牾。这种强烈地想要置身于“矛盾汇集处”——如他自己所言——的冲动，对我很有吸引力。他也是“在两极之间长大的”。我经常会想到布莱恩·弗里尔的戏剧《翻译》中的一个人物发表的警告可以用于麦克迪米德：“要记住一切”，休·奥多内尔对他儿子说，“是一种疯狂的状态”。但这种疯狂的状态是弗里尔的戏剧含蓄地赞同的，乔伊斯也认可对想象力所有方面的“既爱又恨”。正是这一点导致了《一个喝醉的人看着野蓟花》①这样的杰作的产生。

奥德里斯科尔：在你的牛津讲座中你说，“他为可在自身传统的形式和方言方面进行自我批评和实验性探索的一种苏格兰文学打下了基础，而这种文学也一样受到了世界上其他地方的文学发展的激发”。

希尼：麦克迪米德的雄心抱负现在依然是对的。他在苏格兰的努力的伟大之处在于它的包容性。他是自己国度里当代文学文化的建设性力量，就像叶芝和乔伊斯在我们的国家中一样，只是他更为关注盖尔因素，而这是我们的两位天才都懒得投入的。事实上你可以说索雷·麦克林——现代苏格兰盖尔语诗歌的救星——他的信念很多要归功于麦克迪米德个人的鼓励和榜样。

① 麦克迪米德用苏格兰语写的一首长诗，出版于1926年。一首很激进的诗，包括了从逗乐到严肃的全部区间，探讨了文化、性、政治、科学、存在、形而上学和宇宙论等主题。这些主题由一条中心线索统一，那就是对苏格兰现状的思考。

奥德里斯科尔：据说你第一次见到麦克迪米德的时候，他对你说你的诗写得太短了，这是真的吗？

希尼：是的，没错。是1967年2月在卡德·阿斯美尔家的一个聚会上，在他为纪念人权日而组织的一个在自由大厦举行的反种族隔离大型朗诵会之前。麦克迪米德是主要朗读者，正处于非常高昂的状态。玛丽记得他差不多绕着桌子找她，告诉她她看起来状态多么好（她当时正怀孕）。我记得他当时对我说的并不是我的诗“太短”而是“很短”。我想这之间是有区别的。

第一次见面之后，我偶尔会在加雷奇·布劳恩位于卢加拉的家中见到他和瓦尔达，他在为克拉达公司录他读自己的诗，这家克拉达公司发行了整首《一个喝醉的人看着野蓟花》的录音，共两张慢转唱片。记忆最深刻的一次是1977年大卫·哈蒙德和我去比格的一个村里看瓦尔达和他。我们是和特雷沃·罗伊尔一起坐公共汽车去的，他当时在苏格兰艺术委员会工作，我们谈论了一个下午的诗歌，喝着威士忌。虽然麦克迪米德那时已经八十多了，仍然可以看出他是那个写诗和引发争论的诗人，你依然能听到那老发动机突突的跳动，如他在诗歌中所写的，“那壁炉边的/老警戒队员”。我很喜爱这一事实，我正在和一个伟大的诗人谈话，他说着人们称之为“家常用语”的阿尔斯特苏格兰语。他坐在火炉烤架旁边，抽着烟斗，对自己说着“是呀，是呀，是呀”，特别像我父亲在巴利斯加隆村的一个堂兄。

尽管和他有这种个人交往，我是在他去世后才更深刻地意识到他的重要性，通过我和帕特里克·克罗提的友谊，他的博士论文是研究麦克迪米德的。他真的在1970年代在爱丁堡花了很多研究功夫，并且和克里斯——他愿意这么叫麦克迪米德——成了朋友，他对苏格兰的文化环境——也许我应该说文化乱象——了解很多。他喜欢引用埃德温·缪尔的话，比如，他曾把自己称为“格里夫的熟人”——格里夫是麦克迪米德的笔名的姓。帕特里克是他最好的支持者，懂得他在诗歌方面的重要性和他在苏格兰政治及文化方面的重要性。他能够把麦克迪米德看作一个语言事件来解读，因为他属于那些珍稀人物之一，因诗歌本身和为诗歌本身而充满激情地奉献。在我自己的写作过程中我很看重这种人的反馈。

奥德里斯科尔：你有没有想过仿照麦克迪米德所用的苏格兰混合语，尝试着完全用德里方言，也就是所谓的阿尔斯特混合语，写些什么东西呢？

希尼：从没想过。不过另一方面我得说，我的很多诗，从第一部诗集中的《挖掘》到《区线与环线》集中的《阿纳霍瑞什，1944》，都是谐调到阿尔斯特语域的。在我的耳后当然有一个隐藏的苏格兰，我曾经在巴利米纳镇的牲口市场从安特里姆郡的农夫口中听到过的阿尔斯特苏格兰土语。

奥德里斯科尔：你有一次提到过与麦克迪米德作品的个人联系，通过他使用的一个词“jing-bang（事物、地方）”——你从你妈妈那里学来的一个词。你从你妈妈那里继承来的方言词汇要多于你从你爸爸那边继承来的吗？

希尼：不是这样的。我从我爸爸那里学到的是牲口贩子的口头语。他会称一个很差劲的人为“刨几尼[①]的人”，说他“从树篱中砍出

① 几尼，英国旧时金币或货币单位，价值21先令，现值1.05英镑，大约9元人民币。现时有些价格仍用几尼计算，如马匹买卖。

一个人都比他更好”。但一个叫乔治·西佛的粗野老邻居用在他身上的两个骂人的词确实有着历史源流。老西佛永远是用一种友好的方式骂我父亲，叫他的名字，和其他东西的名称混在一起叫他“海鸥（骗子）”和“乡巴佬”。纯伊丽莎白时代风格。这在英格兰移民种植园主登陆三百多年之后，仍然保留着。但说实话，这种外来的习语很罕见，我没法真正记住不同的阿尔斯特语和爱尔兰语都来自哪里。“Jing-bang（事物、地方）”是一个例外。还有“lachtar”一词，我的玛丽姑妈用它最初的爱尔兰语意思来指一排摆放好的鸡蛋或一群刚孵出几天的雏鸡。

奥德里斯科尔：“强力”是你认定的休·麦克迪米德的也是克里斯托弗·马娄的品质。你认为强力——菲利普·锡德尼爵士把希腊语的“energeia（动能）”翻译成这个词——是检测一首真正的诗歌的试剂吗？

希尼：对很多最好的作品来说它当然是一种无法避免的标志性印封，它是“通过绿色的茎管催动花朵的力”。这种品质让你感觉这些诗行是天意注定的，并不是精细挑剔的词语选择，而是话语的喷涌而出。

奥德里斯科尔：《附言》是《酒精水准仪》中的最后一首诗。它打动我的正是这种“话语的喷涌”，一次灵感的爆发。它写的时候是这样一种状态吗？

希尼：是的，它写得很快，我记得我写完就立即寄给了《爱尔兰时报》。它本来可以取一个华兹华斯式的很长的题目，就像“回忆和朋友一起乘汽车在爱尔兰西部的一次旅行”，但这样就会误导它那种突然、迅速的感觉。时不时的，会有一首诗这样降临，像不知从哪儿来的球被踢进网中。就这首诗来说，当时我完全沉浸在一篇牛津讲座稿的写作中，突然眼睛的余光一下子瞥见什么东西正飞掠而过；我想都没想我正身处何地，就朝它追去。它来自记忆中一个刮风的星期六下午，玛丽和我与布莱恩和安妮·弗里尔夫妇一起开车沿着高尔威海湾的南岸走。我们停车观看弗农山庄，格雷戈里夫人的夏季别墅——它依然挺立在那里，面对着海水和荒野。然后，我们就开车进入了这片由天空、大海和天鹅构成的壮丽而狂喜的天地中。有一些诗感觉就像是为你自己提供的你作品的担保。它们给你留下一种被眷顾的感觉，这首诗就是其中之一。它让我很兴奋，把它发表在《爱尔兰时报》，这就好像是寄出了一张节日贺卡一样——附上几句话那种——给弗里尔夫妇。

奥德里斯科尔：《电灯光》诗集中的《巴利纳欣奇湖》似乎可被看作是《附言》的一首补充之作。其中的诗句“这次，是的，停下来确实是/很有益处”似乎是和更早时写的诗歌“无益地想着你要停车/更完整地捕捉住它”的对话。

希尼：完全正确。这第二首诗也一样写得很快，在体验它所记录的经历之后——一个星期天早晨在康内玛拉我们驻车在“映照在湖水中的整座山”边。我想这首诗是在说“发现凡间世界已足矣”——这是《附言》中很难赞同的认识。

奥德里斯科尔：在《泉源》中写到了一个盲人音乐家罗茜·基南。是什么使得这个邻居在你看来这么特别？

希尼：失明本身是一件让人惊异的事。基南家在离我家只隔几块地的地方，在乡下这相当于“隔一条街”。罗茜经常会外出到路上，有时是一个人，有时和她的姐妹一起。那是布罗阿赫路，一条小道。那时候路上的交通总共加起来不过是一些本地人骑着自行车，偶尔有骑马和赶着马车的，所以她很安全，走起路来高大的身材挺直，手中拿着白色手杖，她苍白的脸直视前方，始终如一也视而不见。她放假期间回到家里——她在贝尔法斯特工作，在一所盲人学校任职。我第一次见到她时她大概三十几或四十出头，和我妈妈差不多同龄，她们一起上过学。因此她们俩之间非常随便，当她来我家里时，总有一种特别温馨的氛围。

奥德里斯科尔：你和你的弟弟妹妹会承受着去给她作向导的压力吗？

希尼：没有。我们的压力在于给她表演，唱一支学校教的歌或背一首学校教的诗。她经常会带着她的小提琴，因为我妈妈喜欢听她拉琴唱歌：几乎都是爱尔兰舞曲、吉格舞曲和双人舞曲，还有托马斯·摩尔歌曲。因此她的来访会变成一个小型家庭音乐会，她为我们演出活生生的音乐。她家里还有一架钢琴，我们从基南家经过时，经常听到她在大白天弹钢琴——这让我总是感觉奇怪，因为在我们的经验中大白天大人们总是到外面干活去了。但随着岁月流逝，我开始认识到她是第一个把艺术带入我们生命中的人。我们的盲人罗茜，像盲人拉夫特瑞（Blind Raftery），“ag seinm ceoil do phócaí folamh”——身无分文的音乐演奏家。

奥德里斯科尔：你们自己家里没有乐器吗？

希尼：在木斯浜家里没有。当贝拉菲的新房子建起时，在客厅摆放了一架二手钢琴，我试着用它自学了一些老华尔兹舞曲，但从未学得更多。那个时候我在圣科伦巴公学上学，然后去了女王大学，所以从没考虑过上钢琴课。我想那架钢琴被看作新家里的一件重要家具，大家在一起欢聚时可以弹奏。

奥德里斯科尔：你真的在小时候非常渴望拥有一支口琴？

希尼：真的。很高兴我在挺早的时候就得到了一支口琴。这种口琴在乡村小镇的书报亭里通常都有出售，它们大多数都是由一家名叫赫纳的公司制作的。不同制法和音域的口琴，有着不同的名字，像"重音口琴"和"合奏口琴"。最终我通过了这门乐器的高级班，就是能掌握一些小技巧，用拇指的动作来伴奏，吹出半音。

奥德里斯科尔：音乐一直是你生活中一个重要的部分吗？

希尼：并不是我所希望的那么重要。要是我能重新活过的话，我会花更多的时间去听音乐会。早在女王大学时，我确实得到过入场许可，进入那种室内音乐会和交响音乐会，并在此后好些年都一直参加。当注意力的焦点转移到诗歌，地点转移到酒吧后，我就放弃了。

奥德里斯科尔：你曾说过管弦乐和歌曲的穿插给了1995年诺贝尔奖颁奖典礼的崇高感一种特别的提升。

希尼：在颁奖典礼的那个星期天早晨，我不得不去看医生，缓解我的感冒症状。因为兴奋，也因为焦虑，那天我的心怦怦乱跳。口干舌燥，额头发烫。在表彰不同领域的——医学的，化学的，物理学的，经济学的——获奖者之间的间歇演奏的音乐让我凝聚起注意力。我们全都坐在音乐厅的舞台上，而国王、王后和年轻的公主王子们坐在台下。每十五分钟左右——在那些低沉的带点忧伤的瑞典语音发表完授奖词之后，在国王颁发奖章和羊皮纸证书时的如雷鸣般的掌声之后——会有一刻的寂静，然后变为莫扎特的咏叹调或亨德尔嘹亮的铜管乐。那场合的感觉已经够崇高了，但那管弦乐队和女高音把它推升到了更高的高空。我那天处于一种奇异的状态中；音乐制造了这感觉，或者你愿意的话，也可以说音乐超越了这感觉。

奥德里斯科尔：在1995年10月你获得诺贝尔奖的消息宣布时，玛丽·罗宾森总统说，“我希望这个奖会成为你的快乐而不会变成你的负担”。结果如何：多少快乐，多少负担？

希尼：当然一开始都是快乐，但渐渐地负担增加了。比如，邮件不曾减轻，对公益事业给予帮助的请求可能增多了。但是当消息传来的时候，引起了和别的事情一样强烈的震动。我们已经处于一种高度兴奋的状态了，正在希腊度假，住在一个小旅馆里，就在离皮洛斯港口几百码之处，在伯罗奔尼撒半岛的西南角。玛丽和我，还有辛西娅和德米特里·哈德兹。

奥德里斯科尔：我想那是你的第一次希腊之旅。

希尼：确实是。答应了很久，推延了很久，最后变得必须去了。五年前我开始翻译索福克勒斯，刚出版了一本限量版的诗集，包括《迈锡尼瞭望台》，带有德米特里画的插图。我是在哈佛认识哈德兹夫妇的，他们俩都属于卡彭特艺术中心的人。由于是希腊裔美国人，德米特里会说一些现代希腊语，又因为是一个石头和青铜雕刻家，所以他是去各个遗址的理想导游。辛西娅和德米特里之前沿着这条路线走过好几次了——古代柯林斯、迈锡尼、艾比达罗斯、阿卡迪亚、斯巴达——因此她成了我们的司机。不管怎么说，在听到消息时，我们拥有了很重要的半天自己的时间，在一个无人知道我们的地方。整个事情中最快乐的时刻之一是那天晚上的庆祝活动——坐在港口前面一张室外的桌子边吃鱿鱼和炸薯条，星光和灯光映射在拖网渔船和餐馆之间的海面上。我体验的怪异感肯定像忒勒马科斯感觉到的一样。但忒勒马科斯将会从明智的老涅斯托尔那里得到一些指点，却没有任何人告诉我怎么应对来自瑞典的慷慨赠礼。

奥德里斯科尔：你并不是有意去躲避媒体的吧，因为瑞典学院决定该轮到你获奖了？每年宣布的时间都是十月初。

希尼：消息是在十月初宣布，没错，而前些年好几次我的名字都出现在获奖的传言之中。但这只是让我努力把这个事情从我的头脑中清除出去。比如，我们的孩子，如果有任何人对这个话题做出最轻微的暗示，都会被皱眉制止。我不可能听不到那些传闻，但我尽最大的努力不让自己去想它。首先想想那些没有获得诺贝尔奖的作家，你会很满足于把自己的名字和他们并列在一起，也不会介意和那些获得诺奖的作家并列在一起。头脑正常的作家中没有人会一开始就算定自己会前往斯德哥尔摩。我在希腊度假从未想到会和获诺贝尔奖碰到一起。如果知道的话，我的天，我绝不会等了一天半之后才给家里打电话。发布会是在星期四中午举行的，我是在星期五下午才得到消息的。

奥德里斯科尔：你儿子克里斯托弗是第一个把这消息告诉你的人。他认为你之前已经知道这消息了吗?

希尼：他确实以为我已经知道了。他在家里被所有那些喧腾的媒体包围，肯定难以想象皮洛斯有多偏僻。星期五上午我在我们旅馆房间粉白的小阳台上，给我一个以前的学生写信。萨拉·鲁登在哈佛大学读过古典学，也是我的写作课上的学生之一，她出版了一本题献给我的小诗集，但是——常常这样——我的答谢和回应拖了很久才写好。然后，我带着信去了邮局，然后和其他人一起去吃中饭，去了一家按照安排那天晚上我们还要再去的餐馆，彻底放松地坐在码头边，看着小鲻鱼在水中四处游窜。

最后我们又回到旅馆。我洗了一个澡，换了一套衣服。这个时候我想到该给都柏林家里打个电话。因为克里斯托弗可能从他教书的语言学校回到家里了。没错，他接了电话，立即说："爸爸，我们为你感到骄傲。"因为他觉察到我对他的话感到突兀，他接着说："你没有听到消息吗？""什么消息？""你获得了诺贝尔文学奖。"于是我对他说，"你最好告诉一下你妈妈"，于是我叫玛丽接电话。

奥德里斯科尔：《哈佛评论》上刊登过一张你打电话的照片，就是那天下午德米特里·哈德兹拍下的。

希尼：那就是这一震惊的消息对我的影响。在我和克里斯托弗通过电话之后，我花了好几个小时打电话，试图和在家里的人和散布在各地的朋友联系，爱尔兰的和美国的。我满身大汗，实际上是这样隐喻上也是这样。我头脑晕乎乎的什么也想不清楚，因为突然有一打的事情要处理。比如，德米特里还给我照了一张照片，在那个粉白的小阳台上，给费伯公司写一份需要发布的声明。还有瑞典学院也需要联系。香槟也需要痛饮。并非全是坏事。

奥德里斯科尔：你能给我说说你是怎么飞回来的，到达都柏林时所受到的迎接——官方和非官方的迎接的情况吗？

希尼：那全都是公共场合，没有时间思考。总理在机场的停机坪上，家人和朋友们涌向贵宾室，然后礼宾车开向总统府。一切就这么发生，匆促，匆促，匆促，一件事情紧接着另一件事情。好几个星期你一醒来就感受到那些要做的事情的压力，一直到晚上精疲力竭地上床睡觉。你有种感觉，这世界的鼻子抵压在你的窗前。从那个周五下午我打电话的那一刻开始，就是一连串的决定、决定、决定：哪个采访你应该接受或拒绝，哪个活动应该邀请哪些人，怎么找时间写诺贝尔受奖辞，怎么回答成百上千的来信。比如，我答应了第一个接受爱尔兰广播电视台的采访，但是那天晚上在码头边，一个电视台记者走了过来，就在我们喝完咖啡的时候——一家希腊本地电视台，我不可能把别人撵走吧。

奥德里斯科尔：那么他们是你接受采访的第一家媒体？

希尼：没错，不过我请求他们不要先播出这些镜头，直到第二天晚些时候，我接受爱尔兰电视台的采访之后。他们遵守了这一承诺。我首先要做的一件事情是和雅典的爱尔兰驻希腊大使馆取得联系。我很镇定没把旅馆的名称或电话告诉任何人，除了自己家人。但是克里斯托弗那里有一连串的人需要我给他们打电话，包括汤米·戈曼，爱尔兰广播电视台驻欧洲的记者。汤米那时候正在雅典，租了一架直升机准备飞往任何地方，因此我告诉他第二天，星期六上午九点，我们会在卡拉玛塔机场，准备好回到雅典，赶上奥林匹克航空公司的航班。

事情就是这样。当然，那天夜里我没怎么睡觉，早餐的时候，希腊报纸的记者们已经在旅馆的餐厅里等候了。汤米已在卡拉玛塔机场，直升机在停机坪上，我在这座小镇的咖啡馆外面接受完汤米的采访之后，我们五个人一起坐上了直升机飞往雅典。我坐在前面，在玻璃机舱前，离伯罗奔尼撒半岛锋利的山峰太近了，无法安然地欣赏这一切，直到飞到东海岸，飞行员降低高度，在艾比达罗斯剧院上空盘旋了几圈——我们前几天刚刚参观过那里。这是这次度假旅程难忘的终点，而这次度假旅程是在上一周的星期三，以一个奇异的吉兆开始的。那天，沿着阿尔戈斯和斯巴达之间的山往上走，转过一个弯时我们发现路面铺满了苹果，我们不忍开过去。肯定是前面的货车掉落了一两个装苹果的筐。那一刻看起来就像是谷神刻瑞斯的赠礼。

奥德里斯科尔：萨缪尔·贝克特的妻子认为她丈夫的诺贝尔奖是对她们私人生活的灾难性侵入。我想知道你自己的私人生活如何戏剧性地——如果不是灾难性地——受到了1995年你名声大噪的影响？

希尼：我以前曾说过，只是半开玩笑的，说爱尔兰的每个人都是名人。也许更好的说法是，每个人都很熟悉。自从我还是学生的时候，我就习惯了走在路上被老人和小孩认出来，被打趣甚至被嘲弄。还有，自从我出版第一本诗集之后，我不仅习惯了一些人的认可，也习惯了一些人的敌意。你只能在你的环境中尽自己所能地做到最好。

当有人冲我而来时，我总是努力做到待之以礼，但对那些泼粪和阿谀奉承者我避而远之。我只是希望我所学会的举止能让我站得稳重，当聚光灯转到我身上的时候。

奥德里斯科尔：说到敌意，在诺贝尔奖宣布时，是有一些异议之声和一些嫉妒之人，虽然必须说他们在数量上完全被巨大的称赞之声压倒。

希尼：只有傻瓜才会期待获得诺贝尔奖而不受到某种攻击。每一种选择都会被质疑，我对文学土壤足够熟悉，知道那种反对之声会发出，会从哪里发出来。但是我仍然认为自己很幸运，因为最臭名昭著的攻击来自国内，来自某个保证会破坏共识的人：埃蒙·邓菲，一个《星期日独立报》的专栏作家，以爱挑事著称，如果他不攻击我的话，那将有辱他扮演的角色。但即使那个时候，我也认识到他无意中为我做了一件好事，他坏了一些鬼鬼祟祟的人的事，这些人能作出更无形的批评。这是一些讨厌的事情但并不难以应付。它甚至额外地赋予了我理发师和酒吧招待的身份，有着这样的特征。在嘲讽和取笑的领地，承受一些打击还是不错的事。

奥德里斯科尔：诺贝尔奖桂冠诗人有时候会害怕他们再也写不出东西来。你获诺贝尔奖之后的第一首诗是什么样的？

希尼：一首很短的诗，但因为你所说的理由它的重要性并不低。我被约请写一首悼念诺曼·麦凯格[①]的诗，我突然想起出自诺曼作家

① 诺曼·麦凯格（Norman Maccaig，1910—1996），苏格兰著名诗人。

吉拉德·康布拉恩西斯[①]的一个意象，于是想到了《一个诺曼人的比喻》："让自己变得非同一般，像河水一样，/如威尔士的吉拉德说的/流入阿克洛港口的河水/即使在涨潮时你预料到那咸涩的海水。"我想，缪斯指引着我成为自己，不要跟随公众的期待，成为某种海洋潮水般的诺贝尔奖得主，而是保持旧河道中的活水和真实的模样。

奥德里斯科尔：获得诺奖几年之后，有一次你对访谈者说，"你需要能有一种完全寂静的阁楼生活，拥有全力以赴的孤独，也同样能有一种给予你活力的社交生活"。一个著名作家会发现自己更容易处于社交生活中而不是孤独生活中。你的工作不断地被新书发布会、宴会、采访和朗诵会所打断，是不是给你带来了很大困扰？

希尼：最困扰我的是人们的怨愤，他们给你施加压力要你参加新书发布会、参加宴会或参加朗诵会——然后又告诉你你不应该参加这么多新书发布会、宴会或诸如之类的。你很快就会认识到几乎每个人都认为他或她是例外。而你真正的朋友不想打扰你，于是最后你为他们做的要远远少于为其他人做的。另一方面，我的工作，作为中学、学院和大学老师，总是会涉及像咨询、讨论会、朗诵会和参观学校之类的事务。不管好或坏，我从来不是一个为自己的写作保留自己的人。事实上，这么说吧，我确实相信你的天职要求你去参加一定的公共服务。

① 吉拉德·康布拉恩西斯（Giraldus Cambrensis，1146—1223），意思是"威尔士的吉拉德"，出生于威尔士，是诺曼人和威尔士人的后裔，担任过布雷肯的副主教。

但是，参与事务也要有一个限度，在过去的十五或二十年里，即使在诺贝尔奖带来的整个压力大增之前，我已经不得不减少、避免和绕过越来越多的对你的需求。这就是为什么我们在威克洛的乡舍成了一个绝对的庇护所。一旦我到了那里，我似乎就连接上了所有过去的站点，切断了与所有行政和职业世界所发明的信号装置的联系。

奥德里斯科尔：我们置身其中的“名流”文化耗尽了一个诗人的精力，因此你认为参与大众文化活动的可能性，像叶芝所做的那样，已不存在了吗？

希尼：在叶芝时代或任何时代，所要求的都是怀疑的态度和精力。并不能担保耕耘私人自我就一定会多产——拉金算不上是一个社交活跃人士，即使他享有巨大的名声，但他六十多岁的时候也进入了诗歌停顿的境地。另外，叶芝毫不倦于参加宴会或巡回演讲甚至——在生命的晚期——电台播音室，但这老男孩直到临终时他的诗歌磨坊仍在持续地碾磨诗歌谷物。四个女人在他临终的床边。两首诗写于最后两周。

十三、“更深地进入其中”：《电灯光》和《区线与环线》

奥德里斯科尔：我能理解在获诺贝尔奖之后你所写的第一批诗中那一首纪念约瑟夫·布罗茨基的诗歌的“奥登式风格”。我很想知道这首诗是在何时、何地以及如何写成的。

希尼：在我一开始念着 tumti，tumti，tumti，tum（重轻，重轻，重轻，重）时，我既是在遵从约瑟夫的幽默感，也是在遵从他对奥登的敬意。奥登写给叶芝的《哀歌》中最著名的部分是这么开始的：“大地，请接受一位尊贵的客人；/威廉·叶芝已躺下来安息。”我只是重拾了这个调子：“约瑟夫，是的，你知道敲击那节拍。/温斯顿·奥登的韵脚/随着它前行，轻音和重音，/把威廉·叶芝葬入大地安息。”

约瑟夫是一个在形式方面极尽完美的人。在他写给艾略特的哀歌中就回响着奥登的韵律；但即使是他，也可能会回避像我这么用，Trochee，trochee，falling：thus…（扬抑，扬抑，下降：这样……）事实上约瑟夫死于1月28日，和叶芝死于同一个日期，这是一个强烈的提示，虽然这首诗只是在我给《纽约时报》写的纪念文章卡住时才开始写的。欧吉尼奥·蒙塔莱曾说过一个面对绞刑架的人可能会吹口哨，吹几节《缆车之声》，可以说这活泼的韵律是一种绞刑架前的口哨。

我实际上在约瑟夫去世前三周在美国见过他。玛丽和我去参加布莱恩·弗里尔导演的话剧《莫莉·斯维尼》的纽约开幕式。这期间正好赶上一场多年不遇的大暴雪，那天夜里曼哈顿完全陷入停顿状态，大街上满是雪堆，交通断绝，甚至不见一辆出租车。第二天，情况稍微好一点，约瑟夫就从布鲁克林跋涉到协和广场咖啡馆，我们在那里和罗吉·斯特劳斯、乔纳森·加拉西一起共进午餐。他看起来很糟糕，佝偻着身子，脸色苍白，喘不过气来，但仍在吸烟。我们当然知道他的心脏病非常严重。他没法在桌子边安坐，而是不停地出去吸烟，这样不断进来出去。这是他身上典型的英勇举动，一定要来见面以表示对我们的欢迎。那是我们最后一次见到他。

奥德里斯科尔：那么，他去世的消息并非出乎意料？

希尼：我不能这么说。尽管我知道他生活在生命危急之中，尽管我知道他做过好几次心脏搭桥手术，我也亲眼看见他的身体状况，我的心里还是拒绝去想他处于死亡随时降临之中。当那个星期天电话到来时，我感到一种突然的丧亲之痛。我被猛击到这种程度，我立即就开始写那些诗节。直到那时，我一直都是抗拒“即席抒发”的，倾向于认为这种即兴式的诗歌表达是一种糟糕的品味，但就约瑟夫这一事来说，某些东西就是需要用语言来表达。我感到自己有欠于约瑟夫。

奥德里斯科尔：有欠于他？

希尼：约瑟夫是一名诗歌武士，非常机警，受过完全的专业训练，有点炫目，有点危险。在他来到西方之前，我们就听说了他的审判和与苏联政权的对抗，把这些行为视作诗歌英雄的孩子气举动。然后，他来到了我们中间，得到了温斯顿·奥登的扶助，被阿赫玛托娃看作她那一代伟大俄语诗歌传统的优秀继承者，对诗歌满怀信任，对此毫不讳言如神谕一般，对于讲英语的讽刺家和花花公子们一点也不在乎。我自己对他的第一印象来自1972年的伦敦国际诗歌节，一个单薄的，有点神经质的，大约和我同龄的小伙子，投射出半试探、半怀疑的目光，正如任何一个年轻诗人在一个大型诗歌朗读会上那样——也许我自己投射的也是这种目光。我们都注意到了对方，因为那个时候，一个贝尔法斯特人的讲话对任何一个旅行者来说都带有一定的新奇和刺激。然后，第二年春天，我们在马萨诸塞的一个诗歌活动上正式见面了，一起谈得非常热烈。约瑟夫身上融合了隐晦、精确和幽默，非常典型的阿尔斯特风格，所以我们一下子就很投合。那之后不久，我们又在安阿伯见过好几次，彼此的喜爱转化成了友情，这种友谊强化了诗歌对我的作用，也强化了我对诗歌的作用。这就是我为什么感觉对约瑟夫欠下了比一般更多的情，丧失感也更重。

奥德里斯科尔：有什么他私下对你说的，或者你从他的写作中发现的东西，充当了你的生活原则或戒条吗？——就像切斯拉夫·米沃什对你所起的那种作用。

希尼：这倒没有。米沃什是一位贤哲，同时是一位艺术家。他的存在和他的诗歌都有一种安抚人的作用。约瑟夫更像是一个明星，一个鼓舞人心者，一个变革者。他一加入进来，大家的步伐就会加快，禁忌就会减少，胆量就会增大，宴会就会变得更热闹非凡。他是一种激励，对你身上的诗人来说是一剂兴奋剂。

奥德里斯科尔：你没发现他身上那种压倒一切或睥睨一切的气质？米沃什说起过“在很多场合，我目睹了他高高在上的自负神态”。

希尼：他确实是一个很自负的人，但经常是——我承认，并非总是——在按一种理想或标准行事。他的眼光，他自己很可能会这么称呼，确实很高。在很大程度上，他的举止受制于他的信念：人的智力和精神是分等级的。这点米沃什也说到过，并承认如此。愚蠢让他生气，结果是他不能愉快地忍受那些蠢人蠢事。我想此刻我们所有人都告诫自己别这样去做，但过后又会这样去做。但在看到约瑟夫的举止之后，我劝自己还是忍受着那些人更好一些。

奥德里斯科尔：你和他的友谊是一种平等朋友之间的友谊关系吗？还是他这个人过于自负以致容不下这样平等的友情？

希尼：友谊创造平等。他的自负是为战斗而保留的。至于在朋友之间，他流露出的是欢快、打趣和真正的温柔。当然，约瑟夫喜欢划定原则。即使在朋友之中，他也像发号施令的诗人一样行事。而一旦你得到了他的尊重，他也会接受你对他提出的看法。他会忍不住提起权威人物，炫耀他自己的才华，有一些不好的传言说到他这种表演，但他也很喜欢私下聊天。比如，在关于奥登的问题上，当我说自己更喜欢奥登年轻时诗歌中的陌生与强烈而不是老年奥登诗歌中那种对韵律和词汇的沉迷时，约瑟夫反驳道："强烈并非一切。"到我反驳他说"你没一刻相信你刚说的话"时，他只是给出一个他要疯了的微笑。

奥德里斯科尔：你给他看过你正在写的诗吗？

希尼：够奇怪的，一直到很晚，到我们倒数第二次见面，也就是1994年9月在芬兰，我才给他看过我正写的诗。我们一起在赫尔辛基参加一个诗歌节，很幸运一起坐火车去坦佩雷旅行——那次旅行在那首奥登式的诗中写到了："交换手稿和俏皮话。/我们俩甩鞭子一样说笑话。"我记得我给他看了后来收入《酒精水准仪》中的一些东西，他特别喜欢的是《薄荷》，还有《砾石小径》。那些诗押韵，且是规则的四行诗，这些因素让他喜欢它们。

奥德里斯科尔：你和他讨论过形式问题吗？他那么固执己见的问题。你鼓励过他接受更少教条的观念吗？

希尼：约瑟夫曾经对我说叶芝的韵律并非总是经得起挑剔。他拒绝我所有关于不押韵的建议和那种轻微的不和谐音的好处——"一只受打击的兔子在哭喊，/它的喊声分散了我的思想"——因此，我就让它这样吧。他会把问题解决得让自己满意。但有一次，我还是一头扎了进去，指出他自己翻译中的一些跨行处理，我觉得过于突兀。那是个星期六的早晨，在我位于亚当斯大楼的公寓里，他刚开车从霍利奥克山赶来。突然，我开始担心起来，因为他的呼吸变得急促，他把手伸进他的夹克，按住心脏，但仍然催促我："OK，OK，接着说，接着说。"然后，他再也忍不住了，开始像他听到的那样读那些诗行，用强烈的俄语重音打出韵律节拍，没考虑到英语中的一种流动感和节奏——它们造成的声音的弱化与差异。我就让它这样了，就此打住。我感觉被一种荣誉感所挟，向他提出这一问题。提出之后，我免除了更进一步的责任。

奥德里斯科尔：你所说的这些和很多读者的感觉很相符。他们很难接受他诗歌的英语翻译：他用完全是行吟诗人的确定性来朗读，但在纸页上它成了语言淤积，句法混乱，声调误判，更不用说节奏的无信服力。

希尼：公平地说，约瑟夫朗读时，通常是用俄语，但很自然他会把他母语的习惯和音调带入他的英语朗读中。他当然有一种加速和变调的倾向。诗的第一部分经常用一种男高音的嗡鸣声说话，如同一架飞机滑向跑道，然后你就起飞了，一段爬升的音符，然后，有一段更高的音调，直到巡航高度，一切得到解决。我得承认我从来不觉得这有什么不适应。我把这种斯拉夫风格视为理所当然，甚至很享受这旋律和它的反常。

至于印在书页上的词语，那是另一回事。我不相信约瑟夫对自己作品的翻译是公允的，特别是在那些诗句很长、很厚重的诗节中。你仍然可以得到某种闪电一样迅疾和联结范围极广阔的感觉，但在英语当中，它有点脱节，有点焦虑。你感受不到俄语中所具有的东西：语音的欢快，让人屏息但又似乎毫不费力的词语的空中飞人特技。阿赫玛托娃不可能欣赏这种音调不谐和的诗。当你读到他那些在英语中无疑保留了其音调的诗，比如理查德·威尔伯和安东尼·赫希特早期翻译的那些诗，你根本用不着特别的辩护人来告诉你这些是真正的好诗。

奥德里斯科尔：在1988年2月，你参加了在坎布里奇的“美国保留剧目剧院”举行的“约瑟夫·布罗茨基之夜”的活动，并写了一首诗记叙当时的情景。你还记得那首诗中的一些诗句吗？

希尼：我记得其中约瑟夫特别喜欢的一些诗句，那些诗句引用了他在安阿伯做的一个毕业典礼讲话。在那个讲话中，他谈到他曾经如何违抗西伯利亚的一个劳改营的当权者，就是在那些当权者认为他所受的处罚已经够了的时候，他拒绝停下来。他被分派去劈木头，但在他们示意他干得已经够了的时候，约瑟夫拒绝放下斧子，继续劈呀劈，不停地劈，发泄对那种荒谬的愤怒，用过分来暴露其荒谬。在我的头脑中，这把斧子和卡夫卡话语中的斧子混合在了一起。卡夫卡说“一本书必须像一把斧子以劈开我们内心冻结的海洋”，因此我的诗中有一节是这样进行的：

> 而约瑟夫的工具并不是铁锹。
> 斧刃上结冰的斧头
> 更适合他
> 于是，你撒谎，撒谎，撒谎
> 回声四处响起。

奥德里斯科尔：有报道说布罗茨基是一个不可救药的大男子主义者。

希尼：那肯定不是他和玛利亚相处的方式——他最终娶了玛利亚为妻。我一直记得有天晚上他和她一起来到哈佛广场，当她因空气微凉而轻轻发抖时，他马上跑去，像彼得拉克诗中体贴的情人，给她买来了一条披巾。玛利亚非常漂亮，头脑也非常聪明，显然他很爱慕她。但是的，对别的夫人——他可能这么称呼她们——他可能有点残忍的粗鲁。这也许是旧式的哥儿们文化的一部分，因为在他身上同时也有着富有魔力的善良和关切——对于这点，玛利亚肯定会给予热烈的证实。因此在谈论这点上也许需要多加小心。

奥德里斯科尔：你怎么看待布罗茨基的论断——“一个有着丰富的诗歌阅读经验的读者更不容易被政客们的蛊惑伎俩吞没”？伊弗斯·邦尼佛伊也说过类似的话“诗歌是对意识形态的治疗”。

希尼：约瑟夫这么说是对的，一个因诗歌而对语言敏感的人不太可能随大众媒体的微风吹拂而摇摆。我也赞同邦尼佛伊的说法，如果他的意思是指好诗能超越对偶然因素的依赖而进入自身的存在，进入自足的语言和想象的旋转轨道。比如《丽达与天鹅》这一首诗。它起始于邦尼佛伊所谓的意识形态：叶芝开始思考俄国革命。它代表多数人的统治，来自底层的人们获得权力，是自下而上的。就这点来说，他反对少数人的统治，上层的统治，自上而下，所以宙斯自上而下以暴力降临到丽达身上的情景出现在他头脑中，它和前面说的一切完全相似——但接下来，如叶芝告诉我们的，鸟和姑娘占据了他的想象，这首诗，正如它现在写成的样子，这样强烈而富有争议，就此飞逸出去了。对押韵的思考变得和对革命的思考一样重要了。

但诗歌一旦发现典型，就可能具有了政治性。想想卡瓦菲斯。卡瓦菲斯用浮雕般的笔触写出希腊化时期的独裁者、王朝和总督的野心、胜利和失败，有着精妙的、清晰的政治智慧，但它们是自由的——或者，你更愿意说，治疗性的——在意识形态上。不引用具体例子，这一点无法谈论，也许因为这些例子告诉我们对一般问题唯一真实的回答是特殊情境下的特殊诗歌。美国内战时期惠特曼的那些医院诗。1930年代奥登和麦克尼斯的诗——《看，陌生人》《花园里的阳光》。德雷克·马洪的《生命》。

奥德里斯科尔：我们应该怎样看待比如切斯拉夫·米沃什提出的这种问题——“诗歌是何物？那不能拯救/国家或人民的诗歌”？

希尼：这是他从紧迫和危机深处发出的呼叫，是人类责任的呼喊。在他的作品中他以不同的方式回答着这一追问，在见证性诗歌《花市广场》和《瓷器之歌》中，在美和秩序这对怨偶融合为一体的诗中——他曾称之为书法——如《世界》《面对》或《赠礼》。这后一类诗歌可作为铭文，恰如布罗茨基同样挑战性地宣称：“如果艺术能教给人一点什么，那就是人存在于个人的隐秘感觉中。”

奥德里斯科尔：在这两者之间，你站在什么位置？

希尼：在中间，在它们之间——事实上，这也是切斯拉夫·米沃什和约瑟夫·布罗茨基所站的地方。约瑟夫是要拯救世人，在他担任美国桂冠诗人期间，他认为诗歌也应该像基甸圣经一样，在每个旅馆的房间都能看到，应该像超市收银台散发救济品一样送发诗歌。切斯拉夫写喜爱的鲱鱼和草莓果酱如写美与真理一样。

奥德里斯科尔：你对布罗茨基在旅馆和超市送发诗歌的建议有多当真？

希尼：我一直把它当做一种异想天开的妙想，感到很好玩。但现在你问起这一点，我倾向于认为它并非完全不靠谱。它可能是某种庞大的中央集权的苏维埃系统的结存。它也是他所谓的与“粗俗心灵”战斗的一部分。一群被福克斯新闻这样的电视台日夜感染的人可以由诗歌来打预防针。很显然，诗歌没法像注射一样去实行，但它确实能促成辨别力和抵抗力的极大提升。这一提议是我所说的他的激励作用的又一例子。

奥德里斯科尔：在何种程度上你接受布罗茨基的论断——“政治（politics）和诗歌（poetry）唯一的共同之处是都含有字母 p 和字母 o”？

希尼：我总是想要去赞同这个说法，但又不能完全做到。首先，它是在政治这个词的最低下的含义上使用这个词。其次，它忽视了诗歌的政治性现实，比如亚历山大·布洛克的《十二个》，或威尔弗雷德·欧文的《陌生的会见》，或伊丽莎白·毕晓普的《公鸡》，或爱伦·金斯伯格的《嚎叫》。事实上，它忽视了你刚才引用的布罗茨基的话中的真理，一个诗歌读者“更不容易被政客们的蛊惑伎俩吞没”。我把这一说法看作约瑟夫典型的对真理的夸张表达，它的核心是一首政治诗必须超越传道短文或宣传文字。约瑟夫也许会说他崇敬的奥登所写的《罗马的陷落》由于是一首诗歌杰作而能治疗政治，但我认为事情的全部还不止如此。变换一下威尔弗雷德·欧文著名的诗行，我得说政治就在诗歌之中。“在其他所有地方，大群的 / 驯鹿穿过 / 一片又一片金色的苔藓， / 沉默地、非常迅疾地 ”——当奥登用魔力创造出这一自由之境且一下子完成时，它肯定对一些给定的条件、革命性的允诺做了取舍。对恐怖的暗示也一样。

奥德里斯科尔：在布罗茨基的同胞奥西普·曼德尔斯坦姆说到

俄国时，他说“唯有在这个国家诗歌受到如此尊重——人们为之被砍头”。他暗示对一首最抒情的诗也总是能作出政治性的解读。你认为他说的对吗？

希尼：我确信他说的对。抒情诗人在重大危机发生时，总会表达一些警觉，在宣布开战或灾祸降临时也总会表达一点防卫的决心。但即使如此，他们通常抗拒随声附和。他们知道国家的完好既由其他人的团结来保卫，也同样由他们事业的孤独来守护。然而在情况最紧急地要求全体人们团结一致时，这一点很难申明。

奥德里斯科尔：在《特洛伊的治愈》第一次演出时，你在一次访谈中说：“我并非一个政治性作家，我也不把文学视为解决政治问题的途径。”但如果诗歌不能解决政治问题，它能用某种方式揭示政治问题吗？

希尼：你做出了一个很好的区分，一个真正的区分。在我年轻时，精神导师们常常谈论“一种揭示真相的良知”的必要性——作为对麻木不仁的反对。我觉得你的用词里有着与之相似的意味。诗歌的超然、中立的品质是理解与旁观的合一。在这里，我想重提我多年前用过的一个类比。写诗就像基督在沙地上写字作画，它创造了行动中的一个停顿，一个精神高度专注的凝聚时刻，一个焦点，在其中我们专注的力量返回到对我们自身的注视。

奥德里斯科尔：现在来评估一下具体情势，你认为诗歌对骚乱时期阿尔斯特的境况作出了什么贡献？

希尼：骚乱对诗歌所作的贡献倒是更容易谈论。在那些年月里，诗人们发现他们需要回应，他们在内心争辩，相互之间争辩，他们必须承担什么。他们也找到了认可和尊重，包括自我尊重，因为他们和其他每个人一样，相比以前，对生活更为严肃认真了。关于文学与生活的关系的老生常谈突然不见了，出现了新的一套。但同时也要注意，在日常的具体生活中，从我们北爱尔兰困境中诞生的诗歌在骚乱时期被传授给学生们，他们出生于分裂的两方家庭。诗人走到了媒体前头。诗歌出版变得繁荣，一般的诗歌活动也很兴盛，因此你可以说其结果是增强了北爱尔兰地区的文化自尊。这一点真的足以称之为"对当时境况所作的贡献"。

奥德里斯科尔：1970年，德雷克·马洪写到"一首好诗是一个好政治效法的榜样"。你怎么理解他的意思？

希尼：我觉得德雷克的意思是，一首好诗能在一次注视中抓住尽可能多的真实。一首不真实的好诗能被写出来吗？如果你此刻是以色列或巴勒斯坦诗人，诗歌对你的理想要求是用中立的目光看待你的处境，而你的人民却要求满怀团结的激情，反对另一方。同样的处境也出现在北爱尔兰，只不过是用一种减缩了的方式：新教徒，天主教徒，民族主义者，联合主义者，你是支持我们还是反对我们？但马洪的意思——也是我想表明的意思是，我们北爱尔兰的诗人要听从一种更高的召唤："把真实和公正汇聚在一个思想中。"

奥德里斯科尔：在一首政治诗中，表达得直接、明确是否总是错的？

希尼：并没有道理说一个诗人在一首关于政治形势或事件的诗中不应该表达得直接、明确。它的所有要求是那政治形势或事件应该承受一点变形或转化。像兹比格涅夫·赫伯特的诗《味道的威力》就是这样的一个例子。它明确地反对苏维埃生活方式和语言，但它的修辞立场使它与谩骂和懦弱保持了同等距离。奥登的《西班牙》，虽然流露了作者对"必要的杀戮"的不安关注，但诗歌并没有因对共和派的明确认同而受到损害。《1916年复活节》也没有因明确的倾向而受损。

奥德里斯科尔：另一方面，作为一个生活在贝尔法斯特的诗人，对骚乱不做任何表示，坚持艺术的自足自治，完全忽视墙壁之外的社会和人类真实处境，你认为这样的行为和主张有多大的合法性？

希尼：合法性是一个让人不安的词。艺术当然拥有一种自治，但对艺术家，我们要求要有米沃什所说的"一定水准的觉悟"。问题是在这种坚持回避社会和人类真实处境的诗中，包含有何种程度的觉悟？如果在这方面有着真正的缺欠，一首诗就不太可能有着持久的力量。另外，故意超脱于一种"关联性"期待，可视为一种很高的觉悟的标记。还需要我再次引用米沃什的《世界》吗？

奥德里斯科尔：那么，谁或什么可被称为"唯美主义者"？这个术语是种蔑称吗？

希尼：真正的唯美主义者会感知到一个破坏性的自己——唯美主义者对我来说似乎是在对阳性名词做语法分析。在艺术圈中，这个词没有任何贬义。我把蔑称保留给傻瓜和卖弄者。为唯美价值所作的申辩在华莱士·斯蒂文斯的作品集中可以看到。

奥德里斯科尔：斯蒂文斯忠诚于作为伟大之善的想象，你赞同他这一观点吗？

希尼：实际上，斯蒂文斯作为一个生活中的人取得了巨大、坚实的成就——他的哈特福德意外保险公司很成功。赞同还是反对在这点上完全没用。那种古老的两者对立也没用：智力和想象，理性和感情。斯蒂文斯的诗中词语的华丽表现和对“平庸事物”的觉悟底线融为一体，在它的中心有着坚硬的智性内核，一种对所有假象和阴谋毫不妥协的态度。他是一位艺术事业的大亨。在他的作品——散文和诗歌中，有一种过度的、表面的、全不辩解的品质。而在其深处，他和《晨歌》里的拉金一样荒凉，只有一点例外，那就是他决心用他自己的泥土之歌的繁复刺绣来替换“被虫子蛀掉的宗教锦缎”。但我得承认对这些编织物中的一些较长的样本，我有点不以为然的感觉。

奥德里斯科尔：在接受《巴黎评论》的访谈中，你把政治诗歌与巴勃罗·聂鲁达这样的诗人联系在一起。而叶芝，你说他是一个公共诗人，对城邦事务感兴趣——但你说他本质上是一个幻想诗人。而奥登，你把他归类为公民诗人。你能更详细地说明一下这些分类吗？还有，你把自己的写作归入到哪一类之中？

希尼：这些分类是临时性的，是匆促之间作出的，但我还是认为这些分类有一些可适用之处。艾德丽安·里奇自己变成了聂鲁达一类的政治诗人。她的诗作在一个时期更加立足于具体事件，她在美国作为一个强劲的女权主义活动家非常重要。而洛威尔，在他写出《给联邦死难烈士》和《走在星期天的清晨》时，变得更为公共化了，上升到了国家公共事务。对于他，更多的是一种担忧而不是具体事件。公民诗人？举出菲利普·拉金是不是有点疯狂？他的诗作耦合了一种确定的公民秩序，以它的星期六场景，它的圣灵降临节婚礼，它的巨大的很酷的商场，房地产和医院病房。他最喜欢老"癞蛤蟆"——工作——深夜的独饮和凌晨尿尿。在这些分类之中，我自己归入何处？哦，在任何程度上，都不能归于第一类。要是能被提名为"公共诗人"之列，感觉真不错，但我得把这事留给别人来做。

奥德里斯科尔：你认为你的哪一首诗是公共声音的调子而不是私人的声调？

希尼：在这里我们要注意一下，我所关心、我所看重的那种公共诗歌，是从诗人的内心深处涌流出来，为困境找到了一个出口和声音，与此同时又表达出了诗人所在世界的处境。我承认我的写作中有些感觉像麦克风一样的公共之作——像在血腥星期天之后写的咏歌和《特洛伊的治愈》中的合唱曲《人类的痛苦》。另外，《遇难者》是我渴望写出的公共诗歌。

奥德里斯科尔：你对这种诗人感觉怀疑吗？——他们在可怕的暴行发生后的震惊中可以无意识地自动写出一首诗来，就像在2001年9月11日的攻击之后。

希尼：你既然说到是"无意识地自动写出"，那当然我会有所怀疑。不过，对于"即席抒发"来说，并不存在什么本质性过错。我记得詹姆斯·西蒙斯的歌《克劳迪》对我的冲击，它是为在那个村子发生的一次爱尔兰共和军策动的爆炸中死难的人们而写的。要是没有托马斯·哈代的《水火合一》[①]和叶芝的《1916年复活节》，我们会更贫乏。还有华兹华斯的《溪谷高唱》——正如它的副标题告诉我们的，它写于作者“刚刚在报纸上读到福克斯先生的临终时刻正以小时计”之后。再说了，指责这种即时反应的话，那我自己也犯了这毛病，因为我在“9·11事件”的震惊中，也写了“任何事情都可能发生”——虽然它是对一首贺拉斯的颂歌的改写。

奥德里斯科尔：你曾经在关于二战后的东欧诗人的文章中写到，“他们的处境中有某种东西使得他们对一个阅读经验绝大部分来自爱尔兰的读者很有吸引力”。你还继续说他们具有两栖生存能力，既能存活于时代王国，也能存活于他们的道德和艺术自尊王国。这些平衡感对你有多大的吸引力？

希尼：一个诗人吸引你的是什么？艺术地说是你在和一个很专业的人打交道，是其作品具体呈现出生活的知识。不管怎么说，这就是我对那些东欧诗人的感觉。他们是一种标准。我并不是说他们的风格或策略值得效仿或追随，我只是认识到他们所经历的双重纠结，在混乱的时代和诗歌内在的需求之间。我认识到他们的困境，是苦恼发展到极致时的状态，我自己也经历过。

奥德里斯科尔：米罗斯拉夫·赫鲁伯，你一篇文章谈论的对象，在共产主义的捷克斯洛伐克有一份很重要的研究性工作，并

---

① 为1912年4月发生的泰坦尼克号海难事故而写。

非一个活跃的异见分子。你怎么看待赫鲁伯和塔德乌斯·罗泽维奇这样的诗人？他们得到了不同程度的官方的接纳。

希尼：我像看待任何其他诗人一样看待他们。他们的任务是承受着在他们自己的时代和地方成为自己的压力，生存下去且不丧失自己的道德和艺术自尊；你所提到的诗人都设法做到了这点。我发现在这些领域要作出裁判很难。甚至有点太专断了。

奥德里斯科尔：但是，让我来逼迫一下你，用这样一个完全假设的问题。要是你是一个二战后的罗马尼亚或波兰诗人，你认为你会如何应付共产党提出的要符合社会主义现实主义与遵照党的路线的要求？

希尼：对此问题无论我给出什么样的回答，都会显得要么是太自我贬低，要么是太自我膨胀。就我自己会如何对待所处的政治环境这点来说，我相信我可能会找到一种方式保持一种健康的距离，找到一种非对抗性的但又相反的立场。我敢冒险这么说，是因为1966年我还是毛头小伙在起步之时就写了一首《献给短发党的安魂曲》[①]，发在北爱尔兰官方刊物上，这么多年来我一直避开写那种诗的要求，那种与这个党、那个党或半政党组织保持一致的诗。

奥德里斯科尔：翻译过来的当代诗歌在你的阅读生活中还在充当重要角色吗？

希尼：不如以前那样了。我仍然在看《现代诗歌翻译》，还有在

---

① 1798年爱尔兰同情法国革命的短发党。

那些杂志——像《PN评论》上刊登的翻译诗，但看得相当随意。我仍然会读到一些让我心里一震的诗，虽然他们经常是更早时期的佳酿：扎博洛茨基，过世的阿米亥……

奥德里斯科尔：里尔克、卡瓦菲斯和塞弗里斯都出现在了《区线与环线》之中。是什么激起了你对这些诗人的兴趣？

希尼：就里尔克来说，很偶然。由翻开爱德华·斯诺翻译的大厚本《新诗集》开始，我突然沉浸在对里尔克诗歌的阅读中。就卡瓦菲斯来说，是巧合。因为我前不久要给斯特拉迪斯·哈瓦里斯翻译的一本他的诗集写一篇序，它重新唤醒了我对他诗歌中无与伦比的“悲伤与理智”——用布罗茨基的说法——融为一体的诗歌的全部感觉，这些诗有着他自己的音调和认识。我觉得我对卡瓦菲斯诗歌的第一反应和每个人一样：一下子就被它——对世界和自己的清晰、镇定的注视，对隐秘的激情和政治权力的清晰、镇定的注视——抓住。

至于塞弗里斯，那是一种一直持续的努力的结果。2000年，他的百年诞辰，我在哈佛大学希腊语系作了一个关于他的报告，我因此更好地理解了《神话和历史》还有像《海伦》《阿西尼的国王》这些诗。然后我又读到了罗杰·比顿写的传记，特别被那一段叙述吸引，就是他在“上校团”军政府期间是如何应对的：在巨大的压力下发言反对军人体制，但并非心甘情愿——依他的性情和前外交官的身份——加入左翼的合唱。最后，他发表了一份声明，批判相关的国家事务，写了一首关于暴君命运的诗，这首诗成了他最为希腊人所知的诗作之一。

奥德里斯科尔：在所有这些有关政治和诗歌的谈论之后，我想起一个事实。在《电灯光》诗集刚开始之处——在《出自包中》——

你把“强制”一词放入明显非政治性的语境中：“那由诗歌带来的治疗／无法强制进行。”你能对此作些更详细的说明吗？

希尼：有些治疗在某种感觉上是强制性的——动手术，用抗生素和其他类似的手段。但还有另一些方式，挺神秘的——通过一个江湖郎中或一个医生或一个祷告者的介入。诗歌带来的好处类似于这种介入。

奥德里斯科尔：*在你自己的生活中它曾给你带来过好处吗？*

希尼：带来过，因为它证明了它并不仅仅是一种安慰剂。你也许可以说，它证明是真的。比如，在我刚刚写完《出自包中》后，我在都柏林的皇家外科学院做了一次演讲，题目是“完整之事”。我要弄了一下“完整（whole）”“治疗（heal）”和“健康（health）”这几个词的词源关系。我辩称“完整之事”可以像诗歌自身的定义一样运用，因此你所引用的说法——“诗歌带来的治疗”——已经在那相同的方向上前行了。我喜欢它的地方，它在诗歌中起作用之处，在于那种置身于未曾呈现的事物边缘的感觉，就像太阳就要升起之前眺望地平线。因自由联想，一种真实的事物被感知到。松散地交织在一起的事物。

奥德里斯科尔：*在《电灯光》诗集中你找到了一种牧歌形式——松散地交织的形式。*

希尼：戴维·费里译出了一个维吉尔《牧歌》的新译本，用英语拉丁语对照的方式出版，有一段时间我完全被它迷住了。我的拉丁语水平仍然足以感受到六音步诗催眠般的魔力。你在其中能遇到很多“诗音”。但同样打动我的还有维吉尔在严守传统诗艺时那种一丝不苟的方式。一个年轻诗人在追随着一种几乎对具体时代的实际情况怀有敌意的诗艺形式。有某种可辨认出来的东西在起着作用，一种穆尔顿式的抵制。维吉尔的《牧歌》提供了一种有效的方式，供诗人回答这个世界向他投掷过来的问题，所以我也照着写了一些我自己的诗。

奥德里斯科尔：汤姆·鲍林在给你颁发2005年爱尔兰笔会奖的授奖词中说，维吉尔的《埃涅阿斯纪》是你的“种子性的奠基性的文本”，你的全部写作就是一条维吉尔史诗式的旅途。你是有意识地走上这样一条旅途的吗?

希尼：并非有意识的。汤姆的说法很可能采自布莱恩·弗里尔在《翻译》中对《埃涅阿斯纪》的暗示。Urbs antiqua fuit，“有一座古老的城市”—— 吉米·杰克在剧中提及，古老的迦太基文明被罗马的军事强权击败，是该剧为如何看待英国—爱尔兰间关系提供的一个视角，它给一般的话语增添了一层维吉尔的维度。但确实有一条维吉尔的旅途经常出现在我眼前，那就是埃涅阿斯冒险深入地下的旅途。第六章的主题很多年一直在我头脑里盘旋——金枝，卡隆摆渡亡灵的渡船，前行去会见父亲的亡灵。

奥德里斯科尔：顺便问一下，你为什么提名汤姆·鲍林作为你获爱尔兰笔会奖的颁奖作家呢?

希尼：汤姆和基蒂是我们多年的朋友，到牛津去时他们都对我们特别好。尽管汤姆作为BBC“深夜评论”的评论组成员表现出很好斗也挺粗暴的样子，他也有非常温柔的一面。但他从未把他这一切融入爱尔兰场景中，这是一个很好的机会来扩大他的圈子——特别是笔会中的人们对他这样有着媒体吸引力的主持人很感兴趣。

奥德里斯科尔：如你所说，汤姆·鲍林在积极卷入争论、斗志旺盛这些方面都胜过你。他采取了——用最轻的措辞来说——一种毫不妥协的态度，比如，在关于巴勒斯坦领土上的美国犹太人定居者和T. S. 艾略特的反犹太主义的问题上。

希尼：基蒂·鲍林是印度人出身，鲍林家的孩子都要承受一份种族主义的偏见，因此汤姆在面对种族问题时，要比一般人对种族主义更敏感，更容易被激怒。而一旦被激怒，他就成了一个口无遮拦的人。这是一种命运般的性格。因为我知道他的这种性格受制于一种对正义的激情，所以对他在针对约旦河西岸的犹太定居者说了那些话后陷入的困境，我非常同情。那些话当然是“狂野粗暴的话语”，他没有为自己的话立即表达出悔意这点，也无助于问题的解决，因此他发现自己既遭回避又被攻击。但在汤姆的鲁莽中混合着某种道德的勇气。他喜欢引用威廉·布莱克论愤怒的话：“诚实愤怒之声是上帝之声。”这话可算鲍林的座右铭。

奥德里斯科尔：你提到一句引文可以作为座右铭这点刺激了我，我想问你一个问题，就是特德·休斯的一句话似乎在你身上得到了巨大的回应。他宣称一首真正的诗必须是“表现那控制我们生命的力量，我们身上最深的痛苦和决定”。这一说法在何种程度上契合你自己的认识？

希尼：完全契合。

奥德里斯科尔：你怎么理解这里所用的“决定”一词？

希尼：我相信他是在谈论你能忍受的限度，越过这个点就无法再妥协，是最后的道德底线，在这里你要鼓起你的勇气坚持到底。

奥德里斯科尔：你把《论他的作品在英语语言中》作为对特德·休斯的怀念，但它写成之时他还活着。

希尼：在《生日信札》出版前一两个月，有人送给我一份书稿，是费伯出版社的一个人私下给我的。我在去牛津的路上，要去莫德林学院工作一些日子，但我到了那之后，把大部分时间花在床上，通读这份书稿。我有一种强烈的感觉，我正潜行在一场文学长征中。我写下了大多数最终用于那首诗歌的诗行，在那紧张激动的时刻。我确实在1998年把这首诗寄给了特德，我甚至把它寄给了《纽约客》：他们请我写一篇《生日信札》的书评，我推辞了，但提出给他们寄去《论他的作品在英语语言中》作为替代。然而，我几乎立即又反悔了。

奥德里斯科尔：《生日信札》让你信服吗？它是不是像有人说的那样，有些地方很陈腐，还有那种通过神话化来自我开脱的努力是否并不让人信服？

希尼：没错，可以这么说。它是一大厚本的材料。它里面的很多东西是作为记录收入的，很多东西可以感觉到是设计好的。特德自己知道得很清楚，它是在不同的层面上运行的，不同于他所认为的正确的象征／创作模式。在我寄给他那首《论他的作品在英语语言中》之后他给我的一封信中，他明确地说：“我总是在想，我会在不经意之间写到西尔维娅，以某种拐弯抹角的方式，通过一些只是与之有些象征性联系的片段——真正的创造性方式。但它们现在全在那了。”然而，在这些信息背后有着巨大的情感压力。如果你把它和其他诗人的后期大系列诗相比——比如说华兹华斯的《教会十四行诗》或洛威尔的《笔记本》——它更能越出自身之外。这么说吧，如果这部诗集没写的话，休斯的诗全集中就会缺少某些必要的东西。

奥德里斯科尔：从长远来看，《生日信札》会不会更容易被视为传记性的而不是文学性的作品？

希尼：我不这样看。集子中的很多诗将保持它们的力量，因为它们很明确谈论的是有关诗的感召的事情。我无须思考，就可以举出《乔叟》和《陶制头像》，《挣扎》《显灵》和《言语自由》。你在此讨论的，毕竟是一位天才诗人的诗集。他可能没有高到极致的艺术要求，像休·麦克迪米德一样傲然——你知道，他把自己比作火山“不仅喷出火焰，还喷出成吨的垃圾”——但他有着同样的意愿，在沙龙中制造大骚乱。

奥德里斯科尔：对于这些诗如此受欢迎你感到惊奇吗？

希尼：它们如此受欢迎？媒体关注的热浪并不让人惊讶，评论家迅疾的反应也一样。有一种普遍的理解，认为这是一个诗人长久的沉默自然地打破了，这个诗人赢得了从情感和艺术的两难钳夹中最终释放自己的权利。这么多年来，如果他写他和西尔维娅·普拉斯的关系的话，他将被人辱骂说他是在利用普拉斯的生与死炒作自己；如果他绝口不提和普拉斯之事，他又会被人辱骂说他是在隐瞒事实或怀疑他试图隐瞒什么。事实上，这本诗集受到大众的认可这点又刺激了一些酷评家的激烈批评。

奥德里斯科尔：在多大程度上他决定出版《生日信札》是受到他感觉他正临近生命终点的影响？

希尼：这很难说。这本诗集出版于1998年1月29日。此前一年的夏天他被发现得了癌症。我记得那同一年五月的一个晚上，我和克里斯托弗·雷德、马修·伊文思一起站在费伯办公楼的台阶上，等他过来和我们一起去布莱顿。他和我要去布莱顿诗歌节做一次朗读：《学堂书包》刚刚出版，这是最后的推广活动。这时一个电话来了，说他病了，无法出席了。电话还提出一个请求，不要向公众提及他是因为病了才缺席的。我忘了我们是怎么处理这事的，但我们动身去参加诗歌节了。克里斯托弗·雷德代替了他在那次活动中的朗读。

说实在的，我当时以为特德可能只是腻味了这种巡回朗读，想躲避一下。过了没多久，我给他打电话，他用他那典型的直率告诉了我事实，他说刚切除了“一个肠内肿瘤”——一个结肠癌手术。但我差不多可以肯定他在此之前就已决定出版这本诗集了。他偶尔谈起过他在写的这本诗集的可能性——早到1980年，那年他给了我那首《你痛恨西班牙》用于我编辑的《犁铧》特刊。同样，那年他在《伦敦书评》发表了《陶制头像》。他的得病只是巧合——非常残忍——与他自信的顶峰同时到来。但他随后的化疗非常成功，下一年的六月我们在都柏林见到他和卡罗尔时，他的头发都长回来了，他的身体状态非常好。

奥德里斯科尔：那是你最后一次见到他？

希尼：没错。九月下旬我就去了哈佛，不知道他的癌细胞突然又出现了，转移到了肝脏。当他去世的消息在十月末传来时，我感到非常震惊。我们及时赶回来参加在北道顿举行的他的葬礼。

奥德里斯科尔：六月那次会见时你有感觉这可能是最后一次吗？

希尼：那是个星期天的下午，特德和卡罗尔没告诉我们，直接就出现在了门口。他们都满怀快乐，看起来非常健康。他们决定来都柏林做一次短期的休闲之旅，同时也见见特伦斯·麦克考菲——特德剑桥时期的老朋友，后来就是他主持了在威斯敏斯特大教堂举行的纪念弥撒。在我看到这两口子时，我突然有一种迷信的感觉：特德是在“看最后一眼”。这感觉多多少少被眼前这个人的康复和力量驱散，但我没法彻底消除这种感觉。

奥德里斯科尔：他说过什么表明他和你有着同样感觉的话吗？

希尼：完全没有。玛丽和我正在给我们的房子做些扩建，整个地方弄得一团糟。我们谈了很多，关于把书和文件清理出去，在一个新的空间进行一个新的开始——部分是因为特德刚刚运送了一大批文件给埃默里大学。我记得一句典型的特德式的评论，在他看过我们搭建的房子的形状后——那是一个奇怪的从主楼四面伸出的形状，他说：“任何呈八角形的扩展都会使你们的房子看起来像一座塔。”我仍然发现有些鼓励的味道。他的话语里经常带有一种安抚的品质。

奥德里斯科尔：他还有别的让你记住的话吗？

希尼：很多关于作家的话。我把他描述的与托马斯·斯特恩·艾略特见面的情形写进了《严厉（斯特恩）》这首诗中。他说那就像站在码头上看玛丽女王号的船头向你驶过来，“非常缓慢”。他有一次告诉我，罗伯特·弗罗斯特看起来像黑猩猩：身躯很短，手臂很长，手掌很大。他说莎士比亚是个瘸子，阿登家族收藏了他的拐杖，代代相传。我总是记得他引用并嘲笑 J. B. 普利斯特里给年轻作家的劝告，“别给任何人干任何事”——意思是你应该避免零碎的工作，只做一个作家该做的事。

奥德里斯科尔：你觉得休斯和他的作品在何种程度上被公众对他的看法所摧毁？那些固执己见的人把西尔维娅·普拉斯的自杀归罪于他。要是他能完全摆脱她的阴影的话，他会不会成为一个不同的，也许更好的诗人？

希尼：我真不愿推想这个问题。“摧毁”是一个很严重的词，无论是用于他这个人还是他的作品。如果你选取一些他很鲜明的早期诗——比如，《水獭》或《摩西公牛》——你就有一幅年轻休斯的诗歌意识的画像了，通过它可以看出他相信避世和忍耐是应对生存状况的合适方式。正如通常的那样，年轻诗人不只是在阅世，而且直觉地被引向一种宿命，并为此准备着。他沉迷于一战，沉迷于他父亲在战壕中承受的创伤，认为他约克郡地区的家乡在为那“失去的一代”哀悼——这看来是在凸显一个痛苦之地，并在自身之中准备某些致命事情的降临。

我并不是说他的生活和诗歌没有遭打击至歪斜，或他没有忍受内心伤痛的纠结与追逼。你可以说《乌鸦》和《喜乐歌》是艺术性被摧毁的证明，但你也可以说是控制毁灭的勇气的证明。它们显示了休斯放纵的一面，这来自早期像“听着地平线的忍受”这一行诗中的修辞。它们表明他放纵的一面和他受伤的一面并行共进，产生了一种无情的狂野。它混合了赞美诗作者的《出自深渊》和叶芝的领退休金的老人：“我冲着时间的脸吐口水/它把我的身体完全改变了。”

奥德里斯科尔：好吧，不论是否被摧毁，休斯确实有他的缺点——这些缺点之中据说就有金钱方面的精明和吝啬。

希尼：我没看到他有任何一点吝啬之处。相反，他为人慷慨大方，和朋友一起时乐善好施。如果你把一个专业的自由作家的长期习惯称为精明的话，我想你可以说特德在处理他的职业事务上是精明的。但是这个词所带的那种贬低的意味是完全错误的。特德和西尔维娅一起开始他们的生活时几乎是身无分文，好些年，只是挣一点酬金和版税，数额非常小。特德从未有过驻校或挣钱的美国巡回朗诵。

在八十年代，他有机会获得一次性的不错报酬，去做他一直做的工作——教育，给高中生朗读，诸如此类的事——他抓住了这个机会，这做得很对。一个人五十多岁了，依然靠文学挣点钱——这完全合适，近来也是这样的。我记得唐纳德·戴维曾说过特德对钱太贪婪，我认为他这么说太不合适。他这么说和特德偶尔出的限量版豪华版本有关，但再说一遍，这些只是糊口的手段。作为一个收入很高的美国教授，嘲笑作家团体中另一个尽自己的最大努力去多挣几个小钱的成员，这实在是居心不善。

奥德里斯科尔：你最后终于感觉能完全轻松自如地和休斯交往了吗？还是年轻时对他的敬畏一直在持续？他是你在诗人之中

最亲密的朋友吗？

希尼：他是给我鼓励最多的人，是最能凭直觉就理解到我的诗是出于什么而写和我是怎么写的人。在后期，我确实感到在他面前完全轻松自在了。但没错，从最初起，我当然是个比较害羞的人。即使这样，一直到最后，和他在一起时我依然有一种荣幸感。在我和他的关系中有一些非常根基性的东西。这在个世界上，他的作品和他存在的方式给我一种安全感。这点赋予了我们的友谊一种超越个人关系的维度。

奥德里斯科尔：你前面提到了《学堂书包》，但我想问一下你《玩具书包》的事，你和特德·休斯编选的第一本诗选。它是受人委托的还是你自己的点子？

希尼：早到七十年代，查尔斯·蒙特斯就有一个想法，玛丽和我应该编一本诗选，书名就叫《费伯青少年诗歌读本》。当时我在克里斯福德教育学院英语系教书，玛丽则在做兼职老师，我俩因此看起来肯定是很适合干这事的人。好些年过去了，什么也没编成，而玛丽对此事也不是特别热心，于是查尔斯就提议我和特德合作。这大概是1978年左右，因为我记得1979年春天我在哈佛大学时，在拉蒙特图书馆的诗歌借阅室我为这本书做了一番系统的阅读。

奥德里斯科尔：你和休斯各自独立工作？

希尼：在开始的时候是这样。每个人选他自己那堆诗，列他自己的诗歌选目，开始的时候每个人独立工作，然后，我们花了好多时间一起来完成整个工作。最后，这工作衍生出一项很愉快的任务，就是评判1980年阿尔冯诗歌竞赛。在那一年中，我们常常见面，阅读、筛选、作出选择和列出候选名单，把所有这一切做好之后我们就开始编排最终的内容了。

奥德里斯科尔：《玩具书包》怎么会略去一些诗人？里面没有乔治·赫伯特……

希尼：也没有弥尔顿，没有德莱顿，也没有蒲柏，没有格雷，没有怀亚特……我们理所当然地认为青少年对这些诗人多少有些了解，因为他们都被列入了学校的教学大纲中。因此，决定我们的要点是与之岔开，进入别的领地。正如我在《学堂书包》的前言里所说的，《玩具书包》从未想要成为经典作家名字的清单，而是某种诗歌嘉年华模样的东西。它的意图是能吸引人，一本对孩子们说话的书——也对成年人，就吸引人这点来说——“诗歌并不是那么吓人的，你不应该对它感到胆怯。你也能找到一条进入它的正确道路，你是能享受它的”。但说这些它并没降低自己以俯就读者。它所选的诗有着艺术的整体性，且来自各个时代。如果我们选约鲁巴歌谣，我们也选叶芝。如果我们选奥格登·纳什，我们也选莎士比亚。如果我们选贝杰曼，我们也选布莱克。

这本书尽管有落空之处，但仍然比很多用于课堂的教材更深入地致力于教人诗歌。那类书中有很多以设想出的学生兴趣为指导原则而不是诗歌本身。他们大量选用很多据说可以吸引学生的当代材料，因为“反映了他们的经验”。但诗歌的赠予之一就是扩展和迷惑，另一赠予是深化和领悟。经典之作不应该被忽略，它就像箍住当代这一木桶上的桶箍。

奥德里斯科尔：《费伯青少年诗歌读本》这个书名后来怎么样了？

希尼：在我们把目录做出来之后，这个题目在最后一刻被弃用了。虽然这个决定很晚才作出，但作出得非常迅速、明确。我们一直觉得最初的书名有点太呆板，想要另取一个书名。费伯很高兴地接受了新的书名。

奥德里斯科尔：《学堂书包》呢？

希尼：这是我的主意。《玩具书包》一出版，我就着手编第二部诗选，根据不同的目的，用《学堂书包》这个书名。我想要用一种按文学史选编的东西来补充第一本诗选中任意的、异想天开式的选编。《玩具书包》赋予每首诗一种随意的、一次性的、一首是一首的活力。但我也想能把一首诗放入整体之中、传统之中来确认它。我后来引用罗伯特·弗罗斯特的话说，第一本诗选把诗歌看作“儿童游戏房里的玩具”，第二本把诗歌视为叶芝式的“灵魂壮丽的纪念碑”。特德也很喜欢这一构想，不过他的意思是把这第二本叫作《装备包》，因为装备包里面装满了旅行所需的所有必备之物。但我半开玩笑半认真地对他说，我接受不了装备包的帝国联想。它让我想起戴着软木头盔、穿着短裤的英国人，挥舞着他们趾高气扬的手杖。

奥德里斯科尔：你最后限定所选的每个诗人只选一首诗。决定哪首诗是一个诗人的代表作是一项艰巨的任务吧。

希尼：那当然。事实上，这点后来被证明也是这项工作最大的奖赏——对每个诗人的作品挖掘来挖掘去，重新发现。比如，这真是一件乐事，把蒲柏的《致阿巴斯诺特书》像一只猫一样放在诗歌写作班的鸽子们中间。把托马斯·摩尔的一首诗放在贝杰曼写摩尔在威尔特郡的墓地的诗旁边。让世界注意到《苏格兰圆扁帽》，把它介绍给阿拉斯代尔·麦克尔海斯特尔·阿拉斯代尔。我还可以继续列举下去，但我已经在前言中把整个的目的和过程全都写下来了。

奥德里斯科尔：你也在2002年的一次演讲中谈到过这本书，那是在威尔士亲王（查尔斯王子）暑期学校中做的演讲。我想问一下你和亲王的关系。特德·休斯去世后，是他来找你的，还是有人把你的名字推荐给他，让你做桂冠诗人的候选人？

希尼：威尔士亲王没有来找我，虽然在特德的纪念弥撒之后我就和他有过短暂的会见——那是在威斯敏斯特大教堂的门廊，和休斯家的其他成员一起。在那个场合我也见到了他的女王母亲，同样很短暂。女王非常喜欢特德，他和查尔斯王子的儿子们关系也很好。他花了不少时间在巴尔默拉尔周边的河里钓鱼，因此他们有大把机会互相认识。

奥德里斯科尔：报纸上传闻有一段时间你和威尔士亲王的关系很亲密。这是真的吗？

希尼：我在威斯敏斯特做了纪念讲话之后，他给我写了一封信，后来我和他在都柏林的英国大使馆一起吃过一次饭，最后我在他的暑期学校里为英语和历史老师做了几次讲座。在其中的一次暑期学校期间我又和他很短地见过一面，那是2002年，在招待会上。他和画家德雷克·希尔是非常好的朋友。我想他从德雷克和特德嘴里知道我是一个很好接触的人。是的，我们一起时，他平易近人，也很机智。

奥德里斯科尔：你没有接洽过桂冠诗人的事吗？

希尼：有过一些。我参加了一个特德委任的委员会，帮助提名获女王金质诗歌奖章的诗人。因此，这些年来和白金汉宫里负责这事的人有一定的接触。我记不清楚桂冠诗人的选取是怎么提出并讨论的了，但我记得我给那位官员写了一封信，提交了一份长长的候选名单，按序排列着我认为适合的诗人。

奥德里斯科尔：这期间，有没有人明确地请求你允许把你自己列入可选作桂冠诗人的名单之中？

希尼：有些人，我猜他们是受做决定的人的委托，直接问我是不是有兴趣——比如，马修·伊文思，他那个时候是费伯出版社的头。我从他接洽这个事情的方式猜测他很可能与王宫有联系。既然我们谈到了王宫，我可以和你说件事。就在这事处于传闻之中时，我被邀请进王宫吃午餐，我去了。很显然——在一年的六个或八个月中——女王和爱丁堡公爵每个月举行一次午餐会，各种各样的人因各种各样的理由被邀请参加。我猜我被邀请是因为我是特德的朋友，而现在桂冠诗人的头衔还空着，也许是因为想要包括一点爱尔兰因素，因为当时我们刚签署完耶稣受难日协议。不管怎样，因这些理由我很高兴地接受了邀约。

奥德里斯科尔：你是唯一的客人吗？

希尼：我的天，怎么可能。大约有十二个人。有一位在英国监狱部门职位很高的妇女。克里斯托弗·布兰德爵士，BBC的董事会主席。一个来自卡迪夫大学的工程师，他发明了一些用于汽车发动机的新技术，他是公爵想见的人。但我被安排坐在女王陛下的左边。她花了前半顿饭的时间和她右边的BBC董事会主席说话，然后才轮到我。

奥德里斯科尔：你们谈了些什么？

希尼：谈了我们的前总统，玛丽·罗宾森和我们的新总统玛丽·麦卡利斯。谈了特德。谈了那些温驯地待在餐桌下，她一直在喂的狗。谈了比利·康诺利在电影《布朗太太》中的表演。诸如此类的事情。

奥德里斯科尔：她没有提起桂冠诗人的事吗？

希尼：她没提起。不过我猜这事潜含在所谈的其他事情的某些地方。即使如此，我也不可能接受那个头衔。最显而易见的理由是我可能写不出它所要求写的那类诗。

奥德里斯科尔：她曾提及《一封公开信》中的诗句“我的护照是绿的／但我们的酒杯从未举起来／为女王干杯”吗？

希尼：没有。这点她让我有些失望。

奥德里斯科尔：要是我现在可以把话题从英国女王转换到女王英语的话，我想问一下你，在你对诗歌的发现中，你在《真正的名字》里描述过的学校的莎士比亚戏剧演出有多重要?

希尼：在黑下来的大厅里上演的全彩演出，穿着戏服的角色，装扮和制造不同情境，在舞台灯光下，这些是真正奇异的珍稀时刻。但我无法肯定我能分出这到底是诗句的效果还是整个戏剧带来的冲击。事实上，在白天的教室中，在英语课上听莎士比亚戏剧的朗诵，我能更强烈地感受到他诗歌的魔力——我在《真正的名字》中描写过这种情景，就是老师叫卡索尼扮演洛伦佐，读《威尼斯商人》第五幕开始部分的那场爱情戏。那是我在圣科伦巴公学读三年级的时候，差不多十四五岁，刚开始变得敏感。“在这样的夜晚／狄多手拿一根柳枝／站在荒凉的大海边召唤／她的爱再次漂浮着来到迦太基。”

奥德里斯科尔：你自己参加过莎士比亚戏剧的演出吗?

希尼：没参加过。我是两次演出的观众——在圣诞节，我想，在学校的二、三年级时。一年级时是轻歌剧——《山中少女》，后来是《阿卡德人》。我演一个小角色——说话的角色，因为我是一只乌鸦，在《阿卡德人》中。

我第一次登台演出是因《国王的游戏》——一部西区滑稽剧，讲一个男管家同时也是一个私底下的赌注经纪人。我演这个男管家——在剧中叫贝茨。一年后我演了一个怒气冲冲的印度军队上校，在另一部这样的滑稽戏中，剧名叫《私人秘书》。有一次我作为《了不起的克莱顿》中的担纲主角排练了几个星期，但因为某些原因，这部戏从未正式登台演出过。

奥德里斯科尔：你是在圣科伦巴公学第一次接触到演出和演

员的吗？

希尼：实事求是地说，我第一次接触戏剧是通过莎士比亚——事实上是叶芝——称之为表演者的那些人。有一个巡回演出剧团，临时组合的剧团，叫火花剧团的，每年都来我们前花园山脚下小小的古爱尔兰骑士团礼堂演出。这座镀锌铁皮棚屋是当地的爱尔兰乐队用来作“游行日”演出的排练场地，当地人叫它“锡棚屋”。这很精确。它里面的长凳上能坐下六七十个人。火花剧团一来，凳子就会坐满。海报会贴满电报杆、门柱和谷仓门，广告词是：“戏剧和小品，现场演出，各色表演。”嗡嗡的议论声传遍整个乡下。

他们演出轻喜剧，像《红色谷仓里的谋杀案》，或把悲惨的民谣改编成戏剧，像《诺林·鲍恩》或《移民的诅咒》，或基于罗伯特·艾米特的造反、被俘、处死编成的历史剧。但最主要的是他们给小镇带来的放荡，肉体的诱惑和色彩的绚丽。剧团的头是老林奇，我们都叫他老火花——他主持演出，通常负责报幕，穿着紫色夹克，带着绿色领结，全身上下色彩油亮，油嘴滑舌。然后，是戏剧结束时的各色表演——林奇的一个女儿或儿媳妇，穿着网眼丝袜，喉音浓重，全露的乳沟和折叠手风琴，全都跑上来汇成欢乐的狂欢。这是在没有电灯的时代——正如我说过的，是更接近《哈姆雷特》时代发生的事而不是好莱坞时代发生的事。

奥德里斯科尔：锡棚屋里看戏的经验有没有让你产生表演的抱负？

希尼：完全没有。它倒是吓着我了。我记得有一个小品，讲一座鬼影出没的屋子，一个鬼魂裹着床单伸出长长的手臂，一直伸到前排座位，抖动着衣服。它一直缠绕在我头脑中。虽然我们就住在礼堂旁边，但我们还是要走过一百多码远的漆黑小路。

奥德里斯科尔：在圣科伦巴公学的登台演出就更广泛的意义来说，给你带来了什么好处？

希尼：它肯定让我更自信了。我挣脱了自己，享受着搞笑。在这之后我在同学眼中留下了一种新印象，我被认为不像看起来那么正经古板了。

奥德里斯科尔：这肯定也有助于你做一个公共演讲家和诗歌朗诵者吧？

希尼：就作为演讲者来说，也许是有帮助。因为通过演戏我有了站在观众面前并能扛住的经验。但作为诗歌朗读者来说，没什么帮助。我想我是到了七十年代才开始读得让人信服，带着某种适当的个人特性。教会我这么做的人是特德·休斯。特德严格控制在他的本色声音的音调中，一般总是忠实地保持他的本色口音。显然，要是他没南下去剑桥和伦敦的话，他的约克郡口音将会更重一点，他实际的口音仍然很接近丹麦区抑扬顿挫的音调。他能发出他内心的声音而不过分至逢迎讨好。当他读出他的诗歌时，好像他是在回到他诗歌中而不是在背诵他的诗。听他朗读后让我自己也想要这样去读诗。

奥德里斯科尔：在你自己家里，是不是有很多"诗歌背诵"？

希尼：在家里，我听了很多民谣，并如此去背诵，在一些场合，我也被要求这么做。我的父亲总是喜欢我背佩西·弗伦奇写的《四个法雷利》，关于一个农业巡视员的喜剧民谣，用北爱尔兰农民的腔调。后来，家人都特别喜欢我说这个故事，一部分原因是这故事非常幽默，但最重要的是因为我是从我父亲的老堂弟，帕特·麦克古钦学会它的。帕特有点大舌头，我会模仿他的大舌头，还有他背诵巡视员对农民讲话时的戏剧性的站姿。“你的母鸡，先生，应该喂胶水，/一种很好的东西，可以让它们坐着不动；/你的小鹅也应该穿上长筒靴/以免它们的脚踝被弄湿了。/你的奶牛，我敢肯定，/也没有得到妥善的照看，”他说，“你挤出的牛奶非常差/与它应该有的质量相比——”诸如此类的一种家庭娱乐。

奥德里斯科尔：你的家族词汇，或者至少来说阿尔斯特方言的词汇怎么样？比如，在《区线与环线》中，有 braird（亚麻幼苗），hagging（施魔），súgán（草绳），snedder（切碎机）。早在《北方》中，你就用过 coomb（峡谷）；我记得听你说过这个词对阿尔斯特一个小地区有着特别的意思。这是不是意味着，在某种感觉上，你的第一和理想读者是本地人？

希尼：理想读者是一个会体验到陌生感的人——但同时也受到吸引——对那些词语的声音特质。本地人的感觉会非常不一样：会有种因在家般熟悉而来的惊讶，而不是陌生感。

奥德里斯科尔：那么，一般读者，和理想读者相对，如何着手呢？是把那些词作为怪异、难解的文字看待，还是希望在一本特别的阿尔斯特词典中查到这个词的含义？

希尼：这由读者决定。我相信即使在他们词汇的鞋子里有一两粒沙子人们也能活得很快乐。在词语的使用上我没有一套政策——在我的头脑里没有一个官方的语言监管者行使一套统一的规则。这是因地制宜的事情，完全取决于一个词是不是适合一个特定的语境。当我在《跟随者》一诗中回避使用 wrought（干活）而选用 worked（做工）时——"我的父亲用马拉犁做工"，我可能在潜意识里感觉到不管愿意不愿意，它都会或多或少地被以政治化的方式解读，不能为了讨好而降低语言。那样的话，意思就是："看我，我说干活，我属于耕种的农民阶级，我知道他们的语言。"这种政治正确，是老套作派。

奥德里斯科尔：在《电灯光》诗集的题名诗中，轮到你为一个很少见的词语——你外祖母的 ails（病痛）——感到不安了。

希尼：我永远不会忘记那种无所归依的感觉，当我的外祖母问我"你有什么病痛吗，孩子"。《电灯光》一诗的开始就写她拇指指甲上的一道很深的伤痕。据说是她当姑娘时的一次严重的甲沟炎留下的。从一开始，我就对它感到惊惧。如果这首诗被拍成影片，那么一开始银幕上就必须是这"起皱珍珠"的特写镜头。因此，在我开始想外祖母时，就出现了 ails（病痛）一词的异常与奇怪感——在我成年的耳朵里，全是纯正的英语。它让我想起第一次英国之旅，坐渡船和火车去伦敦，那个夏天我和其他毕业生住在西克伦威尔路的一套公寓里。

奥德里斯科尔：就是在《真正的名字》中所回忆的那个夏天？

希尼：没错。在《真正的名字》中，我写到了在摄政公园一次露天演出的《第十二夜》。但在《电灯光》中我记起的是参观南华克区——

因为坎特伯雷的朝圣是从那里出发的，从徽章客栈出发，当然，环球剧院也在那里。我的英语课给我很大影响。因此，你在伦敦会得到它的回应和再回应。T. S. 艾略特在他的《荒原》中引用圣奥古斯丁的话："那时我来到迦太基。"我或多或少引用了艾略特，当我在"英语"部分的结尾写道："我也来到南华克区，/从地铁口进入阳光中，/莫耀拉在泰晤士陌生的河岸呼吸。"

奥德里斯科尔：在圣科伦巴公学的最后一年，你们英语班就只剩下四个学生。怎么就成了这个样子？

希尼：我不太清楚。那是一个高中班，由西恩·B. 奥克利授课，他当时对我们影响很大。我们四个人得返回去再考高三证书。我相信我们早一年就已经全部达到高级英语水平了，但因为我们被认为还太小，还不能直接上大学，于是我们延期了。也许是那年的教学大纲修改了，也许是校长认为我们是群聪明的小家伙，应该单独编一个班。但不管是什么原因，谢默斯·迪恩、帕迪·穆拉基、米歇尔·卡索尼和我在六年级的整个一年里享受着导师指导的教育。

这个班决定了我选择英语作为大学学习的专业。它加深了我的诗歌感受，扩张了我的诗歌知识，当然也帮助我开始"涂写诗歌"。比如，我们每个人都背会了大量的经典诗歌。这部分是因为西恩·B. 奥克利布置了背诵的段落，部分是因为我们对选定的文本极为投入，我们无须死记硬背就都记住了。到了结束那年，我几乎可以不看书就复述出《哈姆雷特》中的每一幕。我能一个接一个地复述乔叟《坎特伯雷故事集》前言里提到的那么多朝圣者的肖像。还有整个的华兹华斯和济慈的诗，这其中华兹华斯的部分毫无疑问对我有长久的影响。我对《米歇尔》和《决心和独立》这些诗的领悟，对《抒情歌谣》序言的深度熟悉，在我此后的一生中一直影响着我。

奥德里斯科尔：你能说说奥克利这个人吗？

希尼：他在都柏林大学学院获得硕士学位。他有一种很敏锐的文学感受力，很精微又很超然，不同于其他绝大多数老师。他既能深入其中，又能置身其外。他确实喜欢他所教的东西，他的课堂教学方式中既有严格的一面，也有随机与自发的一面。他的个人怪癖也被我们咬住不放。比如，他有一个外号是“吽呃”——这和他问问题时的行为有关。他会加上这个审问式的“吽呃”，有点像放大版的法语词：hein（嗨嗯）。比如：“滑稽性格的确切含义是什么，吽呃？”他在学校的人行道上一蹦一跳地走着，在教室前面来回穿过，他通常玩落袋撞球——用当时的术语说。但他身上最主要的是激情与专注，专注于他所教的东西和他所教的人。

奥德里斯科尔：《身体和灵魂》中提到，你夜里还在学校草坪上锻炼。这显然是学校布置的锻炼——非学习的那种——该在白天做的。

希尼：在夏季学期，运动会前的几周，高年级学生允许在晚祷后锻炼半小时左右。这是我最难忘的校园记忆之一，凉爽的空气，刚修剪过的青草的气息，其他跑步者的呼吸声和奋力奔跑，他们穿着白裤和足球服的身影闪着微光。那些是我们的白夜，空气中有种仲夏的魔力——那时这种感觉更强烈，因为我们很快就要回家过暑假了。

奥德里斯科尔：但是，我挺好奇，在圣科伦巴公学，正如有身体的白夜，难道就没有灵魂的黑夜吗？比如，你没有因整个爱尔兰天主教教学规章强调肉欲与不贞的罪恶，而承受着痛苦？

希尼： 我经受了很多苦闷。有关欲望的，罪恶感的，对忏悔的恐惧的，天主教青年通常的伤痛。那一切都那么隐秘和私人。就我的记忆所及，我们中间没有关于手淫的玩笑，没有把它作为一个共同的烦恼而接受，没有在谈话中触及禁忌，因此没有用幽默或下流语言的方式来化解焦虑感。我们都被吓住了，因为我们完全不明就里。一旦你能拿手淫开玩笑，你就摆脱了教义问答，获得某种独立性和坦白性了。我一直到上女王大学后才获得这一切。大学时，不管相信还是不信，我是在与来自科朗格乌斯耶稣会学校的两个医学生的交往中，学会这些的。他们比圣科伦巴公学的“产品”对人事要懂得多，他们的态度更成人化，某种程度上，他们的腔调也是。

奥德里斯科尔： 你和女生的关系怎么样？

希尼： 我在上圣科伦巴公学时，有你也许可称之为青春恋的交往。通信，夏天夜晚的渴望，偶尔的相会；但没有幽会，没有坦率的亲密或接触。在女王大学低年级，暑假时我很矜持地骑着自行车到巴恩河岸绿草茂盛的地方，但也就如此而已。她是个“漂亮的女孩”，“善良的女孩”，非常吸引人但保守自持。在女王大学，我们很多人都过着一种调情但严格的非肉体关系的男女社交生活，很迷恋，有时结伴参加正式的舞会。我慢慢地越过了那个阶段，用个更好的词来说，就是“搂着脖子”亲吻的阶段，在德里郡家中的西里舞会之后。最后是和一个女同学有了更稳定持久的热恋关系，前面说到过的。如苏格兰人说的“严肃的关系”。

奥德里斯科尔：在《蕨菜》一诗中你的日本朋友认为性爱是诗歌的属性。

希尼：他说得对，但问题是，如何让它进入诗中。它出现在——再次以禁欲的方式——出现在像《区线与环线》诗集中的《泰特街》这样的诗中。或者更隐晦，也许也更生动地，出现在《莫玉拉》一诗中。《莫玉拉》是写一条被污染的河的，但是在那场景中也写到了一位河中女仙，漂游在词语和河水中。其中的性爱欢乐恰如其中的生态忧思。

奥德里斯科尔：从《在外过冬》诗集的《雨的赠礼》一诗中读者知道了德里郡的莫耀拉河（River Moyola），那“黄褐色的粗嘎的河水／拼说着自己”。莫玉拉（Moyulla）和莫耀拉是什么关系？

希尼：我想把元音从“ola”变暗为“ulla”以暗示生态环境的恶化，这些年来河水的污染——多年前亚麻池排出有毒的废水，五十年代雀巢在卡斯尔道森建起奶粉厂后开始排放的废水，还有一直在排放的农业废水。《莫玉拉》是一首赞颂诗，但它也非常敏感地意识到绿色环保问题。因此，就这点来说，它的漂流也是政治性的。如果这首诗需要一句铭文的话，那就用霍普金斯的话：“在事物的最深处保有着最亲爱的新生。”

奥德里斯科尔：你认为诗歌在改变人们对环境问题的认识方面能扮演有实际意义的角色吗？过去你认同这样的观点：诗歌无法阻止一辆坦克。因此，我的问题是：一首诗能阻止一辆越野车吗？

希尼：我想问题自有它自己的答案。而且，实际的情况是，环境问题已经在很大程度上改变了诗歌的意向。再者，这是一个觉悟程度的问题，诗人和读者在意识地平线的范围之内相互作用。有些人，像加里·斯奈德和爱丽丝·奥斯瓦尔德，对于他们，这些问题是非常明确值得关注的。但在目前的阶段，无人能对自然的自我更新能力抱有霍普金斯那样简单的信任。如果菲利普·拉金在他诗中写今天的水的话，他仍然可能会以敬畏的调子作结："在东方举起／一杯水／在那里，来自各个方向的光／将无穷无尽地汇聚。"我想我是在说对抗确实是抒情诗的一部分。

奥德里斯科尔：相比于《电灯光》，是不是《区线与环线》写起来更愉快一些？我有一种感觉，你正回到类似正常工作状况：诺贝尔奖已经过去，你的国外旅行义务也减轻了，又回归格兰摩尔乡舍了。

希尼：你说得对。《区线与环线》是和一段一心扑向诗歌的日子联结在一起的。在格兰摩尔乡舍，我得以更专注、更孤单、更投入在写作之中。对于材料，总是有不同的触发与耦合方式。对于我，就是要被一种唤醒机制惊醒——一个主题，一段记忆，一个意象，一个词。甚至一张照片。《芜菁切碎机》——写一种把芜菁轧碎、切片的机器——是献给艺术家休伊·奥多诺的。在一个艺术展览编目中，他把一张这种机器被一堆芜菁环绕的旧照片收入了进去。在我看到这张照片的那一刻，我感觉到了那铸铁，那抓地的姿态，那把手上的木柄。我整个被这感觉裹挟走了。

奥德里斯科尔：你是不是有意地寻求过那个唤醒机制的启动，

如通过翻阅一本家庭相册，听一段让人回味的音乐，把玩一些让人浮想联翩的工艺品？

希尼：我从没刻意这么干过。这没有用的。偶然因素，惊讶因素，那种“哇”的因素很重要。另一方面，有些事情在你的记忆中已经存储多年，比如，《爱荷华》这首诗。它源于我所看到的一个景象的记忆。那是我在一个下雪天的下午，沿着高速公路开车，经过爱荷华州时在那玉米地中看到的。爱荷华州的那一带是门诺派教徒的聚居地，这个基督教教派所拒斥的东西中，包括婴儿受洗。这本诗集的最后一首《格兰摩尔的乌鸫》，包含了一段对我的小弟弟克里斯托弗的记忆。我第一次从圣科伦巴公学回家时，他刚两三岁，他真的在院子里滚来滚去地戏耍、玩乐。那情景一直停留在我的记忆中，直到五十多年后才进入到这首诗中。

奥德里斯科尔：《区线与环线》中最不寻常的部分是散文诗——其中的一些改编自本书。这种形式我们已经在《斯泰森岛》诗集的讨论中谈到了。《斯泰森岛》之后几十年了，你没能在更传统的诗歌形式中找到而继续在散文诗中寻找的是什么？

希尼：法国早期散文诗很依赖于姿态。它是高度文学化的，高度自我意识的。我在《斯泰森岛》中也朝这个方向走了几步。我挺享受这种姿态化，但我同时也不太信任它。前些年，我写了一个系列，称之为“个人游”。在《区线与环线》中有一些样品——其中一首是《乘车者》，另一首是《一个圣诞节的早晨》。还有其他的“时光之点”——大约十二或十四首——足以编成一本小册子。但我对它们的信任丧失了。我想《区线与环线》所选的是作为一类样品收入的，或者你可以称它们为实验。

奥德里斯科尔：对你来说实验有多重要？

希尼：每一首诗都是一次实验。但实验主义诗歌不关我什么事。那是先锋派的名堂。它们基本上是反对我写的那类诗的。至于我所在意的诗歌中的实验，发生在诗歌把你带往理性所不能预先确定的地方的时候。关于这点，我有一个老卡通片中的情景：唐老鸭和米老鼠风驰电掣滑到了可怕的悬崖边，想停下但就是停不住，然后飞出了悬崖边缘。一首好诗也是如此，它要稍微越出一点，让你在空中漫步。

奥德里斯科尔：在我们谈论记忆诗，“时光之点”，这所有的一切时，我不想忽略一点，那就是《区线与环线》中也收入了很多这样的诗——包括前面提到过的《一切都可能发生》，这些诗都是源于当时的政治事件。很明显，你并不想让阿尔斯特停火协议免除你继续承担一个政治诗人或写与战争相关主题诗的评审义务。

希尼：很多年前，七十年代早期，我读过罗马尼亚警句作家、散文家、哲学家 E. M. 齐奥朗的书《存在的诱惑》。那本书中有一个段落——一段非常漂亮的观察，我一直记在心里，现在我把它背出来作为对你的问题的回答。它出自《存在的诱惑》中的一篇散文，题目是“关于命运的一个小理论”。它说：“每天叹息，每天感受着不幸，每天发出强权国家暴行下的弱小民族的哀叹！但是，让我们小心一点别怨诉太多：用我们一贯的苦难和失败去反对世界的混乱，这其中不是有一种安慰吗？在全世界的业余爱好者面前，难道我们没有因为拥有一种专业的能力，尽管带着痛苦，而得到安慰？”

至于北爱尔兰，一直有着它一贯的痛苦。但我们现在要应对的是世界的混乱。《来自良知共和国》是一个小寓言，关于我们每一个人的义务。我们都是“良知共和国”的公民，诗的最后一行：“从未有过一个大使被替换过。”引用《迈锡尼瞭望台》：“没有这样的事物/比如天真无辜地/袖手旁观。”在哈佛的十四年中，我认识到了，在美国，它的感觉和他们的感觉会有多么的不同。两个特别的事件作为一个结果被记录下来：一个是世贸大厦的双子塔被攻击，第二个是伊拉克和阿富汗的垮台。你无法分辨作为时代产物的你的处境和作为一个文人的你的行为之间的区别。

奥德里斯科尔：《春天的托兰人》这首诗似乎也和当代社会环境相关。

希尼：在写完《托兰人》四分之一个世纪之后，写《春天的托兰人》时我想象的是一个铁器时代的人，被保存在日德兰的泥沼中，在博物馆的展示柜中醒来，然后他走了出来，像“我们中的一个陌生人”走在一个虚拟现实的真正污染的新世界，走在一个暴力的和公共语言受到污染的世界。

在让他复活并穿行在虚拟的城市之后，我有了一个想法，就是把他送入伦敦地铁站。这最终写成了两个部分，他回到地下，进入到隧道中，坐上疾驰的地铁。但在这些东西里我感觉——特别是在他遇到街头艺人这个插曲中——有点过于特别了，并且和别的部分相比，自传性太重了，因此，我本能地把它们分出来，变成一个单独的部分。不知你是否记得，我还受到了你的鼓励，要我听从自己的直觉。

奥德里斯科尔：题名诗《区线与环线》以及你刚提到的“单独部分”，与2005年7月7日伦敦地铁爆炸案之间，有没有一种有意的主题联系？

希尼：在组成《区线与环线》的五首十四行诗中，那个说话的人物是一个脱离了自己所置身的人群中的人——他发现自己就在人群中。这一点部分是因为我记起了第一次坐伦敦地铁的我，那个年轻人，那另一个我，那个不那么自在，相对后来的我更焦虑的、错位的人。但诗中的不安之感也在于这个人头脑中回旋的疑问，因各种意识而来的疑问：意识到现在的伦敦地铁之旅潜藏的危险，意识到这样的地下之旅，深入大地、深入黑暗，所具有的神话意味。

在2005年5月，包括两首十四行诗的那首诗已经写好了。但在7月爆炸之后，一首名为《区线与环线》的地铁诗应该要多加细察和思考。因此我添加了一个部分，又一个部分，然后是第三个部分。没有和那件暴行直接相关的特别细节。更多的意图是传达出一次平常坐地铁的实际经验，这其中总是包含着某种梦魇般的东西。而当我让托兰人在地铁口遇到一个卖艺的街头艺人时，并没想要有一种神话的平行类比。在第一个例子中，它是一种直接报道，是某种实际发生且一再发生的回忆，不仅仅在我身上，而且在坐伦敦地铁的每一个人身上发生的事情。但是，不可避免地，在其中能听到经典的回声，那种地下/阴间/冥世的平行类比自行起了作用。

奥德里斯科尔：在你使托兰人复活的这一系列诗中，你的首要意图是环境保护主义者的抗议或哀悼吗？

希尼：我想它更多地是与你所用的动词“复活”的含义相关。很自然地，当一个铁器时代的沼泽人苏醒过来，走在21世纪的世界上，他会感觉地面和空中的一切全都不对劲——“云雀在太阳下安静无声／沼泽地里的雨明显变得不同”。因此，“环境的哀悼”是一种很好的解读。但实际写作中所考虑的事情在于如何把这个人写得像某个“集聚他的忍耐力”的人一样。他从展览柜中出来，回到活生生的世界，这既是一种意志力行动，也同样是一种想象力行动。他想要他“旧伤未愈的手长出新皮／医治好铁铲切开的肌肤，让一切恢复……”。就最根本之处来说，他是一个诗人的声音，重新拥有自己和自己主题的诗人。同时，他仍是一个托兰人，埋身沼泽之下以待新的生命涌流出来。一种再生原理。如霍普金斯可能会说的，以花粉和托兰人之名做出的奉献。

奥德里斯科尔：《霍芬》因其写到了冰川融化，也可归入《区线和环线》诗集中的环境意识诗歌之列。

希尼：利亚姆·奥弗林和我到冰岛去参加一个表演，我们的“诗人与风笛手”节目。我们坐一架小螺旋桨飞机从雷克雅未克飞往东南的霍芬，我们飞越这片石头灰的冰地。《寒冷之星》的原型也不可能比它更荒凉可怕。我感到一种狂乱的原始恐惧：飞机会坠落，我们肯定会死于这里的绝对严寒。但后来在目的地降落后，我们了解到其实那些冰正在融化。作为一个“地球的孩子”，我从未有过像那次那样软弱。

奥德里斯科尔：在你自己的生活中，有没有那么一个时刻，受到刺激要在实际中变得更为“绿色”地生活？

希尼：我恐怕还得继续开车，继续坐飞机。没有这样的改变，除了我意识到正在发生什么。“我们在此就像在一片黑暗的平原上”，或更准确地说，是在洪水泛滥的平原上，不可否认和不能松懈。在你前面做出的“环境抗议”和“生态哀歌”的区别中，我在感情上倾向后者。这些诗更像是为水和空气写的哀歌，而不是呼唤行动。利亚姆·奥弗林会用一支缓慢的旋律给它们伴奏而不是用进行曲。

奥德里斯科尔：你和利亚姆·奥弗林是怎么结伴组合起来的？

希尼：1989年为庆祝约翰·蒙塔格的六十岁生日和我五十岁，在盖特剧院组织了一次朗诵会，我们邀请了利亚姆·奥弗林。在那次之后过了一段时间，利亚姆和我一道被邀请到肯麦尔参加一个传统音乐节。那是个星期天的晚上，在一个小教堂里。我们会面才半个小时左右，就被叫上去开始表演。彼时彼地，在那个小礼拜堂，我们划定了一个诗歌/音乐，诗歌/音乐，诗歌/音乐的轮换顺序，结果发现效果很好。我们一起非常放松，在那舞台上——那一次，很特别，我们实际是在祭坛上。于是，一切就开始了。

奥德里斯科尔：你们的节目还在沿用相同的模式吗？

希尼：我们的方式非常简单：我读几首诗，利亚姆演奏几支曲子。我们的选目有些很短，有些长一点。整个表演持续一个半小时或一个小时四十五分钟。这给观众创造了一种理想的倾听环境。爱尔兰风笛的声音很响亮，不像苏格兰风笛军乐性那么强，它更适合缓慢的曲调和优美的音符，但也能表现所有的音域，从悲伤到欢快到庄严。利亚姆是这种乐器的大师，你能从他的演奏中听到管弦乐队的力量和繁复。他临场的仪态和他的音乐一样有感染力：他那种被其演奏深深吸引的神情对观众也很有吸引力，他肘抵风箱，手指按着笛管，手和手臂握着低音风笛和调音器。当他停下时，耳朵自身像已被深深地翻耕过一样，比平时张得更开，更清醒，更灵敏地准备倾听言语之声。

奥德里斯科尔：在《区线与环线》诗集中，有一首诗也写到了音乐，就是《白桦林》。里面写道："一张巴赫音乐的CD正在转动/绕着日常生活或花园的空气。"

希尼：《白桦林》是一幅真实写照，写伯纳德·麦卡比和他妻子简在他们位于拉德罗的花园下边种的一片小树林，在那里能听到蒂姆河的水声。伯纳德很幸运在这首诗收入诗集之前就读到了。他死于2006年3月底，而这本诗集4月初才印出来。他是英国人，也许更正确的说法是爱尔兰英国人，因为他的爷爷是来自科克的说爱尔兰语的人，定居在约克郡，——虽然我们相识时，伯纳德正在塔夫斯大学教书。他和简住在一栋靠近哈佛广场的很大的旧式住房中。他家的房间里总是充满了音乐，冰箱里塞满了喜力啤酒，门廊就像摆满摇椅的木筏。对于我这种住单身宿舍的人，那简直就是天堂。因此，在哈佛上课的那些学期里，我和他们一起度过了很多个夜晚。伯纳德退休之后，他们返回了英国。因此，后来的一些年月里，我和玛丽开车从霍利黑德摆渡，然后穿过北威尔士到豪斯曼乡间，那记忆中的蓝色山岭和桦树林，田园诗一般，但是真实的。"在它们之上，喷气机/拉出的白练在变淡，柳条一样舞动，或像一根灯芯。"要是更仪式化地说，那是永恒之光在照耀着我们。

十四、“在一个木头O中”：户外戏剧节，牛津诗歌教授，翻译

奥德里斯科尔：你最初知道创立户外戏剧节的提议是在什么时候吗？

希尼：在我知道的时候，它已经成立了。它最初是作为一项戏剧活动，选定的名称是这样的——户外戏剧节剧团。当布莱恩·弗里尔和斯蒂芬·雷在1980年成立剧团、演出布莱恩的《翻译》时，他们可能是把它视为一次性的冒险，一种自己来干的实验，因为布莱恩越来越不满意他的作品在都柏林的演出和接受情况。比如，《自愿者》受到了当地评论家的抵制和差评，谢默斯·迪恩、汤姆·吉尔罗伊和我在阿贝剧院做了一次演出后会谈，以反击那些负面评论。即使如此，我也不认为剧团的最初设想中是做一个长期项目。我还有一种感觉，这名称是从当时的氛围中抓取的，只是作为开新闻发布会用。

奥德里斯科尔：你是什么时候成为一个导演的？

希尼：在《翻译》演出获得成功之后。这第一部戏剧的巡回演出在整个国家激起了一阵热浪。舞台上演出的事情唤醒了某种集体意识。戏中人物都是老套形象——小学老师、穷学究、英国士兵、年轻女人，但这部戏剧的艺术性在于弗里尔颠覆了所有这些老套人物所引起的反应。他暗暗地和十九世纪的历史伤感较劲，也和十九世纪的轻喜剧较劲。在终场休·奥多内尔和吉米·杰克醉酒的一幕中，他甚至开了一点互文性的玩笑，指涉了西恩·奥卡西的《朱诺和孔雀》一剧最后的“混乱状态”①一幕。你可以说《翻译》既是大众娱乐剧也是社会批判剧，它里面的东西既能满足一般剧院观众，也能启发知识分子的政治觉悟。因此它引起了轰动。

它促使你看到戏剧场景和现实状况之间的相似，伴随英国军队出现在爱尔兰社区的是什么？融合主义者与分离主义者对英国语言和现代性的反应，诸如此类。与此同时，它又是一部让你陷入困境的戏剧。它并非煽动性之作，但也能煽动人的情绪，在超出和低于娱乐的层次起着作用。它是一种罕见的成功，因此我们劝说布莱恩不要让这股热劲白白消散，应该乘势而为，做更多的事情。这个时候他说话了，他说好吧，如果你们全都这么有热情，为什么你们自己不参与进来，让我们看看我们一起能干些什么。我想这是关于第一届“董事会”如何成立的准确报道：就是多年来一起聚会聊天的朋友们最后在1981年初在格雷沙姆宾馆的一个屋子里举行了一次正式会议，规划出了几项活动，计划演出他们自己的和同时代人的回应之作。

奥德里斯科尔：但是做一个导演肯定要花很多时间。你是完全

① State of chassis，意思是“底盘状态”，但这是剧中人的一种近音词误用（Malapropism），他的意思应该是“混乱状态”（state of chaos）。

出于自愿加入的吗？

希尼：我很高兴加入。如果我是做剧院工作的话那花费的时间肯定会非常多，但最初我只是在一年中参加三四个会议。“导演”一词在这里有点过于重大了：它基本上就是一群相互认识的人聚在一起进行一场持续的谈话。

奥德里斯科尔：你们举行正式会议吗？

希尼：几分钟的正式会议。最后，成立了一个有主管人员的办公室和艺术基金会。

奥德里斯科尔：户外戏剧节也发起了对爱尔兰文化和身份的特性的诘问，这是它吸引你的地方吗？

希尼：在随后的几年里这个审视项目一直在演变，对这个项目的说明也在发展。我们开始接受访谈，必须要做出说明，我们要干什么、为什么。我参与其中是出于支持布莱恩和斯蒂芬的努力，他们投身于自己的首创事业，是因为《翻译》的演出激发的热潮。从一开始也有一种希望，就是董事会中的诗人也许能拓展一下，为戏剧做一些事情。

奥德里斯科尔：在《诗句之间的行动》一书中，玛丽莲·J. 里奇塔里克写道：“有人认为户外戏剧节工作对希尼的吸引力很大程度上在于它的北方倾向。介入这一剧团活动可以使他的思想聚焦于他家乡持续的危机，为他提供了确认他北方人身份的途径。”

希尼：这一点总体上说来是对的，但它对每个参与这事的人总体上说来也都是对的。比如，人们指出过很多次，1981年组织起来的六个导演，只有大卫·哈蒙德居住在北爱尔兰。布莱恩·弗里尔住在边界那边的多尼戈尔，斯蒂芬·雷那时候立足于伦敦，汤姆·鲍林住在诺丁汉，谢默斯·迪恩和我自己生活在都柏林。但我们确实全都是北爱尔兰人，分享着一种特别尖锐的感觉和不安，在北方或南方都有一点格格不入。

奥德里斯科尔：而你望向了东边——望向了英格兰——在你的户外戏剧节诗体书信《一封公开信》中。它质疑在出版实际中，在英国出版的诗选里，爱尔兰诗人通常被归入“英国（不列颠）诗人”之中。你坦承是有意识地咬了那“把我引向舞台聚光灯的手”。

希尼：那是一个很尴尬的时刻，无论从个人还是其他任何角度来说。《企鹅当代英语诗歌集》是由布莱克·莫里森和安德鲁·莫逊选编的，于1982年出版，给了我的诗很大的篇幅。布莱克已经写过一本关于我的诗歌的概论，但是，那个时刻我感觉自己必须说明英国命名方式的问题，最终我以这种方式咬了他的手——虽然并不是特别激烈。

奥德里斯科尔：有没有来自户外戏剧节团队的压力，让你向前冲去咬人？

希尼：没有任何压力。即使有压力的话，那也只是团队中非戏剧领域的成员自己感觉到的压力，需要去做一点什么，不能只是坐在桌边，自以为是地谈论着戏剧和政治。很早的时候，团队就决定要做一系列小册子，因为认识到团队中的诗人可以借此行动。那时正好是绝食行动发生及随后撒切尔夫人一伙在英国掌权的时期。因此，在当时的背景中，谢默斯·迪恩写了《文明人和野蛮人》，追述了英国对待爱尔兰和爱尔兰人的态度的历史与结果。汤姆·鲍林阐述了通常所说的“语言问题”对爱尔兰意味着什么，给了这个问题一个明确的北爱尔兰论述。

奥德里斯科尔：你如何回应伊文·柏兰德对你的反驳？玛丽莲·J. 里奇塔里克的书中引用了这段话——由于你被收入英国诗选已经多年，因此布莱克·莫里森和安德鲁·莫逊贴在你身上的“英国”标签这一事实不可能让你感到震惊。

希尼：她说得对，“英国”标签并未让我感到震惊，我自己也从未有过这样的意思。在我发表诗歌之前很久这就是一种强加了。我在一篇题为《穿过其他地方，穿过其他时间》的文章中把这一切全都说了，这篇文章收在《谁找到归谁》一书中，因此我在这里就不多说了。当“英国”一词被应用在他们身上时，北爱尔兰少数族群的人们总会感觉到一种被强迫的意味。没错，在美国，叶芝可能被放在英国文学课程里，我自己也可能被纳入一门这样的课程里。在那种语境中，这个术语只不过是一种方便。在阿尔斯特，它就是一种强加，是有意这么做，虽然爱尔兰海对岸的英国人自己很难会这么想。

但是在八十年代初期，我必须考虑这个问题。这完全是真的，在被称为英国人的集体中，我感觉很自在，无论是个人还是诗歌方面。由费伯出版社出版诗集，和布莱克·莫里森、克雷格·雷恩是朋友，我的诗发表在《听众》杂志上,《伦敦书评》上,等等。但是,比如说,作为英国文学的代表参加英国文化协会的巡回表演,我会去吗?我不会去。我不想为玛格丽特·撒切尔挥舞英国国旗。就我而言,不仅有政治还有文化背景需要加以考虑。六十年代以来,事情已发生变化。那时候我的诗作确实出现在一本名为《英国青年诗人》的诗选中,即使那时候,“沉默之事”也在我的体内累积着——如加斯顿·巴切拉德在《一封公开信》的按语中所言:“我们最初的痛苦的根源是什么?它就在我们犹豫着不敢说这一事实之中……它诞生于我们在自己内心累积这沉默之事的时候。”到了1983年,我非常需要表明,被叫做英国人这一点是一种误称。

奥德里斯科尔:“他要么改变想法”,伊文·柏兰德谈到你发表公开信的决定时说,“要么改换朋友,对诗人来说两者都不是完全安全的”。

希尼:时代变了,我变了,每个人都变了。但和布莱恩·弗里尔、谢默斯·迪恩、大卫·哈蒙德一起工作根本不涉及改换朋友。人们因为与英国和爱尔兰词语相关的事情而杀人或被杀,在那种情形下,一个诗人做一些不是完全安全的事情,很难算得上反常。那些日子里在北爱尔兰,两边的好心人都深陷在和解与激化之间。你要知道我写那封公开信并不是作为“英国人离开”运动的一部分。就像一个《翻译》剧中的人物所言,困惑并不可耻。我甚至可以说其中包含着“坦承”。我是参加了户外戏剧节活动,但我在发表《一封公开信》时感觉到的是孤独而不是团结。

奥德里斯科尔:“我的护照是绿色的”,你在那首诗中写道。

在本访谈录的前面，你说过你在伦敦的护照办公室打过暑期工，在你1972年移居南方之前，一直持有英国护照。根据爱尔兰共和国宪法，你是可以更早申请爱尔兰护照的。

希尼：北爱尔兰的一些共和派家庭是这么做的，但对大多数民族主义者来说只是去贝尔法斯特或别的什么地方的护照办公室填表申请。这都是因为困惑，或者说，被强制。如我前面提到过的，我是在1958年参加德里主教区朝圣团去法国卢尔德朝圣时第一次申请护照的。

我在伦敦英国护照办公室的暑期工作大约六周，是在夏天我获得教师文凭之后。我每天坐绿线地铁从伯爵宫到圣詹姆斯公园。我的工作是在信封上写地址，核对申请表上的信息和签发的护照上的信息。办公室工作很乏味，但那几个星期是我一生中最丰富多彩的一段时间。我第一次去了逍遥音乐会，我去摄政公园观看了莎士比亚戏剧演出，我感觉到了六十年代正开始晃动时的伦敦。

奥德里斯科尔：从现在来看，对于作为一首诗的《一封公开信》你有什么遗憾之处吗?

希尼：我挺遗憾它没能更短一些、更简洁一些。就这一次，“空间的考虑”的结果是文本必须更长而不是更短一些。即便如此，我还是很高兴发表了它。我必须承受这样的指责，我得到过英国蛋糕并吃掉了它，这点无法否认；与此同时，我澄清了我自己身上的某种东西，觉得我说出了一个需要说出来的问题。比如，今天的诗歌选编者，更多地认识到了英国管辖区内的爱尔兰维度。然后，我们也有了英国－爱尔兰协定和受难日协定，凌乱发展的权力分享议会和充分认可北爱尔兰事务中的爱尔兰维度。

奥德里斯科尔：但是，你对户外戏剧节受约束的方面没感到不安吗？——需要以集体之名发言而不能以个人方式说话，要服从确定的文化路线。

希尼：在董事会的会议上交换了很多意见。事情的真相是谢默斯·迪恩是户外戏剧节日程最热情和雄辩的阐述者，我们所有人都感谢他的才华和激励，如果不是总是过度的话。我最初就不太喜欢他对贝尔法斯特抒情剧院所说的轻蔑之词，虽然就这一点和其他情况来说，确实要承担连带责任，但户外戏剧节并非某个人的整个生活。比如，我认为它对我作为一个诗人没什么影响。因为对它并不是很清楚，我可能认为它更多的是属于文化服务方面的，而不属于我的创造性生活：那些开会、开幕、策划《户外戏剧节爱尔兰文选》等活动的岁月；选编叶芝诗选；甚至发表《一封公开信》。

奥德里斯科尔：再加上《特洛伊的治愈》，你的索福克勒斯《菲洛克特忒斯》译本？

希尼：《特洛伊的治愈》并不是像《一封公开信》那样属偶发性之作。它是慢慢达成的——在《翻译》出来十年之后，在汤姆·鲍林的《安提戈涅》译本和德雷克·马洪的莫里哀戏剧《丈夫学校》译本出来六年之后——但它也部分满足了布莱恩·弗里尔的希望，他希望户外戏剧节会促使诗人们去创作供舞台演出的作品。

奥德里斯科尔：是你自己选择的这部戏剧还是别人建议你的？

希尼：我选择的它。很多年前我在埃德蒙·威尔逊的《伤口和弓》读过关于它的评论。然后，因为哈佛创造性写作系的一位同事，它又引起了我的注意。麦克尔·布鲁门塔尔是一个诗人，他人生起步之时在华盛顿当律师，他给我看了他一次讲座的讲稿，关于《菲洛克特忒斯》中公正的实施。但主要吸引力来自原作的内容本身，特别是索福克勒斯探索尼奥普托列墨斯[1]这个人物所经受的矛盾冲突的方式——高潮来自希腊人的政治团结对他提出的要求与他维护自己的自尊的要求之间爆发冲突之时。这种两难困境对北爱尔兰政治障碍两边的人们来说都很熟悉。人们生活在这种处境中，某些时候自由地真实地说话会被认为是给一方拆台。

奥德里斯科尔：从抒情诗到诗剧的转换之中你遇到过困难吗？比如，你的希腊语的欠缺，它怎么阻碍你的？

希尼：我没感觉到什么阻碍。我有三种主要的译本帮助我。一种是老派的勒布丛书译本，充满了匿名的莎士比亚措词，但至少是双语对照本，诗体翻译，遵循希腊语原文的格律转换，这点非常有用。我很幸运得到一本十九世纪后期的注解本，逐字逐句地翻译，显然是语法学校的用书；它风格上属大杂烩，但它也是上帝的赠礼，因为它给出了词序和一个词一个词的意思。我的第三种对照本是戴维·格雷纳的译本。我逐行逐行地翻译，用无韵体诗句——除了合唱队歌之外，用了一些散文段落来改换音调。我做得相当的快。我是1990年初在哈佛开始做的，七月份就交出了第一稿，到九月份我们就开始排练了。

---

① Neoptolemus，是阿基琉斯的儿子，和他父亲一样英勇善战，性格暴烈。

奥德里斯科尔：在我看来，那些合唱队歌是你作为诗人译得最自如之处。你甚至自己添加了一首合唱队歌，里面包含了这部戏剧中现在最为人所知的诗句："人的一生之中一旦／长久渴望的公正之浪／汹涌而起，／希望和历史就会押韵如诗。"戏剧中说话的角度和抒情诗打动读者的那种一对一的说话方式很不一样，戏剧的性质要求公开大声地说出。你在这么写的时候感觉自由吗？

希尼：确实是这样。合唱队颂歌，合唱风格，允许和几乎要求一种说教性的腔调，这是你在个人抒情诗中倾向于排除在外的。因此那些诗句中被引用的成分部分来自毫无限制的修辞，"人类的痛苦／折磨着每一个人"，诸如之类。

奥德里斯科尔：你在下一节诗中走得更远，引入了一些当代因素，提到了绝食抗议、警察遗孀和"无辜的目标"。这是不是一个给永恒的戏剧打上自己的痕迹的事例？

希尼：这当然是的。一旦演出开始，我就意识到了题目中的提示是一个错误。像那样把事情大声说出来几乎就像是自认为高出观众一等。但幸好被引用得更多的"希望和历史"的诗句合乎人心而流行。甚至格里·亚当斯也赞成这激励成分。

奥德里斯科尔：……其他很多人也一样，包括比尔·克林顿——他像亚当斯和内丁·戈迪默——都把"希望和历史"用作了自己的一本书的题目。

希尼：我很高兴看到这些诗句进入了和平进程的语言之中，但也非常清楚它们属于虔诚热望之境。因此，当我着手译《安提戈涅》时，我更严格地遵照原文。

奥德里斯科尔：但你仍旧改变了题目，正如你对《菲洛克特忒斯》所做的那样。这么做有什么特别的理由吗？

希尼：我们要带《菲洛克特忒斯》去巡演，它的观众对这部戏剧的历史或它在索福克勒斯作品中的地位没多少感觉，因此我相信一个新题目可以起到提示的作用，一种潜意识的指向。这就引出了《特洛伊的治愈》的题目，因为在爱尔兰，无论南方还是北方，因出现奇迹而治愈这一理念深深扎根在其宗教亚文化中，无论是因信仰而治愈，还是因去卢尔德朝圣而治愈。另外，对于《安提戈涅》来说，问题又有所不同：很多人对这部戏剧太过于熟悉了而不是不熟悉，因此，当“忒拜的葬礼”这一短语浮现在头脑里时，我非常高兴，这还是在翻译的初始阶段。“葬礼”一词直接点出一个重大的人类学关注点，这是整个戏剧的中心。这整个题目和《特洛伊的治愈》一样好。

奥德里斯科尔：你早前获取的戏剧经验，有没有激发你找到一种不同的方式，用于你《忒拜的葬礼》的实际翻译？

希尼：有一点，我对真正的逐行逐句的翻译有了不一样的收获，从中得到了更多的乐趣。《特洛伊的治愈》里的素体诗像是一个容器，装着整段的意思。这里面并没有任何了不起的新成就。然而，在《忒拜的葬礼》中，我有了一种新想法，为不同的人物和不同的戏剧阶段提供不同的格律储备，这让我在字面模仿方面有了更多的感觉。这是与原文进行的行对行、手拉手的结合。在最开始时，姐妹们之间交谈用的是三重音的诗句，然后到了高潮，合唱队歌用的是差不多的盎格鲁-撒克逊节奏，然后再用素体诗，但这素体诗充满戏剧性，很适合克瑞翁这一人物，而不只是一个节拍器——所有这一切使得日复一日的工作有了更大的回报。

奥德里斯科尔：阿贝剧院委托你翻译《安提戈涅》，作为2004年他们百年纪念演出的剧目。它是一部你一直想翻译的戏剧吗？

希尼：不是的。我自己更想翻译《俄狄浦斯在科罗诺斯》，但叶芝已经在1930年代为阿贝剧院提供了他的译本——因此是受到了这种限制的。另外，被叶芝的剧院邀请来完成索福克勒斯的三部曲，我对此也有一种满足感。在我开始翻译时，想到了乔治·布什的“针对恐怖主义的战争”。关塔那摩湾的囚犯，有一些是美国人，布什对他们的看法很像克瑞翁对波吕涅克斯的看法，“反忒拜的忒拜人”，等等。克瑞翁的诗句至少有一处感染了布什主义，在其中他说到颠覆分子，“我要把它们清洗出去”。到处使用的“爱国者”一词带有明显的新保守主义正义感。

奥德里斯科尔：那么，尽管你在文字上严格忠实于这一部戏剧的原文，但你仍然在考虑它的现实意义？

希尼：总是想着要达到一种平衡。问题只是，应该允许多少当代的暗示进入到文本中？就《忒拜的葬礼》来说，我觉得总体上我保持了“少即是多”的原则。问题是，你最终提供的不仅是译文，还要服务于剧院需要的宣传机器。你得回应这部戏与当代有什么关联，你还要做剧目通告、访谈以及诸如此类的事情，因此最后你处在事情本身的差异性和当时的氛围之间的中间地带。

奥德里斯科尔：这似乎准确地说出了你在《任何事都可能发生》一诗上所做的一切。贺拉斯这首颂歌你是在2001年的“9·11事件”之后译出的。它首次发表在《爱尔兰时报》上。然后你在皇家外科学院的一次演讲中讲过这首诗，又在《爱尔兰翻译》上发表了它。最后，你又重新出版了它，和你的一些其他的翻译一起，编成一本小册子，用于支持大赦国际。为什么你用这样的方式持续推出它？

希尼：我想是公民义务的推动。来自不同的丛书与不同的原因的约稿请求没完没了，而这首诗正好适合每种场合，但让人安心的是这一改编有一种真正的“生物性的生命力”。在“9·11”攻击发生之前一年，我读到贺拉斯的《颂歌》第一卷的第三十四首时就有一种感觉。我是在戴维·费里翻译的贺拉斯《颂歌》全集中读到它的。在2000年秋天，我在哈佛的一次讲座中谈过这首诗，我是把它和罗伯特·格雷夫斯的《白色女神》放在一起来谈的，因为贺拉斯和格雷夫斯两个人写的都是因恐怖的“耀眼的闪电”引发的转变。

在格雷夫斯那首诗中，写的是心理上的恐惧，伴随女神的出现而来的。在贺拉斯的诗中，它来自突然爆发的电闪雷鸣展示的巨大的力量，它宣示着朱庇特的权能和存在。我甚至把那次讲座的题目称为“耀眼的闪电”。当对世贸中心的攻击发生时，我突然发现贺拉斯诗中那种震慑感很符合我及每一个人当时的感觉。那些拉丁语的意思是这样的“毫无疑问天神有权能”，我把它翻译成——我认为译得相当充分——“任何事情都可能发生”。我的译文半是哀歌——但引用一下威尔弗雷德·欧文的《前言》，也含着“警告”的意味。

奥德里斯科尔：警告什么？

希尼：警告注定要降临的报复——确实降临了。

奥德里斯科尔：通过贺拉斯你希望对“9·11事件”之后的读者说些什么？

希尼：它更多的是想要记录这一攻击带来的冲击而不是评论它的重大影响。米沃什在什么地方谈到过，在诗歌中发出一声尖叫，不可能等同于真实的尖叫——那犹太人隔离区被摧毁和华沙起义期间发出的尖叫声。他说，需要的是某种像书法笔画一样的东西，既是真实的反应，但又属不同的记录。

奥德里斯科尔：你觉得你不得不对“9·11”攻击作出某种反应吗？

希尼：无论是好还是坏，你无法解除你的良知。“9·11”发生的事情意味着整个世界的形势就此发生了转变，时代精神暗淡了。我没感觉不得不作出反应，但作为一个多年来在美国有固定工作并受惠于这种关系的人，我无法忽视已经发生的事情——和将要发生的事情。我知道严厉的打击注定要到来。我也预见到这打击将展现一种道德上的傲慢和军事上令人惊恐的无情。事实上，这首诗既诞生于对已经发生的事情感到的悲痛，也同样诞生于对将要发生的事情感到的沮丧。“磨尖了喙的命运／俯冲，使空气喘动，从一个头上扯下羽冠，／把它鲜血淋淋地放到另一个头上。”

奥德里斯科尔：你仍然在应对这种沮丧，在美军入侵伊拉克期间，你把你翻译的《人的惊讶》这首合唱队歌发表在《纽约客》上。在一个朗诵会上你介绍它时，你说这首合唱队歌可以被视为一封给乔治·布什的公开信。但这首诗，可不可以像很多伟大的作品一样，以一种相反的（确实是矛盾的）方式阅读呢？

希尼：在这部诗剧的语境之内，当然可以。它是关于人的专横跋扈和它的致命结果的。它是在克瑞翁宣布他的禁令，不允许安葬波吕涅克斯，这之后合唱队唱出来的歌。因此，它可以被看作是针对克瑞翁而说的。但是换一个角度，它也可以同等地被视为是针对毫不妥协的安提戈涅的。即使这样，我也不觉得在那个特别的时刻发表这首合唱歌是投机或曲解：要是允许我用一个高贵的类比的话，我会说它提出议题就像它是泰瑞西亚斯[①]一样。

奥德里斯科尔：对于你翻译的但丁《神曲》中的《乌戈利诺》一节，收在《田野工作》诗集中，你会同样这么说吗？

希尼：那可能更接近于一幅《黑画》[②]，但它仍然是一篇回应现实的译作。我喜欢内丁·戈迪默看待这一切的方式。她坚称作家不可能待在她所谓的“创作的伊甸园里”。创作行为是被历史见证的，作家所写的是要被阅读的。在这种感觉下，我翻译了《乌戈利诺》，想让人们在迷宫监狱[③]的绝食斗争的背景中读到它。但是同时代的类比

---

① Tiresias，忒拜的先知。

② Black Painting，西班牙画家弗兰西斯科·戈雅的一组十四幅画的总称，内容都是黑色画面的恐怖与绝望。

③ Maze prison，1981年，一批爱尔兰共和军囚犯在北爱尔兰的迷宫监狱举行绝食活动，要求恢复被取消的政治待遇。

并非必需，绝对必要的是个人默契和作家文本令人激动。比如，有一段时间我对但丁整个作品的非凡成就感到如此激动，我有一种冲动想把整部《地狱篇》翻译出来——只因为它自身想象力的辉煌。

奥德里斯科尔：为什么你又放弃了这个想法？

希尼：因为我不懂意大利语，因为我无法判断音调，因为我对环绕在大名词和动词周边的小品词感到茫然。不管怎么说，这是我对自己说的话。我坚持译了四百行左右，参照我手头的辛克莱译本和辛格尔顿译本。但在译完三章之后，就认识到我无法达到我想达到的要求，那就是找到一种风格，既适合于我也适合原文。我无法确立一种方式，把平白的语言和流畅的运行结合起来。我没法找到一种形式可匹配但丁三行体那明亮的容器。对于一项这样的重大工作，你需要一种能回应你的音调，你明白我的意思：你需要奏出一种音乐，不仅符合原作，而且能验证你自己的某些东西。

奥德里斯科尔：某种像你为《贝奥武甫》找到的斯加隆声音那样的东西？

希尼：正是这样。或者我称之为我“隐蔽的苏格兰”的东西，那是我在把罗伯特·亨利森[①]的《克雷西德的证言》译成普通英语时说到的。亨利森的语言很活泼，因为它把我带回到我自己最初的语言下面的苏格兰语根基。阿尔斯特中部地区方言中保持着十七世纪早期殖民期间迁移过来的低地人和伦敦人所说语言的痕迹。

---

① 15世纪的苏格兰诗人。

奥德里斯科尔：在翻译索雷·麦克林的《哈莱格》[①]时，你又接触到了另一个“隐蔽的苏格兰”。你是把《哈莱格》与索雷·麦克林其他作品放在不同的类别中吗？

希尼：我相信盖尔语诗人和批评家的话，《给埃姆赫的诗》是一部划时代之作。但是想知道那一系列诗究竟怎么样，我差不多完全依赖索雷自己和伊恩·格里奇顿·斯密斯的翻译。但是对于《哈莱格》，我能够自己一步一步地进入其中，部分是因为我的爱尔兰语足够好，可以一个词一个词地进入盖尔语的感觉，部分是因为我耳中有它的抑扬顿挫，我听过诗人朗读它，还有部分是因为我知道诗中唤醒的那些地方——一片废弃的断壁残垣，屋顶掉了，花园和庭院长满了灌木和荨麻，这种场景你在爱尔兰到处都能看到，尤其是在南部和西部。而大地上只剩下毁坏的住房的这点，非常接近德里郡我们自己家乡那里的景致。

麦克林家的农庄被地主清空了，因此它的孤寂之中有一种悲剧的色彩。但《哈莱格》中的场景仍然是熟悉的场景，在我读到开始的两行：Tha bùird is tàirnean air an uinneig / troimh 'm faca mi an Aird an Iar…[②]我顿时有一种身在家乡又远离家乡之感。每一种事物都再次清晰地显现出来，在不可思议的诗歌之光中：“一块木板横着钉在窗户上／穿过它我看着西边……”因为从一开始我的耳边就回响着索雷的声音，因此为这些词语找到一种声调并不难。最近，我想做一些爱尔兰语诗歌翻译——我读到的那一首首我很喜爱的诗——就为了喜悦和

---

① *Hallaig*，苏格兰盖尔语，作者索雷·麦克林（Sorley Maclean，1911—1996），是二十世纪最重要的苏格兰语诗人。这首诗被译成了英语和低地苏格兰语。2002年希尼出版了新的译本。

② 译文见接下来的那两行诗句。

快乐。我现在确实很喜欢翻译，因为它是一种代理人写作形式：在完成某种你不用从头写起的东西之中你达到了最高水准。

奥德里斯科尔：一次范围更广的翻译尝试——和斯坦尼斯拉夫·巴拉谢克合作——产生了一本杨·科哈诺夫斯基诗集的译本，一个十六世纪末文艺复兴时期的波兰诗人。

希尼： 科哈诺夫斯基的《挽歌》在波兰人中的名声和受到的热爱就像莎士比亚的十四行诗在英国人中的情况一样。那是一组悼念诗人死去的女儿——四岁的乌尔苏拉的诗。实际上人们向我介绍了两次他的诗，只有第二次才引起我的注意。是斯坦尼斯拉夫·巴拉谢克送给了我那本诗集差不多全部的译文，用的是双行体，遵照原文逐行逐韵地翻译。

那是1992年4月或5月的一个下午，我在巴拉谢克家里见到学者和翻译家克莱尔·卡瓦纳。我说起读那些写死去的孩子的诗我总是特别容易被感动，比如本·琼生和约翰·克娄·兰色姆写的那些诗，并把这归因于我自己的小弟弟克里斯托弗出车祸死了。那个时候，我想起了六七年前诗人翻译家亚当·泽尼亚可夫斯基给我寄过一组关于死去的孩子的诗；我一提到它们，克莱尔和斯坦尼斯拉夫就开始谈论这些诗有多好，它们在波兰的经典之中如何处于中心地位。接下来的事情，如我前面所说的，这一包译诗就随同寄到大学的信件一起到了我的手上。一同到来的还有一个提议：我可以翻看一下这些诗，一起合作把全部诗翻译过来做成一本书。

我特别忙，被其他事情缠住手脚，除了回信表示感谢之外也没做什么。它们在抽屉里放了几个月，但最后，在第二年的春天和夏天，我开始钻研它们，而斯坦尼斯拉夫寄给我剩下诗歌的翻译。1994年夏天在我返回都柏林之前，我们在怀德纳图书馆做了好几次面对面的讨论，秋天的时候继续通过传真保持联系，十一月份在克拉科夫又进行了当面的讨论，当时我去那里出席他翻译的我的一本诗选的发布会。

奥德里斯科尔：在科哈诺夫斯基诗歌的翻译中你是怎么出力的？

希尼：显然，在波兰语的语句分析方面，无论是赞同还是反对我都无能为力。同等意思的翻译全是斯坦尼斯拉夫做的，包括诗歌最初的形式。他以波兰语方面的技艺天才而著名，他的诗歌才能体现在每一种可以想到的形体和规格上，他的英语译文有一种神奇的完美，由韵律、节奏和完美运行的句法传递出来。我所做的就是聆听，看哪些地方我的耳朵听起来，音调显得太文雅了、不够自然、太陈旧或什么别的。有时候我建议把一个饱满沉重的重读韵脚改得柔和一点，有时候我建议改换某个词，有时候我只是把一句非常好的诗改换一下位置，成为更有个性的语言，不是标准英语。我们几乎总是能够达成一致。

你可以看到我插手之处，如“缓慢的空气”这样的语言风格，在开篇第一首诗的第三行。而在这句之前，在开头的两行诗中，“挽歌”（threnodis）与“西蒙尼德斯”（Simonides）的押韵你就能看出确定无疑的巴拉谢克印记。斯坦尼斯拉夫着魔于本·琼生会称之为“保持腔调”的东西，从不放弃他对原文韵律的死不改悔的忠诚。就开头的两行来说，我的贡献在于，决定在这里放过他——虽然在其他时候我会否决他，然后我们一起想出新的解决办法。换句话说，我所做的是最奢侈的工作，修订另一个人的作品。

奥德里斯科尔：巴拉谢克在他发表于《哈佛评论》上的一篇文章里，回忆起你们1987年第一次见面时就一见如故，非常相契（包括你们对霍普金斯的韵律学有共同的兴趣）。他是你在哈佛的岁月中最亲密的朋友之一吗？

希尼：他是那些我最喜爱的人之一。我们并不经常见面，部分原因是他一家住在纽顿，部分是因为他并不常出现在当地的诗歌聚会中。但我非常高兴认识他和安娜，他们身上有那么多原则、激情和政治意识，是那么善良的人。在我住在坎布里奇的最后一段时间，他们的友谊对我非常重要。

奥德里斯科尔：你偏爱忠实的翻译胜过“创造性”传达或翻译，这一点是不是给你的译者带来了一些严重问题？

希尼：做翻译的方式一般来说是自行安排和即兴式的。你只能相信翻译的人，希望最好的结果。在涉及我自己的诗歌的翻译时，我确实更偏好“忠实的”而不是“创造性的”方式。总的来说，我喜欢一首押韵的十四行诗翻译到其他语言里也是押韵的。但这样你又会担心译者的能力，在押韵的时候别让它显得矫揉造作或陈腐不堪。取得同等的感觉，译出一种同等感觉的合适语调要胜过只求押韵与合律之作，像这样 Humpetee-Dumpetee，tumptettee-tumptettee，hichory dickory dock…机械笨拙的押韵。至于那些“创造性”翻译，让诗人来做可能更安全一点。我很幸运，我的诗被翻译到各个不同的地方，芬兰、法国、希腊、意大利、俄国、西班牙加泰罗尼亚、墨西哥。在芬兰，我甚至曾被人拉到一边，告诉我我的诗被译得非常好。通常来说情况正好相反。

奥德里斯科尔：好像你还忙得不够似的，从1989年到1994年你还担任了牛津大学的诗歌教授——我现在很想转到这个话题上。为什么你让自己的名字列作候选人?

希尼：此前我有过两次被建议，去试试看也许能获聘。一次是在1979年，查尔斯·蒙特斯劝我考虑考虑，第二次是1984年，他再一次向我建议。我觉得自己既不胜任讲座也没准备好抛头露面，但到了1989年，我身后已经有了七年的哈佛教学经验，已经在肯塔基大学作过 T. S. 艾略特纪念讲座，在埃默里大学作过理查德·埃尔曼讲座，因此我已经有了更多的经验和自信接受一个大型的系列讲座。

奥德里斯科尔：据说是理查德·埃尔曼去世之前自己提议你去作那些讲座的，这是真的吗?

希尼：这一点我是从隆·舒查德那里听说的，舒查德在埃默里大学作客座教授期间曾和他同事。迪克·埃尔曼去世之前知道将会设立一个纪念他的系列讲座，而隆，在1980年代后期就和我结交为朋友，负责组织这个讲座。我第一次见到隆是我去埃默里大学做朗诵的时候，朗诵结束后他在家里举行了一个聚会——那天晚上的高潮是一个盲人研究生的表演。这个人研究音乐和叶芝与弗洛伦丝·法尔一起作那些念咒吟诵时所使用的方法，他设法弄了一个多尔梅兹八弦琴的复制品，他自己做的。他还有一副令人难忘的高音，念出在乐谱原件上发现的叶芝的言语。总之，和埃默里大学的联系就是这样开始的。在那第一次到访时，我也认识了一个叫兰德·布兰德斯的研究生，他多年来一直献身于对我的诗歌的研究，最后要做我的文献目录。其实，在我作埃尔曼讲座的过程中，他就为一期《集萃》特刊做过一次我的访谈。

奥德里斯科尔：……要是我没记错的话，那是为了庆祝你即将到来的五十岁生日而出版的。

希尼：确实是。这是我为什么让自己的名字进入牛津职位申请者之列的另一个原因。我感觉更成熟了，我正要迈入人生的第六个十年，我也在一年的学术休假期得到了一定的恢复。比如，我在写《打方框》组诗，我已经达到了人生的某个位置，这个时候准备发表对一些诗人和诗歌的见解将会有助于理清和增强那些在我自己的生活中富有意义的一切。最重要的是，我相信，如果我去争取的话，我很有机会被选中。

奥德里斯科尔：你不怕负担过重？你已经有自己的诗要写，还有哈佛的教学、通信往来、朗诵会和其他要处理的事情。

希尼：你想要让自己跳得更高的一个方法就是升高横杆。我想那时候我想到过，如果我不去尝试一下牛津的工作，我就是在什么事面前畏缩。如果没有人把我的名字推举上去，那将是另一回事。但实际上，十年前我就受到过鼓励，被推入受考验的境地并非坏事。我从未把牛津这个教授职位视为对诗歌的干扰或与哈佛的职位相冲突。它是一个荣誉职位，需要任职者一年作三次公开讲座，住校的时间要求很短。而马修·阿诺德、罗伯特·格雷夫斯和奥登都曾担任过这一职位，这点赋予了它额外的意义和重要性。

奥德里斯科尔：在你的牛津讲座中，那些主题是你心急火燎般想要去探讨的，还是只不过慢慢显现出来的？

希尼：并没有什么预先的计划。我花了好长时间才定下第一次讲座的题目，这一讲你要给出将要做的事情的一些观念和形式。它也是你克制不住焦虑的一次，因为站在那里你会受到仔细的审视，增强或侵蚀你在讲台上的荣誉。我记得最初的想法，我想把它叫做“做英语”，用带点自传性的，带点后殖民主义色彩的方式，讲一讲一个来自德里郡农家的孩子终于站到了牛津考试学院的讲台上面。希尼和文化霸权的有趣事例，就这么说。但很快我意识到这种方式是完全可预料的，对一个爱尔兰人来说太合适了，且并不是那种我真正能做得足够好或充分相信的东西。我并没有这么做的理论基础，我的本性倾向于赞颂而不是解构那独特的诗歌和诗人之艺术。

因此，当“诗歌的平衡”一语浮现出来时，我沉浸在各种可能的意味中。突然我认识到我可以这样谈论的诗歌，是作为一座天平的一端伸出的想象力的杆臂，以平衡或调整实际生活的重负与忍耐。我指的不是补偿或安慰，而是理解，一种自有其回报的理解。虽然还没有清晰的工作计划或论证，但突然，这次讲座，实际上是整个系列讲座，我都找准了方向。

奥德里斯科尔：你实际上是怎么起草你的讲稿的？是事先做了很多随意的笔记，还是从一张空白稿纸上开写，然后拓展你的思路，一段一段，一直向前写？

希尼：空白稿纸，一段接一段，用笔和墨水，没有文字处理机——通常要去发表的时候才会有打印稿。但是，有件事情带来了难以估量的帮助——不仅是对演讲稿的写作，而且对1988／1989年的学术休假年期间的诗歌写作也一样——那就是我们拥有了格兰摩尔的所有权，又回到了那里。1988年1月我去多伦多大学作了一个讲座，在那里我和安·萨德莱姆耶一起吃了个午饭，她告诉我她准备卖掉那个地方。我一听几乎要晕倒在桌边。她准备给我第二次机会得到那个安乐之地。在我的写作生涯中，自从我们离开威克洛之后就没有发生过这么重要的事情。当我那个夏天回到爱尔兰，并回到老地方，我就像一个逃犯躲进一座安全的房子里。因此正是在那座乡舍里，在1989年秋天，我写出了第一篇演讲稿。

奥德里斯科尔：我想也许会有一两个失败的开头——主题被采用了而文字被弃用了？还有，一些你作过讲座的讲稿并没有被收入《诗歌的平衡》一书中。

希尼：除了那最初的关于“做英语”的想法之外，我不记得还有什么失败的开头。但我还是花了一段时间才把我的方向调整到牛津，开始通向那系列讲座的稳固路程。在一开始，我所有的精力和担忧都用于准备就职讲座——在那之后我就要去哈佛开始1990年春季学期的教学工作，我手头还有户外戏剧节的任务《菲洛克特忒斯》的剧本翻译，同时也需要准备好两个公开讲座。其中一个是关于弗罗斯特的，成体系地紧随在“诗歌的平衡”这一主题之后，另一个是关于路易斯·麦克尼斯的，最后一刻才完成，磕磕绊绊而不是焦点明确。然后是下一年的三次，某种程度上可以说是一幅对折画和一个附加部分，全在一个总题目“清谈俱乐部”之下。对折画的第一部分名为“游戏房里的游戏”，第二部分名为“时间之重”。第一部分谈的是，诗歌基本上属于游戏的人为自己创造出的整个额外空间的部分，为了更好地享受生活。第二部分谈的是，在诗歌的游戏场地之内，也会面临“时间之重”“生活之刺”什么的。第三个讲座，“杯沿之上”（出自罗伯特·弗罗斯特的《白桦树》），是关于爱尔兰年轻诗人的。基本的看法是，穆尔顿和麦古金、尼·多姆奈尔和邓肯这一代与我自己或前一代诗人相比，与重要的历史时刻的关系没那么严肃。他们和政治有一种更宽容的关系，很高兴通过去到“杯沿之上”来调整或抵制时间的重力。

奥德里斯科尔：在你的牛津就职讲座中，你带着赞同引用华莱士·斯蒂文斯的观点——诗歌的高贵性在于它是“一种内在的暴力以保护我们免受一种外部的暴力”。虽然在这部访谈录的前面，你说过斯蒂文斯的成就“像他这个人一样高大结实”，但我想知道他的作品是不是太抽象和清高——太“象牙塔”了——以致无法对抗“真实的压力”。你能不能多谈谈你是怎么看待他的？

希尼：有点像一艘装饰得色彩斑斓的巨大的邮轮，驶过南美洲北岸，使加勒比海的码头相形见绌。没错，是有一种散漫的抽象倾向，但同时也有巨大的浮力，一种后印象派画家对色彩和华丽的强烈欲望。别忘了，他是在我们现在称为企业部门的地方谋生的。董事会会议室发生的事情并没有成为诗歌内容，但是那种公司行政领导的锐利目光，穿透装模作样的胡话，直探底线——那种毫不妥协地要求，以达到一种对事物的真实状态全面的观看——是他诗歌的起始点。

换一句话说，他知道这艘游轮是怎么建造的，在他进行装饰之前知道要花多少钱。他并非只是哈特福德的马拉美。他是猎头们曾说过的“合适的家伙”。他说，上帝死了，世界沿着变化之叮叮乱响的凹槽向下奔驰，必须要有想象力，如果人类想要保持在轨道上而不被碾压的话。弗罗斯特对斯蒂文斯说过一句著名的话，说他的诗里充满了小摆设，但是斯蒂文斯的丰裕和胡扯掩盖了一个缺乏必需品的人的贫乏模样，掩盖了他想要极尽所能地装备自己，在这“太阳古老的荒野之中”。换言之，诗歌是一种非常刻意地建构起来的防护，相当于一道伪装起来的防御栅栏或一道臭氧层。它允许旁观和抵抗——那种内在的暴力。

奥德里斯科尔：在你的个人经典中，斯蒂文斯能和弗罗斯特相匹敌吗？

希尼：他的诗不像弗罗斯特的诗那样寓意深刻。它们让我着迷的程度不及弗罗斯特的诗，虽然每次我读到《康涅狄格的河中之河》《事物的质朴感》或他后期那些诗歌中的任何一首时，我都会被它们显而易见的神秘，被那种事实和感念纠缠在一起的方式所迷住。那是非常坚硬非常干净的合金。但我这种欣赏来得晚了点，所以斯蒂文斯在我“参考的键盘上”，如曼德尔斯坦姆可能会说的，所占的分量并不太多。

奥德里斯科尔：安德鲁·莫逊在高度称赞你的牛津讲座之时，也在他对你的《诗歌的平衡》所做的评论中说到，你关于叶芝和拉金的演讲“引出了一些问题”。莫逊问道：“如此绝对地相信诗人的责任在于展现一种肯定的激情，那么那些恰好拒绝变容美化的情绪就内在地差一等吗？如果它们就是这样，那么诗人拿它们怎么办？压抑它们？忽略它们？”

希尼：我相信这有点夸大其词，认为我认定“诗人的责任在于展现一种肯定的激情”。我确实说了我更喜欢这样的诗，把叶芝的《人与回声》和拉金的《晨歌》相比，是为了对后者的诗句“死亡毫无差别，无论你哭喊还是忍受”提出异议。诗人的职责，简单地说，就是去写他所能写的安德鲁称之为情绪的东西。我肯定没有诋毁拉金的诗本身，我也没有责难或质疑他表达的情感。另外，我也说了自己更喜欢叶芝表达出的那种不同的感情，我也知道我会引起惊诧和质疑。

奥德里斯科尔：你和牛津的爱尔兰人接触多吗？

希尼：在那段岁月里，有好些人跟着约翰·克里在圣约翰学院读爱尔兰研究方面的研究生。通过我跟约翰和克里斯汀·克里的朋友关系，我认识了他们中的几个人。比如，约翰·雷蒙德，詹姆斯·麦卡比，吉拉尔丁·希金斯。那里有非常活跃的音乐活动，歌唱家麦克·亨利是其中的核心，还有布林顿阿姆斯的晚场。

所有这一切都是极其愉快的，但我也得说英国因素的丰富性与爱尔兰因素的一样。有学院生活的仪式，星期天跟伯纳德和希瑟·奥多诺休一起驾车在牛津乡村游玩也很有收获，还有跟乔恩和吉尔·斯塔尔沃希星期天坐在一个漂亮的老饭馆吃午饭。特别是，我记得被伯纳德带去右滚巨石阵。我想去看看那些石头是因为约翰·休伊特在他的诗中暗示它们会动，“起伏的山边一个破碎的石头圆圈”在“寻找”，一个既无家可归又安然在家的象征。而我们也去转了阿诺德的泰晤士河，奥托林·莫雷尔的嘉辛顿庄园，约翰·曼斯菲尔德的熊山和 C. S. 刘易斯在海丁顿采石场的旧居。我在那受到了宠爱。

奥德里斯科尔：你提到了“学院生活的仪式”。你容易接受高桌和高派教会的晚祷和其余的一切吗？

希尼：晚祷和晨歌，就这些来说，是纯粹的乐事。在我任职的五年期间，托尼·斯密斯——莫德林学院的院长，在院长公寓里为玛丽和我提供了一间套房。意外的收获是那套房子的位置就在学院合唱团练习唱歌的地方上面，所以每天早晨我们都是在那些天使般的女高音音阶练习的声音中醒来。O ces voix d'enfants，chantant dans la coupole! [①]我非常喜欢学院生活的有些方面，尤其是在莫德林学院一带散步，绕着鹿园，沿着爱迪生修起的小路——爱迪生步道。我也很喜欢那些年间的两个办公室，因为我也是圣约翰学院的荣誉教授，所以很感谢克里夫妇和比尔·海耶斯院长与他的妻子朱迪为我提供的很好的办公室。我很喜欢圣约翰学院的一件事是，他们的教师联谊活动室里排列着他们的诗人——一幅 A. E. 豪斯曼的画像挂在墙上，格雷夫斯、拉金和约翰·韦恩的青铜头像摆放在架子上。这让我产生一个想法，赠送一座王尔德的青铜头像给莫德林学院，为我这些年在此驻校表示感谢。王尔德，那里曾经的学生，现在目光穿过大厅，看着另一个莫德林老校友，著名的法学家和最高法官——丹宁勋爵。即使我在牛津没干任何别的事情，我至少改变了雕像权力的平衡。

奥德里斯科尔：在你结束担任那里的诗歌教授之后，你还在牛津作过一个讲座，给“波德雷恩图书馆之友”，讲《贝奥武甫》的翻译，非常生动。你把那次讲座称为“镂花工艺”[②]。它正好吻合当时的争论，盎格鲁-撒克逊语是否应该继续保留为英语专业本科生学位课程的必修部分。

---

① 法语，意思是：“噢，这些孩子们的声音，唱响在穹顶之下！”出自魏尔伦的诗《帕西法尔》。

② Fretwork，意思是“镂花工艺品”，但 fret 是“苦恼”的意思，因此又和下面的斯蒂芬的话相关联。

希尼：这其中没有任何关联——不管怎么说，没有任何有意的关联——在讲座题目和关于牛津英语课程表的争论之间。这里的“镂花（受苦）”是回应斯蒂芬·代达勒斯在《一个青年艺术家的画像》中对他作为爱尔兰人而说英语的那种不同和疏离的感觉的描述，在他听到英国出生的系主任的腔调和发音时，他发出著名的感叹：“我的灵魂在他的语言的阴影之下受苦（fret）。”因此我首先要说的是，乔伊斯的语言成就清除了“受苦”的负面指责，允许爱尔兰作家说我在《斯泰森岛》中让乔伊斯的幽灵说的话：“英语语言属于我们。”

我要说的第二点是，这种对语言的投注给一个翻译古英语诗歌的爱尔兰译者带了一种不同的镂花工艺品——也就是说，fret 一词在这里的意思是“图案交织的装饰”。我说的是一个简单明显的事情，那就是，在英译中保持盎格鲁－撒克逊诗歌的格律、交叠、头韵的努力是一种 fret（受苦，镂花），只是用的第二种意思，肯定的意思。

奥德里斯科尔：也许你喜欢保留《贝奥武甫》作为指定教科书？

希尼：我很喜欢课程中有一些盎格鲁－撒克逊语部分，接触一些源头性的作品，以便给学生一种感觉，感觉到古代语言的身体冲击力和现代英语的语源学基础。

奥德里斯科尔：吸引你去翻译《贝奥武甫》的是你对这首诗本身的赞赏，还是因为你喜爱盎格鲁－撒克逊语这一决定性因素？

希尼：更多的是后者。说实话，在我开始翻译之前，我对《贝奥武甫》没有任何特别的喜爱。我学生时代就知道并且更喜欢的英雄诗歌是短一点的、不完整的《马尔登之战》。更伤感的诗,《漫游者》和《航海者》,让我感觉到这种语言,被北海之风摇撼的声音,在海岬之下叫喊的声音。我现在还不能确定盎格鲁-撒克逊语是我听到的旋律,还是一种我没听到过,只是我自己想象的音乐。

奥德里斯科尔:你写到过,在你的哈佛岁月里,你沉浸在《贝奥武甫》的盎格鲁-撒克逊语之中,作为一种对付美国英语的解毒药。做这项翻译,你说,有一种锚定的影响,是一种锻炼,可抵制美国诗歌"脱缰的音乐"。这一点是你后来才意识到的,还是一直就伴随你的一种有意识的动机?

希尼:更像是半意识到的。当我翻译到这样的诗句,"人们急切地爬上跳板,/沙滩被海浪搅动,武士们装上/满船的武器",我被带回到一种我以前非常熟悉的写作的感觉。理论的焦虑脱落了。我就像一个桨手坐在划桨凳上,只是干着自己的活。我不用想导航的事,不用计算或盯着天上的星象方位。体验是身体性的,结果不同于跨大西洋诗歌普遍的毫无摩擦力的习语。我感觉到这次相遇是一种休养和致敬。

奥德里斯科尔:约翰·布莱伍德,你的《贝奥武甫》序言中提到过的女王大学的讲师,激起了还是本科生的你对盎格鲁-撒克逊语的兴奋之情吗?

希尼:真的没有。他是个苏格兰人,战争期间一直在部队,一个很大程度上依旧还是个少校的教授。他有一种直率和尖刻的幽默,这点我很喜欢,但对这样的文学我没有特别的感觉。我们跟着他读了前半本《贝奥武甫》，例行公事地和不太情愿地，有时甚至充满愤恨，因为它是期末考试的指定内容。

奥德里斯科尔：三十年之后，作为整部《贝奥武甫》的译者，你能直接从原文翻译，还是要依赖注释和其他译本？

希尼：非常依赖不同版本的词汇表，也依赖注释本——实际上主要是参考收入《诺顿英语文选》中的 E. T. 唐纳森的散文直译本，它是我的翻译将替代的译本。我也使用一个我学生时代用过的译本，也是散文体的，克拉克·霍尔翻译，C. L. 雷恩修订的。雷恩是我大学毕业考试时的外请评委，因此我与这个特别的译本有着特殊的关系。我也不时地会用现代图书馆丛书中比尔·阿尔弗雷德的译本核查一下，并不是因为比尔是我的朋友和哈佛同事。

麦克尔·亚历山大的诗体译本很多年来是企鹅经典丛书的标准版本。正是因为这一原因，我不愿参考它——或任何其他诗体译本，就因为这点。偶尔，在我译完其中的一个固定套路，我会看一眼麦克尔是怎么处理的，但从未作为翻译的帮手。越好的文学翻译，在你做完自己的翻译之前去看会越糟糕。你知道，在美国有一个译者在我译到一半的时候把他的书寄给了我，请求看一看我正在译的稿子。这有点过分了，但因为据说我们全都属于一个伟大的文学共同体的一部分，我寄了一些样稿给他。他是一个盎格鲁－撒克逊语专家，出过一本很漂亮的平装本翻译与评注，卖了很多年了。因此他无疑会很敏感，对一个业余人士占了他的道进入他的地盘。我也许有点为他的窘迫而开心，就如同他为自己的知识优越感而开心。

奥德里斯科尔：说到知识优越感，诺顿指定了一种学术“看守

人”来保证你不会偏离学术正统太远，对这一点你感觉有多压抑或恼火？

希尼： 我很高兴被看守。阿尔弗雷德·戴维是诺顿选集的总编之一，如果不能实行一些质量控制，那将是他的失职。让我们面对这一点，翻译是一种产品，它的品质会因一个声誉很好、标准很高、教育良好的出版人而提升。即使这样，阿尔也几乎随我所愿：在我寄给他东西审看之前，我已译完了几百行。他的评论从一开始就很严格、明确，但也是友好的。他并不是学究气的拘泥字义的人，他知道有一些文学上的考虑，他经常会建议改变说法改变措辞，考虑到韵律也照顾到意思。很自然，他也很费心地指出什么地方我偏离了——有时候是有意的——原文的感觉，但总的来说他是一个很好的巡警，我只是太高兴了而不太合作。

我们通过邮件或传真来处理我们的很多事务。我会寄去一沓打印稿，他会在那些打印稿上做批注，在有问题之处，也可能是他认为处理得很好的地方，加上他的评点，然后他会将校阅过的稿子返回给我，附上一封信。通常这就结束了，有时候也会有后续跟进和小的改进。这部分工作确实非常令人愉快，因为修订要容易得多，特别是你有一个体贴的合作伙伴。一般来说，允许我最后说了算，但我从来没有过对阿尔的评点不加考虑。

奥德里斯科尔： 从来没有过？

希尼： 有一次我确实超出了字面意思，而阿尔在我的特别恳求下让步了。那是一处著名的描写，对传统上称为“闹鬼的小湖”——那个格伦德尔的母亲在水下作怪的山间湖泊的描写。那个小湖如此阴森，赫罗斯加王告诉贝奥武甫，有一只被追猎的小鹿在岸边站了一会，然后宁愿被猎杀也不愿跳入水中。在谈到小鹿的时候诗人使用的代称是“石楠荒野（heath）的迈步者”，这词强劲、轻快、干巴又美妙。但我想要在这个措词中留下我的指纹，我想要通向我自己的沼泽帚石楠花丛（heather），而不是置身在勃朗特的石楠荒野，因此我写了一封长信给阿尔，解释我的偏爱，或者说偏见。而他接受了我译成“帚石楠花丛（heather）的迈步者”。但这里面是有一报还一报的关系的，因为此前在准确性的祭坛上我曾做出过牺牲。那是描写谢尔德·西佛森的葬船在被冰冻结的港口拼命想挣脱时的一行诗。这行诗在诺顿文选的定本中被忠实地翻译成“盖着冰壳，想驶出港口，一条载着王子的小船”，而在我打印的译稿上（在收入《山楂灯笼》的《死亡之船》中），被更自由地翻译成“冻封在冰壳里，它的锚索紧绷着”。虽然不是一字一字的对应，但我看来这更有一种身体和语言上的张力和严谨。

奥德里斯科尔：你需要说服戴维教授，或诺顿编辑团队的其他成员，接受你的很多爱尔兰-英语的用法是有道理的吗？

希尼：不需要说服，他们可能就决定放任我去做。在阿尔介入之前好些年，我就碰巧发现了我称之为“斯加隆讲话”的语域。诺顿第一次来和我接洽是在1984年或1985年，一个叫约翰·本尼迪克的编辑带着委托翻译的想法来和我接洽。我因此准备了开头部分，到吟游诗人在大厅里吟唱之处为止，大约一百行的译稿。他们似乎挺喜欢，虽然可以理解他们还需要更多一点——一些行动系列的东西，比如一些贝奥武甫和格伦德尔的战斗的片段。但那个时间点，我没有继续往前做的欲望。这做起来很慢，很艰苦，我不确定干这么一个费时费力的苦活我是否适合……由于各种原因，到1995年春天，我开始第二次干起这活来。而这个时候，一些惯用语我已经确立很久了——我把一开始的启动语气译为“这样”，把附议语气译成了“好吧”。在第十三行，我把年幼的贝奥王子译作“小崽”，在1940年代末的德里郡南部他会被人这么叫喊。我也让谢尔德·西佛森服从法律，让伟大的哈尔夫丹王拥有统治权。一般而言，我在自己的方言中开动了盎格鲁－撒克逊语之船。所以很自然地，最后用上了一个 bawn[①] 和一个 graith[②]，和一只鹰 hoking[③]（盘旋）在战场的死尸之上。现在我认识到，我已经走得太远了，在我把赫罗斯加王的传令官称作 brehon[④] 时，但阿尔准备好了让它就保持这样。[⑤]

奥德里斯科尔：这么看来，特里·伊格尔顿对你的评价是很公允的，他说你（作为一个最近出现的外来者）的《贝奥武甫》译本使“（你）被剥夺的文化最后得以反败为胜”。

希尼：这是极高的评价，但确实说到了要点上。没在最后一页写上“结束”二字，我可以代之以改写自《莉西达斯》[⑥]结尾的一行诗作为结束：“不再受苦了，悲哀的谢默斯，在他语言的阴影里。”

奥德里斯科尔：你的一个评论者，尼古拉斯·豪评论说：“希尼

① 英语化了的爱尔兰语，意思是“畜栏”“灰泥炭”。

② 苏格兰语，“准备好了”“整理好了”的意思。

③ 爱尔兰语方言。

④ 古代爱尔兰社会的法官。爱尔兰早期法律被称作 brehon。

⑤ 这一个回答，希尼谈的是他用爱尔兰方言和爱尔兰文化中的古语来翻译《贝奥武甫》的一些实践。

⑥ 约翰·弥尔顿的一首田园哀歌。

的《贝奥武甫》可能会更让人激动，要是他遵照德雷克·沃尔科特的《奥麦罗斯》的实践，穿越从翻译到诗意的重写之间的全部和激动人心的距离。为什么希尼不这么做呢？”这个问题你介意回答一下吗？

希尼：回答很简单：我对《贝奥武甫》的理解或喜爱不足以让我去重写它。如果它是一首被我吸收内化的，长久伴随我的生活并梦想到的诗，那很可能那样去做，就像我在《斯维尼的复活》中改写《疯狂的斯维尼》[①]，或者就像我最近做的，在《110路》中改写《埃涅阿斯纪》第六卷一样。我非常喜欢《埃涅阿斯纪》的那一卷，我喜欢把它单独翻译出来，就像约翰·哈林顿爵士在十七世纪时做的那样。但就《贝奥武甫》来说，我对它的理解和喜爱，真的只是到愿意费时费力一页一页地去翻译它。

奥德里斯科尔：你最后变得很享受这项工作，还是直到最终它依然只是一项要完成的事务？

希尼：对我来说一天翻译超过二十行或一次能翻译超过五天或到十天就非同寻常了。我以这样集中爆发的方式翻译，用手写方式，写在大格笔记本上，查找单词的意思，利用各种注解，探索头韵，等等。我确实会不时地，如他们所说，喜欢这项工作。每天早晨我就像一个被判处苦役的人，卷起袖子，朝手心吐唾沫，抄起大铁锤的长柄。在我翻译前一半的时候尤其是这样。它不再只是完成任务——我有了更多的兴致和动力——在翻译到老年的贝奥武甫

① *Buile Shuibhne*，古老的爱尔兰故事，讲一个国王斯维尼，因受到圣罗兰的诅咒而精神错乱，成了疯子。

时，他缓慢地、不可阻挡地往前走着，直到最后一幕的火葬柴堆场景。

奥德里斯科尔：哪些部分翻译起来最享受？

希尼：贝奥武甫去丹麦和返回时的海上旅程，那所有到达和离开的仪式。两场伟大的葬礼场景——一开始的死亡之船，最后搭建火葬柴堆和大墓。关于恶龙的描写，关于贝奥武甫对他的武士讲话并准备好他的最后一次抵抗的描写。我往往喜欢最悲痛或最壮观的场景。

奥德里斯科尔：在你从事这首诗的翻译时你对最初写下《贝奥武甫》的这位诗人的特点有什么感觉？

希尼：在前言中，我谈到了他对人们在一个暴力肆虐的世界里必须面对什么有着清晰的认识——这点非常吸引人，因为这赋予了他一直流露的关于命运的感叹以重量和情感上的可信度。还有诗歌写作中的 swa sceal（必须）[①]因素："一个人干了这事因此将会那样"这一公式不只是一个已经证明的谚语，更像是某种个人拥有的智慧。我感觉到了一个人的声音，一个对老年人有着特别的同情的人的声音——头发灰白的赫罗斯加王在希奥罗特宫被攻击时，要依靠年轻的贝奥武甫，然后，年老的贝奥武甫只能依靠自己一人，在他前去面对恶龙之时。

---

① 盎格鲁-撒克逊语，见《贝奥武甫》第二十行：Swa sceal geong guma gode gewyrcean. Swa sceal 的字面意思是 so should（所以应该），希尼译成 must be（必须这样），这一行希尼译为：And a young prince must be prudent like that（一个年轻王子必须像那样谨慎）。

在这声音中有一种显而易见的严肃和镇定，这点很吸引我。比如，会关注到礼仪细节和正确行为：他总是很高兴地描写宴席上、葬礼上或战场上的良好举止。他甚至感觉到对老龙的一种同情，毕竟，它只是做了一条老龙注定要做的事情：看到有人闯进他的藏宝地，它暴跳如雷。

奥德里斯科尔：格伦德尔和他妈妈呢?

希尼：他们是强大的角色，诗人肯定看出了他们扮演这些角色尽了他们最大的努力。但他在处理他们的时候，我想他更像一个坐在导演椅上的导演，非常清楚自己作为一个职业吟游诗人，是指挥一场史诗演出的导演，而不是“闭着眼睛”沉浸在自己的想象中。用电视目录表上的语言来说，你得把贝奥武甫与格伦德尔和他母亲的战斗归入“动作片”一类，把与恶龙的战斗归入“戏剧片”一类。

奥德里斯科尔：虽然你没有制作一部电视版的《贝奥武甫》——或为最近拍的电影《贝奥武甫》做什么——但在你的意识中它似乎比一部盎格鲁-撒克逊语诗歌具有更广阔的公众性。当你第一次出版这部译作时，由伦敦的费伯公司和纽约的法拉、斯特劳斯和吉鲁克斯出版社出版，你加上了页边注——有点像画外音——似乎表明这部译作不只是供学术研究使用，也可以让一般读者接近。

希尼：诺顿是为一部教学选集——可用于课堂教学的作品选，而约请我作这首诗的翻译的。但公司的董事长极为通情达理，允许费伯公司和法拉、斯特劳斯和吉鲁克斯出版社——我的固定出版人，率先出版上市发售，就好像我完成的这项翻译是我自己主动做的一样。这就是我为什么写了前言并想到增添那些页边注，作为给那些不是学生的、非学术性读者的导读。

奥德里斯科尔：事情的结果是，你确实吸引了大量的一般读者。你怎么看待《贝奥武甫》在大西洋两岸都登上了畅销书榜单这一成就？

希尼：对于这点，你的猜想和我的其实是同等程度的猜想。有时候我想这可能和“贝奥武甫”（Beowulf）这名字有关。这个名字的发音很有力量，它还有一丝古代神秘的气氛和一丝危险的暗示——在“武甫”（wolf，狼）这音上。还有一个事实，这首诗在美国的很多高中教过——这意味着，对那里的很多人，它有一种吸引力：半是怀旧半是熟悉。也有畅销书现象本身的神秘性，大批民众去买一本有一定文化声望的书，怀着笼统的想象，但并不一定真的去读。

奥德里斯科尔：你对这首诗入选惠特布瑞德奖的候选名单感到惊讶吗？你想到过一首译作有资格入选吗？

希尼：我很惊讶，因为我的诗集《酒精水准仪》获得过1996年的惠特布瑞德图书奖——单独这点就意味着这部译作不会被提名。但是，当它确实被提名时，我不记得我自己对它被列入诗歌类是否合格这一点有过任何担忧。这问题一旦提出来，我也能看出这是有争议的，但在那个阶段去争论这点并不关我的事。

奥德里斯科尔：很多媒体报道了这一事实，选择你的《贝奥武甫》的评委包括一个模特（杰丽·霍尔）和一个女喜剧演员（桑迪·托克斯威）……你还记得惠特布瑞德奖晚宴和见到评委时的什么情况吗?

希尼：我只见到一个评委杰丽·霍尔，时间非常简短，我刚从台上下来时，在围绕我们桌子的汹涌的人流之中。她在那些表示祝贺的人们中间，我正做动作要来一个那种演员似的亲吻，突然想起了媒体的相机，便紧急刹车，或在最后时刻调转了方向。但那快要吻上的样子还是被拍了下来，第二天在至少一家报纸上的头版刊登了出来。玛丽也看了那个杰丽接受的电视访谈，谈她在这次评奖中的作用。当问到她是否把票投给了《哈利·波特》，她用她平静的慢悠悠的德克萨斯口音回答说，“我没有投，但我女儿会投”。事实上，进入最后阶段的评判时，评委们——无论他们是谁——都是在面对着不可能的任务，在小说、诗歌、传记和儿童文学之间做出选择。讨论过程中，J. K. 罗琳的方式和我的方式哪个更好，这点所起的作用远低于我们的书的主题。在竞争的是贝奥武甫对哈利·波特，而不是我对她。发现这点后我如释重负。

十五、“朝向诗句的耳朵”：写作和朗读

奥德里斯科尔：好些年之前，你告诉一个英国记者说：“我的看法一直是，如果一首诗很好的话，它会强行开辟自己的道路。”你的经验仍然还是那样吗？

希尼：热切，兴奋，当我在1962年开始最认真地写诗时，一种变化的感觉传遍我全身。所以我总是把写作的时刻和提升、欢乐、意外的奖赏的时刻联系在一起。不管是好还是坏，我得到了这个想法，光是苦干无补于事。从天主教中，我获得了恩典的观念，确实相信，除非一开始就有一种确定的预想不到的力量，否则你无法往前写。我总是相信，任何被写下来的东西都是它自己以某种方式让写下来的。那是在早年的日子里，电池里还富有电能时。我现在仍然无法摆脱它；我不知道怎么写一首诗，除非和某种东西一起写这首诗。你无法开始，如果没有第一行诗的音乐性发展——这一点的意思我并不是指音调，只是说它需要语音上的所得或节奏上的保证。

奥德里斯科尔：很多年来，你经常引用济慈的观察，“如果诗

歌的来临不像树叶从树上长出来那么自然，那么它最好就不要来临”。这只是一个年轻诗人的看法吗?

希尼：好吧，它的意思不是说——济慈的意思不是说——写作的实际劳动或在一首诗上劳神是一种像打喷嚏一样无意识的自然功能。你必须得工作。我在早年，就是我刚开始写作的时候，发现的一本最好的书是琼·斯塔尔沃斯的《诗句之间》，关于叶芝的手稿的书。像一首《库勒庄园，1928》这样的诗，一共三十二行——在叶芝的诗中属中等长度，一首巡航高度的诗，在其中他没有突破任何声音屏障——用了三十八页的草稿，而他只写出开头的几行。如果你有了一个诗节形式，不管这诗节形式是什么，是十四行诗体还是双行体还是四行体还是别的什么体，你就能够这么写下去——和用它写下去——因为这诗节形式立即会在语言中召唤起其他的诗节。在某种程度上，你是在演奏变奏曲或在合唱队中歌唱。自由诗有时会很快写成，但是很奇怪，我的经验是如果有一种形式的话，一首诗会写得更快。

奥德里斯科尔：这意味着对你来说在你找到一种形式时一首诗才算真正开始?

希尼：有时候一首诗始于一个主题，其他时候始于一种形式。一般来说，我的诗都来自于记忆中的事情，经常是老早以前的；或我看到的什么事情让我想起别的什么事。有时候那些事情有一种光晕和吸引力，还有某种被遮挡的含义萦绕在它的四周。当然，我是一个大贮藏者。我曾经写过一组小诗题目叫《搁架传》：被保留的东西，收拣起来的东西，像一小块石头，一个铁钉，属于我们家的一个老熨斗，诸如此类。

奥德里斯科尔：你有每天的诗歌时间和散文时间吗?

希尼：嗯，以前是这样的——不管我写什么——都是在夜里。那是我二十多、三十多、四十多岁的时候，部分是因为我要教书，整天都很忙，完全过着希尼家闹腾的家庭生活。你看，家里要到很晚才安静下来。现在家里整天都很安静，如果有诗要写，我倾向于在上午写。但我一天中没有分成写诗时间和写散文时间。实际上，我的经验是，散文通常相当于任务——最后时刻，超过截稿日期的东西，或一份恐慌的必须写的演讲稿。一些我最喜欢的诗是在我准备演讲稿时中途停下写出来的；当你陷入这样的紧急状态时，你忘掉了自己。

奥德里斯科尔：我记得安妮·叶芝说过，当她父亲开始要写一首诗的时候，他会自己嘀咕着。希尼家的人会知道有一首诗将要降临了吗?

希尼：家里知道的不会太多，因为我会躲开一个人单独待一会。对我来说，沉思和数着一首诗的节拍的最佳时间，是驾车开长途的时候。玛丽总是知道，因为她会看到我的手指在方向盘上拍打。很多，很多诗都是构思于或开始于这种闭眼神态——当然不是字面意思上的闭眼！和乘车旅途一样，长途飞机旅途和隔绝在旅馆房间里，也很不错。像那样逃离，从你的日常生活中脱离出来，对抓住重点很有用处，也让形象显露出来。

奥德里斯科尔：为了把一个特别的灵感恰如其分地写出来，你知道需要费很大的劲，你为此感觉到过苦恼吗?

希尼：其中的一个困难是要能知道一个小小的一闪而现的抒情是否充分。你受到邀请，有了灵感，想要一个更好的词，但我从来无法回答的问题是：在做想象性的工作时意志力应该贯彻到何种程度，如叶芝所说的；你应该把一个事情推到多远。很多我很喜爱的诗得来毫不费功夫。另一方面，诗集《北方》中的诗费尽了心力才写出来，而我真的非常喜欢那些诗，因为它们的奇特、艰难和矛盾。

当你作为一个年轻诗人开始的时候，你喜爱完成一首诗的欣快。所以你很快写完一首诗，那是一种快乐。随着你成长，你最想要的是具体写作中的快乐，将它进一步锤炼，赋予它更多意义，看看我能把它带往多远。但接着疑问也随之而来：我是不是毁了它？我是不是把它弄得枯燥乏味了？柯勒律治说，“诗歌，像学童，太经常和严厉的教训，可能会被吓傻”。但有些诗要求更多的诗附加到他们上面，生长。另一个有着不同的态度的问题是，不完美是不是不用急于处理，或者说你是否应该剪裁一首诗，使之尽可能地完美。我记得克雷格·雷恩说过：“一首诗应该像一只牡蛎一样紧紧地闭合。”但是 D. H. 劳伦斯可能会说它应该像一棵木槿一样松散自由。

奥德里斯科尔：你怎么知道一首诗完成了？

希尼：这点很难说。这是一种直觉。你能从一个画家的身体状态上看出这点：徘徊在画布周围，全身苦恼和紧张，然后，当画完成时，身体也就放松了。至少你知道啥时候它还没完成……

奥德里斯科尔：你会在笔记上记下一些词语字句和意象以备以后使用吗？

希尼：我并没有记笔记的习惯，我依靠的是状态。我记得在七十年代初的时候看到过西奥多·罗斯克的《用于烧火的麦草》，一本没有写进诗歌中的诗句笔记。我想，天啊，我根本不可能干这事，我没有麦草，只有旧砖头。我确实也有一些笔记，一些小清单，罗列着事情、物品，等等。

奥德里斯科尔：你前面提到过，如果有一种形式，一首诗写起来会更快。如果被称为形式主义者你会生气吗？

希尼：我不会生气，但我会觉得这是一个错误。“形式主义者”对我来说像是一种教条主义的立场。我完全相信形式，但人们在使用这个名词时，他们经常是指形态而不是形式。有很多十四行形态的诗，相当的多，但它不仅仅是其中的八行押韵，另外六行押韵，不止是这么回事。它们碰巧一个部分放在另一个部分上面，就像两个盒子，但它们更像身躯和骨盆。必须有一些肌肉运动，在某种意义上它必须是活生生的。一首动人的诗不只是意味着触动了你，还意味着它作为活生生的语言能自己向前走动。形式并不是一种面团切削机——面团必须自己运转，找到自己的形态。我喜欢我自己的声音上道了的感觉，它可能发生在格律形式的内部，在这种格律形式内部你迈开脚步走向一个定好的音调，它也可能以一种很不规律的方式发生在一种自由形式的内部。

我作为一个诗人起步时的这首诗，《挖掘》，更符合我的德里郡南部发音的咕哝语调而不是任何一种出自书本的正确的抑扬格。每个作家都生活在既定的方言——不管是剑桥方言还是加勒比海方言——和一些来自传统的成语之间的中间地带。关于这点，特德·休斯有一个非常精彩的小比喻。他说，想象一下一群羚羊在吃草。一只羚羊摇动了一下它的尾巴，然后所有的羚羊都摇动了一下它们的尾巴，仿佛在说：“我们是永恒的羚羊。”休斯说，大多数作家，都有一种最初说出的语言——一种部落语音、阶级语音或别的什么。假设他们在一座外国城市，他们听到一种熟悉的口音，就像一只羚羊摇动尾巴，然后另一只也跟着摇动，并且感到，“啊，我在这就是在家里，我很强大”。对每个作家，都有那种第一语言，然后再有通用语。约瑟夫·布罗茨基相信我们必须保持通用语言的形式，但我同等地倾向于德里郡南部的羚羊语言。

我的诗集《北方》，对大骚乱最初的震惊有着最激烈的反应。它的第一部分的诗歌是扭曲和化石般的，是在巨大的压力之下写成的，但并非任何传统模式。它的形式完好，但就像炉子里面的灰渣或像灰烬。诗集的第二部分的诗歌有相当数量的五音步抑扬格作为开场，不太紧张的东西。因此我可以说，在我最深入地触及大骚乱之处，和传统形式的联系最少。我的第二次写作浪潮是给自己上课，是对我自己正讲课的内容的反应。在七十年代中期我又开始教书：教一些诗人的诗，像托马斯·怀亚特爵士和安德鲁·马维尔这样的，从上大学之后我就没再读过的诗人。那个时候我也更深入地读了叶芝的诗，尤其是中年时期的叶芝。在怀亚特、马维尔和叶芝身上，我非常迷恋一种简朴的风格。在写作中我最开始的冲动是使语言尽可能地富丽，制造一种彩绘玻璃一样的效果。但在我四十多岁的时候，我想要明晰透彻的玻璃，并很快意识到，如果一首诗首要的吸引力并不在于它语言的纹理，那么它必须要有其他能抓住人的方式。传统的格律和一种贯穿所有诗句并与之竞争的句法可以做到这点。

奥德里斯科尔：你是否喜欢压辅音韵和半韵胜过压全韵？

希尼：总体上来说，我追求一种低于全韵的东西，melt（融化）和 milt（脾脏，鱼精液），talkback（对讲）和 goldbeak（金喙），这种接近而不完全是的东西。但时不时地，做些无怨无悔的事情和把所有钟声都敲响是非常快乐的事情。我曾沉迷于女性韵脚的华美中，brighten（闪亮）和 lighten（照亮）。Between us（我们之间）和 amoenus（花笛鲷）。我在活命之中即兴而作，或更准确地说是在希望之中。有一两次我留下一道缺口，但并非经常这样。那种等待一个合适的词来填满空间的事情，我更多地是与翻译联系在一起。如果你写自己的诗，你是在追索某种在你所知的边缘的词语，因此你是处于一个更即兴生发的意识框架之中。但你在翻译的时候，你知道你要追求的效果，那个空间就在中心之处，像一次拼图阅读中的空白。你最需要的东西就是符合那片空白的语言拼图，而找到它的方式经常就是等待，在你夜里醒来的时候，或当你要睡觉的时候，都会想到这事。

奥德里斯科尔：你是这样一个诗人，对你来说词语发出的声音非常重要。

希尼：完全正确。这是开始的关键。就此来说，一首诗必须要有正确的声音——我不是指要像“语言魔法”那样华丽或精巧的声音。我指的是某种与你的可被称为言词肌肉组织相关的东西，那种语言运行时具体的抑扬顿挫。比如，在我写下我的第一本诗集的开篇第一首诗时——“在我的手指和拇指之间 / 那粗短的钢笔停歇着，贴身合适如一把抢”——我就知道我最认真地进入了其中。

奥德里斯科尔：你接受艾略特的意见吗？他认为题材只是一种分散读者注意力的装置，在诗歌下意识地表演它真正的魔法之时。

希尼：很难把题材从诗歌的进行中分离出来。辛格问道："难道风格不是诞生于新材料的震动？"我也无法构想一首没有题材要处理的诗。题材可能被隐藏，也可能在它消散的过程中经常被看见，就像在约翰·阿什贝利诗中那样。但实际上他的题材是当代真实性的本质正离你而去。就我自己的诗来说，我喜欢既有事实也有主题，并且它越厚重越有意思。

弗罗斯特是一个题材大师。在《熄灭了，熄灭了……》中，他写了一个孩子的手在一次工伤事故中被圆锯锯掉了，在佛蒙特州的一个场院里。你可以把它作为一件轶事来讲。那种突然，那种震惊，那种毫无准备，是随着他塑造出的一种日常生活的安详感觉和这个世界的坚实可靠而准备好的。但这首诗并非只是埃兹拉·庞德会说的"照相术"。在结尾，有一行诗"而他们"——那些人随后走开了——"因为他们/并非死者，就转身做他们的事去了"。这把诗留给了读者，去分辨他从中能读出的东西：这是一种冷酷的打发，还是一种听天由命，悲伤地任随事情进行，就这样生活在这个世界上？弗罗斯特制造了一个模仿的事实，亚里士多德可能会说，再现了原初事实。这一切都发生在语言中。你在 D. H. 劳伦斯那里也会看到这点，以一种完全不同的方式：写蝙蝠或美洲狮的诗，并非只是记录，而是充满了词语活力与行动。

奥德里斯科尔：在你的诗歌中，幽默扮演着什么角色？

希尼：我希望，我身上有很多幽默。对很多事情，我抱有一种嘲讽的态度。但无论好还是坏，当我坐下面对桌子时，就像一个辅祭在圣器室准备好到外面的主祭台去。有一种庄重感占据了我。"庄重感"也许用词不当——是一种深深的参与和音乐般的流露，一种诗歌与自己利害攸关的感觉。如果我写轻体诗（打油诗）的话，写得好还是坏对于我来说无所谓。没有任何受检验或要见证的东西——只是一种表演在进行。没有任何生死攸关的东西，也没有任何获取或失去的东西。应景诗是一种“娱乐”，正如格雷汉姆·格林可能会说的。我并不是贬低它们，我也高兴写这样的诗：为结婚的人们写的诗，为退休而写的诗，为生日而写的诗……最后，告诉你吧，我一直喜欢玩赏中世纪苏格兰诗人罗伯特·亨利森那种“道德寓言”诗。幽默是它们吸引人的重要部分，一种含蓄巧妙的苏格兰式幽默，我的成长环境与这种幽默紧密相关。

奥德里斯科尔：你怎么看待诗歌中的浅易和晦涩?

希尼：当前，一些年轻的英国诗人，把一些像保罗·穆尔顿一样的诗人作为榜样，写一种在其自身的不可理喻之中兴高采烈的诗，这些诗不再担忧其中涉及的个人隐私。它在一种拆毁了晦涩难解与暗示之间的区别的方式中走歪了。被塞进诗中的互联网性质的信息是诗歌自我塑造的部分。因此，那种写作的一些诗中有一种花花公子式的炫耀和冷淡，有一种新近的形而上学浮华幻想模式的气质。我自己是一个比较迟缓的读者，必须确信里面可能运载着货物。

你可以举出一个杰出的散文作家为例，如伊塔洛·卡尔维诺：他是一个高级糕点师，能制作出极美味的食品。但是，由于那种智力的品质和专注的热切，它表现给你的——尽管整个文章流畅、优美——是一种思想的力量，一种我们在没有安全保护网的高空索道上表演的感觉。这是严肃的东西。它是怎么传达出来的？通过写作，通过语调，有人甚至可能会说，通过肌肉张力。如果我面对难懂的诗，我会去聆听——这是我能够去读的唯一方法——去聆听一个懂得谱写诗歌乐曲的人的信号，他在追寻超出这提琴所有音乐之外的东西。

奥德里斯科尔：你怎么看先锋派？

希尼：现在这是一个过时的名称了。在文学上，没有人能再引起任何麻烦了。约翰·阿什贝利肯定属于先锋诗人，而现在他成了主流声音。那些“语言诗人”的作品和英国那些另类诗歌之作——与剑桥大学的人比如J. H. 普林联手——不再是有人曾经感觉到的江湖骗子之作了。但是这些诗人形成了一个宗派，躲避与世界的整个关联，认为那是一种庸俗和堕落。我听到过一句对奥登的批评，我喜欢它里面的合理性：有人说他没有大天才身上根深蒂固的正常性。我不能确定这一批评是否适用于奥登，但这话中的要点总的来说值得思考。即使在艾略特身上，那巨大的正常的世界也在你的四周流动。罗伯特·洛威尔在当时锋芒毕露——没有比他更文艺范的诗人了，但与此同时他是一个巨大的混凝土搅拌机：他只是把世界铲进去，再输送出来。这就是我现在所渴望的——成为混凝土搅拌机而不是一双筷子。

奥德里斯科尔：你自己的批评家和评论家怎么样？

希尼：当前任何地方的一个诗人最主要的不利因素是，无法强烈地感觉到一种批评回应是在记住并爱着它所回应的诗歌。评论变成了更零碎的东西，大体上都是轻量级的。我所依靠的都是那些很懂诗歌和能引用诗歌的朋友，那些对他们来说，诗歌是为之生活和伴随一生的价值的人。

奥德里斯科尔：在1977年的一次访谈中，你告诉谢默斯·迪恩："如果你像作家一样生活，你的回报是神气。但麻烦自然是怎么确保你正常地生活。"

希尼：写一首诗在本质上不是受到魅惑就是凝神专注，这两者一样快乐。当你真正被吸引时，一切都忘了——你无法问："我表现得好吗？"或别的什么。对于一个行动者，重要的是注意力的品质，华兹华斯谈到过的"沉思的习惯"。在他的《抒情歌谣》序言中——仍然是一份充满智慧的关于事情怎么回事的文献——华兹华斯说，"我相信我沉思的习惯如此塑造了我的情感，就像我对这些强烈地激发出那些情感的事物的描写，它们自己就携带着某种目的"。这就是我的感受：为那些事情苦恼——我指的是怎么正常地生活——是值得的，因为它塑造你的"沉思的习惯"，你的思维框架，你的气质，你的性情。当临到实际写作的时候，你真正拥有的一切就是你的气质，你的性情，你的冲动。但你可以通过以某种方式思考来影响你的性情。

奥德里斯科尔：在所有的艺术作品中都有悲伤的成分吗？

希尼：你理解到的更深的表达，其中饱含着这种感觉"我们将要为之付出代价"，必定以某种方式存在于那里——甚至在一首庆祝性的诗中。悲痛的表达最好不要取消：它肯定是诗歌必须加以认识的东西。

奥德里斯科尔：我想知道你会怎么看待保罗·策兰说的这段话："诗歌不能再说那种很多耳朵似乎仍在期待的语言了。它的语言已经变得更朴实无华和实事求是；它不再相信优美，它努力成为真实。它这样成了……一种'灰色'的语言。"

希尼：保罗·策兰的身世和历史状况深深地渗透到他的这番话中。我更愿意转到“根深蒂固的正常性”这话来。并非不可能写一首理解悲剧的诗，在其中理解到这痛苦世界的整个负重，与此同时又不陷入牛角尖或成为不解之谜。罗伯特·弗罗斯特的晚期诗《指令》就差不多做到了这点。一首关于迷路和遭遇一片冷酷风景的诗。它以一个宗教的开示而结束。在叶芝、弗罗斯特和伊丽莎白·毕晓普的诗中有足够的例子证明诗歌自身可以像公共建筑一样站在一边，在那里沉思默观，被人理解，不会背叛你而变为简单、欺骗或虚假的安慰。想想兹比格涅夫·赫伯特。

奥德里斯科尔：罗伯特·弗罗斯特是你在谈话中、朗诵时和文章中引用得最多的诗人。他似乎为你提供了一套完整的诗歌哲学。

希尼：在他的诗歌世界里我感觉像在家里一样自在——新英格兰的农场世界，那里的人们，那里的习惯用语。我现在认识到弗罗斯特是一个高度文学化的诗人，但他让世界如其本来一样说自己的话。在《规矩》一诗中有一段描写，写你必须怎么以一定的方式才能堆起一个干草垛的，不然这草垛很可能堆不起来——这点我知道得很清楚，因为我自己堆过干草垛。我对他那种精确，以及他从我熟悉的生活方式中揭示出的内在精神，感到非常兴奋。弗罗斯特在大学课程的高等文化环境中就像在家里一样自在，但他依然给你一个链接，返回到存储在你自己私密的少年身体里的东西，踩踏干草。

他也和读者有一个协约，一个公开的、有效的协约，我很喜欢这点。我喜欢他“此世性”的感觉，那种题材，那种准确，那种直接。但当我读得越多，我开始喜欢弗罗斯特的魔法。我越来越欣赏他的艺术的复杂性，他从他被给定的东西里创造出来的东西，我也很推崇——这就是我为什么不断地引用他的话——他的教学水平。他是个老师——当然，也是个农夫。当他在中学和大学教书时，他找到了一种方法，既没有损害诗歌的复杂性和严肃性，又能够用真正的创造性教学把问题简化，给人们指引一条进入诗歌的道路。在他朗诵时，他会狡黠地但也巧妙地说出诗歌是什么，它承担什么。

因此，弗罗斯特身上有一种严肃性，一种高水平的坚硬的智慧的内核。也有一种悲哀的内核——用罗伯特·洛威尔的话说就是："既没避免伤害别人，/也没避免伤害我自己。"他是一个有高度教养、高度文学性的人；但是他保留了很多秘密。有一首小诗叫《秘密坐着》："我们跳舞，围成一个圈并猜想，/但秘密坐在中间，知道一切。"每个想找到一条通向弗罗斯特的道路的人，都会遇到魅力，智慧，圈套——我想这是一个诗人拥有的很好的装备。

奥德里斯科尔：你有意约束过自己接触弗罗斯特的作品，以免受到他过度的影响吗？

希尼：没有这事。在一首诗中就可以很清楚地看出弗罗斯特的影响：在《进入黑暗的门》诗集中的《妻子的故事》实际上就是一首模仿弗罗斯特之作。一个女人带着茶去男人们正干活的地里。一种男人—女人的平衡，婚姻，机警，乡村背景，田地里传统的农活，等等；结尾也是弗罗斯特式的，我很清楚这点。但我认为他对我的声音并不具有遗传基因般的重要性——在这方面霍普金斯更为重要。

奥德里斯科尔：弗罗斯特使用美国习语写作这一点给你带来理解上的障碍了吗？爱德华·托马斯给你带来了类似弗罗斯特给

你的那些快乐了吗？

希尼：有好些年，弗罗斯特对我非常重要。在你开始写作的时候这些事情发生得多么快——你的同伴，你与之谈论诗歌直到深夜的密集度，你与之阅读诗歌和交换书本……艾德娜·朗利那时候正写关于爱德华·托马斯的论文，他也是我作为年轻老师在女王大学讲授的诗人。他确实受到了弗罗斯特的影响；但他的诗不那么干脆，却更温暖一些。爱德华·托马斯的写作中带有一点英国夏天的温度，而弗罗斯特的写作中有一种新英格兰的秋天，带着一丝即将来临的冬天的寒意。现在我想起来，《在外过冬》诗集中有一首相当柔和的诗——《发神谕者》，它更像托马斯而不是弗罗斯特，更具英国性质而不是弗罗斯特特征。那些你可能没意识到其影响的作家可能实际上进入了你的写作中。

奥德里斯科尔：*弗罗斯特受到了一些糟糕传记的压迫——一个诗人的性格和他作品的品质有关联吗？*

希尼：有关联。弗罗斯特是个善于操纵的人，他们说的很多他的事情都是真的。他对人很严厉，伤害了他们。但他也许知道这点，自知之明是一个作家的要求，也是“性格”的一部分。《家葬》是二十世纪一首伟大的诗，写孩子死去之后的丈夫和妻子，一对伤害对方也被对方伤害的夫妇。在弗罗斯特的生活中有一种很深入的夫妻关系——和战争——伤害，悲痛，损失，死了孩子，自杀。记录弗罗斯特的飞行状态的内心黑匣子，要能看到肯定非常有意思。但我们最多只能听到飞行员说，“一切都 OK，放心吧”。

奥德里斯科尔：在《在外过冬》时期的诗歌和散文中，你提到了约翰·戴维斯爵士、瓦尔特·罗利爵士和埃德蒙·斯宾塞在伊丽莎白时期对爱尔兰的征服与殖民活动中所扮演的角色。你确实感觉到了他们的殖民角色干扰了你对他们诗歌的欣赏，或至少使你对他们作品的反应复杂化了？

希尼：我是从课文中最早读到他们的诗。他们是我学习过程中的一部分：一种发现我在文化世界中处在什么地方的过程。在二十世纪的最后二十五年，随着后殖民主义批评，这些意识形态问题变得更紧要和清楚，我被迫去思考它们。但你可以同时和那么多真理相处。你可以从他们的诗歌中获得快乐，但也理解到他们是种族主义思想家，是最初的英国帝国主义的贡献者。埃德蒙·斯宾塞写过一篇文章谈铲除爱尔兰土著：他们要么变成英国人，要么被消灭。顺便提及一下，当我在哈佛教书的时候，我说，“这种对待原住民的斯宾塞理论在新英格兰执行得更好”。

克里斯托弗·马娄迈着大步走向他的素体诗，精力充沛，浑身是劲。可以证明这也是一种好战的劲头，一种文化的劲头，要击败西班牙无敌舰队，踏平世界，直捣爱尔兰，收拾他们。我有这样的想象，就是你从瓦尔特·罗利的诗歌中读出的那种果断，那种干净利落的斩钉截铁的手法，是和他这个英国上尉的职业有关联的，他在爱尔兰的斯摩维克大屠杀中砍了很多西班牙士兵的头。那种文艺复兴时期的洒脱既给你一种文体风格，同时也给你一种刀剑的残忍。罗利是一个完全意义上的战士－诗人——你在他的作品中感觉到的不是“战争的怜悯”而是一种挥剑砍杀的欢欣。

改变尊敬的面向，重新定位我们在文化世界的位置，这非常重要——换句话说就是，不能尊重帝国主义的驱动力，要挺身出来说出剥夺、兽行和暴力是邪恶的，说我们现在知道了。因此，当前读埃德蒙·斯宾塞时，比如和伊拉克的情况加以对比，会有一种启发，是一种自我教育。你无须指责斯宾塞写了坏诗，但你必须历史地了解他，完整地且结合当前的形势，要认识到文明的人们也可能做错事情……

奥德里斯科尔：……这不可避免地联想到纳粹指挥官在夜里听莫扎特的音乐，在白天用毒气杀死犹太人。我们怎么能依然宣称艺术拥有道德力量？

希尼：可能一个诗人在他所写的诗歌中要好于他自己。这是从事任何一门艺术的功用之一，也是你让自己在艺术面前沉思、接受、心神激荡的好处之一。在那一刻它会让你变得比你自己更好一点。但这不意味着你不会故态复萌或又落回你自己。

奥德里斯科尔：你认为那种传统观念，认为文学经典是由最好的文学作品组成，只根据艺术价值来评判，在文学批评和政治正确的时代还会继续存在吗？

希尼：因为过去的四五十年里世界发生了很大的变化，因此经典备受攻击。这种攻击来自两个领域。首先是妇女运动，在整个文化和政治世界里妇女的地位被重新安置。女性主义批评和意识形态的介入必然会提出质疑，对决定经典的男性权力结构和它被运用的方式。然后是解构主义解读和后殖民主义解读，他们看到了在经典建构之中起作用的文化霸权和帝国权力，这点不仅让妇女边缘化，并且使原住民、少数民族语言和诸如此类的一切边缘化。所有这些重新解读绝对是合乎规则的，这是一项公正、更新、重新排序的工作。为了动摇城堡，必须把攻城锤带来。但老城堡通常都会重建起来。

当我说到经典时，我就想到荷马、维吉尔、但丁、莎士比亚……这些几乎是核威慑般的名字！但他们全都能按新术语方面的要求加以重读。这说明他们作为经典是稳固的，因为他们人性的和根本的美质。另一种声音可能会叫喊起来，这是欧洲中心主义的态度。这确实是——那是他们的所来之地和我的生活之处，它是我在时间中和意识中定位我自己的装备的一部分。为了这世界的开放以接纳别的价值，你无须放弃你为自己创造的价值。

奥德里斯科尔：光我们的时代就有这么多成千上万的诗人在写作，那种“时间的检验”真的能适用吗？谁可能从所有那些诗集中被筛选出来？

希尼：我觉得现在这种检验正变成一件“各领风骚仅十年”的事情。在1980年代和1990年代出版了太多的诗集，太多的名字现在已经消逝了。

奥德里斯科尔：公平还是不公平？

希尼：绝大多数是公平的。这是诗歌从业者之间口耳相传的事情。它开始是小范围的，在竞争者圈子的内部。那圈子之外谁是好诗人？尤其对于诗歌，一门古代的神圣的艺术，“诗人”一词仍然有一种光环——这也是为什么人们如此想要它。也许我说得理想化了，但我确实相信有过发表的诗人对没有发表的诗人有一种责任，小说家之间所没有的。这是一种神圣的责任。这正是为什么选择的过程几乎独立于市场化过程或成名游戏之所在。那些得到了它的人们——不管它是什么——会看出那些拥有它的其他人。一般来说，正是诗人认出其他诗人。如果你遇到诗人，他们会谈论谁呢？——那些他们敬重的诗人。

美国辽阔的幅员产生了一个特别的问题。爱尔兰有很多诗人——太多了——但能感觉到从业者之中的真相；因为地方很小，因此听觉上会很敏锐。同样的事情也发生在瑞典或波兰：总是争吵，总是斗争，总是嫉妒；这是事情充满活力的一部分。在美国，有大片成熟的庄稼，起伏的诗歌——但没有巨型猪草从中冒出来。这产生了一个问题，出现了各自分隔的听闻系统。当你问美国人他们敬佩的诗人是谁，通常他们会提到他们自己文学圈里的一些人。人们极少提到任何出自经典的人物。

奥德里斯科尔：诗歌是不是仍然还有一些普通的或非专业性的听众？

希尼：这是一个很好的问题，涉及读者与听众。听众——听——是和耳朵相关的。我不知道在一个场馆里听现场诗歌朗诵的听众中，有多大的比例是在听朗读之前去买的诗集而不是听了之后去买的。我想这是事实，那些参加朗诵会的听众当中不时地选购诗集的人，相对来说是少数。但也有一些诗人，我很幸运属于其中一员，他们首先是通过一本或几本很受欢迎的诗集得到传播，然后，继这第一群读者之后，扩张到另一类文化信息灵敏、总的来说心怀善意的读者。再然后，如果有其他的什么事情发生，也许你获得了一个奖，因此广为人知，那么第三种读者又加入了进来：那些在圣诞节买本书保存的，或买本书作礼物送给别人的读者。

奥德里斯科尔：能激发出大量的诗歌听众吗？

希尼：你可以说，一方面，诗歌是一种临时性的即兴的事情。你可以进来，退出，你不用知道太多，只是进入你喜欢的地方，拿走你想要的东西然后离开。但另一方面，它也有一个连贯的内部系统或理解顺序。因此，也需要做一些工作，来增加第二种有理解能力的诗歌听众。而这一点，从最大的意义上来说，属于教育工作。它首先要在学校进行，然后要继续通过各种传播方式进行，机构性的和机遇性的。

我们实际上从谈论诗人，在孤独的盒子里写作的诗人，转移到谈论诗歌作品和听众的关系了。而这是为什么弗罗斯特在美国文化中非常重要的又一个理由——他是一个伟大的老师，为诗歌摇旗呐喊。我想最终有两种批评家能有助于创造听众：一种是欣赏者（他说“你真的该读读这诗，它太棒了”），一种是评判者（他说“我真的怀疑这根本就不值得去读”）。他们都是必需的。

第三部分　尾声

十六、总而言之

奥德里斯科尔：你在2006年8月得了一场重病——中风了。

希尼：我一觉醒来发现我的左腿或左臂动不了了。玛丽和我当时在多尼戈尔郡，参加安妮·弗里尔的生日晚会，那天夜里住在一家旅馆。好几个朋友也住在那家旅馆，因此从发现问题的那一刻起，我就得到了他们所有人非常贴心的照顾。德斯蒙德·卡瓦纳叫了救护车，他的妻子玛丽是一个理疗师，一直在安抚玛丽和我不要着急。身强力壮的彼得·法隆帮助救护人员把我抬下楼梯，并在他们这么做的时候把我逗乐了。我非常幸运没受到任何损害，我的语言、记忆、视力和幽默感都完好无损。

奥德里斯科尔：幽默？这事可没什么好笑的。

希尼：好吧，汤姆·基尔罗伊站在楼梯脚下，在我被抬下来时。我对他说这是“户外戏剧节诅咒”——因为一年前左右布莱恩·弗里尔也中过一次风。在布莱恩到医院来看我时，他说的第一句话是：

“不同的中风给不同的人。”

奥德里斯科尔：瘫痪持续了多长时间？

希尼：在医院待了三十六小时后，就要被救护车从莱特肯尼送到都柏林去时，信息开始通过大脑淤塞的部分，我能够动左脚的大脚趾了。因此那时候我就知道情况开始好转了。接下来的三四周我颤颤巍巍，非常担心；但不久我的腿、手和手臂就开始恢复力量了，恢复到让我感到稍微有点尴尬的程度，在我被转到一家康复医院——东尼布鲁克的皇家医院的中风科时。

在相对较短的时间里，我就能四处走动了：开始是撑着一个框型支架，然后是一个三角支架，再然后是拄着一根那种标准的可调节的铝手杖。没多久我也能同时用两只手吃饭了，可以给面包涂黄油，切盘子里的食物：这是我病房里的五个病友没人能做到的。大体上，他们的情况糟糕多了——其中一个实际上说不了话，大多数只能坐在轮椅上，他们全都是在我之前很久就住进来了，但五周之后我离开那儿时有一个还住在那儿。实际上，医院变成了一个休养院，我从未这么感谢过惊险小说：赫宁·曼凯尔，罗伯特·哈里斯，唐纳·利昂，安德里亚·卡米莱里——我没日没夜地读他们。虽然我有好一段时间什么也做不了，但和其他人相比我住院的时间要短得多。最后，我没遭受痛苦，我读了比好几年读的还多的书，减掉了一点体重，真正的康复如初了。

奥德里斯科尔：一位美国前总统肯定是你最意想不到的来中风科看你的访客。

希尼：一天早晨吃早饭的时候，比尔·克林顿来了，待了半个小时。引起一片惊愕……他到爱尔兰来，因为各种理由——参加莱德杯高尔夫球赛，来见爱尔兰总理，接受爱尔兰政府给他的基金会的一笔捐赠，如果可能，还度一个假。不管怎么说，他听到了我的“插曲”，在星期五早晨，他要离开爱尔兰的时候，传来了一个信息，他正在来皇家医院的路上。果然，半个小时之内，他就大步走进了病房，容光焕发，仿佛是从天而降来看望腓利门和鲍西斯的那些天神中的一位。

奥德里斯科尔：他和你一起待在病房里？

希尼：他和我的同室病友们握了手之后，我们出来，到了走廊远处的一间个人病房。玛丽也到了，那个时刻，那地方乱哄哄的，我们不得不打个掩护。

奥德里斯科尔：这次到访有什么紧张或不安的感觉吗？

希尼：完全没有。在那个时候我并没有把它看得有多不同凡响，因为一切感觉都那么自然。这是一个很高的荣耀，但是在一种非常轻松友好的氛围中。他是一个非常棒的聊天者，对事实和人物都了解得非常清楚，记得他读到过的所有东西。你很快就会意识到你见到的不仅是一位前总统，也是一位前罗德学者。当然，最后他的“看管人”把他叫走了，但只是在他又沿着走廊走到病房之后。他的到访让医院的每一个人都精神振奋，给整个医院带来很多益处。

奥德里斯科尔：你在描述自己在中风科住院的经历时用到了

“休养”一词，你有没有想过彻底谢绝诗歌朗诵、演讲、新书发布会、艺术节、荣誉学位、展览开幕式和所有那种耗费时间的旅行以及这些活动带来的打扰？

希尼：我经常这么想。后来我也成功地避开了很多活动，虽然我发现很不容易拒绝朋友们、正当的事业、荣誉或学位，诸如此类。

奥德里斯科尔：难道不是有一个度吗？过了这个度，荣誉和荣誉学位，它们虽然意图良好，但对一个希望继续写作的作家来说，就成了一种负担。

希尼：我同意，那个度很快就达到了。

奥德里斯科尔：你有没有实际上拒绝过一个荣誉学位？

希尼：好几个——在我要么是精疲力竭要么是负担过重的时候。但绝大多数情况下我都会接受，因为各种理由：因为这提议耗费了好几个月的工夫，为了让我的名字通过各种小组和委员会审查；因为一个朋友恰好是那所大学的校长；或为了感谢一所大学开办了爱尔兰研究项目，或也许是因为那地方值得敬佩（比如像开放大学那样的）或因为最高权威而拒绝它相当于公然冒犯和不敬。但现在，中风之后，对我来说更重要的是医生的医嘱而不是荣誉博士学位。

奥德里斯科尔：有什么遗憾吗？

希尼：没有，真的。我已经到了我的荣誉学位系绳的末端。一开始的时候，真有一种特别的感受。但后来我变得对那些仪式过于熟悉了，对荣誉已没有足够重视的反应了。

奥德里斯科尔：你有秘书来协助你处理信件和电话吗？

希尼：在1990年代初期，我很荣幸地有过一个秘书——或者说一个秘书的四分之一时间——在哈佛大学。所以那个时候我最后也请了一个人到都柏林的家里，每周来一两个上午，只是打字。开始的时候我对着一个电池驱动的小磁带录音机口述回信，但很快就认识到，如果我在来信的下边或后面直接写下回复的话，会做得更好和更快。然后我很幸运地雇到了——如果可以用这么一个大词来指这么一份零工的话——一个有能力做我的“照护者”的人：一位女性，有着特别的判断力，活泼的个性，完美的举止和足以管理好一个公司的才能。我们达成了一种非常好的工作方法，即使只为一周那几个上午，本来也可以发展成某种全职性的工作，但这时她丈夫在香港找到了一份工作，所以我又得重新来适应一个人。

当时我就应该职业性一点，比如说，找一个每周两三天来现场工作的个人助理。但我在过去的几年里持续保持着这种半天的工作安排，和一连串的不同的人一起。但我的运气仍然在，我的“照护者”和她一家又从香港回来了，事情就此全速前进了。

奥德里斯科尔：理查德·墨菲在他的回忆录《踢打》中讲述了特德·休斯给他的劝告，应该在清晨开始写诗，在“通向梦幻世界的大门尚未被白天的喧嚣封闭的时候”。你得到过类似的劝告吗？

希尼：我没得到过，虽然我的行为好像我得到过一样。因为在过去的几年中我能够从床上爬起来就坐在桌边，不用担心要准备去上课，或阅读习作以准备当天和学生约好的面谈，或给学生的作业评分，或写推荐信，或别的什么……特德无疑是对的，清晨是大门仍然在敞开的时间。

偶尔，我会在夜里醒来，头脑里想到一首诗的开头，起来去写下从地洞深处冒出来的任何句子或意象。这些讯息通常都非常值得信赖，你应该尽可能快地遵照它们去行动——不仅是写下那加密的代码，而且起来开始实际的密码破译。半夜的时间是最好的时间之一。因为我不用在早晨起来去工作，我能够在凌晨四点蹑手蹑脚地起来，知道如果需要的话，我可以晚一点接着睡。碰到这样的时候，事实上，坐下来吃早饭时，我会非常高兴有“一连串意外和混乱”，因为那“想望的全部事情”在很短的时间里就做成了。

奥德里斯科尔：*对那些激发你更大的诗歌抱负的刺激，你是不是感觉既焦虑又兴奋？*

希尼：确实是的，这也是为什么我跟踪了《迈锡尼瞭望台》中那位守夜人那么长时间，为什么追踪了《斯泰森岛》想法那么久，为什么追踪了把《疯狂的斯维尼》绑架到我自己的时空里的想法那么久。在我最终出击的时候，斯维尼和那个守夜人都开始像我的卧底一样歌唱。

奥德里斯科尔：*对于叶芝如何一直到最后还能保持多产，你有什么看法吗？*

希尼：罗伊·福斯特写的他的传记和安·萨德莱姆耶写的他妻子乔

治的传记里都包含了足够的证据证明叶芝自己的信念，性兴奋和创作兴奋差不多是合为一体的。他晚年的风流韵事真有些疯狂，这么逾越分寸和这么露骨，你都忍不住佩服——当然，也佩服他妻子乔治的容忍或顺从。以这种疯狂的方式，这整个奇观和这样的一种观念相矛盾，那就是生活和作品是相互对立的。那些最后的诗歌中的肆无忌惮和“欢唱”，如哈代可能会说的，这些诗过度的成功，是和一个狂野的邪恶老头的放荡与蠢事紧密相关的。

这里面的教益肯定是说明保持身体活力是保持头脑活跃的可靠方式。但最大的好处是——就像叶芝所有的事一样——你也可以提出相反的看法，说，不论身体还是非身体，这个诗人深深地关注“锻造他的灵魂”。也许在心里他并没有受洗，但直到最后他都在努力——越接近生命的终点，越变得明显——准备去面对他的毁灭者，带着自己成就的东西和他面面相对。比如，非常刻意的选择和采用《得到安慰的库胡林》中的三行体，就像是他给自己签发的一份护照，就在他必须渡过冥河的黑暗之水前。它说明这特别的身体已经准备好像一个幽灵一样登上去往阴间的渡船。

一个诗人写下的每一首好诗都可以被设想为一篇墓志铭，甚至《因尼斯弗尼湖中的小岛》也是。但是在一些伟大的诗人——叶芝、莎士比亚、斯蒂文斯、米沃什——的诗中，你感觉到随着他们年龄的增长，有一种不断发展的开放意识，一种不断深入和清晰的甚至是简单化的接受，对那些在遥远的河岸上等待着他们的东西。就像那些罕见的夏夜，天空越来越清澈而不是在变得越来越黑暗。没有诗人会不期望这种晚年。同样的，没有诗人会忘记华兹华斯丧失的掌控力或艾略特在戏剧中的辩解。然而，每个人也应该记住华兹华斯在诗中的重新焕发，像《随感》一诗，回忆詹姆斯·霍格，埃特里克的牧羊人。没有固定的规则。

奥德里斯科尔：叶芝的声望稳固吗？

希尼：在声望和成就之间做出区别是合理的吧？声望总是会被攻击，但是成就坚如磐石。

奥德里斯科尔：你认为他的反现代性的立场，他的“大户人家”的势利，他的反民主倾向，在更长的历史中不会对他造成不利？

希尼：如果我见到他，我可能会发现他的整个装扮很难接受——做作的和忘乎所以的——虽然也有很多关于他的勇气和幽默的证据，还有多萝西·韦尔斯利夫人所言的“他爽朗的笑声”。也有关于他循规蹈矩的印象，据维吉尼娅·伍尔夫记录，他“像一个坚固的橡木楔子”。但我们在这里谈论的不是他装扮的形象，而是他的诗歌写作“所带来的某些完美的东西”。作为一个整体，他的作品有一种内在的深思熟虑，一种个人的可信，一种对个人和历史生活结果的清醒认识，这一切没有一项会褪色。艺术结构像钟一样发出响声。单首的诗将会从视野中消失——《月相》在一百年的时间里不会列入课程中，但你永远不会知道。

甚至在有着金融中心、饭店评论家和移动电话的都柏林，那些旧塔、野天鹅和寒冷的天空可能都将会继续保有自己。它们总是被想象为处于偏远孤零之地，而不是在适合的地方：最好是把诗歌想象为由隐士茅屋构成的小村庄，而不是消遣的拱廊商店街。我这里谈的是诗歌将存活在读者对诗歌所抱的激情之中。他们总是会找到并珍惜的是灵魂因素和音乐因素的坚实证据。当然，他和作品都会被攻击，但他们已经做好了准备。如果有过一部全集能接受敲打，甚至挑逗你这么去干的，那就是叶芝的全集。“一个延长的音符或延长的诗句有什么用？/那无法被攻击的肯定与保证？” 重读和反击不会把他打倒，它们只会帮助我们更好地认识我们自己和他。

奥德里斯科尔：诗歌教会了你什么？

希尼：有这样一种像真理的东西，它能被讲述出来——间接地。主观性不是理论化，值得为之辩护；诗歌自有其德性，首先它拥有良好的道德品质，然后也拥有与生俱来的力量，因为它十足的装扮性，它的整体感、一致性和明晰性。

奥德里斯科尔：在某种意义上，你感觉在诗歌写作方面有过失败吗？

希尼：有过。因为有时候我应该不顾米沃什的警告和我的自我审查，让坏精灵而不是好精灵选择我，如他所说，“做它们的乐器”。

奥德里斯科尔：你能说得更具体一点吗？

希尼：如果诗歌自身都不能给我打开那些领地，我不知道现在我还能不能开始说出它们。

奥德里斯科尔：你怎么对待来自其他作家的嫉妒和个人的敌意？

希尼：那种事情极少面对面地表现出来。它的存在，通常是在表面之下的，没有道理，无法否认，就像性吸引力一样。因此，在你要处理它的时候，它就像一种反常的调情。是一种相排斥的磁力而不是相吸引的磁力。很多年前约翰·麦加亨向我推荐了一种处理的方式："死敌般的客气。"另一种是不出声的"好吧，去你妈的，傻货"。

奥德里斯科尔：从不真的说出口来？

希尼：那样的话会把一切毁掉——就像把温室的玻璃打碎，让里面的植物都死掉。当然，与这种东西一起生活并不需要多么坚忍。你很容易理解它是什么引起的。

奥德里斯科尔：你在什么程度上拥抱现代科技？你用手机发短信吗？

希尼：自从我学会使用"智能输入法"，我就发短信了。但我不用电子邮件，因为我想尽可能地阻止一些信息。我确实有一个笔记本电脑，很喜欢一块闪亮屏幕上的灵感和干净整洁的文字。

奥德里斯科尔：你总是用钢笔和墨水写诗吗？

希尼：并非总是。但一张干净的纸和一支很好的钢笔仍然会给我一种感觉，准备就绪可以写了。这部分是因为古代爱尔兰缮写员称作"墨水快速移动的火花"的东西的滋补，部分是因为当你手握钢笔俯身书桌时你会感觉到一种集中的力量。但是越来越多的，我通过看着屏幕上已经写好的东西来预热，有时候，在我知道自己身在何处之前，我就在摆弄键盘了。毫无疑问，盯着键盘有助于进入那忘我的出神状态。

奥德里斯科尔：因媒体言语和全球化而引起的语言的弱化对于诗歌来说是一个问题吗？这样一种单薄的语言可能产生与过去的杰作相媲美的作品吗？

希尼：天才会开辟出道路。有些网络空间里的但丁可能已经坐在他的键盘边了。但你是对的，我自己不可能用那样的频道来广播：在我相信这根拉绳上拉着什么有价值的东西之前，我需要感觉到这根绳拉着的是一张拖网，拖住回潮深处的什么东西。语言，像这世界上别的很多东西一样，已经被非实体化了。词语已经不再像曼德尔斯坦姆那样的束捆——意义朝所有方向伸展出去，它更是星系风中的一个筛子和一阵漂浮。但诗歌将会说“没有任何人类之事与我无关”[①]，并找到一条道路，在毫无重量的事物之中成为一个有重量之物。

比如，最近我读到了一首威尔士诗人罗伯特·明欣尼克的诗。它从一个沙漏中的沙子开始写起，然后发展到一种奇幻的联想，一片白雪茫茫般的沙子模样，最后遭到了一种烘烤，成了你刚谈到的非物质化。然而，因为写的沙子非常形象，而想象也极为丰富，可信度和可感性最终得以留存——靠着那首诗，也在那首诗之内。但在那首诗之外，事情远非安稳。

奥德里斯科尔：大众文化——六十年代以来一直居于主导地位的那种——对精神生活和艺术，包括诗歌，施加了一种有害的影响吗？

希尼：也许将它称之为有害的有点过分了。可能这是无法避免的

---

① Humani nil a me alienum puto，拉丁语，出自古罗马戏剧家泰伦提乌斯（公元前190—前160）。

事情，在二十一世纪初期，被大众文化感染的习惯用语对年轻的一代有着更强烈的情感密度，因为他们吸收了它并将之内化，这是在我身上从未有过的。对现在的大多数人来说，召唤电影题目、演唱专辑题目和乐队名字就可以给他们打开一条通往内心的道路。我是从我家人的身上看出这点的。对于他们，在这样的事情里面有一种重要因素，一种特别的文化和情感重力，这是我完全不理解的。因此，我同意确实有一种有害的现实，背景音乐和媒体那样环绕着的粗俗和空虚，我们全都得忍受其折磨，但同时对它们加以区别仍然是可能的——我们敢说也是极难得的——像从前一样。

“大众诗歌”或“大众艺术”这样的说法把我吓跑。它们有点太过强迫了，像要摁着你的头让你记住，告诉你去掉你傲慢的偏好。我不怀疑好诗也可能出自流行乐排行榜，就像很多坏诗出自高雅文化的告示牌一样。但一首诗作为诗真的很好，它将会开辟出它自己的道路而无须“大众”这安慰剂。

奥德里斯科尔：在你的演讲《危急状况下的田园诗》中，你赞同地引用了戏剧导演彼得·布鲁克的话。他宣称：“在艺术中，每一个人的责任都是去探求……硬币的另一面。在你看到黑暗一面的那一刻，你的职责就是去探看光明的那一面。”布鲁克的哲学中难道不是有些根本性的问题吗？我尤其在想他的观点——在你的演讲中也引用到了——作家应该直面“人类经验中冷酷的本性，以一种最后让你变得非常积极，充满勇气的方式，让你感觉比进来时坚强得多”。他的观点中一个明显的困难是它预知了一部艺术之作的最终结果，而不是在创造的过程中发现它的活力。

希尼：布鲁克的声明是在他接受媒体采访的时候说的，因此其中有一种随意发挥、兴之所至的性质。其中，“让你感觉比进来时坚强得多”这话表明他是作为一个戏剧工作者在说话，是以戏剧演出为尺度来衡量艺术的。他要处理的作品是已经写出来的，就是说，已经有了的，在舞台上经常演出的戏剧。他的声明是与他作为导演执导《李尔王》或《等待戈多》相关的，而不是与莎士比亚或贝克特创造过程中的艰难相关。一个导演在接手他的任务时可能需要头脑里已有一个计划或阐释。他的工作更像是翻译家而不是原创作家。

显然，一种预知的或确定的方式是违背创作律的。但说过这些后，我仍然相信一旦一部文学作品被完全想象出来之后——不管它对生活的理解可能真的有多么负面——它都能够给读者或观众一种“变得坚强”的效果。在内心深处，大多数人们预留的位置和托马斯·哈代的一样，“如果向好的路有了，它会要求看一看变坏的路”。比如，我认为在一部悲剧感染力很强的演出的幕布拉下之后，安静地坐在台下的人心里渴望的，更多的是坚定和转变——如果你喜欢的话，可称之为积聚力量——而不是消沉沮丧。

奥德里斯科尔：你赞同华莱士·斯蒂文斯的说法吗？他认为诗歌是“一种救赎的方式”，“上帝是一种可以采取其他形式的象征，比如，高雅的诗歌形式”。

希尼：我对第二个说法毫不怀疑。诗歌是一种对超验世界的冲动的认可。你可能会失去信仰，不再相信死后的生活，不再相信死去之时特别的审判，不再相信善与恶在约沙法谷永远的分离，但是你很难失去有一种命定的安排的感觉，在所有这些醉生梦死之上。诗歌代表着对终极申诉法庭的需要。无限的天空可能是寂静的，但人类的反应会说这还不够好，它必须比中性的空无多一点东西。无可否认，我们现在知道天空远不止是寂静的，它们一直是活生生的，在它们自己无词的语言中流畅地表达。如果你站在星空之下的乡间，对静默的天穹你仍然会感觉到一种原始的敬畏。

在《石头判决》中，我想象这种缄默是对人类的抗议的一种神圣的矫正。我想起我父亲和他“对甜言蜜语和借口的古老轻蔑”：“在终极法庭上他指望的不是语言／他依靠一生无言的行为。”因此，某种程度上诗歌是对所有语言欺骗和现实失望的一种清偿，也可以说它是“一种救赎的形式”。这可能就是切斯拉夫·米沃什称之为“一种来自你之所知和你之所是的红利”的原因。

奥德里斯科尔：你曾经把自己描述成“宗教里的荣格派”。

希尼：我小时候，从意识萌发到十多岁时，我完全栖息在宗教的子宫内。我的意识被天主教观念、表达方式、教学法、祈祷和风俗所占据。拯救，天谴，上面的天堂，底下的地狱，恩典和罪责，全都是真的。因此，那末世的大戏，那剧情甚至它们的恐怖，一开始就出现在眼前。在你看到临终床之前你将无法从这团血块中挣脱出来。很快你也会知道临终涂油礼，能够有学识地回答关于神圣的临终圣餐和以圣油礼给感官最后涂油，等等。你让你南德里郡人微不足道的存在融入宇宙巨大的回声之中，这个宇宙充满了光明与黑暗，死亡和永生，神圣的赞美和为死者祷告，比如“主啊，请赐予他们永恒的安息，让永远不灭的光照亮他们。愿他们的灵魂和所有那些离去的虔诚的灵魂在和平中安息，阿门”。

奥德里斯科尔：“一旦为天主教徒，就终身是天主教徒”？

希尼： 我想是这样。因为天主教提供了一种完整的理解结构，对于有死的人们的处境，这一点我从未解构掉。如果你在三十年前问我这些事情，我可能会谈的很不一样，当然是更犹豫不定，因为我最终尽了最大的努力从一个灌输了宗教问答的青年转变成一个世俗的成年人。对文学的学习，对酒、女人和歌曲的发现，诗歌的到来，然后是婚姻和家庭，再加上一种普遍的，一代人都认可的这一看法：上帝死了。所有这一切屏蔽掉了最初的幻象世界。但是，成熟后发现，古典世界的神话，还有但丁的《神曲》（我的爱尔兰天主教亚文化在这里受到了高级文化的认可），还有其他文化的神话，都对应着、混合着和提供了一个和原初的宇宙非常契合的宇宙：你知道了，从人类最开始，诗歌想象就提供了一个光明的世界和一个黑暗的世界，一个幽灵地带——不是一种死后的生活，而是一种生活的余音。

因此变老的过程就成了一桩居住在那些原型模式之间，并用它们去想象的事情——这就是为什么我自称"荣格派"。很多年来，我一直在写有关遇到亡魂和幽灵的诗，这些诗属于我最喜欢最看重的诗：《遇难者》，《斯泰森岛》，《春天的托兰人》，《区线与环线》（在其中我多少把自己幽灵化了）。然后，我还做过一件最高兴的事情是翻译了《俄狄浦斯在科罗诺斯》中那位信使的讲话，他讲述了那位老国王的终结，他怎么就消失了，认为他融入了大地而不是升入了天庭。

奥德里斯科尔： 能说你不惧怕死亡吗？

希尼： 当然不是我六十年前的那种惧怕了，惧怕带着不可饶恕的罪过死去和随之而来的永恒的痛苦。现在更多的是悲伤而不是惧怕，悲伤于必须离开"你最爱的一切"和你最爱的人。

奥德里斯科尔：尽管你对天主教仪式的信守停止了，你是不是仍然赞同教堂葬礼的仪式?

希尼：我确实赞同。我想那是该举行仪式的时刻。火葬柴堆是一回事，火葬场是另一回事。在那种时刻你需要一个立场来对抗虚无，需要一个说出来的词语，像米沃什《意义》一诗中的那个词，一个"奔跑着……/穿越星际间的空旷，穿越旋转的星系，/呼喊的，诉怨的，尖叫出的"词语。当然，在米沃什自己的葬礼上，是一场唱诗弥撒而不是星际间的尖叫声。这很适合他，因为他是一个天主教践行者，尽管是充满怀疑的一个。

奥德里斯科尔：你为什么要千里迢迢赶去克拉科夫参加他的葬礼?

希尼：因为他是一个伟大的诗人，赋予了艺术以高贵的面貌。因为我热爱他的诗并因他的诗变得坚强。因为在他去世之前的岁月里我和他这个人有很好的交往。因为我知道，我到克拉科夫时，我会置身于他亲密的朋友之间。因为去参加葬礼是养育我的文化中非常重要的部分，是表示敬重的部分。那次经历对我如此重大，我匆匆写下了有关它的记叙。我通常不写日记，但这里面有我不想让它消失的东西。

奥德里斯科尔：你怎么看待有些作家，他们不像米沃什一样是宗教信仰的践行者，但也举行了教会葬礼?

希尼：即使在我参加这样的作家的宗教葬礼时——如果你喜欢的话，可谓"非践行者"的人——我也不会感到不安或不相称。

奥德里斯科尔：特德·休斯的葬礼呢？约翰·麦加亨的葬礼呢？

希尼：这显然是两个非常不同的天才，虽然他们每个人的葬礼都是以同样安静的方式举行的。在每个人的情况中，个人的天才都被吸收进或者说被重新吸收进了他的传统。他们已经写完他们的诗作，而宗教仪式的作用就像是在适当的位置加上标点符号。特德·休斯的葬礼是在北陶顿的小教堂里举行的，就在和他家位于绿院的房子同一条小道上。家人和朋友，作家和出版人，还有公众人物全都挤在一起。英国国教会的仪式上升到由公祷书而来的文学力量。约翰·麦加亨的葬礼在当地的一座乡村教堂里举行，也是家里、邻居、作家、出版人和公众人物聚集在一起，虽然没有公祷书，也没有拉丁语弥撒，只有乡村教区的方言弥撒——他们曾经称之为小弥撒——期间由主持仪式的神职人员致了赞颂词。没有音乐，没有朋友或作家讲话，棺材被抬过走道，完全像一周前、一年前和一个世纪前的葬礼一样。然后是在墓边念诵玫瑰经，然后是本地人往墓穴里铲土。

奥德里斯科尔：你希望自己最后的安葬地是在德里郡而不是都柏林吗？在贝拉菲，斯加隆家族和希尼家族世世代代行走的地方，而不是在格拉斯温公墓，杰拉德·曼利·霍普金斯“在辛劳中沾满污泥”躺下的地方。当然是举行拉丁语弥撒——特别是现在有教皇的许可！

希尼：这是个好问题。但我在考虑这个问题的时候，也想到了其他几个地方——爱尔兰教会在南斯克罗斯的小墓地，离我们家在威克洛的房子不远，和辛格家族有关；或者内伊湖岸边一处非常漂亮的墓地，在阿德波（奶牛坡）的大十字架后面，玛丽的父母和祖辈安葬在那里。只是第一个地方信仰不合，第二个地方家族不对，所以我们还得返回来寻找（也许我该说谋划？）一个地方。也许解决办法是像哈代那样：把你自己在家族墓地和官方墓地之间切分开，同时安葬在两个地方。但哈代的安排涉及从遗体中把心脏取出来，因此可能没法这么做。也许只要举行两个仪式就行了。这怎么样？

奥德里斯科尔：噢，特德·休斯就是这么做的。除了乡村教堂里举行的葬礼，还在威斯敏斯特大教堂举行了追悼会，有皇家成员参加，休斯作为桂冠诗人的国家角色得到了极高的尊荣。

希尼：确实如此。不过追悼会和葬礼不同。葬礼更深入痛彻心扉，可以说，它必须处理织品上的破洞。追悼会更多的是一种荣誉报酬，有时可能是恢复荣誉。它更近于讣告而不是永恒的问题，因此世俗的追悼会伴随着音乐、默哀和其他的一切，可以进行得非常好。但特德的追悼会还有一种特别的维度，与威斯敏斯特大教堂相关，神职人员身穿礼服，管风琴竭尽全力地演奏，朗读钦定本《圣经》中的经文，特德自己录下的声音说着莎士比亚的诗句“别再害怕太阳的炎热”，由高里勋爵、麦克尔·鲍德温、卡洛琳·蒂斯达尔和我朗读他的诗，阿尔弗雷德·布伦德尔演奏舒伯特，塔里斯学者声乐队演唱《希望于他人》。这些对于作为一个英国诗人和英国爱国者的特德，一个对君主制很有感觉的神话看守人，也相当于一个合适的标点符号。整个追悼会神奇而可信的是，特德的语言和仪式语言在相同的语域中进行，它们吻合的程度到了他意象的范围完全被神圣的观念所包容。

奥德里斯科尔：在那一部访谈录的结尾，切斯拉夫·米沃什说，“我在此说的每一件事情中都可以听到这一句副歌——即，希望不要呈现出一个不是我的别人。我不得不承认这一点困扰了我的整个一生，现在仍然如此”。那么，在这一部访谈录的最后，我想知道米沃什所关注的不要“呈现出一个不是我的别人”（这一点，他说，在他获得诺贝尔奖之后感觉特别强烈）是否也是你所认同的？

希尼：用和米沃什一样的口气来谈论自己，会有点过分。而对这个问题回答说“是”的话，显得像是吹嘘，而回答说“不是”的话，又是不真实的。我认为我不是一个自我隐藏的人：诚然，我倾向于谨慎，我想这点不同于希望表现得“不是我自己”。但在自我表现时会发生什么，即使在米沃什身上，也不是一件简单的事，一个人对自己的分析从来不是一个完整的故事。然而，可以这么说，米沃什的声明是我毫不犹豫就可以说出的。

奥德里斯科尔：由于你如此耐心地忍受了持续这么长时间的询问，看来最后两个问题应该是关于你自己的。第一个问题由《知道的世界》改动而来：“难道我们……是为夏天而生，在阴影和清凉中／透过敞开的门凝视阳光？”

希尼：是的，我认为是这样。经常当我自己开着车，在春天或初夏时——或在一年之中的任何时间——从都柏林驶向威克洛，我会因这样的事实而感到一阵突然的快乐：我右边的山岭和我左边的大海，农田里的物产，道路快速的移动，天空的上升。有一种双重的感觉，此时此地就在熟悉的地方，广大无边的遥远之处。在我体验这样的事情时，我倾向于信任我身上那人类被驱逐出伊甸园之前的纯真。不管怎么说，看起来，去否认他比去承认他所犯的错误会更大。

奥德里斯科尔：最后一个问题，来自《继续前行》："这是全部吗？如同／开始时曾是的那样，现在和将来也是那样？"

希尼：要是把那些问题翻译成拉丁语的话，它们将以"Nonne"[①]一词开始，这表明它们所期待的回答是"是的"。从根本上来说，它们是威廉·华兹华斯很多年前就已说过的东西：在这个地球上，"我们要么发现自己的快乐，要么一无所有"。这是继续前行的一个理由。

---

① 拉丁语反问句语气词，意为："难道不是吗？"

“诗歌艺术”希尼访谈[①]

访谈者，亨利·科尔

1939年出生于北爱尔兰德里郡的谢默斯·希尼，是一个天主教家庭的九个孩子中的长子。1961年在女王大学获得英语文学学位之后，希尼参加工作当了老师，然后做了几年自由撰稿人。1975年，他担任都柏林一所教育学院英语系的教职，在这所培养老师的学校他工作到1981年。1979年他受哈佛大学邀请去教了一个学期的课，不久之后哈佛就给他提供了一份兼任教职，让他每年在哈佛只需上完春季学期的课，之后就可以回到爱尔兰和他的家人团聚。从1984年开始他担任哈佛大学的博伊尔斯顿修辞学和演说术教授。同时，在1989年至1994年，他还担任了牛津大学的诗歌教授。在1995年获得诺贝尔文学奖之后，希尼辞掉了博伊尔斯顿讲席，但作为驻校诗人仍然和哈佛大学保持关联。希尼现在和他的妻子玛丽住在都柏林，他们有三个孩子。

希尼是十二部诗集的作者，包括《一个自然主义者之死》（1966），《进入黑暗之门》（1969），《在外过冬》（1972），《北方》（1975），

① 本文刊于《巴黎评论》1997年秋季号（第75期）的“诗歌艺术”栏目。

《田野工作》（1979），《斯维尼迷失记》（1984），《斯泰森岛》（1985），《山楂灯笼》（1987），《观看事物》（1991），《酒精水准仪》（1996）。他的文章编成了三部散文集：《凝神专注》（1980），《舌头的管制》（1989），《诗歌的平衡》（1995）。他还翻译了索福克勒斯的《菲洛克特忒斯》，取名为《特洛伊的治愈》（1990），还和斯坦尼斯·巴拉谢克合作翻译了杨·科哈诺夫斯基的《挽歌》（1995）。

这个访谈是1994年5月中旬在希尼位于哈佛大学亚当斯楼的住所进行的，共用了三个上午。（在希尼获得诺贝尔文学奖之后又做了一些简短的补充。）在他客厅的窗外，一棵山楂树正盛开满树的花。月底，希尼就要回爱尔兰去了。在我们谈话的过程中，楼道里一直传来学生的说话声和笑声。电话铃响个不停，直到被拔掉接线。茶和佩珀里奇农场饼干一起备好了。一张咖啡桌和两张橡木大书桌上堆满了整整齐齐的信件，手稿、文件、文学杂志、书等等之类。希尼坐在沙发上，在一盏灯的光照中。一种整洁和凌乱混合的舒适氛围，让我们很轻松地开始了。一束紫丁香花在旁边的花瓶里低垂。壁炉台上，摆着家庭快照：他的两个儿子在威克洛乡舍前，他所有的三个孩子在都柏林和他们的母亲一起，他的好朋友伯纳德·麦卡比在意大利欢快地跳在空中。还摆着一个斯波德瓷盘，上面印着丁登寺的图像，还有一幅装在画框里的题为“第欧根尼之桶”的版画，两者都是备受珍视的生日礼物——希尼刚过了五十五岁生日。有一张明信片，上面是亨利·卢梭的画《缪斯和诗人》。每次访谈，希尼都穿着西装，白色衬衫系着领带。他的马丁鞋擦得光亮。他的白发，虽然修剪得整洁，但还是凌乱。他最近几周常常出行，虽然他褐色的眼睛周围眼皮松弛，但他思维敏捷而玩笑不断。每次访谈结束后，我们都会来一杯杰克丹尼威士忌。

科尔：你就要结束在哈佛的第十二个年头了，你对美国学生有什么印象？

希尼：在我最初到这里时，我非常清楚地意识到他们渴望和教授接触。而在我的老家爱尔兰，学生们有一种回避的习惯，对权威人物持一种嘲讽态度。而在这里，他们愿意接近教授，希望从教授提供的教诲中获益。这一点在开始时让我有点手足无措，而现在我对此很有好感。还有，美国学生自视甚高，不管他们是什么样子，他们都带着对自己能力的自信来到大学里。

科尔：你感觉这些年的教学有影响到你自己的写作吗？

希尼：嗯，这肯定会影响到我的精力。我记得罗伯特·菲茨杰拉德在这方面告诫过我，或者说至少是担心过我。但不论是好还是坏——我现在感觉坏，而早先感觉好——我相信诗歌是作为一种恩典降临的，在它要降临时，它会克服一切而到来的。我对世界的感觉，对我一生中将经历的生活的想象，总是包括一份工作的。这只不过和我这代人、我的成长、我的背景——出生于农村，靠奖学金上学——相关。事实上，在我的生活中最出人意料的奇迹就是诗歌自身的到来——差不多是作为一种召唤和提举。1962年在贝尔法斯特我一开始是当老师：我在圣托马斯中学教了一年书，我在女王大学获得了英语专业的一等荣誉毕业文凭，觉得自己有一些文学才能，但并没有真正的自信。然后，在1962年11月，我开始非常认真并心怀希望地写作。读本科的时候，我给英语社团杂志投过诗稿。我所在的班级，有谢默斯·迪恩——他是大伙儿中的明星，以及乔治·麦克沃特——他现在是温哥华的不列颠哥伦比亚大学的诗人。那时候女王大学还有其他有着写作抱负的人，比如，斯图亚特·帕克，他最后成了一位剧作家，我是这群人中的一个。但我并没有任何努力竞争、目的明确或雄心勃勃的感觉。我在女王大学时的笔名，在杂志上发表时的署名，是因塞图斯——拉丁语“不确定”的意思——我只是在罚球区踢着球，并没想着射门。然后，在1962年，水流开始奔腾，我记得从贝尔法斯特公共图书馆的书架上拿起特德·休斯的《卢柏克》，打开就看到了《一头猪的视野》，然后立即就爆发了，写了几首差不多是模仿休斯的诗。第一首的题目是《拖拉机》，我记得其中的一行写到“它们悲哀地咕噜着”（they gargled sadly），这让我当时非常得意。我把它投寄给了《贝尔法斯特电讯报》——并不是世上最好的文学杂志。它发表了这首诗。这对我意义重大，因为我并不认识那份报纸的任何人。这意味着这首诗被接受是因为它自身的优点。情况就是这样的。

科尔：你成长在一个男性沉默寡言的家庭，你承认过你最初是通过你妈妈体验到韵语的愉悦，你能谈谈你小时候家里的生活情况吗？

希尼：我父亲真的是一个古老世界中的人物。他在盖尔人的山间堡垒中会非常适应。他那一系的家族，以及我联想到他那一系家族的房子，属于传统的爱尔兰乡村。还有，现在我越来越清楚地意识到他从小就是一个孤儿，他很小的时候父亲就突然去世了，他的母亲也死于乳腺癌。所以他和他的兄弟姐妹被寄养在外，由叔叔舅舅和姑姑阿姨抚养长大。我父亲跟着三个单身叔叔长大，他们以相当可观的方式做着贩卖牲口的生意，往来于英格兰北部的市场，正是从他们那里他学会了牲口买卖。所以他度过成长岁月的家庭是没有女性操持的地方，一个不流露感情的、清苦坚忍的环境。很自然，这一切塑造了他，又通过他的言谈举止和他的个性传递给了我们。

科尔：你母亲是什么样子的？

希尼： 嗯，我母亲更属于一个现代人。她的家族住在卡斯尔道森，某种程度上那是一个工业村镇，那里的很多人在克拉克亚麻厂工作。她的一个叔叔是工厂的司炉工，她的一个兄弟也在那里工作，另一个兄弟开送面包的车——有特许经营权，在卡斯尔道森地区销售一家贝尔法斯特面包房的产品。她的一个姐妹受训成了护士，另一个去了英格兰，二战期间在那里，最后嫁给了一个诺森伯兰的矿工。我想你可以说我父亲家的世界是托马斯·哈代的世界，而我母亲家是 D.H. 劳伦斯的世界。卡斯尔道森是联排房屋村镇，住着整洁的工人阶层。麦凯恩家——就是我母亲的娘家——有一种良好的社交举止。他们很讲究衣着规则、餐桌礼仪诸如此类的事情，他们喜欢你把鞋子擦得光亮，把头发梳得整齐。他们的房子后面有一个自家菜园和一间洗衣房，里面有一台绞干机。我想我可以把麦凯恩家称作民主党人，他们对公正和民权有着强烈的意识，他们都是争辩好手，他们真诚地、自觉地喜爱着他们自己的争辩和批判才能。

科尔：希尼家族怎么样？他们是民主党人吗？

希尼： 希尼家族是贵族派，就他们理所当然地接受一套给定的、心照不宣的行为规范这点来说。争辩，劝说，甚至言语本身，看在老天的份上，对他们来说，似乎只是多余的、不必要的。你要么接纳一套规范，要么拒绝。这和他们的乡村背景有关，那种心照不宣的盖尔人习性仍然残存在那里。

科尔：他们说盖尔语吗？

希尼：不说，一点都不说。在阿尔斯特的那部分地区有一两个世纪不说爱尔兰语了。有时候我似乎感到巴恩河谷的基因库好几千年不曾被惊动了。

科尔：家里有书籍吗？

希尼：书不多。放书的地方在我姑姑萨拉的房子里。她在1920年代接受了教师资格培训。她有一个自己的藏书室。比如，她有一套哈代小说全集和一套早年的三卷本叶芝诗集——戏剧、小说和诗歌。

科尔：你的玛丽姑妈怎么样？

希尼：玛丽是我爸爸的妹妹，她和我们一起生活。因为我是长子，所以我成了她最喜爱的一个。她是一个对世界满怀巨大的爱意，又非常现实干练、极少伤感的女性。所有希尼家的女性都有这种根深蒂固的务实精神，唯有她们的善良能与此相匹。她们从不怨天尤人，又非常——并不消极——谨慎。这是一种生活方式，接受那些在她们身边发生的事，虽然她们也会带有一种令人无地自容的轻蔑，一种完全的鄙夷的轻蔑。然后是居于两者之间的，就是忍耐和骄傲。玛丽把她的爱意散布给我们所有人，但如我说过的，因为我是长子而成了她最爱的一个。

科尔：你肯定很早就成了家里的第四个大人。

希尼：没错，确实是这样。我刚十多岁时，就获得了一种代表资格，为整个家庭去参加守灵和葬礼等。在干农活的时候，我也会被算作一个壮劳力，比如，在夏天收干草的时候。而我记得这种责任非常正式地赋予我是在我弟弟克里斯托弗安葬的那天上午。他刚四岁，死于交通事故。我那时候是十三四岁，从学校请假回来参加葬礼，其他弟妹全都在。当我在卧室里开始哭的时候，我父亲对我说：“现在忍住一下，如果你哭，他们全都会哭。”

科尔：这事写入了你的诗《期中请假》。

希尼：没错。

科尔：这些年的跨大西洋生活怎么样？它对作为一个丈夫和父亲的你是不是一种压力？

希尼：实际上1979年玛丽和孩子们和我一起在这里待过——在坎布里奇四个月，在长岛一个月。我们全家一起在坎布里奇的时候，身边就有我们早在爱尔兰就认识的朋友，比如，海伦·文德勒、阿尔菲和莎莉·阿尔康。这点在我考虑要不要接受来这里工作时很重要。爸爸不是去未知之地。这里的很多人不仅认识我，也认识玛丽和孩子们。问题在于四个月的分离是不是值得剩余八个月在家的好处。

我作了一个梦，就在我要做出决定的前一天夜里：我在沙漠中，天就要黑了。我需要一个躺下的地方，一个遮蔽棚，然后就出现了斜靠在墙面或峭壁上的柱子，柱子顶上盖着毛皮之类的屋顶。我就躺在那下面睡了一夜。然后是下一个梦中的情景：晴朗的早晨，阳光灿烂，那道峭壁已经消失了，我站在空旷处。我所认为的墙壁只是一艘停靠在苏伊士运河的邮轮的船舷，邮轮已经在夜间开走了。我把这一切的意思理解为没有什么东西是永久的，我应该随它而去——虽然我知道肯定还有有别的解释方式。

科尔：也可以把那艘邮轮理解为哈佛大学？

希尼：啊，确实可以！然后，在那一段时间，我们遇到了瑞典诗人托马斯·特朗斯特罗姆和他的妻子莫妮卡。他们对我们说："只要你们隔六个星期就能彼此见面的话，一切都会很好……只要不超过六个星期。"于是合同签订了。那个时候玛丽的一个姐姐住在都柏林，是孩子们很喜爱的姨妈，她答应每年春天来带孩子们一到两周，让玛丽可以来坎布里奇看我。

科尔：你这个房间，虽然很明显你想给自己营造成一个安乐窝，但还是很容易感觉出你的生活在别处。

希尼：是的，没错。我想，你知道，如果我在灯塔山[①]租一套公寓，自己布置，把我的书架、物品和照片摆放好，让它成为另一个舒适的地方，那将会急剧地影响我和家的关系。因此，罗伯特·基利能给我提供亚当斯楼的这套公寓真是太棒了，基利以前是现在仍然是这栋楼的宿舍主任。关键是这里的公寓并不是一种替代的生活。事实上，它就像是在一块悬崖岩石上搭窝，迁徙移居，住在另一个人的房子里。我多少算是鲍勃和雅娜·基利的房客。我在这里的住处不是我在都柏林的生活的替代。它只是一个暂住的安排。对我和整个家来说，这一点在心理意义上非常重要。还有，我也可以这么说，我自己

① 波士顿一处古老的高级住宅区。

心里有个安排，一年之中的这一段时间是属于事务性时间而不是创造性时间。我要在这里教书、做诗歌朗诵，忙于工作，不用考虑太多写作的事情。剩下的一年另外的三分之二的时间在家里是写作时间和做白日梦时间。结果表明，夏天是我写作的最好时间。当我回到家里，那真实的植被和夏天的天气有时就能起到神奇的作用。这是离家远行而积攒下来的强烈需求。一种只是回到家里的满足。到目前为止一直是这种周期性节奏。

科尔： 你离开爱尔兰以自由撰稿人身份谋生的时间真的不是太长。你刚刚庆祝了自己的五十五岁生日，身后留下了大量作品，你有着哈佛大学博伊尔斯顿教授职位的工作，直到最近还是牛津大学的诗歌教授。你现在在这样的地位上写作，我想知道，你对写作和教书这两种迥异的体验有什么感觉，现在你坐下来写一首诗时是不是有什么不同之处？

希尼： 二十年前我离开北爱尔兰去威克洛全职写作的那种体验，显然是不可重复的。它至关重要，但压力很大，它是朝着冒险之径迈出的关键的第一步。1972年我放弃在女王大学的工作，有意将它作为对我自己和我的能力的考验。幸运的是，那个时候我已经出版了两本诗集，第三本也将要出版。我很幸运地获得了艺术家朋友和诗人朋友的支持。那个时候非常重要的两个人是特德·休斯和画家巴里·库克，后者碰巧也是特德的朋友，他们是一起钓狗鱼和鲑鱼的好哥们。不管怎么样，他们全都支持我作出改变。还有，必须说到玛丽也支持，虽然是把家搬到荒僻的乡下，将在非常简朴的环境生活。我们能在经济上养活自己吗？我能够以写作证明辞去工作是值得的吗？毫无疑问，那些年的压力很大。后来，在我决定放弃自由写作生活，到都柏林重执教书的工作时，又面临另一种不同的危机。我已经在威克洛郡的乡间小舍中住了四年，从1972年到1976年，前三年我是自由写作，第四年我开始在克里斯福德教师培训学院教书。当然，那时候我很遗憾这么做，作为一个作家，我知道这是偏离了写作的中心，但身为父母我也有着强烈的相反的愿望，去做好一个父亲该做的事情。我并不憎恶重新执教，但我非常清晰地知道我正在放弃什么。因为我知道我正在做什么，这点缓解了一些那种感觉。不管怎么说，我的下一本诗集，在这三年以后出版的，是我最喜欢的诗集之一。就它自身来说，也是一本改变的诗集。它推动我从《北方》的激烈走向更为适度，在形式和情感两方面都这样。

科尔：你指的是《田野工作》吧？

希尼：是的。《田野工作》告诉我加入上班一族也是可行的，我在新的处境里，还能写诗。可能写不出《北方》中的那种紧急之作，但《北方》是出自我的一个无法重复的时期。当时我把头埋下，像一条钻地猎犬一样冲着洞穴，拼命地抓刨，扬土成堆，这种事不会发生两次。《北方》是一本“人生之路的中途”[①]之作。即使《北方》没那么沉迷，而形式更广泛，充满了公共哀歌、个人爱情诗和那些格兰摩尔十四行诗，它依然是我在新的处境里也能写诗的证明。接着的三年之后，我接受了哈佛大学的工作，条件更好了：八个月我写自己的东西，四个月教书。还有，我还在克里斯福德学院全职教书的时候，就已经设法着手写《斯泰森岛》了。回想起来，我可能对这一切太过看重了，怎么让一年和下一年不同。我开始把生命看作一系列从最初的

① 语出但丁《神曲·地狱篇》的首章首行。

中心点扩散开的涟漪。无论其波圈变得多么宽广，不论你的波纹离最初的中心点已经有多远，你这个人最初的冲动仍然在你的身上传递和穿行，因此，你虽然可以谈论你生命的这个时期和那个时期，但你最初的自我和最终的自我并没有分别。

科尔：然而，你似乎还是在说有明确的分期和分界。离开北爱尔兰你感觉愧疚吗？在《暴露》一诗中你承认：“我既不是被拘禁者也不是告密者；/而是一个内心的流亡者，留着长发/心事重重……”人们感觉你确实如此。还有，要是你没有离开北爱尔兰的话你可能写出《北方》吗？

希尼：写不出来，我想写不出来的。通过离开，我凝聚起自己的全部力量。为这行动，我感觉充分准备好了。也许是分开，而不是退出。一种确定无疑的决心。事实上，迁往威克洛并不是一种突然的转变。1971年我从加利福尼亚回来时就有一个初步的打算，要离开贝尔法斯特住到北爱尔兰的乡下去，过一种自由作家的生活。即使这样，离开北方并没有让我心碎。隐居有其益处。毕竟，焦虑也伴生着决心。《暴露》一诗中的焦虑是关于从这次迁移中产生的作品是否足够好。那首诗自问，在这里写诗反对在那里发生的暴行是否足够？其中的诗人说，在需要彗星的地方我除了敲击出一些火花还能干什么？

科尔：是什么引起了《北方》中的戏剧性改变？

希尼：我想充分准备的必然结果就是有点紧张。在我写诗的时候，我给自己施加着压力，并且像在《暴露》中那样流露了出来。我把《北方》中的诗和一个特别的地方联系在一起：乡舍楼上的房间。我不停地吸烟，赶着在截止日前完稿，望着外面的阳光，伏身在桌上，焦虑。我想，这种焦虑就在那里，在四行节诗的限制之中。

科尔：对罗伯特·洛威尔、威廉·C. 威廉斯和罗伯特·克瑞里的阅读影响你了吗？还是因为翻译《斯维尼迷失记》你才开始写更整齐的诗？

希尼：那些轻盈的小四行节诗我是在伯克利开始写的，它们后来出现在《在外过冬》集中。像《向西》《阿纳霍瑞什》，诸如此类的一些诗。而这同样的四行节诗出现得更早，如《沼泽地》和《进入黑暗之门》集中最后面的那些诗。我在加利福尼亚时对威廉斯真的很好奇，并相当系统地读了他的诗。非常喜爱，也同样困惑。在读到他的诗之前，我总是想要诗句有回声，在诗句停止之处留下余音，但威廉斯提供的似乎是一种在诗句结束时就完全终止的音乐。没有共鸣，没有回音，没有优美的余音。我一直看着并问，这就完了？我终于得出答案，是的，这就完了。然后我想起，所有诗歌中，在所谓压制的力量和伸展的魅力之间有一种与生俱来的对话或张力。当然，在《北方》之后，我开始非常有意地写一些韵律和句法更讲究的诗：十四行诗，押韵的五音步诗，带歌唱因素的东西。《田野工作》中有一首诗《歌手之家》，它真的是写诗人和诗歌有权在一个毫无音律的世界里歌唱。这位歌手是大卫·哈蒙德，他是我们的好朋友，也是我们早年贝尔法斯特生活中的一位纵情玩乐的带头人。大骚乱的后果之一，自然就是结束了所有这些痛饮狂欢自由不羁的生活。人们夜里不再出门。同时，因为每个人心底沉睡的政治沉渣被搅动了起来，人们之中也开始出现对峙、旁观和分裂。于是整个氛围都变得阴暗。然后突然间，十年之后，我去到哈蒙德在多尼戈尔的大西洋岸边的夏日别墅，我们一起度过了一个非常美好的夜晚。唱歌，喝酒，整个是“欢乐伙伴”的状态。它强烈地提醒，我们抽象地称之为“歌”的东西，是真实的至关重要的东西，人们应该毫无愧意地去追求。《歌手之家》就是源于这一体验。事实上，《田野工作》中很多诗在形式方面的冲动就是，骑士原则战胜也隐藏在我自己身上的圆头党人[①]的一个例子。我的意思是，谁会不喜欢写莫扎特式的诗歌呢？

科尔：莫扎特式的诗歌是什么样子？

希尼：就是其中包含全部的日常生活，但它也会有强大的形式上的加速度。我最近读克里斯托弗·马娄的《赫萝和勒安德尔[②]》，从中体会到强烈的快乐，因为它那种在自己身上创造出快乐的方式。它给你一种音乐，在它自身内部跳跃着，光彩夺目，精致迷人，非常自觉。在它的文字中有着真正的甜美和优雅，但在这旗帜上飘扬的美丽和欢乐之下，有着深谙世事者可怕的洞察，对伤害、怨恨和暴力的真实认识，带着狡猾。我想这是一个年轻诗人写出的极为惊人的成熟诗歌。这首诗有着普罗斯佩罗的所有惩罚意识，但依然保有爱丽儿那种使自己甜美活泼的能力。[③]

---

① Roundhead，1642—1652年英国内战时反对贵族的清教徒议会党人。

② 希腊神话，阿比多斯的少年勒安德尔爱上了赫勒斯滂海峡对岸塞斯托斯的美神阿芙洛狄特的女祭司赫萝。他每天晚上游过海峡和赫萝相会，早晨再游回去。赫萝每天夜里在塔楼上悬灯为情人指航。有一天夜里暴风雨骤起，把灯吹灭了，勒安德尔在海上迷失了方向，溺水而亡。第二天赫萝在海边发现了勒安德尔的尸体，也蹈海而亡。

③ 普罗斯佩罗和爱丽儿都是莎士比亚戏剧《暴风雨》中的角色。普罗斯佩罗是被阴谋废除的米兰公爵，一心想着惩罚那些谋害他的坏人，爱丽儿是欢乐的精灵。

科尔：你认为你没写出过莫扎特式的诗歌？

希尼：是的，没有写出过。

科尔：随着时间的延续，会不会出现一种新的危险，那就是太像自己或重复自己的危险？

希尼：我想你难以避免陷入习惯性的写作。但事实上，当你进入具体写一首诗的兴奋状态时，你是35岁还是55岁并没有什么差别。从兴奋到沉迷到专注于写作的状态，这在任何时候都是写作本身的回报。

科尔：现在写诗还像当初一样艰难吗？

希尼：完全一样。也许还更难。在年轻刚开始写作的时候，我想每个作家都是为了写完时的欣喜而写，有一种朝着完成一首诗而冲刺的感觉。你急于得到奖赏，当下的认可。而我现在最大的享受是写作过程。当我有个想法时，我只是让它尽可能长地持续着。在以前，一旦我想到一个形象，我就会猛扑过去，快速地表达出它的意味，通常用6或8个四行诗节。但现在，这样的一个源起形象可能会联想起另一个形象，这首诗可能会间接地进入，以更曲折、增生的方式发展。我会更致力于开场的那刻，把事情分成一部分一部分的。

科尔：你认为自己更多的属于自传性诗人、社会诗人、田园诗人，还是政治诗人？

希尼：如果我处在那种不知如何是好的境地，一个对诗歌完全不了解也对诗歌毫无兴趣的人问我：“你写的是什么类型的诗？”我倾向于回答：“哦，就是那种有点带自传性质的，基于记忆的诗。”但我也会坚持自传性的内容本身并非写作的重点。重要的是构造形式的冲动，涌流而出并汇合成一个整体的兴奋。我认为我不是一个写政治主题和对世界有特别的政治理解的政治诗人，不是像贝托尔特·布莱希特那样的政治诗人，或艾德丽安·里奇那样，或另一种艾伦·金斯堡那样的。

科尔：叶芝是一个政治诗人吗？

希尼：叶芝是一个公共诗人，或者像索福克勒斯是政治剧作家那样是政治诗人。他俩都对国家事务感兴趣。叶芝并不是一个派系政治诗人，即使他代表着爱尔兰社会文化中一个明确的群体，他的想象中所具有的反动的贵族的偏见受到了马克思主义者的严厉批评。但他整个想象的努力是倾向兼容并包的，预想着一种未来。所以，没错，他当然是个具有重要政治意义的诗人，但我认为他更属于一个幻想诗人而不是政治诗人。我要说巴勃罗·聂鲁达才是政治诗人。

科尔：那 W. H. 奥登呢？

希尼：把奥登称作公民诗人而不是政治诗人是不是有点太过深奥了？

科尔：我记得你在一篇文章中说过，奥登为他那个时代的英语写作引入了对当代事务的关注，这之前这些是被忽略的。

希尼：有些诗人表达被事物震惊的方式似乎是握着读者的手去触摸连通当下之事的裸露电线。这经常是有关音调和措辞的事。但奥登有一阵子非常着意地将自己装扮成一个政治诗人，一直到1940年代早期。然后，不管你喜欢与否，他变成了一个冥想诗人，有点像华兹华斯，最初是有着革命气质的政治诗人。然后产生了第二种思想。但就如约瑟夫·布罗茨基有一次和我说的，激烈并非一切。我相信约瑟夫当时想到的是奥登，后期的奥登。早期的奥登是激烈的，有一种狂热的爆发性的喷涌而出的东西在进行，在词语间和节奏中有着强烈的兴奋。有某种东西的压力强行贯穿其中。然后这一切就消失不见了。在1950年代和1960年代，你会有一种事情受到了来自上天的审查的感觉。我想在三十年代末他写出那些十四行诗组诗时转变就发生了，那些极为精彩提神的组诗，像《战时》和《探索》，充满了活力、洞察和才智的闪光。有这样的感觉，经验从极高处被监视并抽离，但在他的中期诗中仍然如故的是语言底下隐含的能量。最后这一切也消逝了，一种词语的气泡开始占据主导。

科尔：你如何描述你自己的声音？

希尼：在《田野工作》中我非常有意地从一种沉闷的、书面化的、自得其乐的声音转向一种接近我自己说话的声音。我觉得从《田野工作》开始我就一直沿着这个方向发展了，这是一种和我在《一个自然主义者之死》《在外过冬》或《北方》中所追求的非常不一样的语言抱负。这些诗集想要的是语言质感，辅音、元音和清浊音的质感，它们想获得词语的物质性。在我开始写诗的时候，我追求准确性，这点受到了菲利普·霍布斯鲍姆的鼓励。六十年代中期在贝尔法斯特他主持的讨论会上读到我的诗时，他很喜欢。这个活动的群体被称为诗社。

科尔：我听说你那时的新诗——这其中我要包括所有《打方框》——是一个诗歌运动的一部分，就是要返回，不是华兹华斯而是前语言、前民族主义者、前天主教的境地，一切规则尚未成形的时期。真的是这样吗？

希尼：嗯，在《打方框》中，有一种明确的急切和明确的渴望，要写一种不会陷入即时的所谓“文化争辩”纠缠的诗。这种争辩已经成了爱尔兰诗人的束缚，也是他们的一份额外奖赏。每一首诗要么谋取要么暴露其暗地里的政治倾向。

科尔：这就是《打方框》去除了对本地的引用的原因吗？

希尼：但我认为它们有着强烈的紧密的本地性。

科尔：但没有地名。

希尼：确实是。

科尔：比如写打弹子那部分，这事可能发生在北爱尔兰的德里郡，也可能发生在美国的密尔沃基市。这首诗所写的行为或经验似乎有意地要属于普世性的，而不是地方性的。

希尼：我很高兴你这么认为。我喜欢那些诗歌之处在于那种古老的冲刺感。十二行的形式最开始只是属于凑巧，然后就成了自觉的要求。我有一年时间无须去教书，专门投入对这种冲刺感的追寻中，那些诗歌是以尽可能快速的方式写成的，在几个小时之内，甚至一个小时。我想先就这么写，之后再修改，有一种满不在乎的、任性的神态，只管横冲直撞。对这点我非常满足，因为《斯泰森岛》组诗完全是不同的写法，那是缓慢地积累增长的。

科尔：那是长诗的另一种范例。

希尼：也是写得缓慢的诗歌的范例。不断有补充和去掉的部分。它可以说是出于责任的写作。诗歌中的说话者与诗歌后面的作者相一致，有一种公开自白的感觉。

科尔：但里面是有各种人物和声音的。

希尼：是的，没错。它有着一种沉重的存在感，正如我说的，不同于《打方框》中的满不在乎。对我来说，指针总是在两个极端之间来回摆动，一端是负重的题材，一种紧贴着地面的确实的内容，几乎是非诗歌性的，另一端是词语自身的飞腾和嬉戏。我喜欢那种并非由幻想装饰而成的诗歌。

科尔：你是就诗歌题材的性质而言？

希尼：是的，但我也喜欢语言中有一种粗糙和敏锐的性质。语言中能有某种让你意识到路易斯·麦克尼斯所指的东西，他说："世界比我们想象的更突兀。"

科尔：在写《打方框》时，它去掉了那么多东西，你感觉你已用完了寓言和神话这些在早前的诗集中经常用到的手法吗？

希尼：我并没有决意回避寓言和神话。那些模式是永远有效的，我不喜欢切断自己和它们之间的关联。《打方框》更多的属于提示音准，一种突如其来的降临。其中第一首诗的出现是出人意料的，感觉好像是它自己预先就写成了。这是我完成一项我一直焦虑的任务——为《户外戏剧节爱尔兰文选》编叶芝诗选并写一篇长篇序言之后发生的事。我在都柏林的国家图书馆工作了好几个星期，编完的那天还在图书馆，“灵光”部分的第一首诗的第一个词出现了，它们似乎压印在我的语言中：“亮光转动着。随后冬天的光/照到门口，门前的石阶上/一个乞丐的侧影在颤抖。//那特别的判决可能已确定……”我觉得非常兴奋。这些诗句不像我以前所写的，因此我只是顺着它往下。让我兴奋的是一种声音的调子，一种能够猛然抓住和建立联系，能够进入那过去事物的宝库中——那些我一直记得却从未想过能写下来的东西之中的感觉。比如有一次在旧金山穿越跨海大桥的记忆：那次我从旧金山机场坐车过来——1970—1971年间我在伯克利教书时——公交车的后面有一两个年轻的士兵，他们要去金银岛军事基地，将被派到越南战场上去。我记得那时候感觉它就像一辆灵车。但不知何故，我觉得这不是我要写的题材，这美国危机中的事情太复杂了。但它一直留在我的头脑中，在我写这些十二行诗的时候，我只需把它的这幅照片提取出来。那个时候，我能够把握一切地方，无论是融入其中还是只是掠过或瞥见。如俗语所说的，我让自己顺势而行。那种十二行诗形式的强制专行，它的冲击和迅捷让我有一阵感觉到我已不同于我自己。但我并没有任何要超出神话或寓言的计划。

科尔：你认为你父母的去世影响你的写作了吗？在某种程度上，《打方框》中有一种过去生活的丧失，这正是出自父母的去世。

希尼：父母去世时，我和我的弟弟妹妹都在他们临终的床前。终结的时刻。他俩都是在安宁中去世的——“轻松地离去”，正如他们可能会对自己作出的评论。没有什么精神上的混乱或身体上的痛苦。我的父亲死于癌症，当然，有一个恶化时期，但到了最后真正离去的时刻，相对来说还是可以预料的和平静的；我母亲是突发的中风，三天就去世了。我们有时间全都赶去聚在一起。有一种几乎正式的终结的感觉。但也认识到这无从理解，面对死亡就是面对某种绝对简单、绝对神秘的事物。对我来说，这经历让我恢复了使用诸如“灵魂”和“精神”这样的词的权利，使用这些让我感觉过于羞怯的词语。我想这是一种文学上的羞怯，来自对抽象禁令的错误顺从，同时也是这样一种羞怯，来自我与自己的天主教过去的复杂关系。我在很多方面爱着它，从未脱离过它，但在另一些方面我又怀疑它，让我如此轻易地获得补偿性的超自然词汇。但是经历我父母的死亡恢复了这种词汇的部分真实性。我认识到，这些词汇并非含糊不清，它们和我们内在的生命精神相关。

科尔：在你的诗《终点站》中你描述了一种居间状态，刻画出你看待世界的方式。人们可能会申辩这种居间状态是一个作家、一个诗人必须具有的。你在公开的政治场合的居间状态有没有引起你的一些同胞对你的敌意？

希尼：我想这种敌意来自那些认为我不够居间中立的人们。比如，北爱尔兰联合主义群体的一些人可能把我视为典型的爱尔兰民族主义者，对属于北爱尔兰多数族群的联合主义者的立场没有足够的理解同情。在与爱尔兰民族主义者和共和派传统的关系中，这种居间中立会带来更多的争议。我当然是一个有着爱尔兰中心主义的政治观的人。我希望我们的见解、我们的文化、我们的信心是以爱尔兰为中心，而不是以英国或美国为中心的。爱尔兰政治的两种倾向都出自这点：一种是宪政派的民族主义主张，在19世纪时通过选举参加威斯敏斯特英国议会的爱尔兰代表，那些民族派政治家来践行这一点。自从1921年之后，在北方是选举进入斯托蒙特议会的代表，在爱尔兰共和国是选举爱尔兰众议院的议员。在过去的三十年里最典型的代表人物就是约翰·休姆。另外，还有一种共和派的分离主义主张，毫不妥协地追求民族独立，最著名的代表是格里·亚当斯和新芬党，最暴力的是爱尔兰共和军（IRA）。现在有着强烈的共和派信念的人可能会认为我对他们的事业和政治支持得不够，对他们视为英国在北爱尔兰采取的帝国主义行动抗议得不够。比如，1979年，有次在火车上我确实遇到了一位新芬党的官员，他为这点责备我、质问我：为什么不为共和派的囚犯写点东西？他们当时正在“迷宫监狱”里举行“肮脏抗议”，这些人在为争取他们的政治犯权利而绝食。撒切尔夫人坚持把他们作为她所称的ODC——普通体面罪犯对待。保守党企图把爱尔兰共和军认定为没有任何政治身份的谋杀犯，企图剥夺他们行动中的任何政治动机或解放的光环。监狱里掀起了一场巨大的骚乱。那些囚犯生活在恶劣的境况中，为了维护原则和尊严忍受着痛苦。我能理解整个事情，认识到这争论的强制力——确实是“强制力”这词，因为我被要求做的是借用我的名字去做一些爱尔兰共和军的宣传活动。我对那个人说，如果我要写任何东西，我也必须是因我自己而写。他最后在什么地方编排关于我的坏话，说我拒绝为反对酷刑发声。对北爱尔兰作家来说一切都变了，一旦临时爱尔兰共和军对平民发起暴力攻击。早在1968—1970年我就进行了某种程度上的宣传活动，但那是我自己的宣传，在《新政治家》和《听众》杂志上表达少数族群的观点。

科尔：你说的少数族群指的是北爱尔兰的？

希尼：是的，天主教徒族群。首先，天主教徒占据了道德高地，这点很有合法性。政府体制一直在实施对我们的迫害，当民权游行开始的时候，来自官方的抗拒是少数族群只能是少数族群身份。政府机器就是这么运行的，新的民权运动就是改变这点。你觉得作为这种改变的发言人很光荣，同时也很紧迫。但一旦爱尔兰共和军用炸弹说话来支持你的诉求时，所有确定无疑的正当性就变得复杂了。有一点我应该说明，那就是我从没想过我的听众只是由北爱尔兰天主教徒组成。那种一切都朝向他们的读者，曼德尔斯坦姆所说的“后世的读者”，在我的心目中和北爱尔兰新教徒及别的读者占有同等的分量。听我说！新教徒和天主教徒，问题在于飞出或飞越那些雷达系统还是在它的监控之下飞行。按理想来说，我们的工作是导向公正、公平的接受。一个公正的地方，一个聆听的机构和终审上诉法庭。我认为我知道的很多事情和必须讲述的东西都来自我北爱尔兰天主教徒少数族群的背景，但我并不把这点视为限定我的听众或讲话姿态的一种情境。

科尔：你感觉诗人在政治困难时期要承担一种义务吗？

希尼：我认为在政治困难时期感觉不到压力的诗人要么是愚蠢要么是麻木。我从罗伯特·品斯基谈论诗人的责任的文章中的一个说法里获得了很大的宽慰，他把“责任”（responsibility）和它的词根“回应”（respond）联系在一起，然后又把它和与它相当的盎格鲁-撒克逊词语“回答”（answer）联系起来。品斯基说，一旦你感觉到需要去回答，你就承担起了责任，因为诗人的责任之屋就建立在他回答的土地上。当然，你实际上是怎么具体去回答的，那是另一回事了。这其中牵涉到个人性情，也有很重要的技巧能力的问题：你是否具有足够的技巧和能力去谈论通常非常难以驾驭的问题。

科尔：你认为政治家能被影响到吗?

希尼：当然，我认为他们能受到影响。我想人们对于这点有些太过回避了。奥登所说的“诗歌不会让任何事情发生”这句话过于频繁地被用于把问题排除在外。比如，我确实相信罗伯特·洛威尔有一种政治影响力。我这么说并不是因为他作品中的主题内容，而是因为他建立起来的诗人形象和权威。

科尔：你指的是能见度吗?

希尼：是的，是能见度。但光能见度本身还不够。其他诗人也有能见度。洛威尔明确地显示出一种严肃庄重。他的敌人会说他是在装腔作势，但这完全无关紧要。有一种他代表着什么的感觉。当他介入公共事务，当他决定拒绝接受白宫的一次邀请，都有着政治性影响。他参加走向五角大楼的游行时，有着特别的意义，因为他作为诗人和名流而具有的影响。细想起来，菲利普·拉金也有确定无疑的政治影响力：他强化了英国人的一种僵化，他的伪装鼓励了英国生活中的排外倾向和市侩倾向。我并不是说他的音调中有任何市侩的东西，而是在他关于艺术和生活的宣言中毫无可敬之处，所有那些声明的影响：“噢，我不知道。我只是喜爱玛格丽特·撒切尔。我从不读翻译诗歌，我从未想过要去国外。”这种最平庸之人的话，在他的《巴黎评论》的访谈中广为人知地夸耀，这种东西的影响会实实在在地进入到一种文化中。拉金的反英雄倾向和他对任何远见或魄力的逃避确实有其影响。我可以说休·麦克迪米德对苏格兰也有影响——和拉金完全不同的影响。诺曼·麦凯格曾经说过，苏格兰人在每年的麦克迪米德去世的周年纪念日都应该持守两分钟的欢腾纪念。当年在爱尔兰，我们每年夏天都维持两周的暑期学校以纪念叶芝。这么做是非常对的。

科尔：你不是在一篇文章中论证过——用耶稣在沙地上写字为例——诗歌具有中止暴力的力量吗？你说耶稣在沙地上究竟写了什么不重要，重要的是他出乎意料地转身离开的行为，离开那用石头砸死妓女的人群，在沙地上写字，从而停止或中止那石刑的进行。

希尼：是的。辩论确实不会实际上改变什么事情，它会让你陷入更深处。如果你能说出什么新东西或以此重新展开这个话题，从不同的角度看到什么新东西，那么就有一些希望。比如在北爱尔兰，一个可用于描述我们处境的新比喻，一种新的语言会创造出新的可能性。我相信这点。因此，我援引耶稣在沙地上写字这事，作为这种新事物的转移作用的例子。他做了一些事情，把那些目光从它们的着魔状态引开片刻。那就像一种魔幻舞蹈。

科尔：这是关于写作的一个极其美妙的比喻。

希尼：人们突然凝望着别的事物，停下片刻。在这凝望和停顿期间，他们就像反光镜，反观到他们自己总体的知识和/或无知。这就是诗歌能为你做的事情，它能把你带入某个片刻，超脱在你沉陷的意识和可能性之上的片刻。

科尔：*你把你那些“沼泽诗”——人们都这么叫的那些诗——看作是这种转移和进入的例子吗？*

希尼：我把那些沼泽诗看作品斯基所说的回答，它们是一种牵制行动。它们确实有点像在沙地上画出的线条。并非是所发生之事的同义表达，更多的是一种让当代之事和古代之事押韵的尝试。比如《托兰人》，我写的第一首沼泽诗，它本质上是一种祈祷，为在现代爱尔兰的各种行动和暴行中被杀的人们祈祷，在1910年代和1920年代被杀的，也包括更近的年代里被杀的人们，会有一种什么东西降临到他们身上——某种新的和平和决议。在理解了他的铁器时代的同时代人后，被牺牲的托兰人的遗体在春天里生长萌发，因此这首诗也要求在当今的暴力之中开出类似的鲜花。当然，它认识到这是不可能发生的，但在这首诗的中间部分仍然祈祷出现这种事情。我想，这些“沼泽诗”是在对抗时间的侵蚀。但也总有一些真实的个人因素牵涉其中——比如在《惩罚》这首诗中。

科尔：*从什么方面说？*

希尼：这首诗写的是旁观那些年轻姑娘在阿尔斯特被爱尔兰共和军用沥青和羽毛惩罚，同时写的也是旁观那些人在贝尔法斯特的兵营和审讯中心遭受英国人拷打，写的是置身在那两种侮辱形式的中间。因此这里面有一种自责的因素，这一点使得这首诗中的个人因素显得相当尖锐。它关注的是当下的同时代的问题，但由于一些原因我无法将兵营、审讯中心或伯格赛德街的生活带入这首诗的语言和形态中。我发现写沼泽里的遗体和铁器时代的惩罚景象更具有信服力。一旦我把关注的焦点从那些形象移开，写作的压力就被排除掉了。

科尔：你的诗经常写的是被剥夺公民权的人（像《男仆》那样的诗）或被牺牲的人（像《惩罚》这样的诗），作为生活在满是坦克、士兵和其他屈辱措施的国度里的一个爱尔兰天主教徒，你是不是感觉你自己就置身在他们中间？

希尼：我并没有刻意地这么去想。我很厌恶把那些诗歌看作受害者权利的展示。很多当代作品让我恼火地炫示贫困。有一个对我来说最重要的、我现在相信我一直低估了他对我的影响的诗人是威尔弗雷德·欧文。那种影响并非风格层面上的，而是在理解一个诗人该做什么这点上。我想到的是欧文对那些引起人们流血冲突的所谓的正义的攻击，他的诗歌普遍倾向于对底层人们的同情。我想所有这一切影响了我对诗歌在这个世界应该站在什么位置上的看法。不管怎么说，我在1970年代初期就确定自己站在天主教少数族群这一边。像《恐惧部》这首诗就是非常着意于少数族群权利这一问题。一种围绕真实民权写作的努力。它是一首素体诗，它的字词之间没有什么游戏。

科尔：你认为探寻一种爱尔兰特征是爱尔兰诗人们的共同路线吗？这种爱尔兰特性有实际的持有人吗？是农民、中产阶级还是上流社会？

希尼：我认为并没有这种爱尔兰特性的实际持有人。有各种不同的版本，有各种不同的叙述，正如我们所说的，你是从拥有其中之一开始的。也许恰好是像叶芝那样的盎格鲁－爱尔兰人，如他所说的“慷慨大度的人”，或像我这样的“粗声粗气的帮厨”。但是你必须发展出一种对他人的理解，并努力去找到一种对整体的想象。这真是一种挑战，扩展定义，在爱尔兰创造爱尔兰特性的领地——我厌恶使用多元主义这个词，因为它太一本正经和政治正确——使它开放和可行，现在我认为它真的有点像这样子了。问题是有些人首先就厌恶被包含在爱尔兰人这一概念之内。北爱尔兰的新教徒忠英派，有着联合主义背景的人们，他们排斥被命名为爱尔兰人的想法，完全拒绝加入统一的爱尔兰国家的设想，无论是使用武力还是遵照宪法。因此你要尊重他们的抗拒，因为它是立足于明确的历史和族群的基础之上的。但是与此同时，这拒斥的一方的另一面是，他们五十年来一直用欺压的态度对待民族主义的少数族群，就这么说：“因为我们不想成为爱尔兰人，因此你们也不能。我们拒绝承认你们的那种身份。在我们这六郡中，你就是英国人，不管愿意不愿意。因此，你们要么接受这点，要么离开这里。”因此，我相信新教徒必须拥有全部的文化、个性和人权去定义他们自己，与此同时，他们一定不能拥有对未来政治的否决权（这是几十年来的情形了，通过威斯敏斯特在意识形态上对联合主义者的支持）；他们也一定不能拥有这样的权利，把新的北爱尔兰的民族精神唯独建立在他们自己的忠英主义和忠诚之上。

科尔：在你的诗《泥土幻象》中你描述了一个像泥土玫瑰窗户的幻景。那个幻象是什么，你相信它吗?

希尼：它叠映着两件事情。第一件事情是1950年代的某个时刻，据说童贞女玛丽在蒂隆郡向一位妇女显示了自己。这事惊动了整个国家。我记得那巨大的轰动，兴高采烈、全神贯注、热切期待和满心怀疑，一切全都汇聚在一起。人流涌进涌出这个小地方，它实际上是我妻子的家乡，位于内伊湖畔的阿德波村。尽管我并不相信圣母真的曾经站在那里的一座菜园尽头的山楂树丛之上，我还是融入了那种兴高采烈的氛围中。因此在这首诗的背后有着这一段记忆，关于那个以幻象为中心、对幻象充满期盼、幻象依然活生生存在的社群。但实际的泥土幻象的想法来自我见到的英国艺术家理查德·朗格的一件作品，挂在墙上的一幅巨大的花脸，完全由泥手印构成。它开始是固定的六到八片泥土花瓣，然后向外移动，保持同中心地向外移动，直到它变成这巨大的受玷污的玫瑰窗户。因此，你询问的这首诗是由这么一个人所写的——他少年时就知道了阿德波引发的兴奋，晚年时又在都柏林的健力士啤酒博物馆的墙上凝望过一件这样的作品。我想要写的是当代爱尔兰，爱尔兰共和国，一个有着宗教潜意识但又有着世俗命运的国家——处于从虔诚信仰的宗教社群向现代性和主观性的孤独个体发展的转折点上的爱尔兰。诗歌中所写的社群失去了它自己的天命感和形而上的召唤感，揭示了在一个更世俗的世界里它要获得成功和将面对的挑战。这首诗中有一种失望的感觉。一种已失了机会的感觉。

科尔：再回到一下你的天主教根基，我想问一下，你相信撒旦吗?

希尼：这真是一个好问题。我很多年没想到过他了。他的名字让人感到非常刺激。他真的让我又恢复了敏锐的感觉。

科尔：但这并没回答你是否相信他。

希尼：我不知道。当我回忆起那古老的弥撒结束时吟诵的祈祷文，关于撒旦在世界上漫游伺机毁灭灵魂的祈祷文时，我感觉他依然活生生地存在着。

科尔：说到在全世界漫游，你喜欢收藏吗?

希尼：没什么系统的收藏，但我有点小恋物，因此确实收集了一些东西。石头，棍杖，桦树皮，明信片，盒子，绘画，很多多年来收藏的绘画，当然，还有书籍。比如我有两个来自新英格兰的桦树物件，一个是件漂亮的捡拾物，有点像后仰的人体躯干，一段中空的桦树树干，一个桦树皮的阿波罗像。它是多年前我们去伊戈尔畔（Eagle Pond）拜访唐·霍尔和简·肯庸时我在地上捡到的。另一个是最近得到的，在我和比尔与贝弗利·科贝特一起去新罕布什尔的丹巴顿参观罗伯特·洛威尔的墓地时，我在墓地旁边看到一根桦树棍，然后就把它抓住不放了。就是这么回事。我收集了一些比尼崖[①]的石头，乔伊斯塔的花岗岩和叶芝塔的海绿色板石。还有一块德尔菲的石头，一幅丁登寺的风景画。还有奥尔菲斯像，画在一个花瓶上的，一个盘子上的，一枚奖章上的。

科尔：因为你是在农场长大的，我想问一下，你们家里养过宠物或动物吗？

希尼：最初在德里郡的乡村生活中，我们对待猫呀狗呀的态度是一种友善的忽视。喜爱，但没有喜爱的迹象。狗和猫都是生活的一部分，肯定很珍爱，但并不是确切的宠物。它们都在屋子外面待着，总的来说。但现在在都柏林的家里我们养了一条狗，名叫卡劳（Carlow），卡劳是一直待在屋子里的，因为没有农场可以放养它。它是一条牧羊犬，一条绵羊般温顺的狗。我们家人中间有一些争论，它到底是条卡尔奇狗还是一条雅皮狗。

---

① Beeny Cliff，因哈代的诗《比尼崖》而著名。这首诗写他和他已去世的妻子艾玛四十年前同游比尼崖的情景。

科尔：卡尔奇狗是什么样的？

希尼：噢，一种外表粗野的在城里出没的乡下土狗。我指的是我们家里有的人把它叫做卡罗（Carlo），没有最后的那个字母 w，是一条典型的雅皮阶级的狗，也许它还有要成为一个歌剧演唱家的抱负。但对我来说，它是一直保有最后一个字母 w 的卡劳（Carlow），像一个爱尔兰乡下人，这个卡劳会踢盖尔足球，甚至有时还玩爱尔兰曲棍球。

科尔：如果你会变成一种动物，你想变成什么？

希尼：我可能很乐意变成一只信天翁。能够成天滑翔在高空，顺着上升的热气流做着数百英里的白日梦。然后能够像一种痛苦挂在一些人的脖子上[①]。

科尔：成为建筑怎么样？要是能变成一座建筑，你愿成为什么建筑？

希尼：罗马万神殿[②]。为什么不呢？保罗·穆尔顿在他照诗人们的特点来分派奶酪的时候，曾经把我变成"一座埃曼塔尔奶酪纪念碑"。在我到罗马时，我当然去了圣彼得广场，体验到一种震惊的感觉，部分是因为那壮观的建筑群，部分也是因为我已经见过很多它的照片，还因为我知道如果我父母还活着的话，他们想到我去了那里会有一种强烈的快乐。对他们来说，那里有一种真正的宗教维度。我想

---

① 典出柯勒律治的《古舟子咏》，一个水手射杀了一只友善的白头翁，然后被迫在脖子上挂着死去的白头翁作为惩罚。

② 古罗马神庙建筑，现在仍被用作天主教大教堂。

我只是在向自己解释为什么我走进那里时会热泪盈眶。一种突如其来的浇灌。我恐怕最终我还是会再返回万神殿。

科尔：你对意大利有着特别的喜爱吗？

希尼：是的，确实是。它是一个我感觉我能生活于其中的地方——特别是托斯卡纳地区。这一点可能还是与所有那些基督教形象仍保持在其早期环境中有关。在北欧和北美，它们现在全都从实际环境中剥离掉了：那些教堂、雕像、十字架、圣母像、神圣家庭及诸如此类的东西，甚至在爱尔兰，这些东西也失去了地标性的意义。随着它们一起消逝的是那种巨大的合一梦想。但是在意大利，这些形象，连同那些把它们安置在那里的人文主义/基督教文化，似乎还在说那个梦想仍然是可能的。意大利不再是宗教国度，但那些形象仍然展示在那里，仍然给予允诺，它们并没有感觉到在环境或建筑方面被取代，因此它们依然在提升意义的可能性——不管怎么说，对我这个1940年代的乡村天主教小孩是这样。也许那只是你在意大利受到了更多的美学感染。

科尔：你感觉到过被禁闭在那接管了你的生活的个人神话中吗？比如公众对你的这种看法：一个出生于德里郡农场的半野蛮人，去了南方的爱尔兰共和国，取得了成功，最后成了哈佛大学的博伊尔斯顿教授？

希尼：嗯，我还是回到那个同心波纹的意象吧。它们总是在向外运动但它们自己看不到这点。那个站在岸上看着水潭的人才能看到那个图案扩展的过程。公众的看法也是这样，你永远无法分享他们的看法，即使你想要分享也不能。你自己对自己的看法一直是与此非常不同的。设想一下你是一只牡蛎吧，公众把你视为一个难以摧毁的坚固硬壳，一座不受大海侵扰的避难所，但你会觉得自己只是内心孕育着珍珠的母亲，很脆弱。

但我还是来回答你关于博伊尔斯顿教授、“获得了成功”诸如此类的问题吧。我一生的大多数时间都是靠在体制内工作来谋生，我不觉得这有什么错。当然，如果你是一个诗人，这里面就暗含着一些危险。当你有了一份工资和一份“正式工作”，你就避开了一种不确定生活的冒险的兴奋。但最好是承认这点，好好做着这份工作，而不要生活在保障之下却仍然四处走动，假装你有着一种自由的波西米亚精神。一些学院内的作家抱有这种“我们是作家”的态度，拿着他们的高薪，各种赞助、免费旅行和古根海姆基金，却显出一副“糟糕的错误”的样子，不承认他们对学院的依附是他们自己的决定，而四处去嘲笑这种他们自己选择的无聊环境。这是一种可以理解的防卫机制，但它让我很不舒服。这是一个他们陷入了自己的创造性神话的表征。他们对你所问的关于公众看法问题过于焦虑——因为那神话指向的是穷困的阁楼而不是古根海姆基金。

科尔：你知道，特德·休斯在一首诗中说过，一切事物都是从一切事物中继承而来的。有人可能会指出谢默斯·希尼的诗出自三条血缘线：一条是杰拉德·曼利·霍普金斯、D.H.劳伦斯、狄兰·托马斯、休斯的路线，一种感情喷发的诗歌；一条是机敏智性的诗歌路线，出自奥登、拉金和洛威尔；最后还有一条代表乡村和乡村生活的文献记录的诗歌路线，包括托马斯·哈代和帕特里克·卡瓦纳的传统。我知道问你这问题有点游戏的意思，因为它简化了每个诗人最丰富的意义，如果我提到每个名字，你能用一两个句子说明一下每个人吸引你的是什么吗？从霍普金斯开始吧。

希尼：对霍普金斯来说，他吸引我的是英语语言的电力线在具体的诗歌线下的颤动。那种高电压的感觉。

科尔：狄兰·托马斯呢？

希尼：肯定是那种狂喜的东西。我记不清我是不是在读到托马斯的诗集之前就听到过他的声音。《十月之诗》对我意义重大，还有《蕨山》《越过约翰爵士的山头》《在白色巨人的大腿里》《我看见的夏日男孩们》。

科尔：劳伦斯呢？

希尼：劳伦斯吸引我之处很多，一下子说不清。都是和托马斯与霍普金斯不同的方面。我喜欢他那种坦率直接。我想到的是《三色堇》。他强化了我身上的抗拒性。“我没有的感情，我不会说我有。你说你有的感情，你没有。如果你想要任何感情，我们最好是完全放弃有感情的想法”，就是这种东西，你知道吗？劳伦斯最大的成功是作为一个散文作家，这是通过《儿子与情人》取得的。那真是把你颠覆了个底朝天。而在刚二十多岁时，我确实听从了他身上那种直截了当地反对浪漫主义的音调，他在那些诗中写道，“让我们清除掉这些情感的泥淖。让我们从地上清扫掉所有这些软乎乎的东西”。

科尔：特德·休斯呢？

希尼：他是一个插进了霍普金斯的电力插座，释放出生命能量的诗人。

科尔：奥登呢？

希尼：我费了大约二十年时间，断断续续地阅读奥登，才得出我现在对他的高度评价。在我还是年轻诗人时，他对我没什么重要意义。但随着我年龄越来越大，经历了我三十多岁到四十多岁之间爱尔兰发生的所有事情后，奥登因道德而吃的艺术苦头变成了很吸引我的事情。还有他所有的二元论。他把每个诗人分成一半是爱丽儿一半是普罗斯佩罗的方式，分成给予快乐的歌唱者、音乐制造者和智慧宣谕者。为什么他阻止再发表他的《西班牙》？这么做是否是对的？这整个事情。还有他对《1939年9月1日》的抑制。也许你需要年纪更大一点才会欣赏到这些决定的戏剧性和他的关注的严肃性。实际上，就他对自己的文本所持的最认真的态度而言，奥登表明他并非真的相信他所说的“诗歌不会让任何事情发生”。他深深地、深深地为在诗歌中“说出真实”，为一个词的效果或一部作品一旦公之于世后的影响而苦心焦虑。他会赞同切斯拉夫·米沃什的观点——作为一个诗人你应该确保在写作时，你是被善良的精灵带领而不是被邪恶的精灵带走。

科尔：拉金怎么样？

希尼：对作为读者的我来说他是一个极其丰富的诗人。我无法确定作为一个诗人我从他那得到过什么。当我们还是年轻诗人在贝尔法斯特一起玩的时候，麦克尔·朗利和他的妻子艾德娜总是在推行拉金-威尔伯路线，而我愿意站在洛威尔-休斯路线的一边。部分原因在于我的诗句构成的声音接近休斯的盎格鲁-撒克逊粗嗓子，和洛威尔直截了当的不那么优美的音调。反之，麦克尔和德雷克·马洪，是完美无瑕的优美音调的提倡者。这让我的态度显得比实际的带有更多偏见。拉金是能让人屏息静气的极少数诗人之一。

科尔：那洛威尔呢？

希尼：在我读大学的时候洛威尔就已经是经典诗人了。这么说吧，我在《企鹅美国当代诗选》中读到洛威尔的《贵格会教徒墓地》时，有一种睁大眼睛和竖起耳朵的惊讶。然后读到了休·斯德普尔斯研究洛威尔的书，在那本书中他把《贵格会教徒墓地》和弥尔顿的《利西达斯》相比较。所以你能想象我见到他时心中的敬畏，我和他聚在一起时心里有多高兴。那是七十年代初的事情。当时，《笔记本》《历史》《给利兹和哈莉特》和《海豚》正接连出版。奇怪的是，洛威尔对我的写作的最强烈的影响是这些诗集和这些素体十四行诗中直率的手法。隐藏在我身上的文学批评家说，《生活研究》真是太棒了，还有《为联邦死难烈士》和《临近大洋》，是我们时代伟大的公共诗歌：我称之为骑手洛威尔，映现在他的时代之上的高贵的洛威尔形象。这些诗确实是辉煌的成就。但是在《笔记本》和它引发的随后的诗集中，他去除了自己雄辩的修辞，我发现在这种固执和胆魄之中有种英雄气概。

科尔：顺便问一下，在你写给洛威尔的哀歌中，为什么在最后一句他会说“我将为你祷告”？

希尼：我想说的是，这事情是真的，而这句话出现在那首诗的最后并没有什么理由……他确实对我说过那句话，在我和他一起度过1975年基尔肯尼艺术节的那一周后的告别之时。我们一起到了威克洛我家当时住的小乡舍，那房子真的很狭窄，只有几个卧室、一个客厅和一间厨房。在卡尔进门时，孩子们正在家里四处乱跑，我记得他对我说，“你和孩子们玩得很带劲嘛。”当然，因为他住在肯特的米尔盖特公馆——公馆的西翼住着一个保姆和谢里丹，卡尔和卡洛琳有各自的工作室，到了晚上才一起吃饭。

科尔：那么他说“我将为你祷告”是因为你的孩子们？

希尼：那是在他道别的时候说的。他并没有提到孩子们，但这句话里面带有一种温柔。我想这话也有部分相当于在说“我也曾经是天主教徒”。也可能是在说他知道我辞掉工作住在那乡舍里，是把我作为诗人的自己置于经受考验之地，而他可能看出了这种冒险行为之中的某种孤绝和脆弱。但还有一种可能，就是在他所说的话中也暗含一种最轻微的嘲讽，扮演老天主教徒的模样，这点我不太清楚。但我知道这句话里有着温柔，他可能预先知道了他道别时说的话将被我记住。不管怎么说，我把它视为一种主动的、出人意料的善意。

科尔：哈代怎么样？

希尼：从我读到《阉牛》的那一刻起，从我读到《还乡》开头章节的那一刻起，我对他就有一种特别熟悉的感觉——那种残存的民谣氛围，词语之后和语言之内的那种亲密和老派，那种凝望、困惑和孤独。从学生时代起他就像一个熟悉的精神源泉。我记得我十一二岁的时候从BBC广播电台听到过那首《天气》，我就再也不曾忘记。大约也是在那个时期，我背下了《阉牛》这首诗。我喜欢它的英语里面的怪异和古老味。“山谷那边孤独的农家场院”——这首诗现在依然让我感到悲伤，它一下子就抓住了我，用本地话说，就是让我轻轻地叹息。

科尔：卡瓦纳呢？

希尼：我是某种意义上的卡瓦纳门下的小狗崽。我是在1962年读到他的，我从女王大学毕业后在圣托马斯学校教书之时，圣托马斯学校的校长是短篇小说家麦克尔·麦克拉维迪。他借给我一本卡瓦纳的《供出售的灵魂》，里面收入了《大饥荒》。就在那一刻学习的帷幕揭开了：它给予了我这个巨大的突破，从英国文学进入到家乡的土地。

科尔：你认识到了在爱尔兰和美国诗歌之间有大量的类似杂交授粉交互影响的情况吗？你认为现在仍然还有一种英美交互空间吗？

希尼：毫无疑问。不过，这并非什么新鲜事。1950年代的爱尔兰诗人深入地思考了对美国诗歌的学习和接受。约翰·蒙塔格是加州大学伯克利分校的研究生。他曾见过斯奈德、克瑞里和卡洛斯·威廉斯等很多美国诗人，并受到他们的影响。那是一种真正的杂交授粉，因为蒙塔格感觉到这些美国诗人可以帮助爱尔兰诗歌发展出一种更情欲化、更奥尔森化的一种他所谓的“全球性的地方主义”。在保罗·穆尔顿奔向那地区之前，就有一种到西部去的运动了。比如托马斯·金色拉，起初受奥登的影响，但后来以一种非常深思熟虑的方式转向了庞德。就根本来说，这是一种美学转向，采用一种更适合触及个人和神话的方式，但其中也潜含着一种文化抗拒的意味，一个对英国榜样不以为然的动作。

科尔：你只要稍微看一下美国大学，就会注意到保罗·穆尔顿、德雷克·马洪、埃蒙·格伦南、伊文·柏兰德和谢默斯·希尼都在这里任教。

希尼：还有约翰·蒙塔格，就在纽约大学奥尔巴尼分校。也许爱尔兰诗歌的形式和爱尔兰社会的形式和英国、英语及整个盎格鲁传统的决定性力量与榜样之间仍然存在一种有些犹豫不定的、自我反思的关系。爱尔兰有种转瞬即逝和变化无常的东西，尤其是在年轻人中——要是你能原谅这种说法的话，他们会从这样的诗句中获得情绪上的共鸣："噢，我的美洲，我新发现的土地。"[①]保罗·穆尔顿是这样的一个明显的例子。他变换的情景总是牵涉两个美国：原住民美国经验和洛杉矶—好莱坞—雷蒙德杂货店场景。还有那种来自美国妇女运动的汹涌力量。西尔维娅·普拉斯和艾德丽安·里奇鼓舞和认可了伊文·柏兰德。埃蒙·格伦南是真正的双重公民，在瓦萨学院校园里，就像在温特里海滩一样像爱尔兰人。早在七十年代德雷克·马洪就已经到了洛威尔的国家，在坎布里奇转悠，紧跟在洛威尔的《临近大洋》之后写下他自己的马维尔式八音节诗句。

科尔：你的批评家怎么样？你有没有发现一个特别有见地的？

① 语出约翰·邓恩的《哀歌》第二十首《对他上床的情人说》。

希尼：噢，阅读海伦·文德勒的评论一直都是一种确证。她就像一个接收台一样注意到每一首诗，从语言的电波中还原出事物本身，理解它的意思，将它解释得明白无误。她能推测出诗歌的第六感觉。她有这种让人惊叹的能力，能完全地觉察那传呼机从心底发出的声音，对词语的亲密和微妙以及你使用它们的方式非常敏感。与此同时，她还有种能力，能创造出一种声音环境，让你在其中能最好地听见那首诗；有能力将它放在历史语境中，发现它的文学坐标系。还有那种从不衰减的热情。海伦既是我的批评家也是我的朋友。她的友谊对于我一直是一种滋养，因为所有这一切批评活力都是出自她那才智惊人的社会性自我。海伦身上了不起的不只是她的文学才能，还有她的坦诚、正直和可靠。我非常珍视她的这些为人品质，自然，这些也是她作为批评家的原则的一部分。

科尔：在你的诗《雨声》——你为你的朋友理查德·埃尔曼写的一首哀歌中，你说你自己受到了“幸运的宠溺”，拥有健康、爱和工作。你是不是不再感觉“幸运的宠溺，宠溺，宠溺”了？

希尼：不，我仍然认为我身在不同寻常的幸运之中。首先我把找到一条进入写诗的道路这点视为幸运。我早期诗歌受到的欢迎，以及随后我生活中的指向与特性的平稳发展，正如你所说的，全都与爱同步——我确实把它视为一种真正的天恩。当然，整个事情里面包括友谊、家庭的和睦，以及值得珍爱的人们的信任。

科尔：你是怎么遇到你妻子的？

希尼：我是在贝尔法斯特的女王大学遇到她的。那是在一次为一个驻校教士举行的告别活动上，她作为另一个客人的同伴参加了。我隔着桌子和她聊天，宴会结束后被安排送她回去。我和她一起走向她的宿舍，路上经过我的公寓时我上去拿了一本书借给她，并告诉她下周四我要用这本书。因此那个周四我又见到了她，然后我们一起去参加了由一个叫西恩·阿姆斯特朗的极有意思的人举行的舞会。西恩在大骚乱的初期就被射杀了，在《田野工作》中有一首写他和那天夜里在他那儿的情景的诗，《来自北安特里姆郡的明信片》。总之，我们在舞会上待到很晚，而我在她的公寓待到更晚，到了凌晨时分我们差不多彼此表白了。

科尔：你们结婚多少年了？

希尼：二十九年了。

科尔：你写了很多关于你妻子的诗，与之相比写你孩子们的诗非常少。你发现当父亲的经验并不适合写成抒情诗吗？

希尼：有种在传统中被认可的观念：把女性当作爱人，当作抒情诗的核心。在某种程度上无须多想你就重弹起古老的曲调了。而对我的孩子们，我感觉可能会侵扰到他们。比如，我最近读到一篇访谈录，麦克尔·叶芝的，他现在七十多岁了。他说一个诗人在他的孩子们没完成学校教育之前不应该写他们。父母有种情感上的优势。这并非我不深爱着孩子们。

科尔：你的孩子中有从事写作的吗？

希尼：麦克尔是都柏林的一个专栏记者，涉及流行文化的全部领域——乐队的评论和采访，演唱会和电影栏目，全都生动活泼热情洋溢，但它们全都不属于创造性写作。

科尔：你那个参加摇滚乐队的儿子写歌吗？

希尼：不写，他是最近在都柏林兴盛起来的流行乐队风潮的一分子。他是个鼓手，很好的鼓手。凯瑟琳还在上大学。谁知道凯瑟琳将来会干什么？

科尔：你是怎么开始写一首诗的？你在写的时候，会把你开了头的诗全都写完吗？

希尼：我差不多会把所写的每一首诗都写完，但并非总是能达到你一直渴望的那种完美和充分。像其他人一样，首先我也不知道那种完美的感觉从何而来。你渴盼着那种给定的快乐，那种词语像谕令一样脱口而出的感觉，那种你现在是神谕发布者能够发布敕令的感觉。我是汤姆·鲍林所说的一个放纵沉浸的作家。我的一个典型的写作高潮会持续三四个月。并不是每天必写而是一段连贯的一直进行的写作，你有那种充盈的快乐感觉。你像一只风筝高高地飘在空中，真的，那只有诗歌能带往的高空。

科尔：在你开始写一首诗的时候，你头脑里有多少形式和韵律模式的想法？

希尼：这很难准确地说出。在写出最初的一两行诗句之前，形式和韵律模式通常不会在一个诗人的头脑里出现。在那些最初的文字里有一种召唤。它们就像音叉，如果事情进展顺利，在开头的行动或乐章中，整个诗的调子就会建立起来并一直保持下去。和你说实话，通常我只是听从我的耳朵。如果我写一首五音步诗的话，我经常会用手指敲打每行的音步——在看到我拍击方向盘时玛丽常提醒我注意看路。但在年轻时我更关注我声音的高度和音色，并不太在意保持重音的一致或格律的准确。事实上，我倾向于有点突兀或稍微避免一下那种太标准的东西。这么多年来如果说发生过什么事的话，那就是我变得更关注规则了。我更多地注意 tum-ti-tum（重—轻—重）因素。我无法肯定这是好事还是坏事。毕竟，霍普金斯是我的初恋。

•

科尔：你重视诗歌中的反讽吗？

希尼：我对它的喜爱并不带偏见。这个词在最糟糕时所指的那种全知的语气只会让我恼火。我喜欢的反讽是历史悲剧性的而不是情感保护性的，比如兹比格涅夫·赫伯特那样的，或某种对野蛮暴行的尖刻讽刺，像乔伊斯和弗兰·奥布莱恩，以及米沃什在《欧洲的孩子》一诗中所做的那样。

科尔：你能对爱尔兰诗歌作一番总括吗？它是有音乐性的或韵律性的，还是有自觉性的？或者它并没有实验性？并没有阿什贝利或金斯伯格？情感表达是受限制的？或在追寻一种爱尔兰意识？它是乡村色彩的而不是城市品性的？

希尼：我想我再不会有信心坚称任何一种你所说的那些东西了。比如，梅德卜·麦古奇安的诗就代表某种实验性诗歌。对我来说她似乎进入了一种你可以称之为克里斯蒂娃式的语言，某种可以放在阿什贝利旁边的东西，但并没有受到阿什贝利的影响。梅德卜是自成一类的。比如保罗·杜肯，在爱尔兰共和国，保罗把这种自由主义的破碎的超现实讽刺因素带入了戏剧之中。它并非人们期待的爱尔兰性，它也当然不是乡村色彩的。它既是面无表情又是热情洋溢的，它说类似这样的话：“戏弄会使你自由。”就其方式来说，它力图锻造出这民族被毁掉的意识，但它也非常清楚地意识到这种锻造本身也一直是个问题，就是被这种意识所困。当然，你也可以这么评论另一个保罗的作品，那个保罗·穆尔泵（Paul Mulboon），我曾经故意这么叫他。穆尔顿（Muldoon）是一种执着和超脱的混合物，他天才的很大部分像乔伊斯一样。他是斯蒂芬·代达勒斯的尖刻讽刺的继承人，但也跟着《芬尼根守灵夜》在熔解的英语中悠游。他也在爱尔兰语的守灵夜中悠游，作为文人，洞悉词语艺术中那不动声色、超然冷静的骄傲。他是这种严格的职业性的吟游诗人。他会在“玩闹”一词中发现光明神鲁格，而这将只是它的开始。所有这一切都立足于他对答案（answer）的需要之上。如果他听到我这么说的话，他可能会想起答案（anser）一词在拉丁语中指的是母鹅，然后开始嘎嘎大笑。他有一种乐天的方式面对沉重的问题。其他诗人也在向他学习，比如齐阿兰·卡森。卡森很文学化但又非常好玩，是贝尔法斯特当地场景的索引图。我提到这些年轻诗人是因为他们使爱尔兰的诗歌图景变得复杂了。爱尔兰语诗人也一样。翻译把东西打开了。诺拉·尼高纳尔现在在英语中广为人知，很诡异的是这使爱尔兰语成了一种世界语言。细想起来，诺拉的作品完全没有情感的限制。

科尔：我知道你最近受到了爱尔兰女性主义作家的批评。你

对她们有什么回应吗？

希尼：这是一种基于正确的冲动之上的批评。它坚持重读比喻修辞——把爱尔兰比作消极、痛苦的女性的修辞，把爱尔兰比作被毁的少女的修辞，诸如此类。所有爱尔兰诗歌中的这种传统象征都受到了彻底细致的审查。受这种东西影响的感情也受到质疑。它出自自由主义那正在全国扩散的颠覆性力量，因此无法避免，我写的一些诗也会受到意识形态棍子的敲打。然后，还有你前面提到过的能见度，我想我被认为不仅有能见度，而且是在聚光灯下，因此在我身上打开一些缺口可以被视为是对新启蒙运动作出的一种贡献。

但就更广泛的意义来说，伊文·柏兰德批评的靶子是诗歌的权威观念，因为它来自一种男性构建的传统。她想要揭露它是一种错误的意识，这是从浪漫主义和一些特定的爱尔兰先辈开始形成的，是某种一直阻碍和误导女诗人并扭曲她们的自我认同和转变的机会的东西。柏兰德调动了很多对立思维投入到这场战斗中，成了诗歌中和通过诗歌表达妇女觉醒的象征。我想男诗人都认识到了这是整个国家精神生活中的一件大事。这是爱尔兰意识新气象的一部分，比如它是几年前女性主义者攻击《户外戏剧节爱尔兰文选》背后的缘由。她们的愤怒和抱怨是可以预料得到的，如果你考虑到菲尔德节剧团的所有导演——我也是其中之一——都是男性，所有编辑也是。真的令人惊讶。那本选集里竟没有留出专门的一章来容纳过去三十多年里涌现的整个爱尔兰女性文学这个群体。这一点引起了女性主义者的公愤。

奇怪的是这部文选很大程度上属于一部爱尔兰文化的后殖民读本，因此本应该对女性和女性写作所经受的埋没更敏感，结果反而出现了这样的问题。我想这是因为对于参与这本文选工作的每一个人来说，他们的世界所承受的压迫是来自北爱尔兰政治而不是性别政治。

菲尔德节文选镜片的歪曲很大程度上是这些导演们的北爱尔兰背景的问题，但真实情况的另一面是，这本文选过去是，现在仍然是一部三卷本的皇皇巨著，一部批判性重读的巨著，囊括了一千五百年间拉丁语、诺曼法语、爱尔兰语和英语所写的爱尔兰文学，从圣帕特里克时期一直到1990年代。它依然是主编谢默斯·迪恩的一座天才纪念碑。很可惜那缺失的部分给那四千多页的篇幅所展现的一切投下了阴影。我想一个很好的结果是完全由女性选编的第四卷正在准备之中这一事实。但是目睹当时那些被排斥者的行动是很有教育意义的。有些被文选选入的女性作家说起话来就好像她们被排除出去了一样，而另一些说起话来好像她们更愿意被排除出去。它成了一个出气筒或吸气筒。真是一大群的"她"们。

科尔：在你即将到来的学术休假年里你有什么计划吗？

希尼：我打算尽可能安静地待着，养成去威克洛乡舍的习惯——我们在1988年最终把那个地方买下来了。我想大量地读一些书，其他的就随便了。我在上次有一整年的假期时就没有设定很多写作计划，我多少说服了自己不需要去做任何事情了。这点很起作用。我真的写出了《观看事物》中的那些十二行诗。因此现在我采取同样的方式：阅读，安静地待着，也许写点日记，信任诗歌的到来。

（在准备发表这篇访谈期间，谢默斯·希尼获得了诺贝尔文学奖。因此似乎很有必要增加下面这些简短的最新信息。）

科尔：在你的新诗集《酒精水准仪》中，你感觉到其中的诗已经把你带往什么新的方向了吗？比如像《卡桑德拉》这样的诗。

希尼：《卡桑德拉》写得非常快。它像从一股熔岩流喷发而出，在我钻入《迈锡尼瞭望台》之下的“奥瑞斯提亚三部曲”的基岩时。当我在1994年离开哈佛回到家里时，就在我们进行前面的这个访谈的那个五月之后不久，发生了一个真正巨大的转变——从所有层面来说都是巨大的，无论是个人的还是大众的——那就是在随后的八月份爱尔兰共和军宣布停战了。那是真正的神灵显现，云雀欢唱，太阳升起。一切都变得更好一些了，但我没有沉浸在事情转好的欢乐中，反而想起这之前的岁月里牺牲的那么多生命、友谊和可能性，而越想越生气。这是1994年，和1974年相比我们没有取得任何政治上的进步。确实是又回到了原来之处。我不断地想，一个“奥瑞斯提亚三部曲”的译本可能会是让所有一切走出那个机制的一条途径，与此同时，也是开启20世纪后期的“感恩赞美诗”之类的一条途径。埃斯库罗斯的这三部曲戏剧能够作为一种仪式展望一种转变的可能性，从一种复仇文化转变为一种未来的建立在更公正无私基础上的信任文化。总之，我开始读埃斯库罗斯，随着阅读的进行，我开始丧失对整个计划的信心。它开始显得太陈腐了——艺术要和生活握手。就理想来说，我需要的是安德鲁·马维尔写的关于从爱尔兰返回的克伦威尔的那种诗，而我准备要翻译的却是约翰逊那种假面剧。这至少是我一开始感觉到的东西。然后，《阿伽门农》第一幕一开始的那个守望人的形象开始不断地回到我头脑里，带着他居间的处境、他的责任、他内心的冲突、他的沉默和他的智慧。所有这一切不停地积累，直到我开始非常精心地写他的独白，用一种风钻一样的押韵的对句体，只是使劲地啃着抖着向前，看能钻到什么东西。在这第一个行动之后，有了足够的把握，其他的东西就从不同的角度和范围非常肯定非常自由地写了出来。在某种程度上，这些材料对于我来说有着和那些沼泽遗体一样强大的力量和丰富的地下生活。

科尔：你是怎么选取你在诺贝尔奖受奖演说词中所谈到的内容的？

希尼：两件特别的事情在我着手写那篇讲话时助了我一臂之力。首先是我读了大江健三郎1994年在瑞典学院发表的诺贝尔文学奖受奖演说词，他讲话中的那种直接的、个人化的性质促使我也采取类似的方式。其次是有一天晚上在都柏林，在与德雷克·马洪的谈话过程中，我们讨论了一个问题，即要不要在演说词中提及叶芝。要是不提的话，可能会有点过于傲慢、唯我独尊；要是提及的话，又可能会有点过于强大、无法驾驭。即使这样，我们还是决定必须谈到他。我就是这么着手写的。同时也应该说一下，这篇演说词是在一种狂乱的步调中完成的。从宣布获奖消息到你必须提交演说词手稿以备翻译的截止日期之间的六个星期，可能是你一生中最忙乱和注意力最涣散的六个星期。你就像一块擦着水面弹跳的石片一样穿过这世界。它什么事也没有，除了全速向前击中那个颁奖台。

科尔：对于获得诺贝尔奖这事，你的反应是什么？

希尼：这有点像陷入了一场友善的大雪崩中。当然，你完全被吓坏了，在你想到此前获奖的那些作家时，也在你想到此前未获奖的那些作家时。即使把你限定在爱尔兰之内，在前一类作家中你会遇到叶芝、萧伯纳和贝克特，后一类作家中有詹姆斯·乔伊斯。因此你很快就会认识到，对于这事你最好别去多想。没有任何东西能替你应对它。宙斯一打雷，世界眨两眼，你只有再次迈步继续前行。

谢默斯·希尼年表

1939年4月13日，谢默斯·希尼（SH）出生于木斯浜农场，邻近卡斯尔道森村，德里郡。父母是帕特里克·希尼和玛格丽特·卡瑟琳（娘家姓麦凯恩）。他是他们所生的九个孩子（两个女儿，七个儿子）中的长子。帕特里克·希尼的妹妹玛丽，也是这个家庭的一员。

1944年，美国82空降师的一支部队驻扎在克利夫的一个小型机场，靠近希尼家所在的地方。

1944—1951年，在阿纳霍瑞什小学上学。初级班的老师是凯瑟琳·华尔斯小姐，高级班的老师是学校校长，伯纳德·墨菲。

1951—1957年，通过十一岁儿童入学考试，获得奖学金，到德里的圣科伦巴公学上学，读了六年寄宿。特别喜欢大学入学A级考试班的拉丁语和英语课。与约翰·休姆和谢默斯·迪恩都是同学。获得了国家展览奖学金去读大学。

1953年，年幼的弟弟克里斯托弗在公路车祸中死去。

1954年，希尼家从木斯浜搬到伍德农场，在贝拉菲村外面，德里郡。这是帕特里克·希尼的舅舅休·斯加隆遗赠给他的一座农场。

1957—1961年，在贝尔法斯特的女王大学（QUB）读本科。在英语语言文学荣誉班。以一等荣誉毕业。在女王大学，他在学生杂志《Q》和《戈尔工》上发表了他最初的诗作。

1958年，第一次出国旅行，得到姑妈的资助，作为德里主教区朝圣团的一员去法国卢尔德。

1961—1962年，在贝尔法斯特，安德森镇的圣约瑟夫教育学院完成教师资格课程。在贝尔法斯特巴里墨菲地区的圣托马斯中等学校，开始教书。这所学校的校长，短篇小说家麦克尔·麦克拉维迪，借给他一本帕特里克·卡瓦纳的《供出售的灵魂》，在其中他第一次读到《大饥荒》。

1961年，发表第一篇文章《我们应该跳这吉格舞吗?》，发在《爱尔兰文摘》上。

1962年，在伦敦的护照办公室打暑期工。被分配到圣托马斯中学当老师。对当代英国和爱尔兰诗歌阅读的增加让其重新投入写作。诗歌发表在《贝尔法斯特电讯报》上。

1963年，诗歌发表在《爱尔兰时报》和《基尔肯尼杂志》。任命为圣约瑟夫教育学院的英语讲师。菲利普·霍布斯鲍姆，贝尔法斯特女王大学的讲师和诗人，开始开展“诗社”活动。谢默斯·希尼是其中成员，成员还包括麦克尔·朗利，艾德娜·朗利，詹姆斯·西蒙斯，斯图亚特·帕克，琼·纽曼，伯纳德·麦克拉维提。其他重要的文艺圈友谊，从这时候开始的还有，诗人约翰·休伊特和德雷克·马洪，画家特里·P. 弗朗甘和科林·米德尔顿。歌唱家/电影制作人大卫·哈蒙德。

1964年，在圣诞节前一期的《新政治家》，由文学编辑卡尔·米勒发表了三首谢默斯·希尼的诗。这导致费伯出版公司向他提出约稿。

1965年，娶了玛丽·德芙琳。《诗十一首》，一本小册子，由女王大学艺术节作为艺术节系列出版物出版。

1966年，《一个自然主义者之死》由费伯出版公司出版。获得埃里克·格雷戈里奖。第一个孩子麦克尔出身。在菲利普·霍布斯鲍姆离职后，谢默斯·希尼被任用为贝尔法斯特女王大学的教员，英语系讲师。担任诗社的主席，不定期组织活动，直到1970年离开贝尔法斯特去加利福尼亚。因为这些活动，还有他女王大学讲师的身份，谢默斯·希尼认识了——作为学生和年轻诗人的——弗兰克·奥姆斯比，保罗·穆尔顿，梅德卜·麦古奇安，齐阿兰·卡森。

1967年，短期担任都柏林三一学院暑期学校的讲师。见到帕特里克·卡瓦纳。谢默斯·希尼是爱尔兰和英国夏季教师讨论会的固定发言人。在希尔福德一个这样的讨论会上第一次见到特德·休斯。开始给BBC电台的艺术与教育广播写稿，这种定期写稿一直持续到80年代初期。《一个自然主义者之死》获得乔蒙德利奖。

1968年，第二个儿子克里斯托弗出生。参加“韵律之屋”，和麦克尔·朗利、大卫·哈蒙德一起做的诗和歌巡演的途中，被介绍认识保罗·穆尔顿。在贝尔法斯特接待乔治·麦凯·布劳恩的来访。参加在多切斯特举行的托马斯·哈代文学节，参观了哈代的出生地和他在斯丁福德教堂的墓地。也参观了萨默塞特郡东库克的 T. S. 艾略特的安葬之地。克拉达唱片公司发布《北方的缪斯》，约翰·蒙塔格和谢默斯·希尼读他们自己的诗歌的录音。参加一些游行集会，在10月5日德里的民权游行被皇家阿尔斯特警察（RUC）用警棍驱散之后。在《听众》杂志的“老德里之墙”报道新的政治氛围。《一个自然主义者之死》获得萨默塞特·毛姆奖和杰弗里·费伯纪念奖。

1969年，出版《进入黑暗的门》。第一次去美国访问，到弗吉尼亚的里士满给文学团体朗读诗歌。途中见到诗人帕德莱克·科拉姆，在纽约见到了编选家威廉·罗萨·科尔和他的妻子盖伦·威廉斯。带着一家人在国外度夏，遵照萨默塞特·毛姆奖的要求：首先到法国的比利牛斯地区，然后去了马德里，玛丽的姐姐那里。常去普拉多美术馆参观，去了阿维拉、托莱多旅行。看了斗牛。受邀编辑了一期《门槛》，发表了保罗·穆尔顿的处女作。

1970—1971年，谢默斯·希尼和家人在加利福尼亚，他在加利福尼亚大学伯克利分校作客座讲师。受托马斯·弗朗甘的友善相待。遇到科诺·克鲁斯·奥柏林，他正在担任短时的里根讲座讲师。去听了加里·斯奈德、罗伯特·勃莱、罗伯特·邓肯、罗伯特·克瑞里的诗歌朗读会。在未经审判即行关押的措施在北爱尔兰开始实施的那一周返回。

1972年，《在外过冬》出版。血腥星期天射杀发生在德里，血腥星期五爆炸发生在贝尔法斯特。谢默斯·希尼辞去贝尔法斯特女王大学的讲师职位，全家搬到威克洛郡的格兰摩尔村舍，从辛格学者安·萨德莱姆耶那里租来的地方。在伦敦见到罗伯特·洛威尔。在伦敦国际诗歌节上见到约瑟夫·布罗茨基。开始翻译《斯维尼迷失记》。编辑《声测》，一本新的爱尔兰诗歌选集。在爱尔兰广播电视台（RTE）参加每周书评节目，随后五年一直参加。

1973年，女儿凯瑟琳·安出生。第一次去苏格兰，参加在圣安德鲁斯举行的诗歌活动。遇到诺曼·麦凯格和伊恩·克里奇顿·史密斯。访问哥本哈根，遇见 P. V. 格罗布，《沼泽人》的作者。去日德兰旅行，在锡尔克堡博物馆看托兰人，在奥尔胡斯看格劳巴勒人。参加约翰·蒙塔格的《不平的场地》在伦敦圆屋剧场的演出，伴着电影《族长》中的音乐。被任命为爱尔兰艺术委员会委员，担任到1978年。获得美国爱尔兰基金会文学奖，丹尼斯·德夫林纪念奖。

1974年，第一次到格拉斯米尔参观，拍摄关于鸽舍的电视节目，属于 BBC 的“作家之屋”系列片。在不列颠学院的查特顿讲座发布《钻石取火》。编辑《声测》诗选第二辑。

1975年，出版诗集《北方》和小册子《斯泰森岛》。重新教书，在都柏林的克里斯福德教育学院担任英语讲师。获得美国文学艺术学院的 E. M. 福斯特奖。在基尔肯尼艺术周组织和引进系列诗歌朗读，邀请了罗伯特·洛威尔、诺曼·麦凯格、理查德·墨菲、德雷克·马洪。

父母表兄妹的孩子克拉姆·麦卡特尼成了教派冲突任意攻击的遇害者，被忠英的民兵组织枪杀。

1976年，获准休假离开克里斯福德，重回加利福尼亚大学伯克利分校，担任贝克曼教授职位。为贝克曼讲座发布《英国的心灵》。在基尔肯尼艺术周请来了尤金·基耶维克、朱迪斯·赫兹伯格、索雷·麦克林、马丁·奥·迪里安。获得 W. H. 史密斯奖。1975年杜夫·库伯纪念奖由罗伯特·洛威尔颁发给谢默斯·希尼。

1977年，在鹿特丹诗歌节上朗读诗歌。在爱尔兰接待一起参加鹿特丹诗歌节的莱斯·穆雷和他的妻子瓦莱尔的到访。和穆雷及其他朋友一起去参观纽格兰奇和诺斯的巨石通道式墓室。在伦敦罗伯特·洛威尔追悼会上发表讲话。去休·麦克迪米德在苏格兰比格的家里拜访。

1978年，第一次参加马其顿的斯特鲁加诗歌节，后来在诗歌《知道的世界》中回忆此事。

1979年，诗集《田野工作》出版。春季学期作为客座讲师在哈佛大学度过，和全家人一起。几年前在斯莱戈叶芝国际暑期学校与海伦·文德勒开始建立起来的友谊，得到了加深。经常见到伊丽莎白·毕晓普。与波士顿地区的其他诗人、艺术家和作家建立起长久的友谊。同时也遇见了伯纳德·麦卡比，塔夫兹大学英语教授。麦卡比和他的妻子简后来成了他很重要的朋友。一家人在托马斯·弗朗甘位于长岛的家里消夏，开始修订《斯维尼迷失记》。12月，在旧金山的现代语言学会（MLA）大会上参加小组讨论“当代尚未言明的关于诗歌的前提”。

1980年，1968—1978年散文选《专心致志》出版。在纽约遇见德雷克·沃尔科特。和特德·休斯、菲利普·拉金、查尔斯·考斯莱一起担任第一届阿尔丰基金会诗歌竞赛的评委，共有35000首诗参赛。客串编辑《犁头》杂志。

1981年，成为户外戏剧节剧团的导演，剧团由布莱恩·弗里尔和斯蒂芬·雷在1980年创办。辞去克里斯福德学院的教职。一家人在法国和西班牙度假，在爱尔兰共和军（IRA）成员在朗肯谢监狱绝食抗议最激烈的时期。夏末，去墨西哥米却肯省的省会莫雷里亚，参加一个国际诗歌节。豪尔赫·路易斯·博尔赫斯，奥克塔维奥·帕斯，瓦斯柯·波帕，马林·索雷斯库，塔杜施·罗泽维奇，麦克尔·洪堡，托马斯·特朗斯特罗姆，艾伦·金斯堡都参加了。

1982年，开始执行与哈佛大学签订的临时协议，在随后的三年里他将在春季学期去那里教书。获得贝尔法斯特女王大学和纽约福特哈姆大学的荣誉博士学位，在后者发表诗体的毕业典礼讲话。第一次参观奥克尼。又见到乔治·麦凯·布劳恩。与特德·休斯合编的《玩具书包》出版。

1983年，《一封公开信》在户外戏剧节的系列小册子上发表，作为谢默斯·希尼对《企鹅当代英国诗歌》把他当成英国诗人选入一事做出的回应。夏天，在旧金山附近的贝尔蒙圣母学院教创意写作课。在那里第一次见到切斯拉夫·米沃什，在罗伯特·品斯基和罗伯特·哈斯的陪同下。

1984年，诗集《斯泰森岛》出版。谢默斯·希尼的母亲玛格丽特·凯瑟琳去世。哈佛的教职从临时合同转为终身职位，担任博伊尔斯顿修辞学与演说术教授。写作《字母表》作为哈佛大学优等生联谊会诗歌。限量版的新诗集《冰雹》，由希尼的朋友、诗人、编辑彼得·法隆在画廊出版社出版。又客串编辑一期《犁头》。

1985年，受叶夫根尼·叶夫图申科邀请，去莫斯科参加青年学生艺术节。在莫斯科朗读诗歌。然后接着作为诗人来客去苏联的加盟共和国阿塞拜疆短期旅行。《斯维尼迷失记》获美国笔会和每月图书俱乐部（PEN）翻译奖。

1986年，参加哈佛学院成立350周年庆祝会。接受委托写作《为一次周年纪念而写的维拉内拉体诗》，在9月5日两万哈佛毕业生和来宾参加的大会上朗诵这首诗。在坎特伯雷的肯特大学发表T. S. 艾略特纪念讲座。希尼的父亲帕特里克死于10月。

1987年，诗集《山楂灯笼》出版。恩尼斯基伦发生战争纪念日爆炸。第一次访问日本，在关东学院大学参加诗歌节。在东京的时候，由爱尔兰大使陪同，得到了太子妃（后来的皇后）美智子的接见，是数次这样的会见中的第一次。

1988年，散文集《舌头的管制》出版。在亚特兰大的爱默里大学第一次发表理查德·埃尔曼纪念讲座，总题目是《写作的地方》。在邓莱里（Dun Laoghaire）参加国际作家大会，会议期间，希尼和一起参会的约瑟夫·布罗茨基、莱斯·穆雷和德雷克·沃尔科特的讨论由BBC录下来了。

1988—1989年，休学术年假。安·萨德莱姆耶把格兰摩尔村舍卖给了希尼。为了庆祝他的五十岁生日，希尼和玛丽第一次去了罗马。夏天的时候被选为牛津大学诗歌教授。在都柏林盖特剧院，为约翰·蒙塔格六十岁和谢默斯·希尼五十岁，举行了共同庆祝诗歌朗诵会。

1990年，准备翻译索福克勒斯的《菲洛克特忒斯》，由户外戏剧节剧团首演，名为《特洛伊的治愈》。获得蓝南文学奖。

1991年，诗集《观看事物》出版。在克瑞郡肯梅尔的西比尔节（Cibeal Festival）第一次演出“诗人和风笛手”，希尼和爱尔兰风笛手利亚姆·奥弗林合作。

1993年，出版《午夜判决》，译自奥维德和布莱恩·梅里曼，由画廊出版社出版。被选为美国文学艺术院外籍荣誉院士。

1994年，爱尔兰共和军（IRA）在8月底停火。希尼写的一篇评论文章在《星期天先驱报》发表时，他人在丹麦，正好在参观托兰人沼泽。去克拉科夫参加他的诗歌的波兰语译本的新书发布，译者是斯坦尼斯拉夫·巴拉谢克。

1994—1995年，离开哈佛休假一年。

1995年，散文集、牛津演讲集《诗歌的平衡》出版，希尼和斯坦尼斯拉夫·巴拉谢克合作翻译的科哈诺夫斯基的《挽歌》出版。开始翻译《贝奥武甫》。和玛丽以及朋友德米特里和辛西娅·哈德兹夫妇一起游览希腊。希尼获得诺贝尔奖的消息宣布时，他们正在伯罗奔尼撒的皮洛斯。颁奖典礼十二月在斯德哥尔摩举行，由瑞典国王卡尔·古斯塔夫十六世颁发诺贝尔奖章。

1996年，诗集《酒精水准仪》出版。在纽约参加约瑟夫·布罗茨基追悼会。辞去哈佛大学的博伊尔斯顿教授职位，转任爱默生驻校诗人，不用教书只要求每两年去那里六个星期。贝拉菲鲍恩游客中心建成开放，包括希尼的著作、录音和收藏品展示。贝尔法斯特女王大学用谢默斯·希尼之名命名新建图书馆，他放下了奠基石。很多其他庆祝他获诺贝尔奖的活动在本地和世界各地举行：哈佛大学，贝拉菲盖尔人运动协会（GAA）俱乐部，马拉费尔特乡区议局。希尼在法兰克福图书博览会开幕式上发表讲话，参加法国的“想象爱尔兰人”活动，在芝加哥艺术学院参加诗歌日朗读。被选为皇家爱尔兰学院院士。瓦茨拉夫·哈维尔作为总统访问爱尔兰时会见了他。

1997年，和特德·休斯合编的教育读本《学堂书包》出版。《酒精水准仪》获得当年的惠特布瑞德图书奖。

1998年，《开垦地：1966—1996诗选》出版。奥马爆炸事件发生。特德·休斯去世。从哈佛的爱默生驻校诗人的第一个任期回来，去德文郡北陶顿参加休斯的葬礼。被选为“玺”（saoi，智者），爱尔兰艺术家学院（Aosdana）的最高荣誉。

1999年，翻译的《贝奥武甫》译本出版。第二次到墨西哥，在墨西哥城和瓦哈卡市朗读。在威斯敏斯特大教堂举行的特德·休斯追悼会上发表讲话。《一个消失的人的日记》在都柏林戏剧节上首演。《开垦地》获得爱尔兰时报文学奖。

2000年，《贝奥武甫》翻译获得当年的惠特布瑞德图书奖。作为比尔·克林顿总统的客人赴白宫参加圣帕特里克节晚会。在几个千禧年庆祝活动上，包括哈佛大学毕业典礼上，演讲和朗读。去丹麦参观，在莱尔市著名景点赫罗斯加宫殿朗读《贝奥武甫》片段。在都柏林圣帕特里克学院举行谢默斯·希尼讲座（关于教育方面的）设立典礼。12月31日，谢默斯·希尼和玛丽来到斯丁福德教堂托马斯·哈代墓前朗读他的《暮色中的画眉鸟》（写于1900年12月31日）。

2001年，诗集《电灯光》出版。在威斯敏斯特大教堂的R. S. 托马斯追悼会上致悼辞。在纽约的林肯中心参加为期三天的他的作品展：朗读《贝奥武甫》；和利亚姆·奥弗林表演“诗人和风笛手”；演出《一个消失的人的日记》。在马其顿斯特鲁加国际诗歌节上获得金花环奖。去南非参访；在格拉汉姆镇的罗德斯大学朗读和演讲；在开普敦会见卡德·阿斯马尔——原来都柏林三一学院教师——他现在是南非政府的教育部长。在斯德哥尔摩参加诺贝尔奖百年庆典。

2002年，1971—2001年散文选《谁找到归谁》出版。在剑桥的克莱尔礼堂发表关于人类价值观的坦纳讲座。全国托管协会在萨福克郡的萨顿胡考古遗址展览中心开馆。去布拉格参访，在查尔斯大学朗读，作为立陶宛作协的客人作维尔纽斯之旅。在麦克迪米德的出生地，苏格兰的朗霍尔姆，发表第一次休·麦克迪米德讲座。

2003年，俄罗斯之旅：在圣彼得堡和莫斯科朗读/演讲，出席在喷泉宫——阿赫玛托娃旧居——举行的向约瑟夫·布罗茨基致敬的活动。参观了布罗茨基家住的公寓和其他重要的文学遗址。《谁找到归谁》获得杜鲁门·卡波特文学批评奖。参加马德里“学生驻地”举行的拉斐尔·阿尔贝蒂和巴勃罗·聂鲁达百年纪念会。在都柏林阿贝剧院出席国际大赦组织给瓦茨拉夫·哈维尔颁发良知大使奖。谢默斯·希尼和利亚姆·奥弗林录制的《诗人和风笛手》唱片由克拉达唱片公司出版。

2004年，女王大学的谢默斯·希尼诗歌中心开幕。《忒拜的葬礼》，谢默斯·希尼翻译的索福克勒斯的《安提戈涅》，在阿贝剧院上演。在德尔菲参加两场活动，一场是作家谈论希腊对他们作品的影响，另一场是庆祝索福克勒斯诞生1500年。《诗人和风笛手》在冰岛出版。在克拉科夫参加切斯拉夫·米沃什的葬礼。在西西里度假，在阿格里真托参观希腊神庙。在莫纳罕郡的因尼斯基恩举行的帕特里克·卡瓦纳诞生百年纪念会上发表演讲。头像印在由冰岛和瑞典联合发行的庆祝“爱尔兰诺贝尔得主”纪念邮票。

2005年，参加德雷克·沃尔科特的七十五岁生日庆祝会。赴澳大利亚参观并演讲。锡尔克堡举行的与诸神的黄昏相关的材料展览开幕。格拉斯米尔的华兹华斯保管会主办的哲尔伍德中心开张。获得爱尔兰笔会奖。谢默斯·希尼和玛丽陪同日本天皇和皇后参观格兰摩尔村舍。在弗蒙特州米德尔伯里的布雷德罗夫作家大会上演讲和朗读。获得意大利莱里奇市颁发的莱里奇·皮（Premio Lerici Pea）诗歌奖。

2006年，诗集《区线与环线》出版。参加香港文学节。在各地朗诵：爱尔兰，美国，鹿特丹，阿封河畔的斯特拉福德，格拉斯米尔，爱丁堡。八月末得了一次中度中风，住进了都柏林东尼布鲁克的皇家医院。六个星期之内完全恢复，但随后十二个月的安排都取消了。

2007年，《区线与环线》获得 T. S. 艾略特诗歌奖和《爱尔兰时报》现代诗歌奖。在达廷顿的词语之路会上发表纪念特德·休斯的讲演，是这一年唯一没有被取消的活动。辞去哈佛大学的爱默生驻校诗人职位。当选为波兰艺术科学院的院士。参观阿纳霍瑞什学校的课堂教学。画廊出版社出版《河岸田野》，一本限量版的新诗诗集。

2008年，去米兰参加诗歌节。被授予古根海姆奖章，皇家爱尔兰学院的“首奖”。参加伊丽莎白二世女王揭幕的纪念贝尔法斯特女王大学成立一百周年的纪念石，石头上刻着他的诗节。

“真传一句话”

——希尼访谈录译后记

一

作为一个有二三十年从业经验的诗歌自学者和教学者，我建议广西人民出版社引进并自己翻译这本希尼访谈录是抱有一些明确的意图的。我想到的是那些和我当年一样对诗歌怀有强烈热情的年轻诗人。这本书能为他们全面深入地了解希尼这个当代西方大诗人提供一些最基本的资料，能为他们提供一个新的可资参照或效仿的诗人形象（榜样），能为他们提供一些切实有用的写作方面的启发和教导。

就全面深入地了解希尼来说，这本访谈录是必不可少的一本书。它相当于一部希尼的自传和谈艺录，围绕着他的每一部诗集，非常直接、具体地谈到了他的生活和写作的各个方面：他出生成长之地的地理、历史和现实社会面貌，他们一家人的具体生活细节，他的教育经历和写作经历，他在人生和写作的每个关键时刻所面对的问题、采取的行动、他的想法和动机，他见过的人、到过的地方、经过的事、写过的诗和文章，他对诗歌和现实政治冲突的认识和思考，他在回想这一切时的感受，等等，内容极为丰富。并不是每个大诗人都能留下一本这样的书，能提供这样一条进入他们的生活和写作内部的途径，因此这样的书让人倍觉珍贵。我们知道西方现当代诗歌对中国新诗写作的影响巨大，西方著名大诗人的名字，在中国诗人和文艺青年的交谈中，如专业性黑话切口。他们各有很多崇拜者、效仿者。他们的某首诗某篇文章某句话激发我们的热情和想象，打开我们的视野，指向新的写作路径。在这全球化和世界文学的时代，一些外国作家、诗人对我们甚至比本国诗人更亲近、更具影响力，这点毫无问题。但是细察一下，会发现这种影响力与我们对这些诗人的实际了解程度有着巨大的反差。那些对我们影响甚巨的诗人，我们常常所知甚少，很多是通过零星的翻译和介绍性文章这种二手资料了解到一鳞半爪。虽然伟大之作自有其超越性力量，其文本可超越特别的作者及背景而在普遍的意义结构中得到理解，也经得起各种误读——能包容各种误读正是杰作之杰出的表现。不过这不能成为我们所知有限、不求甚解的借口，那种缺乏对基本事实材料的整体了解的自我臆想和心理投射，毕竟是没有事实根基的空中楼阁。

要对一个重要的外国诗人有一个整体的了解，我想至少需要读到四本书：一本包括其主要作品的诗集，一本包括其重要文章的文集，一本比较翔实可靠的他的传记，一本关于他的评论和研究的代表性文集。当然，能有诗人自己的书信、日记、笔记、自传、访谈录之类，就更好了，因为这是直接了解他的最可靠的资料。以这一标准来衡量，我们对很多大诗人的了解都尚未达标。比如，我们现在还没有一本翔实全面的叶芝传记的译本。当然，这是一个需要全面规划和长期积累的系统工程。不是一人一时一社能轻易做到的。这些年这方面有很大的改观，出版了很多重要诗人的更全面的作品集译本和传记译本。具体到希尼，除了近年翻译出版的单行本诗集《电灯光》《区线与环线》《人之链》，更有黄灿然先生译出的他的主要作品集《开垦地：诗选1966—1996》（译者注中引用了大量研究者的评论）和主要文集《希尼三十年文选》，再加上这本《踏脚石：希尼访谈录》，这本相当于其自传和谈艺录的书，我们就具备了对希尼作出全面、可靠的整体了解的基本条件。当然，这是众多的希尼译者和研究者的长期努力积累的结果。认真阅读这三本书，我们会发现一个极其丰富的、任何评论和研究著作都无法完全涵盖的希尼，对不同读者会显示出不同面相的希尼。这种丰富性和深刻性只有在这种全面的阅读中才会获得。

就为年轻诗人提供一个新的可资参照或效仿的诗人形象（榜样）这点来说，这本希尼访谈录也有着特别的意义。在我们的成长环境中，已经有了太多的疯狂的天才诗人形象，这一浪漫主义时代的遗产。大家热衷于传播各种疯狂天才的神话，似乎不疯狂不天才，不天才不诗人。那种浪漫色彩的叛逆的反传统、反社会、反常态，似乎成了大众心目中公认的诗人形象。年轻人无形中很容易受此影响。而希尼与此相反，是那种既不疯狂也不天才的典范性诗人。就疯狂来说，在看到写诗的学生在自我表白中写到“诗人都是疯子……”，暗含自负的自伤或自伤的自负时，我总会有一种担心。伊丽莎白·毕晓普在给华盛顿大学诗歌写作班授课时也曾对此深感忧虑：“看到那么多年轻人与发疯调情，我简直吓坏了。他们以为变得疯狂会使他们成为更好的诗人。那根本就不是真的！发疯是一件可怕的事……一件可怕的事！我在我所有朋友身上亲眼看到过，那根本就不是这些年轻人自以为是的那样富有‘诗意’的事情。当约翰·克莱尔在精神病院的时候，根本就没写过光辉的诗篇，我很高兴说这点。很久以来我对玛丽安·摩尔非常了解。也许什么时候我该和我的学生谈谈她——给他们看看可以从她拥有的如此有限的生活中写出什么样的诗来。我想我的学生开始知道此类事情非常重要。对于什么样子才是诗人，他们有着非常狭隘的，有时甚至是毁灭性的观念。我一直想着今后我真的要和他们谈谈这方面的事。这是非常严肃的问题。”像毕晓普一样，我也觉得有必要为年轻的诗人们介绍一些正常的诗人，为他们提供更多的诗歌榜样，供他们思考和选择。

希尼就是这样一个正常诗人的代表。他头脑清醒、生活正常、态度严肃，在常态的生活中承担着各种责任和重负，写出自己的诗。面对着严酷的社会问题，他并未逃避世界的压力，躲入极端的个人主义的狂乱中，而是清醒地面对，坚持自己独立的批判立场、承受着现实和历史的重压，但并不反社会反文化。他的诗正是在这种责任重负之下结出的硕果，同时又洋溢着诗歌自身轻盈的愉悦。就诗歌写作中的天才论来说，我们环境中年长的著名诗人的谈话热衷渲染自己超凡的天才，自己那被神灵选中一样的神秘命运，不用学习，没有困扰，没有成长过程，没有艰苦的努力和失误。某些诗人自认写诗是神魔附体，巫师作法，谈起诗来神秘玄虚，语言飘忽，极为狂怪，极具表演性，让人不明所以。我们似乎还没有学会朴素地说话，不知道如何真实、真诚地谈论自己和诗歌，不知道如何认真地谈论自己的工作，只会用传奇手法塑造自己让人崇拜的天才形象。而在这本访谈中希尼是一个非天才非云端诗人的典范。他谈得非常朴素，具体、真实、坦率。他的每一句话都是我们可以理解的，都能落到实处。一个并无什么天才迹象的平凡的人，身陷各种谋生工作和家庭事务中，在三十多岁前甚至从未有过属于自己的一整天的写诗时间。但他踏实努力，持之以恒，面对问题，不断自省反思，不断深入新的境地。他的诗歌起点极高，但并未固守在某种悲情的社会政治身份之中，也未固守在某种已有的诗歌成就之上，作为诗人，他一直在探索一直发展演进。这个持续努力的诗人完成了自己，是一个充分发展的、完成度非常高的诗人。当代诗人中我们很少看到一个诗人这么完整的成长过程，看到一个诗人这么专注深入地耕耘自己的诗歌领地。这其中的努力过程对年轻诗人有着典范意义。

就为年轻诗人提供一些切实有用的写作方面的启发和教导来说，这本访谈录是一个大诗人非常难得的经验之谈。就写作而言，诗歌是一门艺术而不是学术，是一门经验性的艺术，而不是理论阐释性的学术。这是两种不同的看待诗歌的方式：艺术家是从实践性、探索性的个人经验去面对有待写成诗歌的经验，而理论学术性研究是为已经写成的诗歌提供一种确切的理解方式。这两者常被混为一谈。因为我们的教育体制是一种学术性体制，同时我们的时代也是一种理论和批判的时代，整体的观念比个人的经验更便于广泛传授和传播。因此，年轻诗人容易被理论性、学术性的诗歌阐释所误导。一个年轻诗人和我谈论诗歌写作时，曾问及莱辛《拉奥孔》和钱钟书对诗歌的某个解释之间的冲突。我对他说，你是个诗人，管这种学术问题干吗？我并非反对学术和理论辨析，所有理论都是一种洞察发现，深具普遍性的启发，但诗歌写作是和混沌的具体性打交道，是一种特殊性的选择和处理，需要从经验中体会，而不是理论中解决。我只是想向他强调学习诗歌要像学习艺术一样向艺术家学习，像诗人艺术家一样去思考。希尼在这本访谈录中反复提到庞德的教导：听你那一行的大师的话。这本访谈录，就是一位大师的经验之谈。这种问答方式的访谈录可能是最好的谈论诗艺的方式，因为非常直接明了，非常自由灵活。一篇文章有其必须遵守的文体结构和修辞，需要有一个中心和逻辑体系，那些不能进入这个逻辑体系的经验、感受、体会就被排除在外。而艺术经验是一点一滴累积的、互相独立但又有着很复杂的关系，很难被组织成一体，必须用一种完全自由的方式才能说出来。想想古代中国那种自由灵活的诗话体。因此，像《阿赫玛托娃札记》《歌德谈话录》《卡夫卡谈话录》这样的书才是某种写作宝典。这种艺术经验散布在生活的各处，在随时的谈话中体现。有时这样的一句话给我们的启发要胜过一本书。我家乡有一句谚语——“真传一句话，假传一本书”，就是这个意思。那些讲求实际的农民从生活实践中知道，那些真正有用的话，有效的话，那些真传，核心思想，只需很简洁的几句。那些没用的空话废话反倒容易产生一本又一本的书。这是民间朴素的智慧：直截了当、直击核心的话，胜过那无数空谈的空头著作。写诗是一门艺术、技艺，就像民间所说的手艺、功夫。就这点来说，访谈录中凝聚诗人切身经验的一句话要胜过一本一本的空谈理论的学术性著作。当然，在这部访谈录中，给我们启发的不仅是希尼说的那些关于诗歌的话，更重要的还有他那种具体地对待艺术工作（写作）的态度，他的整个经历。

二

这部访谈录是希尼对自己整个的诗歌写作生涯的总结性回顾，它最核心的内容是蕴含在其中的希尼诗歌写作中一直关注的三个最核心的问题：一是诗歌题材和内容的现实关联性，二是诗歌语言的特殊与独立性，三是诗歌在社会生活、精神世界中的价值和意义。他说：“对我来说，指针总是在两个极端之间来回摆动。一端是负重的题材，一种紧贴着地面的确实的内容，几乎是非诗歌性的，另一端是词语自身的飞腾和嬉戏。我喜欢那种并非由幻想装饰而成的诗歌。”诗歌内容的现实关联性、诗歌语言的独立自主性、诗歌具有的价值和意义，这相互关联的三个方面，可以说是希尼诗歌写作的一体三面：现实性的题材和内容是希尼诗歌的起点，自由、独立的语言是希尼诗歌的飞行动力和过程，生死攸关的价值和意义是希尼诗歌飞向的目的——天空的穹顶。我想认识希尼及其诗歌的关键（钥匙），就在于认识希尼诗歌的这一体三面。深入其中，就能深入希尼其人和其诗的奥秘。而认识一个大诗人及其诗歌，就是认识诗歌本身，因为诗歌总是通过某个具体的大诗人及其诗歌而显露自己的秘密。

诗歌题材和内容的现实关联性当然首先是和诗人所在的社会现实生活环境紧密相联，由它限定。就社会现实生活来说，希尼最引人瞩目之处就是，其个人社会身份的分裂和复杂将他置于多重的矛盾与冲突之中。政治上，他是出生在英国统治下的北爱尔兰的爱尔兰人后裔，以出生地域归属原则他是英国人，但以自己的血缘、宗教和心理情感归属感，他选择了做爱尔兰人；文化上，他说英语，受的是英语和英国文学传统的教育，用英语写作，但又对早被边缘化的爱尔兰语、爱尔兰文学有着一种民族文化上的情感牵连，他翻译了好些古今爱尔兰语诗歌和苏格兰语诗歌；阶级上，他是出生于乡村的信仰天主教的农村孩子，但又在后现代解构主义盛行的精英文化圈中从事自己的工作；写作上，他是忠诚于自己的真情和语言艺术的诗人，但同时他又是被压迫的反抗民族的一员，他对自己的社会有着发自内心的责任感，置身在忠诚于个人、诗歌和忠诚于自己的人民之间的矛盾冲突中。一方面是现实行动的需要，另一方面是保持个人真实、个人反思的需要。他对现实问题怀有行动的渴望，同时又保持着警惕。他对英国的态度是复杂和矛盾的，对自己人民的态度也一样，都不是单纯的无条件的反对或支持。他既有对诗歌抑制不住的热爱，同时又有一颗歉疚之心（《契诃夫访库页岛》）。从北爱尔兰大骚乱起（1970年）到问题最终得到解决（1995年），他整个诗人生涯的最成熟最重要的阶段，都处于这种激烈冲突之中，是在这矛盾冲突的漩涡中度过的。他一方面介入其中，一方面又置身事外。他既直言批判英国，申明自己的爱尔兰身份（“我的护照是绿的 / 但我们的酒杯从未举起来 / 为女王干杯”），但又一直与英国文化界保持着良好的关系。他既承受外部又承受内部（爱尔兰共和军）的压力（《飞行路线》）。他是一个北爱尔兰人，但选择生活在南方爱尔兰共和国。他长期在美国工作（1981年到2001年在哈佛大学任教），但一直把家安在爱尔兰，一直将生活扎根于爱尔兰。他在后殖民时代还在承受着殖民主义遗留下来的恶果，但他的思想和写作并未自动地套用后殖民理论，而一切出自自己的经验，以真实和诚实为最高原则。他走遍了世界，但一直忠诚于自己的童年、家乡、亲人、观念，那人生最初的启蒙和影响。他称赞米沃什是二十世纪历史大事的亲历者见证者，而他自己可称为二十世纪诗人面对的各种矛盾冲突的汇聚点。

希尼诗歌的现实关联性首先涉及的是生活伦理。他的现实生活题材的诗，很多是围绕着以家庭为单位的乡村生活，他们的风俗传统，他们的生存和生活方式，他们从事的各种生产劳动、家务杂活，他们的情感和经历。他写这些现实生活中的人和事，不仅仅是有关人事的客观的历史记录，更体现出对一种维系其群体生存的生活伦理的深情。这一点从他最初的成名之作《挖掘》中就可看出。这首诗所深具的、不同于一般的个人主义诗歌的伦理性一直贯穿他的整个诗歌写作生涯。日常伦理生活是整个社会生活环境中最平淡、最不易觉察，但又最亲密、最深刻和广阔的部分。而在构成整个社会现实环境的所有部分中，最有戏剧性的部分当然是政治。政治是社会矛盾冲突最激烈的部分。除了生活伦理（诗歌的伦理性具有不易被觉察的隐蔽性），希尼诗歌的现实关联中最显著的就是其政治性。英国统治下的北爱尔兰最大的政治问题就是殖民体制对爱尔兰裔天主教少数族群的歧视和爱尔兰裔的反抗与独立意愿。这是爱尔兰从英国的殖民统治之下获得独立之后仍然遗留下的历史问题。它在希尼出生之日就早已存在，一直伴随着他的成长，然后在他人生完全成熟的阶段爆发出来。从1969年北爱尔兰开始动荡，1970年大骚乱爆发，到1995年和解协议最终得以签署，开始走上和平解决之路，北爱尔兰一直处于激烈的矛盾漩涡之中，充满了暴力、血腥和怨恨。这也是希尼个人从30岁到56岁，从一个初出茅庐的年轻诗人到成为荣获诺贝尔文学奖的世界著名诗人，他整个诗人生涯的最成熟成果最丰硕的黄金时期。在希尼承担的所有因社会现实矛盾冲突而带来的压力之中，最大最紧迫的压力是这一现实政治压力，强制性的政治要求（或需求）对他作为一个诗人的压力。他是在这一政治压力的伴随之下成就自己的诗歌的。

在如何看待诗歌和政治的关系这一点，可以看到希尼和布罗茨基之间有明确的差异，虽然他们俩是互相尊重和信任的好朋友。两位同龄（希尼出生于1939年，布罗茨基出生于1940年）的大诗人之间这种惺惺相惜的友谊关系，可算是文学史上的佳话。简单地说，布罗茨基对政治是否定的，否定诗歌中的政治性，把政治性视为一种负面因素加以完全的拒绝。布罗茨基的名言是：“政治（politics）和诗歌（poetry）唯一的共同之处是都含有字母 p 和字母 o。”这与布罗茨基的人生经历相关：他出生、成长在一个集权、专制的国家。在他的生活经历中，个人存在的自由（包括写作的自由）总是被国家、集体和历史这类名义下的强制力量压制或剥夺。个人与国家、集体处于完全的对抗之中。对布罗茨基来说，他经验中的政治，或理解的“政治”一词的含义，纯粹是一种由外部施加的异己的、非人的强制力量，一种对诗歌和诗人的否定力量，对个人存在予以彻底否定的力量。诗歌究其根本是一种自由之人的自由抒发，因此，要有诗歌和诗人存在，首先就要有人的自由，人的自由存在，这最基本的前提。因此，布罗茨基最在意的就是个人自由存在的权利，保障最基本的个人选择和自由写作的权利。布罗茨基传记中最让人惊异的事情就是他因为写诗这件事本身（法官问他谁赋予了他写诗的资格，只有作协会员才有资格把写诗作为一项工作）而遭到审判，被判处劳教。国家政治力量充当了迫害诗人和毁灭诗歌的角色。因此，作为诗人的布罗茨基对政治深恶痛绝，完全否定（矛盾的是有时候他也会肯定诗歌的政治意义），这是极端环境之下思想的极端反应。

希尼诗歌中的政治因素，他对政治的态度、对诗歌与政治的关系的认识比布罗茨基复杂得多。当然，这首先有一个前提，希尼生活在自由世界。他具有布罗茨基不具有的自由选择的权利：他可以自由地选择做一个诗人，自由地选择做一个什么样的诗人。希尼是自愿选择让他的诗歌承担责任的。当然这和希尼身为弱小民族一员的身份有关，他在政治上和文化上有一种因受到区别对待和歧视而产生的强烈的群体感。因为对本民族处境的感同身受，希尼发自内心地感觉到，参与政治活动是一场争取改善个人和民族生存处境的斗争，是一种事关民族传统和文化尊严的斗争，也是一种追求社会公平正义的需要，所以他对事关本民族权利的政治运动有一种发自内心的责任感。当他觉得自己没有尽到这种参与的责任时他会为此感到负疚不已，尤其是在激烈的政治冲突爆发时，他感到他作为一个诗人的使命和作为北爱尔兰天主教徒一员的责任激烈地冲突时，这种内疚之感也会爆发。最典型的就是《1969年夏天》，写北爱尔兰陷入大骚乱之时，希尼却远在西班牙，在普拉多美术馆看戈雅的画。还有就是《飞行路线》，写爱尔兰共和军囚犯在监狱进行绝食抗议时期一个爱尔兰共和军官员在火车上对他的质问：为什么不为他们的事业说话。这首诗中还写到了他做过的一个梦："梦到一个被关押在长基监狱的学生时代的朋友要我驾驶一辆装着炸弹的汽车，就像在《飞行路线》中写到的那样子。而那天上午质问我的人并不是一个朋友，虽然他确实代表着产生这些梦和焦虑的现实处境。”这种内疚之情给希尼造成的焦虑情结，在这梦中表露无遗。他自己说：“在那些日子里我自己念的真言经语是我在《远离一切》中所引用的米沃什的话：‘我被绷紧在静止不动的沉思和积极参与历史的命令之间。’”希尼同时也认识到，在诗歌使命和政治需要之间有着难以克服的矛盾与冲突。政治运动有着策略性、表演性、宣传性、时效性，选择偏向对自己有利的方式，而诗歌要求中立、公正，理解所有人的困境并对此怀有同情，有着超越时限的恒久。希尼没有简单地二选一，非此即彼，而是总想着两者兼容兼顾：一方面所写的必须是诗，必须作为诗歌能够成立，一方面诗歌在内容上又能表达出自己的政治需求，也就是如何在诗歌中容纳政治内容。他对诗歌写作和政治运动的判断始终是清醒的，他知道诗歌的需要和标准，也知道政治运动的需要和目标。他有时候为政治运动写诗，但在编自己的诗集的时候他会把那些他认为未达到诗歌标准的诗排除在外。希尼一直在这种诗歌和政治之间的矛盾冲突的压力之下努力寻求自己的道路。他一方面在写作实践中一直学习、借鉴、参照不同的榜样，寻找自己最恰当的诗歌表达方式，一方面在思想认识上对此问题作更深入的探讨。这部访谈录中遍布希尼对诗歌的政治性的深刻认识。

希尼诗歌的现实关联性，不仅涉及他在诗歌内容上对现实伦理和政治题材的关注，还影响到他的整个诗歌观念，他对诗歌的认识，他的诗歌美学、诗歌技艺、诗歌风格。因为诗歌的现实关联性，不仅仅涉及现实生活中的事实、事件和人物，还涉及对待这一切的态度、方式和情感，涉及对客观世界的基本逻辑、普遍性的理解基础，对具体的、朴素的、理性的语言的接受和尊重。诗歌题材和内容的现实关联性所决定的不仅仅是写什么的问题，同时还限定了怎么写的问题。人们常说“写什么不重要，重要的是怎么写”，意思是一首诗的内容和题材不要紧，一首诗的写作中呈现出来的诗艺（诗歌的组织建构和语言修辞）才是其成败的决定性因素。这说法当然自有其道理和针对性，但我们同时也要认识到，题材和内容（写什么）是一首诗的出发点，诗艺（怎么写）是建立在这个材料（写什么）的基础上的。一首诗的题材与内容很大程度上已经决定了这首诗的诗歌美学（既是一首诗的最初基础也是它想实现的最终目的）和诗歌技艺（一首诗的组织和修辞方式）。正因如此，不同的诗人在不同的诗歌内容和题材的基础上，才发展出了各自不同的诗歌美学、诗歌技艺和诗歌风格。

希尼的诗歌观念和诗歌美学也是由他诗歌的现实性所确定的。他的诗歌是他承受的各种现实压力之下的自然结果，也是他自觉承担着各种责任的重负，对这多重的矛盾冲突作出的主动反应。希尼承受的各种现实压力转化成了他诗歌写作的意义来源，塑造了他对诗歌的态度，他的诗歌的美学倾向，他关于诗歌价值和意义的立场和认识：

> “对我来说最有意义的东西是从承受着更大压力的环境里诞生出来的，是那种比阿什贝利诗派、梅里尔诗派，有着更复杂难解的起源和更紧密的纹理的东西。我从兹比格涅夫·赫贝特和米洛斯拉夫·赫鲁伯还有整个东欧诗派所获更多。我并非不能跟随一种不同的诗歌去那它要把我带往的地方。我指的是那种更多地在其主观性中逍遥自在的诗，音乐性更轻松的、享乐主义的、油滑的诗，随时准备成为即兴与反复的片段或不知不觉地飘入梦幻曲中。作为一个读者，我当然能领会那些东西，尤其是当它写得很好的时候……”
>
> “当我坐下面对桌子时，就像一个辅祭在圣器室准备好到外面的主祭台去。有一种庄重感占据了我。‘庄重感’也许用词不

当——是一种深深的参与和音乐般的流露，一种诗歌与自己利害攸关的感觉。如果我写轻体诗（打油诗）的话，写得好还是坏对于我来说一点都无所谓。没有任何受检验或要见证的东西——只是一种表演在进行。没有任何生死攸关的东西，也没有任何获取或失去的东西。”

这些词句：“最有意义的东西是从承受着更大压力的环境里诞生出来”“有着复杂难解的起源和更紧密的纹理”“庄重感”“一种深深的参与和音乐般的流露”“诗歌与自己利害攸关”“受检验或要见证的”，是理解希尼及其诗歌的关键性词句。他还说过，“就我自己的诗来说，我喜欢既有事实也有主题，并且它（题材）越厚重越有意思”，这些词句表明希尼的诗歌观念正是他承受和接受各种现实矛盾冲突构成的压力的结果，表明希尼诗歌态度中突出的现实严肃性。与此相对的是，“那种更多地在其主观性中逍遥自在的诗，音乐性更轻松的、享乐主义的、油滑的诗，随时准备成为即兴与反复的片段或不知不觉地飘入梦幻曲中”的、“一点都无所谓”的、“没有任何受检验或要见证的东西——只是一种表演”的、“没有任何生死攸关的东西，也没有任何获取或失去的东西”的诗，那种不承受外部压力、欠缺现实关联性的诗歌。希尼很明显、很明确地有自己的倾向和选择：站在充满矛盾冲突的现实的一边。这种选择既是直觉的、由个人成长和生活的环境所限定和塑造，也是自觉的、有着自己深刻的认识之下的主动选择。

这种对矛盾压力的承担、这种责任感，使得希尼的诗歌与诗歌观念有一种特别的严肃性、复杂性和深刻性。希尼所承受的多重的现实压力、他的诗歌与现实的关系、他诗歌中包含的各种责任感，使得他的诗比一些纯艺术的诗人更复杂，更纠结，更丰富，也更深刻有力；

使得他的诗有着一种古老的人类社群生活伦理的根基——他的诗歌中回响着这样一个声音："我感觉到我是一群人"（萧开愚《北站》）。他要回应和兼顾的因素包括艺术的自由想象和现实的具体牵扯两个层面的众多因素。和他相比，那些纯艺术诗人，如阿什贝利，甚至布罗茨基，他们关注的诗歌因素相对更单纯，更偏向诗歌自身的传统和诗歌内部语言的自由想象，对诗与现实层面各因素的关联思考得简单多了。正是他身上所承受的各种矛盾冲突的压力，让我们理解他和其他诗人的关系是一种压力层次的共感关系。和他承受的相同的冲突矛盾的压力越多的诗人，和他的关系越亲近。我们可以看出他和东欧诗人，包括米沃什和布罗茨基，思想情感上的亲近；和美国诗人，一些类似纯艺术家的诗人，斯蒂文斯、阿什贝利，以及先锋派诗歌、语言诗歌，在思想情感倾向上的疏远。他认为后者的诗歌语言太轻，太飘忽，内容太空，只是拉上来一张空网，什么也没打捞到，没有附着物。这些艺术性诗人，只是生活在文化潮流、诗歌传统和诗歌本身之中。他们的任务就是成为诗人艺术家。他们自由地不受干涉地、听见也只听从诗歌之声的召唤。而那些东欧诗人，承受着外界的政治压力，他们的诗歌是外界强大压力之下的内心产物。在这种强制的政治性压力下如何保持自己的尊严、真诚地写出自己的诗歌，是他和那些东欧诗人共享的压力层次。他们的诗都是在社会政治压力之巨石下生长出来的。在所有诗人中，他在精神上和米沃什关系最亲近，某种意义上米沃什是他的精神导师。他们共享着政治的、民族历史和精神信仰方面的压力。在这部访谈录中他引用了很多米沃什的诗句和语句，作为他各个精神成长阶段激励自己的"护身真言"。他把米沃什尊为贤哲。这是因为除了与一般东欧诗人共享的政治压力之外，他还和米沃什一样，是一个有着沉重、苦难的民族历史的文化承担者，一个有着天主教传统的核心价值观念的人，面对现实政治的灾难后果和当今现实的解构主义思想风尚的压力。希尼谈道：“我第一次见米沃什，是由罗伯特·品斯基和罗伯特·哈斯陪同去的。那个晚上哈斯、米沃什和我花了相当多的时间谈论我们作为天主教徒的经验——神圣感，罪恶感，诸如此类。”米沃什在面对二十世纪的虚无主义、解构主义思想的压力时一直保持着一种天主教徒的信念和态度，那种对超越性的精神价值的肯定，希尼对此有着强烈的共鸣。米沃什诗歌个人独特的坚定的方式，比如，米沃什诗歌直接写抽象的观念、直接议论的方式让谨遵二十世纪诗歌具体性教导的希尼感到惊讶，进而完全折服，深为敬仰。米沃什参与了具体的历史进程，也一直感受这些压力、思考这些问题并将它们写入他的诗歌中，同时又保持个人真实自然的人格和诗歌的独立性，这些也都让希尼倾倒。

总之，诗歌题材和内容的现实关联性是希尼诗歌的起点。这个起点非常低，用他自己的话说，属于“负重的题材，一种紧贴着地面的确实的内容，几乎是非诗歌性的”。紧贴地面，因此非常坚实；承担负重，因此也很艰难。这种坚实和艰难既是指内容上的现实生活的具体性和现实社会的困境，也是指建立在此现实生活基础上的诗歌美学以及诗艺上的诗歌结构和语言风格的特征。它既为一种客观的存在环境所限定，也是一种个人主动的、自觉的精神选择。

三

诗歌的价值和意义，是每个诗人都会面对的问题，差别只在于自觉不自觉的程度，以及对意义的不同的满足需求。有些诗人满足于诗歌形式的意义，把诗歌视为一门语言修辞艺术，一种非功利的纯粹的游戏，满足于形式自身创造的愉悦，一种语言的享乐主义。有些诗人满足于诗歌史的意义，他们构建一个自身封闭的诗歌历史，一个诗歌“道统”的历史，再把进步或先锋的姿态投射到这块历史的帷幕上，以进入这想象的历史空间为意义所在。有些诗人把诗歌的意义建立在对圣贤先师之教导和传统经典之权威的服膺之上，认为他们确立的神圣的意义等级和秩序，永恒不变，无可置疑；有着这神圣起源和使命的诗歌，其意义理所当然，自行赋有。有些诗人把诗歌的意义建立在个人存在的基础上，是个人在日常而普通的境遇中的生存和生活的记录，是自我见证的文字。这其中有人将个性自由的伸张和自我解放视为核心，或退出社会冲突而成为隐士，或投入与社会的对抗和反叛中而成为斗士，发出自己的声音，其核心都是对自由不羁的个人自我存在的坚持和肯定；这其中也有人把诗歌只是视作自我内心的幻想、梦幻一般的自我欲望的满足。有些诗人把诗歌的意义建立在现实关怀上，要求诗歌介入现实，同情民众，要求诗歌有助于社会正义的实现，承担伦理道德上责任，“美风俗，敦教化”，促进世道人心的良善发展；要求诗歌承担现实社会政治责任，对时政起劝谏讽喻作用，遵从美刺原则，改良政治。有些诗人把诗歌视为一种行为，一种自我实践的行动，认为它的意义在于写作本身，而非写作内容；只要写作这一行为的意义就足够了。还有人渴望诗歌具有最高境界的形而上的意义，具有宗教信仰一般的终极意义。在各色各样的意义论中每个诗人并非只取其一种，而是常有杂取多种、融会一体的。在每个诗人身上诗歌意义论所占的分量轻重不一。对希尼来说，诗歌的意义是“生死攸关”的问题，对此有特别的执着，

希尼诗歌的价值和意义首先是建立在他实际写作中所体现出来的对现实的关怀上。在实际写作中，他的主题、内容和风格都有变化，但一直保持着现实情怀。由于承担着现实责任，他当然无法满足于只停留在诗歌形式的意义与诗歌自身游戏的愉悦和享乐主义之中，也不

可能停留在诗歌只是自我幻想、自我欲望的满足之中。那种缺乏现实内容的诗对他来说没有意义。我们已引用过他的话：那种“轻体诗（打油诗）”，那种“只是一种表演”而“没有任何受检验或要见证的东西”，“没有任何生死攸关的东西，也没有任何获取或失去的东西”，“写得好还是坏对于我来说一点都无所谓”。他希望诗歌不仅在精神世界而且在现实世界里也有意义，诗歌能具有对社会实际的影响和作用。这是诗歌意义论中最有挑战性的部分，因为它出自现实困境，回应严峻的现实矛盾。它以米沃什那震撼人心的质问“诗歌是何物？那不能拯救／国家和人民的诗歌？”而提出。这是难以回避的现实压力下的追问。在残酷、野蛮的二十世纪，在一个公民社会里，作为文明承担者的诗人面对那些暴行和不义时，自然会生发出如此质问。这困境中的质问既出于外部的客观压力也是内心的自我要求，要求诗人在此困境中确立自己诗歌的意义。

在诗歌的意义论中有一些彼此之间有着激烈的矛盾冲突。在这些相互冲突的诗歌价值观和意义论之下，各自聚集着一系列诗人。诗人们在此似乎分出了界限分明的阵营。希尼最关注的是诗歌在现实实际中的道德伦理和社会政治方面的意义。他在寻找自己的诗歌意义问题的答案时，也是在寻找自己的诗人同道和榜样。他关注到那些东欧诗人，那些在政治压力之下写作的诗人，正是如此。他说“他们是一种标准。我并不是说他们的风格或策略值得效仿或追随，我只是认识到他们所经历的双重纠结，在混乱的时代和诗歌内在的需求之间。我认识到他们的困境，是苦恼发展到极致时的状态，我自己也经历过。”他在《暴露》中也写到了曼德尔斯坦姆。他曾引用曼德尔斯坦姆的诗：“人民需要诗歌，它会成为他们自己的秘密／永远使他们保持清醒，／使他们沐浴在它的呼吸那毛发明亮的／浪潮中。”（黄灿然译）这些对诗歌意义加以肯定的诗句正是希尼所寻求的。在《1969年夏天》中写到了洛尔迦，谈到洛尔迦时他说："对于我这一代人，洛尔迦总是在地平线上。西班牙诗人对于四五十年代英语世界的读者就像东欧诗人对六七十年代的读者一样——像 A.阿尔瓦雷兹会说的，是'重压之下的'作家的榜样，那些陷于声援人民的冲动和偏离党的路线之间的压力的作家。"在对其他诗人的阅读中他关注的也是他们如何处理现实政治压力的问题。他对米沃什、叶芝、洛威尔、休斯、毕晓普、奥登、麦克迪米德、艾德丽安·里奇、聂鲁达等，对几乎所有诗人的阅读，都会关注到他们在诗歌中如何应对现实政治问题，看他们的诗歌何以成立，具有什么样的意义。他为此作出了"政治诗人"和"公民诗人"的区别。他希望能做一个公民诗人。他的诗歌写作一直在这种现实政治压力之下进行。前面提到的《1969年夏天》《飞行路线》《一封公开信》便是典型例子。也正是在这种现实政治压力之下，他的思考呼应着米沃什那震动人心的质问："诗歌是何物？那不能拯救／国家和人民的诗歌？"他因为无法对现实视而不见，将其从自己的视野中排除，所以他无法像那些艺术至上主义者、那种纯艺术家，比如布罗茨基和阿什贝利那样，理所当然地接受诗歌的价值和意义。他需要直面这些矛盾，直面现实更急迫的需求之下，思考诗歌存在的价值和意义。

希尼还想在思想认识上确立其诗歌的价值和意义，从而在根本上解决那种对诗歌意义的自我质问。希尼不仅在写作实践中，而且一直致力于在思想上认识、理解并克服诗歌承受的现实矛盾冲突的压力。他对诗歌价值和意义的思考集中体现在他最著名的两篇文章《舌头的管制》和《诗歌的平衡》中。两篇文章都在这部访谈录中谈到了。在《舌头的管制》中，他承认诗歌阻止不了一辆坦克，但并不满足于奥登所言的诗歌不会使任何事情发生，诗歌改变不了任何事情，诸如此类的消极态度。他引用耶稣在沙地上写字的故事：人们抓住一个通奸妇人问耶稣如何处置，按律法要用石头把她砸死。耶稣并不回答而只是用手指在沙地上写着字。大家看着他写字，然后他说了一句"从未犯过过失的人先用石头砸她"，又接着在沙地上写字。希尼认为诗人写诗就像耶稣在沙地上写字，"把那些目光从它们的着魔状态引开片刻。那就像一种魔幻舞蹈"。耶稣将那些人的注意力从暴力激情中引开，引向对自我的内向审视，成功地制止了那些人的暴力。他认为诗歌在现实中也可以起到类似的作用，将人们从非理性的暴力激情中引开。"人们突然凝望着别的事物，停下片刻。在这凝望和停顿期间，他们就像反光镜，反观到他们自己总体的知识和/或无知。这就是诗歌能为你做的事情，它能把你带入某个片刻，超脱在你沉陷的意识和可能性之上的片刻。"这使得诗歌在现实生活中具有了实际的意义。在《诗歌的平衡》中他发现了天平的平衡这个形象。在谈到他如何在牛津的诗歌讲座中想到《诗歌的平衡》这一题目时，他说："当'诗歌的平衡'一语浮现出来时，我沉浸在各种可能的意味中。突然我认识到我可以这样谈论的诗歌，是作为一座天平的一端伸出的想象力的杆臂，以平衡或调整实际生活的重负与忍耐。我指的不是补偿或安慰，而是理解，一种自有其回报的理解。"这是一种对诗歌意义的根本性理解，赋予了诗歌在心灵世界里的意义。现实世界需要一个想象的世界、心灵的世界来平衡，它们出自一种承受着矛盾冲突压力之下的心灵需要。这种理解有着真实、诚恳的令人信服的感人力量。相比较来说，布罗茨基的一些诗歌政治的想法，比如把法庭变成图书馆，在超市旅馆发放诗集之类，总让人觉得属于某种儿童天真的幻想，欠缺现实感。

希尼对诗歌意义的需求中还带有一种宗教维度，他对诗歌的意义抱有一种既朴素又绝对的信仰。这可视为他诗歌意义的起点，也是它指向的终点。他的天主教信仰的乡村出身背景和天主教中学的教育背景，与他身处的精英文化圈盛行的后现代解构主义精神之间存在着矛盾与冲突；他的农村家庭出身和天主教徒背景，使他一直对生活抱有一种实际的现实感，保持着乡村那种从事物质生产以谋取生存条件的人们的朴素态度，保持对那种生活的正常性的需求，从不是一种脱离实际的纯文化高论玄谈。同时，他的天主教信仰在成年之后虽然淡化了，但其基本的修辞观念一直存在于他的深层意识中，使得他对时代的虚无主义、相对主义无法认同，各种后现代文化的时尚观念不能让他的心灵感到满足。他将他这种生活上朴素的本能、现实感、常识感，以及心灵上对古老的神话和信仰的精神需求，与时代精神氛围之间的冲突称之为德里达和德里郡的对抗。德里达代表他工作所在之处的哈佛精英圈流行的结构观念，德里郡代表他的所来之处，他出生成长的乡村家乡。他固执朴素的乡村经验无法被复杂的玄妙的修辞诡辩和政治正确的"解构哲学"所解构。他坚持着真实性的存在，拒绝一切都可被解构成空无。他说：

> "在《山楂灯笼》中的另一首诗里有两行写道，'真实的事物融化／刺痛着化成了空无'。这写的是你手握一颗冰雹球，紧紧攥着拳头的感觉。但它们也意指这本诗集的一个主要关注点：所谓信仰的丧失——或更准确地说，是所有信念的丧失。……信仰的丧失，在某种程度上，是就语言本义来说，或至少是对'真实的事物'背后的东西的怀疑，如在《筛网》中。那时候我还未能清楚地认识到这一点，但现在我同时看到还有一种与之对抗的冲动在作用，就是拒绝抛弃那'真实的事物'，不管它可能已经融化到什么程度了。这是一场竞争，在德里郡和德里达之间。不是说我读过德里达，而是八十年代在哈佛大学英语系的氛围中，不可能意识不到因他而来的挑战。词汇表中的词语陷入消解的危险

之中，我身上的每一处都在无声地抗议——这就是为什么，在《石头判决》中，我父亲的沉默被放在天平的一端以抗衡另一端的所有高谈阔论和理论话语；这就是为什么我更偏爱'不出声的土地'，为什么《泥土幻象》中去神秘化的国度的人们在'专家/开始他们事后的含混不清的叽叽咕咕'时感觉到失望。这首诗中的人们承担的风险也是写这首诗的诗人甘冒的风险。"

这段话明确地表明了希尼要投入一场"德里达与德里郡"的对抗。他无法接受一个丧失了真实感，丧失了信仰的世界，一个被解构的、空无一物的、没有确实意义的世界。需要注意一下最后一句话，它说明希尼充分明白那些朴素的乡下人可能陷入的局限性，他也知道他的这种思想情感倾向可能面临的批评，但是他"甘冒"这种"风险"。他对这一切是有清醒认识的，他仍然站在固执地保持古老信仰的乡下人一边，而不是大众根本听不懂的"专家"一边。这是一种内心的认定，一种自觉的选择，一种无条件的信仰。他是一个普通农家出身的孩子，懂事，责任感强。他割不断自己与出生地的关系，一直忠诚于它的价值信念。总之，希尼诗歌最核心的特点是它们一直处于一系列激烈的矛盾冲突之中。在此压力下，他的每种选择都传递着一种自觉的理性意志的力量和直觉而真实的本能情感的力量，他诗歌的成就和力量正来源于此。

希尼对这种来自宗教、乡土传统的意义观念的固守也体现在他对斯蒂文斯诗歌的批评中。这种批评中有着惊人的洞察力，这是在其他的批评家那里所看不到的：

"斯蒂文斯的诗中词语的华丽表现和对'平庸事物'的觉悟底线融为一体，在它的中心有着坚硬的智性内核，一种对所有假象和阴谋毫不妥协的态度。他是一位艺术事业的大亨。在他的作品——散文和诗歌中，有一种过度的、表面的、全不辩解的品质。而在其深处，他和《晨歌》里的拉金一样荒凉，只有一点例外，那就是他决心用他自己的泥土之歌的繁复刺绣来替换‘被虫子蛀掉的宗教锦缎’。”

“弗罗斯特对斯蒂文斯说过一句著名的话，说他的诗里充满了小摆设，但是斯蒂文斯的丰裕和胡扯掩盖了一个缺乏必需品的人的贫乏模样，掩盖了他想要极尽所能地装备自己，在这“太阳古老的荒野之中”。换而言之，诗歌是一种非常刻意地建构起来的防护，相当于一道伪装起来的防御栅栏或一道臭氧层。它允许旁观和抵抗——那种内在的暴力。”

他指出斯蒂文斯诗歌表面的斑斓、华丽、丰裕，内在的荒凉、贫乏，有很多装饰性的摆设，但缺乏生活的必需品。他知道斯蒂文斯是一个很精明且很有现实感，能够洞察这世间的谎言和假象，但又完全投入语言想象之中的诗人。他创造的是一个表面语言丰富而内在意义贫乏、荒凉的诗歌世界。他把约翰·阿什贝利的诗描述为“一个中央供暖的白日梦”，并还加了一句“它同时也很悲哀，它知道它的匮乏”。这一特别的洞察来自希尼对终极意义的渴求，来自他对这种终极意义的信仰。这其中的关键在于斯蒂文斯认为上帝死了，那种真实的意义不存在了，只能用诗歌的想象来取代它。而希尼，始终保持着一种信仰和神话的话语结构，即使他对具体教义和仪式的天主教的信仰消逝了，他对那种作为其心灵和精神结构的终极的永恒意义的信仰仍在。

四

希尼诗歌题材和内容的现实关联性，他关注的诗歌在社会生活、精神世界中的价值和意义，这些涉及的是诗歌与外部世界的关系。希尼对诗歌语言的特殊与独立性的认识涉及的是诗歌的内部关系，诗歌内部因素之间的组织和建构关系。前者可以衡量一个诗人的思想水平和认识能力，后者可以衡量一个诗人的专业水平和诗艺能力。前者属于诗歌的外延，可称之为诗歌认识论和意义论；后者属于诗歌的内涵，可以称之为诗歌的本体论和方法论。在这部访谈录中，希尼对这两个方面都有广泛、深入、坦诚的阐述。

希尼对这两方面的问题也分得很清楚。他说：“在1980年代，那种有历史意识的、经受磨练的东欧美学对我来说更有意义，作为我在美国面对非历史化的享乐主义美学的防备。”要是没读到东欧诗歌的话，他“对写作本身的价值不会这么确信”。同时他也说，“我并不是说他们的风格或策略值得效仿或追随”，他们对他的诗歌写作并没多少直接的影响，“我使用词语的方式很不一样”。希尼很清楚，他从东欧诗人那里寻求的是诗歌美学的支持，诗歌写作的价值信念的支持，以对抗美国诗歌当时流行的“非历史化的享乐主义美学”。而“使用词语的方式”这种对诗歌写作的直接影响，别有来处，它更多地来源于英语诗歌谱系。思想观念（价值意义论）可以多借助于外国诗歌，而诗歌写作的具体影响，事关如何使用语言，事关语言自身的微妙效果，这更多的只能来自母语诗歌。因此，希尼在学诗习艺的过程中，对他有影响的，都是英语诗人，尤其是和他有着更紧密的地方文化和方言关联的爱尔兰、苏格兰和阿尔斯特本地诗人。霍普金斯，卡瓦纳，特德·休斯，叶芝，这些人在诗歌的题材、语言和写作方式上影响了他。他反复说到过卡瓦纳的《大饥荒》对他起步时期的巨大影响：

> “（弗罗斯特的影响很大）但我认为他对我的声音并不具有遗传基因般的重要性——在这方面霍普金斯更为重要。”
>
> “在那些日子里《大饥荒》对我来说相当于今天电影院里的环绕立体声的效果。它有着封闭环境里大银幕电影的冲击力，一种放大的可以将你震晕的说话声。让你迎面撞上，带着凉气、坚实，如挖土豆者从垄沟里撬出东西。卡瓦纳走进我的耳朵就像一个老式农夫走在田野里。……你被告知要是你不能踩在自己的土地上你就无法迈开大步，要是你的声音不像你自己最初的语言一样那么深厚你就无法找到正确的音调。”

卡瓦纳对他有两方面的启发，一是“不能踩在自己的土地上你就无法迈开大步”，二是“声音不像你最初的语言一样那么深厚你就无法找到正确的音调”。希尼对自己脚下的土地、自己生活的地方的忠诚是希尼诗歌的核心内容，这是众所周知的。他在这方面受到本地诗人的影响也是理所当然的。这里让人惊讶的是希尼特别强调了卡瓦纳诗中的声音。这种诗歌里特别的声音冲击他，震动他，唤醒他，将他领进诗歌艺术之门。这种声音是和自己存在的根源、自己最初的语言、自己生活的土地相关。他对本地另一位诗人的喜爱也是因为其诗歌的声音：

> “我对麦加亨感觉亲近不是因为乡村背景和主题而是因为他的音域，他直觉的节奏。声音的意味很重要，他音乐中的忧郁。在他的句子中音色和内容一样重要，也许还更重要。”

在这里希尼赋予诗歌中的语言以独立性。他明确地把诗歌中的声音置于极为重要的地位，甚至超出在内容和主题之上。希尼在这里强调语言的节奏，语言的音色，诗歌语言拥有了超出内容之外的自己的特殊性和独立性。在这部访谈录中，希尼一再说到诗歌中声音的重要性，它是一首诗的内部构成基础，是衡量一首诗的基本标准，对诗歌有着决定性的影响，是一首诗成立的必需条件：

> “一首诗必须要有正确的声音——我不是指要像‘语言魔法’那样华丽或精巧的声音。我指的是某种与你的可被称为言词肌肉组织相关的东西，那种语言运行时具体的抑扬顿挫。”

一个大诗人对诗歌的普遍性问题的认识和思想无论多么深刻，他最吸引人的还是作为诗人所隐藏的个人经验，他个人独特的诗艺秘密：他对当行的诗歌本身的认识，他诗歌写作中的秘诀，他对诗歌语言的秘密洞见，他是如何写出他那些诗的，他是如何看待自己的诗的。这部希尼访谈录在这方面给予读者很多惊喜，确实是既让人喜欢又让人有点惊讶，他把自己诗歌的本体论建立在语言上，而且主要是语言的声音之上，因为没有比诗歌语言中的声音更纯粹、更非意识形态、更脱离意义内容的纯诗因素了。声音最具体，又最难以捉摸。声音是非常感觉和直觉化的、完全属于个人化的体认和经验。在听别人谈论声音的意义和效果时，通常难有切实可靠的理解，所谓知音难得。当然，也没有比语言中的声音更专业的纯诗艺话题了。这和他对诗歌现实性和诗歌意义的执着恰好构成相对称的两个极端，他一方面是一个关怀现实承担各种责任和意义重负的社会诗人，一方面又是一个极为纯粹、专业的艺术诗人。

在这部访谈录中希尼一再说到的语言，语言中的声音，这是他诗艺的核心，他诗歌写作中最大的秘密，他独到的经验。他一再向我们展示他经验的宝库里的珍藏。这是只有希尼自己才能说出的他自己写作中的经验：

> "让我兴奋的是一种声音的调子，一种能够猛然抓住和建立联系、能够进入那过去事物的宝库中——那些我一直记得却从未想过能写下来的东西之中的感觉。"
>
> "我喜欢我自己的声音上道了的感觉，它可能发生在格律形式的内部，在这种格律形式内部你迈开脚步走向一个定好的音调，它也可能以一种很不规律的方式发生在一种自由形式的内部。我作为一个诗人起步时的这首诗《挖掘》，更符合我的德里郡南部发音的咕哝语调而不是任何一种出自书本的正确的抑扬格。"
>
> "我也喜欢语言中有一种粗糙和敏锐的性质。语言中能有某种让你意识到路易斯·麦克尼斯所指的东西，他说'世界比我们的想象更突兀'。"
>
> "我的诗句构成的声音接近休斯的盎格鲁-撒克逊粗嗓子和洛威尔直截了当的不那么优美的音调。反之，麦克尔和德雷克·马洪，是完美无瑕的优美音调的提倡者。"
>
> "完成《惩罚》的困难在于表达，声音和句法的困难和自我审查的困难同样多，赋予事物以形状的困难和说出我自己的所想的困难一样多。它牵连着如何找到既让我的耳朵听起来真实又让我处理的各种因素显得真实的方式……"

希尼对诗歌语言、声音的这些体认既丰富深刻又清晰具体。在一般关于诗歌的语言、声音的谈论中，问题通常被简化为诗歌的押韵和格律，诗歌的音乐性。押韵和格律问题，一直是中国新诗发展道路上一道挥之不去的阴影。很多人仍对此念念不忘，把押韵和格律视为诗歌唯一的音乐性内容，认为无韵不成诗，以此来否定新诗，有人一直试图建立起新的押韵和格律规则。而乐于谈论诗歌的音乐性的诗人，通常陷入的是法国象征主义诗人（他们的口号是把诗歌丧失的音乐性从音乐那里重新夺回来）那种神秘的音乐性，非常单一、抽象又玄乎。弗罗斯特提出了“感觉之声”，超出了诗歌一贯专注的语音的谐和之美，专注于捕捉说话者活生生的语音语调。这是对诗歌声音的认识的一种扩张，大大扩展了诗歌中声音的表现力。这种源自生活中个人具体使用语言时的语音语调方式而不是出自固定的韵律规则的诗歌语言，有着极富戏剧性的生动色彩。在希尼这里，语言和语音有着更丰富的意味，它是和某种意义的表现紧密相连的：“它牵连着如何找到既让我的耳朵听起来真实又让我处理的各种因素显得真实的方式。”“要是你不能踩在自己的土地上你就无法迈开大步，要是你的声音不像你自己最初的语言一样那么深厚你就无法找到正确的音调”。而正确的声音不是“像‘语言魔法’那样华丽或精巧的声音”，而是“某种与你的可被称为言词肌肉组织相关的东西，那种语言运行时具体的抑扬顿挫”的声音，是“能够猛然抓住和建立联系、能够进入那过去事物的宝库中”的声音。希尼的声音并非预先规定的节奏和音韵，也不是某种音乐美，而是和诗歌内容的真实性、诗歌中个人根本性的情感源泉、诗歌的整个组织结构相关联，和诗歌的动机及表现力、诗歌的个人风格相关联。它是在每一首诗中都要找到的一个具体、独特的声音，而不是一种统一的声音模式。希尼所谈的声音并非单纯的声音，而是富有各种意义：

“我很容易受教诲性的声音的影响——比如说，米沃什的声音。这也许是你耳朵的调谐功能，甚至可能是你被训练出的一种对待神的姿态。如果你调谐到的是格里高利圣咏的安宁之声而不是旧约散文和诗篇的狂野呼唤，如果你是在罗马天主教训导之下开始而不是在个人良知的竞斗场开始，你可能不会渴望一个人在旷野中发出的呼唤之声。即使这样，诗歌也总保持着它要直达星空的权利。问题是诗人能否让自己的声音高升到如此境地。”

这里声音被用于描述一种信仰传统，基督教信仰中的两种传统声音——圣咏的安宁之声和旷野呼告之声，同时也用于描述诗歌最终要达到的最高精神境界——让自己的声音直达星空。希尼这种关于诗歌语言、声音的片段像繁星散布在夜空里一样散布在整个访谈录中，难以全部摘取。这种语言语音的分析辨别渗透到诗歌的各个层面，极为丰富。他从声音的角度分辨其他诗人的特点，他也从诗歌的声音角度来阐明自己诗歌的特点。其中最精彩的是他纯粹从语言、语言的声音的角度，对自己整个诗歌发展，从年轻的时候到四十多岁再到晚年的时候，他整个的写作历程所作出的描述。他的诗歌发展史就是一部语言和声音的演化史：

“在写作中我最开始的冲动是使语言尽可能地富丽，制造一种彩绘玻璃一样的效果。但在我四十多岁的时候，我想要明晰透彻的玻璃，并很快意识到，如果一首诗首要的吸引力并不在于它语言的纹理，那么它必须要有其他能抓住人的方式。传统的格律和一种贯穿所有诗句并与之竞争的句法可以做到这点。”

“在《田野工作》中我非常有意地从一种沉闷的、书面化的自得其乐的声音转向一种接近我自己说话的声音。我觉得从《田野工作》开始我就一直沿着这个方向发展了。这是一种和我在《一个自然主义者之死》《在外过冬》或《北方》所追求的非常不一样的语言抱负。这些诗集想要的是语言质感，辅音、元音和清浊音的质感，它们想获得词语的物质性。在我开始写诗的时候，我追求准确性，这点受到了菲利普·霍布斯鲍姆的鼓励。”

“年轻时我更关注我声音的高度和音色，并不太在意保持重音的一致或格律的准确。事实上，我倾向于有点突兀或稍微避免一下那种太标准的东西。这么多年来如果说发生过什么事的话，那就是我变得更关注规则了。我更多地注意 tum-ti-tum（重—轻—重）因素。”

“至于我，选择方言或炉边家庭用语的要点在于必须完全适合说话者，适合其声音和处境。使它显得正当合理和使它具有原创性的劲头与快乐的，是其亲密性和无可替代性。我总是限定在我自己听人说过的词语，我自己和熟悉的人一起有时会使用的词语。我很愚钝固执地坚持这点。像布罗阿赫这样的镇名照我的意愿是必须要写下来的，它就像特洛伊城一样熟悉。”

希尼这些关于诗歌的语言和声音的说法，都异常的清晰具体，可感可知。他年轻时追求语言的富丽，四十多岁后追求语言的透明；不再靠语言的纹理，而是靠格律和句法吸引人；他年轻时关注音高和音色，多年后他关注音的轻重格律；他在《田野工作》中开始用自己说话的声音，替代早期诗集中沉闷的、书面化的自得其乐的声音。他各阶段诗歌语言的追求，他所说的各种语言、语音的差别，我们全都可以辨别出来，明白无误。而我们很多诗人在谈论诗歌的语音效果时，神乎其神，玄妙莫测，让人根本就不知其所云为何。尤其是在谈论诗人多多诗歌的音乐性的文章中常常见到。他们似乎只是在模仿某种谈论诗歌音乐的方式，而并无对诗歌音乐性切实清晰的理解。而在希尼这里，我们看到了其诗歌意义论的复杂深刻，又见到了他诗歌的本体论的丰富与清晰。让我们不禁怀疑，也许正是因为其诗歌意义论的复杂深刻，促使了他必须建立相称的丰富与清晰的诗歌本体论。就希尼的这一点，我们可以继续和布罗茨基做一些比较。布罗茨基在其著名文章《奥登诗〈一九三九年九月一日〉析》中对奥登这首诗的词语和音韵声调做了极为详尽而精彩的分析。布罗茨基的分析充满了想象力，有一种狂想曲的恢弘和力量，读完之后可以为之激动目眩，但是不能落实在具体的实践经验中。而希尼一直保持在朴素的经验领域，读完之后我们立即就可以结合自己的经验，落实到自己的实践中，扩展我们的辨析能力。

举一个我自己体会到的希尼对语言辨析的清晰的例子。在读毕晓普时我知道她很喜欢霍普金斯，但在我看来他们的诗差异很大，我找不到共同点，因此一直不明白她为什么喜欢霍普金斯，喜欢他的什么。我自己读霍普金斯，如入旷野，被引向各个方向，更觉得与毕晓普差得太远。在这部访谈录中，我读到希尼说他第一次读到霍普金斯的诗歌的感觉：

> “那是一种感官的刺激，神经系统内跳荡的小水漂和一连串的反应。像这样的诗句：‘就像扔入圆形井口的石头／发出的回响’或‘游动的鳟鱼身上画满的玫瑰色斑点，／炭火煨开的新落的栗子；雀鸟的翅膀’。”

看到希尼举的例子，两首诗中的两行，我因此也去细读了这两首诗，我一下子就明白了长久困扰我的问题：是霍普金斯诗歌语言的感官性、具体性和客观准确性，联结着他和毕晓普与希尼的诗。希尼在谈论诗歌本身的语言时，是非常具体的经验性辨析，你能够一下子就完全明白。

五

希尼这部访谈录和常见的作家访谈录有些不一样。首先在于它的篇幅很长，是一部有意识地规划的、全面系统的访谈录，主要是通过书面进行，内容极为丰富，在深度和广度上都很罕见。常见的作家访谈录都是出自媒体记者之手，对访谈的作家缺乏深入的理解，通过一两次面谈，问题也比较业余，随意，零散，狭窄，篇幅也有限，基本上浅尝辄止。希尼这部访谈录出自丹尼斯·奥德里斯科尔（1954—2012），希尼的朋友，一位热爱他的诗并对他有全面、深刻理解的爱尔兰诗人（被认为是同时代最好的欧洲诗人之一）。正是激于希尼虽然接受了大量的媒体的访谈，但这些访谈几乎都流于浅表，未能让希尼深入地阐明他对诗歌的理解和认识，奥德里斯科尔才有意识地推动希尼作出这一部全面、系统、深入的访谈录。他向希尼提出了巨量的问题，让希尼自主选择回答，目的只为了把希尼的智慧“强索出来”，很耐心地花了七年时间（2001—2008）才将它最终完成。其次是它极其坦诚的语言方式，一种客观又平和、认真又轻松的带着自省和反思的言语方式和态度。通常的访谈录都是受访者对别人说话，谈论一个话题，保持一种交流场合的距离。比如布罗茨基在访谈录中也谈到了弗罗斯特、奥登，也谈到了自己和他们的关系，谈得非常精彩。但是布罗茨基所说的一切，还是属于知识性和认识性的议论，一个学者在外界公共话题上展示的观点，而非针对自我成长的自省和反思。希尼不一样，他所谈的弗罗斯特、奥登，还有其他诗人，是在任何其他人那里，在多么博学的研究者那里，都听不到的独特话题。它们和希尼特别的生活与成长相关，可能不那么学术性，但是出自真实的个人经验。这种与具体的人息息相关的切身体认，有种特别真实的空间，很容易让人代入其中、身临其境。希尼这部访谈录是各种内心的披露，并未涉及什么个人隐私，全是围绕诗歌和与诗歌有关的生活，细节上客观、准确，但那种面对另一个自己一样的袒露心扉的平静、理性、坦诚、自省反思的话语自带一种感人至深的力量。我想这可能和访谈录的大部分是他一个人待在格兰摩尔乡舍书面回答的方式有关，也和他的天主教出身的告解传统影响有关。

希尼的这部访谈录，在精心安排之下，随意自由，话题众多，灵活穿插。可圈点的精彩之处太多了，不胜枚举，也难以抽象概括。除了我们前面说到的他个人的成长和生活道路，他作为诗人的发展过程所体现出来的矛盾压力外，还有很多非常丰富的细节，我再说一下自己阅读中印象最深的一些。

这部访谈录中，我觉得最生动刺激的是对一些著名诗人的描述和看法。希尼在这里谈到了几乎所有英美现当代重要的诗人：艾略特，叶芝，弗罗斯特，斯蒂文斯，威廉斯，洛威尔，毕晓普，休斯，拉金，麦克迪米德，阿什贝利，勃莱，斯奈德，一些重要诗派的代表诗人；谈到了著名的东欧苏联诗人，米沃什，赫伯特，曼德尔斯坦姆，布罗茨基，还有我们不太熟悉的好几代的爱尔兰诗人，从卡瓦纳到穆尔顿。他说的一切都出于自身，非常坦率、直接，毫无那种学究绕来绕去、包裹在各种含糊的学术性套话里的不知所云，而是以其洞察力，直指核心要害。这些诗人都是他有特别感受或有接触的人。比如，他对麦克迪米德的描述一下子就让人对这个诗人有了非常生动的认识。以前读到很多关于麦克迪米德的评论和描述都只是一个抽象的、模糊的纸面人影，而希尼谈麦克迪米德的非常有限的几个片段，这个人就在你面前活生生地站立起来，走动，说话，你就看到了这个人的模样，他的整个精神，明白了他的诗的根本和意义。他写到的特德·休斯更是感人，让人对休斯的为人和他的诗都有了特别清晰的理解。当然最刺激的是那些批评意见。这些通常被崇拜被仰视的人物，只会受到文艺腔粉丝们的无限赞美，很少能看到大诗人之间如此犀利的批评。这些批评都有着特别的洞察力，像弗罗斯特和斯蒂文斯之间的互评，就像看神仙打架，高手过招，让我们一窥大诗人神秘帷幕之下的奥妙。此前我读过的最过瘾的是罗伯特·勃莱把二十世纪的美国著名诗人几乎逐个评点一番的文章。我们前面举了希尼对斯蒂文斯和阿什贝利“贫乏”的评论，这里我再举一个他针对先锋派，语言诗派提出的批评：“这些诗人形成一个宗派，躲避与世界的整个关联，认为那是一种庸俗和堕落。我听到过一句对奥登的批评，我喜欢它里面的合理性：有人说他没有大天才身上根深蒂固的正常性。我不能确定这一批评是否适用于奥登，但这话中的要点总的来说值得思考。即使在艾略特身上，那巨大的正常的世界也在你的四周流动。”这里的“大天才身上根深蒂固的正常性”，大诗人身上天生的朴素，让人一见就难以忘怀。

这部访谈录有智慧也有深情。启人深思处极多，动人深情处也极多。我觉得特见智慧之处是谈自己，谈叶芝、米沃什，尤其是他们之间的对比部分。我觉得最感人之处是他父母送他去读圣科伦巴公学离开时的情景，米沃什的葬礼，特德·休斯的葬礼，谈他自己的葬身之处。他对朋友的真情，尤其是和特德·休斯和米沃什的友谊非常感人。而我觉得最神秘深奥的是访谈录最后部分的这一番对话：

> “奥德里斯科尔：在某种意义上，你感觉在诗歌写作方面有过失败吗？
>
> 希尼：有过。因为有时候我应该不顾米沃什的警告和我的自我审查，让坏精灵而不是好精灵选择我，如他所说，‘做它们的乐器’。

奥德里斯科尔：你能说得更具体一点吗？

希尼：如果诗歌自身都不能给我打开那些领地，我不知道现在我还能开始说出它们。”

而在1995年《巴黎评论》对他作的访谈中，谈到奥登时他这么说过：“他会赞同切斯拉夫·米沃什的观点，作为一个诗人你应该确保在写作时，你是被善良的精灵带领而不是被邪恶的精灵带走。”

从“你应该确保在写作时，你是被善良的精灵带领”到“我应该不顾米沃什的警告和我的自我审查，让坏精灵而不是好精灵选择我”，不知道在这两者之间，他走过什么样的心路历程，有什么样的心灵觉醒和发现，也不知道他那些受到自我审查没能写出来的诗歌都会是些什么。但我知道这是一个始终在真诚地努力、探索、追求自我完善的人，一个极力想做到善，又做到真，同时把诗歌的美也视为当然的诗人。他有着严厉的自我批评，也有着同样强烈的欲望冲动和困惑。他表达出了很多，也克制住了很多。但在老年的时候他还是意识到自己的失败之处，自己的遗憾，那恶的精灵带给他的冲动之诗他没有写出来，他本可拥有更大的创造的自由和可能性。这是最触动我的最深奥的灵魂，它真诚的努力，它在信守维护道德的真善美与自由创造诗歌的真善美之间的沟通和斗争。这是只有伟大的灵魂才会有的失败意识，才会有的自我审察和无止境的渴望。

最后有必要交代一下翻译问题。翻译中必然面对的是巨量的非常具体、细微、琐屑的问题，这些说起来太多，我只说一下专有名词的

翻译。因为这本访谈录是对希尼整个写作生涯的回顾，涉及他的大量作品：诗集名（题目），诗作名（题目），文章名（题目）。这种名词牵涉很大，事关对整个内容的理解，是翻译中最困难、最费工夫的部分，如严复所谓“一名之立，旬月踟蹰”。

我想特别说一下希尼的诗集 *Seeing Things* 的译名。我最早在《希尼诗文集》（2001年1月出版）里看到吴德安先生把它译为《幻视》，然后在《历届诺贝尔文学奖获得者诗歌金库》（1998年1月出版）看到傅浩先生把三首一组的诗集的题名诗也译作《幻视》。我感觉挺困惑的：一是我单从 seeing things 中看不出“幻视”的意思，当然，这可以理解为这两个单词组合一起，可能有我不知道的特别意思；二是从那具体的三首一组的题名诗也看不出有“幻视”的意思。不止一个朋友，包括胡一红女士都问过我，为什么 seeing things 被译成“幻视”？字典上这个含义很模糊。我说我也不理解。在访谈录专门谈这部诗集的第十一章也没看出有“幻视”的意思。这一章专门谈到给希尼画像的画家，其中有一句“说到观看事物，他确实非常厉害”（When it come to seeing things，he was very good indeed），这里 seeing things，直接就是常用的本义，“看”“观看”的意思。黄灿然先生译的《开垦地》出来后，我看到他也是译作《幻视》。三个非常优秀的翻译家都这么翻译，肯定有他们的道理。而我一直不明白为什么，因此非常困惑。好在黄灿然先生的译本里有很详细的注释，这些注释表明 seeing things 译为“幻视”的根据是一些学者的阐释，主要是海伦·文德勒对这本诗集的阐释。手头恰好有文德勒的《谢默斯·希尼》（ *Seamus Heaney* ）一书，原来就读过，再翻看专门讲 *Seeing Things* 的第六章。从头到尾，我觉得文德勒强调的是，第一， *Seeing Things* 讲的是对现象世界、物理世界、现实世界的观看，第二，这种观看并不是只局限于此世的人对此现象世界的观看，还涉及从更高的角度，从死后、永恒的角度看这些现象。文德勒开始就阐明“它颠覆了宗教实践中一个人抬高目光望向理想的超验空间，它从此处我们实际看见的事物中发现最高价值”，“我们可能超越它瞥见奇迹，但我们必须返回现象世界”，一再将 *Seeing Things* 和此前的《山楂灯笼》相比，《山楂灯笼》是寓言世界，而 *Seeing Things* 是立足物质世界、现象世界、事实（actual）世界的。因此，我感到“幻视”的译法是跳过了本义，直接译成了引申义、解读义。我自己倾向于还是译成本义好，读者从这本义中领悟到其隐含的引申义则是第二步的问题，首先要给出的是明面上直接的意思。因此，我把它译成《观看事物》。其实就 seeing 这个现在分词形式，我特别想译成“看着事物”，甚至就译成“看着”或“看”，就是想强调专注地看本身，看这个动作持续的时间和过程。这可能和我自己很看重对客观世界的观看有关。我一直认为专注地看，是领悟世界奇迹的第一步，它让我们惊讶世界竟然如此。我们凝视，观看这个世界，才会发现：噢，世界真的出乎我们的想象，是一个奇迹！然后才会有领悟，而不是一开始就陷入主观幻想、幻视。类似这样的例子，整部访谈录涉及的希尼很多作品名称我都是按自己的理解翻译的。因为这篇后记篇幅已经太长，就不再一一具体说明原由。我并不认为自己的译法就肯定是对的，而是觉得按自己真实的理解翻译是一种本分。不同的翻译会有助于对希尼更全面的理解，有助于后来者确定更好的翻译，因为翻译不会是一劳永逸的。

最后，当然也是最重要的是，衷心感谢这部访谈录翻译过程中给予我大量帮助的众多朋友。尤其是感谢帮我校对了大部分稿子的胡一红女士，她的慷慨和友善是我在这个世界上遇到的最温暖的事例之一。还要特别感谢《青春》杂志的育邦先生、《诗歌月刊》的刘康凯先生和《诗歌与人》的黄礼孩先生，他们在杂志上刊登了这部访谈录的部分章节。最后要感谢的是小龙，他被我的拖延折磨了好几年，现在终于结束了。译文肯定会有很多问题，祈望读者多批评指教！

雷武铃

2018年10月15日

桂图登字：20－2014－157

图书在版编目（CIP）数据

踏脚石：希尼访谈录：全2册/（爱尔兰）丹尼斯·奥德里斯科尔著；雷武铃译.—南宁：广西人民出版社，2019.1
（希尼系列）
书名原文：Stepping Stones：Interviews with Seamus Heaney
ISBN 978-7-219-10642-6

Ⅰ.①踏… Ⅱ.①丹… ②雷… Ⅲ.①希尼—访问记 Ⅳ.①K835.625.6

中国版本图书馆CIP数据核字（2018）第135895号

踏脚石：希尼访谈录（上、下）
TAJIAOSHI：XINI FANGTANLU（SHANG、XIA）
［爱尔兰］丹尼斯·奥德里斯科尔/著　雷武铃/译

出 版 人　温六零
责任编辑　吴小龙　许晓琰　张莉聆　唐　勇
责任校对　陈　威
整体设计　刘　凛

出版发行　广西人民出版社
社　　址　广西南宁市桂春路6号
邮　　编　530021
印　　刷　恒美印务（广州）有限公司
开　　本　880mm×1230mm　1/32
印　　张　22.75
字　　数　590千字
版　　次　2019年1月　第1版
印　　次　2019年1月　第1次印刷
书　　号　ISBN 978-7-219-10642-6
定　　价　128.00元（上、下）